W0215747

CULINARIA
ESPAÑA
SPANISCHE SPEZIALITÄTEN

CULINARIA ESPAÑA

SPANISCHE SPEZIALITÄTEN

MARION TRUTTER
HERAUSGEBERIN

GÜNTER BEER
FOTOGRAF

PETER FEIERABEND
ART DIRECTOR

MICHAEL DITTER
KOORDINATION UND LAYOUT

Culinaria
KÖNEMANN

Hinweise zu Abkürzungen und Mengenangaben

1 g	= 1 Gramm = $^{1}/_{1000}$ Kilogramm
1 kg	= 1 Kilogramm = 1000 Gramm
1 l	= 1 Liter = 1000 Milliliter
1 ml	= 1 Milliliter = $^{1}/_{1000}$ Liter
$^{1}/_{8}$ l	= 125 Milliliter = etwa 8 Eßlöffel
1 EL	= 1 gestrichener Eßlöffel
	= 15–20 Gramm bei trockenen Zutaten (je nach Gewicht)
	= 15 Milliliter bei flüssigen Zutaten
1 TL	= 1 gestrichener Teelöffel
	= 3–5 Gramm bei trockenen Zutaten (je nach Gewicht)
	= 5 Milliliter bei flüssigen Zutaten

Löffelangaben beziehen sich bei trockenen Zutaten immer auf die verarbeitete Rohware, beispielsweise:
1 EL gehackte Zwiebeln,
aber: 1 Zwiebel, geschält und gehackt

Mengenangaben in den Rezepten:
Wenn nicht anders angegeben, sind die Rezepte für vier Personen berechnet – ausgenommen Drinks (jeweils pro Person).

Ganzseitig farbig hinterlegte Seiten weisen auf Themen hin, die kapitelübergreifenden Charakter haben und somit für ganz Spanien relevant sind. Hiervon ausgenommen sind die Eingangsseiten der jeweiligen Kapitel.

© 1998 Könemann Verlagsgesellschaft mbH
Bonner Straße 126 · D–50968 Köln

Konzept:	Günter Beer Ludwig Könemann Marion Trutter
Organisation Fotoreisen und Fotoassistenz:	Markus Bassler, Barcelona
Foodstyling:	Frank Schauhoff, Köln Tonina Oliver, Llucmajor Patrik Jaroš, München Stephan Krauth, Köln (Titel)
Landkarten:	Astrid Fischer-Leitl, München
Lektorat Rezepte:	Ingeborg Pils, München
Korrekturen:	Ralph Fischer, Köln Sabine Bleßmann, Köln
Register und Inhaltsverzeichnis:	Ralph Fischer, Köln
Herstellungsleitung:	Detlev Schaper, Köln
Herstellung:	Mark Voges, Köln
Reproduktionen:	CDN, Casselle di Sommacampagna
Druck und Bindung:	Neue Stalling, Oldenburg

Printed in Germany
ISBN 3–8290–1442–2
10 9 8 7 6 5 4 3

Inhalt

»Die Küche eines Landes ist seine Landschaft im Topf«, bemerkte einmal der katalanische Schriftsteller Josep Pla (1897–1981). Ein Blick in den Kochtopf eröffnet aber nicht nur ein Panorama der Natur. Läßt man sich die kulinarischen Gewohnheiten eines Landes auf der Zunge zergehen, so entfaltet sich allmählich die Essenz einer ganzen Kultur. Wie beim Verkosten eines guten Weines gehören hierzu Geduld und Muße – und die Bereitschaft, auch unbekannte Nuancen zu entdecken.

Spanien wird heiß geliebt für seine sonnigen Gefilde und seine weißen Strände. Genau unter dieser Liebe aber hat das Land auch zu leiden. Klischees reduzieren die Wirklichkeit immer auf isolierte Häppchen, das gilt für die spanische Kultur genauso wie für seine Küche: Paella und Tintenfisch, Rotwein und Sangría haben sich in kulinarischen Phantasien über Spanien so breitgemacht, daß kaum Raum blieb für neue Entdeckungen.

Dieses Buch möchte dem Leser Appetit machen auf die Vielfalt Spaniens, auf unzählige Facetten seiner Natur, seiner Kultur und seiner Küche. Schon allein die unterschiedlichen klimatischen Gegebenheiten legen nahe, daß hier keine einheitliche Kochkunst existieren kann: Das feucht-kühle Klima im Nordwesten bringt ganz andere Produkte hervor als die stets milde Mittelmeerküste oder die karge Hochebene Zentralspaniens mit ihren glühend heißen Sommern und eisigen Wintern.

Viele Völker, die Spanien im Lauf der Geschichte eroberten, hinterließen Spuren, die sich auch mit dem Gaumen bis heute verfolgen lassen: Römer, Juden und Araber, Rückkehrer aus der Neuen Welt sowie die vielen Reisenden, die über den Pilgerweg nach Santiago de Compostela Wirtschaftsgüter, Gebräuche und Denkweisen auf die Iberische Halbinsel brachten.

Natürlich hat ein Land, das sich so vielgestaltig gibt und das auf seinem Boden so unterschiedliche Menschengruppen hervorbrachte wie Andalusier und Aragoneser, wie Katalanen und Kanarier, wie Basken und Madrileños, auch eine komplexe Küchenkunst entwickelt. Nicht in erster Linie, weil verschiedene Charaktere an unterschiedlichen Speisen Geschmack finden, sondern weil der Schafhirte in den Pyrenäen wärmende Kost braucht, der Arbeiter in den Plantagen an der Levante dagegen ein leichtes Mahl vorzieht. Diesen Wurzeln ist die spanische Küche immer treu geblieben: eine Küche mit dem, was die Erde hergibt, in milden Regionen von jeher leicht, in den Bergen deftig – und dabei niemals verkünstelt.

Die Entscheidung, auch bei der Auswahl der Rezepte weitgehend auf die traditionelle Kochkunst der einzelnen Regionen zurückzugreifen, lag daher auf der Hand. Natürlich lassen sich hierbei die Küchen direkt benachbarter Regionen nicht haarscharf trennen. Häufig ähneln sie sich aufgrund geographischer Gegebenheiten, historischer Verwandschaften und steter gegenseitiger Beeinflussung. Neben den vielen verbindenden Elementen sollen hier aber vor allem die herausragenden Besonderheiten und Spezialitäten im Mittelpunkt stehen.

Dieses Buch ist eine Einladung zum Genuß. Lassen Sie sich verführen zu einer kulinarischen Reise durch Spanien. Die daraus entstehende Liebe mag in erster Linie durch den Magen gehen – vielleicht aber auch weit darüber hinaus. Schließlich ist Essen ein sinnliches Erlebnis. Für Augen und Gaumen, für Herz und Verstand.

Marion Trutter

Cataluña

Walter Tauber

Katalonien

In den Bergen und Wäldern ihrer Heimat finden die Katalanen den Grund kulinarischer Wonnen: Pilze gibt es hier in Hülle und Fülle – und dazu auch feines Wild.

Spontan, komplex und widersprüchlich – wie die Katalanen, so präsentieren sich auch ihr Land und ihre Küche. Katalonien ist eine kleine Nation, die auch im vereinten Europa ihre Eigenständigkeit fordert. Schließlich war diese Region über lange Zeit Mittelpunkt eines Reiches, das bis nach Sizilien, Neapel und Sardinien reichte, und im Namen der Krone Aragoniens beherrschten ihre Schiffe das Mittelmeer. Lange war Katalonien auch Grenzland, Westmark der Karolinger und ein Wall gegen den Ansturm der Araber. Immer wieder wurde das Land überflutet von Invasoren, von den Römern, Goten und Arabern bis zu den Truppen des Königs von Kastilien. Und seit jeher zog es Einwanderer in diese sanfte Gegend: Franzosen, Italiener und vor allem Andalusier aus dem Süden des Landes. Stets offen zur Welt, hat Katalonien Einflüsse von außen mit Begeisterung aufgenommen und das Vermischen von Kulturen zur Kunst erhoben. Dabei hat es jedoch auch immer seine Wurzeln, seine Sprache und seine eigenen Sitten in Ehren gehalten.

Die Vielschichtigkeit des Landes entwächst aber – noch vor seiner Geschichte – seiner Geographie: eine rauhe Bergwelt mit reißenden Gewässern im Norden, im Süden fast dürre Ebenen, die dem kontinentalen Klima der kastilischen Hochebene ausgesetzt sind. Davor glänzt blendend das Mittelmeer, es besänftigt das wilde Land trotz zuweilen herber Küste, ist zugleich Schatzkammer und Verbindung zum Rest der Welt.

Mit der Küche dieses Landes verhält es sich nicht anders als mit Land und Volk. Immer schon wußten die Katalanen die Einflüsse aus anderen Regionen zu nutzen, in ihren Kochtöpfen verschmelzen mannigfaltige Elemente – das Spielerische aus der Provence etwa mit den barocken Beiträgen Valencias und den soliden Grundelementen aus dem Hinterland. *Mar i muntanya* (Meer und Berg) heißen auf Katalanisch die seltsamen Kombinationen von Fisch und Fleisch, die das Talent für Synthese genial illustrieren. *Seny* (Vernunft) ist ein anderes kulturelles Merkmal der Katalanen, auf das sie besonders stolz sind. Ihre Ausgewogenheit bildet die Zügel zu den Höhenflügen ihrer Phantasie. Katalonien ist das Land, in dem Banditentum und Anarchie groß wurden und wo Vernunft, Sparsamkeit und die Kunst des Handelns bis heute als grundlegende Tugenden geehrt werden. Da scheint es doch nur logisch, ein Huhn zusammen mit Garnelen zu kochen, oder?

Rechts: Die Synthese von Bergen und Wasser macht einen guten Teil der Magie Kataloniens aus. Das Land zeigt Größe vom Mittelmeer bis auf 3000 Meter Höhe.

Boquería: Der Bauch von Barcelona

La Pepa del atún ist über 90 Jahre alt: »Ich werde hier in der Boquería sterben«, versichert sie und schwingt ihr scharfes Messer sicher wie seit Jahrzehnten. Josepa Albiol – so lautet ihr voller Name – verkauft Thunfisch und ist Dekan der Marktleute in Barcelonas schönstem Markt. Der Mercat de Sant Josep, genannt La Boquería, ist eine wahre Fundgrube. Wer hier stöbert, entdeckt eindrucksvolle Menschen wie Pepa, die beste und reichhaltigste Ware der Stadt – und eine faszinierende Geschichte:

In der Nähe des heutigen Standortes an der beliebten Flanierallee der *Ramblas* (katalanisch *Rambles*) gab es schon einen Markt, als hier noch der Stadtrand lag. Die Bauern boten damals vor den Toren ihre Ware feil. Der Name Boquería soll zurückgehen auf einen alten katalanischen Begriff für »Platz, an dem Ziegenbock-Fleisch verkauft wird«. Im 18. Jahrhundert, als die Stadt wuchs, die Mauern abgerissen und das alte Flußbett, die *rambla*, zur Straße wurde, hielten die Bürger an ihrem nun bequem mitten im Häusergewimmel liegenden Markt fest.

Erst im 19. Jahrhundert aber konnte die eiserne Halle errichtet werden. Eine seltsame, rückblickend fast undenkbare Geschichte machte es möglich: Juan Álvarez Mendizábal war ein ehemaliger Putschist, der im Londoner Exil von den Vorteilen des Liberalismus überzeugt wurde. 1835 kehrte er nach Spanien zurück und wurde Finanzminister unter Königin Isabel II. Mit einem Streich löste er die Finanzmisere der Krone und die Platzprobleme der dicht bevölkerten Stadt Barcelona, indem er per Gesetz die Kirche enteignen und ihre schier endlosen Güter versteigern ließ. Zuvor hatten Anarchisten schon einige Klöster niedergebrannt. Nun vollendete das Gesetz dieses Werk, die enge Altstadt erhielt zahlreiche Plätze und, wo einst zwei Klöster standen, den Markt der Boquería. Eine nach Mendizábal benannte Straße ließ der kirchenfreundliche Diktator Franco später umtaufen, doch bis auf den heutigen Tag erinnert hier die Bar Mendizábal an den Mann, der auf recht radikale Weise die moderne Stadtplanung einführte.

Heute ist die Boquería Umschlagplatz für alles, was das kulinarische Herz begehrt. Wer frischen Fisch will, findet hier die Schätze des Meeres fangfrisch – und in schier unendlicher Auswahl. Da gibt es etwa *pescado de roca* aus Rosas (Felsenfische wie Knurrhahn und Roter Drachenkopf) oder *gambas* (Garnelen) aus Arenys und Cambrils. Zuhauf werden die mannigfaltigen Würste von Vic angeboten, dazu Käse aus den Pyrenäen, und prächtig locken Berge von Obst aus Lleida und Gemüse vom Maresme, der Küstenlandschaft nördlich von Barcelona. Golden-braune Wunder breiten sich im Herbst über die Auslagen aus, wenn die Pilzsammler ihre Schätze in die Stadt bringen. Und natürlich fahnden in diesem kleinen Paradies auch die Chefs der besten Restaurants der Gegend nach den Produkten, die Kataloniens vielfältige Küche benötigt.

Oben: Wer auf Qualität achtet und tagesfrische Ware wünscht, kauft in Barcelona Obst und Gemüse in der Boquería. Dabei gilt immer: Vergleichen lohnt sich!

Rechts: Von der Flaniermeile Ramblas aus strömen die Kunden in den Mercat de Sant Josep, kurz La Boquería. Die schöne Eisenhalle stammt aus dem 19. Jahrhundert.

Katalanisch kulinarisch

In Madrid wollen es einige absolut nicht einsehen, aber in Teilen des spanischen Staates sprechen die Menschen eben anders als in der Hauptstadt. Katalanisch, Baskisch und Galicisch sind neben Spanisch offizielle Amtssprachen. *Català* wird heute von sechs Millionen Menschen gesprochen, vom französischen Roussillon und dem Kleinstaat Andorra bis nach Alicante und auf den Balearen. In der Westmark des Karolingischen Reiches bildete sich schon vor etwa 1000 Jahren eine eigenständige Grafschaft heraus. Für lange Zeit lebten die Katalanen im Zentrum des Reiches von Aragonien, das Valencia, die Balearen, Sardinien und Sizilien umspannte. Erst als die Grafen von Barcelona im 15. Jahrhundert ausstarben, ging die Krone an Kastilien. Seither ist Katalonien »das ewige Spaniens«, wie es der Philosoph Ortega y Gasset ausdrückte. Die Menschen in dieser Region fühlen sich eher der Provence verbunden als Kastilien, ihre Sprache liegt zwischen Provenzalisch und Spanisch und weist seit ersten Chroniken aus dem 13. Jahrhundert eine reiche Literatur auf.

So stammen die ältesten spanischen Kochbücher aus Katalonien, und sie wurden in Katalanisch verfaßt. 1324 erschien das handgeschriebene *Libre de Sent Soví* als eines der ersten kulinarischen Handbücher Europas. Es enthält neben Anweisungen zur Küchentechnik auch eine umfangreiche katalanische Rezeptsammlung. Als erstes gedrucktes katalanisches Küchenwerk erschien rund 200 Jahre später (um 1520) das *Libre del coch* von Rupert de Nola, das mit vielen Rezepten auch aus Italien, aus der Provence und aus Dalmatien die heute so populäre »Mittelmeerküche« vorwegnimmt.

Meeresfrüchte gibt es in Barcelona nirgends so frisch wie in der Boquería. Hier kaufen auch die Chefs der besten Restaurants, wie Jean-Louis Neichel vom »Neichel«.

Vom Meer zum Markt sind es nur wenige Schritte. Klar, daß in Barcelonas schönstem Markt täglich fangfrischer Fisch angeliefert und noch am gleichen Tag verkauft wird.

Viele Händler in der Boquería haben ihren Stand schon seit Jahrzehnten, und sie kennen ihre Kunden persönlich. Da werden gerne auch einmal Sonderwünsche erfüllt.

Tomatenbrot

Für die Katalanen ist ihr einfachstes Gericht ein Symbol, das romantische Erinnerungen mit sich bringt: Wie gut war doch das Tomatenbrot der Kindheit, das die Mutter nach der Schule als erstes zur Begrüßung bereithielt. Das beliebte *pa amb tomàquet* (Brot mit Tomate, spanisch *pan con tomate*) gehört so untrennbar zum Alltag der Katalanen, daß sie gerne von einer uralten Tradition sprechen. In Wahrheit aber wurde die aus Amerika eingeführte Tomate erst im 18. Jahrhundert in der katalanischen Küche geläufig. Die glorreiche Verbindung mit Brot und Olivenöl entstand dann wahrscheinlich in der Mitte des 19. Jahrhunderts.

Die Basis für Tomatenbrot bildet das große, runde *pa de pagès* (Bauernbrot), das fest in der Konsistenz sein muß und unter der dunkel gebackenen Rinde nur sehr langsam trocknet, so daß es auch am nächsten oder übernächsten Tag noch gut ist. Die besten Tomaten hierfür sind klein, von dunkelroter Farbe und vor allem ausgesprochen reif und saftig. Jeder gut sortierte katalanische Gemüseladen hat schön getrennt Salat-Tomaten und Brot-Tomaten im Angebot. Mit einem belegten Brot hat das *pa amb tomàquet* allerdings wenig zu tun. Zur Zubereitung wird eine Tomate halbiert und dann auf eine Scheibe Brot gestrichen. Ein paar Tropfen bestes kaltgepreßtes Olivenöl und etwas Salz runden das einfache kulinarische Kunstwerk ab. Tomatenbrot wird pur gegessen oder mit Käse, mit Rohschinken oder einer der unzähligen Wurstsorten des Landes. Auch mit spanischer Tortilla oder Fleisch vom Holzkohlengrill harmoniert es bestens. Das Brot kann auch geröstet werden, bevor man es mit Tomate bestreicht, was zum Beispiel bei der delikaten Variante mit eingelegten Sardellen aus dem Küstenort L'Escala *(anxoves de l'Escala)* besonders gut schmeckt.

Restaurants, die viel von Tradition halten, bieten Brot und Tomaten getrennt an, und der Gast bereitet sich sein Tomatenbrot am Tisch selbst zu. Andere Lokale sind spezialisiert auf *llesques de pa* (Brotscheiben): Tomatenbrot mit einer Fülle von verschiedenen Zutaten – vom einfachen Schinken bis zur *escalivada*, gebratenem Gemüse, das kalt mit Olivenöl serviert wird.

Olivenöl aus Katalonien

Katalonien produziert nur etwa vier Prozent des spanischen Olivenöls, doch darunter sind beste Qualitäten und zwei der vier geschützten Herkunftsbezeichnungen *(Denominaciones de Origen, D.O.)* des Landes: Siurana und Les Garrigues. Die wichtigste Olivensorte Kataloniens ist die Arbequina. Sie ist klein und grün, wenn jung gepflückt, und schwarz-violett, wenn sie erst reif vom Baum genommen wird. Die grünen kommen oft als Tapa auf den Tisch, als Beigabe zum Bier oder Wein, denn sie haben ein angenehm fruchtiges Aroma. Kaltgepreßtes Siurana-Öl besteht zu 90 Prozent aus Arbequina-Oliven. Es hat eine blaß-gelbliche Farbe und einen sehr niedrigen Säuregehalt von maximal 0,5 Prozent. Die Oliven hierfür werden in der um Tarragona, im Alt Camp, Priorat und bis zur Ribera d'Ebre (Ebrogebiet) angebaut.

Auch im Produktionsgebiet Les Garrigues südlich von Lleida wird Öl zu 90 Prozent aus Arbequina-Oliven gepreßt; der Säuregrad beträgt auch hier maximal 0,5 Prozent. Das etwas grünliche Öl aus jungen Früchten steigt mit einem leicht bitteren, aber fruchtigen Bukett in die Nase. Reifere Früchte liefern gelbes Öl mit fast exotischem Fruchtaroma, das sich für *alioli* und Mayonnaise eignet.

Pa amb tomàquet schmeckt besonders gut mit herzhaftem Bauernbrot, das man vor dem Bestreichen anröstet.

Vollreife rote Tomaten werden in der Mitte durchgeschnitten und dann großzügig auf das Brot gestrichen.

Feines kaltgepreßtes Olivenöl rundet den Geschmack des katalanischen Tomatenbrots auf ideale Weise ab.

Die hohe Kunst des Alioli

Wer hätte gedacht, daß ein so brutaler Mensch ein so feines Gericht schafft? Der meist als Brandstifter Roms beschimpfte Kaiser Nero gilt als Erfinder der genialen Verbindung von Olivenöl und Knoblauch, die als *ajiaceite* oder *alioli* zu einem Grundstein spanischer Küche wurde. Heute ist diese kalte Knoblauchcreme besonders bei den Katalanen beliebt, und der Name stammt aus deren Wörtern *all* (Knoblauch) und *oli* (Öl). Ein echter *alioli* (katalanisch *all-i-oli*) besteht nur aus diesen beiden Zutaten, außer einer Prise Salz darf nichts dazukommen. Der Knoblauch wird im Mörser mit dem Holz zerstampft, das Öl ganz sanft hinzugegeben. Ei war einst verpönt beim echten Grundrezept, heute findet man aber nur selten eine Hausfrau, die nicht ein wenig davon verwendet. Meisterschaft beweist der Koch, wenn er den Mörser mit dem fertigen *alioli* auf den Kopf stellen kann, ohne daß die pikante Sauce herausfällt. Das schaffen nur wenige. Man serviert *alioli* zu den verschiedensten Fisch- und Reisgerichten, aber auch zu gegrilltem Fleisch und Gemüse.

Alioli

Das Original:
3 große Knoblauchzehen, grob gehackt
1/4–1/2 TL Salz
1/8–1/4 l Olivenöl
Zitronensaft nach Wunsch

Knoblauch und Salz im Mörser zu einer homogenen Masse zerstampfen. Dann das Olivenöl zuerst tropfenweise, dann in dünnem Strahl unter ständigem Rühren einarbeiten, so daß eine dickliche Paste entsteht. Nach Geschmack mit einigen Tropfen Zitronensaft abschmecken.

Die moderne Fälschung:
3 große Knoblauchzehen, geschält
1/2 TL Salz
1–2 Eigelb
1/4 l Olivenöl
Zitronensaft nach Wunsch

Knoblauch in Stücke schneiden und im Mörser mit Salz zu einer homogenen Paste zerstampfen. Das Eigelb einrühren. Dann das Olivenöl zuerst tropfenweise, dann in dünnem Strahl unter ständigem Rühren einarbeiten. Nach Wunsch mit Zitronensaft abschmecken und kalt servieren. Zum Unterrühren des Öls kann man auch Schneebesen oder Handrührgerät benützen.

Zur Bereitung eines echten *alioli* braucht man neben Knoblauch, Olivenöl und Salz auch ein klein wenig Geduld, denn die feine Knoblauchsauce wird traditionell im Mörser gerührt. Heutzutage fügt man zum Binden meist auch etwas Eigelb bei, und wer größere Mengen herstellen will, darf in modernen Zeiten sogar den Mixer zu Hilfe nehmen.

Die frisch geschälten Knoblauchzehen werden in grobe Stücke geschnitten und dann in einen Mörser gegeben.

Der Knoblauch wird gemeinsam mit dem Salz zu einer dicken Paste zermahlen, es sollten keine Stücke bleiben.

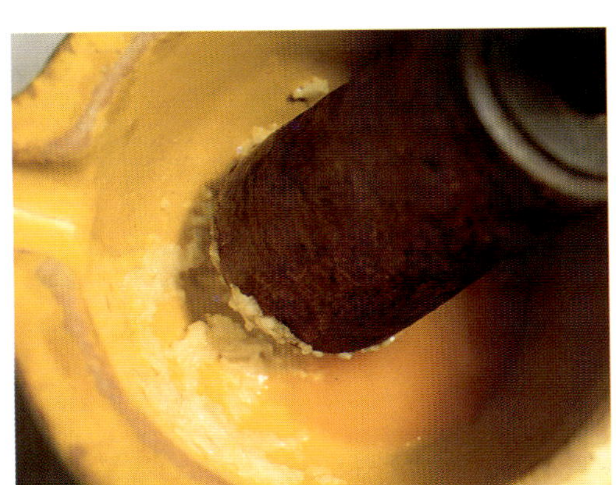

Dann kommt das Eigelb hinzu, das man vorsichtig unterrührt, bis sich die Zutaten gut vermischt haben.

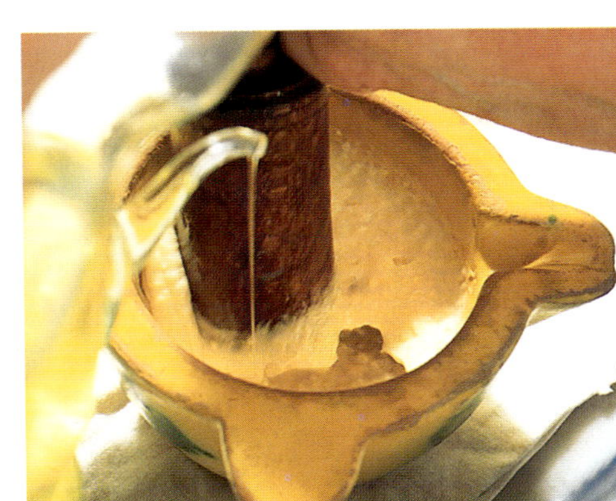

In dünnem Strahl gießt man zuletzt das Olivenöl zu und rührt alles zu einer dicken, glatten *alioli*-Sauce.

Calçotada

Die Technik zu diesem erlesenen Genuß muß man üben: den Kopf nach hinten legen, den Mund weit öffnen, dann das längliche weiße Objekt mit einer Hand in die Höhe halten und langsam in den Rachen senken. Eine bald von schwarzen Schlieren geschmückte Serviette gehört dabei um den Hals gebunden, und als Teller dient ein Dachziegel. Das urtümliche Ritual der *calçotada*, des großen Frühlingszwiebel-Schmauses, zieht alljährlich Tausende von Liebhabern an und ist wirtschaftliche Grundlage einer ganzen Region geworden.

Vor etwa 100 Jahren röstete Xat de Benaiges, ein Bauer aus Valls in der Provinz Tarragona, zum ersten Mal junge Zwiebeln auf einem lodernden Feuer, anstatt sie an der Glut zu grillen. Ob das ein brillanter Einfall oder eher ein Mißgriff beim Feuermachen war, ist nicht überliefert. Da Sparsamkeit bei den Katalanen groß geschrieben wird, schälte Xat (sprich: Schat) das außen verkohlte Gemüse – und erfand den *calçot*, um den sich heute Einheimische und Touristen reißen.

Der Name *calçot* stammt vom katalanischen Verb *calçar* (unterstützen), denn wie beim Spargel wird um den jungen Sproß der Zwiebel Erde aufgehäuft, damit die Pflanze lang, weiß und zart bleibt. Der Anbau der Frühlingszwiebeln dauert fast ein ganzes Jahr: Im Februar werden die Zwiebel-Sprosse gesetzt, Ende Juli wieder aus der Erde genommen, geteilt und neu gepflanzt. Die Ernte beginnt im November und zieht sich bis Ostern hin, denn der Erfolg hat die einst auf Februar und März beschränkte *calçotada*-Saison ausgedehnt. Die Produktion erreicht heute jedes Jahr rund 20 Millionen *calçots* und erbringt etwa ein Drittel des Einkommens der Bauern in der Region.

Auch viele Restaurants könnten ohne die Frühlingszwiebel nicht überleben, denn bis zu 300 000 Menschen pilgern jedes Jahr in die Region, um *calçots* zu genießen. Eine Stunde vor dem Essen werden die Zwiebeln geröstet und in Zeitungspapier gewickelt, um die Hitze zu bewahren. So werden sie innen zart. Auch der Ziegel als Teller dient dazu, die Wärme zu halten. Mit der Hand wird die verkohlte Schicht abgestreift und die Zwiebel in *salbitxada* getunkt, eine pikante Sauce aus Mandeln, Tomaten, Knoblauch, speziellen scharfen Pfefferschoten *(bitxos)* sowie Essig und Öl (Rezept rechte Seite). Höhepunkt der Saison ist die *calçotada* von Valls am letzten Sonntag im Januar: In einem wahrhaft monströsen Freß-Wettbewerb stopfen sich die Meister ihrer Zunft in 45 Minuten mehr als 200 Frühlingszwiebeln in den Rachen – das sind rund drei Kilo.

Calçots, die kleinen schmackhaften Frühlingszwiebeln aus der Gegend von Valls werden in einer Art kultischer Handlung auf dem Grill geröstet (Hintergrund) und dann stilecht verzehrt: Man serviert sie auf einem gebrannten Ziegel (oben) und taucht sie vor dem Verzehr in scharfe *salbitxada*-Sauce auf Mandelbasis.

1 Die Zubereitung von *salbitxada* erfordert Armschmalz: Die gerösteten Mandeln werden im Mörser zerstoßen.
2 Für die feine Schärfe sorgen kleine rote Paprikaschoten *(bitxos)*. Diese werden entkernt und dann zerkleinert.
3 Auch eine üppige Menge frischer Knoblauch darf nicht fehlen. Man schält die Zehen und schneidet sie klein.

4 Nun werden die Mandeln, die Paprikaschoten und der Knoblauch im Mörser zu einer dicken Paste zermahlen.
5 Man gibt die Paste in eine größere Schüssel und fügt nun zerkleinerte Tomaten, gehackte Petersilie und Essig zu.
6 Nun gibt man langsam das Olivenöl zu und verrührt mit einem Schneebesen alle Zutaten zu einer dicken Sauce.

Salbitxada

Sauce für *calçots*

2 EL geschälte Mandeln
2 bitxo-*Pfefferschoten, ersatzweise scharfe rote Chilischoten*
6 Knoblauchzehen
2 reife Tomaten, enthäutet und in Würfel geschnitten
1 EL gehackte Petersilie
1 EL Rotweinessig
1/8 l Olivenöl
Salz und Pfeffer

Die Mandeln in einer trockenen Pfanne rösten und im Mörser grob zerkleinern. Die Pfefferschoten mit einem kleinen, scharfen Messer aufschlitzen, die Kerne entfernen und die Schoten grob zerkleinern. Die Knoblauchzehen schälen und grob hacken.
Die Mandeln, die Pfefferschoten und den Knoblauch im Mörser zu einer dicken Paste zermahlen, diese in eine etwas größere Schüssel geben. Tomaten, Petersilie und Essig zufügen, nach und nach das Olivenöl in dünnem Strahl zugießen. Alles mit dem Schneebesen zu einer dickflüssigen, homogenen Sauce verarbeiten und mit Salz und Pfeffer abschmecken.
Tip: Schneller bereitet man diese feine Würzsauce im Mixer, die traditionelle katalanische Herstellungsart für *salbitxada*, die Beigabe zur *calçotada*, ist jedoch das Zermahlen im Mörser.

Beliebte spanische Saucen

Romesco: Sauce aus Tomaten, Mandeln und/oder Haselnüssen, Knoblauch, scharfen Pfefferschoten, Olivenöl sowie Brühe oder Essig. Meist zu Fisch oder Meeresfrüchten, aber auch zu *calçots*.
Picada: Saucengrundlage aus gerösteten Mandeln, Haselnüssen oder Pinienkernen sowie Knoblauch, Petersilie und Olivenöl, im Mörser zerstampft.
Sofrito (sofregit): dicke Sauce aus Olivenöl, Zwiebeln, Knoblauch und Tomaten.
Samfaina: katalanische Schwester der Ratatouille aus Knoblauch, Zwiebeln, Auberginen, Zucchini, Tomaten, Paprika und Olivenöl. Soll daraus eine Sauce werden, wird das Ganze mit Flüssigkeit länger gekocht.
Alioli: Sauce zu Fisch oder Fleisch, aus Knoblauch und Olivenöl, manchmal mit Ei (siehe Seite 17).
Salsa mahonesa: Mayonnaise aus Öl, Salz und Ei, häufig mit Zitronensaft (siehe Seite 68).
Salsa española: »Spanische Sauce« aus Zwiebel, Karotte und Porree, dazu Speck oder Schmalz, Knochen oder Fleisch, meist vom Rind oder Kalb und nach Wunsch Kräuter, Tomaten oder Wein.
Salsa vinagreta: Vinaigrette aus Essig, Öl, Zwiebeln und Kräutern, häufig mit gehacktem hartgekochtem Ei, Kapern, Gürkchen oder Sardellenfilets.
Salsa de tomate: Tomatensauce.
Salsa marinera: Sauce aus Zwiebeln, Petersilie, Fischsud und Wein.
Salsa verde: Knoblauch, Petersilie, Olivenöl, manchmal auch etwas Weißwein und/oder Eigelb.
Salsa bechamel: Bechamelsauce aus Butter, Mehl und Milch.
Salsa Aurora: Bechamelsauce mit Tomaten.

Seeteufel

Lophius piscatorius ist ohne Zweifel eines der skurrilsten Wesen in Atlantik und Mittelmeer. Der bis zu zwei Meter lange, rötliche Seeteufel *(rape)* hat einen unverhältnismäßig großen Kopf, hinter dem der Leib zum dicken Schwanz verkümmert ist. Er wird in Küstengewässern mit sandigem oder lehmigem Boden gefischt. Hier liegt er geduldig, spürt die Nahrung mit Antennen auf, das gewaltige Maul immer aufgerissen, bis es über achtlosen Opfern zuschnappt. Falls der Anblick allein nicht schon reicht, kann er seine Feinde mit sechs Stacheln abwehren. Kein Wunder also, daß die Spanier den *rape* verächtlich auch »Meeresratte« *(rata de mar)* schimpfen, während die Italiener »Fischerfrosch« *(rana pescatrice)* und die Portugiesen »Froschfisch« *(peixe sapo)* sagen. Die Katalanen waren es, die den Seeteufel für die Kochkunst entdeckt und in ganz Spanien verbreitet haben.

Einige Ahnungslose verleumden den Seeteufel zwar immer noch als fade, doch kunstvoll zubereitet dient sein festes, aromatisches Fleisch als Grundelement für herrlichste Kreationen. Den häßlichen Kopf kriegt man in vielen Geschäften gar nicht zu Gesicht, denn aus ihm wird bestenfalls Suppe gemacht. Vom vorderen Ende schätzen die Katalanen sonst nur die Backen als Spezialität. Von den Innereien wird die Leber für Sauce verwendet. Das Wichtigste aber ist das hintere Drittel dieses urwüchsigen Fisches. Die ledrige, schuppenlose Haut wird abgezogen wie ein Kaninchenfell. Seeteufel hat keine Gräten, sondern eine Art Skelett aus Knorpel. Das Fleisch wird in Filets tranchiert und ist nachgiebig, aber fest mit einer Konsistenz, die jener der Meeresfrüchte ähnelt. Deshalb ist Seeteufel auch sehr gut geeignet, mit Tomaten, Paprika und Zwiebeln am Spieß gegrillt zu werden. In ganz Spanien findet man das zarte Fleisch in feinen Fischeintöpfen und als *rape a la plancha* (auf dem Eisen gebraten).

Als typisches Gericht von Barcelona gilt die *sopa de rape* (Seeteufel-Suppe). Auch *suquet,* der Fischeintopf der Costa Brava, wäre ohne Seeteufel undenkbar. Der Schriftsteller Manuel Vázquez Montalbán schwärmt noch von einem *mar i cel* (Meer und Himmel), den er in Estartit kostete: Fisch in himmlischer Synthese mit Kaninchen und Wurst. Seeteufel kann in Eintöpfen mit Gemüse oder Kartoffeln verwendet werden; auch mit Pilzen, *alioli* oder einer *romesco*-Sauce aus Knoblauch, Tomaten, scharfem Paprika und Mandeln schmeckt er köstlich, und sogar panieren läßt er sich gut. Zunehmend dient die einmalige Struktur des Seeteufel-Fleisches auch dazu, *rape a la langosta* oder *rape alangostado* (Seeteufel auf Langustenart) zu vermarkten, wobei das Fleisch mit Bindfaden zu festen, langustenförmigen Stücken geschnürt und dann gekocht wird. In Nord-Katalonien, wie die Katalanen das vor 300 Jahren an Frankreich abgetretene Roussillon nennen, wird auch ein Paté aus Seeteufel-Leber hergestellt.

Ein ganzer Seeteufel in der Küche

Um einen Seeteufel zu zerlegen, schneidet man zuerst mit einem scharfen Messer die ledrige Haut entlang des Rückens auf.

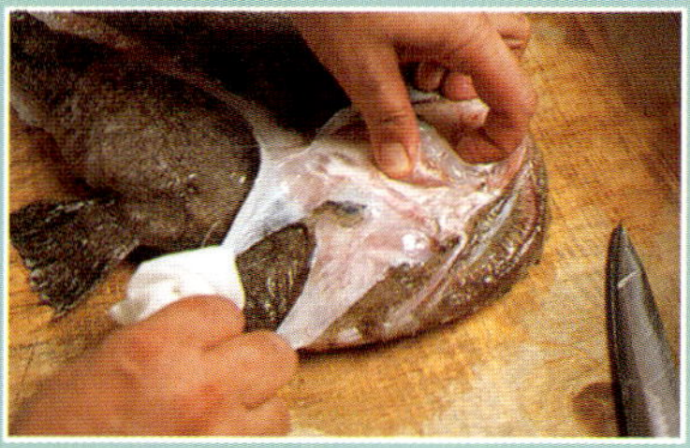
Mit beiden Händen löst man die Haut im Kopfbereich und zieht sie dann vorsichtig in Richtung Schwanzteil weg.

Dann dreht man den Fisch auf die Rückseite und löst auch an der Bauchseite die Haut ab. Sie ist auf dieser Seite heller.

Ein Küchentuch kann wertvolle Dienste leisten, wenn es darum geht, die bisweilen etwas glitschige Haut ganz abzuziehen.

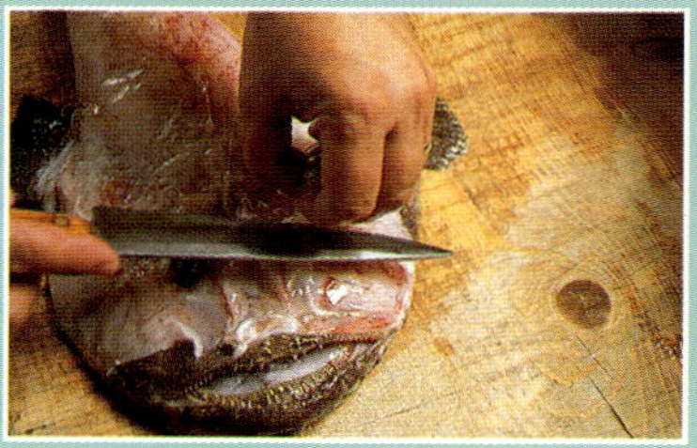
Verbleibende Hautstückchen und andere Verunreinigungen löst man nun noch mit einem scharfen Messer vollständig ab.

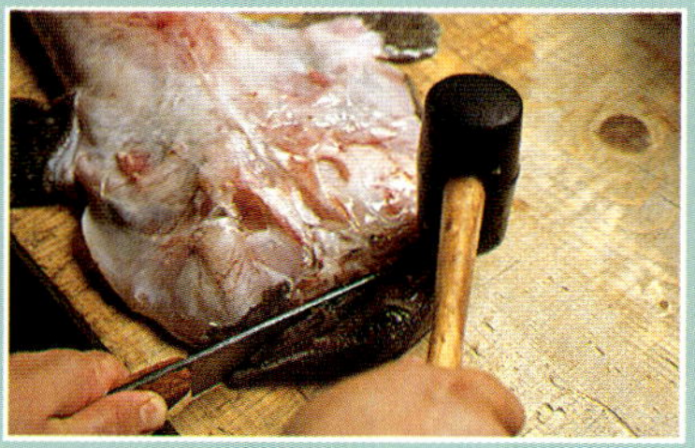
Dann trennt man mit scharfem Messer und der Unterstützung eines Hammers das Maul ab, das nicht zu gebrauchen ist.

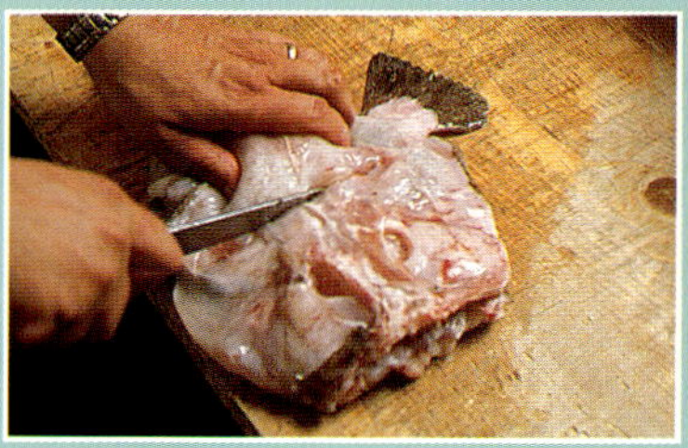
Nun wird der Kopf vom Schwanzteil entfernt. Dieser größte Teil des Fischs kommt in die Suppe oder wird zu Fischmehl.

Das feine Fleisch des Schwanzteils wird nun, je nach Verwendung, in Scheiben oder mundgerechte Stücke geschnitten.

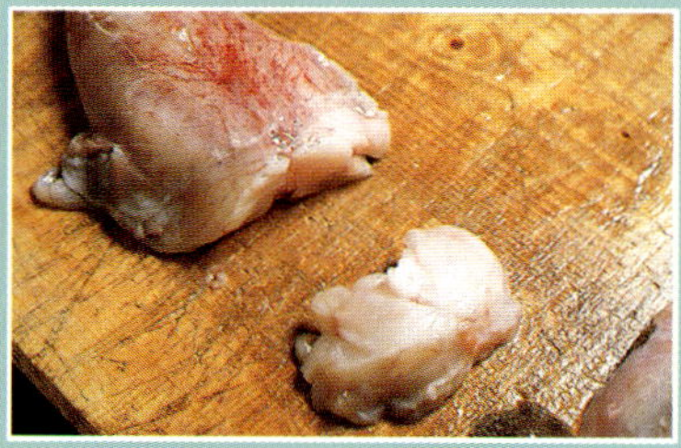
Man kann das Seeteufelfleisch nun braten, dünsten oder grillen. In Katalonien ist es auch Zutat für feine Eintöpfe und Suppen.

In Mitteleuropa bekommt der Kunde nur selten einen ganzen Seeteufel zu Gesicht. Doch in Spanien kann man den ganzen *rape* auf dem Markt kaufen und dann selbst zerlegen.

Rape a la marinera
Seeteufel nach Matrosenart
(Abbildung oben)

4 Seeteufelfilets à 200g
Salz und Pfeffer
3 EL Olivenöl
Mehl
1 kleine Zwiebel, fein gehackt
1 EL geschälte Mandeln
3 Knoblauchzehen, in dünne Scheiben geschnitten
1 getrocknete rote Chilischote, entkernt und fein gehackt
1 Bund Petersilie, gehackt
1 Scheibe geröstetes Weißbrot
1/8 l Weißwein
1/4 l Fischfond
4 gekochte Riesengarnelen
4 gekochte Kaisergranate

Die Fischfilets waschen, trockentupfen und mit Salz und Pfeffer würzen. Beiseite stellen und etwas ziehen lassen. Olivenöl erhitzen, die Fischfilets in Mehl wenden und von beiden Seiten anbraten. In eine feuerfeste Form setzen. Im restlichen Öl die Zwiebel glasig dünsten. Mandeln, Knoblauch und Chilischote zugeben und anrösten. Petersilie und die Brotscheibe untermischen, den Weißwein zugießen und einmal aufkochen. Die Sauce im Mixer pürieren, mit dem Fischfond auffüllen, nochmals kurz aufkochen lassen und über die Fischfilets gießen. Im vorgeheizten Backofen bei 175 °C ca. 10 bis 15 Minuten gardünsten.
Die Fischfilets mit der Sauce und den gekochten Riesengarnelen und Kaisergranaten auf einer vorgewärmten Platte anrichten.

Salpicón de rape y mariscos
Seeteufelsalat mit Meeresfrüchten

300 g Seeteufel, gekocht und in Stücke zerpflückt
200 g kleine, gekochte Tintenfische
200 g ausgelöste, gekochte Garnelen
200 g ausgelöste, gekochte Miesmuscheln
je 1 grüne und rote Paprikaschote, entkernt und in Würfel geschnitten
2 kleine, feste Tomaten, in Würfel geschnitten
1 Zwiebel, fein gehackt
2 EL Sherryessig
1 EL Zitronensaft
Salz und Pfeffer
6 EL Olivenöl

Alle festen Zutaten in eine Schüssel geben und vorsichtig vermengen. Für das Dressing Essig mit Zitronensaft, Salz, Pfeffer und Olivenöl verrühren. Dressing über die Salatzutaten geben und unterheben. Vor dem Servieren etwa 30 Minuten durchziehen lassen.

Bacalao con samfaina –
Stockfisch mit Gemüse

Dorada con verdura al horno –
Goldbrasse mit Gemüse aus dem Ofen

Suquet de peix –
Katalanischer Fischtopf

Fisch a la catalana

Bacalao con samfaina

Stockfisch mit Gemüse
(Abbildung linke Seite, oben)

500 g Stockfisch ohne Haut und Gräten
3 EL Mehl
1/4 l Olivenöl
2 Gemüsezwiebeln, fein gehackt
4 Knoblauchzehen, gehackt
je 1 rote und grüne Paprikaschote, entkernt und in kleine Würfel geschnitten
2 Auberginen, in Würfel geschnitten
2 Zucchini, in Würfel geschnitten
2 reife Tomaten, enthäutet und in Würfel geschnitten
Salz und Pfeffer
1 Prise Zucker

Stockfisch in Stücke schneiden und 24 Stunden wässern, dabei mindestens zweimal das Wasser wechseln. Fischstücke aus dem Wasser nehmen, abtrocknen und in Mehl wenden. Im Olivenöl goldbraun anbraten, aus der Pfanne nehmen und auf Küchenpapier abtropfen lassen.
Zwiebeln, Knoblauch und Paprika im gleichen Öl anbraten. Auberginen und Zucchini untermischen und kurz mitbraten. Dann Tomaten zugeben, etwas Wasser angießen und mit Salz, Pfeffer und Zucker würzen. Das Gemüse 10 Minuten schmoren lassen.
Die Fischstücke einlegen, eventuell noch etwas Wasser angießen und den Fisch im Gemüse garziehen lassen.

Suquet de peix

Katalanischer Fischtopf
(Abbildung linke Seite, links)

400 g Seeteufel
400 g Goldbrasse
100 ml Olivenöl
250 g kleine Tintenfische, küchenfertig
500 g Miesmuscheln, geputzt
2 Gemüsezwiebeln, fein gehackt
2 große reife Fleischtomaten, enthäutet und in Würfel geschnitten
1/2 l Weißwein
Salz und Pfeffer
3 Knoblauchzehen
2 EL gehackte Petersilie
1 EL gemahlene Mandeln
einige Safranfäden

Seeteufel und Goldbrasse waschen, trockentupfen und in Stücke schneiden.
In einer tiefen Pfanne das Olivenöl erhitzen und die Fischstücke kurz anbraten. Aus der Pfanne heben und in eine breite, ofenfeste Form legen. Tintenfische im Öl goldbraun braten, dann über den Fisch verteilen. Muscheln in der Pfanne so lange braten, bis sie sich geöffnet haben, dann in die feuerfeste Form umfüllen.
Zwiebeln im Bratfond glasig dünsten. Tomaten zugeben und anschmoren. Den Weißwein und 1/2 l Wasser angießen, mit Salz und Pfeffer würzen und die Sauce etwas einkochen lassen.
Knoblauch, Petersilie und Mandeln mit 3 EL Sauce im Mörser zermahlen, die Safranfäden darin auflösen. In die Sauce rühren, einmal aufkochen und über die übrigen Zutaten geben. Im vorgeheizten Backofen bei 175 °C 5–10 Minuten ziehen lassen.
Variation: Der Fischtopf läßt sich mit verschiedenen Fischsorten, Muscheln, Garnelen und Kaisergranat zum wahren Festmahl ausbauen – nach Wunsch auch mit weniger Flüssigkeit.

Tausende von Fischern in großen und kleinen Häfen am Mittelmeer liefern täglich fangfrische Ware in die Küchen Kataloniens, wo Fisch niemals fehlen darf.

Dorada con verdura al horno

Goldbrasse mit Gemüse aus dem Ofen
(Abbildung linke Seite, rechts)

1 Goldbrasse von 1,2 kg, ersatzweise Zackenbarsch, küchenfertig
Salz und Pfeffer
1 EL gehackte Kräuter, z.B. Petersilie, Thymian, Estragon
Fett für die Form
2 Zwiebeln, in dünne Scheiben geschnitten
4 Kartoffeln, in dünne Scheiben geschnitten
300 g Blattspinat, blanchiert
2 große Karotten, in dünne Scheiben geschnitten
2 Knoblauchzehen, fein gehackt
100 ml Olivenöl
4 reife Tomaten, enthäutet und in Würfel geschnitten
1/8 l Weißwein

Die Goldbrasse waschen und trockentupfen. Haut mit einem scharfen Küchenmesser mehrmals einschneiden. Den Fisch innen und außen mit Salz, Pfeffer und den gehackten Kräutern einreiben und 15 Minuten ziehen lassen.
Eine feuerfeste Form ausfetten und mit den Zwiebeln und Kartoffeln auslegen. Den Spinat darüber verteilen, Karottenscheiben darauflegen, Knoblauch darüber streuen und den Fisch darauf legen. Mit dem Olivenöl begießen. Form mit Alufolie verschließen und im vorgeheizten Backofen bei 200 °C ca. 15 Minuten backen. Form aus dem Backofen nehmen, Folie entfernen. Tomaten zum Fisch geben und zuletzt den Weißwein angießen. Ohne Folie weitere 10 Minuten im Backofen garen (Garprobe machen).

Frischer Aal *(anguila)* wird täglich auf den Fischmarkt angeliefert. In der katalanischen Küche bereitet man ihn, wie auch in Valencia, gern mit Knoblauch und Paprika zu *(all-i-pebre)*, es gibt aber auch Rezepte mit weißen Bohnen und Tomaten sowie im Ofen mit Mandeln und Wein gegart oder ganz einach gewässert und dann auf dem Rost gegrillt.

Garnelen

In Vollmondnächten soll die Ausbeute ganz besonders groß sein: Wenn die Fischer entlang der Mittelmeerküste mit ihren Schleppnetzen hinausfahren und Frau Luna kreisrund vom Himmel schaut, stehen die Chancen gut, am nächsten Morgen einige Zentner Garnelen im Hafen anzulanden: rosafarbene und graugrüne, große und kleine, getupfte und transparente.
Einfach von Garnelen zu sprechen, wäre in Spanien allerdings zu einfach. Die unzähligen verschiedenen Sorten und viele Arten der Zubereitung schaffen nicht nur eine kaum zu durchschauende Sprachverwirrung, sondern auch eine mannigfaltige Auswahl, ein Instrumentarium, das Kenner spanischer *mariscos* (Meeresfrüchte) genüßlich einsetzen.
Gemeinsam haben alle Garnelenarten einen schmalen, länglichen Körper, fünf Paar Füße und lange Fühler, mit denen sie ihre Nahrung aufspüren und Gefahr wittern können. Im Gegensatz zum Kaisergranat (*cigala,* in vielen Ländern auch als *scampi* bekannt) haben sie keine Scheren. Von den heute 2000 bis 3000 bekannten Garnelenarten werden nur wenige in der Küche verwendet. In Spanien nennt man die kleineren Sorten meist *gambas,* die größeren *langostinos* (Riesengarnelen) – Ausnahmen auf der Speisekarte nicht ausgeschlossen.
Woher nun aber die besten Exemplare dieser Spezies kommen, da streiten sich die Geister – nicht immer ganz unabhängig von lokalen Vorlieben bis hin zum Lokal- oder Regionalpatriotismus. Berühmt sind in Katalonien vor allem die Garnelen aus Arenys, in der Region Valencia die *gambas* aus Denia sowie die *langostinos* aus Vinaròs, die Andalusier schwören auf *gambas* aus Garrucha und *langostinos* aus Sanlúcar de Barrameda.
In Katalonien bringen von Llançà im Norden bis Deltebre an der Ebro-Mündung 35 Häfen den Reichtum des Mittelmeeres auf die Märkte. In jedem Hafen glauben die Fischer, das beste Produkt zu bieten, obwohl bis jetzt nur die *langostinos* (lat. *Penaeus kerathurus,* Furchengarnelen) vom Ebro-Delta es geschafft haben, die Qualitätsmarke der Regionalregierung zu erlangen. Die besonderen Strömungen im Umfeld der Flußmündung sollen hier für einen besonders guten Fang sorgen. Man erkennt diese Garnelenart an ihren schwarzen, hervortretenden Augen und dem gelblichgrauen Fleisch mit dunklen Querstreifen (auf englisch sagt man deshalb *tiger shrimp*), das sich beim Kochen rosa färbt.
Die gewöhnliche *gamba roja (Aristeus antennatus)* entspricht der französischen *crevette rouge* oder Italiens *gambero.* Sie mißt 15 bis 18 Zentimeter, zuweilen auch mehr, lebt in 200 bis 1000 Meter Tiefe auf schlammigen Meeresböden, und ihr Kopf ist fleischrot gefärbt. Die etwas kleinere *gamba blanca (Parapenaeus longirostris)* wird in Frankreich oder England Hochsee-Garnele genannt. Von den Küsten Kataloniens ist sie praktisch verschwunden; was hier auf den Markt kommt, wird vor den Küsten Afrikas gefischt. Diese *gamba* ist den größeren *langostinos* ähnlich und wird in Katalonien auch gern als *gamba llagostinera* angeboten.
Die *Plesionika adwarsii* ist eine weitere in Katalonien geläufige *gamba.* Sie ist rundlich, zart rosa gefärbt, trägt das ganze Jahr über Eier und wird (wohl deshalb, wie Lästerzungen gern behaupten) auch *carrabiner* (Polizist) genannt.
Auf spanischen Menükarten finden sich zuweilen auch exotischere Garnelenarten wie *camarón* (Chilegarnele) oder *quisquilla* (Sandgarnele), die von spanischen Fischern aber weit von den heimatlichen Küsten gefangen werden.
So reichlich das Angebot an Garnelensorten, so universell ist die Anwendung von *gamba* und *langostino*: Man genießt sie in Spanien allein als Tapa – meist mit Olivenöl und etwas Meersalz auf der heißen Platte gebraten oder mit Knoblauch *al ajillo* (siehe Rezept) – außerdem als Zutat für Salate oder Vorspeisen, gegrillt oder paniert, als Anreicherung von Paella, Eintöpfen und Suppe oder in raffinierten Gerichten mit anderen Meeresfrüchten und Fisch.

Gambas al ajillo
Knoblauchgarnelen

600 g rohe Garnelenschwänze, ausgelöst und küchenfertig vorbereitet
¼ l Olivenöl
6 Knoblauchzehen, in dünne Scheiben geschnitten
2 getrocknete rote Chilischoten, entkernt und fein gehackt
Salz

Olivenöl in einer Tonkasserolle oder Pfanne erhitzen, Knoblauch und Chilischoten zufügen. Sobald der Knoblauch leicht gebräunt ist, die Garnelenschwänze dazugeben und salzen. Die gebratenen Garnelen mitsamt Öl und Knoblauch in 4 vorgewärmte Tonschalen verteilen, sofort servieren.

Links: Fangfrische Garnelen haben nicht viel Beiwerk nötig. Häufig werden sie ganz einfach auf der heißen Platte *(plancha)* gebraten und mit Meersalz bestreut.

Wie erkennt man, ob Garnelen wirklich frisch sind?

Auch wer den Kopf von *gambas* oder *langostinos* nicht essen mag, sollte ihn gründlich unter die Lupe nehmen – natürlich vor dem Kochen. Denn hier erkennt der Kenner, ob eine Garnele frisch ist oder nicht: Je älter das Tier, umso dunkler der Kopf. Außerdem wird er weicher und sackt in seinem harten Panzer etwas zusammen. Die langen Fühler sind nur bei frischen Meeresfrüchten intakt. Werden die Tiere eingefroren und dann wieder aufgetaut, brechen die Fühler ab. Und wenn beim Frischetest in letzter Not die Nase zu Hilfe kommen muß, dann ist es eigentlich schon zu spät.

Hintergrund: Die meisten Garnelenarten sind in rohem Zustand eher blasse Gesellen. Ihre leuchtend rote Färbung entwickeln sie erst durch Erhitzen.

Romesco de langostinos

Riesengarnelen mit Romesco-Sauce

12-16 Riesengarnelen
100 ml Olivenöl
75 g geschälte Mandeln
3 Knoblauchzehen, in Scheiben geschnitten
1 kleine Zwiebel, fein gehackt
2 getrocknete rote Chilischoten, entkernt und fein gehackt
3 reife Fleischtomaten, enthäutet und in Würfel geschnitten
1 Lorbeerblatt
1 Scheibe geröstetes Weißbrot
1 EL gehackte Petersilie
Salz und Pfeffer
2 EL Sherryessig

Riesengarnelen im Olivenöl anbraten, herausheben und beiseite stellen. Mandeln und Knoblauch im Öl goldbraun rösten. Mit dem Schaumlöffel aus dem Öl heben. Zwiebel im Öl glasig dünsten, Chilischoten zugeben und Tomaten untermischen. Mit Lorbeerblatt würzen und bei großer Hitze einkochen. Mandeln, Knoblauch, Weißbrot und Petersilie in einem Mörser zerstampfen. Zu den Tomaten geben, etwas Wasser angießen. Mit Salz, Pfeffer und Essig abschmecken. Riesengarnelen einlegen und fünf Minuten in der Sauce ziehen lassen.

1 Zum Schälen hält man eine gekochte Garnele oder Riesengarnele zwischen Daumen und Zeigefinger jeder Hand.
2 Mit einer leichten Drehbewegung wird der Kopf abgelöst. Daran sollte kein wertvolles Fleisch hängenbleiben.
3 Nun wird der Körperpanzer aufgebrochen, indem man ihn mit den Fingern entlang der unteren Seite öffnet.

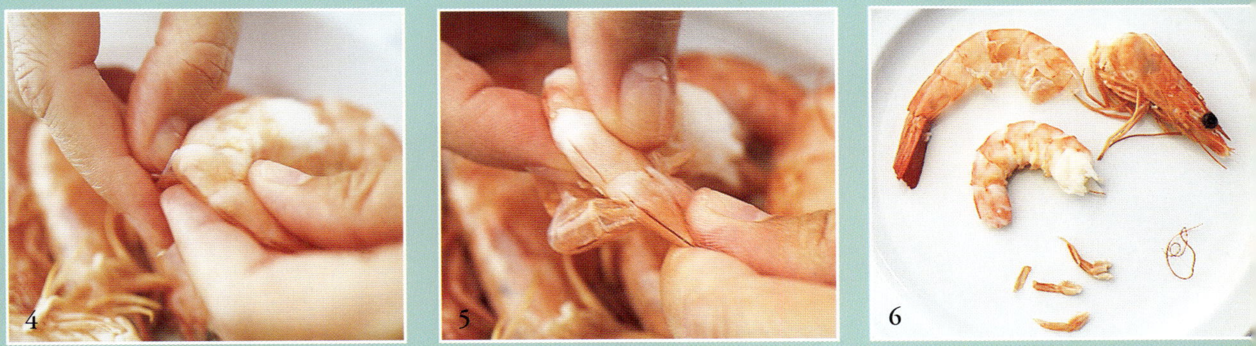

4 Will man die Garnelen dekorativ anrichten, kann man beim Lösen der Schale das Schwanzende stehen lassen.
5 Sollen die Garnelen in einer Sauce gekocht oder sofort verzehrt werden, löst man nun die Schale vollständig ab.
6 Das feine Fleisch ist zum Genuß bereit, Köpfe und Schalen kann man zur Herstellung eines Fischsuds verwenden.

Wo die Ausläufer der Pyrenäen ins Meer fallen, verschmelzen Berge und Meer zu einem faszinierenden Bild (Hintergrund). Kein Wunder, daß in dieser Gegend eine Küche entstand, welche die Produkte von Erde und Wasser wunderbar verbindet: Fleisch und Gemüse mit Fisch und Meeresfrüchten (oben).

Vogel im Fischnest

»Ein fast surrealistisches Beispiel der raffinierten katalanischen Küche«, nennt der Schriftststeller und Gourmet Manuel Vázquez Montalbán das *niu* (Nest). Jemanden zu finden, der das Gericht heute noch zubereitet, sei aber »so schwer, wie die Fußspuren des Yeti zu finden«. Der Ursprung des Nestes geht wohl auf die Korkarbeiter im Empordà zurück. Diese versammelten sich gern am Wochenende, um das seltsame kulinarische Werk zu vollbringen. Grundelement war ein an der Sonne getrockneter Fisch namens *pejepalo.* Den hatten italienische Seeleute aus Norwegen ins Land gebracht. Dazu gab man Stockfisch-Innereien, *sofrito* (dicke Tomatensauce), Kartoffeln und Knoblauch. Zum Schluß fehlte nur noch die Krönung, die dem »Nest« den Namen verlieh: In die Mitte des Gerichts setzte man pro Person eine zuvor in Öl scharf angebratene Drossel.

Von Bergen und Meer

»Magisches Dreieck« nennen Kenner das Empordà, jene Gegend zwischen dem Cap de Creus, der Costa Brava und Girona. Die *tramuntana,* der stete, herbe Nordwind, der von den Pyrenäen herunterbläst, mache verrückt, heißt es – oder er bringe Genies hervor wie den surrealistischen Maler Salvador Dalí. Die Phantasie ist jedenfalls überall präsent in diesem reichen und vielfältigen Land. Die Vermählung einer Sirene mit einem Hirten sei Ursprung des Empordà, dichtet die Legende. Und die Geographie bestätigt das, denn das Gebirge mit dem mächtigen Canigó im Norden und das wild gegen die Felsen schlagende Meer bestimmen das Land – auch kulinarisch.

Mar i muntanya (Meer und Berge) nennen die Katalanen ihre Rezepte, die auf kreative Weise Fisch oder Meeresfrüchte mit Fleisch oder Geflügel verbinden. In den *masies,* den mächtigen Natursteinhäusern der Bauern, entwickelte sich eine Eßkultur, die einmalig ist in der Nutzung vielfältiger Produkte. Diese sind keineswegs exotisch, die Kunst liegt vielmehr in ihrer Verbindung – etwa bei Huhn mit *gambas* oder Kaninchen mit *langostinos.* Außerdem sind die Katalanen schon seit der Römerzeit immer offen gewesen für neue Einflüsse. Raffinierte Beiträge der italienischen Renaissance begrüßten sie mit Freude, wie später auch die neuen Produkte aus Amerika. Schokolade wurde in Katalonien nicht als Nachtisch entdeckt, sondern als Grundelement der *mar i muntanya*-Küche.

Pollo con langosta
Hähnchen mit Languste

1 Huhn, ca. 1,2 kg
Salz und Pfeffer
100 ml Olivenöl
1 große Gemüsezwiebel, fein gehackt
2 reife Fleischtomaten, enthäutet und in Würfel geschnitten
1/8 l süßer Weißwein
1/4 l Geflügelfond
1 Lorbeerblatt
2 Knoblauchzehen, gehackt
1 EL gemahlene Mandeln
einige Safranfäden
40 g Blockschokolade, gerieben
1 EL Semmelbrösel
1 EL gehackte Petersilie
2 cl Brandy
2 Langusten, gekocht

Das Huhn gut waschen, abtrocknen und in Portionsstücke zerteilen. Mit Salz und Pfeffer einreiben. 4 EL Olivenöl in einer Kasserolle erhitzen und die Hühnerstücke scharf anbraten. Die Zwiebel zufügen und glasig dünsten. Dann die Tomaten zugeben und kurz mitschmoren. Den Weißwein und den Geflügelfond angießen und das Lorbeerblatt einlegen. 15 Minuten bei mittlerer Hitze köcheln lassen.

Den Knoblauch mit Mandeln, Safran, Schokolade, Semmelbröseln, Petersilie, Brandy und dem restlichen Olivenöl im Mörser zu einer dicklichen Paste zerstampfen. In den Schmorfond rühren. Die Langusten halbieren und in der Sauce 10 Minuten ziehen lassen. Vor dem Servieren mit Salz und Pfeffer abschmecken.

Patacó tarragoní
Thunfischtopf mit Schnecken

1/8 l Olivenöl
1 große Gemüsezwiebel, gehackt
2 reife Fleischtomaten, enthäutet und in Würfel geschnitten
4 mittelgroße Kartoffeln, in Würfel geschnitten
2 Zucchini, in Scheiben geschnitten
1/8 l Sherry oder Rancio-Wein
1/4 l Fischfond
Salz und Pfeffer
1 TL mildes Paprikapulver
1 Msp. scharfes Paprikapulver
1 Lorbeerblatt
2 Gewürznelken
500 g Thunfischfilet, in mundgerechte Stücke geschnitten
500 g mittelgroße Schnecken, küchenfertig
4 Knoblauchzehen, gehackt
1 EL geröstete Mandeln
einige Fäden Safran
1 EL gehackte Petersilie

Das Olivenöl in einer tiefen Pfanne oder einer Kasserolle erhitzen, Zwiebel darin glasig dünsten. Tomaten und Kartoffeln zugeben und anschmoren. Zucchini untermischen. Den Sherry und den Fischfond zugießen und mit Salz, Pfeffer, Paprikapulver, Lorbeerblatt und Gewürznelken würzen. Zugedeckt bei kleiner Hitze ca. 15 Minuten köcheln lassen.

Fisch und Schnecken einlegen, eventuell mit etwas Wasser aufgießen und zugedeckt bei kleiner Hitze weitere 15 Minuten garziehen lassen.

Inzwischen den Knoblauch mit den Mandeln, Safran, Petersilie und 1 EL der Kochbrühe im Mörser zu einer dicken Paste zermahlen. Kurz vor dem Servieren unterrühren.

Canelloni und Co.

Nur in Katalonien haben Nudeln auf der iberischen Halbinsel wirklich Fuß gefaßt, nur hier wußte die lokale Kochkunst damit Neues zu schaffen. Marco Polo hatte die ursprünglich aus China stammenden Teigwaren nach Italien eingeführt, von dort aus brachten die Araber sie nach Spanien. So waren Nudeln in Katalonien schon im Mittelalter geläufig. Im 14. Jahrhundert tauchten sie in Handschriften auf, die sich mit Kochkunst befassen. Da stehen Rezepte für arabische *alatria* und für *fideos* – ein Wort für Nudeln, das bis heute überlebt hat.
Das Reich der Krone von Aragonien, das einst Sardinien, Sizilien und Neapel umfaßte, schuf enge Kontakte zwischen den italienischen Besitztümern und der Metropole Barcelona. Schweizer und Italiener waren es aber, die im 19. Jahrhundert die Pasta in Katalonien fest verankerten. Zugereiste Uhrmacher aus der Schweiz, die spanische Gasthöfe nicht mochten, sollen in jener Zeit ihre eigenen Lokale eröffnet haben. Jedenfalls boten sie damals, zusammen mit den Italienern, die beste Küche des Landes. Das *Café Suizo* in Barcelona galt für viele Jahre als Spitzenrestaurant der Stadt. Mit der Vorliebe für Verdi-Opern breitete sich damals auch der Genuß von feinen *canelones* aus. Die gefüllten Pasta-Röllchen sind inzwischen so sehr eingebürgert, daß sie als klassische Speise der Katalanen zum Stephanstag, dem Tag nach Weihnachten (26. Dezember), gelten.

Canalones a la catalana

Canelloni auf katalanische Art
(Abbildung links hinten)

1/8 l Olivenöl
250 g gemischtes Hackfleisch (Rind und Schwein)
1 Hühnerbrust ohne Knochen, in kleine Würfel geschnitten
200 g Hühnerleber, in kleine Stücke geschnitten
1 Zwiebel, fein gehackt
1 Stange Lauch, in feine Ringe geschnitten
2 EL Semmelbrösel
Salz und Pfeffer
50 g Butter
60 g Mehl
1/2 l Brühe
1/2 l Milch
1 TL Thymian
1 EL gehackte Petersilie
1 Messerspitze gemahlene Muskatnuß
400 g Canelloni-Teigrollen, gebrauchsfertig
Fett für die Form
100 g geriebener Käse

Das Öl in einer tiefen Pfanne erhitzen. Das Hackfleisch, die Hühnerbrust und -leber sowie Zwiebel und Lauch darin anbraten. Vom Herd nehmen, die Semmelbrösel untermischen und mit Salz und Pfeffer würzen.
Die Butter in einer Kasserolle zerlassen, das Mehl einrühren und hellgelb anschwitzen. Unter ständigem Rühren die Brühe und die Milch zugießen, zum Kochen bringen und bei kleiner Hitze 10 Minuten ausquellen lassen. Die Béchamelsauce mit Thymian, Petersilie, Muskatnuß, Salz und Pfeffer würzen.
Canelloni mit der Fleischmasse füllen (am besten mit einem Spritzbeutel mit weiter Tülle). Canelloni nebeneinander in eine gefettete Form legen, mit der Béchamelsauce übergießen und mit dem Käse bestreuen. Im vorgeheizten Backofen bei 200 °C ca. 25 Minuten backen. In der Form auftragen.

Fideus a l'estil de Lleida

Nudeln nach Art von Lleida
(Abbildung Mitte)

4 kleine Schweineschnitzel oder Schweinerippen
2 EL Olivenöl
2 Zwiebeln, fein gehackt
3 Knoblauchzehen, fein gehackt
200 g Butifarra-Wurst oder Bratwurstbrät
3 reife Fleischtomaten, enthäutet und in Würfel geschnitten
$^{1}/_{4}$ l Fleischbrühe
Salz und Pfeffer
1 TL mildes Paprikapulver
250 g fideos, *ersatzweise Suppennudeln*

Schnitzel oder Rippen in einer tiefen Pfanne oder Tonkasserolle im Öl von beiden Seiten braten. Das Fleisch aus der Pfanne heben, die Zwiebeln und den Knoblauch im Bratfett glasig dünsten. Dann das Bratwurstbrät untermischen und anbraten. Tomaten zugeben und kurz mitschmoren. Brühe angießen und die Sauce etwas einkochen. Mit Salz, Pfeffer und Paprika würzen. Die Nudeln in die Pfanne geben und alles gut vermischen, dann die Schnitzel wieder einlegen. So viel kochendes Wasser zugießen, daß alle Zutaten gut bedeckt sind. Nudeln bißfest garen, mit Salz und Pfeffer abschmecken.

Arròs amb conill

Reis mit Kaninchen
(Abbildung rechts)

1 Kaninchen mit Leber, küchenfertig
100 ml Olivenöl
Salz und Pfeffer
1 Gemüsezwiebel, fein gehackt
2 Knoblauchzehen, gehackt
4 große reife Tomaten, enthäutet und in Würfel geschnitten
einige Safranfäden
2 junge Artischocken, geputzt und halbiert
250 g frische gepalte Erbsen
200 g Reis (mittleres Korn)
1 EL gehackte Petersilie

Das Kaninchen waschen, trockentupfen und in Stücke schneiden. $^{2}/_{3}$ des Olivenöls in einer Kasserolle erhitzen und den Hasen darin goldbraun braten, mit Salz und Pfeffer würzen. Dann die Stücke aus dem Öl heben und beiseite stellen.
Zwiebel und Knoblauch im Bratfett glasig dünsten, die Tomaten zufügen und etwas einkochen lassen. Kaninchen wieder zugeben, 1$^{1}/_{2}$ l Wasser angießen, den Safran einrühren und alles zugedeckt 20 Minuten köcheln. Die Artischocken, die Erbsen und den Reis hineingeben und noch weitere 20 Minuten garen.
Inzwischen die Leber im restlichen Öl braten. Leber, Öl und Petersilie in einem Mörser zermahlen und 5 Minuten vor Ende der Garzeit unter die übrigen Zutaten mischen. Vor dem Servieren mit Salz und Pfeffer abschmecken.

Das Ebrodelta - Oase für Geniesser

Wie ein Spiegel glänzt das Ebrodelta im Frühjahr, wenn die Reisfelder unter Wasser stehen. Hier wird vor allem die rundkörnige Sorte *japónica* angebaut, die für die Zubereitung katalanischer Reisgerichte besonders geeignet ist. Auch für die Jagd auf Wildenten ist die Gegend berühmt, und keine Reise hierher wäre komplett, ohne den delikaten Entenbraten in einem der Lokale der Gegend zu kosten.
Ein flaches Ruderboot und viel Zeit genügen, um das Delta des Ebro zu entdecken. Eine Fahrt auf den letzten Kilometern des größten spanischen Stroms oder auf den Kanälen, die das Gebiet durchkreuzen, heißt sich in eine andere Welt versetzen: Man läßt sich betören vom sanft plätschernden Wasser, vom Rauschen des Windes im Schilf, man hört von fern die Brandung des Meeres und oben die Flügelschläge aufsteigender Wildenten.

Die Römer kannten dieses Wunder der Natur nicht, denn in ihrer Zeit war das Delta noch kaum ausgebildet. Doch der mächtige Ebro führt Geröll aus den Pyrenäen mit, und in einer geologisch erstaunlich kurzen Zeit schob er die Ebene weit ins Mittelmeer hinaus. Fast 8000 Hektar umfaßt heute das Naturschutzgebiet – ein Paradies für Vogelfreunde. Rosa Flamingos stehen im Wasser und suchen nach Krebsen. Nach wie vor leben vor allem Fischer und Bauern in dem Gebiet, die wilden Feriensiedlungen konnten den malerischen Streifen noch nicht erobern.

Trüffelmärkte

Die Trüffel gehört, genau wie die Morchel, zu den Schlauchpilzen. Die meisten anderen Speisepilze sind Hutpilze. Drei kommerziell wichtige Trüffelsorten werden in Katalonien gesammelt: die dunkle *Tuber melanosporum* (die berühmte Périgord-Trüffel), die ebenfalls schwarze *Tuber brumale* und die weiße Sommertrüffel: *Tuber aestivum.* Nur die in Italien so begehrte weiße Piemont-Trüffel *(Tuber magnatum)* wurde in Spanien noch nie gesichtet.
Während der Saison zwischen Dezember und März werden die wertvollen Pilze auf speziellen Trüffelmärkten angeboten. Die wichtigsten in Katalonien sind die von Olot in der Provinz Girona, Vic und Centelles in der Provinz Barcelona sowie Solsona in Lleida. Auch in den angrenzenden Provinzen Huesca (in Graus und Benasque), Teruel (Mora de Rubielos) und Castellón (Morella) gibt es spezielle Märkte für die edle Knolle. In den kastilischen Provinzen Cuenca (Tragacete, Valdemorillo de la Sierra und Cañada del Hoyo), Guadalajara (Molina de Aragón und Peralejos de las Truchas) und Soria (Navaleno) wachsen ebenfalls Trüffeln.

Trüffeln gelten als Juwelen der Wälder. Im Winter machen sich die Trüffelsucher Kataloniens auf die Pirsch nach der edlen Knolle, die auf den Märkten horrende Preise erzielt. Vor allem die benachbarten Franzosen sind ganz wild auf die Knolle, doch auch spanische Köche wissen damit einiges anzufangen. Sie schaffen phantasievolle Kreationen wie Fisch und Meeresfrüchte mit Trüffeln, Geflügelsalat mit einer Trüffelvinaigrette oder auch Canelloni mit Trüffeln.

Ohne seinen Spürhund wäre der Trüffelsucher verloren: Die beiden ziehen stets gemeinsam in die Wälder, denn die unterirdischen Knollen sind nur schwer zu orten.

Wo der Verstand und das menschliche Auge die Beute bestenfalls erahnen können, erschnüffelt der Hund die aromatischen Trüffelknollen mit seiner feinen Nase.

Das treue Tier hat die Trüffel gefunden, doch fressen will er sie nicht – ganz anders als das Trüffelschwein. Für erfolgreiche Suche gibt's nun eine Belohnung.

Trüffeln

Einen guten Hund, eine kleine, spitze Schaufel, eine warme Jacke und gute Wanderschuhe – mehr braucht der Trüffelsucher nicht. Außer seinem Wissen. Denn mehr noch als bei den *bolets* (spanisch *setas*), den Pilzarten, die über der Erde wachsen, ist die Suche nach dem unterirdisch wuchernden, kostbarsten aller Pilze eine Sache für Kenner. Sonnenhänge in 300 bis 1500 Metern Höhe mit Kalksteinböden und 300 bis 900 Millimeter Niederschlag im Jahr sind das ideale Terrain für die Trüffel. Sie wächst in Symbiose mit den Wurzeln von Haselnuß-Bäumen, Steineichen und Eichen. Der Boden muß locker sein und ist meist kahl, denn die 15 bis 30 Zentimeter unter der Oberfläche verborgene Trüffel saugt viel Wasser ab und wirkt zudem wie ein Unkrautvertilger: Unter Bäumen mit Trüffeln wächst wenig Gras.
Der von Dezember bis März durch die Berge ziehende *tofonaire* (Trüffelsucher) schickt seinen sorgsam dressierten Hund voraus. Ein gut ausgebildetes Tier kann umgerechnet 2000 Mark kosten, muß aber nicht von besonderer Rasse sein. Bis zu 100 Meter weit riecht der Hund den Schatz im Boden. Er kratzt die Fundstelle an – und begnügt sich mit einem Keks als Belohnung. Denn anders als die früher verwendeten, wegen ihrer Gefräßigkeit schwer zu zügelnden Schweine, will er die Trüffel gar nicht essen. Die Suche ist für den Hund einfach ein Spiel.
Hat das treue Tier die Trüffel geortet, nimmt der *tofonaire* behutsam mit der Schaufel die Erde weg, bis er den Schatz herausheben kann. Dann legt er die Erde wieder Lage um Lage ins Loch zurück, was oben war soll oben bleiben. Der Trüffelsucher hütet sich davor, hier herumzustapfen, denn die Trüffel braucht lockeren Boden, und der Kenner weiß, daß er an derselben Stelle in zwei Jahren wieder fündig werden kann. Trotz aller Vorsicht aber wird die Suche immer beschwerlicher, und die Alten klagen die orangefarbene Butangas-Flasche als Hauptschuldige an: »Früher holten die Menschen Brennholz im Wald«, erklärt ein Trüffelsucher, »so machten sie die Wälder sauber. Jetzt kochen alle mit Gas, und im Wald wuchert das Unterholz, so daß die Sonne den Boden nicht mehr erreicht. Ohne Sonnenwärme wächst die Trüffel aber nicht.«
Wie hoch die spanische Trüffel-Ausbeute heute insgesamt ist, weiß niemand ganz genau zu sagen. Schätzungen liegen zwischen 30 und 40 Tonnen pro Jahr, bis zu 90 Prozent davon werden nach Frankreich exportiert, das weit über die Hälfte der weltweiten Ernte konsumiert.

Rechts: Der feine Geschmack von schwarzen Trüffeln harmoniert bestens mit frischem Fisch, etwa in einer Kombination aus Seehecht mit Trüffeln und Gemüse.

In der spanischen Küche wird die Trüffel fast nur in Katalonien verwendet. Daß der edle Pilz aber längst eine kaum noch bezahlbare Mangelware ist, hat man auch in Kastilien begriffen. Dort wagte sich ein Unternehmer in Soria an den Versuch, der Knappheit Abhilfe zu schaffen: Er bepflanzte ein 680 Hektar weites Gelände mit Steineichen, deren Wurzeln mit Sporen von Trüffeln geimpft wurden. Ob der Traum von einer Trüffel zu demokratischem Preis wahr wird, bleibt allerdings noch abzuwarten.

Suprema de merluza con trufa

Seehechtmedaillons mit Trüffeln
(große Abbildung unten)

8 Seehechtmedaillons à 100 g
Salz und Pfeffer
3 EL Olivenöl
1 Möhre, in feine Streifen geschnitten
1 Zucchino, in feine Streifen geschnitten
1 Stange Lauch, in feine Streifen geschnitten
1 Tomate, enthäutet und in kleine Würfel geschnitten
2 EL Sherryessig
2 EL Butter
1 schwarze Trüffel, geschält und in dünne Scheiben geschnitten
1–2 EL Pinienkerne

Die Seehechtmedaillons waschen, trockentupfen und mit Salz und Pfeffer würzen. 5 Minuten ziehen lassen.
Das Olivenöl in einer großen Pfanne erhitzen und den Fisch von beiden Seiten bei kleiner Hitze je ca. 5 Minuten braten. Dann den Fisch aus der Pfanne heben und warm stellen. Das Gemüse im Bratfond einige Minuten sautieren, mit dem Essig ablöschen.
In einer zweiten Pfanne die Butter zerlassen und die Trüffelscheiben darin andünsten.
Den Fisch portionsweise mit dem Gemüse und den Trüffeln anrichten. Nach Geschmack mit Pinienkernen garnieren.

Die Trüffel inspiriert katalanische Köche zu höchster Kreativität. So enstehen Kunstwerke wie dieser Salat mit Huhn und Garnelen.

Bewehrt mit einem Korb, einem Messer und sehr viel Wissen stellt der Pilzsammler seiner Beute nach. Nur Eingeweihte wissen, wo welche Arten wachsen.

Echter Reizker

»Ein feuchtes und dichtes Aroma von intimer Zartheit, ein wenig bitter, wonnevoll irdisch und vital«: So beschreibt der spanische Küchenkönig Néstor Luján den Geschmack eines ganz frisch geernteten *rovelló* (echter Reizker). Die Katalanen werden elegisch, wenn es um diesen beliebtesten aller Pilze geht, und jeder glaubt zu wissen, an welchem Hang und in welchem Pinienwald die besten Exemplare zu finden sind. Es gibt zwei Sorten, den *Lactarius deliciosus,* der in Girona *pinetell* genannt wird und weniger deliziös ist als der noblere *Lactarius sanguifluus.*

Der *rovelló* (spanisch *níscalo*) wächst zwischen Moos in dichten Pinienwäldern, der Schirm steht auf kurzem Stamm, ist dick und fleischig, gelb bis orange gefärbt und mißt bis zu zwölf Zentimeter im Durchmesser. Eine Baumschule in Arbúcies (Girona) verkauft seit einigen Jahren mit *rovelló*-Sporen injizierte Pinien, die eine Aufzucht möglich machen. Es gibt Wartelisten für die jungen Bäume. Die Katalanen genießen den *rovelló* in mannigfaltigen Kreationen: als Tapa im einfachen Salat oder mit *botifarra*-Wurst, in Fleisch- und Wildgerichten und sogar mit Fisch oder Meeresfrüchten.

Echter Reizker *(níscalo, rovelló)*: Der beliebteste Speisepilz der Katalanen ist sehr aromatisch und eignet sich besonders zum Braten und Schmoren.

Goldene Schätze aus dem Wald

Der französische Ethnologe Claude Lévi-Strauss schrieb einst, die gastronomische Kultur der Katalanen im Umgang mit Pilzen sei ein wesentliches Element ihrer Identität. Warum das so ist, darüber wird noch immer diskutiert. In Katalonien pflege man eben schon immer eine Küche der Plünderung, erklärt der Schriftsteller Manuel Vázquez Montalbán. Gemeint ist die Kunst, sich einfach zu holen, was die Natur hergibt. Sehnen sich die Katalanen etwa zurück nach den Urzeiten vor Bändigung der Feldfrucht? Schließlich brachte die Landwirtschaft einst das Ende der Freiheit, und in einem Land, dessen Geschichte über lange Zeiträume von Anarchie geprägt war, hat die Freiheit bis heute einen wichtigen Stellenwert.

Pilzsuche ist eine Religion mit eigener Liturgie, eine spielerische Verehrung der Natur. Der Spaß muß aber auch gekonnt sein, und Pilzpapst Vicenç Serrano hat in einem Handbuch die zehn Gebote dieser Religion festgelegt, an die sich jeder Kenner hält. Das einsame Vergnügen des *boletaire* (Pilzsuchers) wird in den Pyrenäen und im Bergueda von Generation zu Generation weitergegeben. Seit jeher taucht man hier mit Korb und Messer in die Wälder, denn Pilze ausreißen gilt bei Eingeweihten als Todsünde.

Wo gute Pilze wachsen, ist streng gehütetes Geheimnis einer Familie, und die Suche wird so ernst genommen, daß *boletaires* in der Provinz Girona von der »Jagd nach Pilzen« sprechen. Vicenç Serrano zählt 15 Arten erster Klasse, 38 sehr gute und 43 durchaus eßbare Pilze in seinem Land. Die Franzosen dagegen, keineswegs rückständig in Sachen Eßkultur, beschränken sich auf wenige Pilzsorten, und im Inneren Spaniens, etwa in León, wurden Pilze bis vor kurzem den Schweinen verfüttert.

In Katalonien aber wird ein Pilzessen zur Oper: überschwenglich, vielfältig und sinnlich. Die direkteste Art der Zubereitung ist das Grillen, am besten gleich nach der Suche am Rande des Waldes. Pilze werden aber auch gerne mariniert, gebraten, gedünstet oder mit Ei zur Tortilla gerührt. Dazu passen ein wenig feines Olivenöl und Petersilie sowie ein wenig Knoblauch. Im Eintopf kombiniert man Pilze mit Fleisch, man schätzt sie als Zutat der Nudel-Paella *fideuà* oder als berauschende Symphonie in der Verbindung diverser Sorten. Die Möglichkeiten dieser goldenen Schätze des Waldes sind für kreative Köche schier grenzenlos.

Links: Die Speisemorchel *(colmenilla, múrgola)* ist mit ihrer wabenartigen Oberfläche im Wald nicht zu übersehen. Sie ist sehr schmackhaft, aber roh ungenießbar.

Frauentäubling ***(carbonera, llora)***: ein sehr guter Speisepilz, Färbungen von Blauviolett über braun bis grünlich, für viele Zubereitungsarten geeignet.

Steinpilz ***(boleto, cep,*** links) **und Schwarzer Steinpilz** ***(boleto negro)***: sehr guter Speisepilz mit einem leicht nußartigen Geschmack, gut geeignet zum Schmoren und Braten, wird gerne auch getrocknet verwendet.

Pfifferling ***(rebozuelo, rossinyol)***: schmackhafter Speisepilz für sehr viele Zubereitungsarten, jedoch recht schwer verdaulich.

Erdritterling ***(negrilla, fredolic)***: guter Speisepilz mit leichtem Mehlgeruch, gut für Mischpilzgerichte.

Violetter Rötelritterling ***(pie azul, pimpinella morada)***: ein guter Speisepilz mit starkem Eigengeschmack, jung besonders gut, sollte nicht roh verzehrt werden.

Honiggelber Hallimasch ***(armilaria color de miel)***: am besten schmecken die jungen Käppchen. Langes Kochen reduziert den leicht bitteren Geschmack.

Weißtrüffel (lat. ***Choiromyces meandriformis)***: guter Würzpilz, aber nicht so edel wie echte Weiße Trüffel *(Tuber magnatum)*, roh ungenießbar.

Mairitterling ***(seta de primavera, moixernó, perretxiku)***: sehr guter Speisepilz mit feinem, mehligem Duft, der besonders im Baskenland äußerst begehrt ist, sehr gut zum Schmoren.

Austernseitling ***(seta de cardo, orellana)***: sehr guter Speisepilz, wächst an Baumstämmen und -stümpfen, milder Geschmack.

Schwarzfaseriger Ritterling ***(capuchina, fredolic gros)***: sehr guter Speisepilz aus Kiefernwäldern, für viele Zubereitungen.

Parasol ***(parasol, apagallums)***: sehr guter Speisepilz, Hüte sehr gut zum Braten, Stiele eher zäh, sollte nicht roh verzehrt werden.

Herbst- oder Totentrompete ***(trompeta de los muertos)***: trotz des Namens guter Speisepilz, häufig getrocknet verwendet.

Fleisch, Gemüse und Pilze im Topf

Pies de cerdo rellenos
Gefüllte Schweinsfüße
(große Abbildung)

2 Schweinsfüße à 500 g
1 Zwiebel, gespickt mit 1 Lorbeerblatt und
2 Gewürznelken
Salz
5 schwarze Pfefferkörner
1 Bund Suppengrün
400 g gemischtes Hackfleisch
100 g luftgetrockneter Schinken, in Würfel geschnitten
2 Eier
2 EL Semmelbrösel
Pfeffer
1 EL Trüffelöl
6 Scheiben fetter grüner Speck
5 EL Olivenöl
1 Gemüsezwiebel, gehackt
2 Knoblauchzehen, gehackt
250 g reife Tomaten, enthäutet und in Würfel geschnitten
1/4 l Weißwein
1 EL geschälte Mandeln
1 EL Pinienkerne
1 EL gehackte Petersilie
250 g Waldpilze, gesäubert und in Stücke geschnitten

Schweinsfüße mit einem Messer abschaben und gründlich waschen. In einem Suppentopf mit reichlich Wasser, der gespickten Zwiebel, Salz, Pfefferkörnern und Suppengrün zum Kochen bringen, bei mittlerer Hitze ca. 2 Stunden kochen lassen. Schweinsfüße aus der Brühe heben, abkühlen lassen und vorsichtig vom Knochen lösen. Brühe abseihen und beiseite stellen.
Für die Füllung Hackfleisch, Schinkenwürfel, Eier und Semmelbrösel vermengen, mit Salz. Pfeffer und Trüffelöl abschmecken. Die Masse in die entbeinten Schweinsfüße füllen. Füße mit Speck umwickeln und mit Küchengarn binden, damit sie die Form behalten.
In einem Schmortopf das Olivenöl erhitzen, die gefüllten Schweinsfüße von allen Seiten anbraten. Zwiebel und Knoblauch zugeben und kurz mitbraten. Die Tomaten zufügen, Weißwein und 1/2 l der Kochbrühe angießen. Die Füße bei kleiner Hitze zugedeckt ca. 1 Stunde garen.
Mandeln mit Pinienkernen, Petersilie und 2 EL Brühe im Mörser zerstampfen. Mit den Pilzen in die Sauce geben und 10 Minuten kochen. Füße aus der Sauce heben, den Speck entfernen und die gefüllten Schweinsfüße auf eine vorgewärmte Platte legen. Sauce mit Salz und Pfeffer abschmecken, darüber verteilen und servieren.

Setas con garbanzos
Pilze mit Kichererbsen

250 g Kichererbsen
1/2 l Fleischbrühe
Salz und Pfeffer
100 ml Olivenöl
1 Zwiebel, fein gehackt
4 Knoblauchzehen, in dünne Scheiben geschnitten
250 g gemischte Waldpilze, gesäubert und in Stücke geschnitten
2 EL gehackte Petersilie

Die Kichererbsen über Nacht in Wasser einweichen. Am nächsten Tag Kichererbsen mit der Brühe zum Kochen bringen, mit Salz und Pfeffer würzen und 30 Minuten köcheln lassen.
Das Olivenöl in einer tiefen Pfanne erhitzen. Zwiebel und Knoblauch darin goldbraun rösten. Die Pilze zufügen und einige Minuten unter Rühren braten. Alles unter die Kichererbsen mischen und weitere 15 Minuten garen, eventuell noch etwas Wasser nachgießen. Mit Salz und Pfeffer abschmecken, vor dem Servieren mit gehackter Petersilie bestreuen.

Setas con caracoles
Pilze mit Schnecken

48 mittelgroße spanische Schnecken, küchenfertig
1 Zwiebel, gespickt mit 1 Lorbeerblatt und
2 Gewürznelken
Salz
5 schwarze Pfefferkörner
125 g geräucherter Speck, in Würfel geschnitten
2 EL Olivenöl
1 kleine Zwiebel, fein gehackt
4 Knoblauchzehen, gehackt
250 g gemischte Waldpilze, gesäubert und in Stücke geschnitten
1/4 l Weißwein
1/4 l Brühe

Schnecken unter fließendem Wasser gründlich reinigen. 1 l Wasser mit der gespickten Zwiebel, 1 TL Salz und den Pfefferkörnern zum Kochen bringen. Schnecken hineingeben und 30 Minuten kochen. Abschütten und abtropfen lassen.
In einer feuerfesten Form den Speck im Olivenöl auslassen. Zwiebel und Knoblauch darin glasig dünsten, die Pilze zufügen und anschmoren. Weißwein und Brühe zugießen und Schnecken untermischen. Im vorgeheizten Ofen bei 220 °C ca. 10 Minuten garen. In der Form servieren.

Schweinsfüße lassen sich wunderbar füllen. Dann werden sie mit Speck umwickelt (Hintergrund), mit Tomaten geschmort und am Ende mit gemischten Waldpilzen serviert (oben).

Perdices con coles

Kohlrouladen mit Rebhuhn
(Abbildung oben)

4 Rebhuhnbrüste ohne Knochen
Salz und Pfeffer
3 EL Olivenöl
150 g geräucherter Speck
1 Zwiebel, fein gehackt
1 Möhre, in kleine Würfel geschnitten
1 Stange Lauch, in feine Ringe geschnitten
1 reife Tomate, enthäutet und in Würfel geschnitten
2 Butifarra-Würste) oder 150 g Bratwurstbrät
2 EL Mehl
1/4 l Geflügelfond
1/4 l Weißwein
8 große gekochte Weißkohlblätter
Mehl zum Wenden
2 Eier, verquirlt
2 EL Schmalz
1 Knoblauchzehe, gehackt
1 EL gehackte Petersilie
2 EL geröstete Pinienkerne

Die Rebhuhnbrüste halbieren, mit Salz und Pfeffer einreiben. 2 EL Öl in einer Kasserolle erhitzen und die Rebhuhnbrüste darin von beiden Seiten anbraten. Speck und Zwiebel zufügen und glasig dünsten. Das Gemüse untermischen und alles 15 Minuten bei kleiner Hitze garen.
Inzwischen in einer tiefen Pfanne die Würste im restlichen Öl braten, dann auf das Gemüse legen. Das Mehl in das Bratfett rühren und hellgelb anschwitzen. Unter Rühren den Geflügelfond und den Weißwein zugießen und bei kleiner Hitze 10 Minuten ausquellen lassen.
Die Rebhuhnbrüste und die Würste aus dem Topf nehmen, Rebhuhnbrüste etwas auskühlen lassen. Die Würste in Scheiben schneiden und wieder in den Topf geben. Das Ganze mit dem Mixstab pürieren. Die Weinsauce einrühren und bei kleiner Hitze einkochen lassen.
Die Rebhuhnbrüste in die Weißkohlblätter wickeln. Zuerst in Mehl, dann in Ei wenden und im heißen Schmalz goldbraun braten. Aus der Pfanne heben und kurz auf Küchenpapier abtropfen lassen.
Knoblauch, Petersilie und Pinienkerne mit 2 EL Sauce im Mörser zermahlen. In die Sauce rühren. Mit Salz und Pfeffer abschmecken. Die Rebhuhnbrüste einlegen und ca. 5 Minuten in der Sauce ziehen lassen.

Frischkäse

Das Problem mit dem *mató* ist babylonisch: eine wahre Sprachkonfusion. Denn neben diesem beliebten Ziegenfrischkäse gibt es in Katalonien noch zwei weitere Milchprodukte, die immer wieder unter dem Namen *mató* verkauft werden. Kenner aber unterscheiden ganz genau zwischen *mató, brossat* und *recuit.*

Die Wanderwirtschaft der Ziegenhirten im Landesinneren Kataloniens bildet den Ursprung des *mató.* Auf dem Marsch von Markt zu Markt verkauften die Hirten einst Milch direkt von der Ziege. Später wurden die Tiere zu Ende gemolken und der salzlose Frischkäse für den nächsten Tag bereitet. Dabei wurde die Milch durch Zugabe von pflanzlichem Lab *(herbacol)* zur Gerinnung gebracht. Heutzutage benutzen industrielle Hersteller pasteurisierte Milch und tierisches Lab. Auch verwenden sie zunehmend Kuhmilch oder mischen die beiden Milchsorten.

Mató ist leicht granulös in der Konsistenz und hat stets die Form einer umgedrehten Schüssel, in der sich das Muster des Leinentuches oder der Keramikform, in der er gemacht wurde, abzeichnet. Der *mató* von Montserrat ist schon seit jeher berühmt, und auch die Gegend um Vic produziert beste Qualitäten. Ähnliche Ziegenfrischkäse findet man heute noch in der Rioja (*Queso Camerano,* siehe Seite 151) und in Murcia *(Queso fresco de Murcia).* Gegessen werden sie alle meist mit Honig als Nachtisch (in Katalonien als *mel i mató*), aber auch Kombinationen mit Obst, Kompott oder Nüssen sind geläufig.

Der in einigen Pyrenäentälern hergestellte *brossat* ist im Grunde ein »Abfallprodukt« der Käsereien, die zum Beispiel Käsesorten wie Serrat oder Vall d'Aran herstellen. *Brossat* wird aus der Molke gewonnen, indem man die darin gelösten Eiweißstoffe durch Hitze und ein Säuerungsmittel ausflockt. Auch dieser weiße Weichkäse, der im Süden Kataloniens *brull* heißt, wird meist frisch zum Dessert gegessen und deshalb sehr häufig mit *mató* verwechselt.

Recuit (Quark, spanisch: *requesón*) ist im Grunde nichts anderes als geronnene Milch. Früher wurde hierfür nur Schafsmilch verwendet, heute benutzt man auch Kuhmilch oder eine Mischung von Kuh- und Schafsmilch. Die Milch wird im Wasserbad zum Kochen gebracht, abgekühlt und mit tierischem Lab oder Krautferment versetzt. Nach kurzer Zeit ist der Quark schon fertig. Er wird meist in kleinen Tontöpfchen verkauft. *Recuit* ist weicher und cremiger als *mató.* Trotzdem wird er oft als Nachtisch mit Honig als *mel i mató* angeboten.

Anders als beim *mató* geht allerdings die Verwendung von *requesón* in der spanischen Küche über die simplen Kombinationen mit Honig, Obst oder Nüssen hinaus: Man liebt ihn als Belag für Torten oder als Creme, die man pur oder zu Früchten genießt. Auch als Füllung von Windbeuteln *(buñuelos)* oder Teigpastetchen *(empanadillas)* dient er. Und nicht zuletzt haben kreative Köche in letzter Zeit die diversen Frischkäsesorten als schmackhafte und bekömmliche Grundlage für viele elegante Desserts entdeckt.

Mató, der feine, salzlose Ziegenfrischkäse aus Katalonien

Käse aus Katalonien

Wer alleine auf die Erfahrung im Restaurant baut, wer traurig die magere Auswahl der Supermärkte betrachtet, wird Katalonien kaum als Käseland einstufen. Das aber wäre ein Fehler, denn in dieser Region liegen reiche Schätze verborgen, und immer mehr Käser wagen sich neuerdings an die Wiederbelebung alter katalanischer Traditionen.

Die Ziege ist noch immer die Hauptstütze der Käseproduzenten in Katalonien. Wie Tradition belebt und erneuert wird, bewies 1978 eine Gruppe junger Leute aus der Stadt, die ins Dorf Clúa (Provinz Lleida) zogen: Sie produzieren dort den blendend weißen, cremigen Ziegenkäse *Montsec.* Dieser trägt auch den Namen *Cendrat* (»mit Asche«), da er während der Reifezeit mit Asche eingerieben wird. Im Cerdanya-Tal lockt der würzige Ziegenkäse *Formatge d'oli amb herbes de musser*, der mit Kräutern in Öl eingelegt wird, und im Berguedá der *Bauma*, ebenfalls aus Ziegenmilch. Hinter einer grau-blauen Rinde mit Edelschimmel *(Penicillium glaucum)* verbirgt sich der schneeweiße *Garrotxa*, der im gleichnamigen Landkreis früher in alten Tonformen gemacht wurde. Er ist weich, fast wie Butter, zerfließt im Mund und hinterläßt einen angenehmen Hauch von Haselnuß auf der Zunge.

Montsec / Cendrat

Aggressiv und scharf im Geschmack ist der *Tupí*, ein Streichkäse im Tontopf (heute häufig auch in Plastik) aus den Pyrenäen. *Tupí a la Ratafia de Muntanyola* aus Ziegenmilch ist mit feinem Fruchtlikör angereichert und schmeckt besonders köstlich auf frischem Toast. In den meisten Fällen wird Tupí allerdings aus Schafsmilch gemacht, ebenso wie der große katalanische Rohmilch-Käse, der überall entlang der Pyrenäen hergestellt wird: *Serrat.* Kompakt, innen weiß bis knochenfarben hinter strohgelber Rinde, hinterläßt er einen klaren Geschmack von Schafsmilch auf der Zunge.

Aus roher Kuhmilch wird der recht fette, kompakte und leicht rauchige *Vall d'Aran* aus dem gleichnamigen Tal gemacht. Auch Käsetypen, die einst nur von den Schaf- und Ziegenhirten erarbeitet wurden, wie *Garrotxa* oder *Serrat,* gibt es jetzt aus Kuhmilch. *Tou dels Tilders* kommt aus der Gegend um Pallars wie auch der *Serrat Roi.* Im Landkreis Garrotxa heißt eine feine Kreation aus Kuhmilch *La Dama Blanca,* und im Cabrerès schaut man aus nach dem *Moli de l'Alzine.*

Nicht nur in der traditionellen Kombination mit Honig und Nüssen ergibt der Ziegenfrischkäse *mató* ein delikates und leicht bekömmliches Dessert. Auch mit frischen Früchten verbindet sich der zart-herbe Geschmack des *mató* aufs Feinste (oben). Weiter können Trockenobst, Marmelade oder sogar ein Schuß Anis einen echten *mató* bereichern.

Rechte Seite: Die Ziege ist ein genügsames Tier, das sich auch in Höhenlagen oder in Trockengebieten wohlfühlt. Aus Ziegenmilch wird der Frischkäse *mató* hergestellt.

Crema catalana
Katalanische Creme

200 g Zucker
4 Eigelb
1 EL Speisestärke
1 Stange Zimt
abgeriebene Schale von 1/2 Zitrone
1/2 l Milch

In einem Topf 150 g Zucker mit dem Eigelb schaumig schlagen. Speisestärke, Zimtstange und Zitronenschale zufügen, die Milch angießen. Die Creme unter ständigem Rühren langsam erhitzen, bis sie zu stocken beginnt. Vom Herd nehmen, Zimtstange entfernen und die Creme in 4 feuerfeste Dessertförmchen verteilen. Erkalten lassen und im Kühlschrank aufbewahren.
Kurz vor dem Servieren den restlichen Zucker über die Creme streuen. Die Förmchen im Backofen unter den vorgeheizten Grill stellen, bis der Zucker zu karamelisieren beginnt. Sofort servieren.

Crema catalana

Engländer und Franzosen behaupten zwar, seit Urzeiten einen ähnlichen Nachtisch zu kennen, für die Katalanen aber gehört die *crema catalana* oder *crema de Sant Josep* (Creme des Heiligen Josef) zu den Höhepunkten ihrer traditionellen Kochkunst. Da der französische Küchenpapst Escoffier Anfang des 20. Jahrhunderts die heute in seinem Land sehr verbreitete *crème brulée* nicht aufführte, ist es durchaus möglich, daß der Ursprung der feinen Süßspeise tatsächlich in Katalonien zu suchen – und zu finden ist.
Die Tradition will, daß die Großmütter oder ledigen Tanten, die im Elternhaus wohnen, am 19. März, dem Josefstag, die köstliche Creme zubereiten. Noch heute machen viele Familien daraus ein Ritual und essen *crema catalana* nur an diesem Tag. Die Süßspeise wird in kleinen, flachen Tonschälchen serviert, da der Zucker mit einem eigens dafür entworfenen und im Feuer erhitzten Eisen gebrannt wird. Auch Äpfel werden gern mit der süßen Köstlichkeit gefüllt. Nur gute Lokale bieten heute noch echte *crema catalana* an, Tüten mit vorfabriziertem Pulver haben den Markt erobert. Wer gibt sich schon noch die Mühe, ein Dessert mit einem Eisen zu brennen?

Nüsse und Obst

Schon in der Steinzeit war die Haselnuß in Katalonien bekannt. Im katholischen Spanien ist der Strauch der Jungfrau Maria gewidmet, denn sie soll einst während eines Gewitters unter einem Haselnußstrauch Zuflucht gefunden haben. Als besondere Gunst kann deshalb heute angeblich kein Baum dieser Art von einem Blitz getroffen werden, und auch vor Reptilien aller Art soll er Zuflucht bieten. Heute ist Reus in der Provinz Tarragona das Zentrum des Haselnußanbaus. Auf mehr als 20 000 Hektar bauen die Bauern hier die feine Ware an, doch wegen der scharfen Konkurrenz aus der Türkei müssen jedes Jahr viele aufgeben. Eine Qualitätsmarke der katalanischen Regierung zeigt die Bemühungen, die Eroberung des Marktes mit billiger Importware zu bremsen.
Nach einem reichhaltigen Mahl begnügen sich die Katalanen oft mit einem denkbar einfachen Dessert: *Postre de músic*, der »Musikernachtisch« (deutsch »Studentenfutter«), besteht einfach aus Haselnüssen, Mandeln, Pinienkernen, getrockneten Feigen und Rosinen. Dazu gehört ein süßer Wein aus dem *porrón*, dem spitzen, gemeinsamen Trinkgefäß, aus dem der Rebensaft direkt in den Mund gegossen wird.
Auch Früchte kommen in Katalonien in vielen Variationen auf den Tisch; sechs Prozent der Anbaufläche Kataloniens sind dem Obst gewidmet. Eine Fahrt durch die Ebene von Lleida ist vor allem im Frühjahr ein Genuß: im Hintergrund die weiße Kette der Pyrenäen, davor ein Farbenteppich von Blüten. Hier gedeihen auf über 50 000 Hektar Birnen und Äpfel, Aprikosen und Pfirsiche, insgesamt nahezu eine Million Tonnen im Jahr.
Außer im traditionellen Anbaugebiet in Lleida wird Obst vor allem im Penedès und im Hinterland der Costa Brava angebaut. Die samtenen Pfirsiche von Pinyana (Lleida) und vom Penedès, die Äpfel von Girona und aus der Plana d'Urgell (Lleida) sowie die Kirschen aus dem Baix Llobregat (Barcelona) sind mit Gütesiegeln ausgezeichnet. Im Baix Llobregat, der vom ausufernden Barcelona bedrohten Ebene südlich der Metropole, werden außer Gemüse auch tonnenweise Wassermelonen und Feigen angebaut.
In den Pyrenäen sammeln die Katalanen gern wilde Walderdbeeren, die aber allmählich rar werden. Zum Nachtisch – mit Schlagsahne, Wein, Zucker oder Orangensaft – werden sie heute häufig ersetzt durch die *maduixes* (Erdbeeren) aus den Gewächshäusern des Maresme, der »Riviera« nördlich von Barcelona.

Haselnuß

Pinienkern

Walnuß

Mit Frischkäse und Früchten lassen sich feine Desserts zaubern, etwa diese Kreation aus Ziegenfrischkäse *(mató)* mit einer Zubereitung aus Birnen oder auch Quitten.

Aromatische Erdbeeren werden heute gern mit Cava oder Weißwein und einem Hauch Zitrone kombiniert. Aber sie schmecken auch gut mit einfacher Schlagsahne.

Birnen in Rotwein sind ein einfaches, aber ausgesprochen delikates Dessert, das jedes gute Mahl krönen kann.

Eine echte *crema catalana* wird mit dem traditionellen spiralförmigen Eisen gebrannt (oben und linke Seite). Der Zucker auf der Oberfläche wird dann so hart wie eine hauchdünne Glasschicht (rechts) und splittert beim Essen.

Süßer Jahreskalender

Der Weg durchs katalanische Jahr ist mit Zucker gepflastert: Für 50 Tage im Jahr zählt Manuel Vázquez Montalbán, kochender Schriftsteller und schreibender Gourmet, ein eigenes, typisches Gebäck. Dabei ist es doch ein seltsamer Widerspruch: Während sich die meisten Restaurants bei den Süßspeisen auf Eis oder Pudding beschränken und auch eine echte *crema catalana* zur Rarität geworden ist, bauen die Konditoreien *(pastisserias)* vor dem Auge des Genießers Berge von verlockendem Gebäck auf. Schon im Jahr 1382 wurde in Barcelona die erste Konditorei eröffnet, wogegen Paris noch bis zum Jahr 1608 warten mußte.

Feine Haselnüsse und Mandeln aus der eigenen Region bilden, zusammen mit Mehl, Zucker und Ei, die Grundlage katalanischer Süßwaren. Heute läßt sich die süße Kunst Kataloniens in sechs grundlegende Kapitel einteilen: *coques* sind Blechkuchen aus Hefeteig, *tortells* feine Kranzkuchen, unter *bunyols* versteht man kleine Krapfen aus Hefeteig, unter *galetes* Plätzchen, und *corquinyols* sind Kekse mit Haselnüssen. Hinzu kommen noch die Nachspeisen mit Milch.

Den Takt der süßen Genüsse markierte über lange Jahrhunderte die Kirche – sie bestimmte ja in Spanien alle Bereiche des Lebens. So knuspern sich die Katalanen noch heute von Fest zu Fest durch ihren reichen Kalender der Backwaren. Zu jedem Grundrezept kommen unzählige lokale Variationen, denn jedes Dorf und jede alteingesessene Familie auf dem Lande behauptet, diesen oder jenen Kuchen ganz besonders speziell herzustellen.

Kirchliche Festtage bestimmen, welches Süßgebäck auf den Teller kommt (rechts), und auch die katalanischen Konditoreien (oben) halten sich an diesen Kalender.

Weihnachten – Turrón de Navidad: Ohne den traditionellen Mandelnougat wäre Weihnachten in Spanien undenkbar. Die Katalanen streiten sich mit den Valencianos, wer die feine Schleckerei erfunden habe, doch wenn es darum geht, sie zu vernaschen, stehen sich die beiden Regionen in nichts nach (siehe Seite 382 f).

Heilige Drei Könige – Tortell de Reis: Der »Königskuchen« ist ein Kranzgebäck mit Mandelfüllung und Schmuck aus kandierten Früchten. Der Kuchen enthält eine Überraschung – früher eine Bohne, heute meist eine kleine Plastikfigur. Wer sie findet, darf sich für den Dreikönigstag die Krone aufsetzen.

17. Januar – Tortell de Sant Antoni Abat: Mit Marzipan ist der »Antoniuskuchen« gefüllt, ähnlich dem der Heiligen Drei Könige. Gern wird eine Tierfigur eingebacken, denn Sant Antoni Abat ist der Schutzpatron der Tiere. Es gibt sogar Pilgerfahrten zu seinen Kirchen, um Pferde, Hunde oder Katzen zu segnen.

Karneval – Coca de llardons: Dieser Griebenkuchen ist die durchaus gewagte Kombination eines süßen Hefeteigs mit Schweinegrieben. Während der Karnevalszeit ist er die ideale fetthaltige Grundlage für lange und durchfeierte Nächte. Die Grieben sind dann meistens frisch, denn Karneval fällt in die Schlachtsaison.

Karfreitag – Bunyols de quaresma: Die »Fasten-Krapfen« sind in der Friteuse ausgebackene Hefekringel, die man vor dem Genuß mit reichlich Zucker oder Puderzucker bestreut. Im Empordà werden sie als *bunyols al vent* gemacht, eine Art Windbeutel. Es gibt sie auch mit Füllungen aus Creme oder Sahne.

Ostermontag – Mona de Pasqua: Der Osterkringel oder Osterfladen ist aus Hefeteig und wird mit hartgekochten Eiern geschmückt, manchmal auch mit Marmelade gefüllt. Traditionell schenkt ein Pate seinem Patenkind bis zur ersten Kommunion jedes Jahr eine *mona*, und jedes Jahr kommt ein Ei mehr hinzu.

Allerheiligen – Panellets de Tots Sants: Zum 1. November backt ganz Katalonien die eiförmigen Allerheiligen-Küchlein aus Marzipan, Mandeln und Pinienkernen. Die Kunst ist immer mehr erweitert worden, es gibt mittlerweile auch Variationen mit Kaffee, Kastanie, Eigelb, Schokolade oder Haselnüssen.

Johannisnacht – Coca de Sant Joan: Volksfest und Feuerwerk zum Tag des heiligen Johannes (San Juan, 24. Juni) und zur Feier der kürzesten Nacht des Jahres sind nicht denkbar ohne einen »Johanniskuchen«. Dies ist ein großer Hefeteigkuchen mit kandierten Früchten, dazu nach Geschmack Creme oder Sahne.

Das Kellereigebäude ließ sich Codorníu vom modernistischen Architekten und Künstler Josep Puig i Cadafalch entwerfen. Es wurde 1915 fertiggestellt. Im Januar 1976 erklärte König Juan Carlos die Bodega zum Nationalmonument.

Die Besitzer der Bodegas Codorníu wohnen in einem prachtvollen Anwesen auf dem Gelände der Kellerei, umgeben vom Rebland für ihren berühmten Cava. Unter den Gebäuden der Kellerei (kleines Bild) verlaufen fast 30 Kilometer Galerien, in denen der Cava lagert. Somit kann sich Codorníu rühmen, die größte Bodega der Welt zu sein.

Cava

Im Jahr 1872 entkorkte Josep Raventós Fatjó vom Weingut Can Codorníu seine erste nach der *méthode champenoise* hergestellte Flasche Wein: einen in der Flasche vergorenen und gereiften Schaumwein. Das Verfahren allerdings war nicht neu. Schon im 17. Jahrhundert hatte der französische Benediktinermönch Dom Pierre Pérignon, Kellermeister in der Abtei von Hautvilliers, die Methode der Flaschengärung entwickelt. Völlig begeistert von dem prickelnden Elixier, ließ Raventós auf seinem Gut in Sant Sadurní d'Anoia einen kühlen, für die Herstellung von Sekt geeigneten Keller *(cava)* graben und verschrieb sich ganz dem schäumenden Wein. 1879 brachte sein Sohn Manuel die ersten 864 Flaschen des spanischen Sekts auf den Markt. Das erlesene Getränk gefiel vor allem in erlauchten Kreisen, und bald wurde die katalanische Familie Raventós Lieferant des Königshauses in Madrid. Das noble Jugendstil-Gebäude der Kellerei in Sant Sadurní d'Anoia zeugt von einem prächtigen Aufstieg und zieht heute jährlich Tausende von Besuchern an. Die Beliebtheit des perlenden Weins rief bald auch andere Hersteller auf den Plan, die Sekt produzierten, ohne die traditionelle Methode zu respektieren. Um ihre Qualität von diesen einfachen Schaumweinen zu unterscheiden, trugen die guten Marken das Etikett *Champán de Cava* (»Keller-Champagner«), da sie in unterirdischen Gewölben ausgereift wurden. Nach dem Beitritt Spaniens zur Europäischen Union mußte die Bezeichnung *Champán* auf Verlangen der Franzosen verboten werden – und es blieb der *Cava,* der reichlich Wohlstand in den Kreis Penedès südlich von Barcelona brachte.

Neben dem Giganten Codorníu und seinem stark expandierenden Konkurrenten Freixenet tummeln sich heute 278 kleine Kellereien auf dem hart umkämpften Markt – 1977 waren es noch 65. Rund 6000 Bauern produzieren jedes Jahr 160000 Tonnen Trauben für Cava. Drei einheimische Reben geben dem Wein seine Qualität: Die Xarello (katalanisch: Xarel.lo) spendet Kraft und Farbe, Feinheit und Eleganz kommen aus der Macabeo-Traube, während die Parellada Garantie für das Aroma ist. Zudem kommen neuerdings auch immer mehr reinsortige, teure Chardonnay-Cavas auf den Markt.

Cava-Qualitäten

Seit November 1991 sorgen ein eigenes Gesetz und ein Kontrollrat für die Einhaltung der strengen Auflagen, die eine gleichbleibende Qualität für Cava garantieren sollen. Auch die Europäische Union hat die Herkunftsbezeichnung Cava anerkannt. Bislang sind außerhalb Kataloniens nur einige Produzenten in Álava, La Rioja, Badajoz, Valencia, Navarra und Zaragoza zugelassen. Ein echter Cava ist außer an diesem Namen durch den Stern mit vier Spitzen auf der unteren Seite des Korkens zu erkennen. Je nach Restzuckermenge unterscheidet man offiziell sechs Typen von Cava; sie haben einen Alkoholgehalt zwischen 10,8 und 12,8 Grad:

- *Extra Brut* (0 bis 6 Gramm Zucker pro Liter)
- *Brut* (0 bis 15 g/l)
- *Extra Seco* (12 bis 20 g/l)
- *Seco* (17 bis 35 g/l)
- *Semi-Seco* (33 bis 50 g/l)
- *Dulce* (mehr als 50 g/l).

Die Bezeichnung *Brut Nature* für Cavas mit unter drei Gramm Zucker pro Liter ist offiziell nicht mehr erlaubt, sie wird aber noch weiter verwendet. Mittlerweile bringen auch immer mehr Firmen Jahrgangs-Cava *(Cava vintage)* auf den Markt.

Jeder spanische Schaumwein mit der Qualitätsbezeichnung *Cava* muß nach der Methode der traditionellen Flaschengärung *(método tradicional* oder *méthode champenoise)* hergestellt sein. Das Prinzip ist einfach: Damit der Wein schäumt, muß er ein zweites Mal vergoren werden. Hierzu fügt man ihm eine Mischung aus Zucker und Hefe *(licor de tiraje)* bei und füllt ihn in Flaschen. Diese müssen nun in kühlen Kellern mindestens neun Monate liegen. In dieser Zeit verwandeln die Hefen den Zucker in Kohlensäure. Nach Ende der Reifezeit wird der Bodensatz entfernt. Je nach gewünschtem Cava-Typ gibt man noch Zucker und Wein zu (*licor de expedición,* Dosage), um Süße und Geschmack zu regulieren. Verkorkt, verkapselt und etikettiert gehen die Flaschen in den Handel.

Obwohl Cava den Vergleich mit Champagner nicht zu scheuen braucht, liegt der Konsum in Spanien mit zwei Flaschen pro Kopf und Jahr relativ niedrig. Die deutschen Verbraucher dagegen genehmigen sich im Schnitt jährlich sieben Flaschen Schaumwein. Doch auf dem Weltmarkt marschieren die Katalanen von Erfolg zu Erfolg: Seit den 70er Jahren machte das Preis-Leistungs-Verhältnis den Cava zu einem starken Konkurrenten für Champagner und Sekt. Die zunehmende Automatisierung mit Umdreh- und Schüttelmaschinen machte die spanische Variante noch günstiger, und in den 80er Jahren setzten die Katalanen zum Durchbruch an. Die Produktion liegt nun bei weit über 140 Millionen Flaschen im Jahr, wovon mehr as 60 Millionen exportiert werden. Damit könnte der Cava bald den französischen Champagner (90 Millionen Flaschen Exporte) einholen.

Der feine Tresterbrand *Marc de Cava* hat sich über die katalanischen Landesgrenzen hinaus erst in den letzten Jahren einen Namen gemacht. Er wird aus der letzten Pressung der Cava-Trauben gewonnen. Der edle Brand reift in vielen Cava-Kellereien jahrelang in Eichenfässern und ist daher meist goldfarben und ausgesprochen mild. Als edler Digestif findet der *Marc de Cava* mit seinem Aroma getrockneter Früchte immer mehr Freunde. Man trinkt ihn am besten eiskalt – aber natürlich ohne Eiswürfel.

Unten: In vielen Cava-Kellereien werden die Flaschen mit dem Schaumwein noch von Hand »gerüttelt«, so auch bei Codorníu, wo einst der erste Cava entstand.

In alten Gewölbehallen dokumentiert das Museum von Codorníu die mehr als 100 Jahre alte Cava-Tradition in Sant Sadurní d'Anoia, nicht weit entfernt von Barcelona.

Gegen Ende der Flaschengärung gibt man dem Cava den *licor de expedición* zu, eine Mischung aus Wein und Zucker. Sie gibt dem Cava die letzten Geschmacksnuancen.

Durch das systematische Drehen sammelt sich der Hefesatz im Flaschenhals an. Dieser wird am Ende vereist, so daß der Druck den Satz herausbefördert.

Spitzen-Cavas

Agustí Torelló: **Kripta.** Extra brut, voluminös, feine Hefe, komplexe Noten von Waldboden.

Can Feixes: **Huguet Brut Nature.** Extra brut, eleganter Bitterton, komplex und ausgesprochen lang.

Can Ràfols dels Caus: **Gran Caus.** Extra brut, schlank, feinherbe Frucht und feine Perlung.

Castellblanch: **Gran Castell.** Extra brut, leicht, gute Reife, Noten von Trockenfrüchten.

Cavas Castillo de Perelada: **Castillo de Perelada Chardonnay:** Extra brut, feinherb, stahlig, elegant.

Jaume Giró i Giró: **Jaume Giró i Giró Extra Brut.** Ausgereift, vielschichtig, heftig, subtil und lang.

Cavas Ferret: **Ezequiel Ferret.** Extra brut, weich, ausgewogen und mit feinbitterem Finale.

Cavas Hill: **Brut de Brut.** Extra brut, geschmeidig, reife Frucht, persistent, mit gutem Körper.

Llopart Cava: **Brut Leopardi.** Extra brut, blumiges Bukett, frisch, Noten von Mandeln.

Cavas Recaredo: **Recaredo Brut Nature.** Extra brut, sehr traditionell, körperbetont und voll.

Caves Ramón Canals Canals: **R. Canals Canals Brut Nature.** heftig, reif, etwas exotische Frucht.

Gramona: **Tres Lustros.** Extra brut, feine Reife, sehr ausgewogen, differenziert im Mund.

Segura Viudas: **Brut Vintage.** Brut, feine Perlung, elegante Noten von Hefelager, feinherbes, persistentes Finale.

Coll de Juny: **Dama.** Brut, ausgereifte, gut definierte Frucht (Melone), komplex, rund und lang.

Covides: **Duc de Foix.** Brut, ausgeprägte Hefe, gut ausgereift, weich und geschmeidig.

Freixenet: **Brut Barroco.** Extra brut, mittlere Perlung, ausladend, exotisch, sehr nuancenreich, tief.

Joan Raventós Rosell: **Brut Reserva Heretat.** Brut, kristallklare Struktur, elegant und herb.

Juve & Camps: **Gran Juve & Camps.** Brut, reif, dominant, sehr ausgeglichen, distinguiert.

Parxet: **Brut Nature,** Extra brut, blumige Nase, feine Perlung, elegant, mit Biß und Kraft.

Roger Goulart: **Brut de Brut.** Extra brut, wunderbares Gleichgewicht, heftig, prägnante Länge.

Cavas Rovellats: **Rovellats Brut Nature Chardonnay.** Extra brut, blumiges Bukett, Struktur, persistent.

Robert J. Mur: **Robert J. Mur Brut Nature.** Extra brut, mittlere Perlung, gut ausgereift, elegant.

Jané Ventura: **Jané Ventura Brut Nature.** Extra brut, subtil, elegant, feine Perlung, angenehme Säure.

Codorníu: **Anna de Codorníu.** Brut, frisch, feine Limonennoten, elegante Struktur.

1551 CODORNIU
RAVENTOS 1872

Weinbaugebiete in Katalonien

D.O. Penedès

Erneuerung und stete Suche nach Qualität sind die Merkmale der bekanntesten Weinregion Kataloniens. Mehr als 26000 Hektar Reben, in erster Linie Macabeo, Xarel.lo, Parellada und Chardonnay, gedeihen von den Gestaden des Mittelmeers bis auf 1000 Meter Höhe und erbringen leichte Weißweine mit einem delikaten, fruchtigen Aroma. Die samtigen, im Eichenfaß gereiften Roten sind aus Cabernet Sauvignon, Ull de Llebre (Tempranillo), Merlot, Garnacha und Cariñena. Die Winzer der Region wagen sich heute aber zunehmend auch an neue Traubensorten heran. So experimentieren viele mit Moscatel, Riesling, Sauvignon blanc, Gewürztraminer oder Pinot Noir.

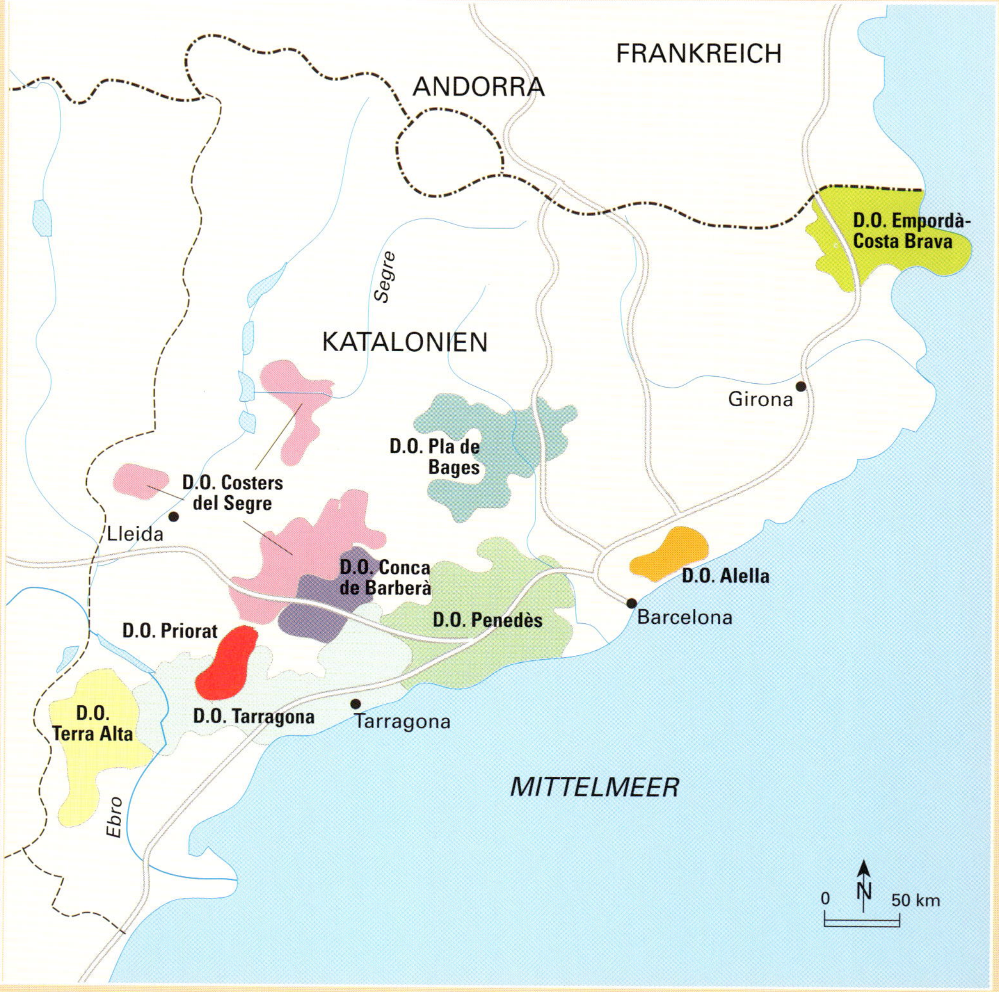

D.O. Priorat

Die Schiefergeröll-Böden dieser Bergregion bringen die wohl beeindruckendsten Garnacha-Moste ganz Spaniens hervor, und einige der Rotweine des Priorat (die Spanier anderswo sagen zu diesem katalanischen Gebiet Priorato) gehören zur Weltspitze. Diese Weine sind tiefdunkel und dicht, von enormer Struktur und strotzen geradezu vor Frucht. Die klassischen Roten werden aus Garnacha- und Cariñena-Trauben gewonnen und weisen manchmal eine zurückhaltende Süße auf, die an Rosinen erinnert. Die Rotweine der neuen Generation, die in den vergangenen Jahren Furore gemacht haben, werden neben den klassischen Sorten auch aus Cabernet-Sauvignon, Merlot und Syrah gekeltert. *Vins rancis (rancios)* sind trockene Weißweine, hauptsächlich auf Garnacha blanca-Basis, die sehr lange im großen Holzfaß reifen und oxidative Töne entwickeln. Die Süßweine der Region sind in der Regel reine oder fast reine Muskateller.

D.O. Tarragona

Schon der römische Geschichtsschreiber Plinius lobte die Weine dieses Gebiets und versicherte, daß sie zu den besten des römischen Reiches gehörten. Von hier wurden die Kreszenzen damals bis in die Hauptstadt Rom verschifft. Weiche und ausgeglichene, aber dennoch kräftige Weißweine aus Macabeo, Xarel.lo und Parellada bilden heute die Hauptproduktion dieses Weinbaugebietes. Die Rosés sind kirschfarben und fruchtig frisch. Aroma und Kraft der Garnacha verbinden sich bei den Rotweinen mit dem Körper und der Farbe der Cariñena-Traube.

D.O. Empordà-Costa Brava

Schon die Griechen entdeckten die ausgezeichneten Böden der nördlichsten Weinregion Kataloniens, direkt am Mittelmeer gelegen. Am bekanntesten sind die fruchtigen Rosés und die süßen Garnacha-Dessertweine. Der leichte und fröhliche *Empordà Novell*, der jedes Jahr schon Mitte November verkauft wird, ist hervorragend, und die im Faß gealterten, roten Crianzas und Reservas entwickeln ein kräftiges Bouquet.

D.O. Costers del Segre

Die Provinz Lleida produziert sehr verschiedenartige Weine, denn Boden und Klima sind äußerst vielseitig. Sanftes Klima kennzeichnet die Zone von Raïmat, in der europäische Reben (Sauvignon, Cabernet, Merlot und Pinot Noir) gedeihen. In Les Garrigues und Vall de Riu Corb ist der Boden rauh und zerklüftet, das Klima besonders trocken. Costers del Segre bietet kräftige Rotweine von bis zu 13,5 Grad, vor allem die *varietals* (reinsortige Weine) aus Pinot Noir oder Cabernet Sauvignon sind hervorragend.

D.O. Conca de Barberà

Schon im Mittelalter brachten die Mönche von Santa Maria de Poblet und die Tempelritter von Barberà de la Conca die Rebe hierher. Heute sind die jungen traditionellen Weißweine aus Macabeo und Parellada weich und gefällig. Wie überall in Katalonien werden in jüngster Zeit auch Chardonnay-Weine gekeltert. Die Rosés werden aus der lokalen Rebsorte Trepat hergestellt. Gute Rotweine werden nicht nur aus Ull de llebre (Tempranillo), sondern neuerdings auch aus Sauvignon und Merlot gemacht. Berühmt sind die Jugendstil-Kellereien der Region.

D.O. Terra Alta

In diesem entlegenen Winkel Kataloniens, fast schon an der Grenze zu Valencia, erschaffen alteingesessene Winzerkooperativen mächtige Weißweine aus den Sorten Garnacha Blanca, Macabeo und Parellada. Sie haben einen besonders tiefen Säuregehalt, eine markante Farbe und einen fruchtigen Geschmack. Die Roten sind voll und von tiefer Farbe. Das lokale Klima erlaubt auch die Produktion erstklassiger *rancios,* alter goldfarbener Weißweine, die entweder im Eichenfaß oder – eine Besonderheit der Region – im Freien unter voller Sonneneinstrahlung gealtert werden.

D.O. Alella

Weine aus Alella hatten schon vor Jahrhunderten als Lieblingsgetränk der Prälaten vom Dom Barcelonas einen guten Ruf. Die wichtigsten Rebsorten sind heute Pansá Blanca (Xarel.lo) und Pansá Rosada sowie Ull de Llebre (Tempranillo) und Garnacha. Der traditionelle weiße Alella ist leicht, mit diskret sanftem Aroma, ohne je süß zu werden. Die trockenen sind von heller Farbe, frisch und duftig. Zuweilen werden auch sortenreine Weißweine gekeltert. Die Rosés *(rosados)* stimulieren auch müde Geschmacksorgane mit einem anregenden Säuregehalt. Zudem wird in der D.O. Alella Cava produziert.

D.O. Pla de Bages

Diese alte Weinregion war lange in Vergessenheit geraten, und erst der Beitritt Spaniens zur Europäischen Union belebte sie wieder. Die stete Suche nach Qualität wurde 1997 mit der Erschaffung dieser jüngsten D.O. Kataloniens belohnt, in der die wichtigsten europäischen Rebsorten prächtig gedeihen. Bemerkenswert ist aber vor allem die einheimische Traube Picapoll. Sie bringt harmonische Weißweine mit schönen Melonen-Anis-Noten hervor. In ganz Spanien gibt es nur rund 100 Hektar Picapoll-Reben, 75 davon stehen in Pla de Bages.

Hintergrund: Im Weinland Katalonien wachsen Reben in verschiedenen Höhenlagen. So kann die Region mit einer breiten Vielfalt unterschiedlicher Weine aufwarten.

Weinkultur

Wein ist so alt wie die Zivilisation am Mittelmeer. Waren es die Phönizier, die als erste die Rebe an die Küsten Spaniens brachten? Die Griechen von Ampurias genossen jedenfalls schon Most von der Traube, und auch die Kolonialgesellschaft der Römer förderte in katalanischen Gefilden den Anbau guter Weine. Die Winzer waren so erfolgreich, daß bald große Mengen Wein in die Hauptstadt Rom geliefert wurden.

Wein benötigt neben guten Böden und günstigem Klima auch eine Gesellschaft mit Kaufkraft und Geschmack. So spiegelt die Geschichte der Weine Kataloniens den Lauf europäischer Geschichte wider: Unter dem Ansturm von Goten und Vandalen aus dem Norden oder der Araber aus dem Süden konnte keine Weinkultur überleben. Im Mittelalter aber kam die Rebe zurück, auch wenn die besten Hänge in Küstennähe wegen der Piraten noch brach lagen. Damals hatten nur die Mönche in den Klöstern die Muße und das Wissen, um gute Weine zu schaffen. Aus dem Burgund und vom Rhein brachten sie ihre Kunst nach Katalonien. Auch die mächtigen Tempelritter legten eigene Weinberge an.

Bis zum 14. Jahrhundert stieg Katalonien zur Handelsmacht auf. Die Schiffe brachten Malvasía-Wein aus Griechenland und die Vernaccia-Rebe aus den Cinque Terre von La Spezia, aus der damals der Wein der Päpste gekeltert wurde. In Katalonien wurde sie zur Garnatxa (spanisch Garnacha) und gilt heute als einheimische Sorte. Pest, Politik und Profitsucht lähmten nun wieder lange Zeit den Weinbau in Katalonien, bis im 18. Jahrhundert die Exporte nach Amerika den Katalanen einen Aufschwung bescherten. Dem Weinhandel folgten die Kork- und Glasindustrie, sogar der Schiffsbau faßte Fuß.

Die wichtigste europäische Entwicklung jener Zeit verschliefen die Katalanen aber: 1758 schuf der Marquis von Pombal die erste geschützte Herkunftsbezeichnung (D.O.) im portugiesischen Alto Douro. Während in anderen Landen die Qualität in den Vordergrund trat, setzten die Katalanen noch forsch auf Masse. Doch der Rausch stetig steigender Exporte endete in bösem Erwachen: 1872 erreichte die Reblaus das Alt Empordà, und bald war es mit dem Wein vorbei. In den Jahren des Neuanbaus mit reblausresistenten, veredelten amerikanischen Reben kamen endlich Produzenten hervor, die sich um Qualität bemühten: die Kooperative in Alella etwa, Josep und Manuel Raventós vom Hause Codorníu, Castell del Remei, Canals i Nubiola, die Cooperatiu d'Artés. Diese Kellereien legten den Grundstein dafür, daß der Wein Kataloniens auch die Stürme des 20. Jahrhunderts überstehen konnte und mittlerweile Weltruf genießt.

Mineralwasser

Die Volksweisheit der Region, archäologische Entdeckungen römischer Mauern und ein Gefühl für Naturheilkunde bewogen den Arzt Modest Furest i Roca im Jahr 1880, in Caldes de Malavella (Girona) ein Grundstück mit Quelle zu erwerben. Die Analyse des 60 Grad warm sprudelnden Wassers ergab einen reichen Mineralgehalt. Ende 1889 eröffnete Furest eine Abfüllanlage, und wenig später fing der Verkauf an – damals noch in Apotheken. *Vichy* stand in jener Zeit für Heilbad überhaupt, und so übernahm Furest schlicht den Namen des französischen Kurortes – mit einem kleinen Zusatz: Vichy Catalán. Zum Glück registrierte er den Namen schon 1890, bevor es die Franzosen taten, und nach Jahrzehnte dauernden Prozessen darf die Firma ihr Markenzeichen nun endgültig behalten.

Das Wasser kommt aus 2000 Metern Tiefe durch drei verschiedene Spalten an die Oberfläche, wo heute drei verschiedene Abfüllanlagen stehen: Vichy Catalán, Malavella und San Narciso. Trotz des gemeinsamen Ursprungs hat jeder Zweig der Quelle einen anderen Mineralgehalt und einen anderen Geschmack, denn die Spalten führen durch verschiedenes Gestein.

Das Mineralwasser von Caldes ist aber nicht allein zum Trinken da: Schon die Römer badeten in diesen Quellen, die sie schlicht »Qualitätswasser« nannten. Ende des 19. Jahrhunderts machte sich auch Doktor Furest mit der Kapitalhilfe einiger *Indianos* (in den Kolonien, vor allem auf Kuba, reich gewordene Bürger der Region) an den Bau des Thermalbades, das bis heute ein beliebtes Ziel für Gäste jeden Alters ist. Doch das Hauptgeschäft bleibt das Wasser in der Flasche, und Vichy kann sich an zweiter Stelle in Spanien behaupten, mit fünf weiteren Mineralwassern neben der Hausmarke.

Aus den Quellen in Caldes de Malavella (oben) strömt heilsames Wasser. Es wird in Flaschen abgefüllt und hat das Heilbad Vichy Catalán (rechts) berühmt gemacht.

Bekannte Mineralwässer Spaniens

Vichy Catalán
aus Caldes de Malavella (Girona, Katalonien)

Fontdor
aus San Hilari Sacalm (Girona, Katalonien)

Fontemilla
aus Sigüenza (Guadalajara, Kastilien-La Mancha)

Font Vella
aus San Hilari Sacalm (Girona, Katalonien)

Agua de Mondariz
aus Mondariz Balneario (Pontevedra, Galicien)

Bezoya
aus Ortigosa del Monte (Segovia, Kastilien-León)

Fuensanta
aus Balneario de Fuensanta, Nava (Asturien)

Lanjarón
aus Lanjarón/Alpujarras (Granada, Andalusien)

Insalus
aus Lizartza (Guipúzcoa, Baskenland)

Viladrau
aus Viladrau (Girona, Katalonien)

Benassal aus Balneario Font d'en Segures, Benassal (Castellón, Valencia)

Font del Regás
aus Arbúcies, (Girona, Katalonien)

Solán de Cabras
aus Beteta (Cuenca, Kastilien-La Mancha)

Les Creus aus Maçanet de Cabrenys (Girona, Katalonien)

Vilajuïga
aus Vilajuïga (Girona, Katalonien)

Cardó
aus Benifallet (Tarragona, Katalonien)

Islas Baleares

Walter Tauber

Balearen

Balearen-Bauern haben gut lachen: Sie können jedes Jahr mehrmals ernten. Für die Märkte der Inseln lassen sie Auberginen, Paprika und Tomaten voll ausreifen.

Balearen – der Name ruft mannigfaltige und widersprüchliche Bilder hervor. Da flackern wilde Disco-Nächte der Schickeria von Ibiza auf, doch gleichzeitig auch die geradezu besinnliche Ruhe der Fahrradfahrer auf Formentera. Die rauhe Natur lockt an der zerklüfteten Küste von Menorca, wo trotz Tourismus noch heute stille Buchten mit schroffer Felsumrandung zu finden sind. Auf Mallorca rösten sich Touristen in endlosen Reihen am Strand. Andere aber genießen die Einsamkeit der von Steinen übersäten Pfade der Sierra de Tramuntana, einer wilden Wunderwelt, die nach Lavendel und Thymian duftet.
So reich wie die Geographie ist die Geschichte dieses Archipels, dessen Name von den Baliarides stammt, den wilden, mit Steinschleudern bewaffneten Kriegern, die mit Hannibal gegen Rom zu Felde zogen. Nach den Phöniziern etablierte sich dann die Macht der Römer auf den Inseln. Später folgten die Vandalen, nach ihnen die Byzantiner, die dem Ansturm der Araber weichen mußten. Dem König von Aragonien gelang es im 13. Jahrhundert, die Mauren zu vertreiben, und seither sind die Balearen fest mit Katalonien verbunden: Die Muttersprachen der Insulaner sind unterschiedliche Varianten des Katalanischen.
Wie ein Kontinent in Miniatur bieten die Balearen auf kleinstem Raum eine einmalige Vielfalt in Landschaft und Kultur. Denn die Invasoren auf den Inseln zerstörten nicht, sondern sie pflegten das eroberte Gut und brachten Neues mit. Hunderte Jahre alt sind die Olivenbäume, die reiche Frucht bringen. Die Pflege der Rebe geht auf die Römer zurück, und gewaltig ist das Wissen, das die Araber im Umgang mit Feigen und Mandeln hinterließen. Vorübergehende Armut machte die Bewohner der Balearen zu Meistern im phantasievollen Umgang mit dem, was sie hatten. Eine Armenspeise wie die Kohlsuppe wußten sie zur wahren Spezialität zu erheben, an der sich heute auch Meisterköche erfreuen. Und wen stört es, daß feuchte Luft die Herstellung von Schinken nicht erlaubt? Man wußte das Schwein eben anders zu verarbeiten, zur einmaligen roten Sobrasada-Wurst.
Die Küche der Balearen ist eine Markt-Küche. Was in der Halle ausliegt, kommt in den Kochtopf. »Frisch und einfach« heißt das Geheimnis, um mit den Schätzen der Inseln umzugehen. Ein Blick über das Meer, über die Mandelblüten des Winters oder über die weiten Gemüsefelder, die fast die Hälfte Mallorcas bedecken, wird zum Auftakt für die Entdeckung der kulinarischen Wunder, die sich auf den Balearen verbergen.

Rechts: Wo immer man auch wandelt auf den Balearen – das Meer ist nie weit. Aus dem Wasser erheben sich die Berge, wie hier auf der größten Baleareninsel Mallorca.

Gemüse

»Hier gibt es alles, was wir brauchen,« versichert ein Bauer aus Mallorca, und er resümiert aus dem Ertrag seines Gemüsegartens gleich die Historie der Balearen und die Philosophie ihrer Bewohner: »Im Laufe der Geschichte kamen immer wieder andere Völker auf die Inseln, um uns zu erobern. Uns aber fehlt es von Natur aus an nichts, wahrscheinlich sind wir deshalb so duldsam.«

Alles zu haben ist dem Insulaner besonders wichtig, wenn es um die Feldfrucht geht, und er ist bereit, dafür auf dem Markt tief in die Tasche zu greifen. Denn das heimische Gemüse kostet oft doppelt so viel wie die Importe vom Festland. Doch auf die Qualität von Balearen-Gemüse lassen die Bewohner nichts kommen: »Der Boden ist hier sehr kalkhaltig, das bremst die Aufnahme der Mineralien«, erklärt Pedro Quetglas vom Landwirtschaftsministerium der Balearen. »Und Wasser fehlt uns immer wieder. So ist unser Gemüse zwar manchmal etwas kleiner, dafür aber umso schmackhafter.« Die Erklärung des Technikers bestätigen denn auch die Spitzenköche der Inseln, die gerne fehlende Größe dem reichen Geschmack opfern, etwa bei der kleinen, saftigen lila Artischocke.

Die Wochenmärkte auf den Inseln sind in erster Linie Versorgungsquelle für die Einheimischen. Heutzutage finden hier aber auch Touristen jede Menge Souvenirs.

Kleine, sehr aromatische Tomaten und scharfe runde Paprikaschoten werden auf den Balearen noch häufig an den Hauswänden zum Trocknen aufgehängt.

Links: Zutaten für die feine Gemüseküche haben viele Familien im Garten, doch natürlich werden Paprika und anderes Gemüse auch kommerziell angepflanzt.

Das Klima der Balearen ist so mild, daß viele Bauern drei Kartoffelernten im Jahr einfahren. Doch die Tomate ist, wie fast überall auf der Welt, auch hier das Königsgemüse. Mehr als 1000 Hektar werden auf den Balearen damit bepflanzt. Auffallend sind die *tomàtigues de ramellet:* kleine, dunkle Tomaten, die in Mallorca zu Zöpfen gebunden und an der Luft getrocknet werden. In Ibiza hängt man sie gleich an den langen Stielen lose auf. So gibt es immer Tomaten für Saucen und vor allem zum Einreiben in deftiges Bauernbrot.
Die kurzen Distanzen auf den Inseln sind für den Konsumenten besonders erfreulich, denn Gemüse und Obst werden auf den Balearen reif gepflückt und auf den Wochenmärkten direkt verkauft. Märkte mit Gemüse, Schinken- und Wurstwaren, Käse sowie billiger Kleidung bietet fast jedes Dorf auf den Inseln. Die reichsten Schätze aber findet der Genießer mitten in der mallorquinischen Hauptstadt Palma. In der weiten Halle des *Mercat Olivar* liegt ihm die ganze Pracht der Insel zu Füßen: blendend weiße Zwiebeln, die für den Sommersalat *trempó* besonders beliebt sind, dazu fleischige Tomaten sowie grell-grüne und scharfe rote Paprikaschoten. Kohl aller Art ergänzt das Angebot, in Ehrenstellung steht die Aubergine *(berenjena),* die in den besonderen Rezepten der Inseln die Vormacht errungen hat, etwa im Gemüseauflauf *tumbet* oder in diversen gefüllten Varianten. Das Nachtschattengewächs wurde von den Arabern aus Indien nach Nordafrika gebracht und kam dann mit den Mauren nach Spanien.
Historische Besonderheiten schaffen übrigens häufig auch Gewohnheiten bei Tisch: Da die Briten einst über Menorca herrschten und dort unter anderem die Gurke einführten, ist das Kürbisgewächs bei den freiheitsliebenden Nachbarn auf Mallorca verpönt. Es soll dort sogar Leute geben, die sich weigern, an einen Tisch zu sitzen, auf dem sie eine Gurke erspäht haben.

Tumbet
Auberginen-Auflauf
(Abbildung links)

3 Auberginen
Salz
1/4 l Olivenöl
4 Kartoffeln, in dünne Scheiben geschnitten
2 große Zucchini, in Scheiben geschnitten
4 Knoblauchzehen, gehackt
1 kg reife Tomaten, enthäutet und in Würfel geschnitten
Pfeffer
1 Prise Zucker

Die Auberginen in Scheiben schneiden, in ein grobes Sieb legen und mit Salz bestreuen. 1 Stunde Wasser ziehen und abtropfen lassen.
Das Olivenöl in einer tiefen Pfanne erhitzen und die Kartoffelscheiben darin goldbraun braten. Dann aus der Pfanne heben und in eine Kasserolle umfüllen, salzen. Die Auberginen im Öl anbraten, abtropfen lassen und auf die Kartoffeln verteilen. Zuletzt die Zucchini im Öl anbraten und auf die Auberginen geben, leicht salzen. Das Gemüse warm stellen.
Das Bratfett bis auf einen kleinen Rest wegschütten, den Knoblauch in der Pfanne goldbraun rösten. Die Tomatenwürfel zugeben und unter Rühren einkochen lassen. Die Sauce durch ein Sieb passieren oder mit dem Mixstab pürieren, mit Salz, Pfeffer und Zucker abschmecken.
Das Gemüse auf eine Servierplatte geben und die Sauce darüber verteilen. *Tumbet* kann warm oder kalt serviert werden.

Oliven-Variationen

Im Dreigestirn der alten Kulturpflanzen nimmt die Olive vor Mandeln und Feigen die Spitzenstellung ein. Die uralten knorrigen Bäume der Balearen sollen noch von den Römern abstammen, wie die Einheimischen versichern. Die meisten Terrassenfelder wurden im 16. Jahrhundert angelegt, der größte Teil der mehr als 14000 Hektar balearischer Olivenhaine liegt in der Sierra de Tramuntana auf Mallorca. Öl wird meist nur für den Hausgebrauch gepreßt, die Kooperative von Sóller erzeugt aber auch ein Qualitätsöl.
Dafür sind Speiseoliven umso beliebter. Ende September werden die grünen Früchte vom Baum geerntet. Sie werden ganz *(senceres)* oder geschnitten *(trencades)* in Salzlake eingelegt und mit Fenchel, Zitronenschale und Pfefferschoten gewürzt. Die geschnittenen Oliven müssen bald verzehrt werden, die ganzen halten ein halbes Jahr. Ende Oktober fallen die ersten *pansides* vom Baum, ein wenig runzlig und braun gefärbt. Man macht sie mit Öl, Salz, Knoblauch und Lorbeer an – zum Sofortverbrauch. Im November ernten die Mallorquiner die *negres,* die schwarzen Oliven. Diese werden mit Lorbeer oder, je nach Geschmack, mit Zitrone und Knoblauch zwei Monate in *aigosal* (Wasser mit Salz) eingelegt. Breite Holzlöffel mit Löchern dienen dazu, sie aus der Brühe zu fischen.

Schwarze Schweine sind seit Jahrtausenden auf den Balearen heimisch. Sie leben auf Wiesen und in lichten Wäldern und liefern bestes Fleisch für Sobrasada und andere Spezialitäten.

Die balearische Nationalwurst Sobrasada erhält ihre rote Farbe und den würzigen Geschmack durch scharfes Paprikapulver. Dies stammt traditionell von einheimischen runden Schoten.

Schwein gehabt...

Als die französische Schriftstellerin George Sand und der Komponist Friedrich Chopin 1838 nach Mallorca kamen, verdankten sie den Schweinen eine bequeme Reise: Kurz zuvor war ein Schweinepest-Embargo gegen die Insel aufgehoben worden, und die Inselregierung hatte einen Dampfer gekauft, um den Export dieser Tiere zu fördern. Natürlich gab es auch Decks für zweibeinige Passagiere, die aufs Festland und zurück reisten. Die eigenwillige Französin tat sich dennoch schwer mit den vielen Schweinen an Bord, die sie in ihren Schriften mal als »schmutzig und wüst« beschimpft, mal als »schönste Tiere der Welt« lobt.

Wichtig waren die seit 7000 Jahren auf den Balearen heimischen Tiere immer als bedeutendste Eiweißquelle. *Porc negre* (oder *porcella negra*), schwarzes Schwein, heißt die einheimische Rasse wegen ihrer dunklen Haut und der langen schwarzen Borsten. Die Tiere werden bis zu 80 Zentimeter hoch und wiegen rund 150 Kilo. Sie laufen meist frei in Olivenhainen und Wäldern herum – was in den zwanziger Jahren den britischen Journalisten Gordon West zutiefst erschreckte: »Ein Heer von schlanken, schwarzen Schweinen verfolgte uns durch den Wald... – irgendwie bedrohlich.« Der Brite konnte später über seine absurde Panik genauso lachen wie der Bauer, der ihn »rettete«.

Ein zwiespältiges Verhältnis zum wertvollen und dennoch verpönten Tier ist aber nach wie vor die Norm. »Das Schwein ist ein Totem Mallorcas«, bemerkt Carlos Garrido in seinem Buch über *Das magische Mallorca*. Seit dem Altertum verbindet der Mensch das Borstentier mit dem Mond: Es durfte in früheren Zeiten nur bei zunehmendem Mond geschlachtet werden.

Die schwarzen Schweine der Balearen werden mit Bohnen, Johannisbrot, Alfalfa-Gras, Eicheln und Feigen ernährt. Vor allem die Feigen geben dem Fleisch einen besonderen, fast süßen Geschmack, der vor allem in der roten Sobrasada-Wurst voll zur Entfaltung kommt.

Das Schlachtfest *(matances)* war einst der Höhepunkt des Jahres. Da kam der Schlachter, um das ein Jahr lang gemästete Schwein zu töten. Ein Heer von Verwandten und Nachbarn stand bereit, um den ganzen Tag lang Fleisch zu hacken, Mett zu rühren und Würste abzufüllen. Wer auch heute noch die Tradition wahrt, hat meistens zwei Schweine – eines gibt Wurst für's Jahr, das andere wird an einen kommerziellen Metzger verkauft. »Das muß aber ganz schnell geschehen«, weiß ein Bauer aus Fornalutx, »denn das überlebende Schwein wird nach der Schlachtung des anderen so traurig, daß es kiloweise an Gewicht verliert.«

Linke Seite: Die Hausschlachtung gehört in den Dörfern der Balearen zu den großen Ereignissen des Jahres, bei dem auch die Nachbarn dem Metzger gern Hilfe leisten.

Nicht nur der Hunger nach frischem Schweinefleisch und hausgemachten Würsten wird beim Schlachtfest gestillt. Auch die Kommunikation kommt nicht zu kurz, denn bei dieser Gelegenheit kommen Freunde, Verwandte und Nachbarn zusammen, tauschen die neuesten Neuigkeiten aus und leeren gemeinsam so manche gute Flasche Wein.

Sobrasada

Die berühmte balearische Nationalwurst *sobrasada* (balearisch *sobrassada*), deren Name aus Sizilien stammen soll, entstand im Grunde genommen aus einem Kompromiß mit dem Wetter. Die Inseln sind zu feucht, um Schinken an der Luft trocknen zu können. Dafür erlauben das Klima und die heimische Paprika als Konservierungsstoff aber die Herstellung einer einmaligen, weichen Wurst, die roh als Brotauflage oder zum Kochen vielfältige Möglichkeiten bietet.

Früher wurde das Fleisch des schwarzen balearischen Schweins zerkleinert, von Hand gepreßt und gerührt. Bei den heute etwa 40 modernen Wurstproduzenten wird das Fleisch für Sobrasada zunächst maschinell zerkleinert, dann kommen scharfes Paprikapulver, Salz und schwarzer Pfeffer dazu. Das Mett wird mit maschineller Hilfe kräftig umgerührt und nach einer Stunde im Kühlraum mit einfachen Maschinen in Därme gefüllt. Nun bindet man die Wurst mit Schnur ab. Früher wurden die Würste danach etwa zwölf bis 15 Wochen lang in Kellern getrocknet. Dadurch bildete sich eine grünliche Schimmelschicht auf der Haut, die völlig harmlos ist, viele Konsumenten aber abschreckt. Moderne Wurster haben Trockenräume, wo konstante Temperatur und Feuchtigkeit das Trocknen in sieben Wochen erlauben.

Die traditionelle Sobrasada muß aus dem Fleisch schwarzer Schweine hergestellt sein und einen Durchmesser von mindestens 4,5 Zentimetern aufweisen. Neben der Sobrasada aus *porc negre* gibt es heute auch billigere Varianten aus dem Fleisch weißer Schweine sowie gemischte Sorten. Die Bezeichnung *Sobrasada de Mallorca* garaniert, daß im Naturdarm nur Schweinefleisch, Paprikapulver, Salz und andere natürliche Gewürze enthalten sind. Verheißt das Etikett *Sobrasada de Mallorca de Cerdo Negro*, so ist die Wurst sogar ausschließlich mit Fleisch von schwarzen balearischen Schweinen gemacht.

Langusten

Auf der Flucht aus dem brennenden Troja steuerte Palinurus das Boot des Helden Aeneas geschickt durch die dunkle Nacht. Doch selbst dem erfahrenen Seemann war die Fahrt zu anstrengend. Er schlief ein und wurde zur Strafe über Bord geworfen. Noch lebend wurde er an den Strand gespült, dort aber gab es kein Entrinnen mehr. Er wurde von den Lukaniern erschlagen. Diese Sage inspirierte später Zoologen, einem harten, stacheligen Tier auf dem Meeresboden den Name *Palinurus* zu geben: Die Wissenschaftler bezeichnen so die Languste, und Palinurus wurde kulinarischer König der Meere. Im Mittelmeer kommen hauptsächlich zwei Arten vor:
Die Europäische Languste *(Palinurus elephas)*, auch Stachelhummer genannt, hat einen rötlich bis lila gefärbten Panzer und zum Schutz Stacheln. Sie wird bis zu 50 Zentimeter lang, wiegt 400 bis 600 Gramm und lebt auf felsigem Grund. Sie ernährt sich von Seeigeln, kleinen Tintenfischen und Muscheln – daher der köstliche Geschmack des Langustenfleisches.
Die Portugiesische oder Mauretanische Languste *(Palinurus mauretanicus)*, auch Weiße Languste genannt, lebt in bis zu 300 Metern Tiefe vor allem vor den Küsten Nordafrikas. Sie wird bis zu 75 Zentimeter lang, hat eine hellere, lila bis grünliche Schale, leicht rosafarbenes Fleisch und ernährt sich bevorzugt von toten Fischen. Das Fleisch hat deshalb nicht so sehr den ausgeprägten Geschmack von Schalentieren.
Heute sind Langusten durch strenge Regelungen geschützt: Von September bis zum 1. März darf vor den Balearen keine Languste gefischt werden; in der restlichen Zeit wird jedes Tier, das weniger als 19 Zentimeter mißt, begnadigt und muß wieder in die Freiheit entlassen werden. Zu essen gibt es dann die etwas weniger geschmackvollen Exemplare aus der Fischzucht.
Gefischt wird die Languste mit Körben, die als Fallen auf dem Meeresboden aufgestellt werden. Die Fischer der Balearen fangen jährlich rund 125 Tonnen, und vor allem auf Menorca wurde der Langustenfang zur Spezialität. Vor allem die zerklüftete Nordküste, voran die tiefe Bucht der Cala Fornells, wurde berühmt für ihre *caldereta de langosta*, und dieser Langusten-Topf ist fürwahr eine Reise wert. Kenner sagen, darin müsse immer mindestens ein weibliches Tier enthalten sein, denn die Weibchen sind geschmackvoller und tragen im Frühjahr den Rogen.

Langusten tummeln sich gern an den felsigen Küsten der Balearen, wo sie sich von kleinen Meerestieren ernähren und dadurch ihren delikaten Geschmack entwickeln.

Um Langusten zu fangen, lassen die Fischer von ihren Booten aus Reusen ins Wasser hinab. Tiere, die kleiner als 19 Zentimeter sind, erhalten wieder ihre Freiheit.

Der Langustentopf *caldereta de langosta* ist eine Spezialität der Insel Menora (»die Kleine«), die mit ihrer Ausbeute an Langusten Mallorca (»die Große«) bei weitem überflügelt. Sogar die spanische Königsfamilie pilgert regelmäßig per Boot in die Bucht Cala Fornells an der Nordküste Menorcas, um sich die delikate Speise schmecken zu lassen.

Caldereta de langosta

Langustentopf
(Abbildung links)

2 große Langusten, gekocht
100 ml Olivenöl
5 Schalotten, fein gehackt
3 Knoblauchzehen, fein gehackt
500 g reife Tomaten, enthäutet und in Würfel geschnitten
½ l Fischfond
1 Lorbeerblatt
1 Kräutersträußchen (Petersilie, Thymian, Estragon)
4 cl Brandy
Salz und Pfeffer
1 Prise Zucker
4 dünne Scheiben Weißbrot
2 EL gehackte Petersilie

Die Langusten aufbrechen und in Portionsstücke schneiden.
Das Olivenöl in einer Kasserolle erhitzen, die Schalotten und den Knoblauch darin goldbraun anbraten. Die Tomaten dazugeben und kurz anschmoren. Mit dem Fischfond aufgießen, mit Lorbeer, Kräutersträußchen, Brandy, Salz und Pfeffer würzen. Bei mittlerer Hitze dickflüssig einkochen lassen. Dann das Lorbeerblatt und das Kräutersträußchen entfernen, die Langustenstücke einlegen und in der Sauce erwärmen, nicht mehr kochen. Mit Salz, Pfeffer und Zucker abschmecken.
Die Brotscheiben im Toaster leicht anrösten, in 4 tiefe Teller legen und den Eintopf darüber verteilen. Mit der Petersilie bestreuen und sofort servieren.

Eine ausgewachsene Languste ist der Stolz des balearischen Fischers. Frische Langusten schlagen heftig mit dem Schwanz, wenn man sie hochhebt, weniger frische zeigen sich träge.

El Chiringuito – die Bude am Strand

Es war eine äußerst bescheidene Strandhütte, und man nannte sie die »Krabbe«. Kaum ein Dutzend Halbpfeiler aus Holz, von der Sonne verbrannt, und ein Dachwerk aus Schilfrohr. Dahinter die Baracke mit ihrer indigoblaubemalten Tür, mit ihrem zinküberzogenen Ladentisch, der Wasserpumpe, dem ewig tropfenden Hahn, den Fässern, den Flaschen und den Coca-Cola-Kisten mit ihrem zerstückelten Eis. Rundherum die großen Blumentöpfe mit roten und weißen Geranien und den breiten, tiefgrünen Hortensienblättern. Die »Krabbe« –mehr als bescheiden; in Wirklichkeit war sie armselig. Und trotzdem, keine andere Strandhütte war so stark besucht. Sie lag am Rande des Platzes, am Eingang des Fichtenwaldes. Sie hatte etwas Besonderes an sich: Vielleicht war es das Tropfen des Wassers, der blaue und grüne Schatten oder das Säuseln des Lüftchens in den Fichten. Man wußte es nicht ganz genau. Die »Krabbe» füllte sich mit lärmigen und sonntäglichen Leuten, die, weil sie an die Sonne nicht gewöhnt waren, eine von Sonnenbrand gerötete Haut hatten. Sie setzten sich an die Holztische unterm Dachwerk aus Schilfrohr und holten ihre Blechbüchsen aus ihren Lunchtaschen. Sie bestellten Wein, Bier und Coca-Cola; oft Tomaten, grünen Salat und Oliven und zum Schluß Café, Cognac oder Anis. Nachdem sie im Sieben-Uhr-Bus fortgefahren waren, schien in der Luft, in der Brise, die Sand aufwirbelte, immer noch das Echo ihres Lachens, ihrer Späße gefangen zu sein.

(Aus: Ana María Matute, Die Rettung, 1967)

Aus dem Fischtopf

Arroz a la marinera
Reissuppe nach Seemannsart

1 kg Fischabfälle
1 Zwiebel, gespickt mit 1 Lorbeerblatt und 2 Gewürznelken
4 Knoblauchzehen
4 Stengel Petersilie
Salz
5 schwarze Pfefferkörner
250 g kleine Tintenfische, küchenfertig
1 Zwiebel, fein gehackt
$^{1}/_{8}$ l Olivenöl
200 g Reis (mittleres Korn)
2 reife Tomaten, enthäutet und in Würfel geschnitten
$^{1}/_{2}$ TL mildes Paprikapulver
1 scharfe rote Chilischote, entkernt und fein gehackt
einige Safranfäden
500 g gemischte Muscheln, z.B. Mies- und Herzmuscheln, gewaschen und geputzt
500 g Fischfilet, z.B. Seeteufel oder Kabeljau, in Portionsstücke geschnitten
8 Garnelen
4 Stück Kaisergranat

Fischabfälle, Zwiebel, Knoblauchzehen, Petersilie, Salz, und Pfefferkörner in $1^{1}/_{2}$ l Wasser aufsetzen und 1 Stunde lang zugedeckt köcheln lassen. Dann Sud abseihen und beiseite stellen. Die Tintenfische kleinschneiden. In einem großen Topf mit der Zwiebel im Olivenöl goldbraun braten. Den Reis zufügen und kurz anrösten. Die Tomaten untermischen und den Fischsud angießen, mit Paprikapulver, Chilischote und Safran würzen. 15 Minuten kochen lassen. Dann die Muscheln, Fischstücke, Garnelen und Kaisergranate einlegen und in der Suppe garziehen lassen.

Burrida de ratjada
Rochen mit Mandeln

1 kg Rochen, in dicke Scheiben geschnitten
Salz
Saft von 1 Zitrone
2 Knoblauchzehen, gehackt
2 EL Semmelbrösel
50 g gemahlene Mandeln
1 EL gehackte Petersilie
4 EL Olivenöl
2 große reife Tomaten, enthäutet und in Würfel geschnitten
$^{1}/_{8}$ l Fischfond
2 Eier
1 EL Mandelblättchen

Wie in uralten Zeiten wird Fisch auf den Balaren an der Luft getrocknet. Geschätzt wird hier unter anderem auch getrockneter Rochen *(raya)*. Was bei diesem Knorpelfisch gern als »Flügel« bezeichnet wird, sind in Wirklichkeit stark ausgeprägte Brustflossen.

Die Fischscheiben waschen, trocknen, salzen und mit Zitronensaft beträufeln. 10 Minuten ziehen lassen.
Knoblauch mit Semmelbröseln, Mandeln, Petersilie und 2 EL Olivenöl in einem Mörser zu einer dicklichen Paste zermahlen.
Die Tomaten im restlichen Olivenöl kurz anschmoren. Den Fischfond angießen und die Paste einrühren. Einmal aufkochen lassen, vom Herd nehmen und die Eier einrühren.
Den Fisch in eine feuerfeste Form legen und die Sauce darüber verteilen. Im vorgeheizten Backofen bei 175 °C ca. 20 Minuten garen. Mit den Mandelblättchen bestreuen und in der Form servieren.

Mero al forn

Zackenbarsch aus dem Ofen
(Abbildung rechts oben)

1 Zackenbarsch, ca. 1 kg, küchenfertig vorbereitet, ersatzweise Brasse
Salz und Pfeffer
Olivenöl
400 g Mangold, geputzt
2 Zwiebeln, in grobe Stücke geschnitten
4 Knoblauchzehen, gehackt
300 g kleine Tomaten, geviertelt
¹/₄ l Gemüsebrühe
Zitronenscheiben zum Garnieren

Den Zackenbarsch waschen, trockentupfen und innen und außen mit Salz und Pfeffer einreiben. Eine feuerfeste Form mit Olivenöl ausstreichen und den Mangold hineingeben. Die Hälfte der Zwiebelstücke darauf verteilen. Den Fisch auf die Mangoldblätter legen, die restlichen Zwiebelstücke, den Knoblauch und die Tomaten zufügen. Die Gemüsebrühe angießen und den Fisch mit etwas Olivenöl beträufeln. Im vorgeheizten Backofen bei 180 °C ca. 30 Minuten garen (Garprobe machen). In der Form mit Zitronenscheiben servieren.

Nicht nur Zackenbarsch läßt sich im Ofen mit Mangold, Tomaten, Zwiebeln und Knoblauch garen. Jeder ganze Fisch erhält bei dieser Zubereitung sein saftiges Aroma.

Tintenfisch mit Sommersalat *(sepia amb trempó)* ist eine leichte und gesunde Erfrischung für heiße Sommertage. Außerdem ist die delikate Speise sehr schnell zubereitet.

Sèpia amb trempó

Tintenfisch mit Sommersalat
(Abbildung rechts unten)

750 g Tintenfische, küchenfertig
500 g Tomaten, in Stücke geschnitten
2 Paprikaschoten (rot oder grün), in Stücke geschnitten
2 Zwiebeln, grob gehackt
2 EL Rotweinessig
Salz und Pfeffer
¹/₈ l Olivenöl
1 Knoblauchzehe, fein gehackt

Die Tintenfische kleinschneiden. Tomaten, Paprika und Zwiebeln in eine Schüssel geben. Aus Essig, Salz, Pfeffer und 4 EL Olivenöl eine Marinade anrühren und über den Salat verteilen, gut durchmischen.
Das restliche Öl in einer Pfanne erhitzen. Tintenfisch und Knoblauch darin goldbraun braten. Heiß über den Salat geben, vorsichtig untermischen und sofort servieren.

Fleischeslust

Escaldums

Geschmorter Truthahn mit Mandeln
(Abbildung unten links)

500 g Putenbrust
3 EL Olivenöl
1 große Gemüsezwiebel, fein gehackt
1 Knoblauchzehe, gehackt
2 EL gehackte Mandeln
1 Lorbeerblatt
2 Tomaten, enthäutet und in Würfel geschnitten
1/4 l Weißwein
1/4 l Geflügelfond
Salz und Pfeffer

Die Putenbrust in Würfel schneiden. Das Olivenöl in einem Schmortopf erhitzen und das Putenfleisch von allen Seiten darin anbraten. Aus dem Topf heben und beiseite stellen.
Zwiebel und Knoblauch im Bratfett glasig dünsten. Die Mandeln untermischen und kurz anbraten. Lorbeerblatt und Tomaten zufügen, mit dem Weißwein ablöschen und den Geflügelfond angießen. Putenfleisch wieder einlegen, mit Salz und Pfeffer würzen. Zugedeckt bei mittlerer Hitze ca. 30 Minuten köcheln lassen.

Conejo en salsa de almendras

Kaninchen in Mandelsauce
(Abbildung unten rechts)

1 Kaninchen, küchenfertig, in Stücke geschnitten
Salz und Pfeffer
1/8 l Olivenöl oder 125 g Schmalz
2 Zwiebeln, gehackt
5 Knoblauchzehen, gehackt
1 EL Mehl
250 g Tomaten, enthäutet, in Würfel geschnitten
1/4 l Weißwein
100 g gemahlene Mandeln
2 Zweige Thymian
1 Lorbeerblatt
1 EL Mandelblättchen oder -stifte

Kaninchenteile mit Salz und Pfeffer würzen. Das Fett in einem Schmortopf erhitzen und die Kaninchenstücke darin anbraten. Zwiebeln und Knoblauch zugeben und kurz mitbraten. Mit Mehl bestäuben, die Tomaten untermischen und Weißwein sowie 1/4 l Wasser angießen. Gemahlene Mandeln, Thymian und Lorbeer zufügen, salzen und peffern. Zugedeckt bei mittlerer Hitze ca. 45 Minuten kochen lassen, dabei gelegentlich umrühren. Vor dem Servieren Thymian und Lorbeerblatt entfernen und das Kaninchen mit den Mandelblättchen bestreuen.

Arròs brut

»Schmutziger Reis«

1/2 Hase mit Leber
1 Taube, küchenfertig
1/8 l Olivenöl
300 g Schweinerippen in Stücken
Salz und Pfeffer
200 g Waldpilze, geputzt und in Stücke geschnitten
1 Gemüsezwiebel, fein gehackt
2 Knoblauchzehen, gehackt
4 große reife Tomaten, enthäutet und in Würfel geschnitten
100 g junge Bohnenkerne
200 g Reis (mittleres Korn)
2 spanische Blutwürste, in Scheiben geschnitten
1 EL gehackte Petersilie

Den Hasen in Stücke schneiden, die Taube vierteln. 2/3 des Olivenöls in einer Kasserolle erhitzen und den Hasen, die Taubenviertel sowie die Schweinerippen darin goldbraun braten, mit Salz und Pfeffer würzen. Dann die Stücke aus dem Öl heben und beiseite stellen. Die Pilze im Öl anbraten und ebenfalls beiseite stellen.
Zwiebel und Knoblauch im Bratfett glasig dünsten, die Tomaten zufügen und etwas einkochen lassen. Fleisch wieder zugeben, 1 1/2 l Wasser angießen und alles zugedeckt 20 Minuten köcheln.

Die Bohnen und den Reis hineingeben und weitere 20 Minuten garen. Der Reis sollte recht feucht bleiben, bei Bedarf noch etwas Wasser zugeben. Nach der Hälfte der Kochzeit die Pilze und die Blutwürste zugeben.
Inzwischen die Leber im restlichen Öl braten. Leber, Öl und Petersilie in einem Mörser zermahlen und 5 Minuten vor Ende der Garzeit unter die übrigen Zutaten mischen. Vor dem Servieren mit Salz und Pfeffer abschmecken.

Codornices con higos
Wachteln mit Feigen
(Abbildung rechts)

4 Wachteln, küchenfertig vorbereitet
Salz und Pfeffer
1 EL Butter
1 Kräutersträußchen, z.B. Thymian, Rosmarin, Oregano
1–2 Lorbeerblätter
2 kleine Zwiebeln, fein gehackt
1 EL Mehl
6–8 Feigen, geschält
200 ml Weißwein
1 EL geriebene Bitterschokolade

Die Wachteln waschen, trockentupfen, mit Salz und Pfeffer einreiben und mit Küchengarn in Form binden.
Eine feuerfeste Form mit Butter ausstreichen und die Wachteln hineinsetzen. Kräutersträußchen, Lorbeer und Zwiebeln zufügen, die Wachteln mit Mehl bestäuben. Im vorgeheizten Backofen bei 240 °C ca. 10 Minuten garen, bis das Mehl gebräunt ist. Die Wachteln wenden, die Feigen dazugeben, den Weißwein angießen und die Schokolade einrühren. Den Backofen auf 175 °C zurückschalten und die Wachteln weitere 10 Minuten garen. In der Form auftragen.

Costillas de cordero con ajos fritos
Lammkoteletts mit gebratenem Knoblauch
(Abbildung rechts)

8 Lammkoteletts à 100 g
Salz und Pfeffer
150 ml Olivenöl
20 Knoblauchzehen, ungeschält

Die Lammkoteletts waschen, trockentupfen und mit Salz und Pfeffer würzen.
In einer großen Eisenpfanne das Olivenöl erhitzen und die Knoblauchzehen darin goldgelb fritieren. Den Knoblauch aus dem Öl nehmen und warm stellen. Die Lammkoteletts im Öl auf beiden Seiten braten. Mit den Knoblauchzehen anrichten und sehr heiß servieren.

Der leichte Wildgeschmack von Wachteln harmoniert sehr gut mit den Früchten der Balearen. Man kann das feine Federwild, wie hier, mit frischen Feigen garen. Genauso gut passen aber auch getrocknete Feigen, getrocknete Aprikosen, frische Trauben oder Rosinen. Der Geschmack wird noch intensiviert durch frische mediterrane Kräuter.

Schlicht und doch ausgesprochen delikat sind zarte Lammkoteletts mit fritierten ganzen Knoblauchzehen. Das Fleisch sollte im Inneren noch leicht rosa sein.

Coca

Der Franziskanermönch Eiximenis beschrieb im 14. Jahrhundert mit lustvollem Entsetzen eine fette, gefräßige Köchin, die so gerne mit *coca,* dem balearischen Blechkuchen, in allen Speisen herumstippte, daß sie letztlich daran erstickte. Brot ist die Grundlage der Ernährung – das wird ganz wörtlich genommen auf den Balearen, wo Kunstfertigkeit mit dem Backofen viel bedeutet und die *coca* als Standardgericht gilt. Es gibt unzählige Varianten von Blechkuchen: mit oder ohne Hefe, mit oder ohne Ei. Der münzdünne oder üppig aufgegangene Teig kann alles Mögliche tragen: Gemüse als Vorspeise, Sardinen als Hauptgericht oder Süßes zum Dessert.

Coca
Blechkuchen

Teig:
20 g frische Hefe
1 Prise Zucker
500 g Mehl
1 TL Salz
2 EL Olivenöl
2 EL Weißwein
Mehl für die Arbeitsfläche
Fett für das Backblech

Coca amb pebres macht man mit roten Paprikaschoten und Zwiebeln; viel Knoblauch gibt eine feine Würze.

Coca amb trempó bringt den beliebten Sommersalat aus Paprika, Tomaten und Zwiebeln auf den Teigboden.

Der Hefeteig wird auf einem großen Backblech ausgelegt und gelöchert, dann läßt man ihn nochmals gehen.

Je nach Belag und Gusto kann man den Teig vor dem Belegen mit einer Kräuter-Öl-Marinade bestreichen.

Die feine *coca d'espinacs* mit Spinat, Rosinen und Pinienkernen, gehört zu den beliebtesten Blechkuchen.

Der feine Spinatkuchen ist beliebig erweiterungsfähig – mit Tomaten oder auch mit Fisch (Hintergrund).

Hefe mit einer Prise Zucker in etwas lauwarmem Wasser anrühren. Mehl mit dem Salz in eine große Schüssel sieben, in die Mitte eine Mulde drücken und die Hefe hineingeben. Mit Mehl bestäuben, 15 Minuten gehen lassen. Dann Olivenöl, Weißwein und 1/4 l Wasser zugeben und alles zu einem glatten Teig verkneten. Den Teig an einem warmem Ort zu doppeltem Volumen aufgehen lassen. Teig nochmals durchkneten, auf einer bemehlten Arbeitsfläche zu einem Rechteck ausrollen und ein gefettetes Backblech damit auslegen. Mit einer Gabel oder einem Teigroller mehrmals einstechen und nochmals gehen lassen. Alle Coca-Varianten werden nach dem Belegen im vorgeheizten Backofen bei 200 °C ca. 25–30 Minuten gebacken.

Coca d'espinacs

Blechkuchen mit Spinat
(Abbildung links)

Belag:
1 kg Blattspinat
Salz
40 g Pinienkerne
50 g Rosinen, in Wasser eingeweicht
Salz und Pfeffer
100 ml Olivenöl

Blattspinat verlesen, waschen und in wenig Salzwasser blanchieren. Abschütten, gut abtropfen lassen, auf den Teig geben, mit Pinienkernen und Rosinen bestreuen, salzen und pfeffern und vor dem Backen mit dem Olivenöl beträufeln. **Variationen:** Man kann zusätzlich zum Spinat noch Tomaten- und Fischstücke (Thunfisch, Brasse, Kabeljau) auf den Teig geben (großes Bild).

Coca amb trempó

Blechkuchen mit Sommergemüse
(Abbildung ganz links, unten)

Belag:
500 g grüne Paprikaschoten, in Streifen geschnitten
500 g Zwiebeln, gehackt
500 g Tomaten, enthäutet und in Würfel geschnitten
Salz und Pfeffer
3 EL gehackte Petersilie
100 ml Olivenöl

Paprika, Zwiebeln und Tomaten auf dem Teig verteilen. Salzen und pfeffern, mit Petersilie bestreuen und vor dem Backen mit dem Olivenöl beträufeln. Backen wie oben angegeben.

Coca amb pinxes

Blechkuchen mit Sardinen

Belag:
500 g frische Sardinen, küchenfertig und entgrätet
3 Knoblauchzehen, fein gehackt
2 Schalotten, fein gehackt
1 Bund Petersilie, gehackt
100 ml Olivenöl
1/2 TL mildes Paprikapulver
Salz und Pfeffer

Sardinen auf den Teigboden legen. Die übrigen Zutaten gut verrühren und darüber verteilen. Dann backen wie oben angegeben.

Ganz einfach geht *coca con sobrasada:* Teig mit Wurstscheiben belegen (oben) – und dann ab in den Ofen (rechts).

Deftiges vom Land

Sopes mallorquines

Gemüseeintopf mit Kohl
(Abbildung ganz unten)

1 kleiner Kopf Weißkohl, ersatzweise Wirsing
2 junge Artischocken
250 g Spargel
$^1/_2$ Blumenkohl
250 g grüne Bohnen
$^1/_8$ l Olivenöl
1 Gemüsezwiebel, gehackt
2 Knoblauchzehen, gehackt
2 Tomaten, enthäutet und in Würfel geschnitten
Salz und Pfeffer
$^1/_2$ TL scharfes Paprikapulver
$^1/_2$ TL mildes Paprikapulver
2 EL gehackte Petersilie
250 g trockenes weißes Holzofenbrot vom Vortag, in dünne Scheiben geschnitten

Weißkohl, Artischocken, Spargel, Blumenkohl und die Bohnen putzen und kleinschneiden, Blumenkohl in Röschen zerteilen.
In einer Kasserolle das Olivenöl erhitzen, Zwiebel und Knoblauch darin glasig dünsten. Gemüse mit den Tomaten zufügen, 1 l Wasser angießen und mit Salz, Pfeffer, Paprikapulver und Petersilie würzen. Zum Kochen bringen und zugedeckt ca. 20 Minuten garen.
Eine Tonkasserolle mit den Brotscheiben auslegen. Das Gemüse mit dem Schaumlöffel darauf verteilen, die Brühe darübergießen. 5 Minuten im vorgeheizten Backofen durchziehen lassen, damit das Brot die Flüssigkeit aufsaugen kann. In der Form servieren.

Frit mallorquí

Mallorquinisches Pfannengericht
(Abbildung links)

500 g Kartoffeln
2 Möhren
je 1 rote und grüne Paprikaschote
100 ml Olivenöl
1 Gemüsezwiebel, gehackt
5 Knoblauchzehen, gehackt
2 Tomaten, enthäutet und in Würfel geschnitten
750 g Innereien vom Lamm oder Schwein, in schmale Streifen geschnitten
Salz
1 Messerspitze Zimt

Kartoffeln, Möhren und Paprika waschen und schälen bzw. entkernen, dann alles in gleichgroße Stifte schneiden.
Das Olivenöl in einer tiefen Pfanne erhitzen, Zwiebel und Knoblauch darin glasig dünsten. Die Kartoffeln zugeben und anbraten. Möhren, Paprika und Tomaten untermischen und mitgaren. Das fertige Gemüse aus der Pfanne heben und warm stellen.
Die Innereien in der Pfanne im Bratfond anbraten. $^1/_4$ l Wasser zugießen, salzen und etwas einkochen lassen. Dann das Gemüse untermischen und einige Minuten unter Rühren durchziehen lassen. Mit Salz und Zimt abschmecken.

Huevos al modo de Sóller

Spiegeleier nach Art von Sóller

1 Stange Lauch, in dünne Ringe geschnitten
1 große Möhre, in Scheiben geschnitten
250 g frische, gepalte Erbsen
3 EL Olivenöl
$^1/_4$ l Milch
$^1/_8$ l Fleischbrühe
Salz und Pfeffer
8 Scheiben Sobrasada, *ersatzweise Paprikawurst*
8 Eier

Ca'n

Der katalanische Schriftsteller Josep Pla mußte betteln: Es ist schon Legende, wie er in Pollensa auf Mallorca vor einem Wirt fast auf die Knie sank und ihn anflehte, doch seine berühmten *sopes* zu kochen. Denn es war einst nicht leicht, im Gasthaus auf dem Lande die typische Küche der Insel zu genießen. Gerade diese ursprüngliche, auf Kohlsuppe beruhende Armenspeise war im Restaurant kaum zu finden. Doch diese Zeiten sind längst vorbei, und heute gibt es eine reiche Auswahl an Lokalen, deren Name mit Ca'n beginnt. Das heißt ganz einfach »bei« oder »im Hause von«, wie französisch *chez,* und deutet auf eine ganz persönliche Küche häuslicher Tradition. Neben Landgasthöfen gibt es auch *Cellers,* Keller, in denen einst Wein gelagert wurde. Auch hier kann man wahre Wunder authentischer Volksküche kosten. Im Tongefäß gibt es wie zu Großmutters Zeiten *sopes mallorquines,* diese »Suppe«, die gar nicht flüssig ist, oder auch den *frit mallorquí,* ein deftiges Pfannengericht aus Innereien und Gemüse.

Beim deftigen Schmaus aus Schnecken und Sobrasada-Wurst verbinden sich zwei bodenständige Ingredienzen zu einem Klassiker der ländlichen Küche, den man gern als Tapa reicht.

Wer sich wenige Kilometer von den Stränden entfernt, findet auf Mallorca noch das ländliche Leben (oben), das aber durchaus nicht ärmlich sein muß (großes Bild).

Gemüse in 1 EL Olivenöl anbraten. Milch und Fleischbrühe angießen, mit Salz und Pfeffer würzen. Bei kleiner Hitze 20 Minuten köcheln lassen. Mit dem Mixstab pürieren und warm stellen. Wurstscheiben im restlichen Öl von beiden Seiten anbraten. Aus der Pfanne heben und Spiegeleier in der Pfanne braten. Auf vorgewärmte Teller je 2 Wurstscheiben legen, 2 Spiegeleier darauf setzen und die Sauce angießen. Sofort servieren.

Caracoles con sobrasada

Schnecken mit Paprikawurst
(Abbildung links)

1 Zwiebel, fein gehackt
2 Knoblauchzehen, fein gehackt
3 EL Olivenöl
4 Tomaten, enthäutet und in Würfel geschnitten
150 g luftgetrockneter Schinken, in feine Streifen geschnitten
Salz und Pfeffer
1 TL Zucker
1/2 TL scharfes Paprikapulver
1/4 l Weißwein
200 g Sobrasada, *ersatzweise Paprikawurst, in Würfel geschnitten*
2 cl Brandy
48 kleine bis mittelgroße Schnecken, gekocht

Zwiebel und Knoblauch im Olivenöl glasig dünsten. Tomaten und Schinken zufügen, mit Salz, Pfeffer, Zucker und Paprika würzen und den Weißwein angießen. 20 Minuten einkochen lassen. Die Wurst und den Brandy in die Sauce geben, noch einige Minuten köcheln lassen, dann die Sauce mit Salz, Pfeffer und Paprika abschmecken. Die gekochten Schnecken zufügen und in der Sauce erhitzen, nicht mehr kochen. In der Kasserolle servieren.

Mayonnaise

Die Diskussion über die *salsa mahonesa* gleicht zuweilen einem Glaubenskrieg: Auf Menorca ist man überzeugt, diese weltweit beliebte Sauce sei auf der Balearen-Insel erfunden worden. Als die Franzosen 1756 den Engländern Menorca entrissen, sei ihre schönste Beute diese cremige Kombination von Ei und Olivenöl gewesen. Ein einheimischer Koch soll sie auf Anweisung des französischen Heerführers Richelieu kreiert haben. Historiker aber fanden Texte aus dem 16. Jahrhundert, in denen schon Mayonnaise erwähnt wird. Wahrscheinlich ist, daß überall dort, wo Olivenöl vorherrschte, eine einfache Verarbeitung mit Ei entstand – zumal in den Mittelmeerländern, wo auch *alioli* (Öl mit Knoblauch) zubereitet wird (siehe Seite 17).
Eigelb, eine Prise Salz und etwas Essig oder Zitrone genügen als Zutaten; ein lockeres Handgelenk und Vorsicht beim Einrühren des Öls sind das einzige Geheimnis. Zu Salat, Fisch oder Gemüse, mit Tomate rosa gefärbt oder mit Knoblauch angereichert – die *mahonesa* gibt es in unzähligen Variationen, und für alle gilt die eine Regel: Sie sollte von der Küche direkt auf den Tisch kommen – ohne Umweg über den Kühlschrank.

Salsa mahonesa

Mayonnaise
(Abbildungen unten)

2 Eigelb
1 TL Zitronensaft oder Weinessig
300 ml Olivenöl
Salz

Das Eigelb mit dem Schneebesen oder im Mixer gut verquirlen. Einige Tropfen Zitronensaft oder Essig zugeben. Nun das Olivenöl zuerst tropfenweise, dann in dünnem Strahl unter ständigem Rühren zugießen. Wenn die Mayonnaise steif ist, mit Salz und Essig oder Zitronensaft abschmecken. Mayonnaise möglichst bald nach der Herstellung verbrauchen.

Russischer Salat *(ensaladilla rusa)*

Ensaladilla rusa

Russischer Salat
(Abbildung oben)

1 große gekochte Kartoffel
1 kleine Dose Brechbohnen, 400 g
1 kleine Dose Erbsen, 400 g
1 kleine Dose Möhren, 400 g
125 g Champignons aus der Dose
Mayonnaise nach Rezept (siehe oben)

Die Kartoffel in kleine Würfel schneiden. Die Gemüse abschütten und gut abtropfen lassen. Alles zusammen in eine Salatschüssel geben. Die Mayonnaise über den Salat geben und gut untermischen. Bis zum Servieren kalt stellen und möglichst bald servieren.
Wie alle Speisen mit selbstgemachter Mayonnaise sollte *ensaladilla rusa* nicht länger als 1–2 Tage aufbewahrt werden, am besten natürlich im Kühlschrank.

Frische Eier, Olivenöl und Salz sind die Grundzutaten für Mayonnaise, dazu paßt Essig oder Zitronensaft.

Zuerst schlägt man die Eier auf und verquirlt sie gut – je nach Menge im Mixer oder mit dem Schneebesen.

Ein paar Tropfen Zitronensaft oder Essig kommen schon vor dem Öl in den Mixer oder in die Schüssel.

Nun läßt man das Olivenöl langsam und in sehr dünnem Strahl zufließen. Dieser Schritt beweist den Könner.

Käse aus Menorca

Rauhes Grasland, struppiges Gehölz und abrupte Felsküsten bestimmen den Charme der Insel Menorca. Wenig geeignet für intensive Landwirtschaft, war die Insel seit Urzeiten bekannt für ihr Vieh. *Meloussa* nannten sie griechische Seefahrer der Antike, das »Land der Viehzucht«. Im 18. Jahrhundert schrieb der englische Ingenieur John Armstrong die erste Geographie und Geschichte der für kurze Zeit unter britischer Herrschaft stehenden Insel. 1741 gab es hier laut Armstrong 60 000 Schafe, 20 000 Ziegen, 6000 Rinder und 4000 Schweine. Der Käse aus Menorca sei den Italienern lieber als deren eigener Parmesan, versicherte er stolz.

Im 19. Jahrhundert förderten die Briten die Zucht von Kühen und die Herstellung von Kuhmilchkäse. Neben der regionaltypischen Menorca-Kuh, von der heute nur noch einige Dutzend Exemplare existieren, sind auf der zweitgrößten balearischen Insel inzwischen hauptsächlich die sehr leistungsfähigen Friesen-Kühe verbreitet. Aus ihrer Milch entsteht der berühmte Mahón-Käse, der mittlerweile offiziell den Namen *Queso Mahón-Menorca* trägt. Dieser Käse war bis vor ein paar Jahrzehnten ein reines Handwerksprodukt. Zwischen September und Juni bearbeiteten die Frauen auf den *fincas,* den Bauernhöfen, zweimal täglich die Milch. Anstelle des heute üblichen Labferments benutzten sie Kräuter und zum Formen des Käses Tücher aus Baumwolle. Den frischen, leicht säuerlichen Käse *(queso fresco oder tierno)* konnte man schon nach acht Tagen essen oder als zarte Füllung von Kuchen zum Backen verwenden.

Modernisierung und die hygienischen Auflagen der Europäischen Union haben die traditionelle Käserei stark verwandelt. Unpasteurisierter Frischkäse ist heute verboten. Eine Kooperative aber versucht mit Erfolg, die Tradition zu wahren. Hier schafft die Zubereitung von Rohmilch-Käse unter strengen hygienischen Bedingungen Käse von höchster Qualität. Durch die Pressung in Tüchern hat er noch heute die charakteristische Form: quaderförmig mit abgerundeten Ecken.

Es gibt den *Queso Mahón-Menorca* als halbreife Variante (*semicurado,* mindestens zwei Monate gereift) oder auch vollreif (*curado,* sechs bis zehn Monate Reifezeit). Ganz hart wird zuletzt der *añejo,* der ein Jahr lang Kräfte sammelt für einen herben, tiefen Geschmack. Nach einmonatiger Reifezeit wird ein Teil der Käselaibe mit Butter oder Olivenöl mit Paprikapulver zusätzlich konserviert. Ist Mahón-Käse aus pasteurisierter Milch hergestellt, darf er auch schon nach kurzer Reifezeit von 20 bis 60 Tagen vermarktet werden.

Mahón-Käse wird aus reiner Kuhmilch hergestellt und manchmal noch mit Öl und Paprikapulver konserviert.

Lange gereifter *Queso Mahón-Menorca* entwickelt einen würzigen Geschmack und eignet sich sehr gut als Tapa.

Rosmarin *(romero)* : zu Wild, Lamm und Schwein sowie für viele Saucen, Füllungen und eingelegte Gemüse.

Thymian *(tomillo)*: zu Fisch, Fleisch, Schmorgerichten, Sommergemüsen und für Olivenmarinaden.

Fenchel *(hinojo)* Kraut vor allem zu Fisch, Lamm und deftigen Eintöpfen, Samen meist für Tee und Marinaden.

Petersilie *(perejil)*: paßt zu fast jeder Speise von Suppen über Salate und Gemüse bis zu allen Fleischsorten.

Majoran *(mejorana)*: zu Wild und Lamm sowie für Füllungen und zu manchen Gemüsesorten.

Oregano *(orégano)*: gut zu Hülsenfrüchten, Fleisch, Wild und Geflügel sowie zu Innereien und Gemüse.

Basilikum *(albahaca)*: zu Tomaten und anderen Gemüsesorten sowie zu Salaten, Fisch und Fleisch.

Lorbeer *(laurel)*: für jede Art von Sud und Marinade, zum Einlegen sowie für Reis-, Fisch- und Fleischgerichte.

Kräuter

Wenn es schlecht steht um Familie oder Geschäft, tritt der balearische Bauer vor sein Haus und wendet sich nach links. Hier stehen einige Sträucher mit immergrünen Blättern und im Sommer grell-gelben Blüten. Davor kniet der verzweifelte Mann nieder und bittet um »Gesundheit, Glück und Reichtum«. Auf den Balearen weist man der in Südeuropa verbreiteten Raute magische Kräfte zu. *Herba de bruixa* (Hexenkraut) heißt die *ruda* im Volksmund, und sie schützt gegen Geister und Zauberspuk. Wenn sie gedeiht, immer links vom Hof, wo sich die negativen Aspekte des Lebens befinden, dann bleibt das Übel fern von der Familie. Aber wehe, wenn die Pflanze verkümmert: Dann kann Unheil über das Haus kommen. Als Heilmittel wird die Raute gegen Bauchschmerzen und Bandwurm eingesetzt.
In einer kargen Umwelt haben Gräser aller Art besondere Bedeutung, sei es als Zauber- oder als Heilmittel. Plinius rühmte schon im 1. Jahrhundert n. Chr. ein Getränk aus 100 Kräutern, das gegen vielerlei Krankheiten eingesetzt wurde. Hier liegt gewiß der Ursprung der *hierbas*, der Kräuterliköre der Balearen (siehe Seite 73). Später brachten arabische Händler Gewürze ins Maurenreich von al-Andalus: Gewürznelken, Zimt, Muskatnuß und Pfeffer. Doch die maurischen Köche wußten auch zu nutzen, was wild auf der Wiese zu finden war: Basilikum, Rosmarin und Thymian natürlich, die bis heute die am weitesten verbreiteten Kräuter auf den Inseln sind. Kein Spanier kocht ohne Lorbeer, und auch Petersilie und Anis sind nicht mehr wegzudenken. Die Vorliebe der Araber für Minze zu Fleischgerichten, die auf Spanisch auch *hierbabuena* (»gutes Kraut«) genannt wird, fand seltsamerweise in Großbritannien länger andauernden Anklang als in Spanien, wo Minze heute vor allem als Tee verwendet wird. Auch Fenchel, Brennessel, Kamille oder Lindenblüten finden bis heute als Heilmittel Anwendung.
Man trocknet die duftenden Schätze entweder zwischen Zeitungspapier oder hängt sie in lockeren Büscheln auf (Abbildung unten), wobei man die Blätter an den Stengeln läßt. Getrocknete Kräuter bewahrt man in dunklen, luftdicht verschlossenen Gläsern oder Dosen an kühlem Ort auf. Innerhalb eines Jahres sollten sie verbraucht werden. Kräuter lassen sich auch gut einfrieren: kurz in kochendem Wasser blanchieren, abtropfen lassen und portionsweise einfrieren. Zum Gebrauch direkt an die Speisen geben.

Linke Seite (Hintergrund): Die Pfefferminze *(menta)* nutzt man vor allem für Tees, die bekanntere Spanische Minze *(hierbabuena)* für Marinaden und Cocktails.

Die Raute *(ruda)* wächst auf den Balearen wild. Wer die gelben Blüten im Garten hat, dem ist Glück beschert.

In mediterranen Landen liebt man Lammfleisch in der Kräuterkruste. Dazu paßt gartenfrisches Sommergemüse.

Gin

Im Jahr 1713 wurde Oberst Richard Kane Gouverneur seiner königlichen britischen Majestät auf Menorca. Zwei Jahrzehnte lang regierte er die Insel von der Hauptstadt Mahón aus mit Liebe und Können. Seine Nachfolger allerdings waren dann typische Kolonialherren: von Raffgier und Herrschsucht gelenkt. Trotzdem konnten sie die Bande nicht ganz ausreißen, die Kane geflochten hatte, und einige britische Traditionen haben bis heute überdauert. Der Insulaner serviert seinen Tee noch immer auf dem *tibord* (*tea board,* Teetablett), und mittags ißt er gerne mal einen *bifi* (*beef,* Rind).

Das bekannteste britische Erbe auf Menorca ist aber ohne Zweifel der Gin. Wacholderbeeren, Wasser und »Äthylalkohol landwirtschaftlichen Urspungs« sind, so die strenge Verordnung für Mahón-Gin, die einzig erlaubten Zutaten. Die alkoholische Basis wird auf der Baleareninsel allerdings meist nicht – wie beim britischen oder holländischen Verwandten üblich – aus Getreide, sondern aus Trauben gebrannt.

Der Wacholderbusch, ein duftendes Nadelgehölz, das Botaniker mit dem lateinischen Namen *Juniperus communis* benennen, wurde schon bei den Ägyptern als Räuchermittel verbrannt. Im europäischen Mittelalter zündete man auf den Feldern und Weiden Wacholder an, um Vieh und Ernte zu schützen. Bis heute zählt die Pflanze bei einigen nordamerikanischen Indianerstämmen zu den wichtigsten Pflanzen bei religiösen Ritualen.

Wacholder wächst auf den Balearen wild, die Beeren für Menorca-Gin kommen jedoch meist aus den Pyrenäen oder aus Ostspanien. Die Destillation für echten Menorca-Gin muß nach wie vor in einem einfachen Destillierkolben aus Kupfer *(alquitara)* erfolgen, wie ihn einst die Araber in Spanien einführten. Der Kolben wird mit Holzfeuer erhitzt und die Kondensationsspirale in kaltem Wasser abgekühlt.

Zwischen 38 und 43 Prozent stark, ist Gin seit dem 19. Jahrhundert ein im Volk weit verbreitetes Getränk. Pur als Schock-Frühstück auf leeren Magen macht er Bauern und Matrosen munter. Aus Gin mixt man auf den Balearen gern die *pomades* (Gin mit Limonade) und *pallofes* (Gin mit Sodawasser und Zitronenschale), die vor allem am Johannisfest in der Stadt Ciutadella getrunken werden. Zu kaufen gibt es Mahón-Gin in der länglichen holländischen Tonflasche oder in der gedrungenen, breiten britischen Glasflasche.

Idee und Technik sind importiert, doch mittlerweile ist Menorca-Gin ureigenste Spezialität der Baleareninsel. Die Araber brachten kupferne Destillierkolben ins Land, die Engländer die Sitte, aus Wacholderbeeren einen feinen Schnaps zu brennen. In kleinen Destillen (unten) wird noch immer Gin gebrannt und meist in Tonflaschen (rechts) verkauft.

Aus Wacholderbeeren macht man Gin, denn, so sagt man, die Beeren sollen auch in flüssiger Form gesund sein.

Bis heute werden die Kupferdestillen für echten Menorca-Gin mit Holz befeuert – so will es die Vorschrift.

Liköre

Liköre mit feinen Kräutern haben auf den Balearen eine lange Tradition.

Heute eine Spezialität für Feinschmecker, war der *Palo* ursprünglich ein Heilmittel. Sümpfe machten Moskitos auf Mallorca einst zur Plage, und Malaria war eine tödliche Krankheit. Im 16. oder 17. Jahrhundert kam die von der Gräfin von Chinchón in Spanien eingeführte Chinarinde, bis heute eines der wichtigsten Mittel zur Malaria-Bekämpfung, auf die Balearen. Doch der heilsame Extrakt von Chinarinde und Enzian schmeckte ziemlich übel. Bald gingen die Insulaner dazu über, den alkoholischen Auszug mit allerlei Ingredienzen zu verfeinern: Rohrzucker, Zimt, Muskatnuß und Johannisbrot waren die Grundelemente, und Anis-Schnaps machte das Ganze zum Likör, den die Mallorquiner mittlerweile mit Begeisterung trinken – auch wenn er gesund ist.

Eine Krise verhalf dem Palo zum allgemeinen Erfolg: Als die Reblaus Ende des 19. Jahrhunderts die Weinstöcke verwüstete, ersetzte der Kräuterlikör auf dem Binnenmarkt den Wein. Heute produzieren verschiedene Hersteller eine reiche Auswahl des von gebranntem Zucker und Johannisbrot dunkel gefärbten Palo. Er enthält zwischen 22 und 38 Grad Alkohol und wird mindestens ein Jahr lang im Eichenfaß gelagert, um einen tiefen Geschmack zu entwickeln. Als Aperitif oder zum Dessert gibt es Palo zu jeder Tageszeit und für jeden Geschmack: süß, halbtrocken oder trocken. Außerdem kann man damit Desserts und andere Süßspeisen verfeinern.

Aus bis zu 25 verschiedenen Kräutern wie Minze, Ysop, Rosmarin, Wermut, Lavendel und Myrte bereiten die Mallorquiner seit Jahrhunderten ihren hellgrünen *Hierbas*-Likör zu. Basis ist ein trockener oder süßer Anisschnaps, der dann mit Kräuterextrakt vermischt wird. Häufig werden auch Orangen- und Zitrusaromen beigefügt. Man trinkt den Hierbas am liebsten als Digestif.

Die *Frígola* aus Ibiza ist ein Magenbitter aus Blättern und Blüten der Thymianpflanze. Eine Flasche des Elixiers mit einem Thymianzweig darin ist ein beliebtes Mitbringsel von der Insel. Der rötliche bis orangefarbene Likör eignet sich besonders als Digestiv, und die Konditoren nutzen den Likör gern zur Füllung von Pralinen oder um Kuchen und Pasteten damit anzureichern.

Johannisbrot – die verkannte Frucht

Schon in biblischen Zeiten wußte man um den Wert des Johannisbrotes *(algarroba)* für die menschliche Ernährung. Johannes der Täufer soll sich während seines Rückzugs in die Wüste von den 20 Zentimeter langen Schoten ernährt haben – daher wohl der Name. Die Griechen, Araber und Phönizier wogen mit den Samen dieses Hülsenfrucht-Gewächses schon im Altertum Gold und Diamanten auf, denn die Kerne, wahre Wunderwerke der Natur, waren als natürliche Maßeinheit wie geschaffen: Ein Same wiegt immer genau 0,18 Gramm. Daraus wurde später dann 1 Karat (0,2 Gramm), abgeleitet vom lateinischen Namen des Johannisbrotbaums *(Ceratonia siliqua)*.
In späteren Jahrhunderten verlor das Johannisbrot dann an Bedeutung, auf den Balearen und an der spanischen Mittelmeerküste warf man die Früchte meist den Schweinen als Futter vor – wie Perlen vor die Säue. In Notzeiten brannte man daraus einen Ersatzkaffee, und nach wie vor ist es ein wichtiger Bestandteil des beliebten Palo-Likörs aus Mallorca. Darüberhinaus ist das Johannisbrot – auch als Carobe bekannt – erst in den letzten Jahren wieder zu Ehren gekommen, vor allem als Ersatzprodukt für Zucker oder Kakao. Es hat wegen seines hohen Zuckeranteils von bis zu 45 Prozent einen süßlichen Geschmack und enthält, im Gegensatz zum öligen Konkurrenten aus der Kakaobohne, kaum Fett, aber dafür umso mehr Mineralstoffe wie Kalzium und Eisen. Außerdem gilt es als verdauungsregulierend. Das Johannisbrotkernmehl eignet sich sehr gut als Verdickungsmittel und wird zu diesem Zweck vor allem in Naturkostprodukten verwendet.

Ensaïmada

Ein Mallorquiner kann geradezu philosophisch werden, wenn es um sein Lieblingsgebäck, die *ensaïmada*, geht. Denn die Ursprünge dieser typischen Hefeteig-Schnecken liegen so sehr im Dunkeln, daß der Raum für Debatten schier grenzenlos ist. War da zuerst die große Ensaïmada für den kollektiven Verzehr in der Familie, die später zur kleinen Variante des Individualfrühstücks schrumpfte? Oder war es genau umgekehrt, daß die engen Spiralen sich ausbreiteten bis zu einem halben Meter Durchmesser?

Die einen geben der Einsaïmada jüdischen Ursprung – obwohl sie heute mit Schmalz *(saïm)* hergestellt wird. Andere verweisen auf eine Nachspeise der Araber, die *bulemes dolces* hieß. Dagegen halten die ersten wieder, daß auch die Juden ein Gebäck namens *bulema* kannten. Wie auch immer: Orientalisch (und ursprünglich natürlich ohne Schweinefett) war die Ensaïmada sicherlich. Wahrscheinlich kam das Schmalz erst später hinzu, als die Kirche den Verzehr von Schweineprodukten erzwang – als Teil der Verbannung von Juden und Arabern. Zunächst einfach, ohne jegliche Füllung, verbreitete sich die Ensaïmada in den letzten hundert Jahren in vielen Varianten, bis sie ihre heutige Vormachtsstellung auf dem Frühstückstisch der Mallorquiner errang. Man liebt sie mit Füllungen aus *cabello de ángel* (»Engelshaar«, eine Art Kürbiskonfitüre), Sahne oder Mandelnougat *(turrón)*.

Inzwischen gilt die Ensaïmada als Wahrzeichen Mallorcas. Die Balearen-Regierung rechnete aus, daß auf jedem Flug, der Palma in Richtung Festland verläßt, rund 40 Ensaïmadas mitfliegen. Der informelle Export breitet sich aus auf ganz Europa, und überall sind Reisende aus Mallorca auf den Flughäfen gleich zu erkennen an den breiten, runden Pappschachteln, die sie mit sich führen und deren Inhalt zuhause direkt in den Ofen kommt. Denn kurzes Erhitzen macht die mitgebrachte Ensaïmada doppelt lecker.

Rechts: Frisch gebackene Ensaïmadas sind heute auf den Frühstückstischen ganz Spaniens zu finden. Ursprünglich aber stammen diese Hefeteig-Schnecken aus Mallorca.

Ensaïmada

500 g Mehl
75 g Zucker
1 TL Salz
40 g Hefe
1/4 l lauwarme Milch
2 EL Olivenöl
2 Eier
Mehl für die Arbeitsfläche
200 g zerlassenes Schmalz
Fett für das Backblech

Das Mehl mit Zucker und Salz in eine große Schüssel sieben, in die Mitte eine Mulde drücken. Die Hefe in der lauwarmen Milch auflösen und in die Mulde geben. Mit etwas Mehl bestäuben und 15 Minuten gehen lassen. Das Öl mit den Eiern verrühren und zugießen, alles zu einem glatten Teig verkneten. An einem warmen Ort zu doppeltem Volumen aufgehen lassen.

Teig nochmals durchkneten und auf der bemehlten Arbeitsfläche zu einem möglichst dünnen Rechteck ausrollen. Mit dem Schmalz bestreichen und von der Längsseite her einrollen. 1 Stunde ruhen lassen, dann schneckenförmig zusammenrollen. Auf ein gefettetes Backblech legen und zugedeckt nochmals über Nacht gehen lassen. Im vorgeheizten Backofen bei 200 °C ca. 1 Stunde goldbraun backen.

Variationen: Aus dem mit Schmalz bestrichenen Hefeteig 2 Teigstränge formen, diese flechten und anschließend zur Schnecke rollen oder aus dem Teig mehrere kleine Schnecken formen.

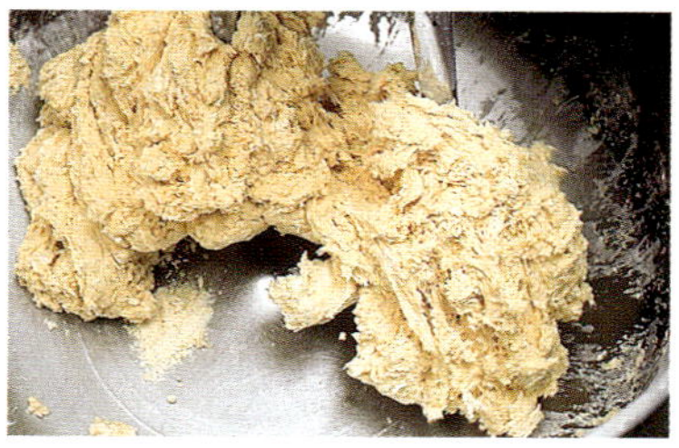

Grundlage für Einsaïmada ist ein Hefeteig, den man gut durchknetet und dann bis zum doppelten Volumen aufgehen läßt.

Wenn der Teig aufgegangen ist, wird er nochmals kurz geknetet und dann mit einem Nudelholz sehr dünn ausgerollt.

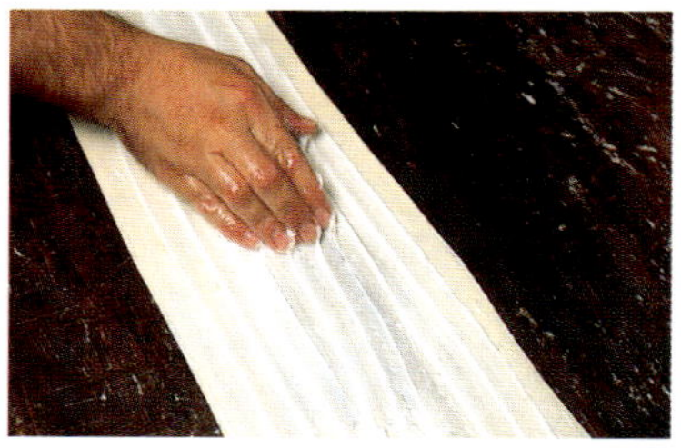

Der ausgerollte Teig wird mit Schweineschmalz bestrichen. Dazu kann man die Hände nehmen oder einen Schaber.

Bevor der Teig nun aufgerollt wird, zieht man ihn mit den Händen so zurecht, daß man an der Längsseite beginnen kann.

Nur wenige einfache Zutaten sind nötig, um eine echte Ensaïmada zu bereiten: Mehl, Zucker, Hefe, Milch, Eier und Schmalz. Dennoch braucht man für dieses Kunstwerk viel Geduld, denn der Teig muß mehrmals gehen, und das Rollen erfordert Fingerspitzengefühl.

Stück für Stück rollt man den Teig nun von der breiten Seite her zu einer Rolle auf. Die sollte möglichst gleichmäßg sein.

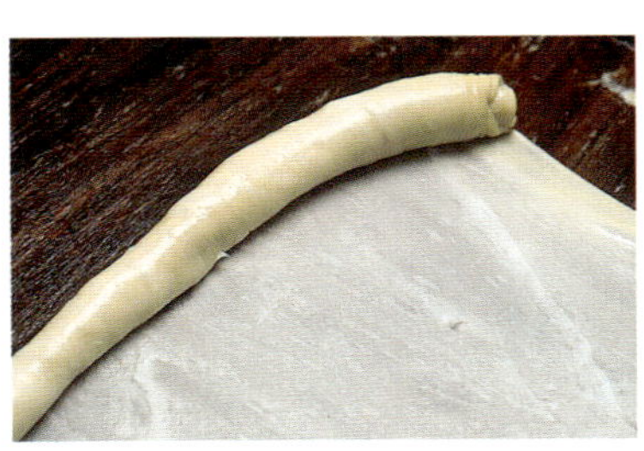

Am Anfang muß man sehr vorsichtig vorgehen, doch wenn die Rolle dicker wird, dreht sie sich fast von selbst auf.

Nun muß der Hefeteig nochmals ruhen, danach kann man dann endlich aus der Rolle die lang ersehnte Schnecke formen.

Man muß die Schnecke nicht sehr eng wickeln, denn wenn der Teig nochmals geht, plustert sie sich regelrecht auf.

Binissalem ist auf den Balearen bislang das einzige Weinbaugebiet (Hintergrund), das eine geschützte Herkunftsbezeichnung (D.O.) zuerkannt bekam.

Aus Binissalem kommen vor allem alkoholreiche Rotweine, die zur Hälfte Trauben der auf Mallorca einheimischen Rebsorte Manto Negro enthalten.

Insel-Wein

Schon im ersten Jahrhundert vor Christus lobte Plinius den Wein Mallorcas. Das sanfte Klima sorgte dafür, daß sich der von den Römern in der Antike eingeführte Anbau im Lauf der Jahrhunderte fortsetzen konnte – allerdings nur auf der größten Balearen-Insel. Bis heute produziert Ibiza nur wenig Tafelwein, und Menorca weist gerade mal knapp drei Hektar auf, die mit Weintrauben bepflanzt sind.

Bis Ende des 19. Jahrhunderts hatten die Winzer Mallorcas ihre Produktion ständig steigern können, denn die französischen und dann die spanischen Weinberge waren von der Reblaus befallen. So war der europäische Markt unersättlich. 1891 aber erreichte die Plage auch die Insel, die Bauern mußten von vorne anfangen. Erst langsam wuchs der Anbau wieder, und lange war nur einfacher Tafelwein zu haben.

In den letzten Jahrzehnten aber hat sich ein Wandel vollzogen. Vor allem in der Ebene um Binissalem sorgen kalkhaltige Böden, milde Temperaturen im Windschutz der Berge sowie heiße Sommer mit wenig Niederschlag für bestes Wachstum, das auch die Herstellung von erstklassigen Weinen erlaubt. Seit 1991 genießen die Produzenten, die hier auf rund 300 Hektar Wein anbauen, die geschützte Herkunftsbezeichnung **D.O. Binissalem.** Die besten Weine entstanden im besonders trockenen Jahr 1994, sie gelten mittlerweile schon als »historisch«.

In den roten Weinen der D.O. muß zu 50 Prozent die auf Mallorca heimische Traube Manto Negro enthalten sein, die mehr als drei Viertel der Ernte ausmacht. Die Trauben sind groß und sehr dunkel, haben einen hohen Zuckergehalt und eignen sich für starke Weine. Dazu kommen die in Spanien weit verbreitete Tempranillo-Traube und die zu 30 Prozent erlaubte Cabernet Sauvignon sowie Monastrell und Callet. Die Weißen, die kaum ein Fünftel der Ernte ausmachen, werden zum größten Teil aus der einheimischen Rebe Moll (oder Prensal blanc) gekeltert, obwohl auch Parellada, Macabeo und ein wenig (von der D.O. noch nicht zugelassen) Chardonnay verwendet werden.

Die fünf Produzenten der D.O. sind in der beneidenswerten Lage, keine Absatz-Probleme zu haben. Im Gegenteil: Ihre Weine finden eine so große Nachfrage auf den Inseln, daß von rund 3,5 Millionen Litern, die produziert werden, für den Export nichts übrig bleibt. Die Weine sind mit 11,5 bis 14 Grad Alkoholgehalt meist relativ stark, haben eine ausgeprägte Persönlichkeit und eine besonders intensive Farbe. Sie sind dicht, aber ausgeglichen, und eignen sich für die Lagerung. *Crianza*-Weine des Anbaugebiets müssen mindestens zwei Jahre lagern, davon sechs Monate im Eichenfaß.

Im Osten Mallorcas, immer noch auf dem zentralen Flachland der Insel, liegt das noch von keiner D.O. geschützte Anbaugebiet der *Vins de la Terra del Plá i Llevant de Mallorca* (wörtlich: Landweine von der Ebene und vom Osten Mallorcas). Auch hier überwiegt der Rotwein, doch die Palette der Reben ist breiter als in Binissalem: Man pflanzt hier die Sorten Callet, Tempranillo, Cabernet Sauvignon, Manto Negro, Monastrell und Fogoneu. Die Weine sind fruchtig und sanft, der Alkoholgehalt liegt mit 10,5 bis 12,5 Grad recht niedrig. Zu den weißen hier angebauten Sorten zählen hier vor allem Chardonnay, Macabeo und Parellada.

Auch im Westen Mallorcas gibt es Wein: einen einzigen Produzenten in der Nähe von Andratx. Florianopolis (Santa Catarina) heißt die Bodega des Schweden Stellan Lundqvist, der aus Cabernet Sauvignon, Merlot, Ull de llebre (Tempranillo) und Chardonnay eine reiche Auswahl von Weinen produziert, darunter rote Gran Reservas und fruchtige Weiße.

Sangría

(Abbildung oben)

1 unbehandelte Orange
1 unbehandelte Zitrone
2 Pfirsiche
1-2 EL Zucker
1 l Rotwein, eisgekühlt
5 cl Brandy
¼ l Mineralwasser, eisgekühlt

Die Orange und die Zitrone unter heißem Wasser abspülen und trocknen. Die Schalen spiralenförmig mit einem scharfen Messer abschälen. Die weiße Haut von den Früchten entfernen, die Früchte in Scheiben schneiden. Die Pfirsiche schälen, halbieren, entkernen und in Stücke schneiden. Alle Früchte sowie die Schalen in einen großen Glaskrug geben. Den Zucker darüberstreuen und den Rotwein, den Brandy und zuletzt das Mineralwasser zugießen, umrühren. Immer eiskalt servieren, man kann sogar einige Eiswürfel in den Krug geben.

Glasbläser

Die Glasbläserei *(vidriería)* hat auf Mallorca eine jahrhundertelange Tradition. Sie ist heute zwar wirtschaftlich nicht mehr von Bedeutung, doch Touristen kaufen gern die bunten Glaskugeln und Vasen als Souvenir. Natürlich freuen sich auch die Einheimischen und die Historiker, daß dadurch ein altes Handwerk nicht in Vergessenheit gerät.

Aragón

Harald Irnberger

Aragonien

Aragonien ist ein Land deftiger Fleischgerichte, und ganz besondere Leckerbissen kommen vom Schaf. Das Milchlamm ist Star der aragonesischen Metzger.

Durch seine geographische Lage am Schnittpunkt wichtiger Verkehrswege vom Mittelmeer zum Atlantik und von Frankreich nach Zentralspanien ist Aragonien stets ein Durchzugsland gewesen. Über viele Jahrhunderte prägten fremde Einflüsse die Kultur. Gleichzeitig hat es die Natur den Menschen hier nie leicht gemacht. Sie fordert Unterwerfung – sei es nun auf den schneebedeckten Gipfeln des Nationalparks von Ordesa oder im wüstenhaften Süden (»Afrikas Enklave in Europa«). Milde läßt sie nur in der vom Ebro durchschnittenen Zentralebene walten. In den Bergen zeugen zahlreiche romanische Kirchenbauten von einer asketischen Religiosität, wie sie sich wohl nur unter extremen Umweltbedingungen entwickelt. Trotz – oder gerade wegen – dieser Bedingungen lebt in Aragonien ein bei aller Wortkargheit doch aufgeschlossener Menschenschlag mit ausgeprägt individualistischen Neigungen. Dieses Völkchen mußte es, neben den herben geographischen Bedingungen, seit jeher auch mit einem ebensolchen Klima aufnehmen: Lange, strenge Winter wechseln mit afrikanisch heißen, regenlosen Sommern. Einfallsreichtum ist unter diesen Umständen dringend geboten – auch beim Kochen. So hat die aragonesische Küche den Ruf, die einfachste Spaniens zu sein. Ihr Fundament ist das Fleisch, womit man sich seit frühester Zeit durch Jagd, später dann mittels Schafzucht versorgte. Dennoch kam es immer wieder zu Hungersnöten, denen die Aragoneser mit einfacher, aber nahrhafter Kost zu begegnen suchten. Reichlich Kalorien für den Überlebenskampf in einer kargen Landschaft mit extremem Klima liefert das Olivenöl aus Niederaragonien, mit welchem vom Brot bis zum Borretsch Lebensmittel begossen werden, um sie gehaltvoller und auch schmackhafter zu machen. Wie nahezu alle Spanier lieben die Aragoneser Süßigkeiten, und eine Mahlzeit ist keine, wenn nicht zum Schluß genascht wird. Die kargen Verhältnisse in ihrem Land erlaubten meist nicht mehr als ein Stück Obst. Aber die Notwendigkeit, die Früchte haltbar zu machen, und die Phantasie machten daraus eine Köstlichkeit: kandierte Früchte, die oft auch noch mit Schokolade überzogen werden. Und nicht zuletzt boten die schweren aragonesischen Weine seit jeher Erleichterung und Trost für die Bewohner einer Region, die ihre einfache, gehaltvolle Nahrung einer feindseligen Natur abtrotzen mußten.

Rechts: Kraftvoll und imposant gibt sich die Bergwelt in Aragonien. Absolute Höhepunkte sind die Gipfel der Pyrenäen, wie hier in der Provinz Huesca.

Runzelkartoffeln mit scharfer Tunke *(papas arrugadas con mojo)* sind eine Spezialität der Kanarischen Inseln.

Für den Gemüsesalat *escalivada* werden Auberginen, rote Paprikaschoten und Zwiebeln gebraten und dann mariniert.

Zarte junge Bohnenkerne *(habas tiernas)* harmonieren bestens mit luftgetrocknetem Bergschinken *(jamón serrano)* oder Wurst.

In Olivenöl eingelegter Ziegenkäse *(queso de cabra en aceite)* reift im Öl noch nach und schmeckt deshalb besonders pikant.

Pa amb tomàquet, das beliebte Tomatenbrot aus Katalonien mit reifen Tomaten, wird mit einem feinen Olivenöl beträufelt.

Die knusprig fritierten Spinatkroketten *(croquetas de espinacas)* schmecken am allerbesten ganz frisch aus der Friteuse.

Tapas bieten sich zwar in erster Linie als kleine Zwischenmahlzeit an, um den ersten Hunger zu überbrücken. Doch wenn man genügend feine Varianten auswählt, kann sich ein *tapeo* auch gut und gern zu einem gemütlichen Dinner für zwei ausweiten.

Venusmuscheln gart man in Zwiebel-Wein-Sud *(almejas a la marinera)* oder mit Tomaten und scharfem Paprika.

Thunfisch *(atún, bonito)* gilt selbst aus der Konserve als Leckerbissen und paßt zu gebratenen Paprikaschoten oder Salat.

Kleine fritierte Tintenfische *(chipirones fritos)* mit Zitrone stehen besonders in andalusischen Tapas-Bars hoch im Kurs.

Mangold in Bechamelsauce *(acelgas con bechamel)* findet man besonders häufig in den Gemüseregionen des Nordens.

Die beliebtesten spanischen Tapas

Steinpilze *(boletos)* und andere edle Pilze werden in Öl gebraten und mit einem Hauch Knoblauch und Petersilie gewürzt.

»Schmerzen und Zerrüttung« *(duelos y quebrantos)* machte man früher aus Ei und Hirn, heute aus Eiern und Speck.

Zum feinen Bauchfleisch des atlantischen Thunfischs *(mendreska de bonito)* ißt man im Norden eine Tomaten-Zwiebel-Sauce.

Die Herkuleskeule *(busano)* ist eine Stachelschnecke, die man ganz sanft im Dampf gart und mit Zitrone serviert.

Pimientos de Padrón, die kleinen grünen Paprikaschoten aus Galicien, sind wahre Winzlinge, aber dafür umso aromatischer.

Mandeln *(almendras)* begleiteten schon vor Jahrhunderten ein gutes Glas Sherry. Es gibt sie selbst in der einfachsten Bar.

Fritierte Sardellen *(boquerones fritos)* zählen zu den absoluten Klassikern. Ganz kleine ißt man mit Kopf und Gräten.

Besonders an heißen Sommertagen sind in Essig marinierte Sardellen *(boquerones en vinagre)* ein erfrischender Genuß.

Die frischen Paprikaschoten, die mild oder auch tückisch scharf sein können, werden in siedend heißem Fett fritiert.

Russischer Salat *(ensaladilla rusa)* besteht aus Kartoffeln, verschiedenen gekochten Gemüsen und einer feinen Mayonnaise.

Oliven *(aceitunas)* werden meist in Salz und Essig eingelegt. Es gibt sie aber auch gefüllt, etwa mit Mandeln oder Sardellen.

Bei Artischocken in Essig *(alcachofas en vinagre)* gehen das bittere Aroma und die Säure eine angenehme Verbindung ein.

Die fritierten *pimientos de Padrón* ißt man ohne jegliche weitere Zutat – nur mit etwas grobem Meersalz bestreut.

Eine Spezialität aus Katalonien sind die gesalzenen Sardellen *(anchoas de L'Escala)*. Sie passen besonders gut zu Tomatenbrot.

Champignons *(champiñones)* werden in Olivenöl mit Knoblauch und Petersilie gebraten und im Tonschälchen serviert.

Gebeizte Lende *(lomo en adobo)*, meist vom Schwein, wird vor dem Schmoren in Olivenöl, Wein und Essig mariniert.

Tapas-Kultur

Ein Zug durch die Tapas-Bars einer spanischen Stadt stillt gleichzeitig die Abenteuerlust und den Hunger – und konfrontiert den Genießer mit einer lustvollen Qual der Wahl: Wie wär's mit ein paar Mandeln oder Oliven? Käse, Wurst oder luftgetrockneter Schinken gefällig? Oder doch lieber fritierte Fische und Meeresfrüchte?

Tapas sind jene unwiderstehlichen Kleinigkeiten, die meist auf dem Tresen hinter Glas präsentiert werden und die in Spanien das große Mahl einleiten, es häufig aber auch ersetzen. Es gibt die Leckereien kalt und warm, einfach oder raffiniert, und sie werden jeden Tag frisch zubereitet. In manchen Gaststätten, den *tascas* und *mesones*, kann man unter drei oder vier Dutzend verschiedenen Tapas auswählen. Was die Küche darüber hinaus noch an warmen Tagesspezialitäten bereithält, steht meist auf schwarzen Schiefertafeln geschrieben. Viele Tapas-Bars und Restaurants haben sich auch spezialisiert – auf Meeresfrüchte oder Fisch, auf edle Schinken- und Wurstsorten, auf Gemüse- oder Schmorgerichte. Serviert werden Tapas auf kleinen Porzellantellern oder in *cazuelitas,* den typischen braunen Tonschälchen. Im Norden nennt man die Tapas auch *pinchos* (Spieße), selbst wenn gar nichts aufgepiekst wird, in Valencia kommen sie häufig in Form von *montaditos* (Berittene) auf den Tisch, das sind kleine, mit den verschiedensten Leckereien belegte Brötchen oder Brotscheiben.

Das Ritual ums Tapas-Essen *(tapeo* oder *chiquiteo)* entspricht der Mentalität der Spanier, denn was könnte schöner sein, als in lockerer Atmosphäre zu essen, zu trinken und zu plaudern? Vor dem Mittag- oder Abendessen schlendert man von Bar zu Bar, erzählt sich die Sorgen und Freuden des Tages, bleibt selten länger als für ein Gläschen. Zum Sherry oder Apfelwein, zum Bier oder Wein nimmt man hier ein Häppchen, dort ein Häppchen und zieht dann weiter zum nächsten Tresen.

Wie genau die spanische Tapas-Kultur entstand, darüber wird nach wie vor eifrig debattiert. War der kastilische König Alfonso X. der Urheber des portionierten Genusses? Der Regent, der im 13. Jahrhundert auch über Sevilla, Córdoba und Jaén herrschte, mußte sich auf Anraten der Ärzte beim Essen drastisch zurückhalten. Deshalb servierten ihm seine Leibköche nur noch kleine Häppchen, die ihm so gut geschmeckt haben sollen, daß daraus die Tapas-Kultur entstand.

Die Andalusier dagegen lachen über diese Theorie. Für sie besteht kein Zweifel: Die Tapas haben ihren Ursprung im sonnigen Süden. Schließlich speiste man hier seit jeher gern im Freien, und dazu gab es stets ein Gläschen Sherry. Dessen feiner Duft lockte Insekten an, weshalb man das Glas vorbeugend mit einem kleinen Deckel *(tapa)* oder Teller bedeckte, auf den man als Beigabe zum Getränk ein paar Oliven, etwas Fisch, Schinken, Wurst oder andere Appetithappen legte.

Möglicherweise aber geht die Kultur der Tapas auch auf die Mauren zurück, die vor allem in Andalusien reiche Spuren hinterließen – auch in kulinarischer Hinsicht. In ihrer Heimat Nordafrika, speziell bei den arabischen Beduinen, ist bis heute das Auftischen von vielerlei kleinen Speisen ein Zeichen der kultivierten Gastfreundschaft.

Nach wie vor gilt Sevilla als Hauptstadt der Tapas, doch Madrid und andere Großstädte haben nachgezogen, und viele schwören auch auf persönliche Geheimtips in Granada, Cádiz oder Córdoba. In den letzten Jahrzehnten hat sich die Tapas-Kultur auf ganz Spanien ausgebreitet, und die Grundregel – ob in Barcelona, Zaragoza oder Toledo – ist immer die gleiche: Wo sich die Einheimischen vor den Hauptmahlzeiten um lange Theken drängen, locken meist besonders gute Tapas. Weiter erkennt man eine herausragende Tapas-Bar am Variationsreichtum der angebotenen Leckereien, aber auch an der Qualität der Schinken und Wurstwaren. Hängen von der Decke Schinken vom Iberischen Schwein *(cerdo ibérico)* und hausgemachte Würste, deutet dies in der Regel auch auf ein überdurchschnittliches Niveau bei den anderen Tapas hin. Übrigens ist in vielen andalusischen Bars nach wie vor der Brauch verbreitet, dem Gast zu jedem Gläschen Sherry, Wein oder Bier kostenlos eine kleine Tapa zu reichen. In den wahren Kultstätten der kleinen Sünden kann man sicher sein, daß der Kellner auch beim fünften Bier des Gastes die Übersicht bewahrt und keine Tapa zweimal bringt. Schließlich ist die Auswahl – fast – grenzenlos.

Die Zeiten ändern sich: Früher gehörte zu deftigen Tapas stets ein Landwein aus der jeweiligen Gegend oder ein Gläschen Sherry. Doch mittlerweile gönnen sich viele Spanier zum *tapeo* auch ein frisches Bier vom Faß *(caña)*.

Die köstlichen Kleinigkeiten auf und unter der Glastheke sind häufig nur ein kleiner Ausschnitt aus dem Repertoire einer Tapas-Bar. Meistens gibt es noch eine ganze Palette an warmen Tapas, die in der Küche frisch zubereitet werden.

COMEDOR

Kaisergranate *(cigalas)* werden meistens mit etwas Olivenöl und Salz auf der heißen Platte *(a la plancha)* gebraten.

Bei Venusmuscheln mit dicken Bohnen *(almejas con habas)* verbinden sich die Aromen von Meer und Erde aufs Feinste.

Maurische Spießchen *(pinchos morunos)* bestehen meist aus Schweinefleisch, das pikant mariniert und dann gegrillt wird.

Schwertmuscheln *(navajas)* werden im Dampf gegart und dann unverfälscht, nur mit etwas frischer Zitrone, serviert.

Scharfsäuerliche Paprikawurst *(chorizo)* gibt es selbst in ganz einfachen Bars. Sie wird in Stücke oder Scheiben geschnitten.

Für herzhafte kleine Krapfen *(buñuelos)* wird ein Teig mit Stockfisch, Gemüse oder Schinken vermischt und fritiert.

Kaninchenfleisch *(conejo)* wird häufig mit Knoblauch, Gewürzen, Weißwein und Kartoffeln im Tontopf geschmort.

Der würzige Cabrales-Käse aus Asturien paßt mit seinem Edelschimmel gut zu Bauernbrot und einem roten Landwein.

Garnelen und Schwertmuscheln von der heißen Platte *(gambas* und *navajas a la plancha)* sind in ganz Spanien beliebt. Besonders an der Levante, wo entlang des Mittelmeers noch viele Salinen in Betrieb sind, bestreut man Garnelen gern mit grobem Meersalz.

Garnelen mit Knoblauch *(gambas al ajillo)* kommen in kleinen Tonschälchen im noch brutzelnd heißen Öl auf den Tisch.

Luftgetrockneter Bergschinken *(jamón serrano)* ist gut, Schinken vom Iberischen Schwein *(pata negra)* nicht zu übertreffen.

Besonders an heißen Sommertagen ist der pikante Meeresfrüchtesalat *(salpicón de mariscos)* ein erfrischender Genuß.

Meerdatteln *(dátiles de mar)* sind mit Miesmuscheln verwandt und werden einfach im Dampf oder Sud gegart.

Pimientos del piquillo sind rote, auf offenem Feuer gegrillte Paprikaschoten aus Navarra, hier mit viel Knoblauch.

Die winzigen *chanquetes* ähneln kleinen Sardellen, sind jedoch eine andere Art. Sie werden in Mehl gewendet und fritiert.

Junge Glasaale *(angulas)* gehören zu den teuersten Tapas. Sie werden mit scharfen Paprikaschoten in Olivenöl gebraten.

Vor allem für katalanische Feinschmecker ist der feine Pilzsalat aus echtem Reizker *(amanida de rovellons)* eine Delikatesse.

Spargel *(espárragos)* werden meist kalt mit Mayonnaise gegessen. Besonders beliebt sind ganz dicke Exemplare aus der Dose.

Kroketten *(croquetas)* gibt es in vielen verschiedenen Varianten: mit Spinat oder Schinken, mit Fisch oder Meeresfrüchten.

Tortillas gehören auf jede Tapas-Theke, ob einfach nur mit Kartoffeln *(española)* oder mit den verschiedensten Zutaten.

Kutteln *(callos)* werden in jeder Region anders zubereitet. Meist schmort man sie mit Gemüse, Kichererbsen oder Wurst.

Schnecken *(caracoles)* sind besonders im Norden beliebt. Sie werden gegrillt oder geschmort, zum Beispiel mit Blutwurst.

Zarte Salatherzen *(cogollos)* kommen vor allem aus Tudela in Navarra und werden mit einer leichten Vinaigrette serviert.

Als Klassiker dürfen die Fleischbällchen mit Tomatensauce *(albóndigas con salsa de tomate)* in keiner Tapas-Bar fehlen.

Miesmuscheln *(mejillones)* werden kalt oder warm gereicht, mit Zwiebel-Wein-Marinade oder nur im Dampf gegart.

Fritierte Tintenfische *(calamares a la romana)* werden zuerst in Mehl gewälzt und dann in heißem Öl ausgebacken.

Panierte Garnelen *(gambas rebozadas)* können in Semmelbröseln gewälzt oder auch nur in Mehl und Ei gewendet sein.

Ein beliebtes Schmorgericht ist Rinder- oder Schweinezunge in einer deftigen Tomatensauce *(lengua con salsa de tomate).*

Bei Chicorée mit eingelegten Sardellen *(endibias con anchoas)* harmonieren die bittere und die salzige Komponente.

Migas

»Um die kulinarische Kunst der Steinzeit kennenzulernen, muß man nur die Hirten in den spanischen Bergen besuchen«, notierte Anfang des 20. Jahrhunderts der reisende Philosoph Graf von Keyserling. Einfache Speisen aus Getreide, manchmal angereichert mit Fett und etwas Fleisch, sind Jahrtausende alt, schon die iberischen Ureinwohner Spaniens kannten ein Pfannengericht aus altem Brot.

Migas sind im exakten Wortsinne zuerst einmal einfach Brotkrumen. Die Ur-*migas* dienten einst Hirten und Maultiertreibern als Wegzehrung auf ihrem Zug übers Land: Altes Brot wurde zerkleinert und in Schafstalg oder Schmalz gebraten, hin und wieder begleitet von etwas Knoblauch, Paprikapulver oder Kräutern. An guten Tagen gab es dazu ein Stück Paprikawurst, Schinken oder Speck. Bei Sonnenaufgang saßen die Männer am Feuer bei einem Teller *migas,* und die Hirten waren es wohl auch, die dem Morgenstern in Anlehnung an ihr Dämmerungs-Frühstück den umgangssprachlichen Namen *lucero miguero* (Brotkrumenstern) gaben.

Auf der Basis der einfachen Hirtenspeise entwickelten sich in ganz Spanien viele Varianten von *migas*, und sie werden immer noch von Jägern im Morgengrauen oder auf dem Land an verregneten Herbsttagen und in kalten Winternächten verzehrt. Das Brot für dieses einfache Mahl sollte, so schwören Traditionalisten, mindestens vier Tage alt und knochentrocken sein. Die harten Kanten zu schneiden ist wegen des Kraftaufwandes häufig Männersache.

In Aragonien werden die traditionellen Hirten-*migas (migas de pastor)* meist mit Chorizo-Wurst und Trauben serviert. Zu den südwestspanischen *migas extremeñas* gehört neben Speck auf jeden Fall scharfer roter Paprika – in Schoten oder als Pulver. Für *migas canas* werden die Brotkrumen zuerst in Milch eingeweicht und dann gebraten – wahlweise mit Knoblauch oder Zucker. *Migas de matanza* (Schlacht-*migas*) brät man in Schweineschmalz und fügt Schweinebauch und Paprikawurstmasse bei. Beliebt sind die gebratenen Brotkrumen heute auch mit Tomatensauce *(migas con salsa de tomate)*, und ganz süße Seelen futtern am liebsten *migas negras* (auch *migas de mulata*) mit Milch, Zucker und geschmolzenen Schokoladeraspeln.

Man ißt *migas* traditionell aus der *hortera,* einem tiefen, groben Holzteller, der in den allgemeinen Sprachgebrauch eingegangen ist als Inbegriff für einen spießigen, unkultivierten Menschen. Dennoch kommt das einstige Arme-Leute-Essen heute durchaus auch bei Familien des Mittelstands auf den Tisch. Häufig begleiten *migas* sogar Festessen – etwa zum Namenstag oder zur Fiesta des Kirchenpatrons.

Olivenöl aus Niederaragonien

Die Olivenhaine des Bajo Aragón sind ein direktes Erbe der römischen Zivilisation. Die antiken Landvögte pflegten den Anbau der Ölfrucht zu prämieren, so daß die Hügel und Ebenen um Teruel bald mit üppigen Olivenpflanzungen bedeckt waren. Die Fertigkeit des Pressens der Früchte zu Öl hingegen verdanken die Aragonier arabischer Technologie: Die Mauren entwickelten Ölmühlen, die von Zugtieren betrieben wurden, und handbetriebene Pressen. Ende des 19. Jahrhunderts brachten die Franzosen neue Technologien wie die hydraulische Pressung ins Land. Durch die Klärung in Zentrifugen erhielt man schließlich klares, mildes Öl, das der Gastronom Dionisio Pérez schon Anfang des 20. Jahrhunderts in seinem *Guía del Buen Comer Español* erwähnte: Das Olivenöl aus Alcañiz und überhaupt aus ganz Niederaragonien sei »exquisit«. Gegenwärtig sind 90 Prozent der angebauten Olivenbäume von der Sorte Empeltre. Vier Kilo Früchte ergeben einen Liter Öl. Die Farbe rangiert zwischen goldgelb und altgold. Am Anfang der Ernteperiode dominiert ein fruchtiger Geschmack nach jungen Oliven, später wird das Öl leicht süßlich mit einem angenehm sanften Aroma.

Migas de pastor
Migas nach Hirtenart
(Abbildung links)

500 g altes spanisches Weißbrot
Salz
100 g Schmalz, ersatzweise Olivenöl
150 g geräucherter Speck, in Würfel geschnitten
4 Knoblauchzehen, in Scheiben geschnitten

Das Brot am Vortag in Würfel schneiden, in eine Schüssel geben und mit leicht gesalzenem Wasser beträufeln, es soll nicht zu feucht werden. Gut durchmischen und über Nacht ziehen lassen. Schmalz in einer Eisenpfanne erhitzen und Speck darin auslassen. Knoblauch zugeben, hellgelb anrösten. Brotstücke in die Pfanne geben und unter Wenden mit einem Holzlöffel goldbraun ausbraten. Hirten-*migas* werden gern mit weißen Trauben, Paprikawurst und/oder Spiegelei serviert.

Migas a la extremeña
Migas aus der Extremadura

500 g altes spanisches Weißbrot
5–10 EL Milch
100 g Schmalz oder Olivenöl
100 g geräucherter Speck, in Würfel geschnitten
200 g Chorizo, Chistorra oder eine andere scharfe Wurst, in dünne Scheiben geschnitten
1 rote Parikaschote, entkernt und in Streifen geschnitten
2 Knoblauchzehen, fein gehackt
Salz
1/2 TL mildes Paprikapulver
1 Msp. scharfes Paprikapulver

Brot am Vortag in Würfel schneiden, in eine Schüssel geben und mit der Milch beträufeln. Über Nacht durchziehen lassen. Das Schmalz in einer Eisenpfanne erhitzen, den Speck darin auslassen. Wurst und Paprikastreifen zufügen und anbraten. Knoblauch und Brotstücke in die Pfanne geben und unter mehrfachem Wenden goldbraun braten. Mit Salz und Paprikapulver würzen und sehr heiß servieren.

Migas canas
Süße Migas

500 g altes spanisches Weißbrot
200 ml warme Milch
4 EL Öl
Zucker und Zimt zum Bestreuen

Das Brot in kleine Würfel schneiden, in eine Schüssel geben, mit der Milch beträufeln und etwas ziehen lassen. Das Öl in einer Eisenpfanne erhitzen. Das Brot darin unter mehrmaligem Wenden goldbraun braten. Vor dem Servieren mit Zucker und Zimt bestreuen.

Ajoarrieros

Obwohl die Technik des Trocknens und Einsalzens von Kabeljau *(bacalao)* bereits den Phöniziern bekannt war und später von den Arabern praktiziert und perfektioniert wurde, verbreitete sich der Stockfisch in der heute bekannten Form erst im Mittelalter als Arme-Leute-Fisch über die ganze Iberische Halbinsel. Die umherziehenden Hirten und vor allem die übel beleumundeten Maultiertreiber *(arrieros)* versorgten sich in den größeren Orten mit Stockfisch als Proviant, den sie beim Umherziehen mit einer Sauce aus Brot, Knoblauch *(ajo)* und wildem Gemüse vom Wegesrand verzehrten. Später begann man, auch andere Fischsorten und sogar Gemüse *al ajoarriero* zu kochen: »mit Knoblauch nach Art der Maultiertreiber«. Die Zubereitungsart hat sich über die Jahrhunderte erhalten und kann heute noch in den *mesones* und *posadas*, einfachen Gasthäusern an den Landstraßen, verkostet werden.
Bacalao al ajoarriero ist nach wie vor eines der beliebtesten Gerichte im spanischen Binnenland, vor allem während der Karwoche. Ein altes Rezept empfiehlt eine ganze Knolle Knoblauch auf ein halbes Kilo entwässerten und entgräteten Stockfisch, das alles mit zwei geschlagenen Eiern gebunden. Bei den meisten *ajoarriero*-Rezepten spielt jedoch Paprika neben dem Knoblauch eine Hauptrolle. Der Starkoch José Mari Arzak versichert, es gäbe für *ajoarrieros* so viele Rezepte wie Köche im alten Königreich Aragonien: mit Blumenkohl oder Kartoffeln, mit Langusten oder Seeaal, mit Schnecken oder sogar mit Flußkrebsen, wie ihn Ernest Hemingway einst in Pamplona so gern gegessen hat.

Bacalao al ajoarriero
Stockfisch nach Art der Maultiertreiber

500 g Stockfisch ohne Haut und Gräten
2 rote getrocknete Paprikaschoten
1/8 l Olivenöl
1 Zwiebel, fein gehackt
4 Knoblauchzehen, gehackt
1 TL mildes Paprikapulver
Salz und Pfeffer

Den Stockfisch 24 Stunden wässern, dabei mindestens zweimal das Wasser wechseln. Die Paprikaschoten in Wasser einweichen. Den Fisch aus dem Wasser nehmen, abtrocknen und in Stücke zupfen. Das Öl in einer tiefen Pfanne erhitzen, Zwiebel und Knoblauch darin glasig dünsten. Fisch und die eingeweichten Paprikaschoten zufügen, mit Paprikapulver würzen, eventuell etwas Wasser angießen. Bei kleiner Hitze zugedeckt 30 Minuten köcheln. Vor dem Servieren mit Salz und Pfeffer abschmecken.

Jagd in den Pyrenäen

Die Pyrenäen, so Antonio, sind ein Paradies für Jäger: Die einen seien hinter dem Hirsch her – wegen seines spektakulären Geweihs. Viele zeigten sich verrückt nach der nächtlichen Pirsch auf das Wildschwein, andere wiederum stellten dem Reh nach. Doch Antonio, der bald seinen 60. Geburtstag feiert, denkt mit Wehmut an seine Gemsen. Seit zehn Jahren hat er keine mehr geschossen. Erst mangelte es an Glück, dann an den körperlichen Voraussetzungen: »Aber niemand kann mir die Tage nehmen, als ich ihnen in den schroffen Felsen nachstellte – und auch nicht die kleinen, aber kostbaren Trophäen an den Wänden meines Hauses.«

Die Gemse *(gamuza, rebeco)* ist eine der begehrtesten Jagdtrophäen der Pyrenäen. In den Hungerjahren nach dem Bürgerkrieg sei sie hier schon beinahe ausgestorben gewesen, berichtet Antonio, lebenslang ein leidenschaftlicher Jäger und Hobbykoch. Damals machten die ebenso hungrigen wie ortskundigen Bergler, zum Teil ausgerüstet mit vorsintflutlichen Vorderladern, Jagd auf alles, was ihnen vor die Flinte kam. Nicht wie Antonio, der Waidmann, auf prächtige, korpulente Machos oder alte und sterile Weibchen, sondern eher auf Jungtiere, noch regelrechte Zicklein. Mit der Gründung der nationalen Jagdreviere *(Reservas Nacionales de Caza),* die den größten Teil der Pyrenäen umfassen, besserte sich die Situation. Man warb die besten Jäger aus den Dörfern als Wildhüter an, und bald erholte sich der Gemsenbestand.

In den Pyrenäen werden grundsätzlich zwei Formen der Jagd betrieben: die Pirsch und die Treibjagd. Letztere wird vor allem beim Wildschwein angewendet, manchmal auch beim Hirschweibchen. Eine Treibjagd ist sinnvoll, wenn eine größere Anzahl von Tieren erlegt werden soll. Antonio findet jedoch die Pirsch viel sportlicher: ein bestimmtes Tier aussuchen, sich anpirschen, ohne bemerkt zu werden, und es mit einem Blattschuß überraschen. Gemsen dürfen heute – ebenso wie Steinbock, Reh und Hirsch – nur noch mittels Pirsch erlegt werden. Stets begleitet den Jäger ein Wildhüter, der das zu erlegende Tier aussucht. Die Pirsch ist daher eine schonende Jagdmethode, die es erlaubt, alte und kranke Tiere auszusondern.

In den Pyrenäen gibt es fünf ausgewiesene Jagdreviere *(reservas de caza).* Mit einer Ausnahme ist in allen Gebieten die Gemse das wichtigste Jagdwild, in La Garcipollera ist es der Hirsch. An zweiter Stelle folgt stets das Wildschwein, nur in Los Valles auch das Reh. Dennoch wird Gemsenfleisch – im Unterschied zu Reh, Hirsch und Wildschwein – in den Gasthöfen der Region nur äußerst selten angeboten. Dies liegt zum einen an der niedrigen legalen Abschußquote, weiß Antonio, zum anderen auch am nicht besonders exquisiten Fleisch dieses Wildes. Manchmal werde es für besondere Gäste zubereitet, aber stets handle es sich dabei mehr um einen Spaß im Freundeskreis als um eine gastronomische Großtat.

In Spanien bleibt bei einer Jagd das Fleisch in der Regel beim Jagdeigentümer, während dem Jäger Trophäe und Decke zustehen. Antonio hat dies einmal anders gehalten und so die kulinarische Qualität seiner Lieblingstrophäe entdeckt: »Ich habe durch einen Irrtum des Wildhüters, der mich begleitete, einen ganz jungen Gamsbock geschossen. Ich war ziemlich wütend, als ich sah, daß es fast noch ein Zicklein war. Doch als sich mein Ärger gelegt hatte, besann ich mich auf den positiven Aspekt: was ich in der Küche mit ihm alles anstellen könnte. Wir nahmen das Tier also noch am Berg aus und zogen ihm im Haus des Wildhüters die Decke ab. Dann verlangte ich, daß man den Bock zerteile, ich nähme das Fleisch mit nach Hause. Ich überließ ihm Kopf, Hals und Eingeweide und nahm den Gamsbock mit nach Hause. Obwohl es ein junges Tier war, blieben doch etwa acht bis zehn Kilo Fleisch übrig«, berichtet Antonio.

»Das Filet haben wir an den Rippen im Ofen gebraten. Köstlich. Das war etwas anderes als das zähe, streng riechende Fleisch alter Gemsen! Sanft und aromatisch, ein Milchzicklein mit dem wunderbaren Geschmack, den die saftigen Weiden im Hochgebirge verleihen. Den Rest des Fleisches haben wir zum traditionellen Ragout verarbeitet, das schon nach einer Stunde Kochen gar und zart war und wunderbar schmeckte. So kam ich dazu, das Tier, das ich mit der größten Leidenschaft jagte, auch einmal mit ebensolchem Genuß verzehren zu dürfen.«

Wildwurst

Um Wild aus eigener Jagd haltbar zu machen und bis zum letzten Stück zu nützen, verarbeiten die Jägersfrauen gern einen Teil der Beute zu Wurst: Zerkleinertes Fleisch und Innereien werden mariniert oder nur gewürzt, in Därme gefüllt, dann in der Küche getrocknet und über dem Holzfeuer im Kamin leicht geräuchert. Heutzutage enthalten Hirsch- und Wildschweinwürste außer Wildfleisch häufig auch Schweinefleisch und -speck, um die Masse geschmeidig zu machen. Meist werden die Würste mit scharfem Pfeffer gewürzt. Es gibt sie in harter und weicher Variante. Die Jäger in den Pyrenäen braten Wildwurst in feuchtes Packpapier gewickelt über der Glut – aber nicht zu lange, damit sie nicht zäh wird. Gegessen werden Wildwürste ganz zünftig aus der Hand, mit dem scharfen Jagdmesser Stück für Stück abgeschnitten, begleitet von Brot und Oliven.

Jabalí en salsa
Wildschweinbraten

750 g Wildschweinlende
2 Möhren, in Scheiben geschnitten
2 große Zwiebeln, gehackt
2 Zweige Thymian
2 Lorbeerblätter
1/2 TL schwarze Pfefferkörner
3 Gewürznelken
3/4 l Rotwein
1/8 l Olivenöl
2 reife Fleischtomaten, enthäutet und in Würfel geschnitten
2 Knoblauchzehen, fein gehackt
Salz
2 mittelgroße Kartoffeln, in Würfel geschnitten
200 g gemischte Waldpilze, geputzt und in Stücke geschnitten

Das Fleisch waschen und trockentupfen. Mit den Möhren und den Zwiebeln in eine Schüssel legen, Thymian, Lorbeerblätter, Pfefferkörner und Nelken zugeben und mit dem Rotwein übergießen. 1–2 Tage in der Marinade ziehen lassen, dabei das Fleisch mehrmals wenden.
Das Fleisch aus der Marinade heben und trockentupfen. In einem Bräter 100 ml Olivenöl erhitzen und das Fleisch darin von allen Seiten scharf anbraten. Dann die Marinade samt Möhren, Zwiebeln und Kräutern zugießen, die Tomaten und den Knoblauch untermischen, salzen. Zugedeckt bei mittlerer Hitze 45 Minuten schmoren lassen. Während der letzten 20 Minuten die Kartoffelwürfel mitgaren.
Die Pilze im restlichen Öl braten, bis die Garflüssigkeit verdampft ist. Dann die Pilze zum Fleisch in den Bräter geben und noch einige Minuten ziehen lassen.

Milchlamm aus Aragonien gehört mit zum Besten, was Spanien an Lammfleisch zu bieten hat. Für die Küche sind die Keule, die Lendenstücke und das Karree vom *Ternasco de Aragón* besonders begehrt. Das Fleisch ist zartrosa und sehr saftig. Ganz junge Milchlämmer werden meist nicht zerlegt, sondern am Stück im Ofen gebraten.

Vom Kopf bis zu den Füssen

Das Schaf ist eines der ältesten Haustiere der Welt, das lange vor Rind und Schwein gezähmt wurde. Dies geschah sowohl wegen seiner sprichwörtlichen Langmütigkeit als auch der schier unbegrenzten Nutzungsmöglichkeiten seines Körpers wegen: Das schmackhafte Fleisch diente der Ernährung, die Milch zur Käsebereitung und die Wolle für Kleidung. Von ständigen Hungersnöten bedroht, hat man in der einfachen spanischen Küche über Jahrhunderte hinweg eine bewundernswerte Phantasie bei der Verwertung des Lamms entwickelt: Der Kopf wird in zwei Hälften geteilt, gewürzt oder gefüllt und dann im Ofen gebacken. Die Füße des Tieres genießt man mit Tomaten- oder Zitronensauce, zu Klößchen verarbeitet oder mit Würstchen gefüllt. Die *asadura de cordero* ist ein Pfannengericht aus Lamminnereien (Lunge, Leber, Herz) mit Tomaten und Zwiebeln. Unter *gallinejas y entresijos* versteht man um Holzstäbchen gewickelte und in Öl herausgebackene Lammdärme. Für *madejas* werden die Därme in Streifen geschnitten und mit Knoblauch fritiert, für *chiretas* füllt man sie mit Schinken oder Wurst. Lunge und andere Innereien werden kleingehackt und mit Essig, Öl, Mandeln, Knoblauch und Gewürzen zu *chanfaina* verarbeitet. Lammnieren mit Sherry sind als *riñones al Jerez.* berühmt geworden, und Krapfen aus Lammhirn nennt der Volksmund ironisch *buñuelos de talentos:* »Talentkrapfen«.

Die wichtigsten Stücke beim Lamm

1 *cabeza* – Kopf
2 *cuello* – Nacken
3 *costillar* – Karree, Kotelett
4 *lomo* – Lende
5 *falda* – Flanke, Bauchfleisch
6 *paletilla/espaldilla* – Schulter
7 *pierna* – Keule, Haxe
8 *manos/patas* – Füßchen

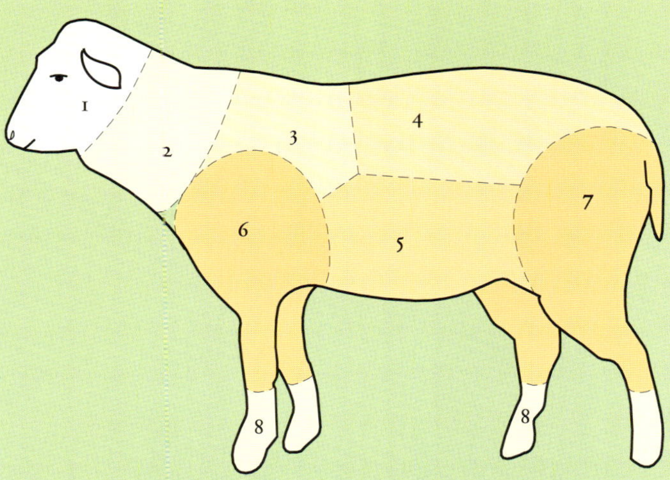

Milchlamm

Seit biblischen Zeiten opferte der Mensch den Göttern mit Vorliebe Lämmer. Welche Bedeutung das Lamm in antiken Kulturen hatte, belegt die Praxis der Volkszählungen im römisch besetzten Palästina: Man zählte zum Passahfest die geschlachteten Lämmer, deren Zahl dann mit 10 multipliziert wurde – schon hatte man etwa die Zahl der Menschen. Ein Lamm ergibt nämlich eine Festmahlzeit für zehn Personen. Die Tiere wurden schon damals im Freien über dem Holzfeuer gegrillt. Das Lammfett, das als unrein galt, verbrauchte sich im Prozeß des Garens und bewahrte dabei das Fleisch vor dem Austrocknen. Nach einer Zeremonie verspeisten die Gläubigen das magere Fleisch des Tieres.

Die Bergweiden Aragoniens bieten exzellente Nahrung für Schafe und Ziegen, und mit einem Bestand von etwa 2,5 Millionen Tieren gilt das Lamm als kulinarisches Flaggschiff der Region. *Ternasco de Aragón* (Milchlamm aus Aragonien) ist Fleisch von jungen Schafen der einheimischen Rassen *Rasa Aragonesa, Roya Bilbilitana* oder *Ojinegra.* Das Mutterschaf eines *Ternasco de Aragón* ernährt sich nur von den aromatischen Kräutern der Gebirgsmatten und säugt seine Jungen mit besonders würziger Muttermilch. Erst kurz vor dem Schlachten dürfen die Hirten natürliches Kraftfutter zugeben.

Zum Zeitpunkt des Schlachtens ist ein *Ternasco de Aragón* höchstens 90 Tage alt und wiegt zwischen 18 und 24 Kilogramm. Es liefert zwischen 8,5 und 11,5 Kilogramm zartes, saftiges, blaßrosa Fleisch mit einer festen, weißen Fettschicht.

In den Pyrenäen wird das Milchlamm immer noch wie zu prähistorischen Zeiten zubereitet. Dazu notierte um 1900 der Gastronom Dionisio Pérez: »Ein sehr beliebtes Gericht in Hocharagonien ist das am Spieß gegrillte Milchlamm *(ternasco asado al espeto),* im Freien zubereitet und mit Salz und Knoblauch eingerieben.«

Auch im Ofen gebratenes Lamm *(cordero asado),* ein weiterer Klassiker, kommt häufig nur mit Salz, Knoblauch und etwas Schweineschmalz ins Rohr und wird während des Bratens immer wieder mit seinem eigenen Saft übergossen (Rezept Seite 95). Ein solcher Milchlammbraten dürfte auch jene Spanier überzeugen, die ungeprüft die Vorurteile ihrer Ahnen übernommen haben, die da sagten, Lamm sei ein Arme-Leute-Essen, das nicht auf den Tisch der feinen Gesellschaft gehöre, da es stinke. Wenn nicht der Duft und Wohlgeschmack allein, so wird jedenfalls der saftige Preis des *Ternasco de Aragón* derartigem Aberglauben entgegenwirken.

Rechte Seite: Auf den saftigen Bergweiden Aragoniens ernähren sich die Lämmer nur von würzigen Kräutern. Dies macht sich bei der Fleischqualität bemerkbar.

Knoblauch und Schweineschmalz, Kräuter und einen Schuß Essig: Mehr Würze braucht *cordero asado* nicht.

Für einen normalen Backofen ist ein ganzes Lamm zu groß. Es wird zerlegt und in Stücken auf ein Blech gelegt.

Dann verteilt man viel gehackten Knoblauch sowie frische Petersilie und Thymian über das Fleisch.

Schweineschmalz gibt dem Fleisch ein besonders herzhaftes Aroma und bewahrt es vor dem Austrocknen.

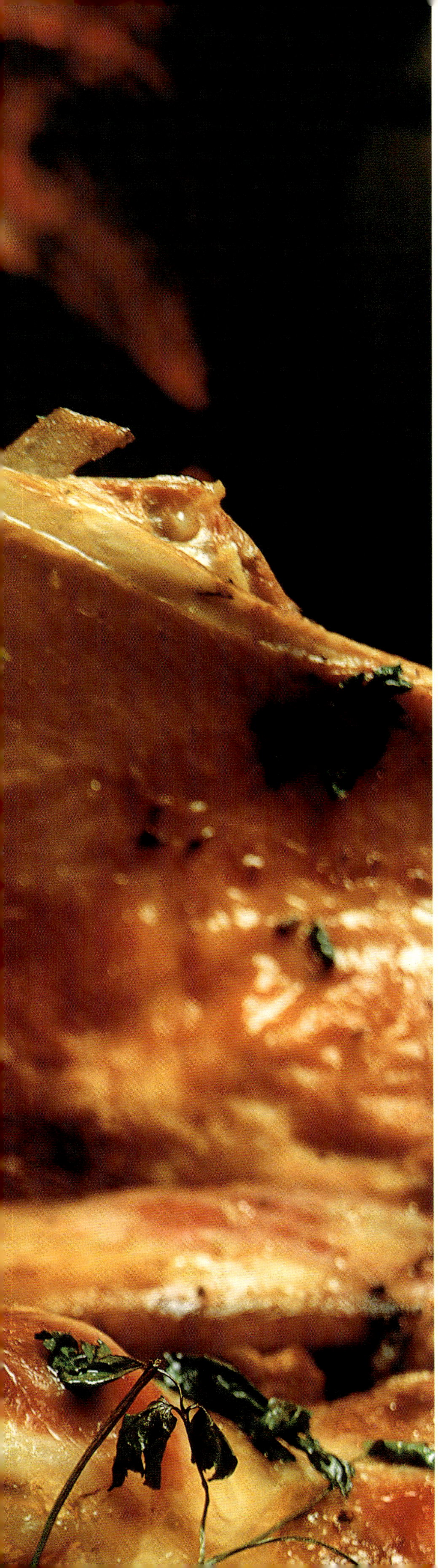

Leckeres mit Lamm

Ternasco al horno

Milchlamm aus dem Ofen
für 6 Personen
(Abbildungen links)

Keulen und Rücken von 1 Milchlamm
Salz und Pfeffer
2 Bund Petersilie, gehackt
8 Knoblauchzehen, grob gehackt
2 Zweige Thymian
100 g Schweineschmalz
1/4 l Weißwein

Die Keulen und die Rückenstücke waschen, trockentupfen, kräftig mit Salz und Pfeffer einreiben und auf ein großes Backblech legen. Petersilie und Knoblauch mischen und über die Lammstücke verteilen. Dann den Thymian zufügen und das Schweineschmalz in Flöckchen über das Fleisch geben. Im vorgeheizten Backofen bei 220 °C ca. 30 Minuten braten. Dann die Fleischstücke wenden und den Wein angießen. Den Ofen auf 175 °C zurückschalten und das Lamm noch gut 1 Stunde braten (Garprobe machen). Während der Garzeit mehrmals mit Wasser und eigenem Saft begießen.

Piernas de cordero con alcachofas

Lammhaxen mit Artischocken

4 Lammhaxen à 350 g
Salz und Pfeffer
1/8 l Olivenöl
1 Zwiebel, fein gehackt
125 g Serrano-Schinken, in Streifen geschnitten
2 große Knoblauchzehen, gehackt
4 junge Artischocken, geputzt und halbiert
2 reife Fleischtomaten, enthäutet und in Würfel geschnitten
1 Lorbeerblatt
1/2 l Fleischbrühe

Die Lammhaxen waschen, trockentupfen und kräftig mit Salz und Pfeffer einreiben. Das Olivenöl in einem Schmortopf erhitzen und die Haxen darin von allen Seiten scharf anbraten, dann aus dem Topf heben und beiseite stellen. Die Zwiebel und den Schinken im Bratöl glasig dünsten. Den Knoblauch und die Artischocken zufügen und anbraten. Die Tomaten und das Lorbeerblatt unterrühren, die Fleischbrühe angießen. Dann die Lammhaxen in die Sauce legen und zugedeckt bei mittlerer Hitze ca. 1 Stunde schmoren. Zum Schluß die Sauce mit Salz und Pfeffer abschmecken und die Lammhaxen in der Sauce servieren.

Cordero al chilindrón

Lammeintopf mit Paprika

2 große rote getrocknete Paprikaschoten
1 kg Lammfleisch aus der Keule
1/8 l Olivenöl
2 Zwiebeln, gehackt
4 Knoblauchzehen, gehackt
Salz und Pfeffer
1 TL mildes Paprikapulver
4 reife Tomaten, enthäutet und in Würfel geschnitten
2 grüne Paprikaschoten, in Würfel geschnitten
1/4 l Weißwein
2 EL gehackte Petersilie

Die getrockneten Paprikaschoten in 1/2 l lauwarmem Wasser 1 Stunde einweichen. Dann aus dem Wasser nehmen und kleinschneiden.
Das Lammfleisch in Würfel schneiden und im Olivenöl scharf anbraten. Zwiebeln und Knoblauch zufügen und mitbraten, bis sie braun sind. Mit Salz, Pfeffer und Paprikapulver würzen und das Paprika-Einweichwasser angießen. 20 Minuten schmoren lassen. Tomaten sowie rote und grüne Paprika untermischen, den Wein zufügen und alles weitere 40 Minuten garen. Gelegentlich umrühren und eventuell noch etwas Wasser nachgießen, damit das Fleisch nicht trocken wird. Vor dem Servieren mit Salz und Pfeffer abschmecken und mit der gehackten Petersilie bestreuen.

Paprikaland

Aragonien wird – zusammen mit den Nachbarn Navarra und La Rioja – auch *tierra de chilindrones* genannt, nach der populären Art der Zubereitung *al chilindrón* mit frischen und getrockneten Paprikaschoten, Tomaten und Zwiebeln. Lamm, Huhn und sogar Schweinefleisch werden so zubereitet. Angeblich geht dies auf einen Brauch aus der Zeit der Mauren zurück: Handwerker, die in einer Werkstatt mitarbeiten wollten, bewirteten ihre künftigen Kollegen mit Hühnchen in *chilindrón*-Sauce (siehe Seite 122), um sie günstig zu stimmen. Später wurde solche Speise in den nördlichen Regionen Spaniens auch aufgetischt, um einen Handel zu besiegeln.

Der Fisch der armen Leute

Frösche in scharfer Pimentsauce gehörten bei den Aztekenkaisern Mexikos – neben Lurchen und Insekten – zu jedem großen Festessen. Auch im alten China galten sie als Delikatesse, und im europäischen

Mittelalter schätzte man getrockneten Frosch besonders als potenzsteigerndes Mittel. In den letzten Jahrhunderten aber war er abgestempelt als »Fisch der armen Leute«. Denn die Sitte, Frösche zu essen, schrieb man in Spanien gern den Zigeunern zu, die sich mit dem Fang und Verkauf der Amphibientiere früher die Haushaltskasse aufbesserten.

Ganz heimlich aber kam der Frosch dann doch auf den Tisch – zuerst als Notration, später als Delikatesse. In Nordspanien verzehrte man einen großen Teil des Tieres, wobei vor allem die gebratene Haut als Köstlichkeit galt. In Kastilien dagegen nutzte man nur die Schenkel und einen Teil des Oberkörpers. Da der Volksmund behauptet, der Frosch habe Gift auf der Zunge, entfernte man in manchen Gegenden den Kopf, in anderen verschmähte man nur das Maul. Traditionell ißt man Froschschenkel *(ancas de rana)* gebraten mit Knoblauch oder – vor allem in den fruchtbaren Gartenregionen – mit jungem Gemüse und einem Hauch von rotem scharfem Paprika. In Nordspanien sind auch *ranas en salsa verde* beliebt: Frösche in einer grünen Sauce auf der Basis von Weißwein, Zwiebeln, Knoblauch und Petersilie. In Zentralspanien kennt man für Froschschenkel drei klassische Rezepte: mit Knoblauch und Öl *(al ajillo)*, paniert *(rebozadas)* sowie mit Tomate *(con tomate)*. In Kastilien aß man früher auch Reis mit Fröschen. Die zunehmende Verschmutzung der Gewässer und die Jagd auf eine Spezies, die fünf Jahre braucht, bis sie ihre erwachsene Größe erreicht, haben die Bestände in den vergangenen Jahrzehnten deutlich schrumpfen lassen. Heute ist die Froschjagd streng verboten, doch immer noch wird gewildert. Die Naturschutzverbände und die Ordnungskräfte greifen inzwischen hart duch, was dazu geführt hat, daß die traditionelle Spezialität in den Tapas-Bars kaum noch zu finden ist. Froschschenkel, die heute in den gehobenen Restaurants angeboten werden, stammen in den meisten Fällen aus Thailand.

Schnecken

Im Frühjahr, Herbst und Winter ziehen sie in die Gemüsefelder und auf die grünen Auen: die Schneckensammler auf der Pirsch nach kleinen Häuschen, deren Inneres lukullischen Genuß verspricht. Die Gemüsebauern sind froh über den eifrigen Besuch, befreit er doch die Felder von dem äußerst gefräßigen Weichtier. In den Niederungen Nordspaniens, von Katalonien bis zum Baskenland, gelten Schnecken seit jeher als Spezialität, die Kladden der Großmütter sind voll von Rezepten für *caracoles.* In den höhergelegenen Pyrenäentälern dagegen war der Schneckenverzehr von jeher verpönt. Abfällig bezeichnete man dort die ärmeren Bevölkerungsschichten als »Schneckenfresser«.

Von den fast 40 000 bekannten Schneckensorten landen nur ganz wenige im Kochtopf. Allerdings macht man in Spanien um die verschiedenen Sorten kein großes Aufhebens, auf dem Markt werden sie meist gemischt. Am häufigsten findet man *navarricas* oder *boberos.* Sie sind kleiner als die meisten in Mitteleuropa bekannten Sorten, besitzen ein braunes Haus und kommen eher auf den Feldern als in Gemüsegärten vor. Da sie sich von Gewürzkräutern wie Thymian und Estragon ernähren, gilt ihr Fleisch als besonders schmackhaft. Beliebt sind auch die kleine *caracol de huerta* (Gemüseschnecke), die rötliche *plana* mit saftigem Fleisch und die hellere *caracolina.*

Echte Kenner schätzen besonders Schnecken, die im Dezember und Januar gesammelt werden und hinter der geschlossenen Membran ihres Häuschens eine Art Winterruhe verbringen. Aufgrund ihres ruhenden Darmtraktes müssen sie nicht den umständlichen Säuberungsprozeß mit Sägemehl und Salzwasser durchmachen. Sommerschnecken gelten wegen ihres gut gefüllten Darmtraktes als schwer verdaulich.

Die Schnecke ist ein bescheidenes Zier, kulinarisch läßt sie alles mit sich machen, und man kombiniert sie gern mit Saucen. Viele spanische Schneckenrezepte fallen recht pikant aus, etwa Schnecken nach Madrider Art mit Safran und scharfem Paprikapulver oder *caracoles a la riojana* mit Paprika und Zwiebeln. Süß-scharf genießt man Schnecken in Katalonien, mit Sobrasada-Wurst auf den Balearen. Typisch sind auch Eintöpfe mit Lamm oder Kaninchen. An der Levante bereitet man Reisgerichte mit Schnecken, Erbsen und Safran zu, im Norden legt man die Häuschen gern auf den Grill – nur gewürzt mit einem Tropfen Öl, einem groben Salzkorn und einem Samenkorn scharfer Paprikaschoten.

Links: Schnecken genießt man in Nordspanien gern vom Grill, in Fleischgerichten mit Kaninchen oder Lamm sowie auch mit Knoblauch im Tonschälchen.

Conejo con caracoles

Kaninchen mit Schnecken
(Abbildung oben)

1 kg Kaninchen, in Portionsstücke zerteilt
Salz und Pfeffer
100 ml Olivenöl
1 große Zwiebel, gehackt
4 Knoblauchzehen, gehackt
1 EL Mehl
$^3/_4$ l Fleischbrühe
$^1/_8$ l Rotwein
2 Tomaten, enthäutet und in Würfel geschnitten
1 Kräutersträußchen (Petersilie, Oregano, Thymian, Rosmarin)
2 Lorbeerblätter
1 Stange Zimt
$^1/_2$ TL scharfes Paprikapulver
48 kleine Schnecken
1 EL gehackte Petersilie

Kaninchenteile kräftig mit Salz und Pfeffer einreiben. Das Öl in einem Schmortopf erhitzen und die Kaninchenteile darin von allen Seiten scharf anbraten. Zwiebel und Knoblauch zufügen und kurz mitbraten. Das Mehl darüber stäuben und kurz anrösten. Mit Fleischbrühe und Rotwein unter Rühren ablöschen. Dann die Tomaten zufügen, das Kräutersträußchen, 1 Lorbeerblatt und die Zimtstange einlegen, mit dem Paprikapulver würzen. Zugedeckt ca. 30 Minuten schmoren lassen.

In einem zweiten Topf die Schnecken mit 2 l Wasser und 1 Lorbeerblatt aufsetzen. Einmal aufkochen lassen, dann im geschlossenen Topf bei kleiner Hitze ca. 10 Minuten ziehen lassen. Die Schnecken abgießen und abtropfen lassen, das Lorbeerblatt entfernen. Nun die Schnecken zum Kaninchen geben und alles zusammen weitere 10 Minuten köcheln lassen. Dann das Kräutersträußchen, das Lorbeerblatt und die Zimtstange entfernen. Mit Salz und Pfeffer abschmecken und vor dem Servieren mit der gehackten Petersilie bestreuen.

Spanische Weihnachten

»Und wenn eine Familie vereint sterben müßte; aber darauf verzichten – mit welchem Fraß auch immer –, Heiligabend zu feiern? Niemals! Um einen Truthahn zu kaufen, stecken selbst Familien, die vom Sparen sonst gar nichts halten, ab November die eine oder andere Münze in die Sparbüchse.« So brachte Benito Pérez Galdós, Romancier des ausgehenden 19. Jahrhunderts, die Bedeutung des weihnachtlichen Festmahls für die Spanier auf den Punkt.

Als erste Boten der nahenden Weihnachtszeit beziehen in den Städten die Maronibrater ihre Posten. Der Süßigkeitenkonsum im ganzen Land steigt um 30 Prozent; aus den Backöfen schicken Kekse ihre duftenden Schwaden. Sägen und Stimmbänder werden geschärft zum Wettstreit um die schönsten Krippen und die besten Weihnachtslieder. In lebenden Krippen *(belenes vivientes)* stellen Laienschauspieler die biblische Geschichte von der Verkündigung bis zur Ankunft der Heiligen Drei Könige dar.

Das kulinarische Jahr gipfelt im Weihnachtsmenü am Abend des 24. Dezember, wenn die ganze Familie sich um die festlich geschmückte Tafel versammelt. Meist dampft auf silbernen Platten ein Truthahn oder Kapaun, entweder einfach im Ofen gebraten oder nach regionalen Rezepturen gefüllt: In Galicien bereitet man die Farce mit Kastanien zu, in Asturien mit Äpfeln, in Katalonien mit Pflaumen, Rosinen und Pinienkernen. Aber auch Braten vom Lamm, Zicklein oder Spanferkel sowie Fischgerichte aus dem Ofen sind beliebte Festtagsgerichte.

Bei den Gemüsen dominieren auf der Weihnachtstafel die Gemüseartischocke, meist in Bechamel- oder Mandelsauce, sowie Rotkohl.

Mit großem Pomp ziehen die Heiligen Drei Könige am 5. Januar in die Städte ein. Sie sind besonders bei den Kindern beliebt – schließlich bringen sie die Geschenke.

Viele Spanier entfernen sich aber auch von diesen überlieferten Gebräuchen, um neuzeitliche Spezialitäten wie Räucherlachs, ganz besonders exquisite Meeresfrüchte, Terrinen oder auch ausländische Käsesorten zu genießen. Dazu perlt in stilvollen Gläsern immer häufiger ein Glas spanischer Sekt *(Cava)*. Nicht fehlen dürfen auch Süßweine aus der Moscatel-Traube oder Amontillado- und Oloroso-Sherry.

Mit Freuden verspeisen Alt und Jung während der Festtage Unmengen an Süßigkeiten: Marzipan und feine Mandelkekse, Zuckerkringel und Schmalzgebäck, in Wein oder Sirup gekochte Trockenfrüchte und süße Suppen aus Mandeln, Nüssen oder Kastanien. Die Weihnachtsnascherei schlechthin ist aber der *turrón*, der traditionelle Mandelnougat (siehe Seite 382 f).

Trotz all dieser Versuchungen ist für die Kleinen der weihnachtliche Höhepunkt erst im neuen Jahr erreicht – mit der Ankunft der Heiligen Drei Könige *(Reyes Magos)*. In Hafenstädten kommen die Männer aus dem Morgenland in prunkvollen Barken daher, auf den Kanarischen Inseln landen sie sogar echte Kamele an und ziehen, begleitet von großem Gefolge und mitunter ganzen Viehherden, auf geschmückten Karossen durch die Stadt. Zu Hause finden die Kinder am 6. Januar die von den Königen mitgebrachten Geschenke vor, und sie stürzen sich voller Erwartung auf den *Roscón de Reyes*, einen Kranzkuchen mit getrockneten Früchten, der als Überraschung eine Münze, eine Bohne oder eine kleine Spielfigur enthält. Wer die Gabe in seinem Kuchenstück findet, darf sich an diesem Tag die Königskrone aufsetzen.

In Valencia stellen die Kinder am Dreikönigstag nach altem Brauch ein Tablett mit *turrón*, Zuckermandeln und drei Gläsern süßem Wein sowie ein Bündel Stroh vor die Tür, damit die Könige aus dem Morgenland sich und ihre Kamele für die lange Heimreise stärken können.

Capón de navidad

Weihnachtskapaun
6 Portionen

250 g entsteinte Backpflaumen
100 ml Sherry
1 Kapaun, ersatzweise Truthahn, ca. 2,5 kg, küchenfertig
Salz und Pfeffer
1,5 kg säuerliche Äpfel, geschält und entkernt
100 g Schmalz
3 Knoblauchzehen
1/2 l Cava, ersatzweise trockener Sekt
4 EL Butter
Saft von 1 Zitrone
125 g Sahne
250 g Champignons, geputzt und in Stücke geschnitten

Die Backpflaumen im Sherry einweichen. Dann durch ein Sieb abgießen, den Sherry auffangen. Den Kapaun waschen, trocknen, innen und außen mit Salz und Pfeffer einreiben. Mit den Backpflaumen und 2 Äpfeln füllen, Öffnung verschließen. Kapaun in einen Bräter legen.
Das Schmalz in einer kleinen Pfanne zerlassen und den Knoblauch darin hellbraun anrösten. Die Knoblauchzehen aus dem Schmalz nehmen und den Kapaun mit dem Schmalz übergießen. Dann im vogeheizten Backofen bei 220 °C ca. 20 Minuten braten. Die Hitze auf 175 °C reduzieren, den Cava angießen und den Kapaun weitere 2 Stunden braten. Während dieser Zeit mehrmals mit dem Bratfond begießen. Nach der Hälfte der Bratzeit den Kapaun umdrehen, damit er rundherum knusprig wird.
In der Zwischenzeit die restlichen Äpfel vierteln. Die Apfelschnitze in 2 EL Butter andünsten, den Sherry zugießen und die Äpfel weich kochen. Dann durch ein Sieb streichen oder mit dem Mixstab pürieren und mit Zitronensaft abschmecken.
Den Kapaun aus dem Backofen nehmen und vor dem Anschneiden etwas ruhen lassen. Inzwischen den Bratfond mit etwas Wasser loskochen, die Sahne einrühren und die Sauce mit Salz und Pfeffer abschmecken. Die Champignons in der restlichen Butter sautieren.
Auf einer großen vorgewärmten Platte den Kapaun mit dem Apfelpüree und den Pilzen anrichten und am Tisch tranchieren. Die Sauce getrennt dazu reichen.

Sopa de almendras
Süße Mandelsuppe

150 g geschälte Mandeln
1 l Milch
125 g Zucker
1 Päckchen Vanillinzucker
1 Stange Zimt
2 EL Speisestärke
50 ml Sahne
geröstete Brotscheiben oder Brotwürfel

Die Mandeln in einer trockenen Pfanne rösten, dann im Mörser zermahlen.
Die Milch mit Zucker, Vanillinzucker und Zimtstange langsam zum Kochen bringen. Die Speisestärke mit der Sahne verquirlen und mit den Mandeln in die kochende Milch einrühren. Einmal aufkochen lassen, die Zimtstange entfernen und die Suppe mit den gerösteten Brotscheiben oder Brotwürfeln servieren.

Die Weihnachtszeit ist gleichzeitig eine Zeit der süßen Offenbarungen. Zu diesem Segen gehören Mandelnougat mit diversen Füllungen, kandierte Früchte und Gebäck.

Süsse Früchtchen

Im Jahr 1603 schrieb der französische Reisende Bartolomé Joly in seinem Buch *Viaje por España* (Reise durch Spanien), daß es in Calatayud üblich sei, Freunden, die von auswärts zu Besuch kämen, Brot, Wein und kandierte Früchte zu schenken. Schon damals waren die Ufer der Flüsse Jalón, Jiloca, Gallego und Cinca bekannt für die hohe Qualität des dort gezogenen Obstes. Außerdem praktizierte man hier die klassische Methode, Obst haltbar zu machen: Es wurde in Sirup eingekocht, damit der Zucker es konserviere. So kann Aragonien auf eine alte Tradition im Kandieren von Früchten zurückblicken.

Vor etwa 60 Jahren kamen findige aragonesische Konditoren auf die Idee, die kandierten Früchte mit Schokolade zu überziehen. Der Erfolg war so groß, daß man diese Bonbons bald überall *Frutas de Aragón* nannte. Schnell wurde die Idee anderswo nachgeahmt, und mittlerweile haben die aragonesischen Hersteller ein Reglement aufgestellt, um ihre Produkte zu schützen. Die *Frutas de Aragón,* mit »C« für *calidad* (Qualität) gekennzeichnet, dürfen nur aus Apfel, Birne, Pfirsich, Aprikose, Kirsche, Feige, Pflaume oder Orange hergestellt werden. Zum Kandieren ist nur Zucker erlaubt. Ausdrücklich verboten sind Konservierungsmittel und künstliche Farbe. Die Schokolade muß mindestens 34 Prozent Kakaobutter enthalten; kein anderes Fett ist zugelassen. Charakteristisch für *Frutas de Aragón* ist die perfekte Haftung des Schokolademantels an der kandierten Frucht. Diese ist äußerst saftig und hat ihr Fruchtaroma bewahrt. Die Bonbons werden in kleinen Holzkästchen verkauft und, wie zu Zeiten von Bartolomé Joly, an Freunde als Souvenir aus Aragonien verschenkt.

Frutas de Aragón sind mit Zucker kandierte Früchte, die manchmal auch noch mit Schokolade überzogen werden.

Ein aragonesisches Genie

Nicht weit von Zaragoza, in dem winzigen Dörfchen Fuendetodos, wurde 1746 Francisco de Goya geboren, der einer der größten spanischen Maler werden sollte. Goya begann mit Entwürfen für die königliche Tapisserienfabrik und malte Fresken in den Kirchen seiner Heimat. 1799 wurde er von Karl IV. zum Ersten Hofmaler ernannt und porträtierte in der Folge den König und seine Familie mit bis dahin ungekannter Brillanz und doch ohne jede Schmeichelei. Alltagsthemen aus allen gesellschaftlichen Schichten gab Goya mit kritischer Feder wieder, und nebenbei kannte auch seine Lust am Essen keine Grenzen: Die Volksküche der einfachen Gasthäuser mit Kutteln, deftigen Eintöpfen, Schnecken und Blutwurst wußte Goya ebenso zu schätzen wie die lukullische Raffinesse am Hof der Bourbonen. Eine schwere Krankheit, der Einmarsch der napoleonischen Truppen und die Schrecken des Krieges übten nachhaltigen Einfluß auf Goyas Gemüt aus. Aus seinen späten Werken sprechen tiefe Einsamkeit und ein verzweifelter Zynismus. Goya starb 1828 im Exil in Bordeaux. In seinem Heimatort in Aragonien hat man in seinem Geburtshaus ein kleines Museum errichtet, das Radierungen und persönliche Gegenstände zeigt.

Goya: Zwei Alte beim Essen, um 1820–23

Unten: *Guirlache* ist ein Erbe der Araber, hergestellt aus feinen Mandeln und viel karamelisiertem Zucker.
Rechts: Pfirsiche werden häufig getrocknet vermarktet.

Frutas de Aragón, die fein kandierten Fruchtstücke, werden wie Bonbons in Folie und Holzkästchen verkauft.

Almendrados liebt man in Spanien als locker luftiges Mandelgebäck.

Tortas de alma haben eine »Seele« aus Kürbis, Honig und Zucker.

Diese feinen Kastanien *(Castañas de Huesca)* sind aus Marzipan.

Der Blechkuchen *Coca de Fraga* wird mit Äpfeln oder Quitten und getrockneten Früchten belegt und mit Gelee glasiert.

Somontano

Traditionell waren die aragonesischen Weine als schwer und derb bekannt. Im besten Fall lobte man ihre robuste Natürlichkeit, die es erlaubte, durch Zugabe dieser Kreszenzen in- und ausländischen Gewächsen schwächeren Charakters auf die Beine zu helfen. Dieses Klischee haben die Winzer der Weinregion Somontano in den vergangenen Jahrzehnten gebrochen. Vorreiter war dabei die Kellerei Lalanne, die schon Ende des 19. Jahrhunderts neben der traditionellen Moristel-Traube, aus der die typischen Rot- und Roséweine der Gegend gekeltert wurden, auch die französische Rebsorte Cabernet Sauvignon anpflanzte.

Der Somontano ist ein zu Füßen der Pyrenäen auf einem Hochplateau gelegener Landstrich, dessen südliche Begrenzung der Ebro bildet. Wichtigster Ort und Handelszentrum der Region ist Barbastro. Die Weinberge erstrecken sich über Anhöhen und kleine Hochebenen, die zu den Flußtälern abfallen. Die Böden sind sandig, reich an Kalk, arm an Lehm und enthalten kaum organisches Material, was sie besonders durchlässig macht. Das Kontinentalklima wird gemildert durch den Schutz der Bergkette der Pyrenäen. Hier herrscht bei kalten Wintern, milden Sommern und geringen Niederschlägen ein ideales Mikroklima für den Weinbau. Die 2700 jährlichen Sonnenstunden garantieren das Ausreifen der Trauben, wobei die geringe Feuchtigkeit die Rebstöcke vor Plagen bewahrt. Die Winzer des Somontano bemühen sich heute um Leichtigkeit, Eleganz und Vielfalt ihrer Produkte, indem sie Rebstöcke von internationalem Ruf akklimatisieren. Obwohl die Bestimmungen des Anbaugebietes nur die Verwendung von vier weißen (Macabeo, Garnacha blanca, Alcañón und Chardonnay) und fünf roten Rebsorten (die einheimische Parreleta sowie Moristel, Tempranillo, Garnacha tinta und Cabernet Sauvignon) vorsehen, experimentierte man in den vergangenen Jahren vielfach mit anderen (mitteleuropäischen) Trauben. Das neue Reglement untersagt zwar den weiteren Anbau von Riesling, Chenin blanc und Sauvignon blanc, die elsässische Sorte Gewürztraminer ist aber weiterhin erlaubt.

Traditionell kamen im Somontano auch die Rotweine immer jung in den Handel. Bei den nunmehr gelagerten moderneren Gewächsen ist deutlich der Geschmack nach jungem Holz feststellbar. Dies unterstreicht ihren eigenständigen Charakter und ist bemerkenswert in einem Land, wo die Rotweine traditionell lange in altem Holz reifen.

Heute bestechen die Somontano-Weine durch ihre klare Fruchtigkeit sowie durch ihre Frische und Leichtigkeit. Die markante Tannin-Note der Rotweine ist wie dazu geschaffen, das Nationalgericht *cordero al chilindrón* mit seiner Paprikaschärfe zu begleiten (siehe Seite 95).

Schwere Rotweine zum Verschnitt waren über lange Zeit das einzig Nennenswerte, was die Winzer im Somontano (Foto rechts: bei Alquézar) hervorbrachten. Doch die Zeiten haben sich geändert. Somontano zählt heute zu den hoffnungsvollsten Weingegenden in Spanien – und das ist noch nicht alles: Mittlerweile machen in Aragonien vier aufstrebende Anbaugebiete von sich reden. Sie produzieren nicht nur Rotweine, sondern auch Weiße und Rosés.

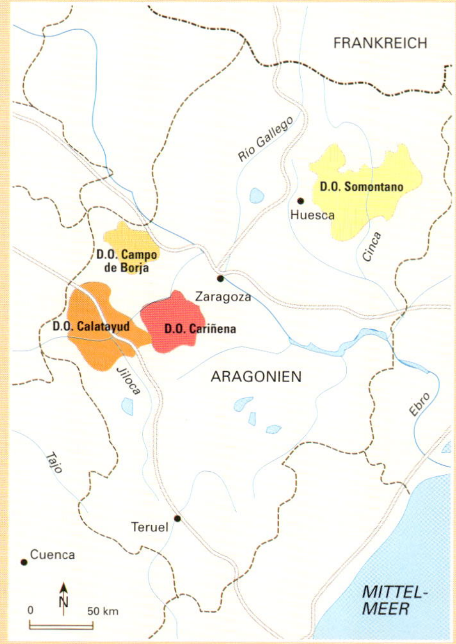

Weinbaugebiete in Aragonien

D.O. Somontano
Herausragendes Merkmal dieses Anbaugebiets ist seine Vielfalt. Neben den traditionellen schweren Roten setzt man heute auf eine breite Palette moderner Weine von großer Fruchtigkeit und Rasse. Generell sind die Weißweine leicht, fruchtig und ausdrucksvoll. Die Roten aus Cabernet Sauvignon zeigen eine deutliche Note von Tannin bei angenehmer Fruchtsäure und rauchigen Noten.

D.O. Calatayud
Die Weinberge dieser D.O. liegen auf bis zu 1000 Metern Höhe und sind somit vor extremer Sommerhitze geschützt. Das besondere Mikroklima, eine zweitausendjährige Tradition im Weinbau und ein lebhaftes Interesse an neuen Technologien haben zu einem Qualitätsprodukt geführt: junge, frische, leichte Weine – weiß, rot und rosé – von starker Persönlichkeit.

D.O. Campo de Borja
Das extrem trockene Kontinentalklima bestimmt den Charakter dieser Weine. Die Weinproduktion wurde im 20. Jahrhundert von zahlreichen Privatkellereien meist in größere Kooperativen verlegt. Auf den Hängen des Moncayo dominieren die Rebsorten Garnacha und Viura, woraus Weiß-, Rot- und Roséweine gekeltert werden. Die Roten sind als Jungweine aromatisch und gewinnen mit dem Alter an rundem Bukett. Die Rosés sind frisch und mild, die Weißweine frisch und leicht.

D.O. Cariñena
In Cariñena liegen die Weinberge auf 500 bis 800 Metern Höhe und gehören zu 14 Dörfern im Tal des Ebro zu Füßen der Pyrenäen. Seltsamerweise ist die Cariñena-Traube, die in der ganzen Welt angebaut wird, in Cariñena selbst kaum vertreten. Man baut vor allem Garnacha an, und Cariñena bezieht seinen Ruf aus alten Rotweinen, die sogar Eingang in José Zorrillas Drama *Don Juan Tenorio* aus dem Jahr 1844 gefunden haben. In kleineren Mengen werden auch Weiß- und Roséweine erzeugt.

Prickel-Pioniere

Fast hundert Jahre nachdem in Katalonien der erste Schaumwein ausgeliefert wurde – damals noch *Champán* genannt –, wagte sich auch ein Winzer in Aragonien an die Herausforderung, eigenen *Cava* zu produzieren. Miguel Angel Bordeje Cruz folgte minuziös der traditionellen Champagner-Methode: Die besten Trauben werden von Hand geerntet und gerade genug gepreßt, um den sogenannten »Tränenmost« zu erhalten, der voll des feinsten Aromas ist. Die Flaschengärung vollzieht sich in der Stille der *cava* (Höhle) – kurz: Der Schaumwein entsteht in Handarbeit ohne jegliche chemische Manipulation. 1966 erblickte der *Brut Nature* aus den Händen des Miguel Angel Bordeje Cruz das Licht Aragoniens, und seither sind die Cavas Bordeje die bei weitem populärsten Schaumweine der Region. Alle Trauben kommen von eigenen Weinbergen. Während andere Produzenten stets ein wenig Xarello- und Parellada-Trauben beimischen, schwört Fernando Bordeje, der Sohn des ersten aragonesischen Cava-Produzenten, auf seinen zu 100 Prozent aus Macabeo-Trauben gekelterten *Brut Nature*. Als einziger Winzer in Aragonien baut er auch die von Traditionalisten als Modetraube belächelte Sorte Chardonnay an und produziert daraus einen schlanken, eleganten *Brut Nature 100 % Chardonnay*. Die Bezeichnung *Brut Nature* bezieht sich auf den im Cava enthaltenen Fruchtzucker, der keinesfalls später zugesetzt werden darf. Das obere Limit liegt bei drei Gramm pro Liter. Alle aragonesischen Cavas entstehen heute nach der Champagnermethode, wobei es jedem Winzer überlassen bleibt, wie lange er seine Flaschen reifen läßt. Das Minimum liegt bei neun Monaten. Mittlerweile widmen sich fünf Kellereien in Aragonien diesem Ritus: Langa in Calatayud, die Cooperativa San Valero in Cariñena, sowie in Ainzón die Bodegas Bordeje, Caytusa und die Cooperativa Santo Cristo. Bezüglich Produktionsmethode und Traubensorten unterscheidet sich der aragonesische Cava kaum vom katalanischen, jedoch haben die Eigenart der Böden und das Mikroklima Einfluß auf die Persönlichkeit der Weine. Während die Chardonnay-Cavas einen unverwechselbar französischen Touch von Milde und Eleganz entfalten, besticht der traditionelle Macabeo-Cava durch seine stärkere Persönlichkeit und seinen jeweils ausgeprägteren lokalen Charakter.

NAVARRA

DAVID SCHWARZWÄLDER

Navarra

In den Bergen Navarras wachsen allerlei wilde Kräuter und Früchte. Sie werden schon seit dem Mittelalter in den Klöstern zu feinen Elixieren und Likören verarbeitet.

Es ist nicht allzu lange her, da mußten sich die Köche des benachbarten französischen Adels an den Künsten ihrer Kollegen aus Navarra messen lassen. Diese schwangen bereits vor Jahrhunderten selbstsicher den Kochlöffel, denn die Erde ihrer Heimat in Nordspanien bringt seit jeher die besten Ingredienzen für eine feine Küche hervor.

Stolz und selbstbewußt gaben sich die Navarreser schon immer, und stets wollten sie ein Wörtchen mitreden – sei es nun in Politik, Kultur oder Küche. Schon um das Jahr 850 räumte Iñigo Arista, der erste König von Navarra, seinen Untertanen umfangreiche Mitspracherechte ein. Diese wurden über die Jahrhunderte immer wieder bestätigt – und sie stärkten das Selbstbewußtsein des kleinen Volkes. Selbst als das Königreich Navarra nach langem Tauziehen zwischen Kastilien, Aragonien und dem Frankenreich im Jahr 1512 unter die Krone Kastiliens fiel, behielt das eigenwillige Völkchen seinen Sonderstatus mit eigenen Rechten. Erst 1841 schloß sich Navarra einer einheitlichen spanischen Verfassung an und genießt noch heute als eine autonome Region im Königreich Spanien weitgehende Unabhängigkeit.

Der Pilgerweg nach Santiago de Compostela machte Navarra im Mittelalter zu einer blühenden Kulturlandschaft, zahllose Klöster und Kirchen zeugen vom reichen Erbe der wallfahrenden Christen aus ganz Europa. Landschaftlich zeigt die Region auf kleinstem Raum einen Querschnitt durch fast alle Klima- und Landschaftszonen Spaniens: Von den schroffen Gipfeln der Pyrenäen im Norden fällt das Land nach Süden ab über tiefe Wälder aus Tannen, Eichen und Buchen – eine Zauberwelt voller Mythen und Legenden.

Pamplona, die berühmte Kapitale mit ihrer berüchtigten Fiesta, bildet den nördlichen Brückenkopf der sanft-hügeligen Landschaften Mittelnavarras, die übergehen ins fruchtbare Ebrotal. Den Kontrapunkt zum üppig grünen Norden setzt weiter südlich die bizarre Halbwüste der Bárdenas Reales.

Die Küche Navarras profitiert von der Grenzlage zwischen Aragonien, Kastilien, dem Baskenland und Frankreich. Sicherlich hat in den vergangenen Jahrzehnten auch der Austausch mit Frankreich dazu beigetragen, daß sich in Navarra eine der ersten Feinschmecker-Küchen Spaniens entwickelte.

Nicht vergessen sollte man dabei allerdings, daß diese neue Art zu kochen auch eine natürliche Weiterentwicklung der navarresischen Volksküche ist, die aufgrund der allgegenwärtigen Gemüse seit jeher eine natürliche Eleganz und Leichtigkeit besitzt. Die Weine aus den Anbaugebieten in Navarra, vor allem die bonbonfarbenen Rosés, gingen schon vor Jahrhunderten über den Jakobsweg ins Ausland und gehören heute zu den besten Kreszenzen Spaniens.

Rechts: Navarra ist Spanien auf kleinstem Raum, mit grünen Bergen und karger Halbwüste. Felsgebirge begrenzen fruchtbare Ebenen, wie hier nahe Tudela.

Trucha a la navarra
Forelle nach Navarra-Art

4 frische, ausgenommene Forellen
Salz und Pfeffer
4 Scheiben Serrano-Schinken
Mehl zum Wenden
125 g geräucherter Speck, gewürfelt
2 EL Olivenöl
2 Knoblauchzehen, in Scheiben geschnitten

Die Forellen waschen, abtrocknen, mit Salz und Pfeffer würzen. Jede Forelle mit einer Scheibe Schinken füllen und mit Zahnstocher verschließen. Die Forellen in Mehl wenden, überschüssiges Mehl abklopfen. Den Speck in einer weiten Pfanne im Olivenöl auslassen. Knoblauch zufügen und glasig dünsten. Speck und Knoblauch aus dem Fett heben. Die Forellen im Fett auf beiden Seiten goldbraun braten. Speckwürfel und Knoblauch kann man vor dem Servieren über die Forellen geben.
Variationen: Forellen vor dem Wenden in Mehl mit einer weiteren Scheibe Schinken umwickeln oder Schinken und Forellen getrennt braten und die Fische auf den gebratenen Schinkenscheiben anrichten.

Forellen

In den höchsten Tönen schwärmte der amerikanische Schriftsteller Ernest Hemingway vom Forellenreichtum Navarras. In der Gegend von Burguete, so der Dichter, habe er die kapitalsten Exemplare seines Lebens gefangen. Und selbst Alexandre Dumas, ein schonungsloser Kritiker der spanischen Küche, fand für die Forellen des Landes nur lobende Worte. Der französische Literat ließ sich allerdings am liebsten die Fische aus Kastilien auf der Zunge zergehen.

Unbestritten ist jedenfalls, daß sich das Anglerglück der spanischen Fliegenfischer in Navarra und Kastilien konzentriert. In den Pyrenäen und den Kantabrischen Bergen entspringen zahlreiche Flüsse, die das bieten, was Forellen lieben: sehr kühles, sauerstoffreiches und sauberes Wasser.

Meist geht den Fliegenfischern im Norden die gemeine Bachforelle (*fario*) an den Haken, eine kleine Forellenart mit festem Fleisch und wenig Fett. Sie ist leicht an ihrer silbrigen, mit roten und schwarzen Punkten gesprenkelten Haut zu erkennen. In spanischen Bächen tummelt sich auch die Lachsforelle (*trucha asalmonada*). Sie hat eine sehr helle Haut und zartrosafarbenes Fleisch, ist aber keine eigenständige Sorte. Ihre strahlende Farbe und den delikaten Geschmack erhält diese Forelle von den Krebsen, die sie in rauhen Mengen vertilgt. Die in allen Farben schillernde Regenbogenforelle (*trucha arco iris*) stammt meist aus Zuchtanlagen.

In der Küche ist die Forelle anpassungsfähig, kann Fastenspeise oder Festmahl sein. Die berühmte *trucha a la navarra* (Forelle nach Navarra-Art) entstand einst, wie so viele volkstümliche Gerichte, aus reiner Verlegenheit: Im Bergland der Pyrenäen war Speiseöl bis vor einigen Jahrzehnten ein Luxus. Man kochte vorwiegend mit Schmalz und Schinkenspeck. Auch Forellen wurden mit Schweinefett zubereitet, in üppigeren Zeiten kam etwas magerer Schinken hinzu, denn der Geschmack eines luftgetrockneten *jamón serrano* harmoniert bestens mit dem zarten Fleisch der Bergforelle, das ist unbestritten. Drunter und drüber gehen allerdings die Diskussionen darüber, ob der Schinken nun unter oder in die Forelle gehört.

In ganz Spanien kennt man Variationen der marinierten Forelle (*trucha en escabeche*). Das Einlegen in Wein oder Essig war früher eine der wenigen Möglichkeiten, Fisch für längere Zeit aufzubewahren. Verschiedene Varianten für gefüllte Forellen sind vor allem in der südlichen Hälfte Spaniens zu finden. Für die Farce eignen sich Hackfleisch oder Meeresfrüchte genauso wie Gemüse oder Pilze. Eine kastilische Spezialität ist die Forellensuppe, und in der modernen Küche kombiniert man den zarten Süßwasserfisch gern mit gebratenen roten Paprikaschoten.

1 Frische Forellen kauft man am besten küchenfertig ausgenommen. Man muß sie dann nur noch waschen.
2 Nachdem die Fische gesalzen und gepfeffert sind, füllt man jede Forelle mit einer Scheibe Serrano-Schinken.
3 Damit der Schinken beim Braten nicht herausrutscht, werden die Forellen mit Zahnstochern verschlossen.

4 Nach dem Verschließen wendet man die Forellen in Mehl, damit sie beim Braten schön knusprig werden.
5 Das überschüssige Mehl klopft man gut ab. Zuviel Mehl würde klumpen und im heißen Fett verbrennen.
6 In einer Pfanne mit Olivenöl läßt man zuächst die Speckwürfel aus, dann kommt der Knoblauch hinzu.

7 Wenn der Knoblauch goldbraun ist, hebt man Speckwürfel und Knoblauch aus dem Öl und stellt sie beiseite.
8 Im verbleibenden Öl brät man nun die Forellen. Wer es herzhaft mag, gibt Speck und Knoblauch wieder zu.
9 Die Forellen werden knusprig braun gebraten, zwischendurch vorsichtig gewendet und dann sofort serviert.

Anglerglück

Ich fühlte das Anbeißen der ersten Forelle überhaupt nicht. Erst als ich anzog, merkte ich, daß ich eine hatte, und brachte sie – sie kämpfte und bog die Rute beinahe entzwei – aus den kochenden Wassern am Fuß des Falls an Land und schwang sie aufs Wehr (...). Während ich noch mit der ersten beschäftigt war, sprangen verschiedene Forellen am Gefäll hoch. Sobald ich neuen Köder befestigt hatte und wieder eintauchte, schnappte eine andere zu, und ich brachte sie auf die gleiche Art herein. In kurzem hatte ich sechs. Ich legte sie nebeneinander, die Köpfe alle in derselben Richtung, und besah sie. Sie hatten herrliche Färbungen und waren durch das kalte Wasser ganz fest und hart. Es war ein heißer Tag, darum schlitzte ich sie alle auf, nahm die Eingeweide heraus, Kiemen und alles, und schwenkte sie im Wasser hin und her. Ich nahm sie an Land, wusch sie in dem kalten, glatten Wasser oberhalb des Wehrs, dann pflückte ich Farnkräuter und packte sie alle in die Tasche, immer drei Forellen auf eine Lage Farn, und dann wieder eine Lage Farnkräuter, dann wieder drei Forellen, dann bedeckte ich sie mit Farn. Sie sahen hübsch zwischen den Farnen aus, und jetzt hatte die Tasche eine Ausbuchtung, und ich stellte sie in den Schatten der Bäume.

Es war sehr heiß auf dem Wehr, darum stellte ich meine Würmerschachtel neben die Tasche in den Schatten und nahm ein Buch aus dem Rucksack und machte es mir, bis Bill zum Lunch kommen würde, unter dem Baum zum Lesen bequem.

(Aus: Ernest Hemingway, Fiesta, 1926)

Gemüse

Der erste Blick läßt zweifeln: Hier soll das beste Gemüse Spaniens gedeihen? Im Schatten der trockenen Tafelberge vermittelt die *Ribera de Navarra* nicht gerade den Eindruck übermäßiger Fruchtbarkeit. Der zweite Blick aber offenbart unten im Tal ausgedehnte Gemüsefelder. *Ribera* heißt ganz einfach »Ufer« oder »Tallandschaft«. Damit bezeichnet man in Navarra sowie in den Nachbarregionen Aragonien und La Rioja die fruchtbaren Niederungen am Ebro, die Gemüse von ausgezeichneter Qualität hervorbringen.
In diesen Auen blieben die arabischen Bewohner Spaniens lange genug, um ihre raffinierten Bewässerungstechniken zu installieren, von denen die Bevölkerung noch heute profitiert. Die Gemüsefelder in der Ribera, nur hin und wieder von Buschwerk oder Bäumen durchsetzt, haben nichts gemein mit den enormen landwirtschaftlichen Großkulturen Südspaniens. Ein Feld von zwei Hektar gilt in Navarra schon als groß, die meisten Erzeuger sind Familienbetriebe.
Zu den besonderen Gartendelikatessen gehört in Navarra die Karde (*cardo*), ein in großen Teilen Europas schon fast vergessenes Gewächs, das auch in Spanien immer seltener wird. Botanisch ist die Pflanze mit der Artischocke verwandt, die verwertbaren Teile ähneln aber eher dem Staudensellerie. Die Pflege der Karde ist äußerst aufwendig und mit dem Spargelanbau vergleichbar: Die Stauden werden in sorgfältiger Kleinarbeit gehäufelt oder abgedeckt, damit die Stiele nicht bitter und faserig werden. Nach dem Säubern und Abziehen der Fäden werden die Stiele in Stücke geschnitten und gekocht. Häufig bereitet man in Nordspanien Karde in Bechamelsauce zu, sie wird aber auch gern mit feinen Kräutern oder Vinaigrette serviert. In Aragonien ist Karde mit Mandelsauce eine beliebte Vorspeise zum Weihnachtsmenü.
Von den mehr als 30 Salatsorten, die in Navarra angebaut werden, zergehen die *cogollos de Tudela* ganz besonders auf der Zunge. Die jungen und äußerst zarten Salatherzen werden etwa zehn Zentimeter lang, und man serviert sie meist als Vorspeise mit Mayonnaise oder mit einer leichten Marinade aus Olivenöl, Zitrone oder Essig sowie Salz. Mit einem Hauch Knoblauch läßt sich das zarte Aroma noch abrunden.

Unverzichtbare Zutaten zur navarresischen Gemüseküche sind im Frühsommer die jungen Bohnenkerne *(pochas)*, die frisch und noch leicht grün zubereitet werden und so ihren delikaten, leicht süßlichen Geschmack bewahren. Große Popularität genießen außerdem grüne Bohnen *(judías verdes)*, dicke Bohnen *(habas)*, junge Knoblauchstengel *(ajetes)* sowie Mangold *(acelgas)* und Spinat *(espinacas)*. Vor allem aber haben der weiße Spargel *(espárrago)* und die roten Paprikaschoten *(pimientos del piquillo)* zum guten Ruf der navarresischen Gemüseindustrie beigetragen.

Neue und alte Gemüsesorten sind der Stolz der Bauern in Navarra. Sie kultivieren Salate, die fast vergessene Karde (2. v. links), Artischocken, grüne Bohnen, junge Knoblauchstengel und Spargel (von links nach rechts).

Spargel – das Königsgemüse

Bei den alten Ägyptern galt der Spargel als Götterspeise, dies belegen Hieroglyphentafeln aus dem Reich der Pharaonen. Als *blandimentum gulae* (»Gaumenschmeichler«) bezeichnete später der römische Zensor und Schriftsteller Cato das feine Gemüse, und der römische Küchenmeister Apicius empfahl in seinen Rezepten den Spargel als appetitanregende Vorspeise, die zusammen mit Ei und Pfeffer auch den Liebesgenuß steigern sollte. Auch Plinius pries die Sprossen als »Venus-Gemüse«, das bei keinem sinnlichen Gelage fehlen durfte.
Im Mittelalter verschwanden die sündigen Stengel dann aus der Küche. Sie wurden für lange Zeit nur noch hinter Klostermauern als Heilmittel gegen Rheuma, Herzbeschwerden und Hautkrankheiten angebaut. Erst im 17. Jahrhundert kam der Spargel in Europas Küchen wieder zu Ehren. Der französische »Sonnenkönig« Ludwig XIV. soll ihn besonders geliebt haben, und als der Bourbone Philipp V. im Jahr 1700 den spanischen Thron bestieg, verhalf er dem Königsgemüse auch auf der Iberischen Halbinsel wieder zu neuem Ruhm.
Der berühmteste weiße Spargel (Bleichspargel) Spaniens kommt heute aus Navarra. Das zarte Gemüse gedeiht auf den lockeren Schwemmsandböden der Ebroauen besonders gut, da die Sonne den Boden gut durchwärmen kann und das Wasser gut abfließt. Um blendend weißen Bleichspargel ernten zu können, wird die Erde um die jungen Sprossen zu Hügelbeeten angehäuft, damit die Triebe nicht mit Sonnenlicht in Kontakt kommen, denn sonst verfärben sich die Köpfe zunächst violett, später grün. Allerdings sagt die Färbung nichts über die Qualität des Spargels aus. In Frankreich und einigen spanischen Regionen ist der Grünspargel sogar ganz besonders beliebt, da er kräftiger schmeckt als die bleiche Variante. In manchen Gegenden ist auch noch würziger Wildspargel zu finden.
Das »weiße Gold« wird in Navarra zwischen April und Juni gestochen. Spargelernte ist nach wie vor reine Handarbeit, in vielen Betrieben werden die zarten Stangen sogar noch von Hand geschält.
Navarra-Spargel (*espárrago de Navarra*) mit Gütesiegel muß ganz weiß, äußerst zart und frei von Fasern sein. Der Großteil wandert nach der Ernte sofort in die regionalen Konservenfabriken, denn Dosenspargel aus Navarra wird in ganz Spanien als Delikatesse gehandelt. Begehrt und teuer sind vor allem die ganz dicken Exemplare mit einem Durchmesser von mehr als drei Zentimetern.
Doch auch frischer Stangenspargel hat in den vergangenen Jahren die Küche erobert. Beim Kauf ist folgendes zu beachten: Frisch gestochener Spargel hat fest geschlossene Spitzen und eine saftige, helle Schnittfläche. Er quietscht, wenn man die Stangen aneinanderreibt, und läßt sich leicht brechen. Der Spargel sollte schön weiß sein; eine gelbliche Färbung weist darauf hin, daß er schon vor längerer Zeit gestochen wurde und innen möglicherweise holzig ist. Frischen Spargel kann man – in ein feuchtes Tuch gewickelt – im Kühlschrank gut für drei bis vier Tage aufbewahren.
Vor der Zubereitung wird der Spargel gewaschen, aber auf keinen Fall gewässert. Weißen Spargel muß man schälen: Man setzt das Messer oder den Spargelschäler etwa zwei Zentimeter unterhalb des Köpfchens an und schält von oben nach unten. Das holzige Ende wird abgeschnitten. Zarter Grünspargel muß dagegen meist nicht geschält werden.
Man kocht Spargel am besten bündelweise zehn bis 15 Minuten lang in leicht gesalzenem Wasser. Eine Prise Zucker erhöht das Aroma. Am schonendsten garen die zarten Stangen, wenn man sie senkrecht in einen schmalen hohen Topf stellt. Die Spitzen sollten dabei aus dem Wasser ragen, damit sie beim Kochen nicht zu weich werden.
Spargel besteht zu fast 95 Prozent aus Wasser und hat nur 15 Kalorien pro 100 Gramm. Er ist reich an den Vitaminen A, B und C sowie an Calcium, Kalium, Phosphor und Folsäure. Besonders viele Vitalstoffe finden sich in den Spargelspitzen. Durch seinen hohen Anteil an Asparaginsäure und Kaliumsalzen wirkt Spargel harntreibend, blutreinigend und verdauungsfördernd.
Die traditionelle spanische Küche kennt kaum originelle Zubereitungsarten für Spargel. Man ißt ihn meist mit Vinaigrette oder als *espárragos con dos salsas* (Spargel mit zwei Saucen): Hierbei reicht man zu den gegarten Sprossen eine helle und eine mit Tomaten gefärbte Mayonnaise. Erst die moderne Marktküche wagt sich auch an Kreationen mit frischem Spargel – meist nach französischem Vorbild.

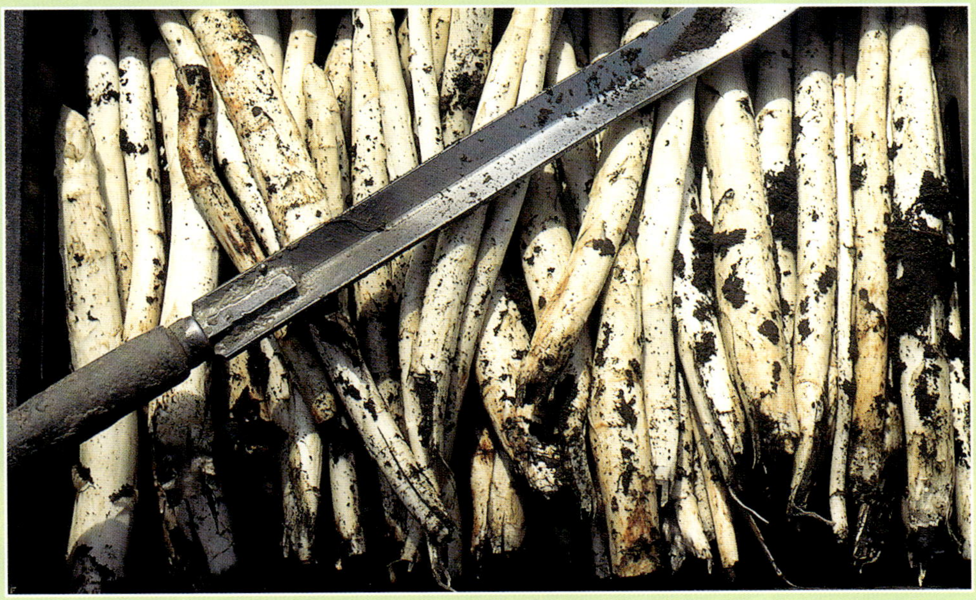

Pimientos del piquillo

Auf der Zunge zergeht vielen Spaniern schon allein der Name der illustren *pimientos del piquillo*. Die kleinen würzigen Paprikaschoten sind nur etwa acht Zentimeter lang und tiefrot. Im Rohzustand versprechen sie wegen ihres etwas bitteren Geschmacks kein großes Eßvergnügen. Deshalb werden sie auf offenem Feuer gegrillt und dann enthäutet, entkernt und als Konserven vermarktet. Billig sind die *piquillos* nicht, denn die Verarbeitung ist aufwendige Handarbeit. Die rauchige Note des Holzfeuers und der würzige Charakter dieser Paprika-Sorte harmonieren gut mit Meeresfrüchten, Fisch und Pilzen. Gefüllte *pimientos del piquillo* sind darum nicht nur in Navarra in aller Munde.

Geheimnisvolle Verwandlung: Auf fast magische Weise macht die Holzofenglut aus den im Rohzustand recht bitteren roten Paprikaschoten süße Gaumenschmeichler. Die *pimientos del piquillo* müssen durchs Feuer gehen und schwarz werden wie Kohle, bevor ihr wahres Wesen unter der verbrannten Haut zum Vorschein kommt.

Die nur acht Zentimeter großen roten Paprikaschoten gedeihen bestens auf den Schwemmsandböden der Ribera.

Die frischgeernteten Schoten werden in der Konservenfabrik sortiert und vor der Weiterverarbeitung gründlich gewaschen.

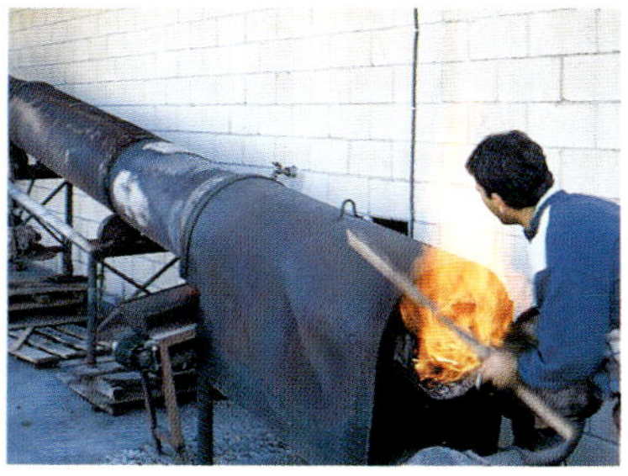

Wie schon zu Großvaters Zeiten wird der Ofen, in dem die Schoten geröstet werden sollen, auch heute noch mit Holz befeuert.

Nun schiebt man die Schoten in die Glut. Im Ofen verkohlt die Außenhaut, doch das Fruchtfleisch erhält dabei ein feines Aroma.

In aufwendiger Handarbeit entfernen Arbeiterinnen die verkohlte Haut sowie die Stiele und die Samen der *pimientos*.

Noch immer bleiben kleine Kohlereste auf den Schoten zurück. Doch mit Wasser darf man der zarten Frucht nicht kommen.

Mit viel Geduld und weichen Tüchern entfernen die Frauen auch die letzten Unreinheiten von jeder einzelnen Schote.

Zu guter Letzt kommen die *pimientos del piquillo* in die Dose. Es gibt sie als ganze Schoten zum Füllen oder in Stücken.

Feines mit Gemüse

Pimientos del piquillo rellenos

Gefüllte Paprikaschoten aus Navarra
(Abbildung unten links)

Für die Paprikaschoten:
12 kleine Tintenfische
2 EL Olivenöl
1 Zwiebel, fein gehackt
2 Knoblauchzehen, fein gehackt
1 EL gehackte Petersilie
75 g luftgetrockneter Schinken, in feine Würfel geschnitten
2 Tomaten, enthäutet und in Würfel geschnitten
1 TL Mehl
Salz und Pfeffer
12 ganze pimientos del piquillo *aus der Dose*

Sauce:
1 Zwiebel, gehackt
2 Knoblauchzehen, gehackt
100 ml Olivenöl
4 Tomaten, geviertelt
2 pimientos del piquillo *aus der Dose*
1 Lorbeerblatt
1 Scheibe getoastetes Weißbrot, in Würfel geschnitten
Salz und Pfeffer

Tintenfische säubern, Tintenbeutel entfernen und aufbewahren. Die Tintenfische 10 Minuten in 1 l Wasser kochen lassen, dann abgießen. Sud aufbewahren. Tintenfische kleinschneiden, einige Köpfe zur Garnierung beiseite stellen.
Das Olivenöl erhitzen, Zwiebel und Knoblauch darin glasig dünsten. Petersilie, Schinkenwürfel und Tomaten zufügen. Mit Mehl bestäuben, etwas Tintenfischsud angießen und einkochen lassen, mit Salz und Pfeffer abschmecken und die kleingeschnittenen Tintenfische hinzufügen. Die *pimientos* vorsichtig mit dieser Masse füllen und nebeneinander in eine Tonkasserolle legen. Dann 1/4 l Tintenfischsud dazugießen und die *pimientos* bei kleiner Hitze erwärmen.
Inzwischen für die Sauce die gehackte Zwiebel und den Knoblauch im Olivenöl glasig dünsten. Die Tomaten und die *pimientos* zufügen und unter Rühren kurz anbraten.
Tinte aus den Tintenbeuteln durch ein Haarsieb gießen und im restlichen Tintenfischsud auflösen. Mit dem Lorbeerblatt und den getoasteten Brotwürfeln zur Sauce geben und alles ca. 20 Minuten köcheln lassen. Dann das Lorbeerblatt entfernen, Sauce mit dem Küchenstab pürieren und mit Salz und Pfeffer würzen.
Die Sauce auf eine vorgewärmte Platte geben, die gefüllten *pimientos* darauf anrichten und mit Tintenfischköpfen garnieren.

Menestra de Tudela

Gemüseeintopf aus Tudela
(Abbildung unten Mitte)

500 g frische Erbsen
500 g habas tiernas *(junge, dicke Bohnen)*
500 g Spargel
Salz
10 junge Artischocken
Saft von 1 Zitrone
1 EL Olivenöl oder Schmalz
125 g luftgetrockneter Schinken, fein gewürfelt
2 Knoblauchzehen, gehackt
1 EL Mehl
1/4 – 1/2 l Gemüsebrühe
Pfeffer

Die Erbsen und Bohnen enthülsen, Spargel schälen. Das Gemüse in leicht gesalzenem Wasser in ca. 20 Minuten bißfest garen. Die äußeren, ledrigen Blätter von den Artischocken entfernen. Die Artischocken in Salzwasser mit Zitronensaft ebenfalls bißfest garen.
Das Olivenöl in einer flachen Tonkasserolle erhitzen und den Schinken darin auslassen. Knoblauch zufügen und andünsten. Mit Mehl bestäuben und je nach Geschmack 1/4 bis 1/2 l Gemüsebrühe unter Rühren angießen. Kurz aufkochen lassen, dann das Gemüse zugeben und in der Sauce etwas ziehen lassen. Mit Salz und Pfeffer abschmecken.
Variation: Die deftigere Winter-Variante dieser Suppe heißt *menestra de invierno* und enthält als Hauptzutaten Artischocken, Blumenkohl, Karde, Spinat und Schinken.

Füllungen für Paprikaschoten

- Hackfleisch mit Bechamelsauce *(carne picada)*
- Austernpilze *(setas de cardo)* mit harten Eiern und Mandeln
- Stockfisch *(bacalao)* mit Rahm und Zwiebeln
- Seehecht *(merluza)* mit Schinken und Eiern
- Meerspinne *(centollo)* mit weißer Sauce
- Krebsfleisch *(carne de cangrejo)*
- Languste *(langosta)*
- Schnecken und Pilze *(caracoles y setas)*
- Lammhirn *(sesos de cordero)*
- Nierchen *(riñones)*
- Spinat und Bechamel *(espinacas y bechamel)*
- Rührei mit Champignons *(revoltillo con champiñones)*

Alcachofas con almejas

Artischocken mit Venusmuscheln
(Abbildung unten rechts)

8 junge Artischocken
Salz
Saft von 1 Zitrone
1 EL Mehl
1 Knoblauchzehe, fein gehackt
2 EL Olivenöl
2 EL Weißwein
12 Venusmuscheln, geputzt

Die äußeren Blätter der Artischocken entfernen. Artischocken in leicht gesalzenem Wasser mit Zitronensaft und 1 TL Mehl ca. 20 Minuten kochen. Dann aus dem Wasser heben, abtropfen lassen und halbieren.
Den Knoblauch im Olivenöl in einer Tonkasserolle goldbraun rösten. Das restliche Mehl darüberstäuben, mit Weißwein und $^{1}/_{4}$ l Artischockenbrühe ablöschen. Die Muscheln darin garen, bis sie aufgegangen sind. Dann die Artischocken zugeben und eventuell noch etwas Brühe angießen.
Dies ist eine ideale Vorspeise. Für ein Hauptgericht verdoppeln sich die Zutatenmengen.

Tortilla de espárragos y bacalao

Tortilla mit Spargel und Stockfisch

400 g Stockfisch
8 gekochte Spargel aus dem Glas
8 Eier
Salz und Pfeffer
4 EL Olivenöl

Den Stockfisch am Vortag in kaltem Wasser einweichen, dabei mindestens zweimal das Wasser wechseln. Am nächsten Tag den Fisch aus dem Wasser nehmen und ausdrücken. Fisch mit $^{1}/_{2}$ l Wasser zum Kochen bringen, vom Herd nehmen und ca. 10 Minuten ziehen lassen. Dann in einem Sieb abtropfen lassen. Stockfisch enthäuten, die Gräten entfernen und den Fisch in kleine Stücke zupfen.
Den Spargel in Stücke schneiden. Die Eier verquirlen, Stockfisch und Spargel vorsichtig unterheben, mit Salz und Pfeffer würzen.
In einer Eisenpfanne 1 EL Olivenöl erhitzen und $^{1}/_{4}$ der Eimasse einfüllen. Bei kleiner Hitze goldgelb backen, dann mit Hilfe eines Tellers oder Deckels wenden und die zweite Seite ebenfalls goldgelb backen. Warmstellen, bis alle 4 Tortillas fertig gebacken sind.

Borretsch

Im Frühsommer erscheint mit dem Borretsch *(borraja)* ein Gemüse auf den Märkten, das in Spanien nur in Navarra und Aragonien angebaut wird. Das blaublühende Kraut, eigentlich eine Wildpflanze, war früher als Heilmittel bekannt. Borretsch enthält zahlreiche Mineralstoffe sowie viel Vitamin C und gilt als belebend und stoffwechselanregend. Gegessen werden in erster Linie die robusten Stengel und die jungen Blätter, die leicht bitter schmecken. Rezepte für Borretsch gibt es nur wenige. Meist kommt das Wildgemüse in Salzwasser gekocht oder als Verfeinerung von Suppen auf den Tisch. Beliebt sind heute auch Crêpes, deren Teig man mit gehackten Borretschblättern anreichert.

SPANISCHE GEMÜSESORTEN

Die Artischocke *(alcachofa)* enthält den Bitterstoff Cynarin, der die Leber anregt und den Magen beruhigt.

Mangold *(acelga)* hat viel Vitamin B und C sowie Mineralien.

Spinat *(espinaca)* ist sehr schmackhaft und mineralreich, enthält aber nicht so viel Eisen wie man lange Zeit annahm.

Champignons *(champiñones)* stammen meist aus Zuchtanlagen und sind deshalb praktisch frei von Schadstoffen aus Luft und Boden.

Lauch oder Porree *(puerro)* zählt zu den Zwiebelgewächsen und enthält viel Magnesium und Kalium.

Die Gurke *(pepino)* hat nur etwa 15 Kalorien pro 100 Gramm und enthält viele wertvolle Mineralien, ist aber recht schwer verdaulich.

Der mineralreiche Knoblauch *(ajo)* enthält auch wertvolle ätherische Öle und gilt als gutes Heilmittel für Kreislauf und Gefäße.

Kürbis *(calabaza)* gibt es in verschiedenen Sorten, die vor allem auf den Kanarischen Inseln beliebt sind. Er enthält viele Vitamine und Mineralien.

Blumenkohl *(coliflor)* ist reich an hitzeempfindlichem Vitamin C und sollte deshalb schonend zubereitet werden.

Die Zwiebel *(cebolla)* ist reich an Vitamin C und wirkt desinfizierend.

Chicorée *(endibias)* schmeckt leicht bitter und regt die Leber- und Verdauungsfunktion an.

Erbsen *(guisantes)* enthalten viel Stärke und Zucker und deshalb auch viele Kalorien.

(Weiß-)Kohl *(col, repollo)* enthält sehr viel Vitamin C und sollte deshalb möglichst häufig in roher Form verzehrt werden.

Grüne Bohnen *(judías verdes)* gibt es heute meist als fadenlose Züchtungen. Sie sind reich an Mineralstoffen.

Staudensellerie *(apio an rama)* enthält viel Vitamin C und schmeckt auch roh sehr gut.

Kartoffeln *(patatas)* gibt es auf spanischen Märkten in vielen Sorten. Die stärkereichen Knollen enthalten viel Vitamin C und sind sehr leicht verdaulich.

Spargel *(espárrago)* besteht zu mehr als 90 Prozent aus Wasser, hat nur 15 Kalorien pro 100 Gramm und regt die Nieren an.

Möhren *(zanahorias)* sind arm an Kalorien und reich an Carotin.

Auberginen *(berenjenas)*, Zucchini *(calabacines)*, Tomaten *(tomates) und* Paprikaschoten *(pimientos)* sind aus der spanischen Küche nicht wegzudenken. Im Gemüseeintopf *pisto* oder in der katalanischen *samfaina* stellen sie sogar die Hauptzutaten.

Fiesta in Pamplona

»Ich erwachte durch den Lärm einer explodierenden Rakete – das Zeichen, daß man nun die Stiere aus den Koppeln am Stadtrand loslassen würde. Gleich würden sie durch die Stadt jagen und zur Arena stürmen.« So beschrieb Ernest Hemingway in seinem Roman *Fiesta* die berühmten Sanfermines von Pamplona: das Fest zu Ehren des Stadtpatrons San Fermín, das mit Stiertreiben und Stierkampf jedes Jahr im Juli die Stadt in einen wahren Sinnentaumel stürzt. Der amerikanische Schriftsteller war ein passionierter Spanienfan, fasziniert vom Mythos des Todes, der den Stierkampf umgibt.

Das neuneinhalb Tage dauernde Fest geht zurück auf Firminus, einen frommen Sohn Pamplonas, der bei der Christianisierung Frankreichs den Märtyrertod starb. Seine Figur wird während der Fiesta in einer feierlichen Prozession durch die Altstadt getragen. Immer wiederkehrender Höhepunkt der Sanfermines ist aber jeden Morgen das legendäre Stiertreiben durch die Straßen Pamplonas bis zur Arena. Kaum drei Minuten dauert der Lauf um Leben und Tod, genug Zeit jedoch, um Tausende von Menschen mit einer Mischung aus Abenteuer und Todesmystik in seinen Bann zu ziehen. Am Nachmittag füllt sich dann die Arena zum Stierkampf – und am nächsten Morgen Schlag acht Uhr geht das Spektakel mit dem nächsten Stiertreiben wieder von vorne los.

Die Fiesta in Pamplona ist aber nicht nur dem Heiligen Firminus und den Stieren gewidmet, sie gilt auch als kulinarisches Ereignis ersten Ranges. Hemingway etwa, bekannt als großer Esser und noch größerer Trinker, pflegte während der Sanfermines zu den teils recht deftigen Speisen erstaunliche Mengen der leichten navarresischen Roséweine zu trinken.

Früher traf man sich während der Fiesta gern mit Freunden zu einem Festbankett in einem der traditionellen Restaurants. Meeresfrüchte und Languste gehörten zu den Höhepunkten einer solchen Tafel. Heute speisen die Einheimischen nicht mehr so häufig außer Haus, aber nach wie vor wird in den *tabernas* und *mesones* meisterhaft gekocht. Die Nachfrage nach frischem Kampfstierfleisch ist so groß, daß die rund 17 000 Kilogramm *carne de toro*, die in Pamplona anfallen, nicht ausreichen. Deshalb wird schon vor dem Fest Stierfleisch aus den Nachbarregionen herangekarrt. Allgegenwärtig sind das Schmorfleisch *(estofado de carne de toro)* und die enormen Koteletts *(chuletas)*, die auf den Grillplatten der Restaurants brutzeln.

Die jungen Leute machen vor dem Stiertreiben gern die Nacht zum Tage. Nach altem Brauch trifft man sich dann am Morgen zum traditionellen Vesper *(almuerzo)*. Dazu gehört auch eine Spezialität, an die sich Fremde oft erst gewöhnen müssen: *Cabeza y corada* ist Lammkopf mit Innereien, gewürzt mit Knoblauch und Petersilie – ein Relikt aus alter Zeit wie die geschmorten Lamminnereien *(patorrillo)*. Doch natürlich kommen auch weniger gewöhnungsbedürftige Gerichte auf den Tisch, etwa junge Bohnenkerne, Lammragout oder der beliebte Fuhrmannstopf *ajoarriero* aus Stockfisch oder Languste mit Paprika (siehe Seite 89).

Als deftige Grundlage für lange, durchzechte Nächte eignet sich bestens die *chistorra*, eine dünne luftgetrocknete Schlackwurst, die vor allem in Mittelnavarra hergestellt wird. Man serviert sie gebraten als Tapa, begleitet von einer Bratkartoffel und grünen Paprikaschoten oder mit Rührei. Der *chorizo cular*, die dickste Form der würzigen Paprikawurst *chorizo*, wird in Pamplona vom Schlachttag bis zur Fiesta aufbewahrt, da diese Spezialität wegen ihrer Größe eine lange Trocknungszeit braucht. Man schneidet sie traditionell nach dem Stiertreiben an.

Kampfstierfleisch findet bei der berühmten Fiesta Verwendung in Form von *estofado de carne de toro.*

Chorizo cular (oben), die dicke Paprikawurst, wird erst nach dem Stiertreiben (links) angeschnitten.

Estofado de carne de toro
Geschmorter Kampfstier

1 kg Stierfleisch, ersatzweise Rindfleisch aus der Keule
200 ml Olivenöl
3 Zwiebeln, gehackt
5 Knoblauchzehen, gehackt
Salz und Pfeffer
2 EL Mehl
3 Möhren, in Würfel geschnitten
¼ l Rotwein
3 EL Weinessig
2 Lorbeerblätter
2 Gewürznelken
2 scharfe rote Pfefferschoten, entkernt und gehackt
1 l Fleischbrühe
1 Messerspitze Zimt
2 EL gehackte Petersilie

Fleisch waschen, trockentupfen und in mundgerechte Würfel schneiden. In einem großen Topf das Olivenöl erhitzen und das Fleisch darin von allen Seiten scharf anbraten. Zwiebeln und Knoblauch zufügen und kurz mitbraten. Mit Salz und Pfeffer würzen und mit Mehl bestäuben. Möhren untermischen, mit Rotwein und Essig ablöschen. Lorbeerblätter, Nelken und Pfefferschoten beigeben und Fleischbrühe angießen. Zum Kochen bringen und zugedeckt bei kleiner Hitze ca. 2 Stunden köcheln lassen, dabei von Zeit zu Zeit umrühren. Vor dem Servieren mit Zimt, Salz und Pfeffer abschmecken und die gehackte Petersilie unterrühren.

Entenfarmen

Auch wenn die Spanier auf der Eigenständigkeit ihrer Eßkultur beharren und vom französischen Einfluß auf ihre Küche nicht viel wissen wollen: Gerade im grenznahen Bereich der Pyrenäen bestand immer schon ein reger kultureller und gastronomischer Austausch. Daß die Enten, Tauben und Singvögel, die früher häufig in spanischen Kochtöpfen landeten, aus Frankreich über die Pyrenäen geflattert kamen, konnte man in Navarra durchaus hinnehmen. Hohl- und Ringeltauben, Drosseln und Schwalben waren schon im 15. Jahrhundert beliebt, und selbst am navarresischen Hof wurden sie, ungeachtet aller Etikette, einfach mit den Händen gegessen.

Der Fang von Singvögeln ist heute streng verboten, doch die Taubenfänger von Echalar legen nach wie vor jedes Jahr ihre Netze aus, um die vom Flug über die Pyrenäen erschöpften Vögel zu fangen. Auch Flugenten genießen in Navarra traditionell einen guten Ruf. Hausenten dagegen waren stets selten, so daß die spanische Volksküche mit diesem Federvieh wenig anzufangen wußte. Deshalb hat auch die französische Tradition der Entenfarmen lange gebraucht, um bei den spanischen Nachbarn Fuß zu fassen.

Die Region Landes, Frankreichs Zentrum für die Aufzucht und Verarbeitung von Enten, grenzt direkt an Navarra, und mit der Gourmetwelle schwappten nach 1970 viele kulinarische Einflüsse nach Spanien herüber. 1985 entstand hier die erste Entenfarm: Bei der Firma Martiko wird ausschließlich die Entenrasse Mulard verarbeitet, da man auf die guten Erfahrungen baut, welche die französischen Nachbarn mit dieser Art gemacht haben. Die Mulard-Ente ist sehr fleischig und wird bis zu sechs Kilo schwer.

Geräucherter Entenschinken *(jamón de pato ahumado)* gehört zu den edelsten Delikatessen aus der Entenfarm.

Feinschmecker schätzen neben der Stopfleber *(foie gras)* besonders den Schinken der Rasse, da er saftiger und zarter ist als bei anderen Enten. Dies ist auch die wichtigste Voraussetzung für die Herstellung eines *confit de pato* von hoher Qualität: im eigenen Saft eingemachtes Entenfleisch. Ein eigenes Wort haben die Spanier übrigens noch nicht gefunden. Außerdem werden frische Entenleber *(hígado de pato)*, Entenbrust *(pechuga de pato)*, Entenherzen *(corazones de pato)*, geräucherter Entenschinken *(jamón de pato ahumado)* und Entenfilet *(solomillo de pato)* vermarktet sowie natürlich auch das Tier als Ganzes.

Inzwischen ist der Pionier der Entenfarmen nicht mehr allein. Weitere Produzenten sind dazugekommen, etwa im katalanischen Sant Martí Sapresa, wo eine Firma unter dem Zeichen des Stammhauses Mas Parés frische und verarbeitete Entenprodukte anbietet. Außerdem etablieren sich in Nordspanien immer mehr Farmen, in denen Hühner in Freilandhaltung gezüchtet werden *(pollo de granja* oder *pollo de corral)*. Denn mittlerweile beäugen viele Köchinnen und Köche kritisch, welche Art Federvieh ihnen in den Kochtopf flattert. Gummiadler haben bei spanischen Genießern längst keine Chance mehr.

In Navarra fühlen sich Enten der französischen Rasse Mulard ebenso wohl wie jenseits der Pyrenäen. Die Küken werden aus Frankreich importiert und in spanischen Farmen großgezogen. Mulard-Enten liefern delikate Lebern und einen besonders saftigen Schinken, der meist geräuchert auf den Markt kommt.

Die Palette der Produkte von Ente und Gans wird in Spanien immer bunter.

Huhn *(pollo)*: wichtigstes Geflügel mit meist sehr weißem Fleisch. *Pularda* ist ein junges, *gallina* ein älteres Huhn.

Kapaun *(capón)*: ein Hahn, der kastriert und dann mit Getreide gemästet wurde. Sehr beliebt für das Weihnachtsmenü.

Truthahn, Pute *(pavo, pava)*: dem Huhn sehr ähnlich, aber größer. Das Fleisch hat besonders viele Proteine und wenig Fett.

Ente *(pato)*: kräftiges und helles Fleisch, beliebt für ein traditionelles Herbstessen. Im Trend sind verarbeitete Entenprodukte.

Gans *(ganso, oca)*: sehr fettes Fleisch, das vor allem in Katalonien und überall als Festessen zu Weihnachten geschätzt wird.

Rothuhn *(perdiz)*: saftiges und doch sehr mageres Fleisch. Wird gern mariniert oder mit kräftiger Schokoladensauce serviert.

Wachtel *(codorniz)*: exquisites Fleisch, das man so frisch wie möglich zubereiten sollte. Auch die Eier finden Verwendung.

Taube *(pichón, paloma)*: delikates Fleisch mit einem sehr feinen, leicht süßlichen Wildgeschmack (nicht bei Zuchttauben).

Fasan *(faisán)*: festes Fleisch mit einem deutlichen Wildgeschmack. Es wird vor der Zubereitung meistens mariniert.

Schnepfe *(becada)*: leicht dunkles und feinwürziges Fleisch. Im Herbst gejagte Schnepfen gelten als besonders zart.

Geflügel in der spanischen Küche

Pichones rellenos
Gefüllte Täubchen
(Abbildung unten)

2 junge Tauben mit Innereien
125 g geräucherter fetter Speck, in Würfel geschnitten
200 g gemischtes Hackfleisch
2 Schalotten, fein gehackt
1 Knoblauchzehe, fein gehackt
Salz und Pfeffer
1 Msp. Zimt
2 EL Pinienkerne
1 EL Semmelbrösel
2 EL gehackte Petersilie
1 Ei
1 EL Schmalz
1 Stange Lauch, geputzt und in Ringe geschnitten
1 große Möhre, in Scheiben geschnitten
1/8 l Weißwein
1/4 l Geflügelbrühe

Die Tauben ausnehmen, waschen und gut abtrocknen. Die Innereien putzen und hacken. Den Speck in einer trockenen Pfanne auslassen. Hackfleisch, Innereien, Schalotten und Knoblauch zugeben und 10 Minuten braten. Vom Herd nehmen und mit Salz, Pfeffer und Zimt würzen. Für die Füllung die Hackfleischmasse mit Pinienkernen, Semmelbröseln, Petersilie und Ei vermengen. Die Tauben damit füllen und mit Bindfaden zubinden.
Das Schmalz in einem Bräter erhitzen und die Täubchen von allen Seiten darin anbraten. Lauch und Möhre zugeben und kurz mitbraten. Mit Weißwein ablöschen und die Geflügelbrühe angießen. Im vorgeheizten Backofen bei 175 °C ca. 30 Minuten garen, dabei immer wieder mit der Bratflüssigkeit begießen.
Die fertigen Täubchen aus dem Bräter heben, die Sauce durch ein Sieb passieren und mit Salz und Pfeffer abschmecken. Die Sauce getrennt zu den Täubchen servieren.
Dazu serviert man gern frisches Apfelkompott.

Gefüllte Täubchen

Pollo al chilindrón
Hühnchen mit Paprika

4 große rote getrocknete Paprikaschoten
1 großes Huhn, ca. 1,5 kg, küchenfertig
Salz und Pfeffer
100 ml Olivenöl
1 große Zwiebel, fein gehackt
4 Knoblauchzehen, fein gehackt
125 g luftgetrockneter Schinken, in Würfel geschnitten
2 grüne Paprikaschoten, entkernt und in Streifen geschnitten
3 reife Fleischtomaten, enthäutet und in Würfel geschnitten
1 TL mildes Paprikapulver
1 Msp. scharfes Paprikapulver
4 cl Brandy
1/4 l Gelügelbrühe
2 EL gehackte Petersilie

Die getrockneten Paprikaschoten in Wasser einweichen. Dann abgießen, abtropfen lassen und in kleine Stücke schneiden.
Das Huhn waschen und abtrocknen, in 8 Portionsstücke zerteilen, mit Salz und Pfeffer einreiben. Das Olivenöl in einem Schmortopf erhitzen und die Hühnerteile darin scharf anbraten. Aus dem Topf heben und in eine feuerfeste Form legen.
Zwiebel, Knoblauch und Schinken im Bratfett Farbe nehmen lassen. Die eingeweichten und die frischen Paprikaschoten zufügen und kurz mitbraten. Dann die Tomaten unterrühren, mit Paprikapulver würzen und mit Brandy ablöschen. Geflügelbrühe angießen und Petersilie zugeben. Das Gemüse einige Minuten köcheln lassen und mit Salz und Pfeffer abschmecken. Über die Hühnerteile geben und die Form mit Alufolie abdecken. Im vorgeheizten Backofen bei 175 °C ca. 1 Stunde garen. In der Form auftragen.

Croquetas de pollo
Hühnerkroketten

2 Hühnerbrustfilets à 150 g
2 EL Olivenöl
3 Eier
2 EL Butter
3 EL Mehl
3/8 l Milch
Salz und Pfeffer
1 Msp. gemahlene Muskatnuß
100 g Semmelbrösel
Fett zum Fritieren

Die Hühnerbrüste im Olivenöl auf jeder Seite ca. 5 Minuten braten. Aus der Pfanne heben, etwas abkühlen lassen und im Mixer mit 1 Ei und 1 Eigelb gut zerkleinern.
Die Butter in einer Kasserolle zerlassen, das Mehl einrühren und hellgelb anschwitzen. Unter Rühren die Milch angießen, einmal aufkochen und bei kleiner Hitze 10 Minuten ausquellen lassen. Vom Herd nehmen, die Hühnerpaste unterziehen, mit Salz, Pfeffer und Muskatnuß würzen.
Das restliche Ei mit dem Eiweiß verquirlen. Mit einem nassen Eßlöffel Stücke aus der Masse abstechen und zu Kroketten formen. Zuerst im Ei, dann in den Semmelbröseln wenden und portionsweise im Fett fritieren. Auf Küchenpapier abtropfen lassen und sehr heiß servieren.

Perdiz con chocolate
Rothuhn in Schokoladensauce

2 Rot- oder Rebhühner, küchenfertig
Salz und Pfeffer
4 dünne Scheiben grüner Speck
2 EL Schweineschmalz
6 Schalotten, fein gehackt
2 Knoblauchzehen, fein gehackt
2 Möhren, in Würfel geschnitten
1/4 l Weißwein
2 EL Sherryessig
1/4 l Wildfond oder Geflügelbrühe
1 Lorbeerblatt
2 Gewürznelken
1/2 Bund Petersilie
50 g Blockschokolade
1 Prise Zucker

Die Rothühner gründlich waschen, abtrocknen und innen und außen mit Salz und Pfeffer einreiben. Die Rothuhnbrüste mit Speckscheiben umwickeln, dann die ganzen Rebhühner mit Küchengarn in Form binden.
Das Schmalz in einem Schmortopf erhitzen und die Rothühner von allen Seiten anbraten. Schalotten, Knoblauch und Möhren zufügen und im Bratfett Farbe annehmen lassen. Mit

Weißwein ablöschen, Essig und Wildfond zugießen und mit Lorbeerblatt, Nelken und Petersilie würzen. Rothühner im geschlossenen Topf ca. 20 Minuten schmoren lassen. Dann aus dem Topf heben und warm stellen. Die Sauce durch ein Sieb passieren und wieder zum Kochen bringen. Die Schokolade hineinbröckeln und in der Sauce auflösen. Etwas einkochen lassen und mit Salz, Pfeffer und Zucker abschmecken.
Die Rothühner aus den Speckscheiben wickeln und wieder in die Sauce legen. 5 Minuten darin ziehen lassen. In der Sauce servieren.
Dazu reicht man Weißbrot oder Toastbrot.

Pato con melocotones

Ente mit Pfirsichen
(große Abbildung)

8 mittelgroße Pfirsiche
1/2 l Weißwein
2 EL Zucker
1 Ente, ca. 2 kg, küchenfertig
100 ml Olivenöl
Salz und Pfeffer
1 Msp. Nelkenpulver
1 Msp. Zimt
1 Scheibe geröstetes Weißbrot

De Pfirsiche schälen und in einen Topf setzen, Weißwein angießen, Zucker einrühren. Pfirsiche im Wein 10 Minuten pochieren, dann vom Herd nehmen und im Weinsud ziehen lassen.
Die Ente waschen und abtrocknen. Das Olivenöl mit Salz, Pfeffer, Nelkenpulver und Zimt verrühren und die Ente innen und außen damit bestreichen. Dann die Ente mit Küchengarn in Form binden.
Einen Bräter mit Olivenöl ausstreichen und die Ente hineinlegen. Mit dem gewürzten Olivenöl bepinseln und im vorgeheizten Backofen bei 200 °C ca. 30 Minuten braten, dazwischen mehrmals mit Öl bestreichen. Die Ente umdrehen, mit einigen Schöpflöffeln Weinsud übergießen und weitere 30 Minuten braten. Nach Ende der Garzeit die Ente aus dem Bräter heben und warm stellen.
Die Pfirsiche aus dem Weinsud nehmen. Den Bratfond durch ein Haarsieb in eine Kasserolle gießen und entfetten. Den Weinsud zugießen und einkochen lassen. Das Weißbrot mit etwas Sauce im Mörser zerstampfen, in die Sauce rühren und so lange kochen, bis die Sauce sämig ist. Mit Salz und Pfeffer würzen, die Pfirsiche in die Sauce legen und darin wieder erhitzen. Die Ente in Portionsstücke zerteilen, mit den Pfirsichen und der Sauce anrichten.

Ente mit Pfirsichen

Der Hexen-kongress von Zugarramurdi

Am 23. Juni, dem Tag der Sommersonnenwende, lodern überall in Spanien die Johannisfeuer. Jede Region hat ihre eigenen Gebräuche, um den mystischen Tag zu feiern, dem Aberglauben sind keine Grenzen gesetzt. Vor allem die vielen natürlichen Höhlen im Baztántal, einem der schönsten Flecken der Pyrenäen, regen seit jeher die Phantasie der Menschen an. Kein Wunder ist es also, daß hier jedes Jahr am Johannistag *(San Juan)* die Hexen tanzen.
Der Hexenkongreß von Zugarramurdi geht auf eine historische Begebenheit zurück: Im 16. und 17. Jahrhundert sollen in der *Cueva de las Brujas*, der Hexenhöhle, Frauen aus dem Dorf schwarze Messen für den Teufel abgehalten haben, der ihnen in Gestalt eines Ziegenbocks erschien. Mithilfe von Flugsalben schwebten sie, so die Sage, jeden Freitag an diesem heiligen Platz ein, um ihre Rituale zu zelebrieren. In jener Zeit aber wütete auch in Navarra die Inquisition. 40 Frauen aus der Gegend von Zugarramurdi wurden 1610 vom Glaubensgericht in Logroño der Hexerei angeklagt, zwölf von ihnen starben auf dem Scheiterhaufen. Dennoch sind bis heute viele Navarreser der Magie zugetan – und sei es auch nur einmal im Jahr. Mit Begeisterung kommen sie am Johannistag beim Hexenkongreß von Zugarramurdi zusammen, um die alten Beschwörungsrituale, in Nordspanien *akelarre* genannt, nachzuempfinden. Als Hexen verkleidet tanzen die Dorfbewohner um ein großes Feuer, bis bei Anbruch der Dunkelheit alle Lichter in der Höhle erlöschen. In Schaffelle gehüllte Männer steigen herein. Die absolute Stille wird nur von den Schellen durchbrochen, die sie am Körper tragen, während sie mit Ruten auf den Boden schlagen. Der vorchristliche Brauch hat bis heute das gleiche Ziel wie zu Zeiten der Urahnen: Er soll böse Geister vertreiben.

Von den zahlreichen würzigen Schafskäsesorten der Pyrenäen ist der Roncal einer der bekanntesten. Er wird in vielen Betrieben aus Rohmilch hergestellt.

Lange gereifter Roncal-Käse zeichnet sich durch ein ausgesprochen würziges Aroma aus. Er wird, in dünne Scheiben geschnitten, als Tapa serviert.

Cuajada ist eine milde Schafsdickmilch. Wenn sie nach überlieferter Weise mit glühenden Steinen gemacht wird, schmeckt sie angenehm rauchig.

Roncal

Jahrhundertelang fristeten die Bewohner der abgelegenen Pyrenäentäler ein überaus ärmliches Dasein. Für die Bergbevölkerung waren ihre Schafherden die einzigen lohnenden Einnahmequellen, zeitweise zogen bis zu 150000 Schafe auf den Pfaden der Wanderhirten durchs Land. Um Streit und Überweidung zu verhindern, begannen die Gemeinden schon sehr früh, die Schafzucht zu regulieren. Im Roncaltal schlossen sich im Mittelalter die sieben großen Gemeinden zu einer Gemeinschaft zusammen. Die »Vereinigung der sieben Dörfer des Roncaltals« (*Universidad de los siete pueblos de la val de Roncal*) setzte die Termine für den Abstieg der Herden in die Weidegebiete Südnavarras und für den Wiederauftrieb in die Dörfer ihrer Heimat fest. Die Sommerweiden wurden gleichmäßig verteilt und konnten sich durch die geregelte Nutzung schnell wieder regenerieren. Diese perfekte Organisation ermöglichte nicht nur eine funktionierende Weidewirtschaft, man löste dadurch auch wichtige soziale und ökologische Probleme einer ganzen Region.
Bis heute stellen die Bauern in allen Pyrenäentälern Navarras noch Rohmilchkäse nach traditionellen Verfahren her. Der berühmteste Bergkäse der Region, der Roncal, wird zwischen Dezember und Juli produziert, da die Schafe im Winter und Frühjahr werfen und in dieser Zeit genügend Milch geben. Ein echter Roncal wird aus reiner Schafsrohmilch der Rassen Lacha und Rasa unter Zugabe von tierischem Lab gemacht und muß mindestens vier Monate lang reifen. In jungem Zustand schmeckt Roncal zart-würzig und ungewöhnlich buttrig für einen Schafskäse, in fortgeschrittener Reifephase entwickelt er dann seine volle, pikante Note. Im Jahr 1981 verlieh der spanische Staat dem Roncal aufgrund seiner herausragenden Qualität die erste gesetzlich geschützte Herkunftsbezeichnung *Denominación de Origen (D.O.)* für Käse.
Jedes Jahr im August präsentieren die regionalen Hersteller auf dem Käsefest in Roncal ihre Produkte. Dazu gehört auch Schafsdickmilch: *Cuajada* oder *gaztanbera* wird in vielen Höfen, Haushalten und Restaurants noch handwerklich angesetzt, manchmal sogar nach altem Brauch im *kaiku*, einem Henkelgefäß aus Birkenholz. Da man dieses nicht auf den Herd stellen kann, legt man Steine in eine Glut und taucht sie dann mit einer Zange in die Schafsmilch. Sobald sich diese auf etwa 38 °C erwärmt hat, kommt tierisches Labferment hinzu, ein Verdauungsenzym aus dem Magen neugeborener Lämmer. Heutzutage ersetzt meist künstlich hergestelltes Gerinnungsmittel das natürliche Lab. Zum Erkalten füllt man die eingedickte Flüssigkeit in kleine Tontassen.
Der häufig angeführte Vergleich der *cuajada* mit Joghurt ist übrigens irreführend, da beide zwar eine ähnliche Konsistenz haben, die *cuajada* aber keinesfalls säuerlich schmeckt. Sie zeichnet sich durch ein mildes Schafaroma aus. Ist die Dickmilch nach traditioneller Art mit glühenden Steinen gemacht, so zeigt sie einen leichten Rauchgeschmack. Puristen essen die *cuajada* ohne jegliche Beigabe. Die Schafsdickmilch schmeckt aber auch köstlich zum Dessert mit Zucker oder Honig. Manchmal wird sie auch mit gerösteten Mandeln oder Walnüssen serviert.

Die Milch für Roncal-Käse stammt aus den Pyrenäentälern Navarras von Schafen der Rassen Lacha und Rasa.

Der Jakobsweg

»*Ultreia!*« sangen im Mittelalter die Jakobspilger zwischen Roncesvalles in den Pyrenäen und dem fernen Galicien: »Vorwärts, vorwärts!« – durch dunkle Wälder und über Pässe, in beißender Kälte und sengender Hitze. Das Lied begleitete Millionen von Wallfahrern auf dem Weg nach Santiago de Compostela, wo sie Erlösung und Seelenfrieden zu finden hofften.

Der Jakobsweg *(Camino de Santiago)* gehört zu den bedeutendsten Wallfahrtswegen des europäischen Christentums. Schon im frühen Mittelalter zogen Pilger aus aller Herren Länder zur Kathedrale von Santiago de Compostela, um dort dem Apostel Jakobus zu huldigen (siehe Seite 248). Auf einem langen und beschwerlichen Weg wanderten sie über die Pyrenäen, dann westwärts durch ganz Nordspanien bis an ihr Ziel in Galicien. Der typische Pilger war zu erkennen an seinem weiten Umhang, einem breitkrempigen Hut, Wanderstab, Kürbisflasche und einer Umhängetasche aus Leder.

Auf 740 Fußkilometern durchquert der Jakobsweg spanisches Gebiet, 175 davon führen durch Navarra. Der Pyrenäenabstieg von Roncesvalles nach Pamplona galt im Mittelalter als besonders hart. Entlang des beschwerlichen Weges entstanden Herbergen, Hospitäler, Kirchen und Klöster, wo die Pilger kostenlos verpflegt wurden und ein Lager fanden, um sich von den Strapazen zu erholen. Nebenbei entwickelte sich der Jakobsweg mit der Zeit zu einer bedeutenden Handelsroute: Neue Rebsorten von Rhein und Mosel verbreiteten sich auf diesem Wege bis nach Galicien, und auch andere Wirtschaftsgüter sowie Baustile, Gebräuche und Denkweisen gelangten über die Pilgerstraße ins mittelalterliche Spanien – und umgekehrt über die Pyrenäen nach Zentraleuropa.

Den Weg durch unbekannte Gefilde wies der *Codex Calixtinus* aus dem 12. Jahrhundert, der als erster Reiseführer des Mittelalters gilt und den Jakobsweg mit seinen religiösen Kultstätten aufs Genaueste beschreibt. Die Teilstrecken wurden damals nach Reitermaßen berechnet, 13 Tagesetappen waren angesetzt von der französisch-navarresischen Grenze bis nach Santiago de Compostela. Neben Streckenbeschreibungen und durchaus amüsanten Charakterisierungen der spanischen Volksstämme (siehe Kasten rechts) gibt der Pilgerführer auch jede Menge kulinarische Ratschläge, etwa zu den delikaten Wild- und Geflügelgerichten, für die Navarra schon damals bekannt war.

Allerdings sah die Verpflegung des einfachen Pilgers eher dürftig aus: Zur Wegzehrung gehörten trockenes Brot, Hartkäse, bei betuchteren Leuten auch etwas Dörrfleisch. In den Klöstern und Hospitälern wurden die ausgezehrten

Wanderer dann wieder aufgepäppelt. Allein die Helfer in Roncesvalles verteilten an bedürftige Pilger allährlich 25000 Notrationen, die aus einem Stück Brot und einem Becher Wein bestanden. An Festtagen gab es dazu etwas gekochtes Hammelfleisch, in der Osterwoche kamen sogar Stockfisch, eingelegte Sardinen und Gemüsebrühe auf den Tisch.
Noch heute reihen sich entlang des spanischen Jakobsweges viele Klöster und Herbergen, von denen einige noch Pilger gegen einen freiwilligen Obulus aufnehmen. Manche der alten Unterkünfte wurden aber auch zu modernen Hotels umgebaut. In Navarra kommen die Pilger der Neuzeit, die sich heute statt im traditionellen Pilgergewand meist in Wandertracht oder Radlerkleidung auf den Weg machen, noch immer in den Genuß eines kostenlosen Bechers Wein: In der Nähe von Estella hat eine Kellerei einen Pilgerbrunnen eingerichtet. Er hat die Form einer Jakobsmuschel – und daraus fließen Rotwein und Wasser in Strömen (Bild rechts).

In Puente la Reina vereinigen sich die beiden aus Frankreich kommenden Zweige des Jakobsweges zu einer einzigen Route. Schon im Mittelalter mußte jeder Pilger, der nach Santiago de Compostela wollte, diese Brücke überqueren.

Andere Zeiten, andere Sitten

Die Navarreser tragen schwarze Kleider, die so kurz sind, daß sie nach schottischer Art nur bis zum Knie reichen. Sie haben Schuhe aus ungegerbtem, noch behaartem Leder, die sie *lavarcas* nennen. Diese binden sie mit Riemen um ihre Füße, so daß nur die Fußsohlen geschützt sind, die Fußrücken hingegen nackt bleiben. Sie tragen dunkle Wollmäntel, die bis zum Ellbogen reichen und ähnlich wie ein Reisemantel gesäumt sind und die sie *saias* nennen. Sie sind schlecht gekleidet, und sie essen und trinken schlecht. Im Haus eines Navarresers pflegen alle Hausbewohner, Knecht wie Herr und Magd wie Herrin, zusammen die in einem Topf vermischten Speisen zu verschlingen – nicht mit Löffeln, sondern mit den Händen. Ebenso trinken alle aus einem Becher. Wenn man sie essen sieht, glaubt man, fressende Hunde oder Schweine vor sich zu haben.

(Aus: Codex Calixtinus, um 1140)

So leicht hatten es die Pilger im Mittelalter nicht: Bei der Bodega Irache kann man sich am »Pilgerbrunnen« mit Wein und Wasser laben – eine willkommene Erfrischung für Pilger und Touristen und ein gut gemachter Werbegag.

Weinland Navarra

Navarra war schon zur Römerzeit ein Weinland: Eine antike Kellerei, die man in der Nähe des Dörfchens Funes ausgrub, hatte vor rund 2000 Jahren eine Kapazität von 75000 Litern. Im frühen Mittelalter konzentrierte sich die Weinbereitung auf die Klöster, die nach und nach entlang des Jakobsweges entstanden. Pilger aus ganz Europa trugen den Ruf des Weines aus Navarra von hier in die ganze Welt.

Roséweine

Schon vor Jahrhunderten wurden in Navarra vor allem Roséweine gekeltert, doch meist preßten die Winzer die Trauben zu stark, und ohne eine kontrollierte Kältegärung schmeckten die entstehenden *rosados* oft oxidiert und hatten eine bleiche Farbe. Unsaubere Faßweine mit deutlichem Essigstich waren keine Seltenheit.
Daß in der Region trotzdem bis heute die Roséweine dominieren, ist darauf zurückzuführen, daß die einheimischen Winzer nach der Reblauskatastrophe Anfang des 20. Jahrhunderts massenhaft die weniger anfällige Garnacha-Traube anpflanzten. Diese Rebsorte eignet sich wegen ihrer Neigung zu einer schnellen Oxidation kaum für die Herstellung haltbarer Rotweine, so daß über Jahrzehnte hinweg vorwiegend *rosados* von eher trauriger Qualität als Faßware vermarktet wurden.
Der Ruhm kam erst in den 50er Jahren, als die Genossenschaft Vinícola de Navarra begann, die gemahlene Traubenmasse aus Most, Schalen, Stielen und Kernen nach einer nur wenige Stunden andauernden Maischung ohne mechanische Pressung aus gekühlten Gärtanks oder direkt aus der Presse ablaufen zu lassen. Dieser Most, der nur durch den Druck der obenliegenden Trauben frei wird und den man *lágrima* (Träne) nennt, wird nun vergoren.
Der Wein zeichnet sich nach der Gärung durch eine leuchtende Bonbonfarbe und intensive Aromen von Erdbeer und Himbeer aus. Das Verfahren ist in die Weingesetzgebung Navarras eingegangen und hat die extrem frischen *Rosados de Navarra* weltberühmt gemacht. In anderen Regionen und Ländern werden Rosé-Weine dagegen weiterhin meistens aus einer zumindest leicht gepreßten Maische gewonnen.

Neue Trends

Überzeugt von den Möglichkeiten, auch große Weiß- und Rotweine machen zu können, begannen einige Pioniere wie Juan Magaña ab 1970, in größerem Umfang französische Rebsorten wie Cabernet Sauvignon und Merlot sowie die spanische Edelsorte Tempranillo anzubauen. Etwa zur gleichen Zeit entstand die Weinforschungsanstalt EVENA (*Estación de Viticultura y Enología de Navarra*), die auf ihren Versuchsweinbergen mehr als 30 verschiedene Rebsorten anpflanzte. So entwickelte sich in Navarra ein Weinpanorama, das durch eine große Sortenvielfalt und sehr unterschiedliche Weintypen glänzt. Einige der Coupagen (Verschnitte) aus Tempranillo mit Merlot oder Cabernet Sauvignon gehören heute zu den großen Gewächsen des Landes, und Navarra ist mit seinen modernen Methoden zum Vorbild für viele spanische Weinregionen geworden.

Allein schon durch ihre leuchtende Bonbonfarbe setzen die modern vinifizierten Roséweine aus Navarra einen Glanzpunkt in die spanische Weinlandschaft.

Die Vielfalt der Weine aus dem Anbaugebiet **D.O. Navarra** ist in erster Linie auf die unterschiedlichen klimatischen Bedingungen in den fünf Unterzonen zurückzuführen:
In **Tierra Estella**, dem nordwestlichen Teil des Gebietes, entstehen unter atlantischen Wettereinflüssen Weine mit fast mitteleuropäischem Charakter, unter anderem gute Chardonnays. Für **Valdizarbe** im Norden gelten ähnliche Bedingungen. Hier wachsen in hügeligem Gelände elegante Weine mit feiner Frucht. **Baja Montaña** ist die östlichste Unterzone und liegt schon unter dem Einfluß des Gebirgsklimas. Hier entstehen hauptsächlich Roséweine aus Garnacha. **Ribera Alta** ist das Zentrum des navarresischen Weinbaus und bringt saftige, extraktreiche Weine hervor, die eher von mediterranem Klima geprägt sind. **Ribera Baja** ist die südlichste Unterzone mit 30 Prozent der gesamten Rebfläche Navarras. Hier gedeihen unter mediterran-kontinentalem Klima auf trockenen Sand-Kalkböden kräftige, ausdrucksvolle Rotweine, aber auch Chardonnays.

Fünf Unterzonen mit charakteristischen Unterschieden in Klima und Boden machen die D.O. Navarra zur vielfältigsten Weinlandschaft in Spanien. Die größte Unterzone, Ribera Baja (hier bei Cascante), bringt kräftige Weine hervor.

Rosado oder clarete?

Konfusion im Weinglas: Traditionell versteht man unter *clarete* einen hellen Rotwein, unter *rosado* einen Rosé. In Kastilien und einigen anderen Regionen benutzt man den Ausdruck *clarete* aber auch für Rosé-Weine. Früher wurde unter diesem Begriff sogar häufig eine Mischung aus Rot- und Weißweinen verkauft. Diese Methode wurde aber inzwischen von der EU in Brüssel untersagt.
Doch nach wie vor sind Überraschungen an der Tagesordnung. Wer risikofreudig einen *clarete* bestellt, weiß nie genau, was da ins Glas kommt: ein echter Rosé, ein rotvergorener Rotwein mit hohem Weißmostanteil oder doch gar eine schnöde Mischung aus Rot- und Weißwein.
Der Grund für diese Konfusion: In früheren Zeiten waren Mischweinberge üblich, rote und weiße Trauben wurden zusammen gelesen und gekeltert. So entstanden helle Rotweine, die landläufig als *claretes* bekannt wurden. Heute werden jedoch die weißen Trauben meist getrennt gepreßt. Der roten Maische gibt man dann den frischgepreßten Weißweinmost zu und vergärt beides zusammen wie einen Rotwein. Bei einem echten *clarete*, wie man ihn noch in Valdepeñas findet (heute unter der Bezeichung *Tinto de Valdepeñas* oder *Aloque*), werden mindestens 25 Prozent rote Traubenmaische mit weißem Most vergoren.
Ein echter *rosado* hingegen muß aus roten Trauben gekeltert werden, die vor der Pressung einige Stunden eingemaischt wurden. Die Maischung ist in jedem Fall notwendig, da fast alle roten Traubensorten der Welt weißes Fruchtfleisch aufweisen, das – wie bei weißen Trauben – weiße Moste ergibt. Die Farbe kommt einzig und allein aus der Schale. Wer einen echten Roséwein genießen möchte, sollte also auf jeden Fall das richtige Wort parat haben: *rosado*.

Die Kellerei Magaña zählt zu den Pionieren der Weinrevolution in Navarra. Seit einem Vierteljahrhundert beweist die Bodega, daß Navarra nicht nur strahlende Roséweine hervorbringen kann, sondern auch ausdrucksstarke Rotweine.

Pacharán

Welch ein Glück für sinnliche Seelen, wenn sich leibliche Genüsse auch noch wissenschaftlich rechtfertigen lassen. So sagt man dem *pacharán*, dem traditionellen Schlehenlikör aus Navarra, eine wohltuende Wirkung auf Magen und Nervensystem nach. Manch findiger Heilkundler behauptet sogar, der Pacharán wirke – in Maßen genossen – vorbeugend gegen Herzinfarkt und Arteriosklerose.

Ursprünglich war der navarresische Nationallikör nur auf den Bauernhöfen zu finden, wo er meist von den Großmüttern angesetzt wurde, die im Spätsommer die blauschwarzen Schlehen *(pacharanes* oder *endrinas)* pflückten. Die Früchte des Schwarzdornstrauchs wurden ganz einfach in Schnaps eingelegt. Später begannen die Schlehensammler *(pacharaneros)*, die Früchte auch in den Städten zu verkaufen. Sogar die Wirte griffen zu, und bald wurde der Likör auch in den Tavernen der Stadt ausgeschenkt.

Ein hausgemachter Pacharán ist sehr einfach herzustellen: Man füllt eine Flasche zu einem Dittel mit vollreifen Schlehen und gießt dann mit einem leichten Anisschnaps – süß oder halbsüß – auf. Je nach Geschmack können auch noch eine Zimtstange oder einige Kaffeebohnen beigegeben werden. Der so angesetzte Likör sollte zwei bis vier Monate durchziehen und von Zeit zu Zeit leicht geschüttelt werden, damit sich das Aroma der Schlehen gleichmäßig verteilen kann. In den Dörfern stellt man die Flaschen gern auf die Simse der Südfenster, um den Prozeß zu beschleunigen.

Seit die navarresische Spezialität in ganz Spanien Freunde gefunden hat, sind auch diverse Marken industriell hergestellten Pacharáns auf dem Markt. Sie haben einen Alkoholgehalt von 25 bis 30 Grad und dürfen keine künstlichen Aroma- oder Farbstoffe enthalten. Die Produktion ist mittlerweile so stark angestiegen, daß die in Navarra wildwachsenden Schlehen nicht mehr ausreichen. Ein Teil der benötigten Früchte muß deshalb importiert werden. Seit 1992 gibt es in Navarra spezielle Schwarzdornpflanzungen für die Pacharán-Produktion.

Am besten genießt man Pacharán als Digestif bei einer Temperatur von drei bis sieben Grad. Die Flasche sollte gut gekühlt sein, denn leidenschaftliche Pacharán-Genießer raten vehement von Eiswürfeln im Glas ab, da diese den Likör zu stark verwässern würden. Im Zeitalter der Mixgetränke haben sich auch Longdrinks aus Pacharán durchgesetzt: Der Schlehenlikör harmoniert gut mit Orangen- oder Ananassaft und zur Krönung mit einem Schuß Sherry.

Schlehen, die Früchte des Schwarzdornstrauchs, geben dem Pacharán Aroma und Farbe. Für den Likör legt man die Schlehen in süßen oder halbsüßen Anisschnaps ein.

Heil(s)-Elixiere

Wo Obst und Reben wachsen, brennen Bauern und Winzer seit jeher auch Schnaps. In Navarra, so erzählt man, erfreuten sich starke Alkoholika im 18. Jahrhundert so großer Beliebtheit, daß Moral und Arbeitseifer der Bevölkerung zu wünschen übrig ließen. Darum verbot der Ständerat von Pamplona im Jahr 1757 den Verkauf von hochprozentigen Getränken. Als Ausnahme zählten nur medizinische Zwecke, Schnaps gab es für einige Zeit nur noch auf Rezept. Doch die Navarreser wußten sich zu helfen: Das große Angebot an Obst, Wildfrüchten und Kräutern erlaubte auch die Produktion von allerlei Likören. Diese enthielten weniger Alkohol als scharfe Sachen, außerdem ließ sich ihr therapeutischer Nutzen gegen allerlei Zipperlein bestens erklären. Schließlich galten alkoholische Auszüge von Kräutern und Früchten seit jeher als unfehlbare Heilmittel für alle nur denkbaren Gebrechen.

Eine wichtige Rolle bei der Produktion der süßen Elixiere spielten die Klöster, denn sie besaßen immer einen Kräutergärten und häufig auch eine Apotheke *(botica)*, in der allerlei getrocknete Kräutlein, Samen und Gewürze lagerten. So mauserten sich die Mönche und Nonnen zu echten Fachleuten in Sachen Likör. Ihre Heil(s)-Elixiere bereiteten sie aus Fenchel und Kamille, aus Minze und Engelwurz, aus Hagebutten, Brombeeren, Schlehen und Sauerkirschen. Im Kloster Leyre am navarresischen Jakobsweg produzieren die Mönche bis auf den heutigen Tag einen Likör aus mehr als 30 verschiedenen Pflanzen, und auch aus dem katalanischen Kloster Montserrat kommt ein beliebter Kräuterlikör.

In vielen privaten Haushalten werden noch wie zu Großmutters Zeiten Liköre auf Anisbasis hergestellt, etwa mit Kamillen, Wildäpfeln oder Quitten. Doch man legt nicht nur Kräuter oder Obst in Alkohol ein: Eine einfache, aber ausgefallene Likörvariation ist der Gurkenanis *(anís de pepino)*: Eine transparente Flasche wird im Garten über den Gurkentrieb mit einer jungen Frucht gestülpt. Wenn die Gurke die erwünschte Größe erreicht hat, schneidet man den Strang ab und füllt die Flasche samt Gurke mit Anis auf. Nach 40 Tagen ist der Likör trinkreif. Dieses Getränk soll die Beschwerden bei Koliken lindern.

Seit Jahrhunderten überliefert ist auch ein Rezept mit grünen Nüssen *(licor de nueces verdes)*: Man setzt grüne Walnüsse mit 40prozentigem Weinalkohol und Wasser an. Hinzu kommen etwas Muskatnuß, Chinarinde, Zitronensaft und Zucker. Nun muß die Mischung sechs Wochen ziehen. In manchen Gegenden des Nordostens ist dieses Getränk auch als *ratafia de nueces* bekannt.

Kein echter Likör, aber in den Weinregionen von Navarra, La Rioja und dem Baskenland als Festgetränk sehr beliebt ist *zurracapote, eine Art* nordspanische Variante der Sangría aus Rot- oder Roséwein mit Wasser, Zucker, Zimt, Nelken und Zitronensaft- oder schalen. Der Trunk wird kalt in einem Tonkrug serviert. Zu Weihnachten genießt man auch in *zurracapote* gekochtes Dörrobst.

Im Kloster Leyre in den Pyrenäen (oben) stellen die Mönche wie im Mittelalter Likör her (großes Bild), der gleichzeitig als Heil- und Genußmittel dient.

Der Grundextrakt für den Klosterlikör wird aus mehr als 30 verschiedenen Kräutern angesetzt. Diese kamen früher aus der hauseigenen Apotheke der Mönche.

La Rioja

David Schwarzwälder

Die Rioja

Trauben sind das Gold der Rioja, denn die Region lebt fast vom Wein allein. Der Rebensaft ist hier das Lebenselixier, bringt Arbeit, Geld und viel Genuß.

Sorget Euch nicht um den Troß und kommt nur mit leichtem Gepäck. Denn in diesen Landen findet ihr alles, was ihr braucht: Leinenschuhe aus Cervera, Wolldecken aus Ezcaray, Körbe für den Proviant in San Andrés, dazu allüberall deftige Speise und ruhmreichen Wein.« Für schwelgerische Gemüter wie den Schriftsteller Camilo José Cela gehört die kleinste Region des spanischen Festlands zu den ganz großen in Sachen Lebensgenuß. La Rioja, das Land am Río Oja, gilt in aller Welt als Inbegriff für edlen spanischen Wein. Malerisch verstreut liegen die Rebgärten, durch mächtige Gebirgsmassive im Norden und Süden vor allzu extremen Wettern geschützt. Flach, trocken und fast mediterran gibt sich der Osten, feucht und bergig der Westen. Von Ost nach West schlängelt sich über eine Strecke von fast 200 Kilometern der Ebro durch sanft hügeliges Land. An seinen Ufern gedeihen Obst und Gemüse – und natürlich der weltberühmte Wein. Dieser soll schon im 13. Jh. den Mönch Gonzalo de Berceo zu geistigen Höhenflügen inspiriert haben. In seiner Schreibstube im Kloster San Millán de Suso ersann er die ersten Verse, die jemals in kastilischer Sprache geschrieben wurden – beflügelt durch den edlen Rebensaft: »Ich möchte nunmehr eine einfache Prosa erschaffen – genau so, wie das Volk mit seinen Nachbarn spricht. Denn die Leute sind nicht so belesen, daß sie ein anderes Latein beherrschen. Bestens taugt zu diesem Zwecke, wie ich glaube, ein Glas voll guten Weines.«
Das kulturelle Leben der Region erblühte, als König Sancho III. von Navarra die Araber aus der Gegend vertrieben und Nájera zu seiner Residenz gemacht hatte. Ab 1076 gehörte die Rioja meist zu Altkastilien, heute ist sie eine autonome Region im Königreich Spanien. Und sie lebt nicht vom Wein allein: Gemüse und Obst wachsen hier in Hülle und Fülle, Schafe und Wild aus den Bergregionen sowie Schnecken und Pilze füllen die Speisekammern eines Volkes, dessen Traditionen eng mit den Nachbarregionen Navarra, Aragonien, Kastilien und dem Baskenland verwoben sind. Die Folge: Hier wird äußerst abwechslungsreich gekocht, wenn sich auch klare Grenzen zu den umliegenden Gebieten kaum abstecken lassen. Die kulinarische Identität der Rioja liegt im Detail, und dazu gehören neben dem Wein, der durch Modernisierung viele neue Blüten treibt, auch die Paprikawürste der Gegend, der Ziegenfrischkäse aus den Bergen und die leuchtend roten Paprikaschoten, die im Herbst vor den Fenstern zum Trocknen hängen.

Rechts: Bei San Vicente de la Sonsierra wachsen Reben auf historischem Boden: Hier verlief einst die Grenze zwischen den Königreichen Navarra und Kastilien.

Die Weinlese ist in der Rioja fast überall Handarbeit. Die meisten Weinberge sind in Einzelstockerziehung angelegt, moderne Maschinen können da nicht helfen.

Schon im Weinberg achten die Winzer darauf, daß möglichst wenige unreife Trauben oder Blätter ins Lesegut gelangen. Sie könnten dem Wein schaden.

Zur Weinlese zieht es jedes Jahr Erntehelfer aus ganz Europa in die Rioja. Gemeinsam mit den Winzern müssen sie in kurzer Zeit die ganze Ernte einbringen.

Viele Winzer transportieren die Trauben noch lose auf Lastwagen zur Bodega. Moderne Betriebe haben häufig stapelbare Kisten, um die edlen Früchte zu schonen.

Weinbau

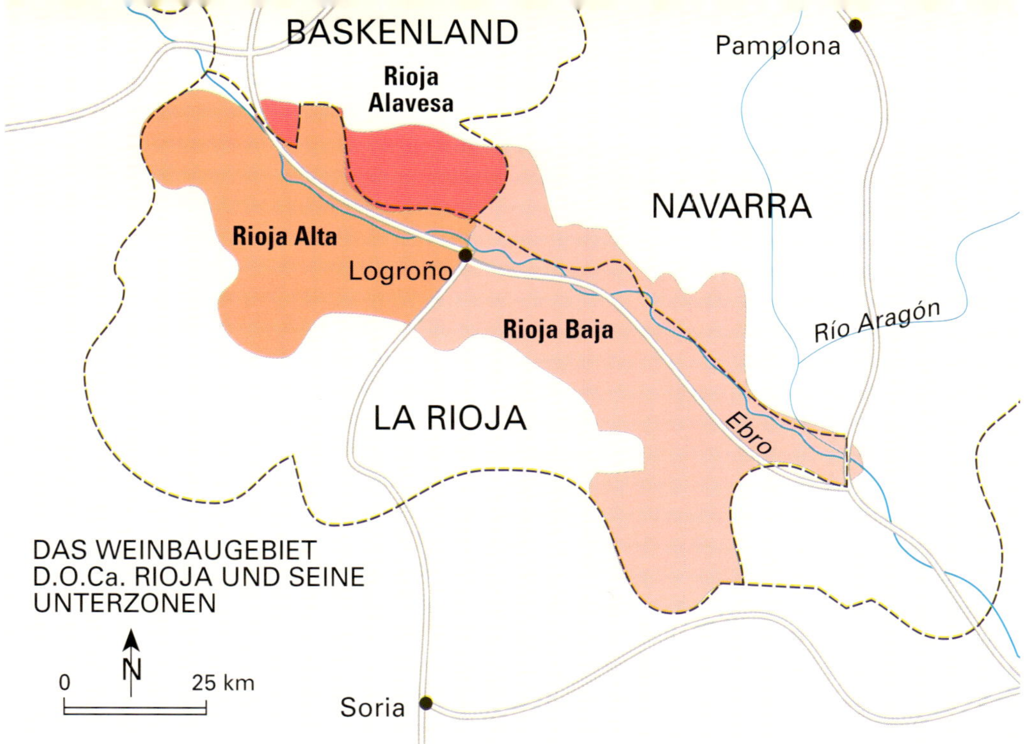

Haro ist heute ein beschauliches Städtchen in der Rioja. Nichts weist darauf hin, daß die Gemeinde einmal zu den reichsten Spaniens gehörte. Drei Casinos, ein ausschweifendes Nachtleben und eine Niederlassung der spanischen Notenbank gaben Haro vor hundert Jahren ein geradezu internationales Flair. Die Stadt war zu Wohlstand gelangt, als die Reblaus in den 80er Jahren des 19. Jahrhunderts die Weingärten im benachbarten Bordeaux zerstörte. Um dort die Engpässe aufzufüllen, verließen enorme Weintransporte den Bahnhof von Haro in Richtung Frankreich und brachten beachtlichen Reichtum zurück in die Region.

Von der mondänen Atmosphäre ist heute nicht mehr viel zu spüren, doch Haro ist nach wie vor eines der wichtigsten Weinzentren auf der iberischen Halbinsel. Das Klima der Rioja ist durch die Nähe des Golfs von Biskaya vor allem von atlantischen Einflüssen geprägt. Aber auch mediterrane Wetterströmungen und kontinentale Einflüsse wirken sich auf das Ebrotal aus. Dieses sensible meteorologische Gleichgewicht mit gemäßigten Temperaturen, ausreichenden Niederschlägen und gelegentlich empfindlichen Frösten schafft die Bedingungen für elegante Weine. Allerdings hängt deren Qualität aufgrund der wechselnden klimatischen Verhältnisse stark vom Jahrgang ab. Ähnlich wie in vielen anderen renommierten Weinregionen Europas sind echte Spitzenjahre in der Rioja dünn gesät.

Das heutige Weinbaugebiet **D.O.Ca. Rioja** (vgl. Seite 146) teilt sich in drei Unterzonen auf, die sich bis in die Nachbarregionen hineinziehen und unterschiedliche Weintypen hervorbringen: La Rioja Alta im Westen ist berühmt für feine, elegante Weine mit nur mäßigem Alkoholgehalt. Die im Baskenland liegende Rioja Alavesa bringt besonders fruchtige Gewächse hervor. In der Rioja Baja, die sich östlich von Logroño bis nach Navarra erstreckt, wachsen auf den Schwemmböden des Ebro tiefdunkle Trauben mit höherem Alkoholpotential.

Die wichtigste Traube der Rioja ist die fruchtige Tempranillo, sie gilt als Edelsorte Spaniens überhaupt. Ergänzt wird sie durch die Garnacha, die Farbe und Körper verleiht, die säurereiche Graciano sowie die robuste und gerbstoffreiche Mazuelo. Weiße Trauben machen nur etwa zehn Prozent der Rebfläche aus, wobei hier die Viura die Hauptrolle spielt. Malvasía und Garnacha blanca werden nur in kleinen Mengen für Coupagen (Verschnitte) verwendet.

Obwohl die Rioja heute zu den modernsten Weinregionen Spaniens zählt, ist der Weinbau weitgehend traditionell geblieben. Hunderte kleiner Familienbetriebe produzieren die Trauben, aus denen später große Ausbau- und Abfüllkellereien den Wein machen. Ein Großteil der Rebfläche ist in Einzelstockerziehung mit niedrigen Stämmchen angelegt. Dies bedeutet sehr viel Handarbeit, da man mit Maschinen nur beschränkt arbeiten kann.

Im Winter schneidet der Winzer die Äste der Weinstöcke mit der Schere auf eine bestimmte Zahl zurück, um die Kraft der Rebe zu konzentrieren. In sehr fruchtbaren Jahren gehen die besonders qualitätsbewußten Winzer im Juli durch den Weinberg und schneiden einen Teil der grünen, knapp erbsengroßen Trauben heraus. Diese »grüne Lese« gibt den übrigen Trauben mehr Kraft und dem Wein mehr Qualität. Die Weinlese beginnt in der Rioja im September und ist meist reine Handarbeit. Unreife Trauben und Laub sollen möglichst nicht ins Lesegut geraten, da sie die Qualität des Weines beeinträchtigen können. Eine Qualitätsrevolution bedeutete bei einigen Bodegas die Einführung von Selektionstischen: Das Lesegut läuft über ein Förderband und wird durch fleißige Helfer von Blättern und schlechten Früchten befreit. Nun kann aus guten Trauben guter Wein werden.

Die wichtigsten Traubensorten der Rioja

1 **Tempranillo:** die wichtigste Rebsorte der Rioja. Sie liefert charakter- und kraftvolle, harmonische Weine.
2 **Garnacha:** die Hauptsorte der Rioja Baja, meist zum Verschnitt benutzt, harmoniert ideal mit Tempranillo.
3 **Graciano:** meist zum Verschnitt, sehr geringer Ertrag. Sie gibt dem Wein Säure, Frische und Bukett.

4 **Mazuelo:** ebenfalls zum Verschnitt verwendet; eine kleine Traube, die Säure und Langlebigkeit verleiht.
5 **Viura** oder **Macabeo:** die wichtigste weiße Sorte der Rioja, oft für junge, spritzige, reinsortige Weißweine.
6 **Malvasía:** wird wie die **Garnacha blanca** (ohne Bild) zur Abrundung weißer Kreszenzen verwendet.

Hader ums Holz

Die Holzqualität der Fässer spielt eine entscheidende Rolle beim Altern eines Rotweins. Neues Holz gibt Tannine (Gerbstoffe) an den Wein ab und verlangsamt die Abnahme der roten Farbstoffe. Aus diesem Grund verändern Weine während der Reifung in Holzfässern nur langsam ihre Farbe. Mit der Zeit dringen jedoch kleinste Mengen Sauerstoff durch die Holzporen ins Faß ein und reagieren mit dem Inhalt. Diese sogenannte Mikrooxidation läßt den Wein langsam altern, aber auch reifen. Der Vorteil eines langen Holzlagers liegt zudem in einer natürlichen Klärung des Weins, da die Trubstoffe durch ständiges Umfüllen von Faß zu Faß automatisch eliminiert werden. All diese Faktoren tragen dazu bei, daß ein klassischer holzgereifter Rioja-Wein in einer klaren rubinroten Farbe erstrahlt.
Ob nun aber französische oder amerikanische Eiche dem Wein die richtige Note gibt, darüber streiten sich Weinliebhaber immer wieder – ohne definitives Ergebnis. Die klassische *barrica,* wie man sie in der Rioja benutzt, ist aus amerikanischem Holz gefertigt. 1996 waren in der Weinregion etwa 650 000 solche Barrique-Fässer in Gebrauch, davon nur etwa acht Prozent aus französischer Eiche. Der wesentliche Unterschied liegt in der Holzstruktur: Amerikanische Weißeiche ist kompakter und hat kleinere Poren als Limousin-Eiche. So kann weniger Sauerstoff ins Faß eindringen, der Wein entwickelt sich langsamer. Französische Eiche schmeckt süßlicher, gibt in den ersten Jahren mehr Gerbstoffe und Geschmack ab, ist aber nicht so langlebig wie die amerikanische Eiche. Außerdem sind die französischen Fässer fast doppelt so teuer wie die amerikanische Konkurrenz. Die Entscheidung für eines der beiden Hölzer hängt aber meist nicht vom Preis, sondern vom Geschmack des Önologen und vom angestrebten Weintyp ab: Ein in neuem französischem Holz ausgebauter Wein weist eher Vanille-Töne auf und ist vielen mitteleuropäischen Zungen vertrauter. Neue amerikanische Eiche besitzt schwächere Röstaromen, dafür einen ungedämpfteren, natürlich holzigen Geschmack.
Ob aber wirklich ein qualitativer Unterschied besteht, wird wohl auf ewig ein Streitpunkt bleiben. Bleibt nur das salomonische Urteil: Geschmacksache.

Beim Küfer

Schon seit 1898 stellt die Küferei Tonelería Mecánica Riojana Fässer her. In den ersten Jahren dienten die Holztonnen schlichtweg als Behältnisse für Bier und Gurken. Als aber um die Jahrhundertwende der Bedarf an Weinfässern in der Rioja sprunghaft zunahm, stieg man schnell auf das französische Faßmaß von 225 Litern um und begann mit der Produktion der sogenannten Barriquefässer *(barricas)*. Geeignete Eichenbestände waren in Spanien rar, und bald schon importierten die Küfer der Rioja ihr Holz aus den Vereinigten Staaten. Die besten Weißeichen stammen aus Kentucky, Ohio und den Appalachen im Staat Pennsylvania. Das Holz wird dort entlang der Maserung gesägt, einige Monate getrocknet und anschließend nach Spanien verschifft. Bei der Küferei werden die Bretter auf eine Stärke von 34 Millimetern gesägt und dann gelagert.

Mittlerweile stellt die Tonelería Mecánica jedes Jahr etwa 11 000 Barriquefässer her. Obwohl dabei einige moderne Maschinen zum Einsatz kommen, ist die Küferei immer noch ein echtes Handwerk. Zunächst wählt der Küfer die geeigneten Hölzer aus und schneidet sie mit einer Bandsäge auf eine Länge von 95 Zentimetern. Um eine möglichst gleichmäßige Oberfläche zu erhalten, schleift er die Dauben beidseitig mit der Maschine ab. Nun erhalten die Seiten der Hölzer mit der Säge eine leichte Rundung – die Dauben sind zum Einspannen bereit.

Auf die Kerbe des Faßbodens steckt der Küfer senkrecht abwechselnd breite und schmale Dauben, die mit provisorischen Stahlreifen aneinander gepreßt werden. Um das Holz biegsamer zu machen, wird das halbfertige Faß nun innen mit heißem Wasser oder Dampf behandelt und anschließend ausgebrannt. Hierzu stülpt der Küfer das Faß über ein kleines Feuer. Je stärker diese »Toastung« ausfällt, desto intensiver zeigen sich später die Toastnoten im Wein. Zum Schluß setzt der Küfer den Faßdeckel auf und schleift das neue Faß außen nochmals fein ab. Nun können die Arbeitsreifen durch die endgültigen Faßreifen ersetzt werden. Um das fertige Faß auf seine Dichte zu prüfen und gleichzeitig zu reinigen, füllt man heißes Wasser ein. Durch eine leichte Schwefelung wird das Faß desinfiziert und ist dann einsatzbereit.

In den Küfereien der Rioja machen Faßreparaturen heute nur noch einen kleinen Teil der Arbeit aus, da die meisten großen Kellereien eigene Küfer beschäftigen, die sich ausschließlich der Ausbesserung gebrauchter Fässer widmen. Mit dem Faßbau aber sind die großen Küfereien bestens ausgelastet, denn schließlich trägt ein gutes Barriquefaß entscheidend zur Charakteristik eines gereiften Riojaweins bei.

1 Ein Großteil des Holzes für Barriquefässer stammt aus Amerika. Von dort kommt es grob gesägt in die Rioja.
2 In der Küferei werden die Bretter zu Faßdauben von 95 Zentimetern Länge gesägt und dann maschinell gehobelt.
3 Nun steckt der Küfer unterschiedlich breite Dauben auf den Faßboden und befestigt sie mit provisorischen Reifen.

4 Das Faß wird mit Hilfe von Wasserdampf in Form gebracht. Feuchtigkeit und Wärme machen das Holz formbar.
5 Die weichen Dauben werden nun mit den Stahlreifen zusammengezogen, bis sie sich zum Faßkörper schließen.
6 Der Küfer stülpt das Faß über ein kleines Feuer. Die Toastung des Fasses gibt dem Wein später die Röstnoten.

7 Nun fehlt noch der Deckel fürs Faß. Hierfür werden kürzere Holzstücke mit dünnen Metallstiften verbunden.
8 Nachdem er abgerundet und geschliffen wurde, muß der Deckel individuell an jedes einzelne Faß angepaßt werden.
9 Der Deckel wird in den Rand des Fasses eingelassen und festgeklopft, dann erhält das Faß die endgültigen Reifen.

Als krönenden Abschluß erhält jedes Faß den Stempel der Küferei: ein Markenzeichen, das für Jahrzehnte bleibt.

Weinbereitung

Gegen Ende des 19. Jahrhunderts entstanden in der Rioja die ersten Weingüter, die sich anschickten, ihre Weine in Barriquefässern auszubauen. Bis dahin kannte man hier nur die Technik der oxidativen Weinbereitung in großen Holzgebinden. Da diese Kreszenzen oft von schlechter Qualität waren, engagierte man den französischen Spezialisten Jean Pineau, der zunächst einer ausgesuchten Gruppe von Gutsbesitzern in der Rioja das französische System des Weinausbaus nahebrachte.

Gegen Ende des Jahrhunderts kamen immer mehr französische Weinhändler und Winzer aus Bordeaux in die Rioja – auf der Suche nach einem Ersatz für ihre zerstörten Weingärten. Nun entstanden die ersten großen Kellereien *(bodegas)* mit riesigen Hallen und Tausenden von Barriquefässern. Damit begann die Geschichte eines Weines, der heute Weltruf genießt.

Als eine Bastion traditioneller Weinbereitung in der Rioja gilt bis heute das Weingut La Rioja Alta. Schon im Gründungsjahr 1890 wurden 3500 Bordeauxfässer angeschafft. Seither setzt man in der Bodega konsequent auf den Ausbau der Weine in Barriques, kleinen Eichenfässern mit einem Volumen von 225 Litern.

In der Bodega La Rioja Alta werden die Weine noch von Hand umgefüllt. Der Kellermeister löst den Stopfen am Faß und damit den Druck im Inneren. So kann der Wein herausfließen.

In großen Gärtanks wird die Maische vergoren. Schalen und Fruchtfleisch geben Farbe, Gerbstoffe und Geschmack an den Most ab. Danach wird der Most abgelassen.

Der frische, junge Wein strömt aus dem Faß in einen offenen Zuber. Aus diesem wird er dann in ein anderes Faß umgefüllt. Ein typischer Rioja-Rotwein wird während der Zeit seiner Faßreife immer wieder »abgestochen«. Dabei bleiben die Trubstoffe jeweils am Boden des Fasses zurück, so wird der Wein mit der Zeit immer klarer.

Für einen klassischen Rioja-Wein werden die Trauben nach der Ernte von ihren Stielen befreit (entrappt) und gemahlen. Die entstehende Maische wird in Tanks vergoren. Schalen und Fruchtfleisch geben Tannine (Gerbstoffe), Farbe und Geschmack an den Most ab. Wie lange der Most auf der Maische gärt, entscheidet der Kellermeister je nach erwünschtem Weintyp: Je länger die Maischegärung, desto mehr Tannine und Farbstoffe gelangen in den Most. Eine zu lange Maischestandzeit kann aber auch unerwünschte Bitterstoffe in den Wein bringen.

Bei La Rioja Alta beschränkt der Kellermeister die Maischestandzeit selbst bei den besten Qualitäten auf maximal 15 Tage. Danach wird »abgestochen«: Man läßt den Most ab, preßt die Maische leicht und füllt den Most in Gärtanks, um die alkoholische Gärung abzuschließen. Für die zweite Gärung wird der Most häufig in Stahltanks oder große Holzgebinde umgefüllt. In dieser Phase wandelt sich die in den Trauben enthaltene Apfelsäure in Milchsäure um. Von feinem Aroma kann vorübergehend keine Rede sein: Die Weine stinken geradezu.

Nach der zweiten Gärung trennt der Kellermeister die Weine nach Qualitäten und füllt sie nach mehreren Abstichen in Barriquefässer. Die Jungweine, die noch reich an Trubstoffen sind, müssen schon nach wenigen Monaten wieder umgefüllt werden, um den Satz aus den Fässern zu ziehen. In den Kellern von La Rioja Alta werden alle Weinqualitäten noch von Hand umgefüllt – ohne Pumpe von oben nach unten in übereinandergestapelten Faßreihen. Der flüssige Rest wird später gefiltert und den Angestellten zur Verfügung gestellt. Denn nach altem Recht hat ein Kellerarbeiter in dieser Bodega täglich Anspruch auf einen Liter Wein sowie auf weitere 32 Liter im Monat, die er mit nach Hause nehmen darf.

Je nachdem, ob man eine *Crianza, Reserva* oder *Gran Reserva* ausbauen will, verbringen die Rotweine eine bestimmte Zeit im Eichenfaß, wobei die vorgeschriebenen Reifezeiten (siehe Seite 143) häufig überschritten werden. Im abgeschlossenen Faß ist der Wein vor schädlichen Einflüssen wie direktem Luftkontakt und Licht geschützt, so daß sich die Geschmackskomponenten gut entwickeln und verbinden können. Das Holz gibt zudem Tannine an den Wein ab und gibt ihm dadurch ein zusätzliches Alterungspotential mit auf den Weg.

Nach dem Faßausbau werden die Weine gefiltert und abgefüllt. Um die Reifung abzuschließen, verbringen alle Qualitäten nun noch eine gewisse Zeit im Flaschenlager, um sich zu glätten und Struktur zu entwickeln, bevor sie in den Verkauf kommen. Die Reifung auf der Flasche nimmt den Weinen ihren oft noch etwas rauhen Holzcharakter und harmonisiert die vielschichtigen Geschmackskomponenten.

Ein Abstich, das Umfüllen des Weins von einem Faß ins andere, wird vorbereitet: Der Kellermeister entfernt zuerst den Spund, der das Faß am Auslauf verschließt.

Nun wird der Ablaufhahn angebracht, doch noch kann der Wein nicht fließen. Er wird durch das Ventil und den Unterdruck im luftdichten Faß zurückgehalten.

Beim Abstich wird immer nur so viel Wein aus einem Faß entnommen, daß der Satz, also der Anteil mit den Trubstoffen, am Faßboden zurückbleibt. Immer und immer wieder überprüft der Kellermeister mit einem klaren Glas und einer Kerze den Zustand des Weins. Farbe und Klarheit geben Aufschluß darüber, wie der Wein reift.

Um die Fässer zu reinigen, senkt man eine lange, schwere Eisenkette ins Innere. Diese wird gründlich geschwenkt und löst Verunreinigungen vom Holz ab.

Nach der mechanischen Reinigung werden die Fässer geschwefelt, um Schädlinge zu eliminieren. Hierzu wird Schwefel entzündet und dann ins Faß gegeben.

Bedeutende Bodegas der Rioja

R. López de Heredia

Diese 1877 gegründete Kellerei ist eine Legende in der Weinwelt der Rioja. Hier werden die Rot- und Weißweine immer noch nach streng traditioneller Methode ausgebaut. In den weitverzweigten unterirdischen Tunnelkellern lagern Weine aus allen großen Jahrgängen des 20. Jahrhunderts. Die *Viña Tondonia*-Rotweine sind recht filigran, einige der faßausgebauten weißen Gran Reservas gehören zu den ungewöhnlichsten Weinen des Landes.

Bodegas Marqués de Murrieta

Das 1872 gegründete Weingut, ein traumhaftes Anwesen nahe Logroño, ist nach Marqués de Riscal die zweitälteste Bodega der Region. Die Weine dieser Kellerei definieren sich durch eine kräftige Säure in der Jugend und entwickeln sich sehr langsam. Selbst in hohem Alter bewahren sie eine Lebendigkeit, die ihnen eine Sonderstellung unter den Weinen der Region einräumt.

Bodegas Muga

Die Kellerei hat ihren Stammsitz im Bahnhofsviertel von Haro und hält an einer Weinbereitung fest, die sich in vielen Aspekten seit der Gründung 1932 nicht verändert hat: Man vergärt noch in Holzbottichen aus der eigenen Küferei, und geschönt werden die Weine mit Eiweiß. Besonders der *Prado Enea Gran Reserva* ist in Spanien hoch angesehen.

Bodegas Bretón

Die Bodega wurde erst im Jahr 1983 gegründet. Die auf eine Million Kilo Trauben beschränkte Produktion ermöglicht es, ein gleichbleibend hohes Qualitätsniveau zu halten, die Weine werden ausschließlich in amerikanischer Eiche ausgebaut. Am bekanntesten sind die *Loriñon*-Weißweine und der rote *Dominio de Conte*.

C.V.N.E.

Die Kellerinstallationen des 1879 gegründeten Weinguts Compañía Vinícola del Norte de España (C.V.N.E.) sind immer auf dem neuesten Stand; berühmt ist der Gärkeller mit seinen Schwebetanks. Die Bodega macht sehr gute faßausgebaute Rotweine und einen modernen Weißwein. 1974 gründete C.V.N.E. in der Rioja Alavesa das Gut Viñedos del Contino, auf dem einer der innovativsten Rioja-Weine gekeltert wird.

Bodegas Campo Viejo

Schon allein durch seine Größe ist dies eines der marktbestimmenden Weingüter der Region. In den unterirdischen Kellern lagern über 45 000 Barriques. Die Produktpalette reicht vom einfachen Weißwein bis zum anspruchsvollen *Marqués de Villamagna Gran Reserva,* der nur in besonderen Jahren auf den Markt kommt.

Bodegas Riojanas

Das Traditionshaus aus Cenicero in der Rioja Alta ist nach wie vor ein Familienbetrieb und besitzt über 200 Hektar der besten Rebgärten der Region. Die Kellerei baut Weine klassischen Zuschnitts mit schöner Reife aus. Teilweise wird noch in großen Eichengebinden vergoren.

La Rioja Alta: Die 1890 gegründete Bodega baut ihre Rotweine immer noch nach traditionellen Verfahren aus. Nach altem Brauch werden in dieser Kellerei nach wie vor fast ausschließlich Fässer aus amerikanischer Eiche benutzt.

Bodegas Roda

Die neue Bodega im Bahnhofsviertel von Haro keltert nach französischem Vorbild einen Erstwein *(Roda I)* und einen Zweitwein *(Roda II).* Das Lesegut für beide Kreszenzen darf nur aus mindestens 30 Jahre alten Weinbergen stammen. Der Erstwein wird nur in sehr guten Jahren produziert und zeichnet sich durch eine tiefdunkle Farbe und ungewöhnliche Fülle aus und ist der Prototyp eines modernen Riojaweins.

Marqués de Riscal

Die älteste Bodega der Rioja wurde 1860 vom Markgraf von Riscal gegründet. Hier entstanden die ersten in Barriquefässern ausgebauten Weine des Gebiets. Das Weingut arbeitet sehr qualitätsorientiert und baut ausschließlich Reserva- und Gran Reserva-Qualitäten aus. Das Lesegut stammt nur aus Weingärten, die mindestens 20 Jahre alt sind, und wird in der Bodega nochmals per Hand sortiert.

Bodegas Martínez Bujanda

Die Bodega gehört zu den verläßlichsten Kellereien ganz Spaniens. Im Flaschenkeller der Bodega in Oyón lagern mehr als 2,5 Millionen Flaschen. Die Weine, die unter der Marke *Conde de Valdemar* bekannt sind, zeichnen sich durch Frucht und Reife aus. Mit dem Bau einer neuen Bodega will sich die Kellerei in den nächsten Jahren deutlich vergrößern

Cosecheros Alaveses

Dieses Weingut, vielen unter dem Markennamen Artadi ein Begriff, hat die einfachen, nach der Kohlensäuremaischung hergestellten Cosechero-Rotweine salonfähig gemacht (vgl. Seite 177). Inzwischen ist die Bodega aber wesentlich bekannter durch ihre holzausgebauten Topgewächse wie *Viñas de Gain*, *Viña El Pisón*, *Pagos Viejos* und durch den teuersten Wein der Rioja: die Reserva Especial *Grandes Añadas 1994*.

Bodegas Campillo

Das spektakuläre junge Weingut wurde 1990 gegründet. Aus den Trauben von gutseigenen 50 Hektar Reben werden nur Weine gehobener Qualität produziert. Die architektonische Perle unterhalb von Laguardia gehört den Besitzern der Kellerei Faustino Martínez.

Granja Nuestra Señora de Remelluri

In der Nähe von Labastida liegt dieses Weingut, eines der schönsten der ganzen Rioja. Unter Leitung des in Bordeaux ausgebildeten Juniors entstehen rote Riojas nach dem Château-Prinzip, also nur mit Lesegut aus eigenen Weinbergen. Das Haus baut ausschließlich Reservas und Gran Reservas aus, die sich in der Regel durch konzentrierte Frucht auszeichnen.

904
Gran Reserva 1987
(La Rioja Alta): feine Räucheraromen, vollreife Frucht, lang und zeitlos.

Viña Tondonia
Gran Reserva Blanco 1976
(Bod. López de Heredia): feine Säure, edles Holz, elegante Altersnoten.

Dominio de Conte
Reserva 1994
(Bodegas Bretón): fruchtig, extraktreich, mit lebendiger Säure.

Viña Albina
Gran Reserva 1987
(Bodegas Riojanas): sehr reife Himbeer-Erdbeer-Noten, mürbes Tannin.

Castillo Igay
Gran Reserva 1964
(Marqués de Murrieta): säurebetont, feine Holz-Frucht-Kombination.

Imperial
Gran Reserva 1989
(C.V.N.E.): dicht mit tiefen Fruchtaromen, lang.

Marqués de Vargas
Reserva 1994
(Marqués de Vargas): schokoladig-fruchtig, stämmig.

Prado Enea
Gran Reserva 1987
(Bodegas Muga): edle, feinreife Frucht, klassischer Holzreifeton.

Faustino I
Gran Reserva 1987
(Faustino Martínez): reif, gute Länge mit viel Potential.

Campillo
Gran Reserva 1987
(Bodegas Campillo): glatte Tannine, eingängige Frucht.

Marqués de Arienzo
Gran Reserva 1987
(Bodegas Domecq): rund, weich, Aromen von roten Früchten.

Barón de Chirel
Reserva 1994
(Marqués de Riscal): der mächtige, hochkonzentrierte Spätentwickler.

Contino
Reserva 1991
(Viñedos del Contino): verschlossen, Duft nach Röstnoten und Tabak.

Viña El Pisón
Reserva 1994
(Cosecheros Alaveses): konzentriert, mineralisch, sanftes Tannin.

Viña Pomal
Gran Reserva 1982
(Bodegas Bilbainas): altehrwürdig, mürbes Tannin, filigrane Frucht.

San Vicente
Reserva 1994
(Señorío de San Vicente): zimtig, mit strahlender Kirschfrucht.

Conde de los Andes
Gran Reserva 1978
(Federico Paternina): rustikal, mit viel altem Holz und reifer Frucht.

Remelluri
Gran Reserva 1989
(Granja Nuestra Señora de Remelluri): äußerst kompakt, mit viel Tannin.

Qualitätsstufen für Rioja-Wein

Die amtlich festgelegten Qualitätstufen in der *Denominación de Origen Calificada (D.O.Ca.) Vinos de Rioja* beziehen sich auf die Reifezeit der Weine im Barriquefaß und auf der Flasche. Auskunft über die Qualitätsstufe gibt das Rückenetikett der Flasche. Die Qualitätsstufen stehen aber nur für eine gesetzlich festgelegte Mindestreifezeit. Sehr viele Traditionsbetriebe in der Rioja lassen ihre Weine sehr viel länger reifen als der Kontrollrat vorschreibt, was zu einem sehr vielfältigen Angebot an großen Weinen führt. Der Kontrollrat sieht folgende Kategorien vor:

Vino sin crianza / vino joven
Ein junger Rioja, dessen Rückenetikett lediglich die Bezeichnung *Garantía de origen* (Herkunftsgarantie) trägt. Dieser Wein – ob weiß, rosé oder rot – kommt schon nach wenigen Monaten auf den Markt. Er kann aber durchaus auch einige Zeit im Holz gelegen haben.

Crianza
Ein Wein mit dieser Bezeichnung muß mindestens zwei Jahre in der Bodega gereift sein, davon ein Jahr im Faß bei Rotwein, sechs Monate bei Weiß- und Rosé-Weinen.

Reserva
Rote Weine dieser Kategorie dürfen die Kellerei erst nach 36 Monaten Reifezeit verlassen, davon müssen sie zwölf Monate im Barriquefaß verbracht haben. Weiße Reservas benötigen insgesamt 24 Monate, davon sechs Monate im Faß. Rosé-Reservas werden praktisch nicht mehr ausgebaut.

Gran Reserva

Diese Weine müssen mindestens 24 Monate im Eichenfaß und noch weitere 36 Monate auf der Flasche reifen. Einige traditionelle Bodegas bauen noch weiße Gran Reservas aus, die zu den großen Weißweinen der Welt gehören. Hierbei sind insgesamt 48 Monate Reifezeit vorgeschrieben, davon muß der Wein mindestens sechs Monate in Eiche verbringen.

Alte Weine

Wirklich alt werden können in der Rioja, ebenso wie in anderen Weingebieten Europas, in der Regel nur Weine aus sehr guten Jahrgängen. Neben den gebietsspezifischen Voraussetzungen wie einem nicht zu milden Klima und armen, kalkhaltigen Böden (so daß der Rebstock wahrlich kämpfen muß und echte Rasse entwickelt) ist für das Alterungspotential der Rioja-Weine ihr Ausbau entscheidend. Die lange Reifezeit in Barriques, erst in neuem Holz und später in gebrauchten Fässern, stärkt die Tanninstruktur und schützt die Frucht der Weine.

Wichtig für die Reifung der Weine sind Keller mit einer gleichbleibenden Temperatur von zehn bis zwölf Grad und einer stabilen Luftfeuchtigkeit zwischen 70 und 80 Prozent. Zwar verändern sich die Weine durch den langen Holzausbau, aber selbst sehr betagte Riojas, bei denen das Alter schon die Frucht und die Tannine aufgezehrt hat, bewahren noch eine gewisse Säure, die ihnen Leben einhaucht. Das macht diese Weine so einzigartig. 20 bis 25 Jahre altern die meisten Gran Reservas aus der Region problemlos. Bei optimalen Lagerbedingungen können Rioja-Weine aus Ausnahmejahrgängen sogar bis zu 60 Jahre und noch älter werden.

Hat man einmal das Glück, einen alten Rioja (1964 oder älter) aufzumachen, so sollte man vom Dekantieren absehen und den Wein nur kurz lüften, bevor man ihn einschenkt. Die meisten alten Riojas schütteln den staubigen Lagergeruch betagter Weine recht schnell ab, und man sollte die Sekundär- und Tertiäraromen genießen, bevor sie sich verflüchtigen.

Man lagert Wein am besten in einem dunklen und gut durchlüfteten Weinkeller bei einer Temperatur zwischen zwölf und 16 Grad und einer Luftfeuchtigkeit von 60 bis 70 Prozent. Die Flaschen müssen grundsätzlich liegend gelagert werden, damit der Kork ständig gut durchfeuchtet bleibt. Wohnungen und selbst Kellerabteile in modernen Häusern sind für den empfindlichen Trunk meist zu warm und zu trocken. Wer keinen Weinkeller hat, sollte sich zur Aufbewahrung der feinen Kreszenzen am besten einen speziellen Weinlagerschrank (auch Weinklimaschrank oder Weintemperierschrank genannt) anschaffen, um die edlen Tropfen so lange wie möglich genießen zu können.

1 In feucht-kühlen Kellern lagert Wein am allerbesten. Bei niedrigen Temperaturen und hoher Luftfeuchtigkeit herrscht das richtige Klima für die edlen Tropfen, wie hier in den alten Gewölbekellern der Bodegas Paternina.
2 Guter Rioja-Wein reift häufig für mehrere Jahre in Eichenfässern, bevor er in die Flasche kommt – und auch dann ist er noch nicht verkaufsbereit. Er wird abgefüllt und lagert noch für eine ganz bestimmte Zeit auf der Flasche.

3 Spinnweben und Rost in einer Bodega zeugen nicht in erster Linie von Traditionsbewußtsein – und schon gar nicht von Schlamperei. Sie sind einfach unvermeidbar, wo in tiefen Gewölbekellern ein feuchtes Weinklima herrscht.
4 Mit Kreide werden die Fässer beschriftet, um ablesen zu können, wie oft der Wein schon umgefüllt wurde. Die sechs Striche auf Faß Nummer 3014 deuten auf sechs Abstiche hin, wovon der letzte am 1.7.1997 erfolgte.

Rioja-Jahrgänge

Rioja-Jahrgänge werden vom Kontrollrat offiziell nach ihrer Güte eingestuft:
A = ausgezeichnet, SG = sehr gut, G = gut, M = mittelmäßig, MA = mangelhaft

1997 G	1983 G
1996 SG	1982 A
1995 A	1981 SG
1994 A	1980 G
1993 G	1979 M
1992 G	1978 SG
1991 SG	1977 M
1990 G	1976 G
1989 G	1975 SG
1988 G	1970 SG
1987 SG	1968 SG
1986 G	1964 A
1985 G	1958 A
1984 M	1955 A

Weinprobe

Ob für Freunde im heimischen Wohnzimmer, beim Weinkauf in der Bodega oder im Handel unter Profis – die wichtigste Methode zur Beurteilung von Weinen ist eine Verkostung *(cata)*. Schließlich kann man sich getrost darauf verlassen, daß die menschlichen Sinnesorgane eine höhere Sensibilität an den Tag legen als jede noch so ausgefeilte chemisch-physikalische Analyse. Vor allem die Nase ist bei der Wahrnehmung von Geruchs- und Geschmacksstoffen jeglicher Technik haushoch überlegen.

Das Auge trinkt mit: Zuerst hält man das zu einem Drittel gefüllte Glas gegen das Licht, um Konsistenz, Farbton und Klarheit des Weins zu begutachten.

Beim Riechen gibt die »Nase« des Weins schon erste Aufschlüsse über die Aromenvielfalt und das Bukett. Der erste Geruchseindruck ist hierbei entscheidend.

Erst am Gaumen offenbart der Wein sein ganzes Wesen anhand von Fülle, Körper und Gerbstoffgehalt. Auch der Nachgeschmack ist von Bedeutung.

Normalerweise werden Weingruppen mit ähnlichen Eigenschaften, etwa weiße Barrique-Weine oder rote Crianzas eines Jahrgangs, mit verdeckten Etiketten »blind« probiert. Dabei bewertet man die Weine nach visuellem Eindruck, Geruch, Geschmack und »Körper«, dem Gefühl, das der Wein im Mund entwickelt und hinterläßt. Die Punktzahl, die ein Wein erreicht, wird nach einem Schlüssel erarbeitet, der sich in erster Linie auf diese Kriterien stützt. Gängig ist in Spanien ein Zehn-Punkte-System. Natürlich ist das Probieren von Weinen eine sehr individuelle Angelegenheit. Im Grunde ist jeder Begriff zulässig, der dem Weinfreund hilft, sich die vielfältigen Geruchs- und Geschmacksnuancen zu verdeutlichen. Aufgrund langer Erfahrung hat sich eine Terminologie herausgebildet, die allerdings nicht immer für jeden nachvollziehbar ist: Begriffe wie »Zitrone«, »Himbeer«, »rauchig« oder »vanillig« sind verständlich und eindeutig. Attribute wie »elegant«, »schlank« oder gar »nasser Pferdesattel«, die sich immer wieder in Weinbewertungen einschleichen, erweisen sich dagegen als äußerst subjektiv und zweifelhaft. Selbst unter Profis interpretiert nicht jeder diese Begriffe gleich.

Wie probiert man also? Das nur zu einem Drittel gefüllte Glas wird zunächst gegen das Licht oder über eine weiße Oberfläche gehalten und genau betrachtet. So kann man feststellen, ob der Wein klar ist. Die Farbe gibt Auskunft über Alter und Zustand eines Weins. In der Regel gilt: Je violetter und dichter die Farbe, desto jünger der Wein. Bei fortschreitender Alterung weist er zunächst Ziegelfarbtöne auf, die später ins Bräunliche übergehen. Diese Veränderung läßt sich immer zuerst am Rand der Flüssigkeit feststellen, man spricht deshalb auch von einem »Altersrand«.

Die »Tränen«, die beim Schwenken des Weins am Glasrand hinabgleiten, können durchaus ein Zeichen für gehaltvolle Weinqualitäten sein. Doch Vorsicht: Die Schlieren können auch auf einen überhöhten Alkoholgehalt hinweisen, was die Nase dann sogleich bestätigen wird.

Nach der optischen Begutachtung bewegt man den Fuß des Glases in kleinen Kreisen auf einer festen Oberfläche, damit die Flüssigkeit in Bewegung kommt und die Geruchsnuancen sich entfalten können. Nachdem man die »Nase« des Weins beurteilt hat, nimmt man einen Schluck und läßt ihn über die Zunge rollen. Aber niemals zuviel Wein auf einmal nehmen! Im Mund sollte auf jeden Fall genügend Raum für etwas Luft bleiben, denn diese läßt die feinen Geschmacksempfindungen durch den Verbindungskanal zwischen Rachen und Nase aufsteigen. Ein professioneller Tester bringt nach der Weinprobe die schrittweise gemachten Empfindungen zu Papier, und am Ende der Verkostung werden die Ergebnisse diskutiert.

Qualitätswein aus Spanien

Seit Spanien im Jahr 1986 der Europäischen Union beitrat, wurde das spanische Weingesetz den europäischen Richtlinien angepaßt. Man unterscheidet nun auch hier zwischen Tafelwein und Qualitätswein, und mittlerweile gehört das Kontrollsystem der spanischen Qualitätsweine zu den strengsten der Welt. Jedes spanische Qualitätsweingebiet mit der Bezeichnung D.O. *(Denominación de Origen)* verfügt über ein eigenes Aufsichtsorgan, den *Consejo Regulador.* Dieser Kontrollrat setzt sich zusammen aus dem vom Landwirtschaftministerium ernannten Präsidenten sowie aus Vertretern der Winzer, der Kellereien und des Weinhandels. Der Kontrollrat regelt unter anderem:

- die Flächen für die Weinproduktion
- den Weinbau (Rebsorten, Pflanzdichte, Rebschnitt, Lese usw.)
- die Herstellung des Weins (Mostmenge, Weinbereitung und Ausbau)
- die chemische und sensorische Analyse der fertigen Weine
- die Kontrolle der Vermarktung.

Der *Consejo Regulador* gibt die Rückenetiketten mit den Kontrollnummern nur an Weine aus, die alle Qualitätsnormen der jeweiligen D.O. erfüllen. Diese Etiketten ermöglichen es, jede Flasche an ihren Ursprung zurückzuverfolgen. Als einziges spanisches Weingebiet verfügt die Rioja über die geschützte Herkunftsbezeichnung D.O.Ca. *(Denominación de Origen Calificada).* In dieser höchsten Kategorie sind die Bestimmungen noch strenger und die Qualitätsmaßstäbe höher als bei einer normalen D.O. Vor allem die Qualität der Trauben, die Weinbereitung und der Verkauf sind hier strengstens reglementiert. Beschreibungen aller spanischen Qualitätsweingebiete finden Sie in den Wein-Kapiteln der jeweiligen Regionen.

Kenner beobachten schon beim Einschenken ganz genau, wie ein Wein ins Glas rollt. Dadurch erhalten sie Hinweise auf die Konsistenz und auf das Alter.

FRANKREICH
ASTURIEN
GALICIEN
KANTABRIEN
BASKEN-
LAND
NAVARRA
KASTILIEN-
LEÓN
LA RIOJA
ARAGONIEN
KATALONIEN
MADRID
PORTUGAL
VALENCIA
BALEAREN
KASTILIEN-
LA MANCHA
EXTREMADURA
MURCIA
ANDALUSIEN
KANARISCHE INSELN
LANZAROTE
A PALMA
LA GOMERA
TENERIFFA
FUERTEVENTURA
EL HIERRO
GRAN CANARIA
N
0
100 km
Weinbaugebiete mit geschützter
Herkunftsbezeichnung (D.O.)

WINZERKÜCHE

Ein steinerner Hut weist den Weg zur Kultstätte: Der aus der Erde ragende Rauchabzug ist das erste Erkennungszeichen einer Höhlenbodega – dann erst offenbart sich die in den Berg eingelassene Tür. Die unterirdischen Weinkeller gehen in ihren Wurzeln auf die iberische Urbevölkerung der Rioja zurück. Da die Natur in den Niederungen des Ebro kaum Höhlen geschaffen hatte, gruben sich die Iberer ihre Kultstätten selbst. Hier kamen sie zu religiösen Zeremonien zusammen, huldigten den höheren Mächten, und beim Sonnenkult brachten sie auch Tieropfer. Die besten Stücke des Fleischs weihten sie den Göttern, der Rest wurde auf dem Feuer gegrillt und verspeist. Wahrscheinlich tranken die Iberer bei ihren Festen auch schon vergorenen Most.

Seit dem frühen Mittelalter lagerten die Riojanos in diesen Höhlen ihren Wein, bis dann um 1900 die ersten großen Kellereien in den Dörfern gegründet wurden. Doch auch danach blieben die unterirdischen Bodegas, die außerhalb vieler Ortschaften an den Berghängen liegen, sozialer und kulinarischer Treffpunkt. An den Wochenenden kommt man hier bei Sonnenuntergang zusammen, um ein gemeinsam zubereitetes Abendessen und guten Wein zu genießen. Gern werden auch Gäste eingeladen, und so gelten die Höhlenbodegas nach wie vor als Inbegriff riojanischer Gastfreundschaft. An lauen Herbstabenden steigt der Duft von Rebholzfeuer in die Luft, auf dem Grill brutzeln über der Reisigglut Lammkoteletts *(chuletas de cordero al Sarmiento)* und saftige rote Paprikaschoten aus dem Gemüsegarten. Außerdem gehört zu einem deftigen Winzermahl auch der beliebte Lammeintopf *calderete,* von dem es unzählige Varianten mit Gemüse, Kartoffeln oder Hülsenfrüchten gibt. Stockfisch, Kartoffeln oder Schnecken kommen häufig *a la riojana* auf den Tisch: mit Tomaten und den scharfen roten Paprikaschoten, wie sie im Herbst überall in der Rioja auf den Balkonen zum Trocknen hängen.

Unten: Die Winzer der Rioja essen gern, schließlich macht ihre harte Arbeit hungrig. Am Abend treffen sie sich gern in ihren Höhlenbodegas zum Schmaus.

PATATAS A LA RIOJANA
Kartoffeleintopf nach Rioja-Art

2 Zwiebeln, gehackt
2 grüne Paprikaschoten, in Würfel geschnitten
1/8 l Olivenöl
1 kg Kartoffeln, in Würfel geschnitten
5 Knoblauchzehen, gehackt
4 getrocknete rote Paprikaschoten
1 Lorbeerblatt
1/4 l Weißwein
Salz und Pfeffer
1 Msp. scharfes Paprikapulver

Rechts: Im Frühling, wenn das junge Gemüse in den Gärten am Ebro reift, kommen *pochas con codornices* auf den Tisch: zarte junge Bohnenkerne mit Wachteln.

Die Zwiebeln und die grünen Paprikaschoten im Olivenöl anbraten. Kartoffeln, Knoblauch, getrocknete Paprikaschoten und Lorbeerblatt zufügen. Dann den Weißwein angießen und mit so viel Wasser auffüllen, daß alles gut bedeckt ist. Mit Salz, Pfeffer und Paprikapulver würzen, zum Kochen bringen und zugedeckt bei mittlerer Hitze ca. 25 Minuten garen lassen. Dann die roten Paprikaschoten und das Lorbeerblatt entfernen, Paprika in Stücke schneiden. Zum Schluß den Eintopf mit Salz und Paprikapulver abschmecken, die roten Paprikastücke darauflegen und servieren.

Calderete
Lammeintopf

250 g Lammleber
$^1/_8$ l Olivenöl
1 TL mildes Paprikapulver
$^1/_4$ l Weißwein
750 g Lammfleisch aus der Keule
2 Zwiebeln, gehackt
3 Knoblauchzehen, gehackt
Salz und Pfeffer
2 Möhren, in Scheiben geschnitten
750 g Kartoffeln, in Würfel geschnitten
1 Lorbeerblatt
1 frische rote Chilischote, entkernt und fein gehackt
1 rote Paprikaschote, in Würfel geschnitten
4 Artischockenböden

Die Leber in 2 EL Olivenöl braten. Aus der Pfanne heben und mit Paprikapulver und Weißwein pürieren.
Das Lammfleisch in nicht zu große Würfel schneiden und in einem Schmortopf im restlichen Olivenöl scharf anbraten. Zwiebel und Knoblauch zufügen und einige Zeit mitbraten. Dann so viel Wasser angießen, daß das Fleisch bedeckt ist, mit Salz und Pfeffer würzen. Zugedeckt bei mittlerer Hitze ca. 40 Minuten schmoren lassen.
Möhren, Kartoffeln, Lorbeerblatt, Chilischote, Paprika und Artischockenböden zugeben und die pürierte Leber unterrühren. Das Ganze zum Kochen bringen und zugedeckt bei kleiner Hitze noch ca. 30 Minuten garen, eventuell noch etwas Wasser angießen. Vor dem Servieren mit Salz und Pfeffer abschmecken.

Pochas con codornices
Junge Bohnenkerne mit Wachteln
(Abbildung oben)

4 Wachteln, küchenfertig
Salz und Pfeffer
750 g junge dicke Bohnen
3 EL Olivenöl
1 Zwiebel, gehackt
2 Knoblauchzehen, gehackt
1 Lorbeerblatt
150 g luftgetrockneter Schinken, in Streifen geschnitten
2 rote Paprikaschoten, in Würfel geschnitten
1 Tomate, halbiert

Die Wachteln mit Salz und Pfeffer einreiben und mit Küchengarn zusammenbinden. Die Bohnen enthülsen. Das Olivenöl in einer Kasserolle erhitzen, Zwiebel und Knoblauch darin glasig dünsten. Bohnenkerne, Lorbeerblatt und Schinkenwürfel zufügen und 1 l Wasser angießen. Zum Kochen bringen, die Wachteln einlegen und 10 Minuten kochen. Dann die Paprika und die Tomatenhälften beigeben, weitere 20 Minuten garen. Dazu passen Weißbrot und eingelegte grüne Peperoni.
Variation: Wenn man es herzhafter will, kann man die Wachteln zuerst anbraten und nach der Hälfte der Kochzeit zu den Bohnen geben.

Truchas con setas al vino tinto de Rioja
Forellen mit Pilzen in Rioja-Rotwein

4 Forellen, küchenfertig
Salz und Pfeffer
125 g Butter
500 g Waldpilze, geputzt und in Scheiben geschnitten
$^1/_4$ l Rotwein
$^1/_4$ l heiße Fleischbrühe

Die Forellen waschen, trocknen und mit Salz und Pfeffer einreiben. Einen Bräter mit etwas Butter ausfetten und die Forellen nebeneinander hineinlegen, die Pilze dazugeben. Die restliche Butter in Flöckchen auf die Forellen setzen. Im vorgeheizten Backofen bei 180 °C 10 Minuten backen. Dann Rotwein und Fleischbrühe angießen und die Forellen weitere 10 Minuten garen. Aus dem Ofen nehmen, die Forellen auf einer vorgewärmten Platte mit den Pilzen anrichten. Die Sauce abseihen, etwas einkochen lassen und mit Salz und Pfeffer abschmecken. Über die Forellen gießen und sofort servieren.

Golmajerías

Die Riojanos sind nicht nur begeisterte Liebhaber süßer Schleckereien, sie haben sogar ein eigenes Wort dafür: Hier benennt man alle Süßigkeiten mit dem alten arabischen Wort *golmajerías*, und nach arabischem Vorbild werden auch zwei der bekanntesten Nachspeisen aus Mandeln gemacht. Niemand weiß, warum ausgerechnet in den Cameros-Bergen die Marzipankugeln entstanden, die *mazapanes de Soto* heißen. Schließlich wächst im rauhen Klima der Sierra kein einziger Mandelbaum. Wie dem auch sei: Den Teig bereitet man aus Mandeln, gekochten Kartoffeln, Zucker und geriebener Zitronenschale, formt ihn zu Kugeln, die dann auf Oblaten gesetzt und im Ofen getrocknet werden. Anschließend taucht man sie in einen Zuckersirup.

Aus Arnedo stammen die *fardalejos*, kleine Blätterteigtaschen, die mit einer Mandelmasse gefüllt und fritiert werden. Großer Beliebtheit erfreut sich bei vielen riojanischen Schleckermäulchen auch das in ganz Spanien verbreitete Blätterteiggebäck *milhojas*, das mit Sahne, diversen Cremes oder Likör verfeiert wird.

Die Spanier schwärmen für luftiges Blätterteiggebäck. Absolut unwiderstehlich ist es mit warmer Vanille- und/oder Schokoladencreme (*milhojas calientes*).

Aus der Ortschaft Soto en Cameros kommen die *mazapanes de Soto*, Marzipankugeln, deren Teig mit Mandeln und gekochten Kartoffeln gemacht wird.

Melocotones con vino
Pfirsiche in Wein (Abbildung links)

4 große, nicht zu reife Pfirsiche
³/₄ l Rotwein
3 EL Zucker
1 Stange Zimt
4 cl Brandy

Die Pfirsiche schälen und dicht nebeneinander in eine Kasserolle setzen. Den Rotwein mit dem Zucker verrühren und über die Pfirsiche gießen. So viel Wasser zufügen, daß die Pfirsiche ganz bedeckt sind. Zimt und Brandy zugeben und die Pfirsiche bei kleiner Hitze weich kochen. Je nach Belieben heiß oder kalt mit etwas Kochflüssigkeit servieren.

Sorbete de Rioja
Sorbet mit Rioja-Wein

150 g Zucker
1 Stange Zimt
¹/₄ l Rotwein
abgeriebene Schale von 1 Orange
2 Eiweiß
Minzeblättchen für die Garnitur

Den Zucker zusammen mit der Zimtstange und 200 ml Wasser aufkochen, bis sich der Zucker ganz gelöst hat und der Zuckersirup klar ist. Dann die Zimtstange entfernen und den Sirup erkalten lassen.
Den Sirup mit Rotwein und Orangenschale vermischen. Das Eiweiß halbsteif schlagen, unter den Rotwein ziehen und in einer Metallschüssel 3 Stunden gefrieren lassen. Zwischendurch mit dem Schneebesen durchrühren. Vor dem Servieren das Sorbet noch einmal durchrühren und in vorgekühlte Gläser verteilen. Mit Minzeblättchen garnieren.
Variation: Man kann das Sorbet auch in hohe Gläser geben und mit eisgekühltem spanischem Sekt (Cava) auffüllen.

Camerano-Käse

»Unser Camerano ist der einzige Frischkäse Spaniens mit Charakter. Wozu braucht die Rioja noch mehr Käsesorten?« jubelte einmal ein Liebhaber aus der Rioja. Der gute Mann mag tatsächlich den Käse seiner Heimat über alle Maßen geschätzt haben. Vielleicht aber wollte er auch nur den Mangel an weiterer Auswahl entschuldigen. Schließlich ist es erstaunlich, daß eine Region, die ein derart breites Spektrum an hochwertigen Weinen keltert, nie eine nennenswerte Käsekultur hervorgebracht hat. Der einzige Käse, den man als echtes Rioja-Produkt bezeichnen kann, ist eben jener *Queso Camerano.* Er stammt aus der Sierra de los Cameros, den Bergen südlich des Ebros, die sich geographisch wie kulturell dem fruchtbaren Flußtal mit seinem weltberühmten Weingebiet entziehen. Deshalb ist dieser Käse sogar vielen Bewohnern der Rioja völlig unbekannt. In Restaurants ist er selten vertreten, man findet ihn am ehesten in guten Delikatessenläden der Region oder auf den lokalen Wochenmärkten.
Das Produktionsgebiet für Camerano-Käse liegt in den Hochtälern der Sierra und schließt einen kleinen Teil der kastilischen Provinz Soria mit ein. Früher stellten die Bauern den saftigen Frischkäse in ihren Berghütten fast ausschließlich für den Eigenbedarf her. Da er sich höchstens zehn Tage hält, fand er nie die Verbreitung, die er aufgrund seines feinen Geschmacks verdient hätte. Seit einigen Jahren gibt es jedoch eine Käserei, die das gastronomische Relikt auf modernere Weise verarbeitet und trotz handwerklicher Herstellung in der Lage ist, rund 300 Stück pro Tag zu produzieren. Der Camerano-Käse wird aus nicht-pasteurisierter Milch von Bergziegen gewonnen, die nur einmal am Tag gemolken werden. Im Herbst und Winter, wenn die Tiere im Stall gefüttert werden, erhält man aus drei Litern Milch etwa ein Kilogramm Camerano, während im Sommer, wenn die Ziegen draußen auf den Weiden grasen und die Milch weniger fett ist, fünf Liter für ein Kilo notwendig sind.
Die Milch wird unter Verwendung von tierischem Lab etwa drei Stunden lang eingedickt. Früher füllte man die Masse dann in die typischen Weidenkörbe der Region, was heute aber für Käse, der in den Handel gelangen soll, aus hygienischen Gründen verboten ist. Plastikformen haben deshalb die Körbe verdrängt. Ein Camerano wiegt zwischen 500 und 1000 Gramm und unterscheidet sich von vielen anderen Frischkäsesorten durch seinen würzigen Geschmack. Ausgefuchste Feinschmecker genießen den riojanischen Ziegenfrischkäse besonders gern zusammen mit Sardellen aus Santander. Ansonsten wird er meist als Nachtisch serviert, entweder mit *carne de membrillo,* dem spanischen Quittenbrot, oder mit dem würzigen Berghonig aus der Rioja.

Unten: Seit Jahrhunderten stellen die Bergbauern der Rioja aus Ziegenmilch Frischkäse her. Früher wurde er in Weidenkörben geformt, heute in Plastik (oben).

País Vasco

Harald Klöcker

Baskenland

Ein guter Idiazábal-Käse und dazu vielleicht ein Gläschen Wein – wie dieser Bauer pflegen viele Basken die Kultur ihrer Nation und pochen auf ihre Eigenständigkeit.

Die Basken sind freigebig und gastfreundlich und erschrecken manchmal mit ihrer Gefräßigkeit und Trinklust. Ein Baske ißt so viel wie drei Andalusier zusammen – und außergewöhnlich gut.« Mit drastischen Worten beschrieb der deutsche Spanienkenner Walter Haubrich seine kulinarischen Erfahrungen im Baskenland. Dabei war die Region am Golf von Biskaya nicht immer mit Überfluß gesegnet. Im Jahr 1416 notierte ein böhmischer Pilger: »In diesem Land sind Pferde nicht von Nutzen. Es gibt kein Heu, kein Stroh und keine Ställe, außerdem sind die Herbergen schlecht. Man bringt den Wein in Schläuchen aus Ziegenhaut herbei. Es gibt weder Brot noch Fleisch noch Fisch, man ernährt sich meist von Früchten.« Angesichts der Armut verdingten sich im Mittelalter viele Basken als Seeleute und wirkten bei der Eroberung der Neuen Welt mit. Der Anschluß an die Moderne vollzog sich Mitte des 19. Jahrhunderts, als um Bilbao mit Schiffbau und Schwerindustrie eines der bedeutendsten Zentren der spanischen Industrie entstand. Große Dichter und Denker wie Pío Baroja und Miguel de Unamuno stammen aus dieser Region, und heute findet man viele Bürger des Baskenlandes in den Spitzengremien von Politik, Wirtschaft und Kirche.

Ihre Eigenständigkeit aber haben die Basken schon immer gepflegt. Patriotisch verteidigen sie ihre Individualität, sehen sich zunächst als Basken – und erst an zweiter Stelle als Spanier. Mit leidenschaftlichem Nationalismus und einem starken Zusammengehörigkeitsgefühl überstanden sie Eroberungen und Unterdrückungen, wie etwa das Verbot der baskischen Sprache während der Franco-Diktatur. Die Basken lieben ihre Heimat, haben sich nie ganz losgesagt von bäuerlichen Traditionen und einem ausgeprägten Vereinsleben. Dazu zählt auch das gemeinsame Kochen in gastronomischen Gesellschaften.

Für Essen und Trinken geben die Basken gerne und viel Geld aus. Fisch und Meeresfrüchte, Gemüse und Fleisch, Wild, Pilze und Wein kommen aus der eigenen Region. Außerdem werden viele Rohstoffe aus anderen Gegenden hier erst zu raffinierten Genüssen veredelt. Seit etwa 25 Jahren erlebt die baskische Küche, ausgehend von der Initiative einiger Spitzenköche, eine Phase der kreativen Erneuerung. Von der französischen *nouvelle cuisine* inspiriert, gilt das Baskenland heute als unumstrittene Feinschmeckerhochburg Spaniens. Allerdings findet man hier selten verkünstelte Kreationen, einzig bedeutsam sind den baskischen Köchen absolute Frische und die Eigenaromen von allerbesten Grundprodukten. Überlieferte Traditionsgerichte werden bereichert durch außergewöhnliche, aber geschmacklich sehr behutsam abgestimmte Ergänzungen. Außerdem sind die Basken – einzigartig in Spanien – wahre Meister im Umgang mit raffinierten Saucen.

Rechts: Von der Insel Santa Clara blickt man auf das Jugendstil-Juwel San Sebastián, das die Basken Donostia nennen – das eleganteste Seebad am Golf von Biskaya.

Bacalao

Im Jahr 1871 bestellte der baskische Fischhändler Gurtubay aus Bilbao *30 o 40 hatillos de bacalao* in Norwegen. Dort aber deutete man das »o« falsch und lieferte nicht »30 oder 40 Bündel Stockfisch«, sondern sage und schreibe 30040. Der arme Mann sah sich schon im finanziellen Ruin. Doch kurze Zeit später brach der dritte Karlistenkrieg aus. Bilbao wurde belagert, die Nahrungsmittel gingen zur Neige. Schließlich war nur noch Gurtubay in der Lage, das Volk zu versorgen – mit getrocknetem Kabeljau in schier unendlichen Mengen. Der Fischhändler verdiente mit dem Arme-Leute-Fisch ein Vermögen.
Schon die Wikinger schätzten Trockenfisch als Proviant für ihre langen Seereisen. Nach der Entdeckung Amerikas fuhren portugiesische Seefahrer bis vor die Küste Neufundlands, um dort Kabeljau zu fangen. Auf den Schiffen wurde der Fisch ausgenommen, kräftig eingesalzen und erst nach Wochen der Überfahrt in der heimatlichen Sonne auf den Klippen am Meer getrocknet – daher der Name Klippfisch. Stockfisch dagegen wurde ohne Einsalzen auf großen Holzgestellen getrocknet. Dennoch hat sich später die Bezeichnung Stockfisch auch für gesalzenen Trockenfisch eingebürgert.
Im 16. Jahrhundert entdeckten auch die spanischen Fischer den Bacalao, die Basken machten ihn in ganz Spanien bekannt. Ohne besondere Kühlvorrichtungen konnte der Trockenfisch in alle Landesteile transportiert werden und entwickelte sich gerade auch im Binnenland zur wichtigen Eiweißquelle – vor allem an Freitagen und während der vorösterlichen Fastenzeit.

Der Fischeintopf *purrusalda* (hinten) wird aus Stockfisch gemacht, das feine Carpaccio aus fangfrischem Kabeljau.

Da die Kabeljau-Bestände in den Weltmeeren durch Überfischung stark zurückgegangen sind, ist Bacalao inzwischen teuer geworden. Ein Großteil wird heute vor skandinavischen, afrikanischen und amerikanischen Küsten gefangen.
Für eine Hauptmahlzeit rechnet man pro Person 100 bis 150 Gramm Stockfisch. Vor der Zubereitung muß er durch Entsalzen »wiederbelebt« werden. Im Normalfall wird der Bacalao für 24 Stunden in kaltes Wasser gelegt, dabei das Wasser zwei- bis viermal gewechselt. Sehr dicke Stücke sollten 36 Stunden gewässert werden, für ganz dünne Scheiben genügen zwölf Stunden. Die letzten zwei Stunden legt man den Bacalao am besten in warmes Wasser, um auch das letzte Salz herauszulösen. Nun kann der Fisch nach kurzem Abtrocknen zubereitet werden.
In den vergangenen Jahren haben die kreativen Köche des Baskenlandes wieder entdeckt, daß auch frischer Kabeljau sehr delikat schmecken kann. Man serviert *bacalao fresco* gern behutsam gedünstet mit Muscheln oder Meeresfrüchten, als Carpaccio in hauchfeinen Scheiben oder auch zart geräuchert. Auch der Rogen des Kabeljaus wird als Delikatesse gehandelt – ein ehemaliger Arme-Leute-Fisch hat Karriere gemacht.

Purrusalda

Stockfisch mit Lauch und Kartoffeln
(Abbildung links, hinten)

300 g Stockfisch
1/8 l Öl
1 Zwiebel, fein gehackt
2 Knoblauchzehen, fein gehackt
4 mittelgroße Kartoffeln, in Würfel geschnitten
2 Stangen Lauch, in Abschnitte von 3–4 cm geschnitten
1 Lorbeerblatt
Salz und Pfeffer
einige Safranfäden

Den Stockfisch 24 Stunden wässern, dabei mindestens zweimal das Wasser wechseln. Den Fisch in einen Schmortopf legen und ca. 1/2 l Wasser angießen. Zum Kochen bringen und bei kleiner Hitze ca. 8 Minuten ziehen lassen. Den Fisch mit einem Schaumlöffel herausheben, abtropfen und etwas auskühlen lassen. Die Fischbrühe aufheben. Den Fisch von Haut und Gräten befreien und in kleine Stücke schneiden. Das Öl in einer Kasserolle erhitzen, die Zwiebel und den Knoblauch darin glasig dünsten. Die Kartoffelwürfel und den Lauch zugeben, die Fischbrühe zugießen und mit Lorbeerblatt, Salz und Pfeffer würzen. Den Safran im Mörser mit etwas Fischbrühe zerstampfen und in den Eintopf rühren. Die Fischstücke einlegen. Im geschlossenen Topf ca. 25 Minuten garen.

Carpaccio de bacalao fresco

Kabeljau-Carpaccio (Abbildung links, vorne)

500 g Kabeljaufilet am Stück
Saft von 1 Zitrone
Salz
1 TL rosa Pfefferkörner
1 TL schwarze Pfefferkörner
4 EL Olivenöl
2 unbehandelte Zitronen

Kabeljau waschen, trocknen und in Folie wickeln. 2 Stunden im Tiefkühlfach angefrieren lassen. Dann mit einem scharfen Messer oder der Aufschnittmaschine in sehr dünne Scheiben schneiden und 4 Teller schuppenförmig mit den Fischscheiben auslegen. Mit Zitronensaft beträufeln, salzen. Die Pfefferkörner im Mörser zerstoßen und dekorativ über den Fisch geben. Olivenöl darüber träufeln. Jedes Carpaccio mit einer halbierten Zitrone garnieren und sofort servieren.

Bacalao a la vizcaina

Stockfisch nach Biskaya-Art

600 g Stockfisch, in Stücke zerteilt
8 große rote getrocknete Paprikaschoten
Salz
1/8 l Olivenöl
100 g geräucherter Speck, in Würfel geschnitten
100 g luftgetrockneter Schinken, in Würfel geschnitten
3 Gemüsezwiebeln, gehackt
4 Knoblauchzehen, gehackt
1 EL Semmelbrösel
2 EL gehackte Petersilie
1/2 TL scharfes Paprikapulver
1/4 l Fischbrühe
Pfeffer

Stockfisch 24 Stunden wässern, mindestens zweimal das Wasser wechseln. Die Paprikaschoten 1 Stunde in Wasser einweichen, aus dem Wasser nehmen und Fruchtfleisch herauskratzen. Fisch abgießen, trockentupfen, eventuelle Gräten entfernen. Fisch leicht salzen. Olivenöl erhitzen und den Fisch auf jeder Seite ca. 5 Minuten leicht braten, nicht bräunen. Fischstücke aus dem Öl nehmen und beiseite stellen.
Speck, Schinken, Zwiebeln und Knoblauch im Öl glasig dünsten. Paprikafruchtfleisch, Brösel und Petersilie unterrühren, mit Paprikapulver und wenig Salz würzen und Fischbrühe angießen. Sauce ca. 40 Minuten köcheln lassen, eventuell etwas Wasser nachgießen. Sauce mit Pfeffer abschmecken und etwa 1/3 davon in eine feuerfeste Form geben. Fischstücke mit Haut nach oben darauf setzen und mit der restlichen Sauce begießen. Im vorgeheizten Backofen bei 175 °C ca. 15 Minuten garen. In der Form servieren.

Bacalao im Handel

In vielen Städten gibt es Fischgeschäfte, die sich auf den Verkauf von Bacalao spezialisiert haben und Stockfisch in verschiedenen Formen anbieten:

- *Bacalada* heißt der im Ganzen verkaufte Bacalao (bis 60 cm Länge). Größere Exemplare werden tranchiert und in Einzelteilen verkauft.
- *Morro* und *lomo* sind dicke, quadratische oder rechteckige, grätenfreie Rückenstücke und damit die hochwertigsten Teile des Stockfischs; *filete* heißt das streifenförmige Rückenstück.
- *Vientre* oder *loncha* bezeichnet das Bauchfleisch des Bacalao: flache, langfaserige Stücke, meist ohne Gräten (häufig in Dreiecksform geschnitten, daher auch *oreja:* Ohr).
- *Cola,* der hintere Teil des Fischs mit Hauptgräte, hat kräftiges, oft auch etwas zähes Fleisch.
- *Rosario* nennt man die Hauptgräte mit dem daran befindlichen Fleisch. Dieses Stück eignet sich vor allem für Fischbrühen und -fonds.

Oben: Frischer Kabeljau wird auf Holzgestellen getrocknet und reift so zu »Stockfisch«. Trocknete man ihn dagegen auf den Felsen am Meer, nannte man ihn früher »Klippfisch«. Wegen der großen Nachfrage und der riesigen Produktionsmengen wird der Fisch nach dem obligatorischen Einsalzen heute meistens in speziell belüfteten Hallen getrocknet. Unten: Bacalao, der getrocknete Kabeljau, wird in Spanien in ganz speziellen Läden angeboten. Die einzelnen Abschnitte des Trockenfischs haben sehr unterschiedliche Preise.

Im Bacalaogeschäft, das seinen starken Duft bis auf die Straße schickt, kann man sich den getrockneten Fisch in küchengerechte Stücke zerteilen lassen.

Um Stockfisch zum Kochen verwenden zu können, muß man ihn erst einmal gründlich wässern und entsalzen. Das dauert zwischen 24 und 36 Stunden.

Seehecht

Der Seehecht ist ein Herdentier, das im Winter zu einem äußerst trägen Wesen mutiert. Der Grund: In dieser Zeit trifft der räuberische Fisch vor der Küste auf große Sardinenschwärme – und dann wird er ungemein gefräßig. Während er sich tagsüber in tieferen Wasserschichten aufhält, steigt er nachts sehr nah an die Wasseroberfläche, um zu jagen. Dann verschlingt der Seehecht Unmengen der kleinen Fische. Derart vollgefressen büßt er allerdings viel von seiner Beweglichkeit ein. Langsam und schwerfällig, gleichsam wie betäubt, wird er dann zu einer leichten Beute für die Fischer.

Kein Wunder also, daß die spanische Sprache mit dem Seehecht *(merluza)* nicht gerade sehr schmeichelhaft umgeht: *Cojer una merluza* heißt nicht etwa »einen Seehecht angeln«, sondern »sich hoffnungslos besaufen«. Und wer von seinem Gegenüber als *merluzo* tituliert wird, muß sich wohl damit abfinden, als »Naivling« oder »Blödmann« dazustehen.

Seehecht für den spanischen Markt wird heute in fast allen Weltmeeren gefischt und international vermarktet. Die Qualitätsunterschiede sind dabei enorm: Ganz oben rangiert die fangfrische *merluza* aus der Biskaya, insbesondere die direkt vor der baskischen Küste gefangene Angel-Merluza *(merluza de anzuelo)*. Ihr Geschmack ist unvergleichlich, da am Haken geangelter Fisch nicht den langen Kampf in Schleppnetzen durchmacht und unmittelbar nach dem Fang in den Kochtopf kommt. Früher wurden die Köpfe der Fische gleich an Bord mit reichlich Knoblauch zu einer wärmenden Brühe verkocht. Heute aber verkaufen die Fischer den frischen Angel-Seehecht meist zu horrenden Preisen an die besten Restaurants. Im Handel und auf den Fischmärkten erscheint dagegen gewöhnlich der mit Schleppnetzen gefischte und dann tiefgefrorene Seehecht – im besten Fall ebenfalls aus der Biskaya. Am billigsten, jedoch auch geschmacklich weniger wertvoll, ist Seehecht aus Afrika, Kalifornien und Südamerika, der zum Verbraucher lange Wege zurücklegen muß.

Der Seehecht *(merluza)* darf auf keiner spanischen Speisekarte fehlen. Die feinen Filets sind sehr gefragt, und die Kiemenbäckchen *(kokotxas)* gelten als echte Delikatesse.

In der baskischen Küche wird vor allem das Filet oder Medaillon vom Seehecht verwendet. Die Kiemenbäckchen *(kokotxas de merluza)* wanderten noch Anfang des 20. Jahrhunderts schlichtweg in den Abfall. Inzwischen findet man die delikaten Stückchen aber zu gesalzenen Preisen auf den Märkten. Meistens werden die beiden äußerst zarten, gallertartigen Fleischpartien aus dem Kiemenbereich des Seehechts betont langsam in Olivenöl mit Knoblauch *(al pil-pil)* und manchmal auch zusätzlich mit gehackter Petersilie *(en salsa verde)* gegart, bis sich das Fischeiweiß mit dem Öl verbunden hat und eine dicke, cremige Sauce bildet. Der Begriff *pil-pil* vollzieht lautmalerisch das Geräusch nach, das beim Kontakt von heißem Öl mit der Fischsubstanz entsteht.

Nicht zu verachten ist auch der Rogen des Seehechts *(huevas de merluza)*. Dieses kostbare Produkt wird von versierten Fachkräften von Hand vom Bauch der weiblichen Tiere herausgelöst. Dann wird das empfindliche Produkt entweder frisch verzehrt – gewiß die delikateste Form – oder in Dosen konserviert: im eigenen Saft, in Pflanzenöl oder in einer zarten Vinaigrette. Seehechtrogen dient als preiswerter Kaviarersatz und wird gern auf Canapés und Tapas sowie für Eierspeisen und für die Garnierung von Fisch und anderen Gerichten verwendet.

Mit riesigen Netzen stellen diese Fischer dem Seehecht nach. Als besonders delikat gelten allerdings Exemplare aus der Biskaya, die mit der Angel gefangen wurden.

Merluza a la koskera

Seehecht mit Spargel und Erbsen
(Abbildung rechte Seite oben)

4 Scheiben Seehecht à 200 g
Salz
Mehl zum Wenden
5 EL Olivenöl
4 Knoblauchzehen, fein gehackt
1 Schalotte, fein gehackt
1/8 l Weißwein
250 g Venusmuscheln, gesäubert
200 g grüne Erbsen, gekocht
200 g Spargelspitzen, gekocht
Pfeffer

Den Seehecht waschen, trockentupfen, salzen und etwas ziehen lassen. In Mehl wenden, überschüssiges Mehl abklopfen.

Das Olivenöl in einer Kasserolle erhitzen, Knoblauch und Schalotte darin glasig dünsten. Den Fisch einlegen und auf beiden Seiten kurz anbraten. Mit Weißwein aufgießen und die Venusmuscheln zufügen. Bei kleiner Hitze zugedeckt 10 Minuten garen, dabei die Kasserolle mehrmals rütteln. Erbsen und Spargelspitzen vorsichtig untermischen und in der Sauce kurz erhitzen. Mit Salz und Pfeffer abschmecken.

Den vielseitigen Seehecht kombinieren die Basken mit ganz unterschiedlichen Ingredienzen. Die Früchte der Erde und des Meeres harmonieren ideal bei *merluza a la koskera*: Seehecht mit Erbsen, zarten Spargelspitzen und Venusmuscheln (oben). Kreative Köche scheuen sich auch nicht, den Fisch mit Pilzen oder Früchten zu bereichern. Sehr delikat sind die Kiemenbäckchen des Seehechts (*kokotxas de merluza*, unten), die man gut mit dem gedünsteten Fisch kombinieren kann.

Man schneidet die Knoblauchzehen in feine Scheiben und schwitzt sie in Olivenöl an, bis sie leicht gelb sind.

Dann fügt man die Kiemenbäckchen hinzu. Während der Garzeit wird die Pfanne nun ständig gut gerüttelt.

Wenn sich der Fischsaft mit dem Öl zu einer dicklichen Sauce verbunden hat, kann man Petersilie hinzufügen.

Die *kokotxas* kommen sehr heiß auf den Tisch. In den Restaurants hat die edle Speise meist einen stolzen Preis.

Kokotxas de merluza al pil-pil

Seehechtbäckchen mit Knoblauchsauce
(Abbildungen links)

800 g Seehechtbäckchen
Salz
200 ml Olivenöl
3 Knoblauchzehen, in dünne Scheiben geschnitten
1 EL gehackte Petersilie

Die Seehechtbäckchen von den Gräten lösen und salzen. Das Olivenöl in einer tiefen Pfanne oder Stielkasserolle erhitzen und den Knoblauch darin hellgelb anschwitzen. Die Seehechtbäckchen zufügen und die Hitze reduzieren. 10 Minuten garen, dabei die Kasserolle ständig rütteln, damit sich das Öl mit dem austretenden Eiweiß verbindet und eine dickliche Sauce entsteht. Vor dem Servieren mit der Petersilie bestreuen und in der Form auftragen.

Variation: Gart man 2 EL gehackte Petersilie in der Sauce mit, so erhält man *kokotxas en salsa verde* (Kiemenbäckchen in grüner Sauce).

Hummer

Er gilt als König der Krebswelt: Der Hummer *(bogavante* oder *lubrigante)*, Liebling vieler Feinschmecker, hält sich am liebsten in Gewässern mit felsigem Untergrund auf. Seine Untertanen beeindruckt er mit zwei großen Scheren, die sich niemals ganz gleichen. Die kräftigere (meist die rechte) dient dem Tier zum Greifen und Zerbrechen der Beute, die weniger entwickelte zum Abtasten und Zerkleinern. Der Hummer ist von der Languste leicht zu unterscheiden, denn diese hat keine Scheren.
Während des Tages haust der Hummer in Höhlen und unter Felsen, erst nachts geht er auf Beutezug, um seine Lieblingsspeise aufzuspüren: Tintenfische, kleine Krebse und Fische. Im Verlauf seines Wachstums wechselt der Hummer immer wieder den Panzer. Das zunehmende Körpervolumen sprengt die äußere Schale, das nackte Tier zieht sich für einige Wochen in eine schützende Höhle zurück, bis sich die dicke Lederhaut zum neuen Panzer verhärtet hat.
In Spanien werden Hummer von Juni bis August mit Hummerkörben oder Grundschleppnetzen gefangen, die über den Meeresboden gezogen werden. Da die edlen Krebstiere meist lebend verkauft werden, müssen sie nach dem Fang sehr behutsam behandelt werden, denn Streß vermindert die Qualität.
Aufgrund der massiven Überfischung der meisten Gewässer ist der europäische Hummer (lat. *Homarus gammarus*) inzwischen zu einer hochpreisigen Rarität avanciert. Deshalb findet man auf baskischen Märkten häufig auch amerikanischen Hummer (lat. *Homarus americanus*). Er wird meist vor der kanadischen Ostküste gefangen, wo die Bestände noch reichhaltiger sind. Der amerikanische Hummer ist insgesamt etwas gedrungener und hat größere Scheren mit einem höheren Fleischanteil. Während sein Panzer schwarz-rötlich ist, weist der Panzer des europäischen Hummers eine dunkle, manchmal ins Bläuliche spielende Farbe auf. Erst beim Kochen nimmt er seine markante rote Färbung an.
Man kauft Hummer am besten lebend aus dem Bassin. Um festzustellen, ob ein Exemplar in seinem Inneren vollfleischig ist, was man von außen nur schwer feststellen kann, nimmt man ihn hoch und beobachtet seine Reflexe: Zeigt er mit seinen Scheren eine kräftige und vitale Reaktion, ist er meist vollfleischig. Bewegt er sich träge, weist das auf weniger Fleisch hin. Mit einem feuchten Tuch bedeckt, läßt sich frischer Hummer für zwei Tage im Kühlschrank aufbewahren. 15 bis 20 Minuten Kochzeit sind genug, damit das Fleisch zart bleibt und seinen delikaten Geschmack nicht verliert.

Beim Hummer *(bogavante)* ist die rechte Schere fast immer stärker entwickelt. Damit knackt er seine Beute.

Salpicón de lubrigante

Hummer-Vinaigrette

2 Lorbeerblätter
Salz
1 Hummer, ca. 2,5 kg
1 frische rote Chilischote, entkernt und fein gehackt
200 g grüne Oliven
2 EL Weißweinessig
Pfeffer
5 EL Olivenöl
1 TL gehackte Petersilie

In einem großen Topf reichlich Wasser mit den Lorbeerblättern und etwas Salz zum Kochen bringen. Den lebenden Hummer mit dem Kopf voraus ins Wasser geben und bei großer Hitze ca. 20 Minuten kochen. Aus dem Wasser heben, abtropfen und auskühlen lassen. Dann das Fleisch aus den Scheren, den Beinen und dem Schwanz auslösen und in Scheiben schneiden. Das Hummerfleisch auf einer Servierplatte mit der gehackten Chilischote und den Oliven dekorativ anrichten.
Für die Vinaigrette den Weißweinessig mit Salz, Pfeffer und Olivenöl verrühren. Die Sauce über das Hummerfleisch träufeln und alles mit der Petersilie bestreuen.

Hummer essen mit Geschick und Genuss

Um einen Hummer verzehren zu können, dreht man die Scheren ab und zerteilt ihn mit einem Messer in zwei Hälften. Nun steht dem Genuß nichts mehr im Wege.

Jetzt knackt man das große Scherenstück. Da dieser Teil des Hummers am härtesten gepanzert ist, sollte man hierzu am besten die Hummerzange benutzen.

Mit Messer und Gabel kann man das Fleisch aus dem Panzer herausheben. Der grünliche Teil ist hierbei ganz besonders edel: die äußerst schmackhafte Leber.

Nachdem man mit der Hummerzange den Panzer am unteren Teil der Schere an mehreren Stellen geknackt hat, entnimmt man das Fleisch mit der Hummergabel.

Das Fleisch aus dem unteren Glied der Schere läßt sich mit der Hummergabel leicht auslösen. Man zieht das Gelenk auseinander, und das feine Fleisch liegt frei.

Nun kann man den Panzer mit Hummergabel und Gabel öffnen und das feine Fleisch herausheben. Den Panzer mit der Hand zu öffnen ist ebenfalls erlaubt.

Die Ausbeute der harten Arbeit mag nicht allzu üppig sein, doch ein ganz frischer Hummer belohnt die Mühe tausendfach mit zartem Fleisch und delikatem Aroma.

Spanische Meeresfrüchte

Hummer *(bogavante)*: der Star unter den Krebstieren, bis zu einem halben Meter lang, sollte stets lebend gekauft werden, äußerst delikates Fleisch.

Garnelen *(gambas* und *langostinos)*: auf dem Markt in vielen verschiedenen Unterarten, besonders gute Sorten kommen aus Katalonien, Valencia und Andalusien. Kleinere Sorten heißen *quisquillas* und *camarones*

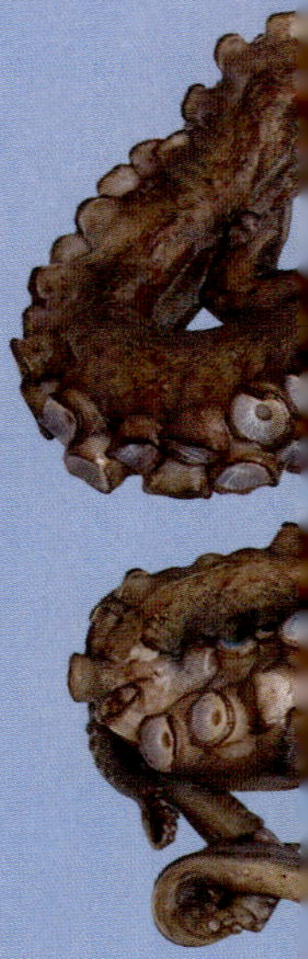

Languste *(langosta)*: Bodenkrebs ohne Scheren, sehr schmackhaftes Fleisch, man kauft sie lebend.

Kaisergranat *(cigala)*: Tiefseekrebs mit sehr schmackhaftem Fleisch, besonders gut aus kühleren Gewässern.

Schwimmkrabbe *(nécora)*: schwer zu zerlegen, wenig Fleisch, aber dafür sehr schmackhaft.

See-/Meerspinne *(centollo, txangurro)*: vor allem in Nordspanien beliebt, ausgesprochen schmackhaftes Fleisch.

Taschenkrebs *(buey de mar)*: delikates Fleisch, vor allem in den Scheren, feine Leber.

Gemeiner Kalmar *(calamar)*: sehr schmackhafter Tintenfisch, der oft in der eigenen Tinte oder mit diversen Füllungen auf den Tisch kommt.

Kleiner Kalmar *(chipirón)*: delikater Tintenfisch, meist von der Atlantikküste.

Krake *(pulpo)*: achtarmiger Oktopus, vor allem in Galicien sehr beliebt, meist in Salzwasser gekocht.

Purpurschnecke *(cañadilla)*: spiralig geformte Schnecke mit gutem Geschmack, ihre Drüsenabsonderung diente früher der Herstellung von Purpur.

Strandschnecke *(bígaro)*: aus dem Atlantik, meist kurz in Salzwasser gekocht.

Rauhe Venusmuschel *(verigüeto)*: gräbt sich mit ihren stark geriffelten Schalen in die Erde ein.

Mies- oder Pfahlmuschel *(mejillón)*: in ganz Spanien beliebt, im Winter am besten, eignet sich für viele Arten der Zubereitung.

Entenmuscheln *(percebes)*: äußerst schmackhafte kleine Krebstiere, meist schlicht in Wasser gekocht.

Samtmuschel *(escupiña)*: sehr dickschalig, wenig delikater Geschmack.

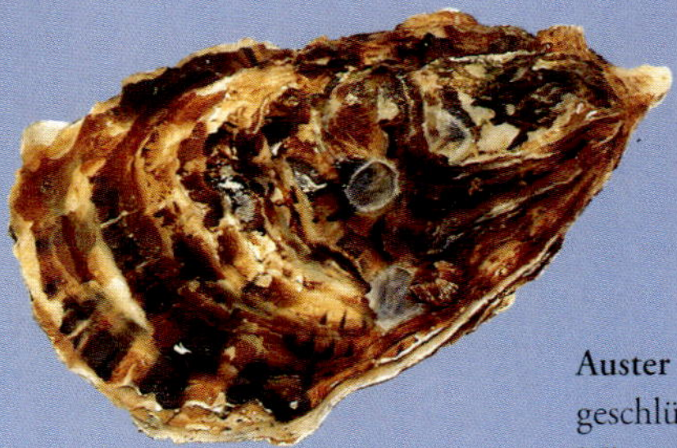

Auster *(ostra)*: wird meist roh geschlürft, sehr reich an Mineralien.

Schwertmuschel oder **Messerscheide** *(navaja)*: schmackhaft, häufig vom Grill oder gedämpft.

Venusmuschel *(almeja)*: eine der beliebtesten Muscheln in der spanischen Küche.

Herzmuschel *(berberecho)*: bauchige Muschel, wenig Fleisch, aber feines Aroma.

Kammuschel *(zamburiña*, oben) und **Jakobsmuschel** *(vieira)* gehören zu den delikatesten Muscheln überhaupt.

Seeigel *(erizos)*: Verzehrt werden bei Weibchen und Männchen jeweils nur die schmackhaften Keimdrüsen.

Meeresküche a la vasca

Marmitako
Thunfischtopf
(Abbildung unten)

800 g frischer Thunfisch
Salz und Pfeffer
1/8 l Olivenöl
2 Zwiebeln, fein gehackt
2 Knoblauchzehen, fein gehackt
2 große grüne Paprikaschoten, entkernt und in Würfel geschnitten
2 reife Fleischtomaten, enthäutet und in Würfel geschnitten
4 große Kartoffeln, in Würfel geschnitten
1/2 l Fischbrühe
1 EL gehackte Petersilie

Thunfisch waschen, trockentupfen, in mundgerechte Stücke schneiden, salzen und pfeffern. Das Olivenöl in einem Eisentopf oder einer feuerfesten Tonkasserolle erhitzen, die Zwiebeln und den Knoblauch darin glasig dünsten. Die Paprika zufügen und kurz anschmoren. Die Tomaten und die Kartoffeln untermischen, die Fischbrühe angießen und das Gemüse 20 Minuten köcheln lassen.
Die Thunfischstücke zugeben und unter das Gemüse heben. Im Gemüse 10 Minuten ziehen lassen, nicht mehr kochen. Mit Salz und Pfeffer abschmecken, mit der Petersilie bestreuen und im Eisentopf oder in der Tonkasserolle servieren. Dazu reicht man getoastete Weißbrotscheiben oder geröstete Weißbrotwürfel.

Thunfisch, Kartoffeln und Knoblauch (oben) sind die wichtigsten Zutaten für einen *marmitako*, der sich noch mit Zwiebeln und Paprika verfeinern läßt. Den Eintopf zu verspeisen ist ein gesellschaftliches Ereignis (rechts).

Filetes de lenguado al txakolí
Seezungenfilets in Txakolí-Wein

8 Seezungenfilets
Salz und Pfeffer
Mehl zum Wenden
4 EL Olivenöl
8 rohe Scampi (Kaisergranat), küchenfertig
1 Zwiebel, fein gehackt
2 Knoblauchzehen, gehackt
1 große reife Fleischtomate, enthäutet und in Würfel geschnitten
250 g Miesmuscheln, geputzt
1/4 l Txakoli oder anderer trockener Weißwein

Seezungenfilets waschen, trockentupfen, mit Salz und Pfeffer würzen. In Mehl wenden, überschüssiges Mehl abklopfen. Olivenöl in einer tiefen Pfanne erhitzen und Seezungenfilets auf beiden Seiten goldbraun braten. Herausheben und warm stellen. Scampi im Öl einige Minuten braten, aus der Pfanne nehmen und ebenfalls warm stellen. Zwiebel und Knoblauch im Öl glasig dünsten, Tomatenwürfel zugeben und anschmoren. Miesmuscheln in die Pfanne geben, Deckel schließen und Muscheln 5 Minuten bei starker Hitze dämpfen, Pfanne mehrmals rütteln. Mit Wein aufgießen und einmal aufkochen. Seezungenfilets und Scampi einlegen, 2–3 Minuten in der Sauce ziehen lassen.

Setas con almejas
Pilze mit Venusmuscheln

1/8 l Olivenöl
1 große Gemüsezwiebel, fein gehackt
3 Knoblauchzehen, gehackt
1 kg gemischte Waldpilze, geputzt und in mundgerechte Stücke geschnitten
2 EL gehackte Petersilie
einige Safranfäden
1/2 TL scharfes Paprikapulver
1/4 l Weißwein
Salz und Pfeffer
1 kg Venusmuscheln, küchenfertig

Olivenöl in einer tiefen Eisenpfanne erhitzen, Zwiebel und Knoblauch darin glasig dünsten. Pilze zugeben und braten, bis die Garflüssigkeit fast verdampft ist. Petersilie untermischen. Safran im Mörser mit Paprikapulver und etwas Wasser zerstampfen, unter die Pilze rühren, den Weißwein angießen. Mit Salz und Pfeffer würzen. Die Muscheln in die Pfanne geben und zugedeckt bei großer Hitze 5 Minuten dämpfen, dabei die Pfanne mehrmals rütteln. Vor dem Servieren geschlossene Muscheln entfernen.

Txangurro relleno
Gefüllte Seespinne
(Abbildung unten)

1 Bund Suppengrün
1 Zwiebel, abgezogen und halbiert
Salz
4 mittelgroße Seespinnen (Teufelskrabben)
2 Schalotten, fein gehackt
2 Knoblauchzehen, fein gehackt
4 EL Olivenöl
2 Karotten, in kleine Würfel geschnitten
1 Stange Lauch, in feine Ringe geschnitten
2 Tomaten, enthäutet und in Würfel geschnitten
5 cl trockener Sherry
Pfeffer
2 EL Semmelbrösel
1 EL gehackte Petersilie
2 EL Butter

Suppengrün und Zwiebel in Salzwasser zum Kochen bringen. Meerspinnen in das kochende Wasser einlegen und ca. 8 Minuten kochen lassen. Aus dem Wasser heben und auskühlen lassen. Den Panzer mit einem scharfen Messer öffnen, Beine und Scheren abschneiden. Das Fleisch aus Panzer und Beinen lösen und kleinschneiden.
Schalotten und Knoblauchzehen im Olivenöl glasig dünsten. Karotten, Lauch und Tomaten zufügen und 5 Minuten schmoren lassen. Einige Eßlöffel der Kochflüssigkeit sowie das Meerspinnenfleisch unterrühren, weitere 10 Minuten köcheln lassen. Sherry angießen, mit Salz und Pfeffer abschmecken. Masse in die Meerspinnenpanzer füllen. Semmelbrösel und Petersilie vermengen, über die Füllung verteilen. Butter in Flöckchen darauf setzen und im vorgeheizten Backofen bei 200 °C gratinieren. Sofort servieren.

Seespinne

Die Große Seespinne ist gar keine Spinne – soviel vorweg. Ihr Zweitname Teufelskrabbe kommt der Sache schon näher: Die Seespinne ist ein Krebstier, das in keiner anderen Region Spaniens so begeisterte Liebhaber hat wie im Baskenland. Typisch für die Seespinne (baskisch *txangurro,* spanisch *centollo*) sind der rundliche, mit pockenartigen Erhebungen übersäte Panzer mit einem Durchmesser von zehn bis 20 Zentimetern sowie zwei zierliche Scheren. Zur Fortbewegung hat die Seespinne (auch Meerspinne) auf beiden Seiten jeweils vier dünne Beinchen und ähnelt damit tatsächlich einer Spinne (Abbildung Seite 162). So wird wohl der irreführende deutsche Name entstanden sein. Die Seespinne lebt in Höhlungen und zwischen Steinen auf dem Meeresgrund und ernährt sich von Wasserpflanzen und Weichtieren. Die weiblichen Tiere gelten als etwas aromatischer als die Männchen – im Kochtopf landen aber beide.

Aal

Aalfang war in Nordspanien immer schon ein beliebter Männersport. Wenn die Bauern früher nicht viel Arbeit hatten, versuchten sie ihr Glück und deponierten in den nahegelegenen Bächen oder Seen Reusen oder Stellnetze, präparierte Aalkisten oder -körbe. Noch vor 50 Jahren hatten sie dabei meist Erfolg und konnten der Bäuerin fette Aale direkt in den Kochtopf liefern. Aber die Bestände an europäischem Flußaal (lat. *Anguilla anguilla,* span. *anguila*) sind durch die Verunreinigung der Gewässer, den Bau von Staudämmen und die Verbreitung des Schwimmblasenwurms deutlich zurückgegangen. So ist aus dem Aal ist eine teure Rarität geworden.

Geboren werden die Larven der Aale in der Sargassosee südlich der Bermudainseln im westlichen Atlantik. Dann lassen sie sich mit dem Golfstrom nach Europa treiben und ernähren sich unterwegs von Plankton. Die lange Reise kann bis zu drei Jahre dauern. Als Glasaale *(angulas)* kommen sie in der Alten Welt an: jung und zart, transparent und gerade einmal streichholzgroß. Schon in diesem frühen Stadium endet für viele Jünglinge die Reise, denn Glasaale gelten im Baskenland als Delikatesse.

Während die männlichen Jungaale, so sie den Fischern entgehen, meist im Brackwasser der Flußmündungen zurückbleiben, schwimmen die weiblichen Tiere die Flüsse hinauf, bis sie ein geeignetes Domizil gefunden haben. Dort bleiben sie für zehn bis 20 Jahre, ernähren sich von Würmern, Schnecken, Krustentieren und kleinen Fischen, ehe sie, falls sie nicht vorher zur Beute baskischer Angler werden, wieder ins Meer am Golf von Biskaya zurückschwimmen und die lange Heimreise antreten zurück zur Sargassosee im Westatlantik, wo sie sich paaren, vermehren – und dann sterben.

Im Süßwasser gefangene Aale können bis zu 1,50 Meter lang und bis zu sechs Kilo schwer sein. Allerdings sind kleinere Exemplare von 500 bis 1000 Gramm zarter und schmackhafter. Aalfleisch enthält fast 25 Prozent Fett und ist deshalb recht schwer verdaulich (zum Vergleich: Forelle hat nur 2,7 Prozent Fett). In Spanien wird Aal, anders als in Zentral- und Nordeuropa, selten geräuchert, sondern meist gedünstet, geschmort oder gebraten. Im Norden des Landes ist auch Aalpastete eine beliebte Spezialität.

Junge Glasaale sind nur wenige Zentimeter lang. Kaum sind sie nach ihrer langen Reise an der spanischen Küste angekommen, landen sie schon in den Kochtöpfen.

Durch das Erhitzen werden die Glasaale weiß (oben). Meistens werden sie in der Tonschale mit Knoblauch, Olivenöl und scharfen Paprikaschoten serviert (unten).

Angulas

Glasaale

400 ml Olivenöl
6 Knoblauchzehen, in dünne Scheiben geschnitten
2 getrocknete rote Chilischoten, entkernt und in Streifen geschnitten
500 g frische Glasaale

Das Olivenöl in einer Kasserolle nicht zu stark erhitzen und die Knoblauchscheiben darin goldbraun anbraten. Die Chilischoten zufügen und die Hitze reduzieren. Dann die Glasaale in das Öl geben und unter Rühren mit einem Holzlöffel 1 Minute im Öl garen, nicht braten. Mit dem Öl in 4 vorgewärmte Tonschälchen verteilen und sehr heiß servieren.

Im Baskenland werden Glasaale mit Holzgabeln serviert, damit man sich nicht den Mund verbrennt.

Die meisten Unterarten des Aals leben im Meer, und selbst die sogenannten Flußaale werden im westlichen Atlantik geboren, ehe sie ihre lange Reise nach Europa antreten. Auf spanischen Märkten findet man häufig den Meeraal *(congrio)*, die teuren, kleinen Glasaale *(angulas)* sowie ausgewachsene Flußaale *(anguilas)*.

All-i-pebre

Aal »Knoblauch und Paprika« (aus Valencia)

1 Aal, ca. 1 kg
Salz
1/8 l Olivenöl
1 Zwiebel, fein gehackt
1/2 TL mildes Paprikapulver
1 EL Mehl
2 scharfe rote Paprikaschoten, entkernt und in Streifen geschnitten
3 Knoblauchzehen, gehackt
einige Saranfäden
1 Scheibe geröstetes Weißbrot
Pfeffer
1 EL gehackte Petersilie

Den Aal ausnehmen, Flossen abschneiden und die Haut hinter dem Kopf quer einschneiden. Die Haut rundherum vom Fleisch lösen und abziehen. Kopf und Schwanz abschneiden, Aal waschen, abtrocknen, in Stücke schneiden und salzen.
Das Olivenöl in einer Tonkasserolle oder tiefen Pfanne erhitzen, die Zwiebel darin glasig dünsten. Paprikapulver und Mehl einrühren. 1/4 l warmes Wasser unter Rühren angießen, aufkochen lassen und die Aalstücke sowie die Paprikastreifen einlegen. Eventuell noch etwas Wasser zugießen, bis der Aal knapp bedeckt ist. Bei kleiner Hitze 10 Minuten sieden lassen.
Den Knoblauch mit dem Safran, dem Weißbrot und etwas Aalbrühe im Mörser zerstampfen. In die Garflüssigkeit rühren und den Fisch weitere 10 Minuten gar ziehen lassen. Vor dem Servieren mit Salz und Pfeffer abschmecken und mit der gehackten Petersilie bestreuen.

Anguilas con habichuelas

Aal mit weißen Bohnen

400 g getrocknete weiße Bohnen
600 g Aal, ausgenommen und enthäutet
Salz
5 EL Olivenöl
1 Zwiebel, gehackt
1 grüne Paprikaschote, entkernt und in kleine Würfel geschnitten
2 große reife Fleischtomaten, enthäutet und in Würfel geschnitten
Pfeffer
1 EL gehackte Petersilie

Die Bohnen über Nacht in kaltem Wasser einweichen. Am nächsten Tag mit dem Einweichwasser zum Kochen bringen, so viel Wasser zugießen, daß die Bohnen gut bedeckt sind. Bei mittlerer Hitze 30 Minuten köcheln lassen.
Den Aal waschen und in Portionsstücke zerteilen. Zu den Bohnen geben, salzen und bei kleiner Hitze ca. 20 Minuten garen.
Inzwischen das Olivenöl in einer Pfanne erhitzen, die Zwiebel darin glasig dünsten. Paprika zugeben und kurz anbraten. Die Tomaten untermischen, mit Salz und Pfeffer würzen und 15 Minuten schmoren. Die Gemüsemischung in den Bohneneintopf geben und noch einige Minuten bei kleiner Hitze ziehen lassen. Vor dem Servieren mit der Petersilie bestreuen.

Gemüse und Pilze

Babarrunak und *zizak* sind die Grundpfeiler der baskischen Gemüseküche: Bohnen und Pilze. *Alubias negras de Tolosa* gehören zu den teuersten spanischen Hülsenfrüchten. Diese schwarzen Bohnen sind butterweich, haben ein kräftiges Aroma und eine angenehme Sämigkeit. Eine tragende Rolle spielen sie in Eintöpfen sowie als Beilage zu deftigen Fleischgerichten.
In Sachen Pilzkonsum sind die Basken kaum zu schlagen. Nur die Katalanen verdrücken noch größere Mengen davon. Der beliebteste und teuerste Speisepilz im Baskenland ist der *perretxiku* (lat. *Tricholoma georgii*, span. *perrechico*) aus der Familie der Ritterlinge. Am liebsten essen die Basken diesen Pilz so schlicht wie möglich, damit sein charakteristischer Duft nach Getreidemehl voll zur Geltung kommt: in der Pfanne gebraten, im Ofen gegart oder mit Rührei. Doch auch in Kombinationen mit Schnecken, Fleisch oder gar Fisch macht sich der *perretxiku* gut. Beliebt sind in der Region auch der Steinpilz, der Edelreizker, der Wiesenchampignon sowie Seitlinge, Täublinge und Trichterlinge.
Kartoffeln aus der Provinz Álava sind unter dem geschützten Namen *arabako patata* im Handel. Vor allem in der Gegend von Bilbao wird dem Blattspinat eine besondere Gunst entgegengebracht. Weiter schätzt die baskische Küche kleine, grüne Paprikaschoten aus der Gegend von Gernika *(gernikako piperra)* sowie Staudensellerie, Mangold, Lauch, frische Erbsen, Bohnen, Karde (Gemüseartischocke) und Artischocke.

Alubias negras de Tolosa

Schwarze Bohnen aus Tolosa

500 g getrocknete schwarze Bohnen
150 g durchwachsener Bauchspeck
3 EL Olivenöl
Salz
4 Chorizo-Würste oder andere Paprikawürste
1 kleine Zwiebel, fein gehackt
4 Knoblauchzehen, fein gehackt
1 Stange Lauch, in feine Ringe geschnitten
Pfeffer

Bohnen über Nacht in Wasser einweichen. Die Bohnen abschütten. In einen Topf geben, Speck, 1 EL Olivenöl und etwas Salz zufügen und so viel kaltes Wasser angießen, daß alle Zutaten gut bedeckt sind. Zum Kochen bringen und bei kleiner Hitze ca. 45 Minuten köcheln, eventuell etwas Wasser nachgießen. Die Würste mit einer Gabel anstechen, zu den Bohnen geben und weitere 15 Minuten köcheln. Inzwischen Zwiebel und Knoblauch im restlichen Öl glasig dünsten. Lauch zufügen und im Öl Farbe nehmen lassen. Unter den Eintopf rühren, mit Salz und Pfeffer abschmecken und sehr heiß servieren.

Der *perretxiku* (auch *seta de Orduña, seta de abril* oder *seta de San Jorge*) wächst im Frühjahr auf Wiesen und im Unterholz, vor allem unter Weißdorn und Baumheide.

Die feinen, sämig-kochenden *alubias de Tolosa* zählen zu den edelsten Bohnensorten des Landes. Sie haben einen delikaten Geschmack und brauchen nur wenig Beiwerk.

Piperrada

Paprikaomelett
(Abbildung links)

5 EL Olivenöl
1 Zwiebel, fein gehackt
2 Knoblauchzehen, fein gehackt
100 g luftgetrockneter Schinken, in feine Streifen geschnitten
je 1 rote und 1 grüne Paprikaschote, entkernt und in schmale Streifen geschnitten
4 reife Tomaten, enthäutet und in Würfel geschnitten
Salz und Pfeffer
4 Eier

Das Olivenöl in einer tiefen Panne erhitzen. Die Zwiebel, den Knoblauch und den Schinken darin glasig dünsten, dann die Paprikastreifen hinzufügen und anschmoren. Die Tomaten untermischen und das Gemüse fast garkochen. Mit Salz und Pfeffer würzen.
Die Eier verquirlen und über das Gemüse gießen, nicht unterrühren. Bei kleiner Hitze stocken lassen. Vor dem Servieren auf einen Teller stürzen.

Perrechicos fritos
Gebratene *perretxiku*-Pilze

4 EL Olivenöl
2–3 Knoblauchzehen, fein gehackt
500 g perretxiku-*Pilze oder andere Waldpilze, geputzt und in mundgerechte Stücke geschnitten*
Salz und Pfeffer

Olivenöl in einer Kasserolle nicht zu stark erhitzen und den Knoblauch darin glasig dünsten, er soll keine Farbe nehmen. Pilze dazugeben und ohne Deckel schmoren, bis die Garflüssigkeit verdampft ist. Salzen und pfeffern, heiß servieren.

Hojaldre de espinacas y gambas
Blätterteig mit Spinat und Garnelen

1 Paket Tiefkühlblätterteig
500 g Blattspinat
1 Zwiebel, fein gehackt
1 Knoblauchzehe, fein gehackt
1 EL Olivenöl
100 g Serrano-Schinken, in feine Streifen geschnitten
1 EL Butter
1 EL Mehl
1/4 l Milch
Salz und Pfeffer
1 Msp. gemahlene Muskatnuß
1 Msp. Zimt
Zucker
2 Eier, getrennt
200 g gekochte geschälte Garnelen
1 Eigelb

Blätterteig nach Packungsanleitung auftauen. Ausrollen und in 12 Quadrate schneiden. Blattspinat verlesen und gründlich waschen. Zwiebel und Knoblauch im Olivenöl glasig dünsten. Schinken und tropfnassen Blattspinat zufügen, im geschlossen Topf einige Minuten dünsten. Dann offen bei kleiner Hitze weiter garen.
In einem zweiten Topf die Butter zerlassen, Mehl zufügen und anschwitzen. Unter Rühren die Milch angießen, zu einer dicken Bechamel einkochen. Unter den Spinat mischen, mit Salz, Pfeffer, Muskat, Zimt und Zucker süßlich abschmecken und vom Herd nehmen. Eiweiß mit 1 Prise Salz sehr steif schlagen. Eigelb in die Spinatmasse rühren, dann Eischnee vorsichtig unterheben. Zuletzt die Garnelen untermengen.
Ein Backblech mit kaltem Wasser abspülen und 4 Blätterteigstücke darauf legen. Die Hälfte der Spinatmasse darauf verteilen, mit Blätterteig bedecken, die restliche Masse darüber geben und mit den restlichen Teigquadraten bedecken. Mit dem verquirltem Eigelb bestreichen und im vorgeheizten Backofen bei 220 °C ca. 15 Minuten backen. Sofort servieren.

Frische Zutaten für die baskischen Gemüsegerichte kauft man am besten auf den Märkten. San Sebastián hat gleich mehrere Markthallen zur Auswahl, und auch in den anderen Orten der Region wird Gemüse täglich frisch angeliefert.

Steinpilze *(boletos)* gehören zu den beliebtesten Ingredienzen der spanischen Pilzküche. Traditionell schmort man sie meist nur mit etwas Knoblauch, in modernen Kreationen werden sie häufig auch mit Fleisch oder Fisch kombiniert.

Männer-Wirtschaft

Es gab Zeiten, da genügte eine schwarze Bohne, um einem Mann den Zutritt ins kulinarische Paradies zu verwehren. Mit den Hülsenfrüchten stimmten früher einige gastronomische Gesellschaften *(txokos)* darüber ab, wer in ihrem Kreise Mitglied werden durfte – und wer nicht. Der Aspirant erhoffte sehnlichst lauter weiße Bohnen, denn die Wahl mußte einstimmig ausfallen.
Txokos sind eine Art gastronomische Bruderschaften, deren Mitglieder sich regelmäßig zusammenfinden, um gemeinsam zu kochen und sich der Freude am Essen und Trinken hinzugeben. Diese Institution gilt im Baskenland seit Jahr und Tag als kultureller Besitzstand und erfreut sich nach wie vor enormer Beliebtheit. Die Txokos halten die Tradition der regionalen Küche hoch, experimentieren aber auch gern mit neuen Kreationen.
Der erste Txoko wurde 1843 in San Sebastían gegründet, weitere gastronomische Gesellschaften entstanden um 1870, und um die Jahrhundertwende schossen die lukullischen Clubs wie Pilze aus dem Boden, als der mit der Industrialisierung aufkommende Wohlstand pompöse Festessen erlaubte. *Txoko* beutet »Winkel« oder »Hafen«, und vielfach kamen die Industrie- und Werftarbeiter nach Feierabend mit ihren Kollegen zusammen, um sich bei einem guten Essen und reichlich Wein zu entspannen.
Heute gibt es allein in der baskischen Provinz Guipúzcoa rund 300 Txokos. Als Hochburg gilt immer noch San Sebastián, wo in jedem Stadtviertel einige gastronomische Gesellschaften ihren Sitz haben – vor allem natürlich dort, wo es pro Quadratkilometer mehr Restaurants, Tavernen und Bars gibt als in jedem anderen spanischen Ort: in der *Parte Vieja,* der Altstadt. Dabei sind alle sozialen Schichten vertreten. Ob Bankier oder Busfahrer, ob Hafenarbeiter oder Hochschullehrer – jeder kann ein *tripazai* sein, ein Koch in der gastronomischen Gesellschaft. Was einzig zählt sind die Lust am Genuß, das Engagement am Herd und die pünktliche Bezahlung des monatlichen Mitgliedsbeitrags.
Ein Txoko verfügt in der Regel über ein eigenes Vereinslokal mit komplett eingerichteter Küche, Speisesaal sowie Lagerräumen für Speisen und Getränke. Haben manche Txokos gerade mal ein Dutzend Mitglieder, so tummeln sich in anderen Gesellschaften bis zu 200 genußfreudige Männer. Die Aufgaben sind locker verteilt, und jeder sollte mitarbeiten – sei es nun beim Einkaufen oder Schnippeln, beim Tischdecken oder Abspülen, beim Herrichten des Speisesaals oder beim Verwalten der Kasse. Nach stundenlangem Wirken und Werkeln in der Küche präsentieren die Köche dann ihren Gaumenschmaus der interessierten Schar der Mitglieder, die gern in aller Ausführlichkeit über das Gelingen der Speisen urteilen. Pikant gewürzt wird das Menü durch den neuesten Klatsch und den Austausch über die Lage der favorisierten Kraftsport- oder Fußballmannschaft. Diskussionen über Politik sind bei vielen Txokos traditionell tabu, um keine gesellschaftlichen Reibungen aufkommen zu lassen.
Nur zu wenigen Anlässen im Jahr sind auch Frauen und andere ausgewählte Gäste im Vereinslokal der Txokos willkommen. In San Sebastián öffnen sich am Patronatsfest (20. Januar) und am Marienfest (15. August) die Türen für Besucher. Normalerweise aber halten die Männer eisern an der Tradition fest, bei ihren Zusammenkünften unter sich zu sein. Außerdem hat sich bei einigen Txokos ein weiterer Brauch gehalten: Wenn ein junger Mann beitreten möchte, muß er warten, bis ein älteres Mitglied seinen Platz im lukullischen Diesseits räumt.

Jedes Mitglied des Txoko muß anpacken. Wer nicht gern am Kochtopf steht, geht einkaufen, schneidet die Zutaten oder deckt den Tisch fürs große Mahl.

Der Txoko, die gastronomische Männergesellschaft, ist für viele Basken ein Hort des leiblichen Genusses. Frauen haben zu den erlauchten Zirkeln bis heute keinen Zutritt.

Baskisch geht durch den Magen

Die Basken nennen ihre Heimat *Euskadi* und sich selbst bezeichnen sie als *Euskaldunka*: »die baskische Sprache Sprechende«. Ihr Idiom, das während der Franco-Diktatur verboten war, haben sie bis heute bewahrt. Baskisch *(Euskera)* ist eine nichtromanische, vor-indogermanische Sprache, deren Ursprünge und Verwandtschaften sich die Wissenschaft nicht schlüssig erklären kann. Auch auf Speisekarten findet man immer wieder Begriffe, die mit der spanischen Sprache so gar nichts gemein haben: *Txangurro* heißt hier Seespinne, *zurrukutuna* und *purrusalda* sind Eintöpfe mit Stockfisch, *perretxiku* bezeichnet den beliebtesten Speisepilz des Baskenlandes. In dieser Region genießt man die beliebten kleinen Leckereien *(pintxos)* nicht beim *tapeo,* sondern beim *txikiteo.* Wer sich beim *hamaiketako* (vormittäglicher Snack) nicht am *gazto* (Käse) oder *kafe utza* (schwarzer Kaffee) verschluckt, dessen Zunge mag sich allerspätestens beim Dankesagen *(eskerrik asko)* verhaspeln. Im kargen Studierzimmer ist das Euskera wahrlich ein Buch mit sieben Siegeln. Am ehesten offenbaren sich die Geheimnisse dieser fremdartigen Sprache in einem *jatetxea* (Restaurant) nach zwei, drei Gläschen *txakoli,* dem herb-süffigen einheimischen Weißwein, der die Zunge löst.

Harrijasotzaile ist eine der beliebtesten baskischen Kraftsportarten: Hünenhafte Männer schleppen dabei mächtige Steinbrocken um die Wette.

Wie baskische Männer Hunger kriegen

Ein Signal ertönt – dann schlagen sie los: zwei landesweit bekannte *aizkolariak* sind in ihrem Element. Jeder »Baumhauer« hat einen imposanten Buchenstamm vor sich. In schwindelerregendem Tempo schwingen die Männer die Axt. »Klock, klock, klock« – Holzspäne fliegen, Anfeuerungsschreie gellen. Schon bricht der Buchenstamm des einen Hünen in zwei Teile: »Gewonnen!« *Herri kirolak* (Landsport) nennen die Basken ihre eigentümlichen Kraftsportarten, die historische Wurzeln in den Alltagstätigkeiten der Fischer und Bauern, der Köhler und Waldarbeiter haben. Früher trafen sich die hart arbeitenden Männer auch am Wochenende, um ihre Kräfte zu messen: Wer schleppt die schwersten Sandsäcke? Wer kann ein Feld am schnellsten mit der Sense abmähen? Wer kommt beim Rudern als erster ans Ziel? Das Spektakel spielte sich schon damals öffentlich unter den Augen eines johlenden Publikums ab, und in den ländlichen Breiten des Baskenlandes gelten die Kraftprotze mit ihren merkwürdigen Sportarten bis heute als Volkshelden. Manch einer bringt es zum Titel des baskischen Meisters, und es gibt sogar hauptberufliche Landsportler, die sich mit Hilfe ihrer Muskeln den Lebensunterhalt verdienen. Die Wettbewerbe finden meist im Freien auf einem Dorfplatz oder in einer Arena statt, und das Programm kann schlappe Bürohengste durchaus in Verlegenheit bringen:

aizkolari: Zerhacken von dicken Baumstämmen mit der Axt
txingas: Um-die-Wette-Schleppen von zwei 50-Kilo-Gewichten
zakua: der sogenannte Schmugglersprint mit einem 80-Kilo-Sandsack auf dem Rücken
segalari: Wettmähen mit der Sense
harrijasotzaile: Stemmen von bis zu 300 Kilo schweren Steinbrocken
idi-probak: Gewichteschleifen mit Ochsengespannen
soka-tira: Tauziehen
traineras: Ruderregatta

Grillfest

Die *parrillada* ist wahrlich keine Erfindung der Neuzeit. Nur die schier unendliche Vielfalt an Fleisch, Fisch und Gemüse, die da oft über dem Feuer brutzelt, unterscheidet das moderne Grillfest von den traditionellen Mahlzeiten der Köhler, Hirten und Fischer. Schon vor Jahrhunderten garten die Hirten gern ein ganzes Lamm auf dem Metallspieß (baskisch *burruntzi*) über glühenden Holzkohlen, die Fischer grillten Sardinen auf dem Rost über offenem Feuer.

Heute gehört der Grill zu einem spanischen Sommerwochenende wie Sonne und Wein. Die baskische Landwirtschaft erzeugt alles, was man für eine *parrillada* oder *barbacoa*, das zünftige Grillfest, braucht: Rind und Lamm vom Feinsten, frischen Fisch und knackige Gemüse. Stars der baskischen Parrillada sind deftige Koteletts, bevorzugt vom Rind der im Baskenland heimischen *Raza Vasca.* Ein ganz normales Exemplar wird als *chuleta* bezeichnet, bei einem überdimensionierten Kotelett spricht man respektvoll vom *chuletón.* Alle Rekorde an Größe und Geschmack brechen nach Meinung der Einheimischen die *chuletones* aus Tolosa und Berriz. Diese Riesenkoteletts werden mit einer Marinade aus Olivenöl, Petersilie und Knoblauch kräftig gewürzt und dann als *chuletones a la brasa* auf dem Holzkohlengrill zubereitet. In vielen Landgasthäusern und Apfelweinkneipen *(sidrerías)* kommen sie auch als deftige Grundlage für durchzechte Nächte auf den Tisch.

Auf dem Grill brutzeln aber auch Koteletts von Lamm und Schwein, außerdem Schweinerippen, Lammhaxen und -nieren, diverse Würste, in Scheiben geschnittene Entenlebern, Sardinen oder Riesengarnelen sowie Forellen und kräftig gewürzte Schnecken. Kleine Fleisch- oder Fischstücke lassen sich mit Gemüse zu phantasievollen Spießen kombinieren. Immer noch ist aber ein ganzes Lamm am Spieß der Höhepunkt einer baskischen Parrillada.

Als Beilage schmort man auf dem Rost Paprikaschoten, Tomaten und Zwiebeln. Ganze Knoblauchknollen werden mitsamt der Schale am Rande des Grills gegart, dann drückt man mit der Gabel das Fruchtfleisch der weichen Zehen aufs Grillfleisch oder auf eine Scheibe getoastetes Brot. Folienkartoffeln garen direkt in der Glut, und auch Fische packt man mit Butter und Kräutern in Alufolie *(en papillote)* und legt sie direkt auf die glühende Holzkohle, zartere Exemplare auch auf den Grill.

Die Basken süffeln zur Parrillada am liebsten ihren herben Txakolí- Weißwein, immer häufiger zapft man dazu aber auch ein frisches Bier. Die Stimmung ist perfekt, wenn nun noch jemand die *txistu* auspackt: Diese traditionelle baskische Flöte hat nur drei Löcher und wird mit einer einzigen Hand gespielt. Die andere bleibt frei zum Schlagen der Trommel – oder zum Wenden eines saftigen Koteletts auf dem Grill.

Lammfleisch eignet sich gut zum Grillen. Man bepinselt die zarten Koteletts *(chuletas de cordero)* mit Öl, dazu nach Wunsch ein paar Kräuter – und ab auf den Rost.

Für eine delikate Kaninchenterrine hackt man zuerst das Fleisch mit einem scharfen Messer sehr fein.

Die Kaninchenleber wird im Mixer oder im Fleischwolf püriert und dann zur weiteren Verarbeitung in eine große Schüssel gegeben.

Nun kleidet man eine feuerfeste Form mit dem Frühstücksspeck aus. Der Boden und der Rand sollten dabei möglichst ganz bedeckt sein.

Zwiebel und Knoblauch werden in Olivenöl leicht glasig gedünstet und dann zur pürierten Leber gegeben.

Dann kommen die weiteren Gewürze hinzu: Thymian, Muskat sowie mildes und scharfes Paprikapulver verleihen ein pikantes Aroma.

Man gibt das gehackte Kaninchenfleisch zu der pürierten Leber und rundet das Ganze mit einem Schuß Brandy oder Sherry ab.

Die Eier werden mit einer Gabel gut verquirlt und zur Fleischmasse gegeben, die man gut durchmischt.

Nun gibt man den fertigen Fleischteig in die mit Frühstücksspeck ausgekleidete Form. Die Form sollte möglichst vollständig gefüllt sein.

Die über den Rand der Form hinausragenden Speckscheiben werden nun mit einem scharfen Küchenmesser rundherum abgeschnitten.

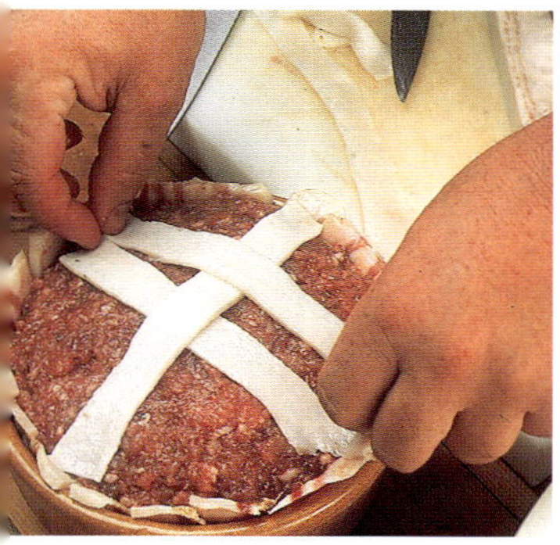

Nun bedeckt man die Terrine mit den Streifen vom grünen Speck. Kreuzweise sieht am besten aus.

Die Terrine wird zugedeckt und im Wasserbad in der Fettpfanne des Backofens gegart. Das dauert insgesamt etwa $1^{1}/_{2}$ Stunden.

Bei der fertigen Terrine ist der grüne Speck glasig. Man kann die Delikatesse gleich verzehren oder im Kühlschrank aufbewahren.

Geflügel und Wild

Terrina de conejo

Kaninchen-Terrine
(Abbildungen links und rechte Seite)

1 kg Kaninchenfleisch ohne Knochen
1 Kaninchenleber
8–10 Scheiben Frühstücksspeck
1 Zwiebel, fein gehackt
1 Knoblauchzehe, fein gehackt
2 EL Olivenöl
1 Zweig Thymian, fein gehackt
1 Msp Muskatnuß, gemahlen
$^{1}/_{2}$ TL mildes Paprikapulver
1 Msp. scharfes Paprikapulver
1 EL Mehl
2 EL Brandy oder 3 EL Sherry
2 Eier
Salz und Pfeffer
4 Scheiben grüner Speck, in Streifen geschnitten

Das Fleisch zuerst in Würfel schneiden, dann mit einem sehr scharfen Messer kreuz und quer hacken oder durch den Fleischwolf drehen. Die Leber im Mixer pürieren oder durch den Fleischwolf drehen und in eine große Schüssel geben. Eine feuerfeste Form mit den Frühstücksspeckscheiben auslegen.
Zwiebel und Knoblauch im Öl glasig dünsten, mit Thymian, Muskatnuß und Paprikapulver zu der pürierten Leber geben. Das gehackte Fleisch und das Mehl untermischen, Brandy oder Sherry zufügen. Die Eier mit einer Gabel verquirlen und zum Fleisch geben. Das Ganze salzen und pfeffern und alles sehr gut vermengen.
Den Fleischteig in die mit Speck ausgekleidete Form füllen, überstehenden Speck abschneiden. Dann das ganze kreuzweise mit dem grünen Speck belegen. Gut andrücken, damit keine Hohlräume entstehen. Die Form schließen und in die mit kochendem Wasser gefüllte Fettpfanne des Backofens stellen. Im vorgeheizten Backofen auf der untersten Schiene bei 220 °C ca. $1^{1}/_{2}$ Stunden im Wasserbad garen. Eventuell nach einer Stunde kochendes Wasser nachgießen. Die fertige Terrine kann heiß oder kalt verzehrt werden. Falls sie nicht gleich serviert wird, kann man sie zugedeckt bis zu 1 Woche im Kühlschrank aufbewahren.

Liebre a la bilbaina
Hase nach Bilbao-Art

1 großer Hase, küchenfertig
1/8 l Olivenöl
1 Zwiebel, fein gehackt
2 Knoblauchzehen, fein gehackt
1 EL Mehl
1/4 l Rotwein
1/4 l Brühe
50 g Blockschokolade, gerieben
2 EL gemahlene Haselnüsse
1 Apfel, geschält, entkernt und in kleine Stücke geschnitten
200 g Waldpilze, geputzt und kleingeschnitten
Salz und Pfeffer
1 EL gehackte Petersilie

Den Hasen waschen, trocknen und in Portionsstücke zerteilen. Olivenöl in einem Schmortopf erhitzen und die Hasenteile rundum scharf anbraten. Zwiebel und Knoblauch zufügen und anschmoren. Mit Mehl bestäuben, Rotwein und Brühe angießen und 20 Minuten schmoren lassen. Dann Schokolade und Haselnüsse einrühren, Apfelstücke und Pilze untermischen und weitere 20 Minuten garen. Vor dem Servieren mit Salz und Pfeffer abschmecken und mit der gehackten Petersilie bestreuen.

Pichones rellenos con foie gras
Mit Gänseleber gefüllte Täubchen

4 große getrocknete Feigen
100 g Gänsestopfleberterrine
4 junge Tauben, küchenfertig
Salz und Pfeffer
3 EL Olivenöl
2 Schalotten, fein gehackt
1/4 l Wildfond
1 EL Himbeeressig
100 ml Sherry medium dry

Feigen waschen und 4 Stunden in kaltem Wasser einweichen. Aus dem Wasser nehmen, abtropfen lassen und mit der Gänseleberterrine füllen.
Die Tauben waschen, abtrocknen und mit Salz und Pfeffer einreiben. In die Bauchhöhle jeder Taube eine gefüllte Feige stecken, die Öffnung mit einem Zahnstocher verschließen.
Öl in einem Bräter erhitzen und Tauben rundum anbraten. Herausnehmen und warmstellen. Schalotten im Bratfond glasig dünsten, Wildfond, Essig und 1/3 des Sherrys angießen. Tauben wieder einlegen und im vorgeheizten Backofen bei 220 °C ca. 20 Minuten braten, mehrmals mit dem restlichen Sherry beträufeln. Fertige Täubchen auf einer vorgewärmten Platte anrichten. Sauce durch ein Haarsieb gießen, mit Salz und Pfeffer abschmecken und getrennt dazu reichen.

Ensalada de espinacas con codornices
Spinatsalat mit Wachteln

250 g Blattspinat
1/2 Kopf Endiviensalat
4 Wachteln, küchenfertig
Salz und Pfeffer
2 EL Sherryessig
6 EL Olivenöl
4 Scheiben durchwachsener Speck
8 gekochte Wachteleier

Den Blattspinat verlesen, den Endiviensalat putzen. Spinat und Salat gründlich waschen, gut abtropfen lassen und in mundgerechte Stücke zupfen. 4 Teller mit Spinat und Salat auslegen.
Die Wachteln waschen, trocknen und vierteln. Mit Salz und Pfeffer würzen.
Aus dem Sherryessig, Salz, Pfeffer und 4 EL Olivenöl ein Dressing anrühren und über die Salate träufeln. Das restliche Olivenöl erhitzen und den Speck darin kroß ausbraten. Speck aus der Pfanne heben und warm stellen. Die Wachtelteile im Bratfett goldbraun braten. Wachteln, Speck und Wachteleier auf den Salattellern anrichten und sofort servieren.

Unten: Kaninchen-Terrine

Idiazábal-Käse verschiedener Reifestufen geht auf den Märkten in großen Mengen über die Theke. Man kauft ihn entweder im Ganzen oder als Stücke. Scheiben werden in Spanien nicht gehandelt – und aufs Brot wäre der geräucherte Käse auch viel zu schade.

Idiazábal

Die Schafe im baskischen Bergland sind die Hippies ihrer Art: Die meisten Exemplare gehören zur robusten und besonders langhaarigen Rasse *Lacha* (baskisch *Latxa*). Fast 150 000 dieser regionaltypischen Zotteltiere tummeln sich auf den baskischen Weiden. Sie zeigen ein wahrhaft pazifistisches Verhalten in der Herde, sind allerbestens an das kühle und feuchte Gebirgsklima angepaßt und geben eine hochwertige, sehr fetthaltige Milch. Viele Bauern stellen daraus noch auf handwerkliche Weise Idiazábal-Käse her, zum Teil wird die frische Schafsmilch aber auch an große Betriebe geliefert. 37 registrierte Käsereien verarbeiten jährlich 6,5 Millionen Liter Schafsmilch und produzieren rund 1000 Tonnen Idiazábal.

Dieser Labkäse reift zwei bis fünf Monate. Daß man ihn auch räuchern kann, haben die baskischen Hirten wohl zufällig entdeckt: Früher lagerten sie die ausgereiften Käselaibe, ehe sie auf den Märkten verkauft wurden, in ihren Hirtenhütten. Wurde im Kamin Feuer gemacht, zog der Rauch durch die Hütte. Mit der Zeit stellte man fest, daß dieser Rauch den gelagerten Käsen durchaus wohltat und ihren Duft und Geschmack um eine interessante Nuance bereicherte. Später hängte man den Käse dann gleich in die Räucherkammer. Diese befeuern die Hirten und kleineren Familienbetriebe traditionell mit Weißdorn- oder Kirschbaumholz. In den größeren Käsereien wird jedoch vermehrt mit Eichen- oder Buchenholz geräuchert. Der Käse erhält so eine deutlich dunklere Tönung. Idiazábal-Käse hat eine zarte, nahezu butterartige Konsistenz und einen leicht säuerlichen, pikanten, aber keineswegs scharfen Geschmack, der durch das Raucharoma interessant akzentuiert wird. Der Fettgehalt liegt bei mindestens 45 Prozent.

Baskische Käse sind zum allergrößten Teil aus Schafsmilch hergestellt, denn die Zotteltiere bevölkern zu Tausenden die Weiden im Hinterland (großes Foto). Während der Idiazábal geräuchert wird, reifen andere Sorten ohne Rauch.

Idiazábal-Käse wird von 37 Käsereien im Baskenland hergestellt. Erlaubt ist nur Milch von Lacha-Schafen – das ist gesetzlich vorgeschrieben. Doch beim Räuchern hat jede Käserei ihr eigenes kleines Geschmacksgeheimnis.

Der Txakolí ist ein spritziger und unkomplizierter Geselle. Wer die herbe, säurebetonte Art sowie die Frische und Süffigkeit dieses Weißweins erst einmal entdeckt hat, wird Txakolí vor allem zu Fisch und Meeresfrüchten schätzen.

Txakolí-Wein stammt aus zwei gesetzlich geschützten Anbaugebieten im Baskenland. Im Gebiet Vizkaya wachsen die Reben meist im hügeligen Hinterland (oben), im Gebiet Guetaria auch bis ganz nah ans Meer heran (rechts).

Txakolí

»Der Txakolí erschließt sich dem Gaumen des Neulings erst nach einer gewissen Zeit«, schmunzeln baskische Weinkenner. Hinter dem merkwürdigen Namen verbirgt sich ein leicht moussierender, säurebetonter, süffiger und belebender Weißwein mit eher verhaltener Frucht. Der Name Txakolí (span. *Chacolí*) leitet sich vom arabischen *chacalet* ab, was etwas Schwaches, Leichtes oder Dünnes bezeichnet. Der frische, leichte Wein gehört zu jedem baskischen Volksfest, aber auch zu zünftigen Grillparties und sommerlichen Mittagsmenüs.

Txakolí wird in zwei Anbaugebieten mit einer amtlichen Herkunftsbezeichnung produziert: *Txakolí de Guetaria* (bask. *Getariako Txakolina*) mit 85 Hektar Reben in der Provinz Guipúzcoa und *Txakolí de Vizcaya* (bask. *Bizkaiko Txakolina*) mit 60 Hektar in der Nachbarprovinz Vizcaya. Zugelassen sind die weiße Rebsorte Hondarribi zuri (85 bis 90 Prozent des Rebbestandes) und die dunkle Hondarribi beltza, aus der die raren roten Txakolís gekeltert werden. Durch das nicht gerade sonnenverwöhnte Klima des Baskenlandes verfügen diese Rebsorten über einen relativ geringen Fruchtzuckergehalt. Dafür zeigt der Wein viel Säure und eine herbe Frische.

Ein klassischer Txakolí ist leicht, süffig, trocken und unkompliziert. Er hat zehn bis elf Grad Alkohol, man trinkt ihn jung und kühl – am besten bei etwa acht Grad. Besonders gut paßt Txakolí zu Fisch und Schalentieren. Darüber hinaus erweist er sich auch als unaufdringlicher, erfrischender Begleiter zu allen herzhaften Speisen mit einer ausgeprägt salzigen Komponente. Beliebt ist er auch als Terrassenwein im Sommer und wegen seiner appetitanregenden Säure sogar als Aperitif. Zwei baskische Bodegas stellen inzwischen aus Txakolí auch feinen Tresterbranntwein her: *Orujo de Txakolí.*

Aus Trauben der regionaltypischen Sorte Hondarribi zuri wird weißer Txakolí herrgestellt. Der seltene rote Txakolí entsteht aus Hondarribi beltza-Trauben.

Rioja Alavesa

Eine der drei Unterzonen des Weinbaugebietes La Rioja liegt auf dem Territorium der baskischen Provinz Álava: Rioja Alavesa. Vor allem wegen des hohen Kalkanteils im Boden fallen die Rotweine dieser Gegend meist heller aus als in den beiden anderen Subzonen Rioja Alta und Rioja Baja. Rioja Alavesa-Weine verfügen über einen sehr eigenständigen Charakter und als Jungweine über erstaunlich viel Frische und Frucht. Es dominiert die Rebsorte Tempranillo, aber auch Garnacha, Graciano und Mazuela werden angebaut. Neben den Genossenschaften und namhaften Großbodegas, die vor allem gute Reservas und Gran Reservas produzieren, haben sich in letzter Zeit einige kleinere Erzeuger mit charakterstarken Rotweinen hervorgetan, die – obwohl sie schon als Jungweine in den Handel kommen – ein sehr individuelles, komplexes Geschmackspotential aufweisen. Typisch für diese jungen Winzer-Rotweine *(cosecheros)* ist, daß sie nach der Technik der Kohlensäure-Maischegärung *(maceración carbónica)* entstehen: Werden in der Rioja die roten Trauben normalerweise gleich nach der Ernte von den Stielen befreit (entrappt) und gequetscht, bevor sie in die Maischetanks gepumpt werden, so macht man einen Jungwein mit Kohlensäuremaischung aus ganzen Trauben samt Stielen. Zunächst füllt man einen nach oben hin offenen Gärtank etwa zur Hälfte mit dem nicht entrappten Erntegut. Die aufgeplatzten Beeren geben etwas Saft frei, der sich auf dem Boden des Tanks absetzt und zu gären beginnt. Das durch die Gärung freigesetzte Kohlendioxid hüllt die Trauben ein und verhindert das Eindringen von Sauerstoff. Dadurch beginnen die Beeren von innen heraus zu gären. Um diesen Prozeß noch zu unterstützen, wird regelmäßig umgepumpt oder umgerührt. Nach zehn bis zwölf Tagen wird dann der erste Wein (die *lágrima,* der sogenannte »Tränenwein«) abgezogen. Danach werden die Trauben erneut umgerührt und vergären abermals. Nach wenigen Tagen wird nun der sogenannte Herz- oder Mittelwein abgezogen, zum Schluß wird die Maische gepreßt, es entsteht der Preßwein. Aus Tränen-, Herz- und Preßwein, die jeweils über unterschiedliche Gerbstoffanteile, Restsüße und Säure verfügen, komponiert der Winzer am Ende seine ganz persönliche Mischung (Coupage). Dieser Wein wird nur wenige Wochen in großen Holzfudern oder Stahltanks ausgebaut und dann abgefüllt. Das Ergebnis ist in der Regel ein fruchtbetonter, leichter und relativ preiswerter Rotwein, der sich im Charakter von den teuren tanninbetonten Reservas oder Gran Reservas der Rioja vollkommen unterscheidet.

Verführung in der Konditorei

Um Gebäck, Konfekt und allerlei andere Süßspeisen in Mengen zu verdrücken, brauchen die Spanier keinen besonderen Grund. Anlaß für süße Verführungen gibt es schließlich genug. Schon zum Frühstück gehört ein süßes Teilchen, und die eherne Tradition der *merienda* will, daß man am Nachmittag – im Sommer nach der Siesta – mit einer Tasse Kaffee ein feines Stück Süßgebäck kombiniert.

Steht allerdings ein Jubiläum oder ein Familienfest ins Haus, werden die süßen Platten üppiger, die Torten größer und opulenter. Üblich ist dies beispielsweise bei Festen der Kategorie BBC, der höchsten Stufe familiärer Festlichkeiten: *bodas* (Hochzeiten), *bautizos* (Taufen) und *comuniones* (Kommunionsfeste). Bei diesen Festlichkeiten allerhöchsten Ranges kommt häufig außer dem regulären Dessert auch eine hübsch verzierte Festtagstorte auf den Tisch, die man zu einer Tasse Kaffee oder Milchkaffee kredenzt. Das kann je nach Anlaß und Geschmack eine Walnußtorte *(tarta de nueces)*, eine Zitronentorte *(tarta de limón)*, eine Cremetorte *(tarta de crema)*, ein Apfelkuchen *(tarta de manzana)*, ein Käsekuchen *(tarta de queso)*, eine Schokoladentorte *(tarta de chocolate)* oder eine Mandeltorte *(tarta de almendras)* sein.

In letzter Zeit besinnen sich auch viele Klöster wieder auf ihre Tradition der Herstellung von Süßgebäck und Torten und bieten eine große Bandbreite von Produkten zum Verkauf an. Die Bevölkerung weiß dies zu schätzen, und so ist es vielerorts zum Brauch geworden, eine besonders pompöse Festtagstorte in einer Klosterbäckerei in Auftrag zu geben (siehe auch Seite 446 f).

Ob Torte oder süßes Teilchen – dem Reiz der baskischen Konditoreien *(pastelerías)* kann man kaum widerstehen.

Schleckereien aus ganz Spanien

Goyescas: zarte Toffees

Vasquitos: feine Karamelbonbons (»kleine Basken«)

Pastel vasco: gedeckter »Baskischer Kuchen« mit einer feinen Eiercremefüllung

Tartaleta de frambuesa: kleines Törtchen mit Himbeeren und fruchtiger Himbeermarmelade

Trufa montada: kleines Törtchen mit einer Füllung aus Schokoladentrüffel, darüber grobe Schokoraspeln

Suspiro de Bilbao (»Seufzer von Bilbao«): luftiges Mandel-Baiser

Orejones: »Ohren« aus Blätterteig mit Schlagsahne oder auch Cremefüllung

Pastel de yema con pasas al ron: Törtchen mit Eigelbcreme und in Rum eingelegten Rosinen

Turrón: Mandelnougat, unterschiedliche Geschmacksrichtungen von Sahne über Trüffel bis hin zu Likör

Brazo de gitano (»Zigeunerarm«): Biskuitrolle mit variablen Füllungen (Creme, Sahne oder Marmelade)

Bizcocho: Biskuitkuchen, hier mit Buttercremefüllung, auch mit anderen Cremes, Sahne oder Marmelade

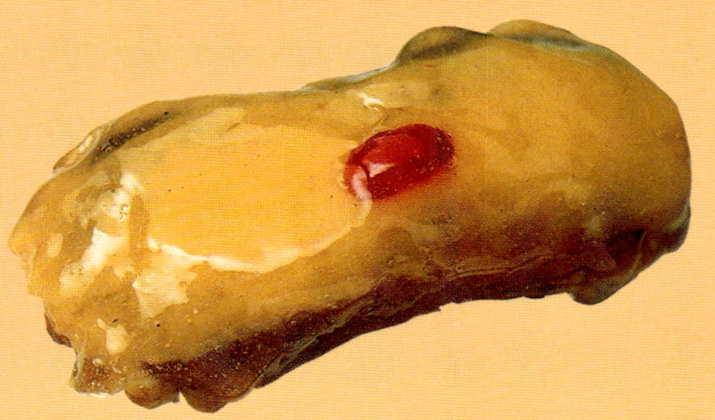

Carbayones: kleine Blätterteigtäschchen mit Mandelfüllung und einer feinen Eiercreme

Pastel franchipán: Törtchen mit Mandelfüllung und diversen Glasuren wie Schoko oder Zitrone

Canutillos de Bilbao

Blätterteigröllchen aus Bilbao
(Abbildung oben)

Teig:
300 g Mehl
300 g Butter
1/2 TL Salz

Creme:
6 Eigelb
100 g Zucker
1 Päckchen Vanillinzucker
1/2 l Milch
abgeriebene Schale von 1 unbehandelten Zitrone
1 Msp. Zimt

Mehl für die Arbeitsfläche
Puderzucker zum Bestäuben

Aus Mehl, Butter, Salz und 1/4 l Wasser einen Blätterteig herstellen (ersatzweise kann man auch Tiefkühlblätterteig verwenden).
Für die Creme das Eigelb mit dem Zucker und dem Vanillinzucker schaumig schlagen. Nach und nach die Milch unter Rühren zugießen. Die Zitronenschale und den Zimt unterrühren. Die Masse im Wasserbad zu einer dicklichen Creme aufschlagen. Aus dem Wasserbad nehmen und abkühlen lassen.
Den Blätterteig auf einer bemehlten Arbeitsfläche dünn zu einem Rechteck ausrollen und in Quadrate von ca. 10 cm Seitenlänge schneiden. Canutillos-Backformen (kleine Metallrollen mit ca. 5 cm Durchmesser, ersatzweise Schillerlockenformen) in kaltes Wasser tauchen und jeweils ein Teigstück um jede Form wickeln. Im vorgeheizten Backofen bei 220 °C ca. 15 Minuten goldbraun backen. Dann aus dem Ofen nehmen und sofort von den Formen lösen. Auf einem Kuchengitter erkalten lassen.
Die Creme in einen Spritzbeutel mit Tülle füllen und die Schillerlocken damit füllen. Jedes Stück mit Puderzucker bestäuben und servieren.
Variation: Man kann die fertigen Canutillos auch mit einem Zuckerguß glasieren.

CANTABRIA

HARALD KLÖCKER

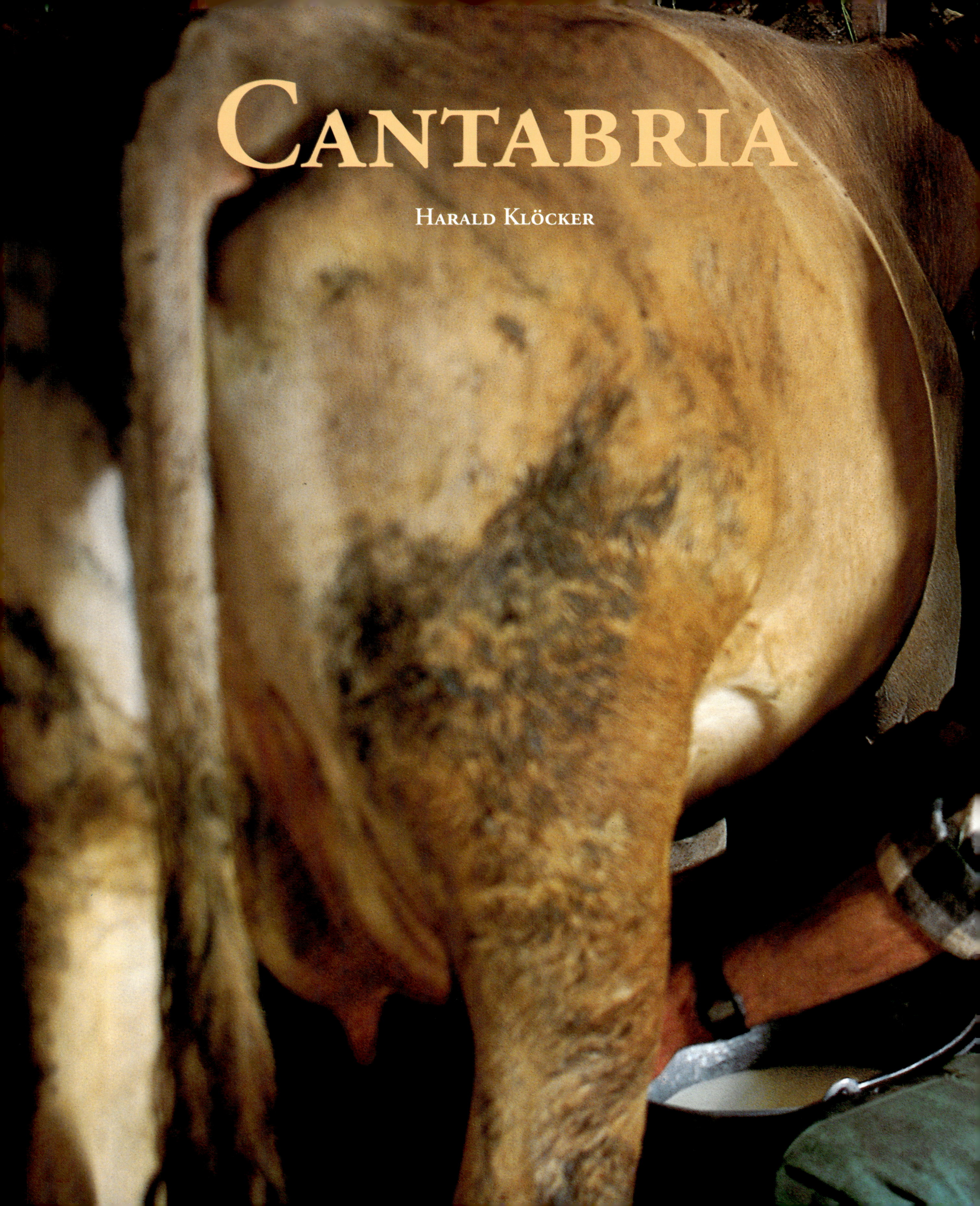

Kantabrien

Sardine und Sardelle

Konserven aus Fisch und Meeresfrüchten

Fischermahlzeit

Bergküche

Milchwirtschaft

Spanische Milch- und Cremespeisen

Eine Kuh im Stall ist für die kantabrischen Bauern seit jeher Kapital. Reich werden kann man damit zwar nicht, doch die Familie ist versorgt mit frischen Milchprodukten.

Cantabrum indoctum iuga ferre nostra«, notierte der römische Dichter Horaz im 1. Jahrhundert vor Christus: »Die Kantabrier ließen sich unsere Herrschaft nicht aufzwingen.« Wild und aufbrausend wie das Kantabrische Meer soll das in dieser Region lebende Bergvolk einst gewesen sein. Es leistete den Römern hartnäckigen Widerstand, und erst kurz vor der Zeitenwende gelang es den Eroberern, dieses Völkchen, das sich in die dunklen Schluchten und Wälder seiner Heimat zurückgezogen hatte, zu unterwerfen. Daß Kantabrien schon in vorgeschichtlicher Zeit besiedelt war, belegen unzählige Funde. In der Höhle von Altamira, jener »Sixtinischen Kapelle der Vorzeit«, schufen steinzeitliche Künstler schon vor 15 000 Jahren ausdrucksstarke Felsmalereien, die einen Eindruck vom Alltagsleben der frühen Kantabrier vermitteln. Uralte Traditionen und Lebensweisen haben sich in den Bergen Kantabriens zum Teil bis heute erhalten, die Bewohner geben sich naturverbunden, gemütsruhig und introvertiert. In kleinbäuerlicher Wirtschaft sägt man noch heute, wie anno dazumal, sein Brennholz und mäht das Gras mit der Sense, um es per Pferdewagen ins Dorf zu transportieren. In vielen Bauernhöfen wird noch von Hand gekäst und gebacken, und auch die alte Kultur der Wanderhirten ist hier oben noch lebendig.

Während die Nachbarregionen Asturien und Baskenland schon lange erfolgreich auf ihre kulinarischen Schätze und Eigenheiten aufmerksam machen, gibt sich Kantabrien auch hier eher zurückhaltend – fast so, als dürfe man auf keinen Fall hinausposaunen, welch lukullische Wunder die Region zu bieten hat. Das von grünen Almen, sprudelnden Flüssen und fruchtbaren Tälern geprägte Bergland bringt beste Milchprodukte hervor, die meist von kleineren Familienbetrieben hergestellt werden. Dagegen dominieren an der kantabrischen Küste Gerichte, die sich auf den Wohlgeschmack von frischem Fisch und feinen Meeresfrüchten stützen. Einen erstklassigen Ruf im ganzen Land haben vor allem die frischen und die verarbeiteten Sardellenspezialitäten aus Laredo, Santoña und Colindres.

Eine kantabrische Schönheit aber wußte sich schon immer bestens in Szene zu setzen: Santander, die große, alte Diva. Einst Getreidehafen Kastiliens und königliche Sommerresidenz, versprüht die heutige Hauptstadt Kantabriens nach wie vor einen mondänen Charme. Und nicht ohne Grund gilt Santander mittlerweile unter Feinschmeckern in ganz Spanien als neues Pilgerziel im Norden.

Rechts: Die Elemente Erde und Wasser bestimmen den Charakter Kantabriens. Die Arme des Meeres reichen mancherorts hinein ins Land mit seinen grünen Almen.

Oben: Sardinen (rechts) und Sardellen sind tonnenweise auf kantabrischen Märkten zu finden. Beide kommen frisch in die Küche oder als Konserven in den Keller. Hintergrund: Sardellen werden vor dem Einlegen gesalzen. Traditionell legt man sie hierzu mit Salzlake in Holzfässer. Sardinen dagegen werden frisch in Öl eingelegt.

Sardine und Sardelle

Ganze Schwärme silbrig schimmernder Fische gingen den Seeleuten der Antike vor der italienischen Mittelmeerinsel Sardinien in die Netze. Nach dem lateinischen Wort Sarda für diese Insel hatten die Fische alsbald ihren Namen weg. Über ihren kulinarischen Wert allerdings schieden sich schon damals die Geister: Die Römer sollen die Sardine sehr geschätzt haben, die Griechen dagegen schrieben sie dem Reich der Totengöttin Hekate zu. Sie fand deshalb bestenfalls einen Platz auf den Tischen der niedrigen Schichten. Auch in späteren Epochen war der kulinarische Reiz der Sardine umstritten, meist galt sie als Arme-Leute-Essen. Es fanden sich aber stets auch Feinschmecker, die davon überzeugt waren, daß der Sardine eine Position in der gehobenen Küche gebühre.

Die Sardine ist ein Heringsfisch und lebt im Atlantik zwischen Irland und den Kanaren, kommt aber auch im Mittelmeer vor. Fangzeit ist zwischen Juni und November. Die Spanier essen Sardinen am liebsten frisch – entweder gegrillt samt Kopf und Eingeweiden oder ausgenommen und mariniert. Bevor sie auf den Grill kommen, bestreicht man die Fische gern mit einer Mischung aus Olivenöl, fein gehackten Kräutern, Knoblauch, Salz und Pfeffer. Steht nur Konservenware, oft schnöde als »Ölsardinen« bezeichnet, zur Verfügung, schwören Gourmets darauf, die Fische vor dem Verzehr möglichst lange in der Dose oder im Glas reifen zu lassen, was das Aroma, wie bei manchen Rotweinen, merklich steigert. Experten lagern hochwertige Sardinenkonserven gern viele Monate lang, getrost auch über das angegebene Verzehrdatum hinaus, ehe sie die Delikatesse, am liebsten mit etwas Zitronensaft beträufelt, genießen.

Mit geübtem Blick läßt sich die Sardine (lat. *Sardina pilchardus*) leicht von der Sardelle (lat. *Engraulis encrasicholus*) unterscheiden: Typisch für die Sardine sind der leicht vorstehende Unterkiefer und die silbernen Flanken mit dunklen runden Flecken, die in der Größe zum Schwanz hin abnehmen. Die Sardelle dagegen ist kleiner und schlanker. Man erkennt sie an ihrer weit vorragenden Schnauze, den auffallend großen Augen, dem stark gezähnten Maul und einem leicht grünlichen Rücken. Sardellen ziehen im Frühherbst auf ihrem Weg nach Norwegen durch die Biskaya und kehren im Frühjahr gut genährt und mit einem gehörigen Fettpolster zurück. Dann beginnt in Kantabrien die Fangsaison. Sardellen werden entweder als Frischfisch verkauft oder zu Anchovis *(anchoas)* verarbeitet. Ihr Fleisch ist dunkler und würziger als das der Sardine.

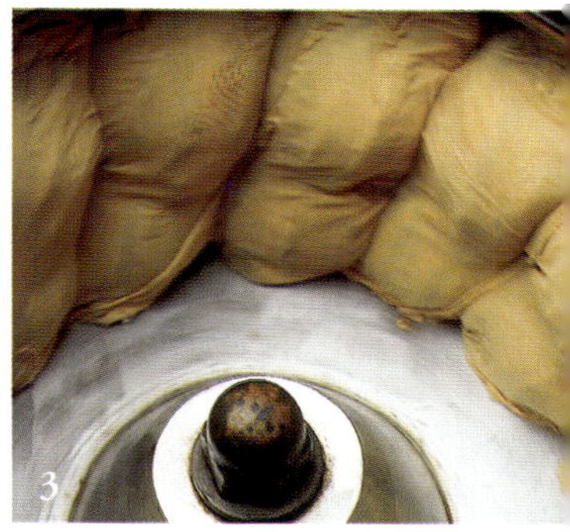

1 Sardellen, die in die Dose sollen, werden zuerst für einige Monate ohne Kopf und Eingeweide in Salzlake eingelegt.
2 Anschließend werden die Sardellen abgespült und dann entwässert. Hierzu rollt man sie von Hand in Tücher ein.
3 Die so eingepackten Sardellen werden in eine Schleuder gesetzt, die ihnen auch den letzten Tropfen Wasser entzieht.

4 Die getrockneten Sardellen können nun weiterverarbeitet werden. Von Hand wird jeder Fisch in zwei Filets zerteilt.
5 Stück für Stück schichten fleißige Hände nun die Sardellenfilets in Dosen. Alle Filets sollten dabei intakt bleiben.
6 Zur Konservierung werden die Fische mit Sonnenblumenöl bedeckt. Dann können die Dosen verschweißt werden.

Metropolen der kantabrischen Fischkonservenindustrie sind die Küstenorte Santoña, Laredo und Colindres, die sich auf die Herstellung erstklassiger Sardellenkonserven spezialisiert haben. Als besondere Delikatesse gelten Sardellen, die nach dem traditionellen Verfahren des *anchoado* zu zarten Anchovifilets verarbeitet werden. Dazu schichtet man die von Kopf und Eingeweiden gesäuberten Sardellen zunächst Schicht für Schicht in Holzfässer. Diese werden mit einer Salzlake aufgefüllt. Den Abschluß bildet ein schwerer Stein, der die geschichteten Sardellenfilets mit der Zeit vorsichtig preßt. Drei bis sechs Monate bleiben die Sardellen in diesen Reifefässern, ehe sie abgespült, entwässert, von Hand in zwei Filets geteilt und schließlich unter Hinzugabe von Oliven- oder Sonnenblumenöl in Konserven verpackt werden. Anchovis und Anchovifilets eignen sich ideal zum Garnieren und werden häufig als Tapa serviert – gern in Kombination mit Oliven, Käse, Paprika oder Melone.

Die frische, also nicht in Salz gereifte Sardelle wird auch als *boquerón* bezeichnet. Man ißt sie fritiert oder gratiniert. Am häufigsten werden *boquerones* aber als Filets in einer Lake aus Olivenöl, Essig und Kräutern mariniert und als Tapa serviert. Im spanischen Norden nennt man Tapas, die beliebten spanischen Häppchen, übrigens *pinchos* (von *pinchar:* »stechen« oder »aufspießen«). Die erfrischend säuerlichen *boquerones en vinagre* sind hierbei ebenso beliebt wie Anchovifilets mit Paprika, Chicorée, Oliven oder Melone. Auch Garnelen im Teigmantel, marinierte Mies- oder Venusmuscheln, gegrillte Sardinen oder ein herzhafter Salat aus gebratenem oder mariniertem Tintenfisch sind in nordspanischen Tapas-Vitrinen zu finden.

Fritierte Sardellen *(boquerones fritos)* sind in ganz Spanien als Tapa beliebt.

Konserven aus Fisch und Meeresfrüchten

Keine Frage: Die Spanier lieben frischen Fisch. Dieser kommt täglich vom Meer direkt auf den Tisch, möglichst natürlich und unverfälscht. Doch in dem von Atlantik und Mittelmeer umspülten Land genießen auch Konserven aus Fisch und Meeresfrüchten eine Art Kultstatus. Ob aus der Dose oder aus dem Glas – Konserven gelten nicht als Ausdruck kulinarischer Unkultur, sondern haben sich auf spanischen Tischen einen eigenständigen Platz erobert.
Nummer eins für Fisch- und Meeresfrüchtekonserven ist Galicien, die Region mit den größten Produktionsmengen. Für die herausragende Qualität ihrer Produkte sind aber auch Kantabrien, das Baskenland sowie die Atlantik-Provinzen Andalusiens bekannt. Nachdem Fischkonserven jahrzehntelang fast ausschließlich als Billigware im Handel waren, bieten viele Produzenten nun vermehrt auch ausgefallene Delikatessen zu gehobenen Preisen an, etwa edle Thunfisch- oder Sardellen-Zubereitungen sowie Meeresfrüchte in den verschiedensten Saucen und Marinaden. Diese Spezialitäten gehen auch ins Ausland, bei Massenware dagegen sind Produkte aus Asien auf dem internationalen Markt weiterhin konkurrenzfähiger.

Wie diese Sardellen (oben) und Sardinen (rechte Seite) werden auch die meisten Meeresfrüchte in kantabrischen Konservenfabriken von Hand verarbeitet und verpackt.

Venusmuscheln *(almejas)* gibt es in ganz verschiedenen Größen, man erhält sie in unterschiedlichen Zubereitungsarten.

Gesalzene, eingelegte Sardellen *(anchoas)* aus Kantabrien gelten als ganz besonders zart und delikat und sind nicht zu salzig.

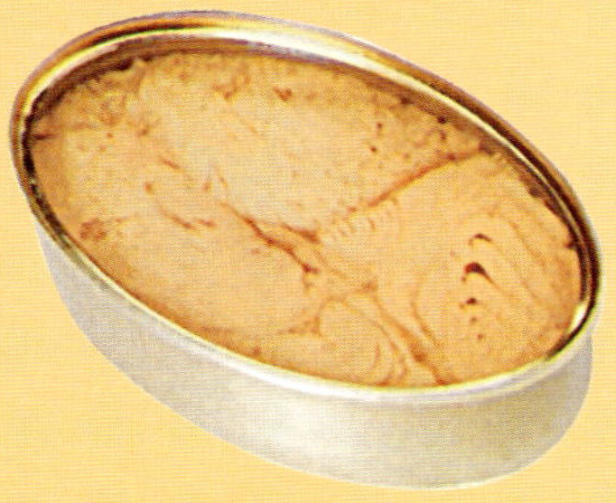

Thunfisch *(atún)* in die Dose zu packen gilt in Spanien nicht als Sünde. Eingelegt ist er vor allem für Salate sehr beliebt.

Herzmuscheln *(berberechos)* haben einen geringen Fleischanteil und sind deshalb auch als Konserven nicht ganz billig.

Die Makrele *(caballa)* ist als Dosenware auch in Mitteleuropa sehr beliebt und wird in sehr großen Mengen exportiert.

Größerer Tintenfisch *(sepia)* wird in Stücken eingelegt. Man genießt ihn kalt als Tapa oder auch aufgewärmt.

Vom Kalmar *(calamar)* werden oft nur die beutelartigen Körper eingelegt. Sie eignen sich zum Füllen oder für Tapas.

Pfahl- oder Miesmuscheln *(mejillones)* findet man in Dosen mit ganz unterschiedlichen Saucen und Marinaden.

Schwertmuscheln *(navajas)* gibt es meist nur in einfachen Zubereitungen, die den zarten Geschmack nicht dominieren.

Krake *(pulpo)* muß beim Verarbeiten sehr behutsam behandelt werden, damit das feine Fleisch nicht trocken und zäh wird.

Sardinen *(sardinas)* werden ausgenommen und in großen Stücken eingelegt. Solche »Ölsardinen« sind in ganz Europa begehrt.

Kammuscheln *(zamburiñas)* mit ihrem dezenten Geschmack gehören vor allem in Galicien zu den beliebtesten Konserven.

Fischermahlzeit

Sardinas al horno
Sardinen aus dem Ofen
(großes Foto)

1 kg kleine Sardinen ohne Kopf und Gräten
Salz und Pfeffer
100 ml Olivenöl
3 Knoblauchzehen, fein gehackt
2 EL gehackte Petersilie
Saft von 1 Zitrone
1/8 l Weißwein
3 EL Semmelbrösel

Die Sardinen waschen und trockentupfen, dann innen und außen mit Salz und Pfeffer einreiben. Eine flache, feuerfeste Form mit etwas Olivenöl ausstreichen und die Sardinen nebeneinander hineinlegen. Dann Knoblauch und Petersilie darüber streuen, mit Zitronensaft, Weißwein und dem restlichen Öl begießen. Semmelbrösel über die Sardinen verteilen. Im vorgeheizten Backofen bei 175 °C ca. 20 Minuten garen. In der Form servieren.
Variation: Größere Sardinen kann man mit luftgetrocknetem Schinken füllen, in Weinblätter wickeln und dann im Ofen backen.

Boquerones en vinagre
Eingelegte Sardellen

500 g frische Sardellen
1/8 l Sherry-Essig
6 große Knoblauchzehen, in dünne Scheiben geschnitten
2 EL gehackte Petersilie
Salz und Pfeffer
1/4 l Olivenöl

Die Sardellen auf der Bauchseite aufschneiden und die Hauptgräte mit dem Kopf entfernen. Die Fische gründlich abspülen, trockentupfen und der Länge nach halbieren. Nebeneinander in eine Schale legen und mit dem Essig begießen. So viel Wasser zufügen, bis die Sardellen bedeckt sind. Mit Klarsichtfolie abdecken und über Nacht im Kühlschrank marinieren.
Am nächsten Tag die Sardellenfilets aus dem Essigwasser heben und gut abtropfen lassen. In eine Schale legen, Knoblauch und Petersilie darüber verteilen, mit Salz und Pfeffer würzen. Das Olivenöl darübergießen und 1–2 Stunden ziehen lassen. Mit Weißbrot servieren.

Für im Ofen gegarte Sardinen *(sardinas al horno)* muß man kleine Fische nicht ausnehmen. Sie werden im Tontopf mit Knoblauch, Öl und Kräutern gegart.

Lubina a la montañesa
Wolfsbarsch mit Pilzen

4 Wolfsbarschfilets à 150 g, ersatzweise Brasse
Salz und Pfeffer
1 Zwiebel, fein gehackt
1 Stange Lauch, in Ringe geschnitten
100 ml Olivenöl
2 reife Tomaten, enthäutet und in Würfel geschnitten
1 Möhre, in Scheiben geschnitten
200 g gemischte Waldpilze, geputzt und in Stücke geschnitten
1/8 l trockener Sekt (Cava)

Fischfilets salzen und pfeffern und etwas ziehen lassen. Zwiebel und Lauch in 50 ml Olivenöl glasig dünsten. Tomaten und Möhre zugeben und 10 Minuten dünsten. Waldpilze untermischen und weitere 5 Minuten garen. Das restliche Öl in eine feuerfeste Form geben, die Fischfilets darin wenden. Gemüse darüber verteilen, den Sekt zugießen. Im vorgeheizten Backofen bei 175 °C ca. 10 Minuten gardünsten.

Mejillones al modo de Laredo
Miesmuscheln mit Oliven

2 kg Miesmuscheln
Salz
1 Zwiebel, gespickt mit 1 Lorbeerblatt
2 Schalotten, gehackt
2 Knoblauchzehen, fein gehackt
3 EL Olivenöl
4 reife Tomaten, enthäutet und in Würfel geschnitten
200 g schwarze Oliven ohne Stein, gehackt
3 eingelegte Sardellenfilets, gehackt
1/4 l Weißwein

Die Muscheln unter fließendem Wasser gründlich abbürsten, die Bärte entfernen, geöffnete Muscheln wegwerfen. In einem weiten Topf 1 l Wasser mit 1 TL Salz und der gespickten Zwiebel zum Kochen bringen. Die Muscheln hineingeben und bei kleiner Hitze im geschlossenen Topf 5 Minuten dünsten. Mit dem Schaumlöffel herausheben, abtropfen und etwas abkühlen lassen. Dann Muschelfleisch aus den Schalen lösen und warm stellen.
Die Schalotten und den Knoblauch im Olivenöl glasig dünsten. Die Tomaten, Oliven und Sardellenfilets untermischen, den Weißwein angießen und die Sauce etwas einkochen lassen. Das Muschelfleisch in der Sauce noch einmal erhitzen, nicht mehr kochen.

Rechts: Sardinen vom Grill gibt es schon so lange wie die Tradition der Fischer in Kantabrien. Die Fische werden mit Öl bepinselt und mit Kräutern gewürzt.

Arroz santanderino
Reis nach Art von Santander

4 Lachskoteletts à 250 g
Salz und Pfeffer
Saft von 1 Zitrone
1/4 l Milch
1/4 l Fischfond
200 g Rundkornreis
2 EL Butter

Die Lachskoteletts waschen und trockentupfen, dann mit Salz und Pfeffer einreiben. Mit dem Zitronensaft beträufeln und mindestens 10 Minuten ziehen lassen.
Inzwischen die Milch mit dem Fischfond in einer feuerfesten Form aufkochen. Den Reis zufügen und 10 Minuten köcheln lassen.
Die Lachskoteletts in einer Pfanne in der Butter von beiden Seiten anbraten, dann aus der Pfanne heben und auf den Reis setzen. Nun die Butter darüber gießen. Im vorgeheizten Backofen bei 175 °C weitere 10 Minuten garen. In der Form servieren.

Fette Steinzeitbeute

Bisons und Braunbären, Hirsche, Wildschweine und Bergziegen gehörten zu den Lieblingsgerichten der Steinzeitmenschen. Als eine Art überdimensionale Speisekarte präsentiert sich die im Jahr 1879 entdeckte Höhle von Altamira in der Nähe von Santillana del Mar. Mit Schleudern und Speeren bewaffnete Jäger hatten vor rund 15 000 Jahren ihr Menü mit Farben aus Holzkohle, Erde, Tierfett und Blut an die Wände der Höhle gemalt, die heute zu den bedeutendsten Zeugnissen steinzeitlicher Kunst in Europa zählt. Noch im 19. Jahrhundert machten sich die Kantabrier mit einem wahren Bärenhunger auf die Jagd in den Bergen. Das Fleisch des Braunbärs galt als nahrhafte, weil fette Speise, und kam vor allem als Ragout oder Dörrfleisch auf den Teller. Auch das wärmende Fell wurde hoch geschätzt. Außerdem stellten die Bergbewohner den Bären nach, um sie von den Dörfern und von ihren Kuh- und Schafherden fernzuhalten. Als Folge übermäßiger Ausbeutung und der massiven Bedrohung ihres Lebensraumes durch Straßenbau und Landwirtschaft leben heute nur noch weniger als 100 Braunbären im Kantabrischen Gebirge. Sie sind mittlerweile strengstens geschützt und dürfen nicht mehr gejagt werden. Bauern oder Hirten, die nachweisen können, daß ein Schaf oder eine Kuh von einem Braunbär gerissen wurde, erhalten von den Naturschutzbehörden eine Entschädigung. So erreichte man, daß heute die meisten Bewohner den Schutz dieser selten gewordenen Tiere respektieren.

Bergküche

»Nie hatte ich so ein großes Stück Welt zu meinen Füßen gesehen, nie hatte ich mich ihrem Schöpfer so nahe gewähnt, noch hatte die Betrachtung seines Werkes mir so tiefe und behagliche Gefühle beschert.« Die Berge seiner Heimat entlockten dem kantabrischen Dichter José María de Pereda im späten 19. Jahrhundert wahre Begeisterungsstürme – nicht nur wegen der atemberaubenden Panoramen, sondern auch angesichts des Blicks in die Kochtöpfe kantabrischer Bauersfrauen. Heute, gut hundert Jahre später preisen Peredas Nachfahren vor allem das Liébana-Tal *(Valle de Liébana)* als Garten Eden in den Bergen – und gleichzeitig als kulinarisches Paradies auf kleinstem Raum.
Die Bergwelt der Picos de Europa mit ihren steilen Felswänden hat im geschützten Liébana-Tal ganz eigentümliche Bedingungen geschaffen. Von Frühling bis Herbst läßt ein mildes und sonnenreiches Mikroklima Weintrauben, Obst und Mandeln gedeihen. Neben den *Garbanzos de Liébana,* besonders zarten Kichererbsen, zieht vor allem der *Orujo de Liébana,* ein würzig-fruchtiger Traubentrester, Genußreisende aus ganz Spanien an. Er wird nach alter Überlieferung in traditionellen Destillationsgefäßen aus Kupfer *(alquitaras)* gebrannt. Zur einfachen Bergbauernkost gehören auch deftige Eintöpfe: der *cocido montañés* aus weißen Bohnen, Kohl und Schweinefleisch sowie der *cocido lebaniego* (siehe Abbildung) aus Kichererbsen mit Blutwurst, Rindfleisch, Schinken, Speck, Schinken, Paprikaschoten und reichlich Kohlblättern.
Auch Wildlachs und Milchlamm bietet dieses Schlaraffenland den Besuchern dar, und schließlich gilt kantabrisches Kalbfleisch aus extensiver Mast in den Hochgebirgszonen *(Carne de Alta Montaña)* als Delikatesse. Besonders gutes und aromatisches Fleisch liefert die regionaltypische, bestens an das atlantische Gebirgsklima angepaßte Rinderrasse Tudanca, von der es allerdings nur noch wenige Exemplare gibt. Das Fleisch wird gern mit Käse aus der Region oder mit frischen Kräutern zubereitet.
Beinahe schon Kult ist es, einen Urlaubstag im Valle de Liébana in einem der urigen Landgasthöfe zu beschließen, etwa in der »Bärenwirtschaft«, dem aus großen Natursteinblöcken errichteten *Mesón del Oso* in der Ortschaft Cosgaya. In rustikalem Ambiente laben sich dort an Wochenenden Hunderte von Ausflüglern an deftigen Eintöpfen und hausgemachtem Käsekuchen – und dazu kredenzt der Wirt natürlich ein Gläschen Schnaps aus dem Liébana-Tal.

Links: Die Höhle von Altamira mit ihren Zeichnungen gilt in Europa als eines der eindrucksvollsten Zeugnisse steinzeitlicher Kunst. Dargestellt sind vor allem Tiere.

Deftige Eintöpfe mit Hülsenfrüchten, Fleisch und Gemüse erwärmen Körper und Seele. Besonders fein sind die Kichererbsen aus Liébana. Sie sind Grundlage des *cocido lebaniego* (oben), der auch üppig Fleisch enthält.

Cocido montañés

Eintopf nach kantabrischer Art

250 g getrocknete weiße Bohnen
500 g Schweinenacken, in Würfel geschnitten
½ Schweinefuß
100 g geräucherter Speck, in Würfel geschnitten
2 EL Schweineschmalz
1 Zwiebel, gehackt
Salz und Pfeffer
2 Kartoffeln, in Würfel geschnitten
2 Möhren, in Scheiben geschnitten
½ kleiner Kopf Weißkohl oder Wirsing, in Streifen geschnitten
3 Knoblauchzehen, gehackt
2 EL Olivenöl
1 TL mildes Paprikapulver
1 spanische Blutwurst
1 Chorizo-Wurst oder andere Paprikawurst

Bohnen über Nacht in kaltem Wasser einweichen. In einem großen Topf Fleisch, Schweinefuß und Speck in Schmalz anbraten. Die Zwiebel zugeben und mitbraten. Bohnen mit Einweichwasser zufügen, eventuell etwas Wasser angießen, damit alle Zutaten gut bedeckt sind. Mit Salz und Pfeffer würzen und zugedeckt bei kleiner Hitze 1 Stunde köcheln lassen. Schweinefuß entfernen, Kartoffeln, Möhren und Weißkohl untermischen und 10 Minuten garen.
Knoblauch im Olivenöl goldbraun anrösten. Mit Öl und Paprikapulver in einem Mörser zerstampfen und unter den Eintopf rühren. Blutwurst und Chorizo einlegen und 10 Minuten im Eintopf mitkochen. Dann die Würste herausheben und in dicke Scheiben schneiden. Wieder zu dem Eintopf geben, mit Salz und Pfeffer abschmecken und servieren.

Ciervo a la montañesa

Hirschbraten mit Pilzen

1 kg Hirschbraten aus der Keule
1 Lorbeerblatt
1 Möhre, in Scheiben geschnitten
2 Zweige Rosmarin
2 Zweige Thymian
2 Stengel Petersilie
2 Knoblauchzehen, gehackt
½ l Rotwein
⅛ l Weinessig
Salz und Pfeffer
100 ml Olivenöl
100 g geräucherter Speck, gewürfelt
100 g Serrano-Schinken, in Streifen geschnitten
12 Schalotten, geschält
1 EL Mehl
¼ l Fleischbrühe
250 g Waldpilze, geputzt und kleingeschnitten
2 reife Tomaten, enthäutet, in Würfel geschnitten

Fleisch waschen, trockentupfen, in eine Schüssel legen. Lorbeerblatt, Möhre, Rosmarin, Thymian, Petersilie und Knoblauch dazu geben, mit Rotwein und Essig übergießen. Zugedeckt für 1–2 Tage im Kühlschrank ziehen lassen.
Fleisch aus der Beize heben, abtrocknen, mit Salz und Pfeffer einreiben. In Schmortopf das Öl erhitzen, Fleisch von allen Seiten scharf anbraten. Speck, Schinken und Schalotten zufügen und kurz mitbraten. Mit Mehl bestäuben, mit Fleischbrühe ablöschen, 1 l Beize zugießen. Zugedeckt gut 1 Stunde schmoren. 15 Minuten vor Ende der Garzeit Pilze und Tomaten in die Sauce geben. Braten aus dem Topf heben, Sauce etwas einkochen lassen und mit Salz und Pfeffer abschmecken. Getrennt zum Fleisch servieren.

Milchwirtschaft

Grüne Almen und schwarzbunte Kühe, da und dort ein kleines Gehöft und oben in den Begen die typischen *cabañas,* die Schutzhütten der Schäfer: Seit Jahrhunderten leben in Kantabrien die Bauern von der Milchwirtschaft. Nach einer Statistik der kantabrischen Landwirtschaftskammer gab es 1997 in der Region genau 5929 milcherzeugende Betriebe. Ganz Spanien darf laut EU-Richtlinien pro Jahr 5,4 Millionen Tonnen Milch erzeugen. Hiervon produziert die kleine Region Kantabrien fast ein Zehntel.
Zum Bestand der kantabrischen Bauern zählen überwiegend Friesenkühe, aber auch einige Tiere der alten kantabrischen Tudanca-Rasse. Eine Kuh gibt, wenn sie gut ernährt und gepflegt ist, pro Tag zwischen zehn und 30 Liter Milch. Da ein Bauer in Kantabrien im Durchschnitt nur 22 Kühe hält, ist dies zu wenig, um davon leben zu können. Denn die Kosten für Energie, Futtermittel, Tierärzte und Versicherungen sind in den vergangenen Jahren ständig gestiegen, die Milchpreise auf dem spanischen und europäischen Markt dagegen immer weiter gefallen. Großunternehmen und multinationale Konzerne legen die Aufkaufpreise für Milch fest und erwirtschaften durch den Handel mit Milchprodukten hohe Gewinne, während sich die Lage der Milchbauern in Kantabrien und anderswo zusehends verschlechtert.
Viele kleine Milchbauern, die dem wachsenden Kostendruck nicht mehr standhalten konnten, haben bereits aufgegeben und sich einen Job in der Stadt gesucht. Manche bauen auf ihrem Hof auch ein paar Fremdenzimmer aus, um im Tourismus Fuß zu fassen. Aber viele hängen doch sehr an ihren Traditionen, wie ein Bauer wehmütig bestätigt: »Am Produkt kann es wirklich nicht liegen. Unsere Milch ist Spitzenklasse, vor allem im April und im Mai, wenn die Kühe auf den Weiden das frische, saftige Frühlingsgras mit den vielen Wildblumen, den Kräutern und Kleesorten gefressen haben. Dann duftet die Milch nach frischem Gras und süßen Blüten.« Aus einem kleinen Teil der produzierten Milch stellen die Bauern eigenen Käse und andere Milcherzeugnisse her. Der Rest geht an die Molkerei *(lechería),* und bis der Verbraucher sich ein Glas Milch einschenken kann, hat diese einen langen Weg hinter sich:
Gleich nach dem Melken am Hof wird die frische Milch auf vier bis acht Grad heruntergekühlt. Mit speziellen Kühlwagen holen die Fahrer der Molkereien sie beim Erzeuger ab. Im Labor der Molkerei wird die Rohmilch auf Fettgehalt und bakteriologische Unbedenklichkeit geprüft und dann in verschiedenen Arbeitsschritten weiterverarbeitet.
Zentrifugieren: In einem großen Rotationsbehälter wird der Rahm von der Magermilch getrennt. Bei sehr schnellen Umdrehungen bleiben die Milchfettkügelchen im Innern der Zentrifuge, während die schwerere, weil stark wasserhaltige Magermilch durch die Fliehkräfte an die Außenwand gedrängt wird. Aus dem Rahm werden später Butter oder Sahne hergestellt, die Magermilch wird zu Trinkmilch sowie zu Sauermilch- oder Frischkäseprodukten verarbeitet. Für die Herstellung von Trinkmilch wird die Magermilch nach dem Zentrifugieren durch erneute Zugabe von Rahm bis zum erwünschten Fettgehalt angereichert.
Homogenisieren: Trinkmilch wird homogenisiert (»einheitlich gemacht«), indem man sie unter hohem Druck durch feine Düsen preßt. Dadurch werden die Fettkügelchen zerkleinert und fein in der Milch verteilt. Wasser- und Fettanteil können sich nun nicht mehr trennen, die Milch rahmt nicht auf.
Pasteurisieren: Normale Trinkmilch, die für mehrere Tage haltbar sein soll, wird in der Regel pasteurisiert, also für maximal 30 Sekunden auf rund 75 °C erhitzt und dann sofort wieder abgekühlt. So werden Mikroorganismen unschädlich gemacht. Die Milch ist bis zu einer Woche haltbar, die Vitamine bleiben größtenteils erhalten.
Ultrahocherhitzen: Milch, die für mehrere Monate haltbar sein soll und in licht- und luftdicht beschichteten Kartons (*tetrabriks*) in den Handel kommt, wird für drei bis zehn Sekunden auf 130 bis 150 °C erhitzt, um alle Keime abzutöten. Bei dieser Prozedur gehen allerdings bis zu 20 Prozent der wertvollen Vitamine verloren.

Frisch gemolkene Kuhmilch ist die Basis für viele Produkte von Trinkmilch über Joghurt bis hin zu unzähligen Käsesorten. Die spanischen Bauern dürfen pro Jahr mehr als fünf Millionen Tonnen Milch erzeugen. Fast ein Zehntel kommt aus Kantabrien, und die Milch von diesen Bergweiden steht im Ruf, die beste Spaniens zu sein.

Käsesorten gibt es in Kantabrien fast so viele wie kleine Milchbauern. Hinzu kommen einige industriell hergestellte Sorten aus größeren Käsereien. Über die Regionalgrenzen hinaus sind vor allem die *quesucos* bekannt: kleine, feine Käselaibe, die maximal ein Kilogramm wiegen. Besonders die *quesucos de Liébana* sind Feinschmeckern ein Begriff.

Rechts: Auf saftigen Almen grasen gesunde Milchkühe. Sie geben gute Milch, und die schmeckt – so sagen die Bauern – im Frühjahr sogar nach Blüten und Kräutern.

Milchprodukte

Sahne ***(nata):*** der durch Zentrifugieren von der Magermilch abgetrennte Rahm. Normalerweise 10 % Fett, bei Schlagsahne mindestens 30 % Fett. Saure Sahne entsteht durch Zusatz von Milchsäurebakterien und enthält 10 bis 15 % Fett.
Butter ***(mantequilla):*** Streichfett aus süßem oder saurem Rahm, der pasteurisiert und für mehrere Stunden bei wechselnden Temperaturen bis zur gewünschten Konsistenz gerührt wird. Enthält mindestens 80 % Milchfett, 16 bis 18 % Wasser, etwa 2 % Feststoffe und wird meist leicht gesalzen.
Sauermilch-Produkte: Milcherzeugnisse, die mit Milchsäurebakterien gesäuert werden. Diese wandeln einen Teil des Milchzuckers in Milchsäure um, die durch Gerinnung die Milch dick werden läßt und den Geschmack der Produkte ausmacht.
Joghurt ***(yogur):*** Hierfür wird die pasteurisierte oder ultrahocherhitzte Milch bei Temperaturen zwischen 40 und 47 °C mit Milchsäurebakterien bebrütet, die Säuerung dann durch Abkühlung auf 6 bis 8 °C abgebrochen. Fettgehalt bis 10 %. Mehr als 80 % des Joghurts kommen als Fruchtjoghurt (mit Zucker und Fruchtzubereitungen) in den Handel.
Quark ***(requesón):*** Die pasteurisierte Milch wird durch Zugabe von Milchsäurebakterien und Lab dickgelegt und danach noch einmal zentrifugiert, bis die Molke abgelaufen und eine lockere, homogene Masse entstanden ist. Wird in Spanien meist als Vollfettstufe (ca. 40 % Fett) angeboten, Magerquark enthält weniger als 10 % Fett.
Dickmilch ***(cuajada):*** durch Labferment, manchmal auch mit Bakterienkulturen dickgelegte Milch, in Spanien meist vom Schaf. Das Produkt hat eine stichfeste Konsistenz (siehe Seite 125).
Frischkäse ***(queso fresco):*** ungereifter Käse mit leicht säuerlichem Geschmack (z.B. *Mató, Camerano*). Pasteurisierte Milch wird durch Zugabe von Milchsäurebakterien, Kräuterferment oder Lab zur Gerinnung gebracht und gleich vermarktet. Fettgehalt zwischen 10 und 40 %. Durch den hohen Wasseranteil (mehr als 70 %) relativiert sich der Fettgehalt, der sich auf die Trockenmasse eines Käses bezieht.

Feine Puddingschnitten werden in heißem Fett herausgebacken (Hintergrund). Dann bestreut man sie mit Zucker und Zimt (oben) – und schon steht dem Genuß nichts mehr im Wege.

Spanische Milch- und Cremespeisen

Flan

Flan ist nicht gleich Flan. Zwar ist das spanische Nationaldessert immer ein im Wasserbad gestockter Pudding aus Eiern, Zucker und Milch, doch geübte Zungen unterscheiden mit gnadenlosen Geschmacksknospen: Da sind einmal die vielen haltbaren Industrieprodukte, ein Allerwelts-Dessert ohne jegliche Raffinesse. Anders dagegen die hausgemachte Variante, der *flan casero:* Da hat jede Hausfrau ihr eigenes Rezept.
Wesentlich für das Gelingen eines Flans ist die verwendete Milch. Sie sollte möglichst frisch, fett, duftig und gehaltvoll sein. Am besten nimmt man eine hochwertige, nicht pasteurisierte Vollmilch, reichlich Eigelb und zur Verfeinerung etwas Vanille, Zitronenschale oder Brandy. Ein frischer hausgemachter Flan besitzt eine lockere, schaumige Konsistenz, das Aroma von Eigelb und Milch muß man schmecken.
Soll der Geschmack bis an den Rand der Lust gesteigert werden, legt man ein oder zwei grüne Feigenblätter über Nacht in die Milch, die das süßliche Aroma annimmt – ein alter Trick aus Mexiko, den sich inzwischen auch die besten Köche zunutze machen. Variationen des Flans sind der im Norden beliebte Apfelflan *(flan de manzana)*, Flan mit Orangen *(flan de naranja)*, mit Rum *(flan al ron)*, mit Kastanien *(flan de castañas)* oder mit Erdbeeren *(flan de fresas)*.

Flan al caramelo

Flan mit Karamel
(Abbildung linke Seite unten)

250 g Zucker
4 Eier
2 Eigelb
$^1/_2$ l Milch

Aus der Hälfte des Zuckers und $^1/_8$ l Wasser einen goldbraunen Karamel kochen. 4 Portionsförmchen mit dem Karamel ausgießen, dabei die Förmchen schwenken, damit der Boden gleichmäßig bedeckt ist.
Eier und Eigelb mit dem restlichen Zucker verrühren. Milch zum Kochen bringen, vom Herd nehmen und etwas abkühlen lassen. Unter die Eicreme rühren und durch ein Haarsieb in die Förmchen verteilen. Im vorgeheizten Backofen bei 150 °C im Wasserbad ca. 45 Minuten stocken lassen. Förmchen aus dem Wasserbad nehmen, auskühlen lassen und im Kühlschrank aufbewahren. Vor dem Servieren jedes Förmchen in heißes Wasser tauchen, den Rand vorsichtig mit einem scharfen Küchenmesser lösen und Flan auf Dessertteller stürzen.

1 Für feine Puddingschnitten braucht man Milch, Butter, Mehl und Eigelb sowie Zucker, Vanille und Zitrone.
2 Mit Zucker, Zitronenschale und Vanille bringt man die Milch zum Kochen, dann entfernt man die Gewürze.
3 Nachdem das Mehl in der Butter angeschwitzt wurde, rührt man die Milch ein, bis eine glatte Creme entsteht.

4 Man fügt die Eigelbe zu, läßt die Masse im Kühlschrank erkalten und schneidet sie dann in gleichgroße Stücke.
5 Nun verquirlt man zwei Eier und wendet die Puddingschnitten darin, auf Wunsch auch noch in Semmelbröseln.
6 In einer Pfanne wird das Öl erhitzt, dann gibt man die Puddingschnitten hinein und brät sie schön goldgelb.

Leche frita

Gebratene Puddingschnitten
(Abbildungen oben und linke Seite oben)

$^1/_2$ l Milch
abgeriebene Schale von 1 Zitrone
4 EL Zucker
1 aufgeschlitzte Vanillestange
75 g Butter
150 g Mehl
4 Eigelb
Fett für die Form
2 Eier
4 EL Semmelbrösel
Fett zum Fritieren
Zimt und Zucker zum Bestreuen

Milch mit Zitronenschale, Zucker und Vanillestange langsam zum Kochen bringen, dann vom Herd nehmen, Zitronenschale und Vanillestange entfernen, abkühlen lassen.
Die Butter in einem zweiten Topf zerlassen, das Mehl einrühren und hellgelb anschwitzen. Die lauwarme Milch langsam unter ständigem Rühren zugießen. Bei kleiner Hitze ca. 5 Minuten zu einer dicken Creme einkochen lassen. Den Topf vom Herd nehmen und das Eigelb unter die Creme rühren. Die Creme in eine eingefettete flache Form umfüllen und nun mindestens 4 Stunden im Kühlschrank fest werden lassen.
Die Masse in Recht- oder Dreiecke schneiden. Die Eier verquirlen, und die Stücke zuerst in Ei, evtl. in Semmelbröseln wenden. Portionsweise im Fett goldgelb fritieren, kurz auf Küchenpapier abtropfen lassen. Mit Zucker und Zimt bestreuen und lauwarm oder kalt servieren.

Arroz con leche

Milchreis

$^1/_2$ l Milch
1 aufgeschlitzte Vanillestange
1 Zimtstange
Schale von $^1/_2$ Zitrone
100 g Rundkornreis
75 g Zucker
60 g Butter
3 Eigelb
1 TL Zimt

Milch mit der Vanillestange, der Zimtstange und der Zitronenschale langsam zum Kochen bringen. Vanillestange, Zimt und Zitronenschale entfernen und den Reis einstreuen. Ca. 20 Minuten kochen, bis der Reis weich ist. Zucker und Butter unterrühren und den Reis vom Herd nehmen. Das Eigelb einrühren, Reis in eine vorgewärmte Schüssel umfüllen und mit dem Zimt bestreuen. Sofort servieren.

ASTURIAS

HARALD KLÖCKER

Asturien

Sidra
Kochen mit Sidra
Hausschlachtung
Wurstmachen
Aus einem Topf
Seeigel
Wildlachs
Cabrales
Spanische Käsesorten
Kuchen und Kleingebäck aus Nordspanien

Asturien ist das spanische Apfelparadies, und die Bauern spielen ihre Verführungskünste mit drei Dutzend Sorten aus, die frisch verzehrt oder zu Sidra verarbeitet werden.

Mit stolzgeschwellter Brust erinnern sich die Asturier an ihren wohl größten Beitrag zu den Geschicken Spaniens: In den Bergen nicht weit von Covadonga schlugen sie im Jahr 722 unter Führung des Fürsten Pelayo den Ansturm der Mauren zurück, sicherten sich damit ihre Unabhängigkeit und begründeten die Rückeroberung des Landes durch die Christen.
Nach dieser historischen Großtat fiel Asturien jedoch in einen Jahrhunderte währenden Schlaf. Für lange Zeit galt die Region nun als Armenhaus Spaniens, das einfache Volk ernährte sich von Hirse, Mais, Kastanien und Wildfrüchten.
Erst Ende des 19. Jahrhunderts brachen üppigere Zeiten an und bewegten den Schriftsteller Jesús Fernández Santos auf seiner Reise von der kargen kastilischen Hochebene in Richtung Atlantik zu dem verzückten Ausruf: »Dort oben am Kamm des Bergs beginnt Asturien. Folgt man dem Weg weiter, dann ist es wirklich so, als überschreite man an jener unsichtbaren Linie die Grenze zum gelobten Land.«
Gemeinsam mit dem Baskenland, Kantabrien und Galicien gehört das Fürstentum Asturien *(Principado de Asturias)* heute zum »Grünen Spanien«: Vom Hochgebirge der Picos de Europa mit Almen, tiefen Schluchten und reißenden Flüssen senkt sich sanft gewelltes, durch die Nähe zum Atlantik stets grünes Hügelland hinab zu Felsküsten und Sandstränden. Wirtschaft und Industrie konzentrieren sich im Dreieck der Städte Oviedo, Gijón und Avilés. Im Westen und Osten dominieren Blumenwiesen und Bauerngärten, Wälder und Apfelplantagen, Dörfer, Kirchen und Kapellen aus dem Mittelalter.
Historisch sind die Asturier ein Volk von Bauern, Hirten und Fischern. Die Kultur der Wanderschäfer hat hier noch goldenen Boden, mehr als 30 Käsesorten sind registriert – vor allem Dreimilchkäse aus der Milch von Kuh, Schaf und Ziege. Als wahres Elysium für Feinschmecker gilt die Gebirgsregion der Picos de Europa im Osten der Region Asturien, wo man auf einer Käseroute Sorte für Sorte probieren kann und auf ganz unerwartete Köstlichkeiten stößt, die nur in ganz kleinen Mengen hergestellt werden und niemals in den Handel kommen.
Ohne staatliches Qualitätssiegel überzeugen auch Schinken- und Wurstspezialiäten, Wildschwein und Hirsch, Forellen und Wildlachs sowie allerlei Fische und Meeresfrüchte aus dem Atlantik, die schlicht und unverfälscht auf den Teller kommen. Ihren ganz besonderen kulinarischen Leckerbissen huldigen die Asturier jedes Jahr mit speziellen Festen und Wettbewerben. Gefeiert werden Apfelwein und Kastanie, Bohne und Zwiebel, deftige Eintöpfe sowie verführerische Süßspeisen.

Rechts: Das Gebirge speist Bäche mit kristallklarem Wasser. Hier springen Forellen, und sogar Wildlachse sind in Flüssen wie dem Río Sella noch zu finden.

Jede Bauernfamilie in Asturien hat auf den Wiesen ein paar Apfelbäume. Im Herbst werden die Äpfel von Hand geerntet, um daraus Sidra zu machen.

In Nylonsäcke verpackt werden die verschiedenen Apfelsorten zur Kelter transportiert. Dort müssen die Früchte schnellstmöglich verarbeitet werden.

Zuerst werden die Apfelsorten entsprechend der angestrebten Geschmacksnote der Sidra gemischt, dann gründlich gewaschen und gut zerkleinert.

In vielen Betrieben pressen die Bauern ihre Äpfel noch in alten Holzpressen. Die vorher eingeweichte Apfelmasse wird mit einer Schaufel eingefüllt.

Nun wird der Most in Kastanienfässern vergoren. Durch die freiwerdende Kohlensäure beginnt die Flüssigkeit mehr oder weniger heftig zu schäumen.

Bei einer ersten Verkostung *(espicha)* wird ein Glas Sidra probiert. Zum Klären gießt man den frischen Apfelwein aus dem Faß durch einen feinen Filter.

Sidra

»Die Asturier nehmen ein Getränk zu sich, welches sie *zythos* nennen und durch die Fermentierung von Apfelsaft gewinnen«, notierte der griechische Geograph Strabo im ersten Jahrhundert vor Christus. Schon die Kelten hatten in Nordwestspanien Äpfel angebaut, um daraus berauschenden Apfelwein zu machen. Mitte des 18. Jahrhunderts standen in der Region etwa 250 Apfelpressen, aus denen jährlich rund 4,5 Millionen Liter Saft flossen, von dem ein großer Teil zu Apfelwein vergoren wurde. Der legendäre *zythos* heißt heute *sidra* und gilt als Nationalgetränk der Asturier.

Im atlantischen Klima Nordspaniens gedeihen in Bauerngärten und Großplantagen mehr als 30 verschiedene Apfelsorten. Zum Teil werden sie als Tafeläpfel vermarktet, nur bestimmte Sorten eignen sich für die Herstellung von Sidra: Kleine, säuerliche Holzapfelsorten geben dem Apfelwein seine Frische, süße und bittere Sorten sorgen für die geschmacklichen Nuancen. So zeigt sich die Kunst des Kellermeisters vor allem in einer ausgewogenen Mischung der Äpfel.

In der bäuerlichen Kelter werden die Früchte zunächst gewaschen und zerkleinert, in Wasser eingeweicht und dann gepreßt. Über die festen Rückstände freut sich das Vieh. Der Apfelmost wird in Fässern aus Kastanienholz vergoren, bis er etwa fünf Grad Alkohol aufweist. Den Winter über, ehe die Sidra abgefüllt wird, trifft man sich unter Freunden und Nachbarn zu den berüchtigten ersten Verkostungen *(espichas)*, bei denen der Apfelwein aus dem Faß gemeinsam probiert wird. Dazu kommen würziger Cabrales-Käse, Schinken, Wurst und Brot auf den Tisch. Erst im Februar oder März beginnt die Abfüllung in dunkelgrüne, dickglasige Flaschen, die meist nicht etikettiert werden.

In der *sidrería,* der traditionellen Apfelweinschenke, zeigen sich selbst die ungläubigsten Asturier gern von ihrer religiösen Seite: »Wenn wir durch den Apfel das Paradies verloren haben, werden wir es durch den Apfelwein wiedererlangen«, lautet ein altes Sprichwort. Wichtigste Grundregel des Sidra-Katechismus: Das leicht schäumende Elixier wird stets in Gesellschaft getrunken, denn es macht munter, löst die Zunge und belebt somit die Konversation.

Die Asturier genießen ihr Nationalgetränk aus großen rustikalen Gläsern und servieren es nach einem überlieferten Ritual: Schwungvoll nimmt der Wirt die Flasche, hebt sie mit einer Drehbewegung des Arms über den Kopf und läßt einen kräftigen Strahl Sidra aus der Flasche in das tiefgehaltene Glas schießen, so daß sie golden aufschäumt. Man sagt, der Apfelwein entfalte sein aromatisches Potential erst in dem Moment, da er auf dem Boden des Glases aufschlägt. Meist füllt der *escanciador* das Glas nur etwa drei oder vier Zentimeter hoch voll, danach wird die Sidra sofort ausgetrunken. Lediglich einen kleinen Rest läßt man im Glas zurück, um es damit auszuspülen. Dann füllt der *escanciador* erneut das gleiche Glas und reicht es an den nächsten in der Runde weiter. Traditionell trinkt man den säuerlichen Apfelwein zu Tapas und *fabada,* dem asturischen Bohneneintopf, aber auch zu Fischgerichten wie Sardinen aus dem Ofen *(sardinas al horno)* oder Stockfisch-Omelett *(tortilla de bacalao)*. Auch während des Essens gilt die eherne Regel, daß Sidra nie lange im Glas verweilen darf – und dieser Grundsatz wird nur allzu gerne eingehalten.

Das Einschenken von Sidra ist ein wahres Ritual und hebt das Aroma.

Apfel-Säfte

Generell unterscheidet man zwei Arten von Sidra:
Sidra natural: Dieser meist von kleinen Betrieben hergestellte Apfelwein wird auf natürliche Weise ohne Beimischung jeglicher Zusatzstoffe fermentiert. Er schmeckt angenehm herb und säuerlich, ist naturtrüb und duftet kräftig. *Sidra natural* sollte stets jung getrunken werden. Auch in Flaschen fest verkorkten Apfelwein sollte man nach dem Kauf nicht länger als ein Jahr aufbewahren.
Sidra gasificada (auch *dulce* oder *champanada*): So nennt der Volksmund industriell hergestellte Sidra, denn hier wird Kohlensäure hinzugefügt, mehr oder weniger stark gezuckert und dann in Edelstahltanks stabilisiert. Dieser Apfelwein ist meist deutlich süßer und geschmacklich weniger nuancenreich als *sidra natural.* Er hält sich länger als die natürliche Variante und wird weniger in Asturien selbst als in anderen Landesteilen getrunken. Bei den industriellen Apfelweinkellereien, die ihre Markenerzeugnisse etikettiert auf den Markt bringen, unterscheidet man:

- *Sidra Extra* (halbtrocken)
- *Sidra Selecta* (trocken ausgebaut)
- *Sidra Refrescante* (mit besonders viel Kohlensäure).

Mit etwas Glück bekommt man in Asturien auch hier und da einmal ein Gläschen **Apfelbranntwein** *(aguardiente de manzana)* kredenzt. Ganz und gar unbescheiden nennen die Asturier ihn nach seinem berühmten französischen Bruder *calvados* – was natürlich offiziell auf keinem Etikett gedruckt sein darf. Meist gelangen die Destillate aus den kleinen Apfelwein-Kellereien aber auch gar nicht auf den Markt, sondern werden ausschließlich an Freunde und Bekannte verkauft oder im Familienkreis goutiert. Seit Jahrhunderten stellen die Bauern in Asturien aus Sidra auch einen **Apfelweinessig** *(vinagre de sidra)* für den Hausgebrauch her. Dieser wird heute auch in größerem Umfang produziert. Für die Herstellung wird *Sidra natural* ein zweites Mal vergoren und bis zu zwei Jahren in Eichenholzfässern gereift. Einfacher Apfelessig dagegen wird direkt aus dem Most vergoren – ohne Umweg über den Wein. Er hat im Zuge der neuen Gesundheitswelle viele Anhänger gefunden.

Kochen mit Sidra

Merluza a la sidra
Seehecht in Apfelwein
(großes Bild, rechts)

750 g Seehechtfilet
Salz und Pfeffer
Mehl zum Wenden
100 ml Olivenöl
400 g Kartoffeln, geschält und in kleine Würfel geschnitten
1 kleine Zwiebel, fein gehackt
2 Knoblauchzehen, fein gehackt
2 Äpfel, geschält und in kleine Würfel geschnitten
250 g Venusmuscheln, geputzt
$^1/_2$ l Sidra, ersatzweise Cidre oder Apfelwein
1 EL gehackte Petersilie

Den Fisch waschen, trockentupfen und mit Salz und Pfeffer würzen. Dann in Mehl wenden, überschüssiges Mehl abklopfen.
Das Olivenöl in einer feuerfesten Form erhitzen und den Fisch von beiden Seiten darin anbraten. Dann herausheben und warm stellen. Die Kartoffelwürfel im Bratfett goldbraun braten. Zwiebel, Knoblauch, Apfelstücke und die Muscheln zufügen. Zugedeckt einige Minuten dünsten, dabei die Form mehrmals rütteln. Den Deckel abheben, den Fisch wieder einlegen und die Sidra angießen. Im vorgeheizten Backofen offen bei 175 °C ca. 10 Minuten garen.
Fisch auf einer vorgewärmten Platte anrichten, die übrigen Zutaten darüber verteilen und mit Petersilie bestreuen.

Chorizo en sidra
Paprikawurst in Apfelwein
(großes Bild, vorne)

500 g Chorizo-Wurst, ersatzweise geräucherte Knoblauchwurst
$^3/_4$ l Sidra, ersatzweise Cidre oder Apfelwein

Die Würste in Stücke schneiden. In eine Tonkasserolle geben und mit Sidra bedecken. Zum Kochen bringen und die Sidra bei kleiner Hitze auf die Hälfte einkochen lassen. In der Kasserolle servieren.

Manzanas a la sidra
Äpfel in Sidra
(großes Bild, hinten)

4 Äpfel
1–1 $^1/_2$ l Sidra, ersatzweise Cidre oder Apfelwein
125 g Zucker
1 Stange Zimt
1 Stück Zitronenschale

Die Äpfel schälen, dabei den Stiel nicht entfernen. Äpfel in einen Topf stellen und so viel Sidra angießen, daß die Äpfel bedeckt sind. Zucker, Zimt und Zitronenschale zufügen und 15–20 Minuten köcheln lassen. Dann Zimt und Zitronenschale entfernen.
Die Äpfel im Sirup aufbewahren oder noch warm in kleinen Schalen mit Sirup servieren.

Sidra natural wird in Asturien und im benachbarten Baskenland noch auf traditionelle Weise hergestellt. Manche Hersteller versehen ihre Produkte mit Etikett, in den Bars wird meist aus nicht etikettierten Flaschen eingeschenkt.

List aus dem Kochtopf

Daß gutes Essen etwas sehr Entwaffnendes hat, wußten die Herrschenden in Asturien schon vor mehr als 150 Jahren: Im ersten Karlistenkrieg, der 1833 begann, hatte die Regierung an die liberalen Bürgermilizen Waffen ausgegeben. Nicht ganz freiwillig aber rückten die Männer nach Kriegsende die Gewehre wieder heraus. Kurzerhand spendierte die Obrigkeit den Kämpfern ein Festgelage in Oviedo: Es gab Kichererbsensuppe mit Spinat für alle, dazu gedünsteten Stockfisch und Kutteln, Rotwein und reichlich Sidra. Die tapferen Krieger ergaben sich deftiger Kost und schwerem Wein – und streckten die Waffen. Als gastronomisches Ereignis erinnert heute das Fest *El Desarme* (Die Entwaffnung) an diese historische Begebenheit.

Hausschlachtung

»A cada puerco le llega su San Martín«, sagt der spanische Volksmund fast liebevoll: »Für jedes Schwein kommt einmal sein Martinstag.« Der 11. November gilt auf dem Lande traditionell als Beginn der Schlachtsaison, und kein anderes Haustier wird in seinem Nutzen für die menschliche Ernährung so sehr verehrt und verklärt wie das Schwein. Volkslieder, Märchen und Spruchweisheiten huldigen dem Borstenvieh als wandelnde Speisekammer, als Kraftnahrung und Delikatesse zugleich. In Asturien und Galicien ist das Schwein in einigen Kirchen als *gaitero* dargestellt: als mystisches Wesen, das auf der nordspanischen Variante des Dudelsacks *(gaita)* spielt. Da kann es kaum verwundern, wenn das Schwein in vielen Gegenden vor der Schlachtung vom Dorfpfarrer gesegnet wird.

Wenn im Herbst die Ernte eingebracht ist, legt jeder Bauer ein Wochenende für die Hausschlachtung *(matanza)* fest. Diese gilt vielen noch immer als mythischer Akt, der nach überlieferten Traditionen vor sich geht. Der Volksglaube gebietet, daß die Männer am Tag vor der Schlachtung sexuell abstinent sein müssen, sonst vergärt ihnen das Mett. In den ländlichen Gegenden ist es üblich, daß alle Familienmitglieder bei der Schlachtung mithelfen. Häufig sind auch die Nachbarn zur Stelle, womit sich die betreffende Familie verpflichtet, auch ihnen tatkräftig unter die Arme zu greifen.

Das gemästete Schwein hat zum Zeitpunkt der Schlachtung ein Gewicht von 100 bis 120 Kilo erreicht. Zunächst wird das Tier durch einen Schnitt in die Pulsader getötet. Das ist traditionell Männersache. Das Blut wird aufgefangen und ganz frisch weiterverarbeitet. Nun geht es daran, die Borsten abzufackeln, dann wird das geschlachtete Schwein auf einem Holztisch mit heißem Wasser sorgfältig gereinigt. Der Metzger zerlegt das Tier in zwei Hälften, ehe die Organe entnommen werden. Nun wird der Veterinär tätig. Erst wenn der Fachmann Zunge und Leber des Schweins untersucht hat und feststellt, daß das Tier keine Krankheit aufweist, wird es zur Verarbeitung freigegeben.

Schritt für Schritt geht es nun an die Verwertung der Fleischpartien. *»Todo es bueno en el cochino, desde el hocico al estantino«*, weiß man seit Jahrtausenden: »Am Schwein ist alles gut, von der Schnauze bis zu den Eingeweiden.« Tatsächlich findet jedes Teil Verwendung: Hirn und Ohren, Vorder- und Hinterpfoten, Schwarte, Blut und Organe bis hin zum Schwanz. Während die Männer die Schinken und die einzelnen Fleischteile herauslösen, sind die Frauen schon mit Wursten beschäftigt (siehe Seite 206).

Natürlich wird beim Schlachtfest nicht nur geschuftet, sondern auch geschlemmt. Auf den Tisch kommen die frischen Produkte vom Schwein, an allererster Stelle Blutwurst und frische Kochwürste. In Asturien gehören auch eine Suppe aus Schweineleber *(sopa de fégadu)* sowie Pellkartoffeln mit Schweinskopf dazu.

Aus dem Schmalztopf

Neben Schinken, Speck und Dauerwürsten darf in der asturischen Speisekammer ein Keramiktopf mit Schweineschmalz *(manteca)* nicht fehlen. Das geschmolzene, ausgebratene Fett wird vor allem zur Verfeinerung von Schmorbraten und anderen Fleischgerichten verwendet. Auch für allerlei süßes und salziges Gebäck wie *ensaimadas* oder *tortas de manteca* verwendet man gern Schweineschmalz.

In bäuerlichen Haushalten werden zudem Fleisch und Wurst in *manteca* gelagert, um sie frisch, weich und saftig zu erhalten. Die ausgelassenen Speckgrieben *(chicharrones)* benutzt man zur aromatischen Bereicherung von Gemüse- oder Fleischgerichten sowie für Gebäck wie etwa die deftige Griebentorte *(torta de chicharrones* oder *coca de llardons)*.

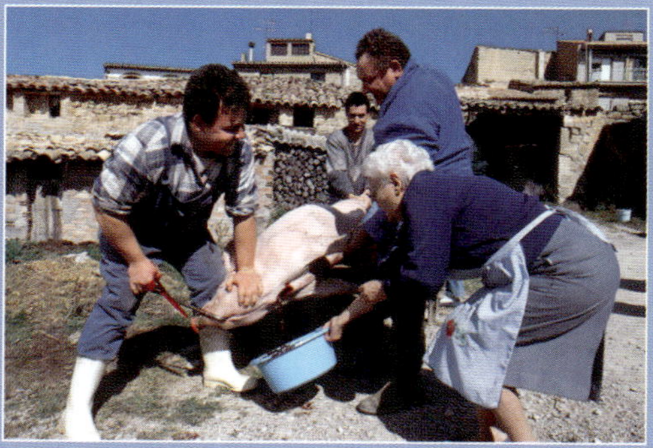

Bei der Schlachtung eines Schweins fängt man zuerst das frische Blut auf. Es muß sofort verarbeitet werden.

Nachdem die Borsten abgefackelt sind, wird die Haut des Schweins mit heißem Wasser und Bürste gereinigt.

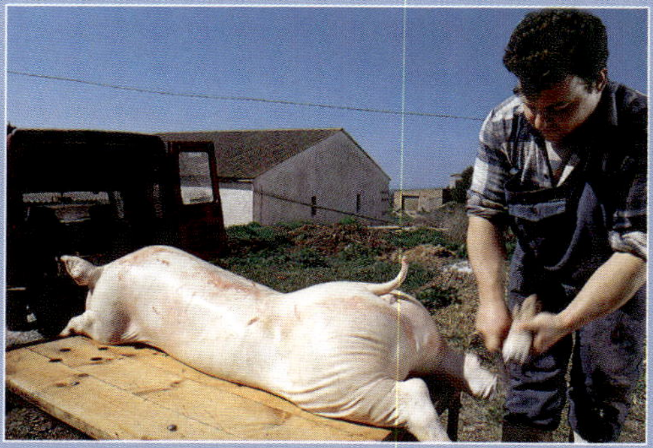

Zum Zerlegen hebt der Metzger das Schwein auf einen Holztisch. Dann werden als erstes die Pfoten abgetrennt.

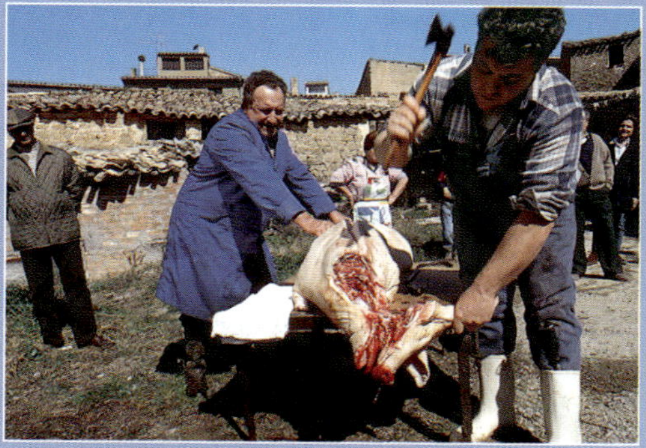

Bevor das Schwein in zwei Hälften zerlegt wird, trennt man nun den Kopf ab. Auch er kann verwertet werden.

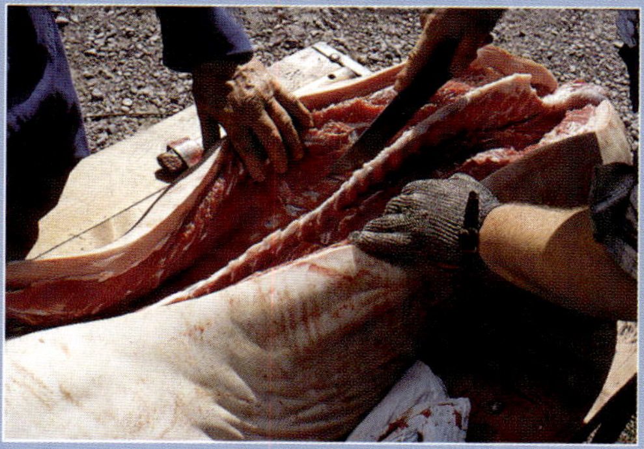

Dann wird das Schwein in der Mitte zerteilt, um die Organe und die inneren Fleischpartien zu entnehmen.

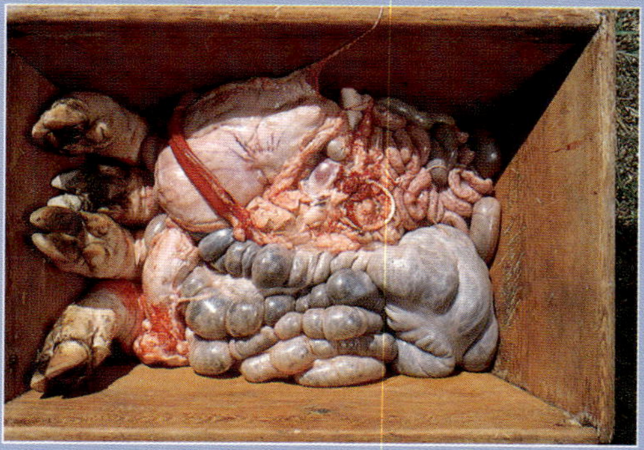

Fast alle Teile des Schweins finden Verwendung. Pfoten und Innereien werden in einer Holzwanne gesammelt.

Stück für Stück haben die Männer das Schwein zerlegt. Das Fleisch wird in Körben ins Haus gebracht, wo nun die Arbeit der Frauen beginnt, denn sie sind fürs Verwursten zuständig.

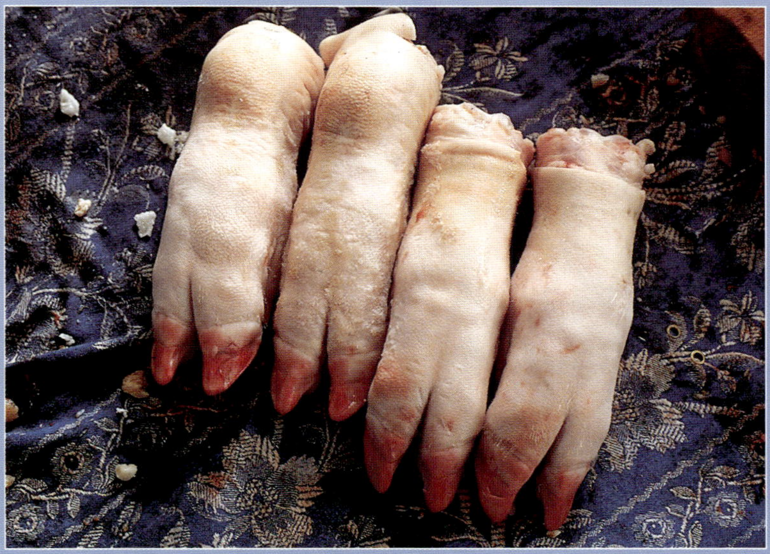

Die Schweinefüße (oben) werden noch am Schlachttag zusammen mit Schwarte und Ohren gekocht (unten). Nach der harten Arbeit ist eine kräftige Brühe willkommen.

Nachdem die Därme des Schweins sorgfältig gereinigt sind, werden sie gründlich ausgekocht, damit man sie, hygienisch sauber, zum Wursten verwenden kann.

Das zum Verwursten vorgesehene Fleisch wird von den Knochen gelöst und in kleine Stücke geschnitten. Auch Fett darf dabei sein, damit die Wurst nicht trocken wird.

Dann wird das Fleisch durch den Fleischwolf gedreht und je nach Wursttyp mit Knoblauch, Gewürzen und Kräutern versehen. Das Mett wird gut durchmischt.

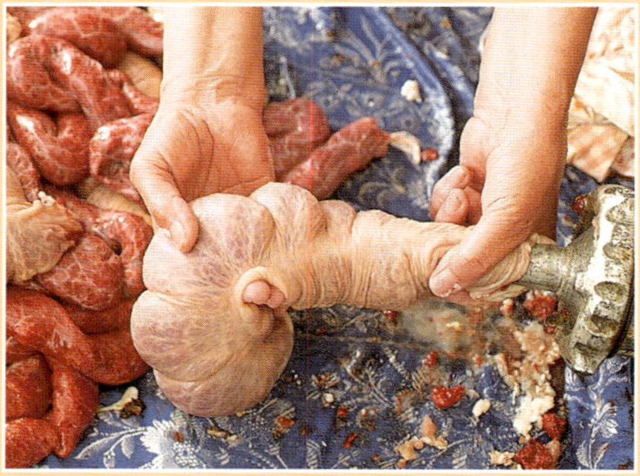

Nun füllt man das Mett mit der Wurstmaschine in die Därme. Für dünne, mittlere und dicke Wurst nutzt man Dünndarm sowie Blind- und Dickdarm vom Schwein.

Aus den diversen Partien vom Schwein, ausgeklügelten Gewürzmischungen und verschiedenen Därmen entstehen ganz unterschiedliche Wurstsorten. Diese kann man nun kochen, räuchern oder einfach an der Luft trocknen.

Wurstmachen

Beim Schlachtfest sind die Frauen dafür zuständig, das frische Fleisch zu Wurst zu verarbeiten. Nach und nach werden riesige Massen durch den Fleischwolf gedreht, mit Gewürzen und anderen Zutaten vermischt und dann in die vorher sorgfältig gesäuberten Därme gefüllt. Wurstarten, die aus roher Fleischmasse bereitet sind, müssen innerhalb kurzer Zeit verzehrt werden, sie werden meist gebraten oder gekocht.

Besonderer Beliebtheit erfreut sich bei jedem spanischen Schlachtfest die Blutwurst (siehe Kasten rechte Seite), die in Asturien gleich gebraten oder aber über Eichenholz geräuchert wird. In ganz Spanien beliebt sind auch der *chorizo,* eine mit Knoblauch und Paprikapulver gewürzte Wurst, und *lomo embuchado,* die marinierte Schweinelende (siehe Seite 344 f). Wie in anderen Gegenden Spaniens sind in Asturien auch die beiden Hartwurstsorten *longaniza* und *salchichón* verbreitet (Abbildungen Seite 346).

Das Klima einer Gegend bestimmt, was nach dem Abfüllen mit der Wurst passiert. Während im regenarmen Süden und Westen Spaniens Würste und Schinken luftgetrocknet werden können, ist es dafür im atlantischen Norden meist zu feucht. In Asturien und den Nachbarregionen werden deshalb die meisten Schinken- und Wurstsorten nach einer kurzen Zeit der Trocknung zusätzlich geräuchert.

Professionelle Metzgereien haben hierfür spezielle Räucherkammern. In den Bauernhöfen hängt man die Schinken und Würste aber noch wie zu Großmutters Zeiten in den Rauch des heimischen Kamins. Am liebsten verwenden die Bauern dafür würziges Eichenholz. Je nachdem, wie dick und fest die Würste sind, dauert das Räuchern über schwelenden Spänen zehn Tage oder länger. Kenner achten darauf, daß sich das Räuchern bei den möglichst niedrigen Temperaturen eines Schwelfeuers vollzieht. Denn je langsamer und gleichmäßiger geräuchert wird, desto besser können die Raucharomen die gesamte Fleischstruktur nach und nach bis ins Innerste durchdringen. Mit ihnen dringen auch antiseptische Substanzen in die Wurst ein, was sie besonders haltbar macht. Zu schnelles, zu aggressives oder zu heißes Räuchern schmälert die Qualität und die Haltbarkeit des Produkts, weil dann die Fleischstruktur nicht einheitlich durchgeräuchert wird.

Wie Chorizo und Blutwurst werden in Asturien auch die edlen Würste aus Hirsch- oder Wildschweinfleisch meistens geräuchert. Asturische Schinken trocknen in der Regel nach dem Räuchern noch etwa ein halbes Jahr an der Luft. Sehr exquisite Schinken mit würzigem Rauch-aroma kommen aus dem Westen Asturiens, speziell aus den Gegenden um Tineo und Ibias.

Blutwurst

Schon in vorchristlicher Zeit sagte man dem Blut von Schweinen und Schafen für den menschlichen Organismus äußerst zuträgliche Eigenschaften nach. Im Mittelalter begann der Siegeszug der Blutwurst, und bis heute ist sie ein fester Bestandteil der iberischen Küche. Sprachgeschichtlich heißt *morcilla* einfach nur »Wurst«, heute meint man damit aber fast immer Blutwurst. In Katalonien und Andalusien kennt man allerdings auch mehrere Arten von *morcilla blanca,* die – wie der Name schon sagt – weiß sind, weil sie kein Blut enthalten.
Als echte Blutwurst spielt die *morcilla* neben dem *chorizo* eine Hauptrolle in vielen Eintöpfen wie der asturischen *fabada* oder dem kastilischen *cocido.* Gekocht oder gebraten, getrocknet oder geräuchert, kalt oder warm, solo oder in Begleitung paßt sie sich bestens den verschiedenen Gemüsesorten an und eignet sich deshalb auch zum Füllen von Paprikaschoten oder Wirsingblättern.
Bei der Schlachtung eines Schweines muß das Blut sofort verarbeitet werden, damit es nicht gerinnt. Hierzu wird das warme Blut zunächst ständig gerührt. Wenn die Wurst Fleischbestandteile enthalten soll, werden diese in eine Gewürzmischung eingelegt. Außer Fleisch, Blut und Speck kann die Füllung die unterschiedlichsten Zutaten aufweisen: Kartoffeln oder Kürbis, Mandeln oder Nüsse, Zimt oder Knoblauch, Salz und/oder Zucker. Die westasturische *fiyuela*-Blutwurst enthält weiße Bohnen, Reis und Zucker. Eines allerdings haben alle Blutwürste gemeinsam: Man kocht sie, bevor man sie zum Trocknen aufhängt. Im Norden werden sie häufig auch geräuchert, um ihre Haltbarkeit zu steigern, denn die Würste müssen ein ganzes Jahr lang halten – bis zum nächsten Schlachtfest.

In Asturien und den Nachbarregionen werden die frischen Würste meistens geräuchert. Hoch im Kurs steht hierfür Eichenholz, das ein delikates Aroma verleiht. Getrocknet und geräuchert halten die Würste bis zum nächsten Jahr.

Aus einem Topf

Die Rückeroberung Spaniens durch die Christen begann mit schwerem Geschütz. In der Schlacht von Covadonga trug der Asturier Pelayo im Jahr 722 mit seinen Mannen den ersten Sieg über die Mauren davon. Mit einem deftigen Bohneneintopf *(fabada)* sollen sich die Krieger vor dem Kampf gestärkt haben, und in den Dörfern mutmaßte man später, vielleicht hätten das heftige Gedonner und die Duftwolke die Mauren in die Flucht getrieben.

Heute ist die *fabada asturiana* das Flaggschiff der asturischen Küche, doch als Speise feiner Leute galt sie nie. »Dies ist ein Gericht, das von einem Volk von Hungerleidern erfunden wurde«, soll der Filmregisseur Luis Buñuel einmal geäußert haben. Erst in den vergangenen Jahrzehnten ist dieser Eintopf salonfähig geworden. Das Rezept ist heute auch in den Kladden der Gourmetköche zu finden, und als Konserve wird die *fabada* bis nach Lateinamerika exportiert.

Wie auch in anderen asturischen Eintöpfen und Suppen, spielt in einer echten *fabada* die *faba* eine Hauptrolle: eine große, flache weiße Bohne, die insbesondere in der Umgebung von Luarca, Pravia, Cangas de Narcea und Villaviciosa kultiviert wird. Sie stammt aus der Neuen Welt und wurde einst von asturischen Seefahrern mitgebracht. *Fabes,* von denen in Asturien alljährlich rund 1000 Tonnen produziert werden, zählen zu den teuersten spanischen Bohnensorten überhaupt, sind allerdings auch einzigartig im Geschmack: butterzart, feinhäutig, festfleischig und sämig. Sie sollten beim Kauf schneeweiß und ohne Flecken oder Beschädigungen sein.

Fabes eignen sich gut für Gerichte, die langsam gekocht werden müssen, speziell für Suppen und Eintöpfe. Ihre perfekte Rolle spielen sie nicht nur in einer echten *fabada* (Rezept unten), sie besitzten auch eine erstaunliche Fähigkeit, sich dem Geschmack von Wild, Fisch oder Meeresfrüchten anzupassen und deren Aroma in sich aufzunehmen. Die Asturier essen Bohnen also durchaus auch zusammen mit Venusmuscheln oder Aal, Seehecht oder Lachs, Huhn oder Ziege, Kaninchen oder Pilzen. Man serviert die delikaten Bohnen auch gern als Beilage.

Mais aus dem Bauerngarten

Ein Seemann aus dem asturischen Städtchen Castropol soll um 1600 aus Amerika eine Zederntruhe mitgebracht haben, die bis zum Rand mit Maiskörnern gefüllt war. Diese wurden mit Erfolg in der Gegend von Tapia ausgesät. Von Nordspanien breitete sich das Getreide nach Süden aus. Mais war leicht zu kultivieren und erbrachte im regenreichen Klima Nordspaniens bessere Ernteergebnisse als andere Getreidesorten. Außerdem mochten die Asturier das aus Maismehl hergestellte Brot, denn es war schwer, gehaltvoll und sättigte für viel längere Zeit als die bis dahin verbreiteten Brote. So avancierte der Mais im 18. Jahrhundert für die Landbevölkerung, neben Hirse und Rüben, zum wichtigsten Lebensmittel. Heute wird Mais in Spanien fast nur noch als Futtermittel angebaut. Maismehl verwendet man noch für überlieferte Rezepte wie die traditionellen Bauernbrote aus Asturien und Galicien oder für *fariñón,* eine grobe Blutwurst aus der Gegend von Candás-Luanco. Zum Frühstück ißt man hier und da noch Maisbrei mit Wasser, Milch und Zucker (*fariñes, farrapes* oder *pulientas*).

Fabada asturiana

Asturischer Bohneneintopf
(große Abbildung)

500 g lacón *(gepökelte, luftgetrocknete Schweinehaxe) ohne Knochen, ersatzweise gepökelter Schweinebauch oder Kassler*
400 g große, getrocknete weiße Bohnen (fabes)
150 g geräucherter Bauchspeck, fein gewürfelt
1 Zwiebel, gehackt
1 Knoblauchzehe, gehackt
2 EL Olivenöl
1 Lorbeerblatt
einige Fäden Safran
1/2 TL süßes Paprikapulver
Pfeffer
2 spanische Blutwürste
2 Paprikawürste
Salz

Das Haxenfleisch über Nacht wässern, dabei einmal das Wasser wechseln. Die Bohnen ebenfalls über Nacht in kaltem Wasser einweichen. Speck, Zwiebel und Knoblauch in einem Topf im Olivenöl glasig dünsten. Fleisch und Bohnen zufügen und so viel Wasser angießen, daß alle Zutaten knapp bedeckt sind. Mit Lorbeerblatt, Safran, Paprikapulver und Pfeffer würzen, zum Kochen bringen und bei mittlerer Hitze ca. 1 1/2 Stunden garen. Dabei mehrmals umrühren und eventuell noch etwas Wasser angießen.

Wenn die Bohnen fast weich sind, die Würste einlegen. Mit Salz und Pfeffer abschmecken und weiterköcheln lassen, bis die Bohnen ganz weich sind. Vor dem Servieren das Fleisch und die Würste aus dem Eintopf nehmen, in Stücke schneiden und wieder zu den Bohnen geben.

Fabes con almejas

Bohnen mit Venusmuscheln

500 g getrocknete weiße Bohnen (fabes)
2 EL Olivenöl
1 kleine Zwiebel, gehackt
1 Knoblauchzehe, gehackt
1 Lorbeerblatt
Salz und Pfeffer
500 g Venusmuscheln
1/4 l Weißwein
1 EL gehackte Petersilie

Bohnen über Nacht in kaltem Wasser einweichen. Öl in einem Topf erhitzen, Zwiebel und Knoblauch darin glasig dünsten. Bohnen zufügen und so viel Wasser angießen, daß sie knapp bedeckt sind. Mit Lorbeerblatt, Salz und Pfeffer würzen und 1 Stunde bei mittlerer Hitze garen. Dabei mehrmals umrühren, eventuell noch etwas Wasser nachgießen.
Muscheln gut waschen, geöffnete Muscheln aussortieren. Muscheln zu den Bohnen geben und Wein hinzufügen. Wenn sich die Muscheln geöffnet haben, die Petersilie untermischen.

Potaje de garbanzos y espinacas
Suppe mit Kichererbsen und Spinat

250 g Kichererbsen
Salz
1 Zwiebel, gespickt mit 1 Lorbeerblatt und 2 Gewürznelken
2 Möhren, geschält
500 g Blattspinat
1 Zwiebel, fein gehackt
3 Knoblauchzehen, fein gehackt
2 EL Olivenöl
1 TL mildes Paprikapulver
2 Scheiben Weißbrot
Pfeffer
4 Eier

Die Kichererbsen über Nacht in reichlich Wasser einweichen. Am nächsten Tag mit dem Einweichwasser, etwas Salz, der gespickten Zwiebel und den Möhren aufsetzen, so viel Wasser angießen, daß alle Zutaten bedeckt sind. Zum Kochen bringen und ca. 40 Minuten köcheln lassen.
In der Zwischenzeit den Blattspinat verlesen und waschen. Zwiebel und Knoblauch im Olivenöl andünsten. Mit Paprikapulver bestäuben, den Spinat zufügen und kurz anschmoren. Zwiebel und Möhren aus den Kichererbsen nehmen, Nelken und Lorbeerblatt entfernen. Zwiebel und Möhren im Mörser mit dem Weißbrot zerstampfen. Unter die Kichererbsen rühren und die Spinatmischung zufügen. 10–15 Minuten weiter garen, mit Salz und Pfeffer abschmecken. Die Suppe in 4 feuerfeste Schalen verteilen, jeweils 1 Ei hineinschlagen und im auf 200 °C vorgeheizten Backofen stocken lassen.

Der Bohneneintopf *fabada asturiana* ist das Nationalgericht Asturiens. Man serviert die *fabada* traditionell in flachen Steingutschalen und ißt sie mit Holzlöffeln.

Mit einer Schere öffnet man vorsichtig den Mund des Seeigels an der flachen Seite.

Unter der stacheligen Schale kommt eine Art Bindegewebe zutage, das man durchtrennt.

Nun öffnet man mit der Pinzette ein Loch, das groß genug ist, um die feine Beute zu heben.

Mit einem Teelöffel kann man nun leicht das orangefarbene, eßbare Stückchen herausheben.

Was oft als Fleisch bezeichnet wird und so gut schmeckt, sind die Keimdrüsen der Seeigel.

Seeigel sind äußerst empfindliche Wesen. Unter ihrer stacheligen Schale verbirgt sich ein weicher, delikater Kern, der schnell verdirbt, wenn die Tiere ihres Elements beraubt sind. Wenn man sie aus dem Wasser geholt hat, sollte man sie deshalb am besten in Eis aufbewahren oder mit etwas Zitrone auf der Stelle roh verzehren.

Seeigel

Bereits in der Antike priesen Feinschmecker aus Italien und Griechenland den Wohlgeschmack von Seeigeln. Bei festlichen Gelagen wurden die Stacheltiere gern zusammen mit Austern gereicht. Sie waren die Krönung eines Mahls und sollten außerdem nachlassender Manneskraft auf die Sprünge helfen. Da sich Seeigel vorzugsweise von Plankton, Algen und anderen pflanzlichen Lebewesen ernähren, sammelt sich in ihnen der konzentrierte Geschmack des Meeres. Wegen ihres hohen Gehalts an Jod und Mineralsalzen gelten Seeigel auch als wirkungsvolles Heilmittel gegen Halsbeschwerden.

Seeigel *(erizos de mar,* asturisch *oricios de mar)* kommen in allen Meeren der gemäßigten bis kühlen Klimazonen vor, so auch im Atlantik und im Mittelmeer. In Spanien werden sie vor allem im Winter an der Fels- und Sandküste Asturiens gesammelt, außerdem in Kantabrien, Galicien, an der katalanischen Costa Brava und an der Küste der andalusischen Provinz Cádiz.

Nur an einem windstillen Tag bei ruhiger See ist es möglich, die Seeigel in den seichten Küstengewässern aufzuspüren. Man hebt die Seeigel mit einer Art Zange vorsichtig aus dem Wasser. Ihres Elementes beraubt, verderben Seeigel recht schnell. Kenner verspeisen ihre delikate Beute deshalb gleich nach dem Fang – und zwar roh.

Will man das Fleisch eines frischen Seeigels verzehren, öffnet man den Mund des Tieres mit einer Schere oder einem spitzen Messer, schneidet die flache Seite rings um den Mund mit der Schere auf und gießt das Meerwasser heraus. Nun hebt man das kleine orangefarbene bis purpurrote Fleischstückchen (es sind dies übrigens nur die Keimdrüsen der weiblichen und männlichen Seeigel) aus dem Inneren des Gehäuses heraus und verzehrt es roh. Gelegentlich wird das Fleisch auch kurz gekocht oder mit Rührei, Apfel- oder Schaumwein gratiniert.

Einige asturische Hersteller bringen Seeigeldelikatessen mittlerweile als Konserven in den Handel. Um den feinen Seeigelrogen *(caviar de oricios)* zu erhalten, entfernt man von weiblichen Seeigeln zunächst die Schalen, dann löst man den empfindlichen Rogen vorsichtig ab. Das ebenso exquisite wie teure Produkt wird von Hand in Dosen zu 70, 120 oder 280 Gramm gefüllt.

Seeigelpaste *(paté de oricios)* besteht aus Seeigelfleisch, Seehechtfleisch und asturischer Butter. Diese delikate Paste kann man auch selbst herstellen. Mit Seeigelpaste oder Seeigelrogen lassen sich Saucen, Suppen oder Rührei verfeinern. Ebenso eindrucksvoll kommt der Geschmack des Seeigels auf einer Scheibe Toastbrot zur Geltung.

Links: Seeigel werden in Asturien und anderen Regionen oft von professionellen Tauchern gefangen. Die Männer sammeln die Tiere am Meeresgrund mit Netzen auf.

Wer die frischen Seeigel nicht gleich roh verzehren mag, ißt sie am liebsten gratiniert – mit einer feinen Wein-Sahne-Sauce (Foto) oder etwas deftiger mit Rührei.

Seeigel *(erizos)* findet man in Spanien in verschiedenen Farben.

Mit Fliegen fängt man Wildlachs: Die Angler nutzen Köder aus Federn oder Kunststoff, die aussehen wie echte Fliegen und auf dem Wasser schwimmen.

Fette Wildlachse sind in Asturien keine Seltenheit. Sie tummeln sich in Flüssen wie dem Río Sella (großes Foto) und dürfen erst gefangen werden, wenn sie mehr als 55 Zentimeter lang sind.

Wildlachs

Immer wieder beschwerten sich im Mittelalter die Klöster über die Bauern. Offiziell besaßen nämlich nur die Mönche die Angelrechte für viele asturische Flüsse – was die Landwirte aber oft überhaupt nicht scherte. Ohne Genehmigung der Geistlichkeit stellten sie den Lachsen nach und luden ganze Pferdekarren voll mit Fischen, um sie auf den Märkten zu verkaufen. Historische Dokumente belegen sogar, daß die Bauern hin und wieder geheimnisvolle Tinkturen aus grünen Walnüssen oder einer dem Lorbeer verwandten Pflanze *(Daphne laureola)* anmischten und in die Flüsse kippten, um damit die Lachse zu betäuben und sie leichter fangen zu können.
Eine besondere Delikatesse war der Lachs damals allerdings nicht. Er galt als ausgesprochen gewöhnliche Kost. Chroniken berichten von einer regelrechten »Anti-Lachs-Aktion« der Bauarbeiter, die im 17. Jahrhundert die Kirche Santa María in der baskischen Stadt Tolosa errichteten. Mit heftigen Protesten setzten sie durch, daß der Bauherr, der sich zur Verköstigung der Arbeiter verpflichtet hatte, ihnen nicht mehr als zweimal pro Woche Wildlachs zu essen geben durfte – so überdrüssig waren sie dieser Speise.
Noch zu Beginn des 18. Jahrhunderts wurden allein am Río Sella jährlich 12 000 Lachse gefangen. Das nationale Fischerei-Lexikon behauptet sogar, in den Jahren 1791 bis 1795 seien auf dem Höhepunkt der Fangsaison jeden Tag bis zu 2000 Lachse gefischt worden. In den letzten hundert Jahren ist die Zahl der Wildlachse in den nordspanischen Flüssen zwar um ein Vielfaches zurückgegangen, doch ausgestorben sind sie noch nicht. Insgesamt zogen die Angler 1996 mehr als tausend Wildlachse aus den asturischen Gewässern. Vor allem die Flüsse Sella, Cares, Eo, Esva, Narcea und Deva gelten als gutes Revier. Die Schutzbestimmungen werden strikt kontrolliert, um die Bestände an Lachsen und Forellen nicht zu gefährden: Jeder Angler darf pro Tag maximal drei Lachse fangen – und die müssen mindestens 55 Zentimeter groß sein.
Die Angler sieht man vor allem im Frühling und Frühsommer an den Flüssen stehen, wenn die räuberischen Wildlachse aus den Weiten des offenen Meeres zurückgekehrt sind und sich stromaufwärts vorankämpfen, um im Oberlauf zu laichen. Man angelt meist mit selbstgebastelten Fliegenködern, die möglichst naturgetreu einem Insekt nachgebildet sind und in deren Zentrum sich der Angelhaken befindet. Als herausragendes Ereignis gilt natürlich der Fang eines ausgewachsenen Wildlachses, der mehr als 1,50 Meter lang und über 50 Kilo schwer sein kann. Gegen die Festigkeit seines Muskelfleischs und das intensive Aroma müßten Zuchtlachse aus Fischfarmen schlichtweg vor Neid erblassen.

Wildlachs war nicht immer eine Delikatesse. Heute aber gehört er zu den begehrtesten Süßwasserfischen und sollte so zubereitet werden, daß der Geschmack erhalten bleibt.

Am ehesten wird man dem edlen Wildlachs gerecht, wenn man ihn möglichst unverfälscht genießt – in Form von Koteletts, Steaks oder Filets. Raffinierte Zubereitungsformen kennt die traditionelle Küche kaum. Sehr verbreitet sind in Asturien *salmón a la ribereña* (Lachs mit Sidra) und die *marmita de salmón,* ein Eintopf aus Lachs und Kartoffeln. Gerne wird Lachs auch in Milch eingelegt, anschließend mit Zitronensaft und Kräutern gewürzt und einfach gegrillt.

Salmon a la ribereña

Lachs auf asturische Art

4 Scheiben Lachsfilet à 200 g
Salz und Pfeffer
Mehl zum Wenden
2 EL Olivenöl
2 EL Butter
75 g luftgetrockneter Serrano-Schinken
1/8 l Fischfond
1/8 l Sidra, ersatzweise Cidre oder Apfelwein

Die Lachsscheiben waschen, trockentupfen und mit Salz und Pfeffer würzen. In Mehl wenden, überschüssiges Mehl abklopfen. Olivenöl und Butter in einer Pfanne erhitzen und den Lachs bei mittlerer Hitze auf jeder Seite ca. 5 Minuten braten. Aus der Pfanne heben und warm stellen. Den Schinken in feine Streifen schneiden und im Bratfond anbraten. Mit Fischfond und Sidra ablöschen und etwas einkochen lassen. Die Lachsscheiben auf einer vorgewärmten Platte anrichten und mit der Sauce übergießen.
Dazu reicht man Pellkartoffeln und gegrillte Tomaten sowie Sidra oder leichten Wein.

Cabrales

Asturien gilt als *die* Käselandschaft Spaniens: Mehr als 30 offiziell registrierte Käsesorten werden in rund 350 meist kleinen Familienbetrieben hergestellt. Besonders in der Hochgebirgslandschaft der Picos de Europa, wo noch Bären und seltene Raubvögel leben, ziehen nach wie vor die Wanderhirten mit ihren Kuh-, Ziegen- und Schafherden durch die Berge und produzieren eigenen Käse. Die Betriebe haben zwar größtenteils ihren Standard den modernen hygienischen Anforderungen angepaßt, viele Käsetypen werden aber noch nach traditionellen Rezepturen aus frischer Rohmilch hergestellt und nur in kleinen Mengen in der Region verkauft.

Weit über die asturischen Grenzen hinaus hat sich nur der *Queso de Cabrales* einen Namen gemacht, dem der Schriftsteller Benito Pérez Galdós einen »pestilenten Wohlgeruch« bescheinigte. Der Cabrales stammt aus der Gegend um Cabrales und Peñamellera Alta und ist ein Dreimilchkäse. Rohe Kuhmilch wird mit variablen Mengen an Ziegen- und Schafsmilch gemischt, erwärmt und durch Zugabe von kleinen Mengen Lab zur Gerinnung gebracht. Ist die Molke abgelaufen, zerbröckelt man die Käsemasse zunächst in haselnußgroße Stückchen und drückt sie in zylindrische Formen. Nun gibt man dem Käse ein bis zwei Wochen Zeit, um zu trocknen.

Seinen charakteristischen Edelschimmel erhält der Cabrales-Käse in den typischen Kalksteinhöhlen der Region. In diesen vor Jahrtausenden entstandenen natürlichen Reifekammern herrscht das ganze Jahr hindurch eine gleichmäßige Belüftung durch kühle Winde, die durch das poröse Gestein ziehen. Hinzu kommen die hohe Luftfeuchtigkeit von rund 90 Prozent und kühle Temperaturen zwischen acht und zwölf Grad. Unter diesen Bedingungen wirken Bakterien, Hefen und die Schimmelpilze der Höhlen (*penicillium claverum,* ähnlich dem Roquefort-Schimmelpilz) auf den Stoffwechsel der Käsemasse ein. Während der Reifungsphase müssen die Laibe mehrmals gewendet und die Rinde gereinigt werden, damit sie genügend Luft haben und die Entwicklung des Edelschimmels fortschreiten kann. Nach drei bis sechs Monaten ist ein fester Blauschimmelkäse entstanden. Zum Verkauf wurde der Cabrales traditionell in feuchte Ahornblätter eingewickelt. Moderne Hygienevorschriften der Europäischen Union erfordern allerdings, daß diese natürliche Verpackung mehr und mehr durch Folie mit einem eingeprägten Pflanzenblatt ersetzt wird.

In mehreren kleinen Orten im Gebirgsmassiv Picos de Europa wird der traditionelle Dreimilchkäse Cabrales hergestellt. Die kühlen Winde tragen zur Reifung bei.

Bäuerinnen, die Cabrales noch auf traditionelle Weise herstellen, benutzen dazu eine Mischung aus Schafs-, Kuh- und Ziegenmilch, die mit Lab dickgelegt wird.

Ein ausgereifter Cabrales-Käse ist von Edelschimmel durchzogen. Früher wurde er in feuchte Ahornblätter gepackt, heute nimmt man meist bedruckte Folie.

Obwohl der berühmte Cabrales seit 1985 von einem Gütesiegel (D.O.) geschützt ist, finden sich immer noch erhebliche Unterschiede in der Qualität. Den besten Vergleich bietet jedes Jahr am letzten Augustsonntag der Käsemarkt in Arenas de Cabrales, bei dem die Käseerzeuger aus der Gegend ihre Produkte vorstellen.

Im Schatten des berühmten Cabrales gilt der verwandte *Queso de Gamonedo* noch als Geheimtip. Er wird ebenfalls als Dreimilchkäse aus Kuh-, Schafs- und Ziegenmilch hergestellt. Die Käsemasse wird gepreßt, was den Gamonedo kompakter macht als den Cabrales. Außerdem wird er leicht geräuchert und reift dann ebenfalls in Kalksteinhöhlen, wo er wegen seiner Dichte nur in den Randschichten eine feine Blauschimmelmaserung ausbildet. Früher wurde dieser Käse nach der Reifung in Farnblätter verpackt. Ein Gamonedo übertrifft häufig den Cabrales noch an Aroma und Würze. Dennoch wird er meist nur in der Gegend gehandelt.

Ternera al Cabrales
Kalbsfilet mit Cabrales-Käse

4 Scheiben Kalbsfilet à 150 g
2 EL Öl
75 g Butter
200 g Champignons, halbiert oder geviertelt
$^1/_8$ l Fleischbrühe
125 g Sahne
100 g Cabrales oder anderer Blauschimmelkäse, klein gewürfelt
2 cl Brandy
Salz und Pfeffer

Die Filetsteaks im heißen Öl von jeder Seite 1 Minute anbraten. Aus der Pfanne heben und warm stellen. Butter in der Pfanne zerlassen und die Champignons darin sautieren. Mit Fleischbrühe ablöschen, die Sahne zugießen. Den Käse in der Sauce schmelzen, Sauce mit Brandy, Salz und Pfeffer abschmecken. Die Filets in der Sauce je nach gewünschter Garstufe einige Minuten ziehen lassen und in der Sauce servieren.

Der frische Cabrales-Käse ist schneeweiß (oben). Seinen charakteristischen Edelschimmel erhält er erst durch eine lange Reifezeit in kühlen, feuchten Kalksteinhöhlen (Hintergrund), wo der Penicillium-Pilz gut wirken kann.

Was ist Lab?

Bei der Herstellung vieler Käsesorten wird die Milch durch Zugabe von tierischem Lab *(cuajo)* zur Gerinnung gebracht. Diese Flüssigkeit wird in der Magenschleimhaut von säugenden Kälbern, Schafen und Ziegen gebildet und enthält das eiweißspaltende Enzym Chymosin, mit dem die Jungtiere die Muttermilch verdauen.

Schon in der Antike war die Milchgerinnung durch tierisches Lab bekannt – wohl nach einer zufälligen Entdeckung: Man verwendete damals Kälbermägen zur Aufbewahrung und zum Transport von Milch, die sich dann auf wundersame Weise verdickte. Diese Eigenschaft machte man sich zunutze, und schon die Römer verarbeiteten Milch mit Hilfe von Kälberlab zu Käse. Entscheidend für die Konsistenz des Käses sind die Labmenge und die Gerinnungstemperatur: Je mehr Lab und je wärmer die Milch (bis 45 °C), desto fester wird das Endprodukt.

Da der Käsekonsum immer weiter steigt, steht tierisches Lab heute nicht mehr in ausreichender Menge zur Verfügung. Versuche mit Schweine- und Hühnerlab brachten keine befriedigenden Ergebnisse. Immer häufiger setzen die Käsereien deshalb Labaustauschstoffe ein, etwa mikrobielles Lab, das aus Schimmelpilzen gewonnen wird. In vielen Ländern benutzt man schon mithilfe von Mikroorganismen gentechnisch hergestelltes Lab. Dies ist in Spanien noch nicht erlaubt.

Spanische Käsesorten

Kuhkäse

Tetilla (»kleine Zitze«): kurz gereifter, sehr milder und cremiger Kuhkäse aus den galicischen Provinzen A Coruña und Lugo.

San Simón: würziger, halbfester Schnittkäse aus Galicien, der nach dreiwöchiger Reifezeit über Birkenholz geräuchert wird.

Arzúa-Ulloa: Halbfester Schnittkäse, der dem Tetilla ähnelt, durch längere Reifung aber etwas kräftiger schmeckt.

Mahón-Menora: leicht säuerlicher, halbfester Schnittkäse von der Insel Menorca. Für die Herstellung wurde die Milch früher statt mit tierischem Lab mit Kräutern dickgelegt.

Schafskäse

Zamorano: Würziger Hartkäse aus Kastilien, der früher mit Körben aus Espartogras geformt wurde.

Burgos: schneeweißer, feuchter, leicht gesalzener Frischkäse aus kastilischer Schafsmilch.

Manchego: Schnittkäse aus der Milch des Manchego-Schafs, in verschiedenen Reifestufen, gilt als spanischer Käse schlechthin.

Torta de Casar: Schafskäse aus der Extremadura aus der Milch von Churra-Schafen. Im Inneren weich bis flüssig und von sehr intensivem Geschmack.

Idiazábal: Baskischer Hartkäse aus der Milch des langhaarigen Lacha-Schafs, manchmal auch geräuchert.

Roncal: Hartkäse aus Navarra, im Geschmack je nach Reifegrad von zart-würzig bis sehr pikant.

Tronchón: Hartkäse aus Aragonien und dem Hinterland Valencias. Manchmal wird ihm auch Ziegenmilch beigemischt.

Tupí: Weichkäse aus den katalanischen Pyrenäen, der manchmal auch mit Ziegenmilch und etwas Likör hergestellt wird.

Mischkäse

Picón: kantabrischer Dreimilchkäse mit Edelschimmel, aus den Bergen der Picos de Europa, recht cremig und würzig im Geschmack, früher in Blätter eingewickelt.

Cabrales: Edelschimmelkäse aus den Picos de Europa in Asturien, in Kalksteinhöhlen gereift, sehr würziger, markanter Geschmack, früher in Ahornblatt gewickelt.

Quesucos: kleine nordspanische Käselaibe (ca. 1 Kilo) aus Mischmilch oder aus einzelnen Milchsorten, es gibt ungeräucherte und geräucherte Varianten.

Ziegenkäse

Queso curado al vino de Murcia: Murcianischer Ziegenkäse aus der würzigen Milch der Rasse *cabra murciana*, einige Zeit in Rotwein gereift.

Montsec: katalanischer Ziegenhartkäse, innen schneeweiß und cremig, wird außen während der Reifezeit mit Holzasche eingerieben.

Ibores: Hartkäse aus der Extremadura, häufig mit Öl und Paprikapulver eingerieben, was die rötliche Farbe und den würzigen Geschmack verleiht.

Majorero: Schnittkäse von der Kanareninsel Fuerteventura aus der Milch von Ziegen, die sich auf den Weiden hauptsächlich von Majoran ernähren.

Queso de cabra: reiner Ziegenhartkäse aus den Bergen Andalusiens und auch aus anderen Regionen des Südens.

Camerano: Ziegenfrischkäse aus den Bergen der Rioja, wird traditionell mit Weidenkörben hergestellt.

Mató: Ziegenfrischkäse aus Katalonien, früher mit pflanzlichem, heute meist mit tierischem Lab hergestellt.

Ziegen sind fast überall in Spanien zuhause. Sie gedeihen gut in den Bergregionen des Nordens, wo ihre Milch meist in Dreimilchkäse einfließt. Aber auch auf der Hochebene und in den mediterranen Gefilden, wo oft außer ein paar Kräutlein wenig wächst, können sie leben und geben dort besonders aromatische Milch für würzige Käsesorten.

Kuchen und Kleingebäck aus Nordspanien

Sobaos pasiegos
Butterbiskuit aus Kantabrien

300 g weiche Butter
300 g Zucker
1 Päckchen Vanillinzucker
1 Prise Salz
abgeriebene Schale von 1 Zitrone
5 Eier, getrennt
300 g Mehl
Fett und Semmelbrösel für die Form

Die Butter mit der Hälfte des Zuckers, dem Vanillinzucker, Salz und Zitronenschale schaumig schlagen. Nach und nach das Eigelb zugeben. Das Eiweiß steif schlagen, dabei langsam den restlichen Zucker einrieseln lassen. Die Hälfte des Eischnees unter die Eicreme mischen. Dann vorsichtig das gesiebte Mehl und den restlichen Eischnee unterheben.
Eine Springform einfetten und mit Semmelbröseln ausstreuen. Den Teig einfüllen und im vorgeheizten Backofen bei 180 °C ca. 45 Minuten backen. Den fertigen Kuchen zuerst in der Form 15 Minuten auskühlen lassen, dann zum Erkalten auf ein Kuchengitter stürzen.

Casadielles
Walnußtaschen

Teig:
500 g Mehl
1 TL Salz
250 g Butter

Füllung:
600 g gemahlene Walnüsse
400 g Zucker
5 EL Honig
4 cl Anisschnaps

Öl zum Fritieren
Puderzucker zum Bestreuen

Aus Mehl, Salz, Butter und 1/4 l Wasser einen Blätterteig herstellen und 30 Minuten ruhen lassen. Inzwischen für die Füllung die gemahlenen Nüsse mit Zucker, Honig und Weinbrand gut vermischen.
Den Blätterteig dünn ausrollen und in rechteckige Stücke schneiden. Auf jedes Stück etwas Füllung geben und mit dem Teig umwickeln. An den Längsseiten den Teig mit einer Gabel zusammendrücken.
Die Teigtäschchen in heißem Öl portionsweise fritieren. Aus dem Öl heben, auf Küchenpapier abtropfen lassen und vor dem Servieren mit Puderzucker bestreuen.
Variation: Man kann die gefüllten Teigtaschen auch mit verquirltem Ei bestreichen, auf ein gefettetes Backblech setzen und im vorgeheizten Backofen bei 200 °C goldbraun backen (Foto).

Frixuelos
(Abbildung links)
Gefüllte Pfannkuchen

3 Eier
1/2 l Milch
1 Prise Salz
125 g Mehl
8 TL Olivenöl
Marmelade zum Füllen

Die Eier in einer Schüssel mit der Milch und dem Salz gut verquirlen. Dann das Mehl dazusieben. Mit dem Schneebesen zu einem glatten Teig verschlagen und 1 Stunde ruhen lassen.
In einer Eisenpfanne 1 TL Olivenöl erhitzen und 1/8 der Teigmasse einfüllen. Wenn die Unterseite leicht gebräunt ist, Pfannkuchen wenden und fertigbacken. Aus der Pfanne heben und warm stellen, bis alle 8 Pfannkuchen gebacken sind.
Die Pfannkuchen dünn mit Marmelade bestreichen, einrollen und sofort servieren.
Variation: Man kann *frixuelos* auch mit Sahne füllen oder einfach nur mit Zucker bestreuen.

Carbayones
Mandelschiffchen

Teig:
250 g Butter
250 g Mehl
1 TL Salz

Füllung:
2 Eier, getrennt
abgeriebene Schale von 1/2 Zitrone
125 g Zucker
4 cl Weinbrand
250 g gemahlene Mandeln

Fett für die Backförmchen

Eicreme:
6 Eigelb
200 g Zucker
abgeriebene Schale von 1 Zitrone
1 EL Speisestärke

Schokoglasur oder Zuckerguß zum Glasieren

Aus der Butter, dem Mehl, Salz und 1/8 l Wasser einen Blätterteig zubereiten und 30 Minuten im Kühlschrank ruhen lassen.
Inzwischen für die Füllung das Eigelb mit der Zitronenschale und dem Zucker schaumig rühren. Weinbrand und gemahlene Mandeln untermischen. Das Eiweiß sehr steif schlagen und vorsichtig unterheben.
Den Blätterteig dünn ausrollen. Kleine, längliche Backformen ausfetten und mit dem Blätterteig auslegen. Die Füllung darin verteilen und mit Alufolie abdecken, damit sie beim Backen nicht braun wird. Die Schiffchen im vorgeheizten Backofen bei 200 °C goldbraun backen. Aus dem Ofen nehmen und etwas abkühlen lassen.
Für die Eicreme das Eigelb mit dem Zucker schaumig schlagen. Zitronenschale untermischen. Die Speisestärke mit etwas Wasser verquirlen und in die Ei-Zucker-Masse rühren. Im Wasserbad zu einer dicklichen Creme schlagen und auf die Carbayones streichen. Ganz abkühlen lassen und anschließend dünn mit Schokoglasur oder Zuckerguß bestreichen.

Rechte Seite: Apfelkuchen *(tarta de manzana)* ist vor allem im Norden beliebt, kommt heute aber in ganz Spanien auf den Tisch – häufig auch als Dessert.

TARTA DE MANZANAS
Apfelkuchen
(Abbildung Hintergrund)

300 g Mehl
100 g Zucker
200 g Butter
1 Ei
1 Prise Salz
Fett für die Form
750 g Äpfel
Saft von 1 Zitrone
1 TL Zimt
Aprikosengelee zum Glasieren

Aus Mehl, Zucker, Butter, Ei und Salz einen Mürbeteig kneten. Zugedeckt im Kühlschrank 30 Minuten ruhen lassen. Dann den Teig ausrollen. Eine gefettete Springform mit dem Teig auslegen, Teig am Rand hochziehen. Den Boden mehrmals mit einer Gabel einstechen.

Die Äpfel schälen, entkernen und in Ringe schneiden. Auf dem Teigboden verteilen und mit Zitronensaft beträufeln. Im vorgeheizten Backofen bei 200 °C ca. 30 Minuten backen. Den fertigen Kuchen etwas auskühlen lassen, mit Zimt bestäuben und mit Aprikosengelee glasieren. In der Form erkalten lassen.

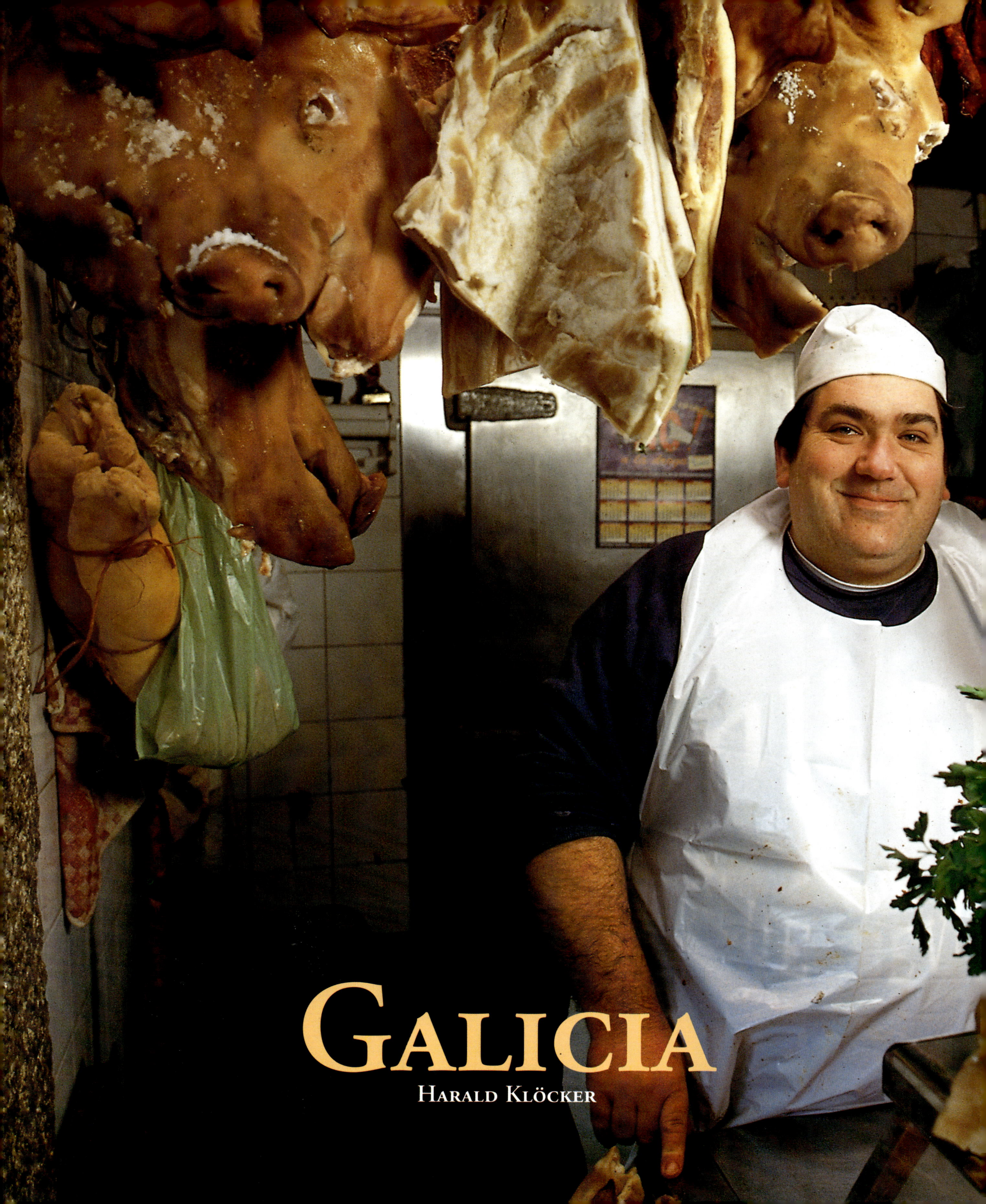

GALICIA

HARALD KLÖCKER

Galicien

In Galicien schätzt man deftige Kost, die Grundlage dafür liefert der Fleischer: Schwein, Rind und Lamm sind beliebt, von den Feldern kommt frisches Gemüse.

Gummistiefel, Wollschal und Regenschirm seien die wichtigsten Alltagsutensilien der Galicier, so spotten die Spanier im sonnigen Süden gern über die Region im äußersten Nordwesten ihres Landes. Und ganz unrecht haben sie damit nicht: Nebel und Wind, Nieselregen und ein oft melancholisch verhangener Himmel prägen zugleich Witterung und Gemüt in Galicien. Die Menschen gelten als verschlossen, wortkarg und abergläubisch – wie das Wetter wechselnd von einer Eigensinnigkeit zur anderen. Sie sprechen ihre eigene Sprache, das alte *galego,* und die Mauren haben hier im Nordwesten, anders als in den meisten Regionen Spaniens, kaum Spuren hinterlassen. Dafür prägen keltische Siedlungen und römische Brücken den Charakter im Hinterland einer 1200 Kilometer langen, furios zerklüfteten Küste. Kleine bis winzige bewirtschaftete Felder bestimmen das Bild, dazwischen liegen karge Hügel, verwildertes Buschland, Eukalyptuswälder, Weiden und Weinberge.

Den Menschen blieben in dieser wirtschaftlich wenig entwickelten Region meist nur zwei Berufe: die Existenz als Kleinbauer oder als Fischer. Viele Galicier mußten nach Übersee auswandern, da die Heimat ihnen keine rentable Arbeit bieten konnte. Diejenigen, die geblieben sind, bekennen sich voller Stolz und Beharrlichkeit zu den galicischen Bräuchen, zur keltischen Überlieferung und zu den Ritualen des Volksglaubens. Den Elementen Feuer, Wasser und Wind messen die Galicier übernatürliche Kräfte bei, viele glauben auch heute noch an Seelenwanderung sowie an die Existenz von Hexen und Geistern. Die galicische Erde ist ihren Bewohnern heilig, man handelt nicht mit dem eigenen Stück Land, man veräußert es niemals. So genießen in dieser Region die hart erarbeiteten Produkte der Erde und des Meeres die Wertschätzung eines Besitztums, das niemandem – ob arm oder reich – genommen werden kann, das gemehrt und gepflegt werden muß. Essen und Trinken gelten den Menschen als veritables Lebenselixier, das die Mühsal des Alltags vergessen macht und die Heiterkeit befördert.

Die Galicier fangen vor ihren Küsten und in weiter entlegenen Gewässern mehr als 80 Arten Meeresfische, außerdem – fast ebenso artenreich – Muscheln und andere Meeresfrüchte. Im Hinterland züchten die Bauern Gemüse und Früchte, mästen Geflügel, Schweine und Rinder, fangen Flußfische und stellen aus Kuhmilch Käse her. Und nicht zuletzt erfüllen die vortrefflichen Weine und Branntweine aus der Region die Galicier mit einem geradezu patriotischen Stolz.

Rechts: Fisterre, der westlichste Zipfel des spanischen Festlandes, galt im Mittelalter als das Ende der Welt. Furiose Felsgebilde bestimmen hier die Atlantikküste.

Gemüse

Großgrundbesitz mit unendlichen Ländereien wie in Kastilien oder Andalusien kennt man in Galicien nicht. Im spanischen Nordwesten hat die Kleinfelder- oder Subsistenzwirtschaft noch goldenen Boden. Das Land ist aufgeteilt in Abertausende von Parzellen, die oft nicht einmal einen Hektar groß sind. Der Grund: Bis heute hält man sich an die traditionelle Erbteilung. Stirbt das Oberhaupt einer Familie, erben alle Kinder ein Stück Land, und jeder behält sein Fleckchen Erde, ob er es nun bewirtschaftet oder nicht. Da eine kleine Parzelle nicht viel abwirft, wird mancherorts noch mit Ochsengespannen gepflügt.

Der galicische Gemüsegarten versorgt die Küche mit verschiedenen Kohlsorten, mit Mangold, Bohnen, Paprika, Tomaten, Kürbis, Knoblauch, Zwiebeln, Kartoffeln und Steckrüben *(nabos)*. Besonders begehrt sind die Blätter dieser Pflanze (*grelos,* siehe großes Bild). Sie schmecken saftig und leicht bitter und sind ein Grundbestandteil vieler deftiger Wintergerichte. Kombiniert werden *grelos* traditionell mit Schweinefleisch oder Wurst, heutzutage aber auch mit Fisch oder Meeresfrüchten.

Während man andernorts in Spanien über den fremdartigen Geschmack der Steckrübenblätter manchmal die Nase rümpft, gelten die nur vier bis fünf Zentimeter langen *pimientos de Padrón* im ganzen Land als Delikatesse: Der Anbau dieser kleinen grünen Paprikaschoten sichert in den südlich von Santiago gelegenen Orten Padrón und Herbón rund 200 Familien ihren Lebensunterhalt. Die aromatischen Schoten passen gut als Beilage zu Fleischgerichten oder zu Paprikawurst, in den Bars genießt man sie auch einfach als Tapa. Dazu werden die *pimientos* in Olivenöl gebraten und mit grobem Meersalz bestreut (Abbildung Seite 84). Aber Vorsicht: Zwischen all den Schoten, die so mild den Gaumen kitzeln, versteckt sich immer mal wieder eine, die sich als höllisch scharf erweist. Sie sieht aus wie alle anderen, treibt dem Speisenden aber nicht nur die Tränen in die Augen, sondern beschert ihm häufig auch noch den beißenden Spott der Tischnachbarn.

Ganz harmlos geben sich dagegen die großen, fleischigen, ebenfalls grünen Paprikaschoten aus La Limia, die sich besonders gut für Fleischfüllungen eignen. Die südwestlich von Orense am Río Miño gelegene Region La Limia ist auch für ausgezeichnete Kartoffeln bekannt. Angebaut werden spanische und internationale Sorten. Knollen der Sorte Kennebeck sind mit Qualitätssiegel als *Patacas de Galicia* im Handel. Im Hausgebrauch unterscheidet man jedoch meist nur zwei Klassen: *La roja,* die rötliche Kartoffel, ist robust und ausgesprochen kochfest. Sie eignet sich besonders als Beilage zu Fischgerichten. *La blanca* (die Weiße) ist deutlich heller, weicher und mehliger, ideal für den *cocido gallego* und andere Eintöpfe. Vor allem aber lieben die Galicier ihre delikaten Knollen als *cachelos:* junge Kartoffeln, die mit Schale gegessen werden.

In *hórreos*, typischen Speicherhäusern aus Granit, lagern die galicischen Bauern nach alter Tradition Mais, gelegentlich aber auch Zwiebeln, Knoblauch, Kürbisse und andere Feldfrüchte. Die *hórreos* sind ein Erbe der Kelten. Sie stehen auf Stelzen aus Holz oder Stein, um die gelagerten Produkte vor der Feuchtigkeit am Erdboden sowie vor Ratten und anderen Nagetieren zu schützen. Das Dach kann aus Holzlatten, Steinplatten, Ziegeln oder – heute seltener zu sehen – aus einer dicken Strohschicht bestehen. Besonders viele *hórreos* haben bis heute in der Küstenortschaft Combarro überdauert.

Oben: Kartoffeln und Kohl aus dem Bauerngarten bilden die Grundlage für viele galicische Gerichte.

Rechts: Zarte, junge Steckrübenblätter sind der Stolz der Bäuerin und Hauptzutat vieler deftiger Eintöpfe.

Dünger aus dem Meer

Schon lange vor der Zeit künstlich hergestellter Düngemittel hatte Mutter Natur alles bereit, was die Erde braucht, um Früchte zu bringen. In den galicischen Küstengebieten kann man noch heute Bauern sehen, die bei Ebbe Seetang, Seegras und Algen aufsammeln, um damit ihre Felder zu nähren. Früher wurde dieses angespülte Strandgut mühsam auf Ochsenkarren verladen und so zu den Äckern transportiert, heute helfen Traktoren, die nährstoffreichen Schätze des Meeres auf die Felder zu bringen. Der kostenlose Dünger enthält reichlich Jod und Mineralien. Er wird zum Beispiel dort untergepflügt, wo später Mais gedeihen soll, eine Kulturpflanze, die dem Boden besonders viele Nährstoffe entzieht. Zusätzlich dazu düngen Bauern, die ihre Höfe in Küstennähe bewirtschaften, auch heute noch gern mit den kalkhaltigen Schalen von Miesmuscheln oder Taschenkrebsen. Im Landesinneren dagegen, wo Wälder und Heiden blühen, benutzt man als organischen Dünger für Felder und Gärten gern Kastanienschalen oder eine Ginsterart, die auf Galicisch *toxo* heißt.

Bei Ebbe sammeln die Bauern am Atlantikstrand wertvollen Dünger für ihre Felder: Algen, Seetang und Seegras versorgen den Boden mit Mineralien.

Deftiges für kühle Tage

Caldo gallego
Galicische Suppe

250 g getrocknete weiße Bohnen
1 Schinkenknochen
Salz, Pfeffer und edelsüßes Paprikapulver
500 g Kartoffeln, geschält und in Würfel geschnitten
500 g Steckrübenblätter, ersatzweise Grünkohl oder Wirsing, geputzt und grob gehackt
2 Chorizo-Würste, in Stücke geschnitten

Die Bohnen über Nacht in reichlich kaltem Wasser einweichen. Am nächsten Tag Bohnen und Schinkenknochen in 2 l Wasser zum Kochen bringen, mit Salz, Pfeffer und Paprikapulver würzen und ca. 1 Stunde köcheln lassen. Dann den Knochen entfernen, die Kartoffeln, das Gemüse und die Wurst zufügen und alles weitere 30 Minuten garen.
Die Suppe in Steingutschalen servieren.

Lacón con grelos
Gepökelte Schweineschulter mit Steckrübenblättern

1 kg gepökelte Schweineschulter (lacón), *ersatzweise gepökelter Schweinebauch oder Kasseler*
8 kleine geschälte Kartoffeln
1 kg Steckrübenblätter, ersatzweise Grünkohl, geputzt und gehackt
4 Chorizo-Würste
Salz und Pfeffer

Die Schweineschulter mit kaltem Wasser bedecken und 24 Stunden wässern, dabei mehrmals das Wasser wechseln. In einem Topf die Schweineschulter mit reichlich Wasser zum Kochen bringen und ca. 2 Stunden weich kochen. Dann das Fleisch herausheben und warm stellen. Die Kartoffeln, Steckrübenblätter und Paprikawürste in der Brühe 25 Minuten garen, mit Salz und Pfeffer würzen. Die Würste aus der Brühe heben, das Gemüse abschütten. Die Brühe für eine Suppe aufheben. Fleisch in Scheiben schneiden und mit den Würsten und dem Gemüse auf einer großen Platte anrichten. Sehr heiß servieren.

Steckrübenblätter und Kartoffeln gehören in jeden *caldo gallego*. Dazu kommt pikante Paprikawurst.

Zuerst werden weiße Bohnen fast weich gekocht, ein Schinkenknochen liefert das herzhafte Aroma.

Erst eine halbe Stunde vor Ende der Kochzeit gibt man Kartoffeln, Gemüse und Wurst in den Topf.

Die leicht bitteren Steckrübenblätter gehen mit der würzigen Paprikawurst eine ideale Verbindung ein.

Cocido gallego

Galicischer Eintopf

250 g getrocknete Kichererbsen
4 Scheiben Schweinebauch
250 g Rindfleisch
½ Schweinekopf, in 4 Teile geteilt
1 Scheibe fetter Bauchspeck
1 Schinkenknochen
Salz
500 g Steckrübenblätter, ersatzweise Wirsing oder Grünkohl, geputzt und grob gehackt
8 kleine geschälte Kartoffeln
4 Chorizo-Würste oder andere Paprikawürste

Die Kichererbsen über Nacht in reichlich kaltem Wasser einweichen.
Das Fleisch, den Schweinekopf, den Speck und den Schinkenknochen in 3 l Wasser mit etwas Salz zum Kochen bringen und zugedeckt etwa 1 Stunde köcheln lassen.
Die Kichererbsen in einem Topf mit etwas Fleischbrühe 1 Stunde garen. In einem zweiten Topf die Steckrübenblätter mit Fleischbrühe ca. 30 Minuten kochen lassen.
Nach 1 Stunde den Schinkenknochen entfernen, die Kartoffeln zum Fleisch geben, die Paprikawürste einlegen und das Ganze weitere 25 Minuten kochen lassen. Dann Fleisch, Kartoffeln und Würste aus der Brühe heben. Die Kichererbsen und das Steckrübengemüse abschütten. Alle Zutaten getrennt auf einer vorgewärmten Platte anrichten, sofort servieren.

Treffpunkt Küche

In jener kalten Zeit wurde die Küche zum Wohn- und Unterhaltungsraum, der fast ausschließlich von Frauen aufgesucht wurde. Barfuß, schüchtern auftretend, kamen einige herein, um den Kopf ein Dreiecktuch; andere seufzten vor Behagen, als sie sich der köstlichen Herdflamme näherten; wieder andere nahmen die Spindel und den Rocken voll Flachs vom Gürtel und begannen zu spinnen, nachdem sie sich die Hände gewärmt hatten, oder nahmen Kastanien aus der Tasche und legten sie zum Rösten in die glühende Asche. Und alle, die zuerst nur leise flüsterten, schwatzten schließlich wie die Elstern. Sabel war die Königin dieses kleinen Hofstaats: Vom Feuer erhitzt, mit aufgestreiften Ärmeln und feuchten Augen empfing sie den Weihrauch der Schmeicheleien, tauchte den eisernen Schöpflöffel in den Kessel und füllte Schüsseln mit der Suppe, und sogleich verschwand eine Frau aus dem Kreise und zog sich in einen Winkel oder auf eine Bank zurück, wo man sie eifrig kauen, die siedend heiße Brühe anblasen und am Löffel lecken hörte. Es gab Abende, an denen das Mädchen nichts tat, als unermüdlich Tassen oder Näpfe zu füllen, während andauernd Frauen eintraten, bewirtet wurden und sich wieder entfernten, um anderen Platz zu machen.

(Aus: Emilia Pardo Bazán, Das Gut von Ulloa, 1886)

Rechts: Die Küche war über viele Jahrhunderte der wichtigste Platz in jedem Haus. Wärmende Eintöpfe dampften im Kessel über offenem Feuer – einst auch im Anwesen der galicischen Dichterin Rosalía de Castro in Padrón. Das Haus ist heute ein Museum.

Pulpo a feira

Schon die alten Griechen behaupteten, daß der Krake *(pulpo)* die männliche Begierde und Potenz anrege, und auf galicischen Volksfesten debattiert man bis heute gern darüber, ob das Fleisch des *Octopus vulgaris* tatsächlich aphrodisische Gefilde eröffnet – vielleicht in Erwartung der Stunden nach dem Fest.

Allen mythischen und mystischen Spekulationen zum Trotz gibt es aber auch einen ganz und gar profanen Grund dafür, daß bei Festen in Galicien traditionell *pulpo* serviert wird: Das köstliche Weichtier war stets eine preiswerte Delikatesse, und es kann ohne großen Aufwand zubereitet werden. Das Fleisch muß schön zart sein, aber auch noch fest und mit genügend Biß. Weil er besonders frisch ist, schätzt man in Galicien vor allem Oktopus aus den heimischen Fanggebieten. Oft wird aber auch *pulpo* angeboten, der vor Afrika gefangen wurde. Dieser ist dunkler und weniger zart.

Die Zubereitung eines *pulpo a feira* (Krake zum Fest) ist denkbar einfach: Man klopft die Fangarme eines gründlich gesäuberten Kraken etwa zehnmal auf eine harte Fläche, damit sie weich werden. Moderne Köche legen den *pulpo* einfach drei Tage ins Tiefkühlfach – auch so wird das Fleisch zart. Nun taucht man den Kraken dreimal kurz in kochendes Wasser und läßt ihn anschließend rund zwei Stunden in Wasser mit einer ganzen Zwiebel und einem Lorbeerblatt leicht köcheln. Nach dem Abtropfen werden die Tentakel mit einer Schere in kleine Stücke geschnitten, auf einem Holzbrett drapiert, mit grobem Meersalz, mittelscharfem Paprikapulver und einem guten kaltgepreßten Olivenöl gewürzt. Nach Belieben paßt auch ein Hauch frischer, zerdrückter Knoblauch dazu. Zum *pulpo a feira* trinkt man in Galicien nach altem Brauch Ribeiro-Rotwein – am liebsten aus der typischen weißen Porzellanschale.

Ein großer Kessel findet sich überall: *Pulpo a feira* wird bei galicischen Festen unter freiem Himmel zubereitet. Man kocht ihn ganz einfach in Wasser.

Die Schur der Wildpferde, einst harte Arbeit, ist zum Volksfest geworden. In La Estrada-Sabucedo findet das bunte Spektakel jedes Jahr im Juni statt.

Galicische Volksfeste

Kaum eine Woche vergeht im Jahresverlauf, die nicht Anlaß für ein Volksfest böte. Die Galicier feiern die Feste des christlichen Kalenders, den Namenstag der Dorfpatrone und die berühmten *curros*, die jeden Sommer in mehr als 20 Orten stattfinden: In einem farbenfrohen Spektakel werden halbwilde Pferde aus den Bergen in Koppeln *(curros)* zusammengetrieben. Dort erhalten die Tiere ihre Brandzeichen, Mähne und Schweif werden gestutzt – und dann wird gefeiert.

Schon seit der Bronzezeit zähmen die Galicier Wildpferde. Allerdings war die Schur der Tiere nicht immer ein reines Vergnügen. Früher war dies harte Arbeit, und danach kamen die Männer bei Speis und Trank zusammen, um sich zu erholen und zu feiern. Die Tradition lebt weiter und gerät heute zu einem Volksfest für alle. Man singt und tanzt, trinkt ein Gläschen oder zwei und verdrückt Unmengen von gefüllten Teigtaschen *(empanadas)* und Oktopus *(pulpo a feira)*.

Wer übrigens eine Spezialität besonders mag, findet dazu häufig sogar eine eigene Fiesta, denn Galicien prahlt mit sage und schreibe 300 kulinarischen Festen. Diese dauern meist ein ganzes Wochenende und sind einzelnen Produkten oder Gerichten gewidmet: Auster oder Venusmuschel, Glasaal oder Neunauge, Kartoffel oder Kastanie, Albariño-Wein oder Tresterschnaps *(orujo)*.

Natürlich gehören zu diesen Festen immer auch Musik und Tanz. Doch von Flamenco keine Spur: Klänge von Dudelsack, Flöten und Trommeln erinnern an Irland oder an die Bretagne, und die *morriña*, die sprichwörtliche galicische Melancholie, die sich auch in der Musik ausdrückt, mag für ein paar Stunden vergessen machen, daß man hier in Spanien ist. Denn die Wurzeln der galicischen Kultur reichen weit zurück in die keltische Vergangenheit der Region (siehe auch Seite 254).

In reichlich siedendem Wasser wird der Oktopus gekocht – begleitet von Zwiebel und Lorbeerblatt.

Man gart den Oktopus, bis er schön zart ist, nimmt ihn dann aus dem Wasser und läßt ihn kurz abtropfen.

Mit einer Schere werden die Tentakel in mundgerechte Stücke geschnitten und danach recht kräftig gewürzt.

In Galicien serviert man *pulpo a feira* am liebsten auf rustikalen Holztellern.

Galicien als Fischernation

19 000 Schiffe mit insgesamt einer halben Million Bruttoregistertonnen transportieren jedes Jahr fast 1,4 Millionen Tonnen Fisch: Die spanische Fischereiflotte, die größte Europas, glänzt mit Superlativen. Immer neue Fanggründe und Techniken werden erschlossen, denn der Markt für Fisch ist unersättlich. Im Gegensatz zum Mittelmeer, das schon in weiten Teilen leergefischt ist, bergen die kalten, sauerstoff- und planktonreichen Gewässer des Atlantiks noch erstaunliche Mengen und einen großen Artenreichtum an Speisefischen. Wegen seiner exponierten Lage an der nordwestspanischen Küste ist Galicien seit Jahrhunderten mit der Schiffahrt und der Fischerei verbunden. Seit Entdeckung der ergiebigen Fischbänke vor Neufundland im 16. Jahrhundert und der damit einhergehenden Großfischerei fahren die Galicier bis weit in den Atlantik hinaus.
Die große Nachfrage auf in- und ausländischen Märkten, die dezimierten Fischmengen in fast allen Weltmeeren und die unerbittliche internationale Konkurrenz haben dazu geführt, daß die galicische Fischereiflotte heute fast weltweit operiert. Hochmoderne Trawler fahren bis vor die Gestade Kanadas, Südamerikas und Afrikas, ausgestattet mit Computern zur Ortung der Fischschwärme und zur Erkundung des Meeresbodens. Die gefangenen Fische werden meist bereits an Bord sortiert und zerlegt, so daß sie unmittelbar nach der Rückkehr in den galicischen Konservenfabriken verarbeitet werden können. Einige der herausragenden Produkte, die auf den internationalen Märkten besonders begehrt sind, werden direkt in andere europäische Länder, nach Australien oder nach Asien exportiert. Auf den spanischen Fischauktionen erscheinen sie erst gar nicht. So verkaufen die galicischen Fischer große Mengen des Schwarzen Heilbutts *(fletán negro)*, der vor Neufundland in Tiefen von 1000 bis 1500 Meter gefangen wird, direkt nach Japan, wo er absolute Höchstpreise erzielt.
Vigo, mit einem Großraum von 500 000 Einwohnern die größte Stadt Galiciens und oft als »Barcelona am Atlantik« gepriesen, verfügt über den bedeutendsten Fischereihafen Spaniens und den drittgrößten in Europa. Jeden Tag veröffentlichen die örtlichen Tageszeitungen die aktuellen Preise für Fisch und Meeresfrüchte, denn die Stadt lebt vom Handel mit den Schätzen des Meeres, von der damit verbundenen Konservenindustrie und der Herstellung von Fischmehl und -öl. Frischware gelangt aus Vigo und A Coruña über moderne Transportsysteme in die großen Städte, vor allem nach Madrid und Barcelona.

Steinbutt aus Galicien

Aufgrund des eifrigen Fischkonsums der Spanier ist die Zahl der Fischfarmen in Galicien in den letzten 20 Jahren erheblich angestiegen. Besonders erfolgreich zeigen sich die Zuchtergebnisse beim Steinbutt *(rodaballo)*. Die weltgrößte Zuchtanlage liegt im galicischen Lira-Carnota, wo jedes Jahr 600 Tonnen Steinbutt gezüchtet werden. Die Arbeit ist aufwendig, und so erklärt sich auch der hohe Preis: Vier Jahre lang werden die Fische gemästet, bis sie ein Gewicht von 3,5 Kilogramm erreicht haben und so in den Handel kommen. Kleiner ist der Steinbutt, der im offenen Meer gefangen wird, doch überflügelt er den großen Bruder aus Zuchtanlagen bei weitem. Sein Fleisch ist fester und aromatischer. Allerdings gehen die geringen Mengen an wildem Steinbutt fast ausschließlich in die Nobelrestaurants von Madrid. In Galicien ist dieser Fisch selten zu bekommen.

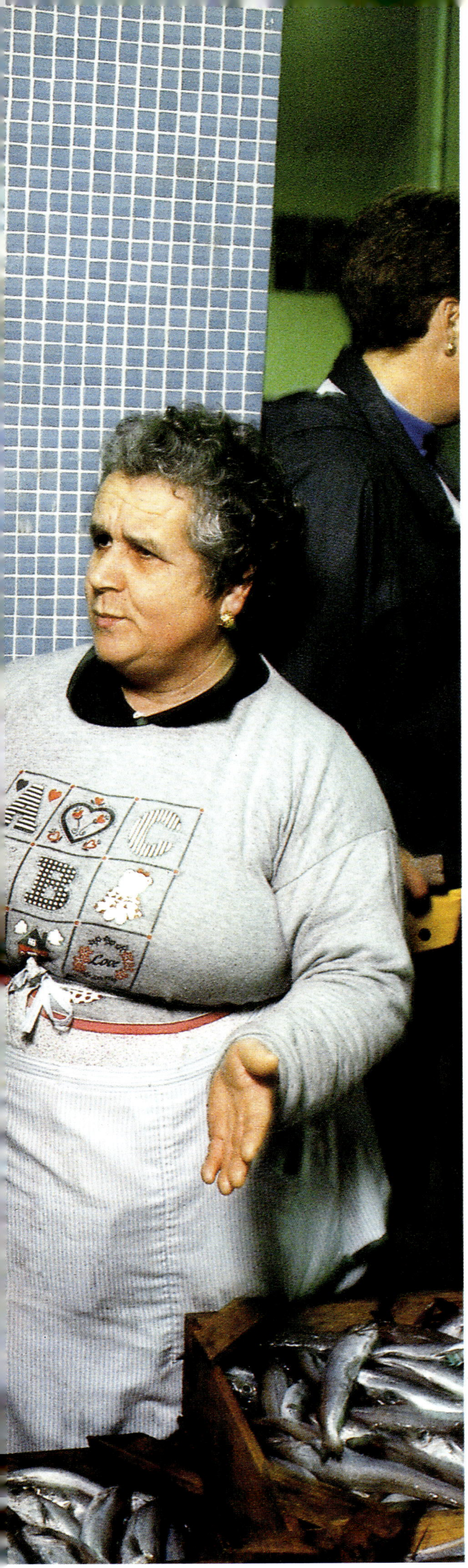

Fischauktion

Morgens früh im Hafen von A Coruña. In der Nacht sind einige Trawler mit beträchtlichen Mengen an Fisch und Meeresfrüchten eingelaufen. Sofort wurde der Fang entladen, nach Sorten, Größe und Qualität sortiert und in die Auktionshalle *(lonja)* geschafft. Hier herrscht nun, kurz vor sechs Uhr, eine unbeschreibliche Hektik. Dutzende von Zwischenhändlern, die *asentadores,* laufen eiligen Schrittes durch die Halle, prüfen mit geübtem Blick die verschiedenen Qualitäten, die in Kisten nebeneinander stehen und in Kürze versteigert werden sollen: Schwertfisch, Sardinen, Kabeljau, Seehecht, Hummer, Langusten und diverse Thunfischarten. Einige Händler schreien wild gestikulierend ins Handy, um die letzten Preisabsprachen mit ihren Kunden zu treffen, andere notieren sich ihre Prüfergebnisse auf Zetteln.

Es geht los. Die *asentadores* nehmen ihre Plätze ein. Ein Kontingent Sardinen wird aufgerufen: 200 Kilogramm Gesamtmenge, das Kilo für 300 Peseten. Der Ausgangspreis erscheint auf einer großen Uhr. Langsam bewegt sich nun das Zählwerk nach unten: 299, 298, 297 ... Noch meldet sich niemand, der die Sardinen kaufen möchte. 295, 294 zeigt die Uhr, die Spannung steigt. 291, 290 ... Da! Jetzt hat ein *asentador* den Signalknopf gedrückt. Die Uhr wird angehalten, die Sardinen haben ihren Käufer gefunden. Für 290 Peseten das Kilo.

Manche Händler aber zögern noch. »Zu teuer«, meinen sie. »Der Preis wird bald noch fallen.« Als Profis haben sie auch die Kurse der anderen Handelsplätze Spaniens im Kopf, und die ganz gut Informierten wissen, daß in den nächsten Tagen noch einige Trawler mit größeren Sardinenmengen erwartet werden.

Die *asentadores* müssen bei der *lonja* offiziell registriert sein und über eine Lizenz sowie viel Erfahrung verfügen. In Sekundenschnelle gilt es oft, die Qualität des Versteigerungsguts einzuschätzen. Gefragt sind dann blitzschnelle Absprachen mit den Kunden – und einiges an Bargeld, um möglichst große, preiswerte Posten einkaufen zu können.

Mit Hilfe der Auktionsuhr finden an diesem Morgen einige Tonnen Fisch ihre Käufer. Ein Teil der Ware – darunter eine große Ladung Schwertfische – wird aber ohne Uhr versteigert. *Se canta* sagt man dazu: »Es wird gesungen.« Dabei ruft ein Angestellter der *lonja* den Ausgangspreis aus und dann ebenfalls in abnehmender Größenordnung den möglichen Endpreis: »489, 488, 487 ...« Bis ein Händler laut und vernehmlich *»Mía«!* ruft: »Gehört mir!«.

Erst kürzlich angelandet, steht eine Kiste Kaisergranat am Hafenkai, um frühmorgens versteigert zu werden.

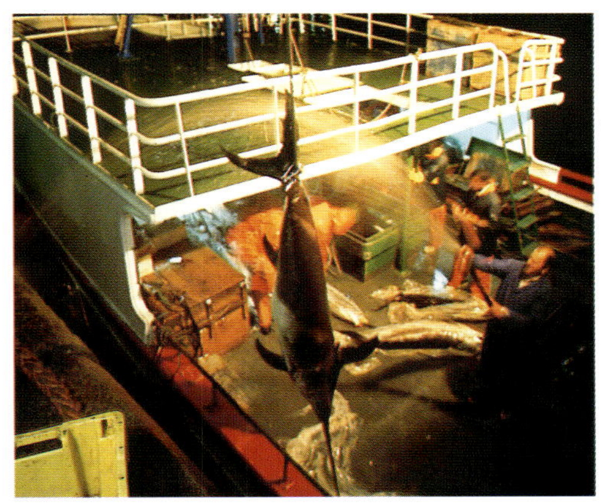

Nur einwandfreie Ware findet zahlungskräftige Käufer. Deshalb werden diese Schwertfische vorher gereinigt.

Hunderte von Zwischenhändlern erstehen bei der Versteigerung fangfrischen Fisch aus dem Atlantik.

Zerkleinertes Eis kühlt die Fische vor der Versteigerung. Danach werden sie schnellstmöglich weiterbefördert.

Entenmuscheln

Entenmuscheln zwingen die Galicier zu einem Geduldsspiel. Denn eine Chance, an das daumenlange Krebstier heranzukommen, hat man nur in den Wintermonaten – und in dieser Zeit nur dann, wenn es bei Neu- oder Vollmond zu einer Springflut kommt und danach bei extrem niedriger Ebbe jene Felsenbänke trockenliegen, an denen die *percebes* haften. Wochenlang müssen die Entenmuschelsammler *(percebeiros)* manchmal auf diesen Moment warten. Wenn dann bei Ebbe das Wetter klar ist und die Brecher des Atlantiks nicht ganz so gewaltig gegen die Felsen klatschen, beginnt die riskante Arbeit.

Die mutigsten und erfahrensten Männer klettern, von Kollegen mit einem Seil um die Hüfte gesichert, zu den glitschigen Felsen hinab, wo dicht an dicht die Entenmuscheln wachsen. Ein halsbrecherisches Unterfangen. Schnell noch ein Blick auf die Wellen – und dann los. Schon packt ein Mann das erste Muschelbündel. Mit der rechten Hand sticht er ein scharfes Stockmesser in die Kalkschicht zwischen Fels und Muscheln und läßt die Beute in ein Netz gleiten, das er sich vor den Bauch gebunden hat. Flugs ergreift er ein Muschelbündel nach dem anderen. Von oben ertönt rechtzeitig das Kommando *»Moita mar!«*, was soviel bedeutet wie »Achtung, hohe Wellen«. Dann klettert der *percebeiro* geschwind die Felsen hinauf und bringt sich in Sicherheit.

Wie gefährlich diese Arbeit ist, können Liebhaber der delikaten Entenmuscheln oft kaum ermessen. Doch nicht ohne Grund zahlen sie in den Gourmetrestaurants der großen Städte für eine Vorspeise bis zu 50 Mark. An der Nordwestküste Galiciens, wo die *percebeiros* ihren Fang direkt zu den Lokalen bringen, sind sie aber deutlich preiswerter. Am günstigsten kauft man *percebes* auf den örtlichen Fischmärkten.

Entenmuscheln sind etwa fingergroß und sehen aus wie ledrige Elefantenbeinchen. Sie haben dreieckige, schindelförmige Schalen, die man für den Schnabel einer gerade aus dem Ei geschlüpften Ente halten könnte – daher wohl der deutsche Name. Streng wissenschaftlich aber sind *percebes* keine Muscheln, sondern Krebse, die sich an Felsen festsaugen.

Für eine Vorspeise reicht ein halbes Kilo Entenmuscheln pro Person. Man kocht sie lediglich in Wasser mit einem Lorbeerblatt und verzehrt sie dann warm oder kalt. Dazu bricht man die Schale auf (Vorsicht, dabei kann etwas Wasser herausspritzen), drückt die dicke, fleischige Haut heraus und hat schließlich das rosafarbene Fleisch vor sich, das man von der Schale abbeißt.

Rechts: Gut angeseilt wagen sich die Männer hinab in die Brandung, um auf dem Fels nach Entenmuscheln zu stochern – ein durchaus waghalsiges Unterfangen.

1 Um Entenmuscheln zu ernten, fahren die Fischer mit ihren Booten zu felsigen Fanggründen entlang der Küste.
2 Entenmuscheln sind in Wirklichkeit kleine Krebse, die sich an Felsen festsaugen können. Sie sind etwa daumengroß.

3 Wer die Nahrung eigenhändig aus dem Meer holt, hat auch Spaß beim Sortieren und Reinigen der delikaten Beute.
4 Entenmuscheln sind ganz einfach zuzubereiten: Man kocht sie in Wasser – entweder mit oder ohne Lorbeerblatt.

Der genießbare Teil der Entenmuschel hängt an der dreieckigen, schindelförmigen Schale. Das rosafarbene Fleisch ist saftig und kompakt. Man beißt es ganz einfach von der Schale ab, und schon entfaltet sich am Gaumen der würzige Geschmack nach Salz und den Aromen des Atlantiks.

Muschelfarmen

Sie sehen aus wie riesige Flöße: Plattformen aus Eukalyptusholz, die in der Bucht von Arousa auf dem Wasser dümpeln. Doch sie sind keinesfalls dazu bestimmt, Holz aus Galicien an einen anderen Ort zu bringen. Diese *bateas* sind fest im Meeresgrund verankert und dienen der Muschelzucht. Die Voraussetzungen dafür sind im spanischen Nordwesten ideal.

Die zerklüftete Küste Galiciens ist mehr als 1200 Kilometer lang. Hier hat der Atlantik Granitklippen und Riffs, ungezählte Inselchen und bisweilen bizarre Felsformationen geschaffen. Besonders typisch sind die zahlreichen seichten Flußmündungen, die *rías*. Das Wasser ist in diesen fjordähnlichen Buchten meist nur etwa zwei Meter tief und kann sich somit leicht erwärmen. Zudem spülen die Gezeiten ständig mineral- und sauerstoffreiches Wasser heran, das guten Nährboden bietet für eine Vielzahl von Mikroorganismen und Algen. Hier herrschen also ideale Lebensbedingungen für viele Muschelarten wie Austern, Jakobsmuscheln, Miesmuscheln, Venusmuscheln, Schwertmuscheln, Herzmuscheln und Kammuscheln. Die meisten Muschelfarmen finden sich in der Ría de Arousa. An einer Plattform hängen bis zu 600 zehn bis zwölf Meter lange Nylonseile, an denen je 120 bis 200 Kilogramm Muscheln heranwachsen können. Eine einzige Plattform kann bis zu 80 Tonnen Schalentiere tragen. Von den etwa 200 000 Tonnen Muscheln, die Spanien jährlich produziert, kommen rund 95 Prozent aus Galicien. Knapp ein Drittel davon geht als Frischware ins Ausland. Bevor die Muscheln in den Handel kommen, werden sie in Reinigungsanlagen *(depuradoras)* gesäubert und auf ihre Qualität hin überprüft.

Schwertmuscheln

In den Herbst- und Wintermonaten sieht man an den Sandstränden Galiciens oft Dutzende von Menschen in Gummistiefeln und Regenkleidung, die während der Ebbe im Sand stochern. Geduldig suchen sie nach Schwertmuscheln, auch Scheidenmuscheln oder Messermuscheln genannt. Die bis zu 15 Zentimeter lange *navaja* mit ihren markanten, langgezogenen Schalen verbirgt sich im Schlick und kann sich, wenn sie Gefahr wittert, blitzschnell bis zu einem halben Meter tief in den feuchten Sandboden bohren. Viel Geschick und Erfahrung gehören dazu, sie aufzuspüren und unbeschädigt aus dem Schlick zu heben – für viele Menschen an den galicischen Küsten ein willkommener Nebenerwerb. An einem guten Tag können mehr als 150 Kilo zusammenkommen, die bei der Versteigerung gut 400 Peseten pro Kilo bringen. Man kocht Schwertmuscheln im Sud oder grillt sie auf dem offenen Holzkohlefeuer.

Die Suche nach Schwertmuscheln im Sand ist mühsame Arbeit. So erklärt sich der hohe Preis.

Unten: Ein Kran hebt die Beute in großen Körben aus dem Meer und verfrachtet sie an Bord des Bootes.

Auf dem Boot müssen die Seile, an denen die Muscheln gewachsen sind, entfernt werden.

Die Miesmuscheln werden zentnerweise auf das Boot gekippt, das die frische Ware an Land bringt.

In der Fabrik waschen und sortieren Arbeiterinnen an langen Sortiertischen die Muscheln von Hand.

In einer Art Waschstraße werden die Miesmuscheln gesäubert, bis ihr bläulichschwarzer Glanz zum Vorschein kommt. Dann können die *mejillones* verpackt werden und gehen auf schnellstem Wege in alle Ecken des Landes.

Miesmuscheln

Geerntet werden Pfahl- oder Miesmuscheln *(mejillones)* das ganze Jahr über, in besonders großen Mengen jedoch im September und Oktober. Die blauschwarzen Schalentiere kommen vorgereinigt auf den Markt und bestechen durch ihr saftiges orangefarbenes Fleisch. Vor der Zubereitung sollte man sie gut waschen, bei starker Verschmutzung gründlich abbürsten. Dann entfernt man die Byssusfäden (Bärte) mit einem Messer oder mit den Fingern und wäscht die Muscheln nochmals gründlich unter fließendem Wasser. Nun können sie zubereitet werden. Einzelne Muscheln, die sich beim Garen nicht öffnen, sind ungenießbar und müssen weggeworfen werden.

In Galicien kommen Miesmuscheln möglichst unverfälscht auf den Tisch. Man ißt sie gern nur in ein wenig Wasser mit Salz und einem Lorbeerblatt gedämpft *(mejillones al vapor)* oder in einem Sud aus Weißwein, Zwiebeln und Knoblauch *(mejillones a la marinera)*. Köstlich schmecken frische Miesmuscheln auch in Tortillas oder als Füllung von Teigtaschen.

Jakobsmuscheln

Die schön geformte Jakobsmuschel *(vieira)* ist Symbol der Jakobspilger, die früher am Ende ihrer Wallfahrt von Santiago de Compostela bis nach Fisterra am Atlantik zogen, um als Zeichen ihrer Pilgerschaft eine Jakobsmuschel zu suchen und mit nach Hause zu nehmen.

Hauptsaison für Jakobsmuscheln ist die Zeit zwischen Oktober und März. Zwar sind sie heutzutage auch tiefgefroren und in Konserven zu haben, doch natürlich schmecken sie frisch am besten. Die zwischen den zwei Muschelschalen befindliche Nuß der Jakobsmuschel, ein zartes Muskelstück, sowie das feine Rogensäckchen (Corail) verlangen eine behutsame Behandlung und sollten nicht von zu kräftiger Würze überdeckt werden (Abbildung Seite 238). *Vieiras* genießt man in Galicien gern mit etwas Knoblauch, Petersilie und Zwiebeln überbacken oder auch verfeinert mit einem Schuß Sherry oder Albariño-Weißwein. Die moderne Küche kombiniert Jakobsmuscheln auch mit Kartoffelgratin oder Steinpilzen und mit einem frischen, belebenden Weißwein aus Galicien.

Die Miesmuscheln, die der Züchter von den Seilen löst, sind noch bedeckt mit der Patina des Meeres.

Auch die edlen Jakobsmuscheln werden in galicischen Buchten gezüchtet – bis zu 200 Kilo an einem Seil.

Am besten schmecken Austern direkt aus dem Meer. In der Austerngasse von Vigo werden die Muscheln täglich von den Züchtern angeliefert – frischer geht's nicht.

Austern

Austern sind faszinierende Wesen: Sie können das Geschlecht wechseln, wie es die Umstände gerade erfordern, können mal Männlein und mal Weiblein sein. Was die moderne Wissenschaft da mühevoll erforscht hat, müssen die alten Römer schon geahnt haben. Nicht von ungefähr priesen sie die Auster als wirkungsvolles Aphrodisiakum – eine Einschätzung, die sich bis heute gehalten hat. Die kantige, doch im Inneren so zarte Muschel enthält besonders viel Eiweiß, einen beachtlichen Anteil an Vitaminen und Mineralien und wird wegen ihres hohen Eisengehalts gern gegen Blutarmut verordnet. Dabei enthalten Austern kaum Fett, was einen minimalen Gehalt an Schadstoffen garantiert, denn diese können sich nur im Fettgewebe von Meerestieren ansammeln.

Austern finden in Galicien beste Lebensbedingungen vor. Als Nahrung filtern sie Plankton aus dem Wasser.

Austernzucht

Austern aus Galicien hatten in der feinen Gesellschaft Spaniens schon vor Jahrhunderten einen guten Ruf. Mariniert als *ostras en escabeche* gingen sie bereits im 16. Jahrhundert von Vigo aus an den Königshof in Madrid. Heute jedoch sind einheimische Felsenaustern an der galicischen Küste kaum noch zu finden. Seit rund 25 Jahren aber experimentieren Züchter in speziellen Austernfarmen mit verschiedenen Sorten dieser Muschel. In erster Linie kultiviert man in Galicien die aus Frankreich importierte Europäische Auster *(Ostrea edulis)*, mit der man hervorragende Ergebnisse erzielt. In geringerem Umfang werden auch die Portugiesische Auster *(Crassostrea angulata)* und die Japanische Auster *(Crassostrea gigas)* gezüchtet.

Die galicischen Meeresbuchten mit der ständigen Zufuhr an frischem Atlantikwasser bieten für die Austernzucht ideale Bedingungen. Während die aus Frankreich stammenden Sorten in ihrer Heimat rund vier Jahre bis zum Erreichen der Erntegröße benötigen, können sie in den galicischen Buchten aufgrund der idealen Wassertemperatur und der hohen Nährstoffdichte bereits nach zwei bis zweieinhalb Jahren geerntet werden.

Für die Zucht werden in den Laboratorien der Austernfarmen geschlechtsreife Tiere in mit Meerwasser gefüllte Behälter gegeben. Erwärmt man nun das Wasser, wird die Befruchtung angeregt. Aus den Eiern entwickeln sich bald freischwimmende Larven, die sich in der Natur an Felsen oder leeren Muscheln festsetzen. In den Zuchtanlagen werden die Seile, an denen die Austern wachsen sollen, mit Zement präpariert, damit sich die Larven daran festsaugen können. Sie ernähren sich vom Phytoplankton des Brackwassers und bilden mit der Zeit ihre schiefrige Schale aus. Je nach Körpergröße, Umgebungstemperatur und Nährstoffgehalt des Wassers können die Tiere pro Stunde bis zu 20 Liter Wasser verarbeiten, um daraus die notwendigen Nährstoffe zu filtern.

Austern frisch auf den Tisch

Anders als in Frankreich, wo um Austernsorten ein wahrer Kult betrieben wird, unterscheiden die Konsumenten in Galicien meist nur nach der Größe. Sehr begehrt sind möglichst große und fleischige Austern. Kenner wissen allerdings, daß gerade kleinere Exemplare durch die feinen Aromen des Atlantiks bestechen.

Bedeutendste galicische Drehscheibe für den Austernhandel ist die Hafenstadt Vigo, wo die Muscheln nach Größen sortiert auf Märkten und Versteigerungen angeboten werden. In der Altstadt und in Hafennähe gibt es spezielle *ostrerías:* Läden, die sich auf frische Austern spezialisiert haben. In der Rúa da Pescadería, der Austerngasse oberhalb des Fährhafens, bieten werktags die *ostreras* (Austernfrauen) frische Austern zum Direktverzehr oder zur Mitnahme an. Vor allem um die Mittagszeit herrscht hier Hochbetrieb, wenn Einheimische und Gäste genußvoll ihre *ostras* schlürfen – am liebsten ohne jegliche weitere Zutat, nur mit einem Gläschen Albariño-Weißwein.

In gehobenen Restaurants aber findet der Gast auch gratinierte Austern; beliebt sind in Vigo besonders im Ofen überbackene Austern mit Champignons *(ostras a la viguesa)*. Gelegentlich verfeinern kreative Köche die Austern auch mit Porree und Trüffeln. Sogar Austernsuppe findet man gelegentlich auf galicischen Speisekarten, und wie zu Zeiten der Habsburger Könige gehören *ostras en escabeche* (marinierte Austern) noch immer zu den ganz großen Delikatessen.

Eukalyptus aus Galicien

Eigentlich ist der Eukalyptus ja in Australien zu Hause. Doch vom anderen Ende der Welt brachte 1884 Pater Rosendo Salvador, spanischer Bischof in Australien, ein paar Bäume mit nach Galicien und ließ sie anpflanzen. Zuerst dienten sie nur als Zierde in den Parks reicher Leute, bald aber entdeckte man auch den wirtschaftlichen Nutzen des Eukalyptus. Im milden Klima Galiciens wächst der Baum sehr schnell und hat schon nach zehn Jahren eine beachtliche Größe. Nach 1950 ließ General Franco in Galicien ganze Eukalyptuswälder anpflanzen, und heute sind es knapp 300 Hektar. Abnehmer des Holzes, mit dem viele Bauern sich ein Zubrot verdienen, sind vor allem die galicischen Zellulosefabriken. Auch für Holzfußböden eignet sich Eukalyptus, und da das leichte Holz sehr gut schwimmt, wird es bevorzugt für den Bau von Plattformen in den Muschelzuchtanlagen verwendet. Das duftende ätherische Öl des Eukalyptus nutzt man in der Heilkunde, für Kosmetik und für Bonbons. Immer mehr treten aber auch die Nachteile des Eukalyptusanbaus zutage: Die Monokulturen entziehen dem Boden extrem viel Wasser und laugen ihn aus, so daß andere Bäume nicht mehr genügend Grundwasser und Nährstoffe erhalten. Der Anbau ist deshalb mittlerweile umstritten.

Mejillones en escabeche
Marinierte Miesmuscheln

2 kg Miesmuscheln
1/8 l Olivenöl
1/8 l Weinessig
1 TL mildes Paprikapulver
1/2 TL scharfes Paprikapulver
Salz
2 Lorbeerblätter
8 Pfefferkörner

Die Muscheln gründlich waschen und in einem Topf auf niedriger Stufe mit etwas Wasser dämpfen, bis sie sich öffnen. Aus den Schalen nehmen und abkühlen lassen.
Das Öl in einer tiefen Pfanne erhitzen und die Muscheln darin anbraten. Muscheln herausnehmen und beiseite stellen. Die Pfanne mit dem abgekühlten Öl wieder aufs Feuer stellen, Essig, 1/8 l Wasser, Paprikapulver, Salz, Lorbeerblätter und Pfefferkörner dazugeben. 10 bis 15 Minuten kochen. Abkühlen lassen, dann die Muscheln über Nacht darin marinieren. Zum Servieren die Muscheln in ihre Schalen setzen und mit der Marinade übergießen.

Vieiras a la gallega
Jakobsmuscheln auf galicische Art

16 frische Jakobsmuscheln
2 EL Zitronensaft
1 Zwiebel, fein gehackt
1 Knoblauchzehe, fein gehackt
4 EL Olivenöl
1 EL gehackte Petersilie
1 TL edelsüßes Paprikapulver
1 Messerspitze Zimt
Salz und Pfeffer
1/8 l Weißwein
4 cl Orujo-Schnaps, ersatzweise Grappa
Öl für die Muschelschalen
4 EL Semmelbrösel

Die Muschelschalen mit einem Messer öffnen, gründlich putzen und die nicht eßbaren Teile entfernen. Die Corails (die orangefarbenen Rogensäckchen) vom Muschelfleisch trennen, die Muscheln mit Zitronensaft beträufeln. Zwiebel und Knoblauch in 3 Eßlöffeln Olivenöl glasig dünsten. Die Corails kleinschneiden und mit der Petersilie untermischen. Mit Paprika, Zimt, Salz und Pfeffer würzen. Weißwein und Orujo angießen und einmal aufkochen lassen. 8 Muschelschalen säubern und mit Öl ausstreichen. In jede Schale 2 Muscheln legen, die Sauce darüber verteilen, mit den Semmelbröseln bestreuen und mit dem restlichen Öl beträufeln. Im vorgeheizten Ofen bei 180 °C ca. 12 Minuten goldbraun überbacken.

Berberechos a la marinera
Herzmuscheln in Zwiebel-Knoblauchsauce

1 kg frische Herzmuscheln, ersatzweise Venusmuscheln
Salz
5 EL Olivenöl
1 Zwiebel, fein gehackt
2 Knoblauchzehen, fein gehackt
1/8 l trockener Weißwein
1 EL Semmelbrösel
Saft von 1/2 Zitrone
1 Lorbeerblatt
Pfeffer
2 EL gehackte Petersilie

Die Herzmuscheln gründlich waschen, geöffnete Muscheln aussortieren. In einem weiten Topf die Muscheln mit 1/4 l Wasser und 1 Prise Salz zum Kochen bringen. Zugedeckt so lange kochen lassen, bis die Schalen aufgegangen sind, dabei den Topf mehrmals rütteln. Die Muscheln mit einem Schaumlöffel aus dem Sud heben, den Sud durch ein Tuch abgießen und beiseite stellen.
In einer tiefen Pfanne das Olivenöl erhitzen, Zwiebel und Knoblauch darin glasig dünsten. Den Weißwein angießen und die Semmelbrösel unterrühren. Den Muschelsud zufügen, mit Zitronensaft, Lorbeerblatt, Salz und Pfeffer würzen. Die Herzmuscheln in die Sauce geben, mit der Petersilie bestreuen und noch einmal aufkochen lassen. Dann in eine vorgewärmte Schüssel umfüllen und sofort servieren.
Auf die gleiche Art können auch Miesmuscheln sowie Venus-, Kamm- oder Schwertmuscheln zubereitet werden.

Die Jakobsmuschel bietet dem Genießer gleich zwei Delikatessen: Der orangefarbene Rogensack (Corail) ist genauso eßbar wie das zarte, weiße Muskelfleisch.

Steinbutt mit Meeresfrüchten

Rodaballo con mariscos

Steinbutt mit Meeresfrüchten
(Abbildung oben)

2 Zwiebeln, fein gehackt
2 Knoblauchzehen, fein gehackt
1 Tomate, enthäutet und in kleine Würfel geschnitten
2 EL Olivenöl
Salz
1 Msp. scharfes Paprikapulver
1 kg Steinbutt in Stücken, ohne Haut und Gräten
8 Jakobsmuscheln
12 Venusmuscheln
20 geschälte Garnelen
1/8 l Albariño-Weißwein

Die Zwiebeln, den Knoblauch und die Tomate im Olivenöl 10 Minuten dünsten, mit Salz und Paprikapulver würzen. Eine feuerfeste Steingutform mit den Fischstücken auslegen, die Muscheln und die Garnelen darübergeben, die Sauce darüber verteilen und den Wein angießen. Im vorgeheizten Backofen bei 180 °C ca. 20 Minuten garen.

Xoubas con cachelos

Sardinen mit Kartoffeln in der Schale

1 kg kleine Sardinen
Meersalz
500 g kleine neue Kartoffeln
1 Lorbeerblatt
1/8 l Olivenöl
750 g kleine grüne scharfe Paprikaschoten

Die Sardinen waschen, trockentupfen und mit Meersalz einreiben. Eine Stunde ziehen lassen. Dann auf dem Holzkohlengrill (oder unter dem Grill im Backofen) knusprig grillen.
Die Kartoffeln mit der Schale in Salzwasser mit dem Lorbeerblatt aufsetzen, zum Kochen bringen und ca. 20 Minuten kochen lassen. Dann das Wasser abgießen, die Kartoffeln zurück in den Topf geben, mit einem feuchten Tuch bedecken und auf dem ausgeschalteten Herd nachgaren lassen.
Das Olivenöl in einer tiefen Pfanne erhitzen und die Paprikaschoten darin braten. Dann die Schoten aus dem Öl heben, abtropfen lassen und mit Meersalz bestreuen.
Auf vier Tellern Sardinen, Kartoffeln und gebratene Paprikaschoten anrichten. Die Kartoffeln werden mit Schale gegessen.

Caldeirada

Galicischer Fischtopf

1 kg Kartoffeln, geschält und in dicke Scheiben geschnitten
Salz
1 Zwiebel, in grobe Stücke geschnitten
1 Lorbeerblatt
1 kg Fischfilet (Seehecht, Seeteufel, Steinbutt, Zackenbarsch, Rochen oder andere Fische)
Pfeffer

***Für die Knoblauchsauce** (ajada):*
8 Knoblauchzehen
6 EL Olivenöl
1/2 TL edelsüßes Paprikapulver
1 Msp. scharfes Paprikapulver

Die Kartoffeln in 1 1/2 l Salzwasser mit Zwiebel und Lorbeerblatt 20 Minuten kochen lassen. Den Fisch waschen und in mundgerechte Stücke schneiden. Auf die Kartoffeln legen, mit Salz und Pfeffer würzen und zugedeckt 10 Minuten gar ziehen lassen. Das Wasser abgießen, 1/4 l aufbewahren, Lorbeerblatt entfernen.
Für die *ajada* in einer Pfanne die ganzen Knoblauchzehen im Olivenöl braun anbraten, dann die Knoblauchzehen entfernen. Pfanne vom Herd nehmen, 1 Kelle Fischsud sowie das Paprikapulver zufügen und gut verrühren. Die Sauce ca. 10 Minuten köcheln lassen, dann zum Eintopf geben und sofort servieren.

Süsswasserfische aus spanischen Flüssen

Neunauge, Lamprete ***(lamprea)*****:** Als Delikatesse gilt das Fleisch dieses »Rundmauls« vor allem in Galicien.

Flußaal ***(anguila)*****:** Der schuppenlose Fisch mit fettem Fleisch kommt nur noch in sehr wenigen Gewässern vor.

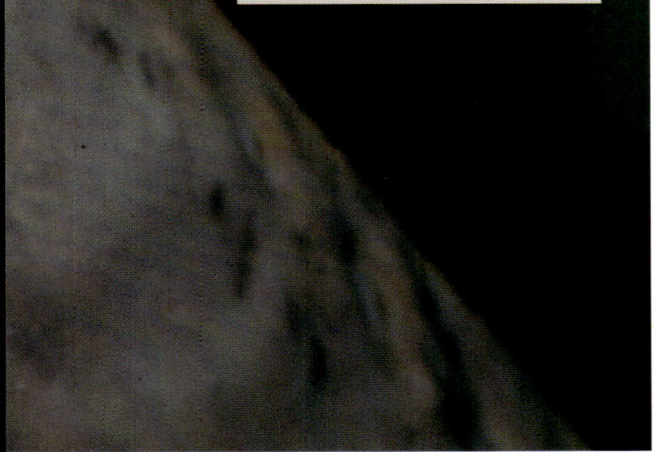

Karpfen *(carpa)*: Der »König der Flüsse« mit weißlichem Fleisch wird häufig in Teichen gezüchtet.

Forelle *(trucha)*: Die beliebte Regenbogenforelle (Bild) ist fleischiger als die gemeine Bachforelle *(fario)*.

Schleie *(tenca)*: Dieser grätenreiche Fisch entwickelt sein markantes Aroma oft in stehenden Gewässern.

Hecht *(lucio)*: Die Spanier nennen den Raubfisch auch »Süßwasserhai«. Er hat fettes Fleisch und viele Gräten.

Neunauge

Das Neunauge galt während der Römerzeit als mysteriöses Flußwesen. Damals verspeisten nicht nur die Menschen diese Tiere – sondern auch umgekehrt: Die römischen Herren Galiciens warfen aufsässige Sklaven zur Strafe in die Flüsse und Seen, wo es von den aalförmigen Monstern nur so wimmelte.

Das Neunauge *(lamprea)*, auch Lamprete genannt, gehört zur Wirbeltiergruppe der Rundmäuler, ist also genau gesehen kein Fisch. Es saugt sich mit den Saugnäpfen und Hornzähnen seines runden Mauls an Fischen und anderen Wassertieren fest und entzieht ihnen so das Blut und andere Körpersäfte.

Doch allen bösen Legenden zum Trotz war das Neunauge von jeher auch als Köstlichkeit geschätzt, besonders in Frankreich. Im Mittelalter sollen die *lamproies* von Nantes so begehrt gewesen sein, daß die Pariser Fischhändler ihren Lieferanten bis weit vor die Stadt entgegenzogen in der Angst, sonst leer auszugehen.

Es ist nicht schwer zu erraten, wie das Neunauge zu seinem Namen kommt: Hinter dem Nasenloch und dem Auge liegen auf jeder Seite des Halses sieben Kiemenöffnungen – also insgesamt neun »Augen«. Die *lamprea*, die bis zu eineinhalb Meter lang werden kann, hat eine schuppenlose, schleimige Haut. Sie ist auf der oberen Seite dunkelbraun oder graublau mit dunklen Flecken, am Bauch deutlich heller.

Im Winter begibt sich das Neunauge aus dem offenen Meer zum Laichen in die Flüsse. Allerdings ist die Gattung in ganz Europa durch die Verunreinigung und Stauung der Flüsse sehr selten geworden. In Spanien kommt die *lamprea* nur noch im Unterlauf des Río Guadiana in der Extremadura und in Galicien, insbesondere im Río Miño, vor.

Gefangen werden Neunaugen zwischen Januar und April mit *biturones*, einer Art spiralförmiger Reusen. Dann ziehen Feinschmecker aus ganz Galicien mit Kind und Kegel in die Gegend von Arbo, um sich eine gut zubereitete Lamprete zu gönnen. Höhepunkt der Saison ist das Fest des heiligen Josef *(San José)* am 19. März. An diesem Tag sind die für ihre *lamprea*-Gerichte geschätzten Restaurants am Río Miño bis auf den letzten Platz besetzt.

Kenner achten darauf, Neunaugen lebend und somit ganz frisch zu kaufen. Dies garantiert die beste Qualität des dunklen, fetten, leicht süßlichen Fleisches, das viele Feinschmecker sogar dem Aal vorziehen. Man kocht oder schmort die Lamprete gern als Ragout im eigenen

Links: Wie ein Fabelwesen wirkt das Neunauge mit seinen Hornzähnen und Saugnäpfen. Doch keine Angst. Der Fisch beißt nicht und schmeckt bestens.

Blut, am besten mit Ribeiro-Rotwein.

Gut gelingt sie aber auch mit Knoblauch, Zwiebeln und einer Weinessig-Sauce, mit Champignons in einer Zwiebel-Wein-Sauce oder als Füllung von Empanadas (vgl. Seite 242). Als Beilage zu *lamprea*-Gerichten reicht man in Galicien Reis und getoastete Brotwürfel *(picatostes)*. Seltener wird das Neunauge auch geräuchert oder an der Luft getrocknet. Eine so konservierte *lamprea* muß vor dem Verzehr eine Nacht lang gewässert werden. Zu einem deftigen Lampretengericht trinkt man gerbsäurebetonten Rosé- oder Rotwein, am besten einen guten Tropfen von den Ufern des Río Sil oder aus den Anbaugebieten Ribeiro und Condado de Tea.

Lamprea guisada

Neunauge im eigenen Saft

1 Neunauge, ca. $1^1/_2$ kg
200 ml Olivenöl
200 ml Weinessig
$^1/_8$ l trockener Rotwein
2 Knoblauchzehen, fein gehackt
Salz und Pfeffer
1 Msp. Zimt

Das Neunauge unter heißem Wasser gründlich waschen und abtrocknen. Die Galle unter dem Maul entfernen. Den Fisch der Länge nach am Bauch aufschneiden und das Blut auffangen. Dann den Fisch säuberlich ausnehmen und die Bauchhöhle auswaschen.

Das Blut mit dem Olivenöl, dem Weinessig und dem Wein aufkochen lassen. Den Knoblauch zufügen und den Sud mit Salz, Pfeffer und Zimt würzen. Dann den Fisch in den Sud legen, zum Kochen bringen und zugedeckt bei geringer Hitze ca. 25 Minuten ohne zu kochen gar ziehen lassen. Nach Ende der Garzeit den Fisch in Portionsstücke zerlegen, wieder in den Sud geben und sofort servieren.

Dazu reicht man frisches Weißbrot oder Reis, in Galicien gern auch getoastete Brotwürfel.

Empanadas

»Beim Verlieben und beim Teigkneten soll man sich Zeit lassen«, besagt ein altes galicisches Sprichwort. Wer sollte dies besser beurteilen können als ein Volk, das erfüllt ist von tiefer Melancholie und das die *empanada* erfunden hat. Diese gefüllte Teigtasche wurde sogar schon in der Kathedrale von Santiago de Compostela verewigt: Da verspeist ein hungriger Jakobspilger eine Empanada, und seine Wonne wird wohl bis in alle Ewigkeit anhalten. Schließlich ist die Figur in Stein gemeißelt – ein religiöses Monument für Genießer.

In Galicien schätzt man die Empanada seit Jahrhunderten als schmackhafte Wegzehrung. Sie ist eine Art gefülltes Brot, beliebte und praktische Mahlzeit der Fischer, Bauern und Waldarbeiter sowie Reiseproviant der Pilger auf dem Jakobsweg. Ungezählt sind auch die vielen galicischen Auswanderer, die auf ihrer langen Reise nach Übersee außer getrocknetem Fisch auch die eine oder andere Empanada mit an Bord nahmen. Heute kennt man die Spezialität, deren Ursprung zweifelsfrei Galicien ist, in allen Teilen Spaniens und in ganz Südamerika. Aus der Reiseverpflegung fürs einfache Volk ist eine Delikatesse für Feinschmecker geworden.

Die äußere Hülle der Empanada besteht aus ganz normalem Brotteig oder aus Blätterteig. Letzterer sollte unbedingt frisches Schweineschmalz enthalten. Nach dem Backen muß der Teig weich, die Kruste goldgelb und knusprig sein. Die Empanada gibt es rund und so groß wie eine Torte, oft serviert man sie aber auch auf einem Backblech in rechteckiger Form. In kleine Stücke geschnitten wird sie vor allem als Tapa serviert. *Empanadillas* werden gleich als Taschenausgabe der Empanadas hergestellt: kleine gefüllte Teigtäschchen in Portionsgröße. Die Zutaten für die Füllung wechseln von Provinz zu Provinz und von Jahreszeit zu Jahreszeit. In den ländlichen Breiten füllt man die Empanada, die man kalt oder warm verzehren kann, gern mit Huhn, Zwiebeln und Paprikaschoten oder mit Schweinefleisch, Paprikawurst und Gemüse. Auch mit frischen Pilzen ist sie ausgesprochen schmackhaft. In der Provinz Ourense werden die Teigpasteten häufig mit dem Fleisch von Süßwasserfisch wie Flußaal oder Neunauge zubereitet, während an der Küste Füllungen mit Muscheln, Stockfisch, Sardinen oder Sardellen dominieren. Häufig benutzt man auch die Reste vom Vortag für die Füllung einer Empanada. Jede Hausfrau und jedes Restaurant in Galicien schwören bei der Zubereitung auf ihre ganz eigene Rezeptur.

Empanada gallega

Galicische Teigpastete

Für den Teig:
500 g Mehl
1 EL Weißwein
1 TL Olivenöl
1 EL Butterschmalz
Salz
1 Prise Zucker
Mehl für die Arbeitsfläche
Fett für die Form
Eigelb zum Bestreichen

Das Mehl in eine weite Schüssel sieben, in die Mitte eine Mulde drücken. Weißwein, Olivenöl, Butterschmalz, Salz, Zucker und einige Eßlöffel lauwarmes Wasser hineingeben und alles zu einem geschmeidigen Teig verkneten. Den Teig im Kühlschrank etwas ruhen lassen. Teig in zwei Teile teilen. Einen Teil auf der bemehlten Arbeitsfläche ausrollen und eine gefettete Form damit auslegen. Teig am oberen Rand etwas überstehen lassen. Füllung hineingeben. Restlichen Teig ausrollen und über die Füllung legen. Den überstehenden Rand mit dem Teigdeckel zusammenrollen. Mit Eigelb bestreichen und im vorgeheizten Backofen bei 180 °C ca. 30 Minuten goldbraun backen.

1 Zutaten für einen Brotteig, je nach Geschmack Fisch, Gemüse oder Fleisch für die Füllung und Ei zum Bestreichen – mehr braucht man nicht für eine galicische Empanada.
2 Der Teig wird bereitet aus Weizen- oder Maismehl. Man gibt das Mehl in eine weite Schüssel und fügt nach und nach Olivenöl, Weißwein und alle anderen Zutaten hinzu.
3 Nachdem die Hälfte des Teigs mit einem Nudelholz ausgerollt wurde, legt man ihn in die Form und drückt ihn mit den Fingern an, bis Boden und Rand ganz bedeckt sind.

4 Auf den Teigboden gibt man nun die fertig vorbereitete Füllung. Diese sollte nicht mehr heiß und nicht zu flüssig sein, damit der Teig beim Backen nicht durchweicht.
5 Nun folgt noch die Bedeckung für die Empanada. Man rollt den restlichen Teig aus und formt mit den Händen einen Deckel, der in der Größe möglichst genau paßt.
6 Vorsichtig legt man den Deckel auf die Füllung und verbindet ihn gut mit dem Rand des Bodens. Nun wird die Empanada mit Eigelb bestrichen – und ab in den Ofen.

Fleischfüllung
für *Empanada de carne*

4 EL Olivenöl
500 g Schweinelende, in feine Streifen geschnitten
2 große Zwiebeln, fein gehackt
2 Knoblauchzehen, fein gehackt
2 grüne Paprikaschoten, fein gehackt
125 g luftgetrockneter Schinken, in Würfel geschnitten
2 EL Tomatenmark
Salz und Pfeffer
1 TL edelsüßes Paprikapulver

Das Olivenöl in einer großen Pfanne erhitzen. Die Fleischstreifen darin anbraten, dann aus der Pfanne heben. Zwiebeln und Knoblauch im Öl glasig dünsten, Paprikaschoten und Schinkenwürfel untermischen und kurz mitbraten. Das Fleisch wieder dazugeben, mit Tomatenmark, Salz, Pfeffer und Paprikapulver würzen. Die Füllung in die Pastete geben.

Herzmuschelfüllung
für *Empanada de berberechos*

2 kg frische Herzmuscheln
2 Lorbeerblätter
Salz
3 EL Olivenöl
4 kleine Zwiebeln, fein gehackt
2 Knoblauchzehen, fein gehackt
2 grüne Paprikaschoten, fein gehackt
1 Msp. scharfes Paprikapulver

Die Herzmuscheln säubern und gründlich waschen, geöffnete Muscheln aussortieren. In einem weiten Topf die Muscheln mit den Lorbeerblättern und reichlich Salzwasser zum Kochen bringen. Zugedeckt so lange kochen lassen, bis sich die Schalen geöffnet haben, dabei den Topf mehrmals rütteln.
Die Muscheln abgießen, abkühlen lassen und das Muschelfleisch aus den Schalen lösen. Das Olivenöl in einer großen Pfanne erhitzen, Zwiebeln, Knoblauch und Paprikaschoten darin andünsten. Mit Salz und Paprikapulver würzen und zum Schluß das Muschelfleisch unterrühren. Die Füllung in die Teigpastete geben.

Sardinenfüllung
für *Empanada de sardinas*

6 große Zwiebeln, fein gehackt
5 EL Olivenöl
2 grüne Paprikaschoten, fein gehackt
4 Fleischtomaten, enthäutet und in kleine Würfel geschnitten
Salz und Pfeffer
1 kg kleine Sardinen, küchenfertig vorbereitet

In einer großen Pfanne die Zwiebeln im Olivenöl glasig dünsten. Paprikaschoten und Tomatenwürfel zufügen, mit Salz und Pfeffer würzen und 10 Minuten köcheln lassen.
Die Sardinen gleichmäßig auf dem Teigboden verteilen und die Gemüsesauce darübergeben.

Galicisches Rind

Galicien ist der Wilde Westen Spaniens – nicht nur geographisch. Das »Cowboyland« beginnt im Hinterland der Provinz Lugo. Eine kurvenreiche, auf den letzten Kilometern nicht mehr asphaltierte Straße führt von der Küste hinauf zu den Weidegründen der galicischen Rinder. Dies ist die Heimat der *vaqueiros,* der Cowboys von San Isidoro. Kein Mensch wundert sich hier oben, wenn derb gekleidete Männer auf ihren Pferden durchs Dorf sprengen, die Tiere in der Mittagszeit vor dem Haus anbinden und nach der Siesta wieder rasant über Hügel und Weidegründe davonreiten, um nach den Rindern auf der Weide zu sehen.
Eine Milchkuh oder ein Fleischrind gelten in Galicien immer noch als erheblicher Wert. Deshalb werden diese Nutztiere stets sorgsam gehütet und gepflegt. Den Großteil des Jahres verbringen die Rinder auf der Weide und ernähren sich von Gräsern und Kräutern. Nur im Winter wird gelegentlich Heu oder Kraftnahrung aus Getreide zugefüttert.
Zur täglichen Arbeit der *vaqueiros* gehört es, die Herden zusammenzuhalten, sie zu den Futterplätzen zu treiben, zur gegebenen Zeit die Jungtiere von den älteren zu trennen sowie Zäune und Schutzhütten auszubessern. Jedes Jahr am 24. August, dem Namenstag des heiligen Bartolo, werden die Fleischrinder mit lautem Spektakel von den Weidegründen hinab ins Dorf getrieben und dort gesegnet. Natürlich nützt man diese Gelegenheit in San Isidoro auch als Anlaß für eine farbenprächtige Fiesta zu Ehren des Schutzpatrons mit Musik, zünftigem Essen und reichlich Wein.

Ternera gallega

Mehr und mehr besinnen sich die galicischen Viehzüchter auf die regionaltypische Rinderrasse *Rubia Gallega,* die als sehr robust gilt, sich bestens an das atlantische Klima angepaßt hat und vorzügliches Fleisch liefert. Die *Rubia Gallega* ist mittelgroß, hat nur kurze Hörner und ein hellbraunes, gelegentlich leicht rötlich getöntes Fell. Neben dieser beherrschenden Rinderrasse findet man in Galicien auch noch einige wenige Exemplare anderer einheimischer Rassen, die generell als *Morenas del Noroeste* (»Brünette des Nordwestens«) bezeichnet werden. Sie haben dunkelbraunes Fell, unterscheiden sich sonst aber nur unwesentlich von der *Rubia Gallega* und haben sich vielfach mit Rindern dieser Rasse vermischt.
Das qualitativ sehr hochwertige Kalbfleisch von *Rubia Gallega, Morena del Noroeste* oder einer Kreuzung beider Rassen ist durch das Gütesiegel *Ternera Gallega* (Galicisches Kalb) geschützt. Kälber mit diesem Siegel müssen in Galicien geboren, aufgezogen und geschlachtet worden sein. Erlaubt ist nur extensive Mast. Die Tiere ernähren sich also ausschließlich von Gräsern, Klee und Kräutern, was dem Fleisch einen besonders aromatischen Geschmack und eine saftige Struktur verleiht. Rund 500 Tonnen Kalbfleisch mit dem Gütesiegel *Ternera Gallega* landen derzeit pro Jahr in den Kochtöpfen, etwa ein Prozent des in ganz Spanien verzehrten Rindfleischs.
Um als Kalb *(ternera)* in den Handel zu kommen, muß ein Tier im Alter von maximal zehn Monaten geschlachtet werden, *añojos* dürfen zwischen zehn und 18 Monate alt werden; *cebones* werden mit 18 bis 36 Monaten geschlachtet.

Kapaun aus Vilalba

Zu einem typisch galicischen Weihnachtsmenü gehört in den ländlichen Gefilden ein knusprig gebratener Kapaun. Diese kulinarische Sitte ist vor allem in der Terra Chá verbreitet, einer fruchtbaren, von Bergen umschlossenen Hochebene in der Provinz Lugo. Hier kultiviert man Obst, Getreide, Gemüse, und hier mästen die Bauern so zahlreich wie nirgendwo sonst in Galicien die berühmten Kapaune, die auf den Märkten zu üppigen Preisen gehandelt werden. Hochburg der Kapaunzucht ist das Städtchen Vilalba.
Der Kapaun ist ein kastrierter, gemästeter Hahn, dessen Fleisch besonders zart und saftig ist und sehr aromatisch schmeckt. Im März und April kommen in den Zuchtanlagen Vilalbas die Jungtiere zur Welt. Sie werden mit Getreide und Kastanien gemästet, bis sie im Dezember ein Lebendgewicht von mindestens zwei Kilo erreicht haben. Manche Bauern geben dem Mastfutter sogar etwas Wein oder Tresterschnaps *(orujo)* zu, um das Aroma des Fleisches noch zu steigern.
Einen typischen *capón de Vilalba* spickt man in Galicien gern mit Zwiebeln, Knoblauch und Schinken und begießt ihn, während er für anderthalb bis zwei Stunden im Backofen gart, immer wieder mit Geflügelfond, dem man die besonders fetthaltigen Partien des Kapauns beigefügt hat.
Ein ganz besonderer Leckerbissen für Festtage ist *capón con ostras,* ein mit Austern gefüllter Kapaun.

Rechts: Die Rinder im galicischen Hinterland haben ein angenehmes Leben. Sie grasen meist auf saftigen Weiden und liefern dadurch später sehr schmackhaftes Fleisch.

Rubia Gallega: helle Rinderrasse aus Galicien, die gute Milch sowie sehr hochwertiges Kalbfleisch liefert.

Asturiana de los Valles: Rasse aus dem Norden, berühmt für gute Milch und exzellentes Kalbfleisch.

Retinta: aus der Extremadura. Liefert durch Extensivhaltung auf trockenen Weiden besonders würziges Fleisch.

Morucha de Salamanca: in Kastilien heimisches Rind, das Fleisch mit sehr würzigem Geschmack hervorbringt.

Avileña Negra Ibérica: aus Kastilien, gilt als eine der ältesten Rinderrassen Europas und hat helles, feines Fleisch.

Fast alle galicischen Käsesorten werden aus Kuhmilch hergestellt. Viele kommen als Frischkäse auf den Markt (Foto oben). Zwei Wochen oder länger reifen der San Simón und der Arzúa-Käse (großes Bild). Auch gute Butter wird aus galicischer Kuhmilch gemacht und vor dem Verkauf dekorativ in Kohlblätter gerollt.

Zur Herstellung von Tetilla-Käse füllt man den durch Lab-Gerinnung von Kuhmilch gewonnenen »Bruch« in Plastikformen.

Ist die Molke vollständig abgelaufen, wird die Käsemasse fester. Wenn sich diese gesetzt hat, kann die Form entfernt werden.

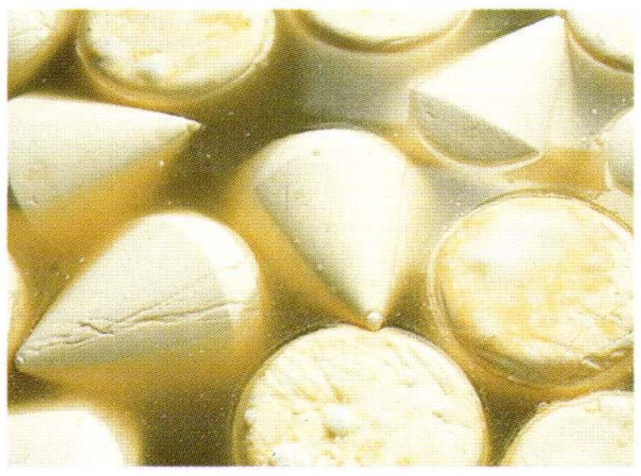

In einer Salzlake wird der Käse gesalzen. Dann folgt eine mehrwöchige Reifezeit – und fertig ist die *tetilla*, die »kleine Zitze«.

Tetilla, Arzúa und viele andere Käsesorten aus Galicien sind halbfeste Schnittkäse mit heller Rinde und milder, cremiger Masse.

Käse

Dem dünnen Fell zum Trotz: Kühe fühlen sich im feuchten atlantischen Klima Galiciens sehr viel wohler als Schafe oder Ziegen. Darum beschert die Region im Nordwesten dem Land die größte Vielfalt an reinem Kuhmilchkäse. Die Milch stammt meist von Tieren der Rasse *Rubia Gallega* oder von Friesenkühen.
Galicischer Kuhmilchkäse *(queso de leche de vaca)* kommt bis heute häufig von kleinen Bauernhöfen, wo man noch nicht an amtliche Vorschriften oder EU-Normen gebunden ist. Wie zu Zeiten ihrer Urgroßväter nehmen die Bauern die frisch abgemolkene Rohmilch und bringen sie unter Zugabe von natürlichem Labferment bei Temperaturen zwischen 28 und 32 Grad Celsius zum Gerinnen. Die entstehende Gallerte wird behutsam gepreßt, damit die Molke abläuft. Nun salzt man den Käse und lagert ihn für mindestens sieben Tage an einem kühlen, nicht allzu feuchten Ort. Manche Käsesorten werden auch geräuchert.
Natürlich entstanden in den letzten Jahrzehnten auch in Galicien immer mehr Genossenschaften und Großbetriebe, die Kuhmilchkäse für den Handel produzieren und sich an strenge gesetzliche Auflagen halten müssen. Diese Firmen dürfen für ihre Produkte ausschließlich pasteurisierte Milch verwenden.
Queso de Tetilla kommt meist aus der Provinz A Coruña und einigen Gegenden der Nachbarprovinz Lugo. Dieser beliebteste Käse Galiciens hat die Form einer weichen, wohlgeformten Brust – und *tetilla* heißt tatsächlich »kleine Zitze«. Tetilla-Käse benötigt eine Reifezeit von 15 bis 20 Tagen und wird dann als sehr milder, cremiger und zartwürziger Käse verkauft. Die Rinde ist blaßgelb, das Innere weiß bis gelblich und auffallend weich und elastisch. Man serviert Tetilla gern als Tapa oder zum Dessert in kleine Würfel geschnitten mit etwas Quittenbrot *(carne de membrillo).*
Der aromatische Hartkäse *San Simón* stammt vornehmlich aus der Gegend von Vilalba in der Provinz Lugo. Er sieht aus wie eine leicht verformte Birne und reift etwa drei Wochen lang, ehe er über Birkenholz mehr oder weniger kräftig geräuchert wird. Dadurch erhält der Käse seine typisch hellbraune Rindenfarbe und einen einzigartigen Geschmack, in dem das würzige Raucharoma dominiert.
Außer diesen beiden vorherrschenden Käsesorten, die als Rohmilchkäse und in industriell hergestellten Varianten erhältlich sind, findet man auf galicischen Märkten auch den *Queso de Cebreiro* aus den Bergregionen von Piedrafita und Becerreá in der Provinz Lugo. Dieser Käse wird meist noch in Handarbeit hergestellt, die Produktionsmengen sind dementsprechend gering. Seine Form erinnert an eine gestauchte Kochmütze. Cebreiro-Käse schmeckt frisch und leicht säuerlich, er ähnelt dem Quark, ist aber fester und trockener in der Konsistenz.
Außerhalb Galiciens kaum bekannt ist der *Queso de Arzúa-Ulloa,* den man früher zum Reifen in Getreidespeichern *(hórreos)* lagerte. Hergestellt wird dieser Kuhmilchkäse in 13 Gemeinden der Provinz A Coruña nach einem ähnlichen Verfahren wie Tetilla-Käse. Allerdings läßt man Arzúa-Ulloa-Käse etwas länger reifen. Er entwickelt auf diese Weise ein kräftigeres Aroma und hat eine glatte, vollgelbe Rinde. Das Innere ist dicht, weich und elfenbeinfarben.

Esskastanien

Sie sind nahrhaft, wohlschmeckend und dazu noch kostenlos. Darum waren Eßkastanien in den waldreichen Gegenden der Provinzen Lugo und Ourense seit jeher eine begehrte Winternahrung. Während der Arbeit auf dem Feld stärkten sich die Bauern mit frisch gerösteten Maronen.
Auch heute noch ziehen die Galicier im Oktober und November durch die Wälder und sammeln *castañas,* um sie auf dem heimischen Herd zu rösten. Kastanienfeste sind »in«, etwa am 11. November in der Provinzhauptstadt Ourense oder an einem Oktoberwochenende im Kloster San Esteban del Río Sil, bei dem sich Hunderte von Besuchern im historischen Klosterhof drängen und sich am köstlichen Geschmack von gerösteten Maronen laben.
Will man Eßkastanien kochen, schneidet man zunächst die braune Außenhaut kreuzweise ein und legt die Kastanien eine Zeitlang in siedendes Wasser. Schale und Haut lassen sich dann leicht abziehen. Traditionell ißt man Kastanien in Galicien zum Frühstück in heißer Milch gekocht (gelegentlich mit Anis verfeinert) oder in Form von Kastanienkuchen und -torte. Auch Kastaniensuppe mit Milch und Schweineschmalz gehört zu den althergebrachten Rezepten, die nur noch wenige Köche pflegen. Naturbelassene Maronen benutzt man häufig als schmackhafte Füllung für Gänse-, Kapaun- oder Truthahngerichte, oder man kocht sie in einer mit Selleriestückchen angereicherten Fleischbrühe weich. Will man die Kastanien rösten, schneidet man sie vorher ebenfalls kreuzweise mit dem Messer ein, damit sich die Schale besser löst. Nach dem Rösten im Ofen oder auf der Herdplatte verzehrt man den süßen Kern am besten sofort heiß oder noch warm. Dazu paßt ein junger, fruchtbetonter Rotwein.
In den letzten Jahrzehnten werden Eßkastanien in Galicien auch zu hochwertigen Süßigkeiten veredelt. Dazu werden sie nach Güteklassen sortiert, geschält, sterilisiert und in einem Sirup aus Zuckerwasser und Vanille weichgekocht, bevor sie mit dickflüssigem Zucker überzogen und in Spezialöfen getrocknet werden. Im Handel findet man glasierte Kastanien in hübschen Gläsern oder Holzkistchen unter der französischen Bezeichnung *marrón glacé.* Zur modernen Produktpalette gehören auch in Sirup oder Brandy eingelegte Maronen sowie ein feines Kastanienpüree, das vor allem für Torten, Kuchen und allerlei andere Süßspeisen verwendet wird.

Tarta de Santiago

Warum die Mandeltorte *tarta de Santiago* den Namen des Apostels Jakobus trägt, weiß niemand präzise zu sagen. Ob einst ein Jakobspilger das Rezept mit nach Galicien brachte oder sonst ein frommer Mensch den einfachen Kuchen in einem erhabenen Augenblick dem prominenten Heiligen und Schutzpatron ganz Spaniens widmete, ist nicht überliefert. Seit Jahrhunderten jedenfalls trägt die Torte auf ihrer Oberfläche das Kreuz der Jakobsritter, aufgetragen aus feinem weißem Puderzucker. Viele Besucher, die nach Santiago de Compostela kommen, kaufen sich in der Pilgerstadt die in ganz Spanien beliebte Torte als Souvenir.

Tarta de Santiago
Galicische Mandeltorte

Für den Teig:
200 g Mehl
75 g Zucker
100 g Butter
1 Ei

Für die Füllung:
4 Eier
250 g Zucker
Schale von 1 unbehandelten Zitrone
250 g gemahlene Mandeln
1 Msp. Zimt

Mehl für die Arbeitsfläche
Fett für die Form
Puderzucker zum Bestreuen

Aus Mehl, Zucker, Butter und Ei einen Mürbeteig kneten (evtl. ein klein wenig Milch zugeben). Den Teig zur Kugel formen, in Frischhaltefolie wickeln und ca. 30 Minuten im Kühlschrank ruhen lassen.
Für die Füllung die Eier und den Zucker schaumig schlagen. Dann die Zitronenschale, die gemahlenen Mandeln und den Zimt einrühren.
Den Teig auf einer bemehlten Arbeitsfläche ausrollen. Eine gefettete Springform mit dem Teig auslegen und die Füllung darauf verteilen. Im vorgeheizten Backofen bei 180 °C ca. 30 Minuten goldbraun backen.
Die Mandeltorte in der Form auskühlen lassen. Auf eine Kuchenplatte geben und vor dem Anschneiden mit Puderzucker bestäuben.

Die Kathedrale von Santiago de Compostela ist das Ziel von vielen tausend Pilgern aus der ganzen Welt.

Die Jakobsmuschel ist das Symbol der Jakobspilger. In Stein gemeißelt ziert sie die Kathedrale von Santiago.

Santiago de Compostela: Traum und Ziel aller Jakobspilger

»Mögen die Neider jenseits der Berge vor Scham erröten, die da behaupten, sie besäßen Reliquien oder Teile des Leichnams. Denn der Leichnam des Apostels ist hier vollständig vorhanden. Er leuchtet herrlich von paradiesischen Karfunkelsteinen, und ohne Unterlaß wird er durch göttliche Düfte verehrt; vom himmlischen Kerzenglanz wird er geschmückt, und Engel feiern ihn durch ihre Gunstbezeugungen.«
Der französische Pilger Aimeric Picaud hatte keine Zweifel: Der »wahre Jakob« hatte seine letzte Ruhestätte in Galicien gefunden. Im Pilgerführer *Codex Calixtinus* beschrieb Picaud um 1140 die Geschichte des Jakobswegs und die Heiligenverehrung in der Kathedrale von Santiago de Compostela.
Anfang des 9. Jahrhunderts – so will es die Überlieferung – entdeckte ein Eremit, geleitet von einem sonderbaren Sternenzeichen, in Galicien die Gebeine des Apostels Jakobus. Der Fundort erhielt aufgrund der himmlischen Erscheinung zunächst den Namen Campus Stellae (Sternenfeld), später dann Santiago de Compostela (*Sant' Jago* meint den heiligen Jakobus). Über der Grabstätte wurde im 11. und 12. Jahrhundert eine mächtige Kathedrale erbaut. Während des gesamten Mittelalters galt Santiago dann als »Jerusalem des Westens«, als einer der bedeutendsten Wallfahrtsorte der Christenheit. Noch heute ist die galicische Stadt Santiago de Compostela Traum und Ziel von Pilgern aus aller Welt, die in der Kathedrale dem heiligen Jakobus ihre Reverenz erweisen, um Hilfe bitten oder für die Erfüllung inniger Wünsche danken. Immer noch gehen viele Wallfahrer den gesamten Jakobsweg oder zumindest ein langes Wegstück auf der historischen Route zu Fuß (siehe Seite 126). Aber auch wer mit dem Fahrrad oder auf Pferderücken kommt, wird als vollwertiger Pilger akzeptiert und erhält im Pilgerbüro bei der Kathedrale seine Urkunde. Wer allerdings im Bus oder Auto anreist, mag zwar vor Gott und dem heiligen Jakobus gleich sein, auf das begehrte Dokument muß er jedoch verzichten.
An hohen kirchlichen Feiertagen kommt in der Kathedrale zu Ehren des Heiligen der *botafumeiro* zum Einsatz, ein mächtiges silbernes Weihrauchfaß. Vor den Augen der Gläubigen schwingen acht Mönche in roten Gewändern das Gefäß an langen Seilen durch das Kirchenschiff – ein grandioses Schauspiel, ein unvergeßliches Erlebnis.
Am Platz der Kathedrale steht das *Hostal de los Reyes Católicos*, das ehemalige Pilgerhospiz. Es wurde Ende des 15. Jahrhunderts durch die katholischen Könige Fernando und Isabella gestiftet. In dieser Herberge wurden im Mittelalter die kranken, siechen und geschwächten Jakobspilger gepflegt. Heute birgt das aufwendig restaurierte Gebäude mit seinen malerischen Innenhöfen und einer prächtigen platereskenFassade ein luxuriöses Hotel. Und noch immer werden im *Parador Reyes Católicos* die ersten zehn Pilger, die jeden Tag die Stadt erreichen, drei Tage lang kostenlos verpflegt – in Erinnerung an alte Zeiten.

Mandeln, Mehl, gute Butter, Zucker, Eier sowie frisch geriebene Zitronenschale und ein Hauch Zimt sind die einzigen Zutaten für eine feine *tarta de Santiago*.

Für den Boden wird eine gut gefettete Springform mit Teig ausgekleidet.

Gemahlene Mandeln und Zucker bilden die Basis der saftigen Kuchenfüllung.

Vier ganze Eier geben der Füllung mehr Konsistenz und eine goldgelbe Farbe.

Die Füllung wird kräftig geschlagen, bis sich alle Zutaten gut vermischt haben.

Die Konditoren in Galicien benützen zur Dekoration der *tarta de Santiago* eine Schablone aus Metall. Diese stellt die Form des Jakobskreuzes dar. Früher waren die Schablonen handgeschmiedet. Sie werden heute als wertvolle Antiquitäten gehandelt.

Nun gibt man die Mandelmasse vorsichtig auf den Teigboden in der Springform.

Mit einem Schaber wird die Füllung von innen nach außen glattgestrichen.

Nach dem Backen bestäubt man den Kuchen mit feinem Puderzucker.

Ganz stilecht ist eine *tarta de Santiago*, wenn sie das Kreuz der Jakobsritter trägt.

Albariño

Die Herkunft der Albariño-Traube ist bis heute umstritten. In Deutschland vertritt man gern die These, diese Rebsorte sei von Zisterziensern aus den Weinbauregionen an Mosel und Rhein nach Galicien gebracht worden. Dokumenten zufolge sollen deutsche Mönche im Jahr 1185 die ersten Reben dieser Sorte im Kloster Armenteira im Val do Salnés gepflanzt haben. So ließe sich dann auch der Name *Albariño* als »der/die Weiße vom Rhein« schlüssig erklären.
Galicische Weißweine – allen voran die aus der Albariño-Traube gekelterten Tropfen – zählen heute zu den charaktervollsten Qualitäten, die Spanien in diesem Bereich aufbieten kann. Angestammte Heimat des Albariño ist das Anbaugebiet Rías Baixas, das sich entlang der Südwestküste Galiciens und am Unterlauf des Río Miño, der hier die Grenze zu Portugal bildet, erstreckt. Das Zentrum der Albariño-Produktion ist die Ortschaft Cambados.
Die Albariño-Traube ist bestens an das feuchte, regenreiche Klima Galiciens angepaßt. Meist wird sie so kultiviert, daß die Reben zunächst an Granitpfeilern in die Höhe wachsen, um dann an zwischen den Pfeilern aufgespannten Drähten auszureifen – fast zwei Meter über dem Boden. So sind die Trauben vor der hohen Feuchtigkeit am Erdboden geschützt, und auch die Gefahr von Pilzbefall wird vermindert.
Die Albariño-Traube verfügt über ein großes aromatisches Potential, ist jedoch auffallend kleinbeerig und nicht gerade üppig im Saftgehalt. Albariño-Weine sind daher teuer, was zusätzlich durch die wachsende Nachfrage, vor allem auf dem spanischen Markt, gefördert wird. Unbestritten sind die angenehme Frische und der mehr oder weniger stark ausgeprägte fruchtige Charme dieser Weißweine. Ihre prägnanteste Rasse und Eleganz entfalten sie als Jungweine im ersten und zweiten Jahr nach der Herstellung, danach verlieren sie meist an Vitalität. Geschmacklich ähnelt der Albariño einer Mischung aus Riesling und Weißem Burgunder. Er harmoniert besonders mit Meeresfrüchten und leichten Fischgerichten, und in Cambados huldigt man ihm alljährlich am ersten Augustwochenende mit einer Fiesta. Den Spuren des Weines in den Rías Baixas folgen inzwischen mehrere Weinrouten *(rutas del vino)*. Eine kostenlose Broschüre sowie eine spezielle Beschilderung weisen Wege zu Monumenten aus der Geschichte des Weinbaus, zu wichtigen Kellereien *(bodegas)* und informieren über Degustations-Möglichkeiten.

Charakteristisch für das Weinbaugebiet Rías Baixas und den Albariño sind die hochwachsenden Reben. An Spalieren sind sie gut vor Feuchtigkeit geschützt.

Weinbaugebiete in Galicien

Jahrhundertelang unterlag der Weinbau in Galicien keiner übergreifenden Kontrolle. Erst nach 1980 setzten sich mittels Flurbereinigung, einer innovativen Technik und Veredelung regionaltypischer Traubensorten in nahezu allen galicischen Anbaugebieten wesentliche Qualitätsverbesserungen durch. Heute existieren fünf Anbaugebiete mit der gesetzlich geschützten Herkunftsbezeichnung *Denominación de Origen (D.O.)*.

Das bekannteste Anbaugebiet der Region ist die **D.O. Rías Baixas** mit den vier Subzonen Val do Salnés, O Rosal, Condado de Tea und Soutomaior. Die beherrschende Traubensorte Albariño bringt frische, aromareiche und fruchtige Weißweine hervor (siehe links).

Einen guten Ruf für Qualitätswein hat sich auch die **D.O. Valdeorras** erarbeitet. Sie liegt rund 150 Kilometer von der Küste entfernt an den Ufern des Río Sil rings um die Ortschaft El Barco de Valdeorras. Hier werden zwar auch Rotweine – meist aus den Traubensorten Alicante und Garnacha – gekeltert, als viel interessanter erweisen sich aber die modern bereiteten Weißweine aus der einheimischen Traubensorte Godello. Die daraus gekelterten Kreszenzen einiger kleinerer Winzer zeichnen sich durch eine solide Säure, dezente Frucht und ein markant würziges Aroma aus.

Die **D.O. Ribeiro** liegt an beiden Ufern des Río Miño, größtenteils auf dem Gebiet der Provinz Ourense. Bedeutendster Weinort ist Ribadavia, man erzeugt sowohl Rot- als auch Weißweine. Während in der Vergangenheit die Rotweine bestenfalls die Güte von süffigen, oft recht alkoholbetonten Tischweinen erreichten, zeigen einige Winzer in jüngster Zeit, daß man durch rigorose Selektion der Trauben, meist aus den Sorten Mencía oder Garnacha, durchaus elegante, feinwürzige Rotweine erzeugen kann. Als Spitzenprodukte des Anbaugebiets gelten jedoch die Weißweine, die man mit zeitgemäßer Kellertechnik aus den Sorten Treixadura, Loureiro, Torrontés und/oder Godello keltert.

Die beiden Anbaugebiete **D.O. Ribeira Sacra** (Provinz Lugo) und **D.O. Monterrei** (Provinz Ourense) erhielten 1996 den Status einer geschützten Herkunftsbezeichnung. In beiden Gebieten hat erst kürzlich ein Schub grundlegender Qualitätssteigerung eingesetzt, so daß die Ergebnisse noch nicht hinreichend beurteilt werden können. In der Ribeira Sacra konzentrieren sich die ambitionierten Winzer auf Rotweine aus der Mencía-Traube, in Monterrei experimentiert man noch mit verschiedenen Rot- und Weißweinreben. Als durchaus perspektivreich könnte sich hier die vermehrte Kultivierung der alten, regionaltypischen Weißweintraube Monstruosa erweisen.

Orujo

Der *poteiro* ist eine geniale Mischung aus Kunsthandwerker und Wunderheiler. Wie ein Alchimist wacht er über das Blubbern und Sieden im kupfernen Kessel, hält sich akribisch an die überlieferten Formeln des Schnapsbrennens und gibt sein ganz persönliches Destilliergeheimnis nie und nimmer preis.

Hochprozentige Destillate aus Traubentrester (*aguardientes de orujo* oder kurz *orujos*) haben in Galicien eine lange Tradition. Noch heute brennen in den Weinbaugebieten viele Privatleute ihren Orujo selbst. Als Ausgangsstoff dienen die Rückstände der Weinherstellung, also die ausgepreßten Traubenschalen samt Kernen und Stielen. Der Trester sollte nicht zu stark gepreßt sein, um dem Destillat die Aromen der Traube zu vermitteln. In offenen Gärbottichen wird der Trester zunächst fermentiert, häufig unter Zugabe von Weinresten oder Most. Dann erst erfolgt die Destillation.

Das wichtigste Gerät des *poteiro*, des Orujo-Brenners, ist die *pota* oder auch *alquitara*, ein Kupferkessel, der bis zu 200 Liter faßt. Darin wird der vergorene Trester langsam über einem gleichmäßig heißen, offenen Feuer gebrannt. Der Alkohol verdampft und wird in gekühlten Spiralrohren aufgefangen. Ein Brennvorgang *(potada)* sollte mindestens sechs Stunden dauern, bis am Ende der glasklare, aromatisch duftende Orujo herausläuft. Je nach Geschmack wird der Trester ein- oder zweimal destilliert.

Eine Senkwaage mißt das spezifische Gewicht von Flüssigkeiten. Mit diesem Gerät kann der *poteiro* den Alkoholgehalt seines Orujos ganz exakt bestimmen.

In die Flasche kommt stets nur der »Mittellauf« des Destillats, denn die Flüssigkeit, die zu Beginn und am Ende des Brennvorgangs frei wird, enthält schädliche Alkohole und Fuselöle. Ein von einem kundigen *poteiro* selbstgebrannter Orujo wird in Galicien nach wie vor als ganz besondere Kostbarkeit gehandelt. Man muß aber dennoch zugeben, daß viele in modernen, vollautomatischen Destillieranlagen gewonnene Tresterbrände den traditionell gebrannten Orujos in Duft und Aroma nicht nachstehen. Außerdem sind sie häufig sauberer gebrannt.

Galicischer Orujo kann aus verschiedenen Traubensorten destilliert werden, jeder *poteiro* benutzt die Traubensorten, die im jeweiligen Gebiet angebaut werden und damit leicht verfügbar sind. Für qualitativ hochwertige Orujos kommen meist die Sorten Albariño, Godello, Treixadura und Loureiro zum Einsatz.

20 Orujo-Hersteller mit jährlich 4,5 Millionen Litern Tresterbrand nehmen das Gütesiegel *Denominación Específica (D.E.) de Orujo de Galicia* in Anspruch. Der Kontrollrat unterscheidet zwischen dem glasklaren, einfach als *orujo* bezeichneten Tresterbrand und der gereiften Variante *(orujo envejecido),* die mindestens zwei Jahre im Eichenfaß lagert und sich durch eine bernsteingelbe Farbe auszeichnet. Der Alkoholgehalt eines Orujos kann zwischen 37 Vol. % und 50 Vol. % liegen. Bei einem Gehalt von mehr als 45 Vol. % dominiert allerdings recht häufig der starke Alkohol den typischen Traubenfruchtgeschmack.

In den meisten anderen Weinbauregionen Spaniens haben Tresterbrände erstaunlicherweise keine große Tradition. In der Rioja wurde zwar in den Dörfern immer in kleinem Rahmen gebrannt, den Großteil des Tresters verkaufte man aber an Alkoholfabriken. In jüngster Zeit sind jedoch einige Orujos mit feinem Holzton und schöner Frucht im Handel erschienen, die den Marcs aus Frankreich ähneln. Hervorragende Tresterbrände produzieren außerdem einige katalanische Cava-Kellereien unter der Bezeichnung *Marc de Cava*. Grundlage sind die Traubensorten Macabeo, Xarel.lo und Parellada, das Destillat wird in den meisten Fällen im Eichenfaß gereift.

Was bei der Weinherstellung übrigbleibt, ist längst kein schnöder Abfall: Aus den Rückständen entsteht durch Destillation feiner Tresterbrand *(aguardiente de orujo)*.

Queimada

**»Käuze, Eulen, Kröten und Hexen,
unheilvolle Dämonen und Teufel,
Geister der verschneiten Auen.
Raben, Salamander und Zauberinnen …«**

Ein ganzes Universum geheimnisvoller Wesen gilt es zu zähmen, wenn in Galicien der Winter kommt und die Kälte langsam Körper und Seele zusammenzieht. In dieser Region mit vielen Regentagen, geheimnisvollen Nebeln und heulenden Winden hat sich der heidnische Glaube an übernatürliche Kräfte, Geister und Hexen bis zum heutigen Tag erhalten. Viele Mythen und Bräuche gehen bis in keltische Zeit zurück. Dazu gehört auch der Glaube an die reinigende und stärkende Kraft des Feuers. Die *queimada* der galicische Zaubertrunk aus Schnaps und Gewürzen, ist gleichsam flüssiges Feuer, das Herz und Hirn gegen die Unbilden des Schicksals kräftigt. »Die Queimada verleiht uns Zutrauen zu unserer Kraft«, sagen die Galicier, »sie macht uns mutig und beherzt, und sie vertreibt die finsteren Mächte, die uns so oft das Leben schwer machen.«

Zelebriert wird eine echte Queimada vom *bruxo*, dem galicischen Hexenmeister, der sich in ein Kostüm aus Fell und Stroh gewandet und auf dem Kopf die Hörner eines Ziegenbocks trägt. Darunter verbirgt sich häufig der Gastgeber einer Gesellschaft. Unter allerlei geheimnisvollen Lauten und Schwüren entzündet der Zauberer in einem Kessel eine duftende Flüssigkeit. Dann greift er zur *gaita,* dem altgalicischen Dudelsack, und beginnt zu spielen. Immer wieder unterbricht er seine Weisen, rührt mit einer Schöpfkelle in der brennenden Queimada und beschwört dabei eindrucksvoll den heißen, hochprozentigen Trunk:

»Mit der Kelle hebe ich die Flammen aus diesem Feuer, das dem Höllenfeuer gleicht. Die Hexen werden auf ihrem Besen davonreiten und am Strand im Wasser baden gehen.«

Wieder und wieder ruft der *bruxo* die Geister, die dem Zaubertrunk Kraft und belebende Substanzen verleihen, das Gemüt beflügeln, Krankheit und Unheil abwenden sowie den Körper reinigen und ihn wieder mit Energie und Vitalität versehen sollen:

»Hört, hört! Das Ächzen all jener, die es nicht lassen können, sich am Feuerwasser zu verbrennen, auf daß sie gereinigt werden. Wenn dieser Trank durch unsere Kehlen fließt, werden wir frei sein von den Leiden der Seele und von jeglicher Verhexung.«

Noch einmal rührt der Zeremonienmeister in dem flammenden Elixier, dann schenkt er den Zaubertrank mit großer Geste in Porzellanschalen. In diesem Moment ist alle Welt eingeschlossen in ein universelles Ritual:

»Mächte der Luft und Erde, Geister aus Meer und Feuer, Euch alle rufe ich an: Wenn es wahr ist, daß Ihr mehr Macht habt als wir menschlichen Wesen, dann macht, daß die Seelen all jener Freunde, die heute nicht anwesend sein können, hier und jetzt mit uns an dieser Queimada teilhaben.«

Nun beobachtet der Meister, wie langsam eine flammende Röte in die Gesichter seiner Gäste steigt. Verschwunden sind die Plagegeister und Schaurigkeiten des Alltags, vergessen die zugigen Winde draußen vor der Tür. Diese Nacht der Magie soll niemals enden, beschwört mancher im Stillen die Feuergeister – noch ein Glas bitte von diesem wohligen Zaubertrank!

Das Ritual ist noch lebendig wie zur Zeit der Kelten: Der Hexenmeister bereitet in einer feurig-schönen Zeremonie eine Queimada – am besten bei Dämmerung am Strand.

Land der Hexen und Druiden

Wenn die Galicier feiern, dann gehen sie zurück zu ihren Wurzeln. Dudelsack und Trommelklänge stimmen melancholisch – und genau diese Melancholie macht das Lebensgefühl der geheimnisvollen Region aus. Etwa im 6. Jahrhundert vor Christus geriet Galicien unter den Einfluß der Kelten. Diese legten befestigte Siedlungen *(castros)* an und prägten die Kultur der Region mehr als sonst irgendwo in Spanien. Keltische Dörfer, monumentale Steinkreise und andere Siedlungsreste aus der keltischen Periode haben an mehreren Orten in Galicien überdauert. Reste der keltischen Kultur äußern sich auch in der Regionalsprache *galego,* die heute eine der vier spanischen Amtssprachen ist, sowie in der Mythologie und in heidnischen Bräuchen. Vorherrschendes Instrument der galicischen Volksmusik ist der im gesamten keltischen Kulturraum verbreitete Dudelsack, den die Galicier *gaita* nennen. Auch die Keramik zeigt den Einfluß keltischer Vorlagen. Bezeichnend für den galicischen Volksglauben ist eine Verschmelzung von heidnischen und christlichen Riten und Bräuchen. Viele Galicier schreiben dem Meer und den Steinen übernatürliche Kräfte zu. Toten- und Ahnenkult gehören zum alltäglichen Leben genauso wie der Glaube an Seelenwanderung und die Existenz von Hexen *(meigas),* denen man große Fähigkeiten bei der Heilung von Krankheiten attestiert. Sogar in seriösen Tageszeitungen sind immer wieder Berichte zu lesen, in denen die Auferstehung von Toten, das Erscheinen von längst verstorbenen Ahnen aus dem Nebel oder die wundersame Heilung eines todkranken Kindes durch die Beschwörung einer Hexe beschrieben wird. Vor allem im Hinterland der Provinzen Lugo und Ourense, wo im Winter oft wochenlang der Nebel in den Tälern kauert, sollen Hexenerscheinungen an der Tagesordnung sein. Viele Bittprozessionen und Opferrituale appellieren an die wundertätige Kraft übernatürlicher Wesen oder sollen die verstorbenen Ahnen versöhnlich stimmen. Auch manchen wilden Tieren schreiben die Menschen in Galicien bis heute eine mythische und schicksalsbestimmende Kraft zu.

Queimada
Galicischer Feuertrunk

1 l Orujo, ersatzweise Grappa
6 EL Zucker
Schale von 1/2 unbehandelten Zitrone, dünn abgeschnitten

Den Schnaps bis auf 3 Eßlöffel in eine feuerfeste Schale geben. 4 Eßlöffel Zucker und die Zitronenschale zugeben und gut verrühren. Den restlichen Zucker in eine Schöpfkelle füllen, mit dem restlichen Schnaps begießen und anzünden. Die brennende Flüssigkeit langsam in die Schale träufeln, dabei ständig umrühren. Zum Löschen der Flamme einen Deckel auf die Schale legen. Die heiße Queimada in kleinen Tonschalen servieren. Je nach Geschmack kann man auch Obststücke oder Kaffeebohnen, außerdem Kaffee, Orangenlikör und/oder Portwein dazugeben.

Castilla y León

David Schwarzwälder

Kastilien-León

Brot backen
Schweinereien
Getrocknete Hülsenfrüchte
Grosse spanische Eintöpfe
Jüdische Küche
Schäferkultur
Deftig mit Fleisch
Rind aus Kastilien
Weinlegende am Duero: Vega Sicilia
Spitzenweine vom Duero
Süsse Sünden

Auf der kastilischen Hochebene wächst nicht viel, und dennoch müssen die Castellanos nicht hungern: Schafe, Schweine und Rinder liefern Fleisch in Hülle und Fülle.

Statt Landschaft entdecken wir Raum«, bemerkte der Schriftsteller und Spanienreisende Gustav Faber über Castilla y León. In der Stille und Einsamkeit dieser dünn besiedelten Region vermeint man noch das Klirren der Waffen und das Schnauben der Rösser zu hören. Hier leben die Erinnerungen an die Erbarmungslosigkeit des Mittelalters und an die Romantik des Rittertums fort. Stolz nimmt denn auch eine Festung ihren Platz im Wappen Kastiliens ein.

Die beiden Königreiche Kastilien und León, die sich 1230 zusammenschlossen, entstanden durch die Feldzüge der Wiedereroberung Spaniens durch die Christen, die von den Gebirgen des Nordens zunächst zaghaft nach Süden vorstießen. Zwei Jahrhunderte später legte Isabella von Kastilien, eine der berühmtesten Frauen der spanischen Geschichte, zusammen mit ihrem Mann Fernando von Aragonien die politischen Grundsteine für Spaniens Aufstieg zur Weltmacht. So wurde Spanien zur Nation. Kastilien-León stellt, wenn auch geographisch nicht ganz in der Mitte des Landes gelegen, das Kernstück Spaniens dar und ist heute die größe Verwaltungseinheit im modernen Europa.

Wie keine andere Region verkörpert Kastilien-León jene drei Wesenszüge, die den Charakter der spanischen Seele über viele Jahrhunderte bestimmt haben: Stolz, Wehmut und mystische Religiosität. Die Weite und das Licht flößen Ehrfurcht ein, im Winter ist es hier bitterkalt, im Sommer glühend heiß. Der häufig als spröde bezeichnete Kastilier ist aber nur an der Oberfläche verschlossen. Unter der derben Schale verbirgt sich ein herzlicher und gastfreundlicher Menschenschlag. Die Gegensätzlichkeit, aber auch das große Integrationsvermögen Kastiliens spiegeln sich deutlich in seiner Gastronomie wider. Hier verschmelzen jüdische, arabische und christliche Elemente zu einer Küche, die erst in den vergangenen Jahrzehnten wieder ihre verdiente Anerkennung gefunden hat. Alle drei Kulturen pflegten in ihren Küchen die Tradition der Eintöpfe, die sich im wesentlichen nur in der Verwendung der Fleischarten unterschieden: Für die Christen drehte sich das leibliche Wohl um das Schwein, wogegen Araber und Juden aus religiösen Günden Lammfleisch aßen. Die berühmten Eintöpfe *olla podrida* und *cocido* finden auf der zentralspanischen Hochebene ihren Ursprung.

Auch Fleisch ist auf kastilischen Tellern bis heute allgegenwärtig und wird nach klassischer Art meist nur von ein wenig grünem Salat begleitet. Da noch immer vornehmlich Schafe das kastilische Landschaftsbild prägen, hat deren Fleisch neben dem Schwein auf dem Teller den Vorzug. Saucen und raffinierte Zubereitungsweisen kennt die Küche Kastiliens bis heute kaum. Sie konzentriert sich immer auf das Wesentliche.

Rechts: Seinen Namen verdankt Kastilien den zahlreichen Burgen und Kastellen *(castillos)*. Die Burg von Peñafiel wurde im 13. Jahrhundert hoch über dem Duero gebaut.

Brot backen

Die Geschichte des Brotbackens reicht Jahrtausende zurück. Schon die Kelten bereiteten auf der Iberischen Halbinsel brotähnliche Produkte aus Weizen- und Eichelmehl zu, die sie als ungesäuerte Fladen auf heißen Steinen garten. Die Iberer sollen Bierschaum zur Gärung benutzt haben und produzierten so schon ein gesäuertes Brot. Die Römer importierten die Fertigkeit, Backöfen zu bauen, die sie von den alten Griechen übernommen hatten. Bald verwandelten sich die weiten Ebenen der Iberischen Halbinsel in eine reiche Kornkammer.

Wie überall in Europa wurde im Mittelalter die Bäckerkunst geregelt, erste Dokumente über einen spanischen Fachverband der Bäcker stammen aus dem Jahr 1395. Allerdings gab es im Mittelalter nicht in jedem Dorf einen Bäcker. Die Hausfrauen backten zuhause oder kneteten den Teig in der eigenen Küche und brachten die Laibe dann, in Tücher eingewickelt, zum Gemeinschaftsbackofen, wo jedes Gemeindemitglied gegen einen Obulus sein Brot backen konnte. Bäckerläden auf dem Land sind meist Errungenschaften des 19. und 20. Jahrhunderts. Mittlerweile haben aber regionale Brotfabriken die Zahl der Bäckereien erheblich schrumpfen

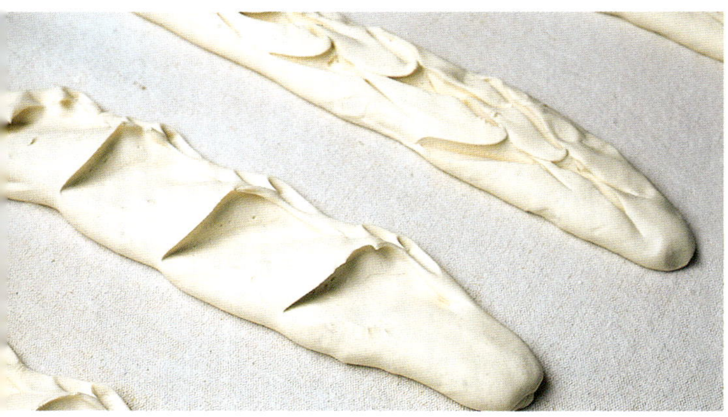

Mit einer scharfen Klinge werden traditionelle Muster in die Brote geritzt. Wenn der Hefeteig aufgeht, entfalten die Ornamente ihre ganze überlieferte Pracht.

Viele Bäcker in Kastilien-León befeuern ihre Öfen noch nach alter Tradition: Während der Teig geht, wird mit Holz eingeheizt, dann kommt das Brot in den Ofen.

Weniger als eine halbe Stunde brauchen die Stangenbrote, bis sie goldbraun gebacken sind. Im Holzofen erhalten sie eine krosse Kruste und den leicht rauchigen Holzofengeschmack. Auf dem Lande wird, wenn das Brot gebacken ist, häufig noch einmal Holz nachgelegt, denn viele Leute lassen sich am Wochenende vom Bäcker ein Spanferkel braten.

lassen. Vereinzelt jedoch findet man in Kastilien auch heute noch Bäcker, die ihr Brot ganz traditionell im Holzofen backen.
Häufig steht der *panadero* samstags schon um drei Uhr in der Backstube, um den Teig für die drei typischen Brotsorten zu kneten: *barra* und *colín* (Stangenbrote) sowie *pan candeal*, das typische kastilische Rundbrot – allesamt Brote aus Weizenmehl, Wasser, Hefe und Salz. Die Laibe kommen für etwa eine Stunde in lange Holzregale, damit der Teig gehen kann.
Unterdessen feuert der Geselle den enormen Backsteinofen an. Gemauerte Gänge führen durch den ganzen Ofen, der sich so gleichmäßig erhitzen kann. Manchmal stapeln sich mehr als 100 Kilo Eichenholz in der Backstube, denn am Wochenende kommen nach dem Brot häufig noch ein paar Spanferkel in die Röhre.
Das etwa 900 Gramm schwere Rundbrot hat die längste Backzeit und muß deshalb zuerst in den Ofen. Mit einer Rasierklinge, die in einen Griff eingespannt ist, schneidet der Bäcker Rautenmuster in die Oberfläche der Rundlinge. So dekoriert werden sie 35 Minuten lang gebacken, bis die Rinde hellbraun und ein bis zwei Zentimeter dick ist. Dann sind die etwa 400 Gramm schweren Stangenbrote an der Reihe, sie brauchen eine knappe halbe Stunde. Die beliebten *colines* werden vor dem Backen ebenfalls mit einem Muster überzogen und weisen eine stärkere Rinde auf als die *barras*. Während der Schlachtsaison bereitet der Bäcker auch massive Rundbrote mit dünnerer Rinde vor. Sie werden in die Füllung von Würsten gemengt – etwa bei *morcilla* (Blutwurst) und bei der salmantinischen Spezialität *farinato*.

Pan candeal
Kastilisches Rundbrot

500 g Mehl
10 g Salz
15 g Hefe
Olivenöl zum Bestreichen

Das Mehl auf die Arbeitsfläche sieben und in die Mitte eine Mulde drücken. Salz, zerbröckelte Hefe und 200 ml lauwarmes Wasser hineingeben und alles zu einem glatten Teig verkneten. Zugedeckt an einem warmen Ort zu doppeltem Volumen aufgehen lassen. Aus dem Teig einen runden Brotlaib von ca. 30 cm Durchmesser formen. Mit einem scharfen Messer ein Rautenmuster in die Oberfläche ritzen. Auf ein mit Öl bestrichenes Backblech setzen und mit Olivenöl bepinseln. Im vorgeheizten Backofen bei 200 °C ca. 25 Minuten goldbraun backen.

Keusches Brot

Für die Männer in Salamanca muß die Fastenzeit einst richtig hart gewesen sein, denn Abstinenz war nicht nur in kulinarischen Dingen gefordert: Philipp II., der fromme König des 16. Jahrhunderts, gab Weisung, daß alle Freudenmädchen während der Fastenzeit die Städte zu verlassen hätten. So wurden auch in Salamanca die Dirnen in der Karwoche aus der Stadt geschickt und durften erst am Montag nach Ostern zurückkehren. An diesem Tag war es den sündigen Damen streng untersagt, die Stadt über die Brücke zu betreten – die Begegnung mit dem personifizierten Laster wäre für fromme Bürgerseelen unzumutbar gewesen.
Also fuhren die Studenten mit dem für das Lasterleben zuständigen Ratsherrn – vom Volk lakonisch *padre putas* (»Huren-Priester«) genannt – in blumengeschmückten Booten über den Fluß und holten die leichten Mädchen zurück. Am Flußufer feierte man das Ereignis mit reichlich Wein und *hornazos:* mit Fleisch und Eiern gefüllten Teigtaschen.
In ähnlicher Form hat sich der Brauch bis heute gehalten, allerdings sind sich auch die religiösen Spanier nicht mehr zu schade, den *lunes de aguas* (Montag am Wasser) zu feiern. An diesem Tag machen viele Familien einen Ausflug aufs Land, und beim Picknick gibt es nach alter Sitte *hornazos*. Hierzu wird ein Brotteig mit magerem Schweinefleisch, Schinken, Paprikawurst und harten Eiern gefüllt und dann gebacken (Abbildung Seite 263).

In einem fast mystischen Licht erscheint das nach traditionellem Verfahren hergestellte Holzofenbrot vom kastilischen Bäcker – ein gutes Stück Kultur.

Knusprige Stangenbrote gehören zu den wichtigsten Nahrungsmitteln der Spanier. Manche Leute beteuern sogar, sie würden lieber gar nichts essen, als ohne Brot zu Tisch sitzen zu müssen. Schließlich macht das seit Jahrtausenden bekannte Lebensmittel nicht nur den Magen satt. Brot ist ein Stück Kultur, ein Kunstwerk. Es gehört zum Speise- und Kommunikationsritual, und außerdem lieben es die Spanier – ganz profan –, damit am Ende einer Mahlzeit eine gute Sauce auszutunken.

Schweinereien

In den Dörfern ist es Kult: Das gebratene Spanferkel *(cochinillo asado* oder *tostón)* gilt als Inbegriff der kastilischen Küche und hat unter seinen Liebhabern derartige Leidenschaften hervorgerufen, daß manche Rezepte wie romantische Gedichte an eine begehrte Geliebte klingen, in denen etwa »fette, zarte und gesunde Schweinchen von 25 Tagen und knappen vier Kilo« besungen werden. Auch am Wochenende glühen die Öfen der Bäcker, denn wer etwas zu feiern hat, läßt in der örtlichen Bäckerei ein Spanferkel in den Ofen schieben.

Ein kastilisches *cochinillo* wird ausschließlich mit Muttermilch ernährt und darf beim Schlachten nur wenige Wochen alt sein. In Zentralkastilien wird es traditionell am Stück im Ofen gebraten, in Burgos und Palencia gart man es zuweilen auch am Spieß über offenem Feuer. Wahrhaft Legende aber sind die berühmten *asadores* (Bratereien) von Segovia. In diesen Restaurants wird das Spanferkelessen zum Erlebnis, denn die meisten besitzen ihren eigenen gemauerten Holzofen *(horno de leña)*. Die Diskussionen um die perfekte Befeuerung gehen bisweilen ins Philosophische. Der eine Ofenmeister besteht darauf, Steineiche sei das beste Holz, weil das Feuer heißer werde, der andere bevorzugt Pinienholz, weil es langsamer und gleichmäßiger brenne. Jedenfalls müssen die Jungschweine im Ofen sehr langsam braten. Das ganze Spanferkel wird auf einer großen Tonplatte serviert und – als schlagender Beweis für die Zartheit des Fleisches – mit der Kante eines Tellers zerkleinert.

Vom Schwein stammen auch die Starprodukte der kastilischen Schinken- und Wurstmacher: Die berühmten Schinken aus Guijuelo und Candelario im Süden der Provinz Salamanca werden aus schwarzen Iberischen Schweinen hergestellt *(jamón ibérico*, siehe auch Seite 338 ff). Salamanca liefert auch eine gute *longaniza,* eine schlanke, dem *chorizo* verwandte Wurst mit tiefrotem Fleisch und Schimmelbesatz an der Außenhaut. Sie wird ein bis zwei Monate luftgetrocknet und kann roh, gebraten oder gekocht verzehrt werden. Kastilische Varianten der Paprikawurst sind der kurzgetrocknete *chorizo de Cantimpalos*, der bis zu 15 Prozent Rindfleisch enthalten darf, und der *chorizo* aus Villarcayo, der als besonders würzig gilt. Die Blutwurst mit Reis aus Burgos *(morcilla de Burgos)* paßt gut zu Eintöpfen mit Hülsenfrüchten, die Würstchen *(salchichas)* aus Zaratán in der Provinz Valladolid schmecken gebraten am besten.

Zarte rosafarbene Spanferkel sind in Kastilien so beliebt, daß die Literatur – und nicht nur Kochbücher! – voll ist von herzergreifenden Huldigungen. Das Schwein wird verehrt wie ein Totemtier und vor allem bei Festen »geopfert«.

In den auf Spanferkel spezialisierten Bratereien *(asadores)* von Segovia werden die Schweine am Stück im Holzofen gegart. Langsames Braten macht das Fleisch butterzart.

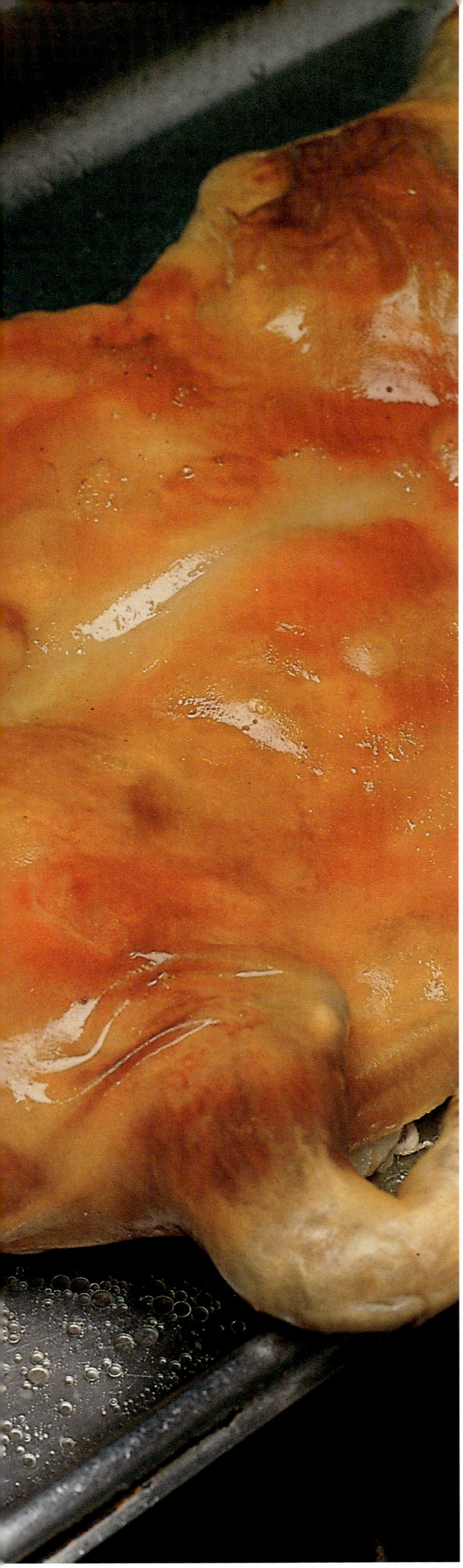

Traditionelle kastilische Teigpasteten *(hornazos)* sind gefüllt mit Schweinefleisch, Schinken, Paprikawurst und Eiern, es gibt aber auch sehr viele Variationen.

Fetter Speck *(tocino)* oder Bauchspeck *(panceta)* wird häufig luftgetrocknet und dann für Eintöpfe benutzt. Besonders vom Iberischen Schwein ist er sehr begehrt.

Die traditionelle Schweinemetzgerei ist voller Wunder: Jedes Teil wird in der Küche verwendet – von den Ohren über Kutteln und Füße bis hin zum Schwanz.

Schweinefüße können eine echte Delikatesse sein, etwa gesalzen *(pies de cerdo salados)*. Sie machen sich gut in Eintöpfen und in Schmorgerichten (Rezept Seite 272).

Eine ungewöhnliche Spezialität ist *farinato*, eine weiche Wurst aus Brotkrumen, Schweinefett, Mehl, Zwiebeln und Aniskörnern. Man ißt sie meist gebraten. El Bierzo, die Bergregion im Norden, wartet mit *botillo* auf. Hierzu wird das in eine Marinade aus Paprikapulver, Knoblauch und Oregano eingelegte Kopf-, Rippen- und Schwanzfleisch in Schweinemagen gefüllt und dann geräuchert. Der *botillo* ist oft Protagonist in einem Eintopf aus Kartoffeln und Gemüse. Er paßt auch gut zu *berza,* einer Kohlart.

Costillar de cerdo lacado

»Lackierte« Schweinerippen

2 kg Schweinerippen (Spareribs)
Salz und Pfeffer
200 g flüssiger Akazien- oder Waldhonig
2 EL Weinessig

Schweinerippen waschen, abtrocken, mit Salz und Pfeffer einreiben. Honig mit Essig verrühren und die Rippen damit bestreichen. Im Kühlschrank mindestens 3 Stunden ziehen lassen. Rippen aus der Marinade heben und abtropfen lassen. Auf dem heißen Holzkohlengrill oder unter dem vorgeheizten Grill im Backofen ca. 30 Minuten grillen, dabei mehrmals wenden und mit der Honigmarinade bestreichen.
Die fertigen Rippen entlang der Knochen in Portionsstücke zerteilen und sehr heiß servieren.

Das Schwein als Indiz

»Der Schinken vermag eher zum Christentum zu bekehren als die Heilige Inquisition«, beschwört der kastilische Volksmund. Die Schicksalsgemeinschaft zwischen dem Schwein und den menschlichen Bewohnern Hispanias hat ganze Landschaften geprägt und spaltete die Bevölkerung jahrhundertelang in drei politisch-religiöse Lager: Der Verzehr von Schweinefleisch bewies einen guten Christen, während den Juden und Muslimen der Konsum von Fleisch dieses Tieres untersagt war.
In Spanien wurden Schweine schon in römischer Zeit gezüchtet, gemästet und verzehrt. Als die muslimischen Mauren zu Beginn des 8. Jahrhunderts weite Teile der Iberischen Halbinsel eroberten, verbannten sie das Borstentier aus den Kochtöpfen, da der Koran es als unrein brandmarkte. Als im Zuge der Wiedereroberung Spaniens die muslimischen Mauren zurückgedrängt wurden und sich wieder die Herrscher des Christentums durchsetzten, wurde das Schwein erneut zu einem Unterscheidungsmerkmal zwischen den Religionen: Wer Schweinefleisch verweigerte, geriet in den Verdacht, kein gläubiger Christ zu sein. Denn als die christlichen Mächte gesiegt hatten, waren viele Muslime und Juden zum Christentum übergetreten, um nicht aus dem Land gejagt zu werden. Natürlich wußten die Sittenrichter der Inquisition, daß viele nur zum Schein konvertiert waren. Wurde nun gemeldet, daß jemand den Verzehr von Schweinefleisch ablehnte, wurde er als Scheinbekehrter verfolgt. Jüdische Konvertiten und ihre Nachfahren nennt man noch heute *chueta* – vom alten Wort für Schweinespeck.

Getrocknete Hülsenfrüchte

Die Hülsenfrüchte *(legumbres)* gehören zu den ältesten Kulturpflanzen der Welt. Schon die Steinzeitmenschen sammelten die reifen Samen von Schmetterlingsblütlern (Leguminosen) wie Lupine und Luzerne und aßen sie zum Wild, das sie in den weiten Wäldern Europas jagten. In Spanien sind Bohnen und Kichererbsen, neben dem Brot, seit Jahrhunderten die am weitesten verbreiteten Lebensmittel und Basis vieler deftiger Gerichte. Die Pflanzen begnügen sich mit äußerst kargen Bodenverhältnissen, passen sich den teilweise extremen Witterungsbedingungen des Landes bestens an und dienen außerdem als preiswerter organischer Dünger für die Felder (siehe Kasten rechte Seite).
Da im spanischen Mittelalter der Genuß von Geflügel, Rind und Wild dem Adel und hohen Würdenträgern vorbehalten war, stützte sich die Ernährung des einfachen Volkes vornehmlich auf Schweinefleisch sowie auf Hülsenfrüchte als »Fleisch der Armen«. Auch während der Fastenzeit spielten die fleischlosen Proteinspender eine große Rolle, denn Leguminosen enthalten bis zu 25 Prozent wertvolles Pflanzeneiweiß.
Spanien ist das einzige Land Europas, in dem die von vielen Völkern verpönte Kichererbse *(garbanzo)* wirklich Fuß fassen konnte. Die ursprünglich im alten Persien beheimatete Hülsenfrucht gelangte mit Griechen und Römern ans östliche Mittelmeer. Schließlich brachten wohl die Karthager die Samen nach Spanien mit. Als Delikatessen werden heute die zarten kastilischen Kichererbsen aus Fuentesaúco und Pedrosillanos sowie die *garbanzos* aus der Extremadura und aus Andalusien gehandelt.
Die meisten Bohnensorten *(alubias, judías)* brachten die spanischen Eroberer aus der Karibik und aus Lateinamerika mit. Allerdings ersetzten sie lediglich die Sorten, welche schon die Araber auf der Iberischen Halbinsel angebaut hatten. Die Kastilier behaupten zwar bis heute, in ihrer Region seien rund 200 Bohnensorten zuhause, bei den meisten Typen handelt es sich aber um regionale Varianten der etwa zwanzig in Spanien heimischen Hauptsorten. Zu den besten kastilischen Bohnen zählen die weißen Sorten *Judías de El Barco de Ávila, Alubias de La Bañeza* und *Judiones de La Granja* sowie die rote Sorte *Alubias Rojas de Ibeas.*
Linsengerichte waren im Altertum im Zweistromland, dem heutigen Ägypten und Jordanien, sehr populär, was die Römer dazu veranlaßte, sie in ihre Küche aufzunehmen. Die besten spanischen Linsen werden heute in der Armuña angebaut, einem Landstrich in der Provinz Salamanca.
Hülsenfrüchte sind die Grundzutat für den traditonellen spanischen Eintopf *(cocido,* siehe Seite 266) sowie für viele *platos de cuchara* (Löffelgerichte), mit denen einst nur die hart arbeitende Landbevölkerung Leib und Seele erwärmte. Heute huldigen aber auch Sterneköche den Leguminosen und zaubern kulinarische Kunstwerke damit.

Zu den besten spanischen Hülsenfrüchten zählen *Lentejas de la Armuña* (links), *Alubias Rojas de Ibeas* (oben Mitte), *Fabes Asturianas* (oben rechts), *Garbanzos de la Bañeza* (unten rechts) und *Judiones de la Granja* (unten Mitte).

Kluge Knöllchen

Hülsenfrüchte sind ein Grundpfeiler menschlicher Ernährung, und auch der Boden profitiert von einer Versorgung mit Leguminosen: Bohnen, Linsen, Erbsen und Kichererbsen, aber auch Klee oder Luzerne lockern mit ihren tiefgreifenden Wurzeln den Boden auf und betätigen sich als unermüdliche Stickstoffsammler. An den Wurzeln der Hülsenfrüchte leben sogenannte Knöllchenbakterien, die den für alle Gewächse lebenswichtigen Stickstoff aufnehmen und in eine chemische Verbindung umwandeln, die den Pflanzen als Nahrung dient. Umgekehrt erhalten die Bakterien Nährstoffe von der Pflanze. Häufig werden Hülsenfrüchte und andere Leguminosen als Zwischenfrucht auf ausgelaugten Böden angepflanzt, um die Erde wieder mit dem unentbehrlichen Stickstoff anzureichern. Sie sind also ein idealer organischer Dünger.

Hintergrund: Kichererbsen *(garbanzos)* gedeihen selbst auf kargen Böden prächtig und führen ihnen sogar Nährstoffe zu. Auch in der menschlichen Ernährung liefern die Hülsenfrüchte wertvolle Mineralstoffe.

Grosse spanische Eintöpfe

»Die große Schüssel, die dort vorne dampft, scheint mir *olla podrida* zu sein, und da sich eine so große Mannigfaltigkeit von Eßbarem in derlei *ollas podridas* findet, so kann mir's ja nicht fehlen, daß ich irgendwas drin finde, was mir schmeckt und zuträglich ist.« Diese einfache Feststellung des Don Quijote sagt alles aus über *olla podrida,* den kastilischen Eintopf schlechthin. In ihm hat alles Platz: Hülsenfrüchte und Gemüse, Fleisch und Wurst, Schinken und Speck, bisweilen sogar Kartoffeln oder Nudeln. Schon zu Cervantes Zeiten spielten Kichererbsen die Hauptrolle in diesem deftigen Gericht, nur in Burgos nimmt man lieber rote Bohnen.

Olla heißt ganz einfach Topf oder Kessel. Den Beinamen *podrida* allerdings sollte man nicht mit »verdorben« übersetzen (von span. *podrir*), sondern mit »mächtig« oder »potent« (von *poder* für »können«). Dies deutet darauf hin, daß sich früher nur wohlhabende Spanier einen derart opulenten Eintopf mit seinen luxuriösen Fleischzutaten leisten konnten. Gleichzeitig wird klar, wie gehaltvoll eine solche Mahlzeit ist.

Die kastilische *olla podrida* kann, gemeinsam mit der jüdischen *adafina* (siehe Seite 268), als eine Art Urform des spanischen Eintopfs gelten. Als *cocido* oder *puchero* verbreitete er sich im ganzen Land, und jede Region entwickelte ihre eigene Variante mit dem, was der Boden bietet: In Madrid gibt die Hausfrau Kohl und Rüben zu, in Galicien Steckrübenblätter, an der Levante grüne Bohnen und Kürbis, im Baskenland Spinat und hartgekochte Eier. Und überall krönen das Mahl die regionalen Fleisch- und Wurstspezialitäten. Besonders üppig gibt sich hierbei die katalanische Variante *escudella i carn d'olla* (Abbildung oben), die, anders als die zentralspanischen Eintöpfe, auch Geflügel und feine Fleischklöße enthält. Bei all dem soll man jede einzelne Zutat schmecken können – und genau das ist die Herausforderung für den Koch.

Serviert wird fast jede Form von *cocido* in drei Gängen *(tres vuelcos)*, die nach der Hierarchie im Schachspiel *sota, caballo y rey* heißen: Bauer, Pferd und König. Zuerst kommt die Brühe auf den Tisch, dann die Hülsenfrüchte mit Gemüse und zum Schluß als Krönung das Fleisch. Nur in einem kleinen kastilischen Dorf bei Astorga pflegen die Bewohner seit Jahrhunderten die Ausnahme von der Regel: In Castrillo de los Polvazares ißt man das Fleisch zuerst, dann die Hülsenfrüchte mit Gemüse und zum Schluß die Suppe, die zu allem Überfluß mit einer süßen Vanillecreme serviert wird.

Über den Grund dieser Revolution im Suppentopf scheiden sich die Geister. Die einen sagen, man müsse nach dem üppigen Mahl den Magen mit Brühe besänftigen. Andere meinen, wenn man schon etwas übrig lasse, dann sollte es doch die Suppe sein. Und eine dritte Version erzählt von hohen Offizieren, die während der Wiedereroberung Spaniens durch die Christen mit ihren Truppen Astorga belagerten und sich zum Essen keine langen Kampfpausen gönnten. Deshalb fingen sie gleich mit dem Fleisch an. Wie dem auch sei: Heute gibt es den *cocido maragato* in Castrillo de los Polvazares meist nur auf Vorbestellung, denn der Nobel-Eintopf wird mit acht bis zehn verschiedenen Fleisch- und Wurstsorten gekocht. Die Zubereitung ist dementsprechend langwierig und kostspielig.

Neben den unterschiedlichen *cocidos* aus Kichererbsen oder Bohnen mit Gemüse und Fleisch kennt die spanische Küche natürlich auch noch andere Zubereitungen mit Hülsenfrüchten. Feine Schmorgerichte mit Linsen und den jeweils regionalen Wurstspezialitäten kommen vor allem aus Zentralspanien, dicke weiße Bohnen kombiniert man in den Küstenregionen sogar mit Muscheln, Krebsfleisch oder anderen Meeresfrüchten, mit Aal oder Schnecken sowie als Beilage mit diversen Sorten Fleisch und Wild.

Olla podrida

6 Portionen

300 g getrocknete Kichererbsen
250 g Rindfleisch
500 g Schweinerippchen
1 Schweinefuß
1 Schweineohr
100 g geräucherter Speck am Stück
100 g luftgetrockneter Schinken am Stück
1 Zwiebel, gespickt mit 1 Lorbeerblatt und 2 Gewürznelken
2 Möhren, in Stücke geschnitten
2 weiße Rüben, in Stücke geschnitten
2 Chorizo-Würste oder andere Paprikawurst
2 spanische Blutwürste
2 Knoblauchzehen, gehackt
Salz und Pfeffer
1 EL Schmalz

Die Kichererbsen über Nacht in reichlich Wasser einweichen. Am nächsten Tag mit dem Einweichwasser, dem Rindfleisch, Schweinerippchen, Schweinefuß, Schweineohr, Speck und Schinken in einem großen Topf aufsetzen und so viel Wasser angießen, daß alle Zutaten bedeckt sind. Die gespickte Zwiebel zufügen und ca. 1 Stunde kochen lassen.
Die Möhren und die Rüben unter den Eintopf mischen und die Würste einlegen. Knoblauch mit etwas Salz zerdrücken und in den Eintopf geben, mit Pfeffer würzen und das Schmalz unterrühren. Weitere 15 Minuten garen.
Fleisch, Speck, Schinken und Würste aus dem Eintopf heben und kleinschneiden. Rippchen und Schweinefuß auslösen, das Fleisch ebenfalls in Würfel schneiden. Wieder untermischen und nochmals im Eintopf erhitzen. Vor dem Servieren mit Salz und Pfeffer abschmecken.
Hinweis: Viele spanische Hausfrauen bestehen darauf, die *olla podrida* mehrere Stunden köcheln zu lassen. Erst dann könnten die Zutaten ihre Aromen vollständig entfalten.

Escudella i carn d'olla
Katalanischer Fleisch-Gemüse-Eintopf
6 Portionen (Abbildung oben)

200 g Kichererbsen
Salz
1 Kalbsfuß
1 Schweinefuß
2 Suppenknochen
1 Schweineohr
200 g geräucherter Speck
250 g gemischtes Hackfleisch
1 Ei
2 EL Semmelbrösel
1 Msp. Zimt
1 EL Petersilie
Pfeffer
1 EL Mehl
½ Huhn, in Stücke zerteilt
250 g Kartoffeln, geviertelt oder halbiert
½ Kopf Weißkohl, in Streifen geschnitten
2 Möhren, in Streifen geschnitten
1 Bund Frühlingszwiebeln, in Stücke geschnitten
1 Knoblauchzehe, fein gehackt
2 spanische Blutwürste (butifarras negras)
250 g Suppennudeln

Die Kichererbsen am Vorabend in leicht gesalzenem Wasser einweichen.
Kalbsfuß, Schweinefuß, Suppenknochen und Schweineohr gut waschen und in einem großen Topf mit 3 l Wasser und 1 TL Salz zum Kochen bringen. Die Kichererbsen zufügen und zugedeckt 1 Stunde bei mittlerer Hitze kochen lassen. Das Hackfleisch mit Ei, Semmelbröseln, Zimt und Petersilie gut vermengen. Mit Salz und Pfeffer würzen, zu einem länglichen Laib formen und mit dem Mehl bestäuben. Ruhen lassen.
Die Hühnerstücke, Kartoffeln, Weißkohl, Möhren, Frühlingszwiebeln, Knoblauch und den Hackfleischlaib zum Eintopf geben und weitere 25 Minuten garen. 10 Minuten vor Ende der Garzeit die Blutwürste einlegen.
Fleisch, Huhn, Speck und Würste auf einer vorgewärmten Platte anrichten, das Gemüse getrennt auf eine zweite Platte legen und alles warm stellen. Die Nudeln in der Suppe bißfest kochen. Zuerst die Nudelsuppe servieren, anschließend Fleisch und Gemüse.

Jüdische Küche

Ein königliches Edikt vom 31. März 1492 beendete die Ära tausendjähriger jüdischer Präsenz auf spanischem Boden. Die Bulle besiegelte die Vertreibung der Juden aus Kastilien und aus Aragonien – und zu einem guten Teil damit auch den ganz allmählichen Niedergang der spanischen Wirtschaft. Jahrhundertelang hatten die Juden das gesellschaftliche und politische Leben des Landes mit geprägt. Besonders unter König Alfons X. (1221-1284), dem man nicht ohne Grund den Beinamen »der Weise« gab, herrschte in Kastilien religiöse Toleranz. Die Juden konnten zusammen mit Christen und Arabern unbehelligt leben. Dabei hielten sich die meisten strikt an die Vorgaben ihres Glaubens.
Zur Lebensweise der Juden gehörten auch in Spanien strenge Ernährungsregeln, die auf hebräisch *Cashrut* heißen und die bis heute in allen jüdischen Gemeinden der Welt von grundlegender Bedeutung sind. Diese Regeln schreiben nicht nur vor, wie die einzelnen Lebensmittel zubereitet werden müssen. Sie legen auch fest, welche Nahrungsmittel aufeinander zu folgen haben und wieviel Zeit man zwischen zwei Gängen verstreichen lassen muß. So darf zum Beispiel Milch nicht zusammen mit Blut in Form von Fleisch oder Fisch verzehrt werden. Eine Pause von mehreren Stunden ist Pflicht. Der organisatorische Aufwand für eine orthodoxe jüdische Familie ist daher durchaus nicht zu unterschätzen, denn für Gerichte mit Blut und Milch sind zwei völlig getrennte Geschirr- und Bestecksets nötig.
Ein gläubiger Jude ißt nur das Fleisch von Geflügel sowie von Wiederkäuern mit gespaltenem Huf: Schaf, Ziege und Rind. Zudem muß das Tier unbedingt von der Muttermilch entwöhnt sein. Die von der Thora, der überlieferten jüdischen Gesetzesschrift, zum Essen freigegebenen Tiere müssen koscher, das heißt einwandfrei, sein. Das oberste Gebot hierbei lautet, unter keinen Umständen Blut zu sich zu nehmen. Bei der rituellen Schlachtung, dem Schächten, werden deshalb die Speise- und Luftröhre sowie die Halsschlagader des Tieres durchschnitten, damit es völlig ausblutet. Danach muß das Fleisch noch eine halbe Stunde gewässert werden. Kräftig gesalzen und auf einem Gitter mehr als eine Stunde abgehangen, wird das Fleisch dreimal hintereinander gründlich mit Wasser gespült – erst dann ist es koscher und kann nun zum Essen zubereitet werden.
Bei den Fischen beschränkt sich die jüdische Küche auf Arten mit Flossen, Kiemen und Schuppen. Meeresfrüchte sind untersagt. Bis heute zeigt die spanische Fischküche Einflüsse der Sepharden, jener spanisch-portugiesischen Juden, die 1492 Spanien verlassen mußten und nach Nord-Afrika, Italien und in das Osmanische Reich gingen. Dort findet man bis heute Rezepte für gefüllten Fisch, die einen spanisch-levantinischen Einfluß erkennen lassen.
Der Sabbat, im Judentum der siebte Tag der Woche, ist der Sonnabend: An diesem Tag der Ruhe und der Heiligung hat jede Arbeit zu unterbleiben – das gilt auch für Haushalt und Küche. Um diesem Dilemma zu entgehen und am Sabbat dennoch ein warmes Essen auf dem Tisch zu haben, setzt die fromme Jüdin schon am Freitag einen Eintopf auf: *Adafina* ist das jüdische Gegenstück zum christlichen *puchero* oder *cocido.* Das Gericht besteht bei einer einfachen jüdischen Familie traditionell aus koscher geschlachtetem Ziegen- oder Hammelfleisch, Öl, gehackten Zwiebeln und Knoblauch sowie Safran und verschiedenen Kräutern. Wohlhabende Familien bereichern das Mahl wahlweise auch mit Rindfleisch, Geflügel, Hülsenfrüchten oder Nudeln. Um den am Freitag zubereiteten Eintopf bis zum Sabbat warmzuhalten, wickelt man den Topf in Tücher oder packt in unter warme Decken ins Bett. Früher stellten die Hausfrauen den Topf meistens in die Glut eines Kohlebeckens, wo das Essen über Nacht garte.

Oben: Über Jahrhunderte haben die Juden spanisches Leben mit geprägt. Reste ihrer reichen Kultur sind zu sehen im Jüdischen Viertel (Barrio Judío) von Toledo.

Rechts: Bis ins 14. Jahrhundert standen die Juden unter dem Schutz der kastilischen Krone. In Toledo erbauten sie eine Synagoge, die später die Christen als Kirche nutzten.

Zartes Milchlamm brutzelt im Holzofen – das Bild erinnert an einen heiligen Schrein. Ihr *lechazo asado*, das gebratene Milchlamm, ist den Kastiliern so heilig wie das Spanferkel, und die Zubereitungsart gleicht einem Ritual: Die geviertelten Lämmer werden mit der Innenseite nach oben auf Tonteller gelegt (kleines Bild) und gebraten, erst später wird gewendet (großes Bild).

Schäferkultur

Schon die Römer fanden auf der Iberischen Halbinsel Weidestraßen vor, auf denen die Hirten seit Urzeiten ihr Vieh übers Land trieben. Die Goten nannten die gemeinsamen Weiden *mesta* und hielten dort regelmäßige Versammlungen ab, bei denen sie über Probleme rund um die Schafzucht diskutierten. Als Alfons der Weise 1273 den *Honrado Consejo de la Mesta* schuf, war die Schafzucht längst zu einem Fundament der kastilischen Wirtschaft geworden. Mit dem »Ehrbaren Rat der Schafweiden« erkannte der König den Zusammenschluß der Schafzüchter aus Kastilien und León an, der sich zu einer der mächtigsten Gilden Europas entwickeln sollte. Die Schäfer erhielten umfassende Privilegien für ihre Weideplätze sowie Wasser- und Wegerechte. Das Netz der königlichen Weidestraßen *(cañadas reales)* wurde ausgebaut und dehnte sich mit der Wiedereroberung Spaniens durch die Christen immer weiter aus. Bald führten die Wege von den Bergen Asturiens im Norden bis hinunter nach Valencia und Sevilla. Die Monarchen waren sehr bestrebt, den Weidewechsel zu fördern. Schließlich bedeutete der Viehzoll, der auf den Herden lastete, für die Landesherren eine beträchtliche Einnahmequelle. Die Wollproduktion war für Kastiliens Wirtschaft lebenswichtig, die Wolle wurde über die Häfen der Biscaya nach Flandern, England und Frankreich verschifft. Zur Zeit der katholischen Könige Fernando und Isabella im 15. Jahrhundert zählten die kastilischen Schafherden mehr als drei Millionen Stück Vieh. Aber schon im 17. Jahrhundert begann der wirtschaftliche Abstieg der Wollindustrie. »Ackerbau statt Weiden«, lautete das Motto, denn man brauchte immer mehr Getreide, um die schnell wachsende Bevölkerung ernähren zu können. Der Mesta-Rat verlor deshalb immer mehr an Einfluß, bis er 1836 aufgelöst wurde.

Aus Kastilien kommen feine Schafskäsesorten wie dieser *Queso Zamorano* in unterschiedlichen Reifestufen.

Gebratenes Milchlamm

Schafe von der kastilischen Hochebene liefern jedoch noch immer Milch für Käsesorten wie Zamorano oder Manchego sowie Fleisch von exzellenter Qualität. Vor allem bei Liebhabern des berühmten Milchlamms *(cordero lechal* oder *lechazo)* gelten Kastilien und La Mancha als Gelobtes Land. Für beste Qualität muß das Lamm der Churra- oder Castellana-Rasse entstammen. Es darf nicht älter als 30 Tage sein und nur Muttermilch zu sich genommen haben.

Gebraten werden die Milchlämmer in alten Gewölbeöfen (Abbildung linke Seite). Diese sollten aus Lehmstein *(adobe)* oder Backstein gemauert sein, denn die nehmen die Hitze besser auf als Schamott und halten sie länger. So gart das Fleisch schön langsam. Zum Braten teilt man ein 25 bis 30 Tage altes Milchlamm samt Knochen in Viertel, legt diese mit der inneren Seite nach oben auf große Tonteller und gießt jeweils ein Glas Wasser mit einem Suppenlöffel Schweineschmalz an. Bei 250 °C kommen die Viertel in den Ofen, worauf man die Temperatur auf etwa 180 °C reduziert. Nach eineinhalb Stunden wird das Fleisch gewendet, gesalzen und dann noch einmal für 15 Minuten weitergegart. Ob man Kräuter oder Schweinschmalz verwendet, ist eine Sache des persönlichen Geschmacks – wichtig ist vor allem die Qualität des Fleischs.

Das Bild könnte Jahrtausende alt sein: Schon zur Zeit der Römer zogen die Hirten mit ihren Schafen über die kastilische Hochebene, für einige Zeit waren ihre Rechte sogar durch den König geschützt. Die uralten Weidestraßen *(cañadas)* sind heute zwar zum Teil schon verbaut und werden von Straßen durchkreuzt, doch offiziell gibt es sie noch. Eine alte *cañada* führt sogar mitten durch das Zentrum von Madrid – und das ausgerechnet an der schicken Flaniermeile Castellana.

Deftig mit Fleisch

Pichones rellenos

Gefüllte Täubchen
(Abbildung rechte Seite)

4 Täubchen, küchenfertig, mit Innereien
Pfeffer und Salz
2 EL Olivenöl
1 Knoblauchzehe, gehackt
100 g Serrano-Schinken, in feine Würfel geschnitten
2 harte Eier, gehackt
2 Scheiben altes Weißbrot, in Milch eingeweicht
1 Messerspitze mildes Paprikapulver
8 dünne Scheiben fetter grüner Speck
Öl für die Form

Die Täubchen waschen, trocknen, mit Salz und Pfeffer einreiben. Innereien putzen und kleinschneiden. Olivenöl erhitzen und die Innereien darin scharf anbraten. Knoblauch untermischen und kurz mitbraten. Vom Herd nehmen und mit Schinkenwürfeln, Eiern und ausgedrücktem Brot vermengen, mit Salz, Pfeffer und Paprika abschmecken. Täubchen mit der Masse füllen, die Öffnung mit Küchengarn zunähen. Jedes Täubchen mit 2 Scheiben Speck umwickeln. Eine feuerfeste Form mit Öl ausstreichen, die Täubchen hineinsetzen und im vorgeheizten Backofen bei 220 °C ca. 25 Minuten braten.

Manos de cerdo a la castellana

Schweinefüße auf kastilische Art (Abb. unten)

4 vordere Schweinefüße, der Länge nach gespalten
1 Zwiebel, gespickt mit 1 Lorbeerblatt und 2 Gewürznelken
1 Knoblauchzehe
2 Möhren, in Stücke geschnitten
Salz und Pfeffer
1 EL Schmalz
1 Zwiebel, fein gehackt
2 Knoblauchzehen, fein gehackt
1 EL Mandeln, grob gehackt
1 EL Mehl
1/8 l Weißwein
1 Msp. scharfes Paprikapulver
2 Lorbeerblätter

Schweinefüße gründlich waschen. In kaltem Wasser mit gespickter Zwiebel, Knoblauch und Möhren aufsetzen, zum Kochen bringen. Mit Salz und Pfeffer würzen und zugedeckt ca. 2 Stunden köcheln lassen. Dann Schweinefüße herausheben und in Portionsstücke zerteilen. Brühe abseihen und aufbewahren. Schmalz in einem Schmortopf erhitzen, Zwiebel und Knoblauch glasig dünsten. Mandeln untermischen, mit Mehl bestäuben, etwas Farbe nehmen lassen. Unter Rühren 1/2 l Brühe und den Wein angießen. Mit Salz, Pfeffer und Paprika würzen, Lorbeerblätter einlegen. 10 Minuten kochen, Schweinefüße zugeben und weitere 10 Minuten ziehen lassen.

Sopa burgalesa

Suppe mit Flußkrebsen und Lamm
(siehe hierzu Kasten rechte Seite)

2 EL Schweineschmalz
400 g Lammfleisch, in dünne Streifen geschnitten
1 Zwiebel, fein gehackt
1 EL Mehl
1 l Fleischbrühe
16 Flußkrebsschwänze, gekocht und geschält
Salz und Pfeffer
1 EL gehackte Petersilie

Schweineschmalz in einem Topf erhitzen und Fleischstreifen darin scharf anbraten. Zwiebel zugeben und glasig dünsten. Mit Mehl bestäuben und das Mehl leicht Farbe nehmen lassen. Fleischbrühe unter Rühren angießen, zum Kochen bringen und 15 Minuten köcheln lassen. Krebsschwänze in die Suppe einlegen und darin erhitzen, nicht mehr kochen. Suppe mit Salz und Pfeffer abschmecken und vor dem Servieren mit der gehackten Petersilie bestreuen.

Gallina en pepitoria

Hühnchen in Mandel-Weinsauce

1 großes Huhn, ca. 1,5 kg
Salz und Pfeffer
5 EL Olivenöl
2 Zwiebeln, fein gehackt
1/8 l Weißwein
3/8 l Brühe
1 Lorbeerblatt
2 Zweige Thymian
2 Knoblauchzehen, gehackt
2 EL gemahlene Mandeln
einige Safranfäden
1 Messerspitze Zimt
2 hartgekochte Eidotter
1 rohes Eigelb

Das Huhn unter fließendem Wasser waschen, abtrocknen und in 8 Portionsstücke zerteilen. Mit Salz und Pfeffer kräftig einreiben. Das Öl in einer Kasserolle erhitzen und die Hühnerstücke von allen Seiten scharf anbraten. Die Zwiebeln zufügen und glasig dünsten. Mit Weißwein ablöschen und die Brühe angießen. Lorbeerblatt und Thymian dazugeben, das Huhn zugedeckt bei mittlerer Hitze ca. 25 Minuten garen.
In der Zwischenzeit den Knoblauch mit den gemahlenen Mandeln, dem Safran, Zimt, hartgekochten Eidottern und 2 EL Brühe im Mörser zerstampfen. Die Paste in die Schmorflüssigkeit rühren und noch einige Minuten köcheln lassen. Dann vom Herd nehmen, Lorbeerblatt und Thymian entfernen und das rohe Eigelb unterrühren. Mit Salz und Pfeffer abschmecken und sofort servieren.

Krebsfang am Sankt Vitus-Tag

Ob das Wasser des Moradillo nun gut gegen Hautkrankheiten wirkt oder nicht, sei dahingestellt, fest steht jedenfalls, daß der Bach reich an Flußkrebsen ist und daß man damals, zu Beginn des Jahrhunderts, mit einem Spannetz und vier Helfern, die auf das Wasser schlugen, an einem Nachmittag mit Nordwind ohne viel Mühe drei bis vier Säcke damit füllen konnte. Damals waren die Dinge noch nicht so streng geregelt, und man konnte die Krebse mit dem Krebsteller fangen, wie es sich gehört, oder mit dem Setzkescher, mit dem Spannetz oder einfach von Hand und ohne Rücksicht auf den nassen Hintern, wie es das Sprichwort jedem empfiehlt, der Fische fangen will. Jedenfalls verteilten sich die Familien des Dorfes am Sankt Vitus-Tag traditionsgemäß immer über das Bachufer, um Krebse zu fangen, und am Nachmittag versammelten wir uns dann in den Encapuchados zur Vesper. Jeder hatte seinen zugeteilten Bereich am Ufer, und Mutter, Vater, die Zwillinge, Tante Marcelina und ich ließen uns neben den sieben Pappeln nieder, die am Rande des Wäldchens stehen und die sie im Dorf, ich weiß auch nicht warum, die Sieben Sakramente nennen. Dort setzte Vater dann ganz vorsichtig die Krebsteller an den tiefsten und ruhigsten Stellen, nachdem er die Binsen mit einer Astgabel beiseite geschoben hatte. Vater benutzte immer Dörrfleisch als Köder, aber wenn es mal schlecht lief, drückte er mir die Hacke in die Hand und ließ mich in der feuchten Erde nach Würmern suchen. Die Krebse verschmähten diesen Köder nur selten. Ponciano dagegen beköderte seine Krebsteller

mit Bratkartoffeln, und Valentín, der Sekretär, mit Pferdemilz, und es gab sogar noch welche, die, wie Don Justo del Espíritu Santo, der Pfarrer, Roggenbrotrinde benutzten.

(Aus: Miguel Delibes,
Vier alte Geschichten aus Altkastilien, 1964)

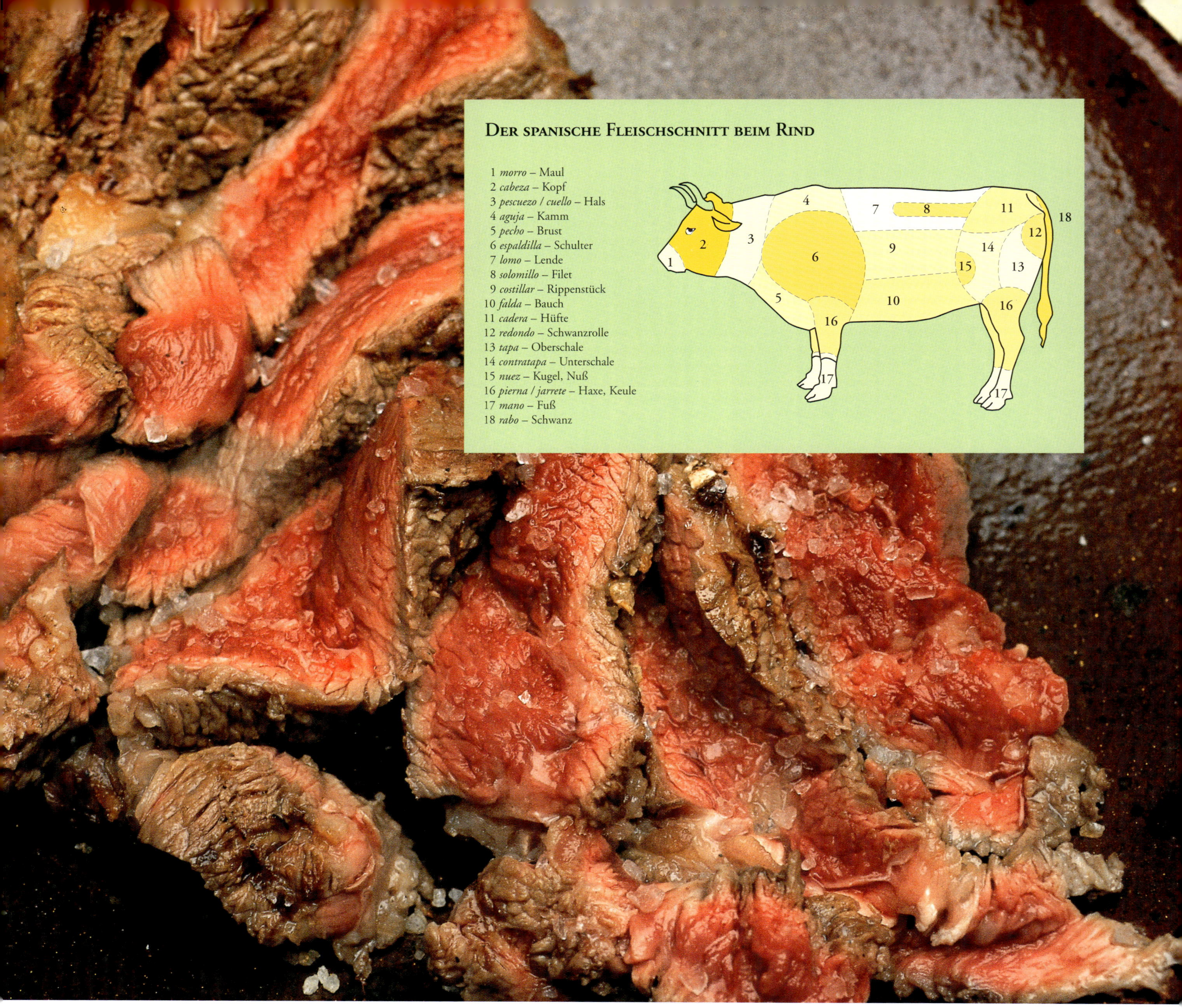

Der spanische Fleischschnitt beim Rind

1 *morro* – Maul
2 *cabeza* – Kopf
3 *pescuezo / cuello* – Hals
4 *aguja* – Kamm
5 *pecho* – Brust
6 *espaldilla* – Schulter
7 *lomo* – Lende
8 *solomillo* – Filet
9 *costillar* – Rippenstück
10 *falda* – Bauch
11 *cadera* – Hüfte
12 *redondo* – Schwanzrolle
13 *tapa* – Oberschale
14 *contratapa* – Unterschale
15 *nuez* – Kugel, Nuß
16 *pierna / jarrete* – Haxe, Keule
17 *mano* – Fuß
18 *rabo* – Schwanz

Rindfleisch von den Rassen Morucha de Salamanca und Avileña Negra ist zum Verkochen viel zu schade. Man ißt es am besten scharf angebraten, wobei es innen noch rot sein sollte. In manchen Restaurants wird das *chuletón*, das dicke Rippenstück, in Stücke geschnitten (großes Bild), bevor es auf dem heißen Tonteller nachgart. Wichtig ist in jedem Fall, daß man das Fleisch nicht zu lange garen läßt, damit es die Zartheit und den delikaten Geschmack bewahrt.

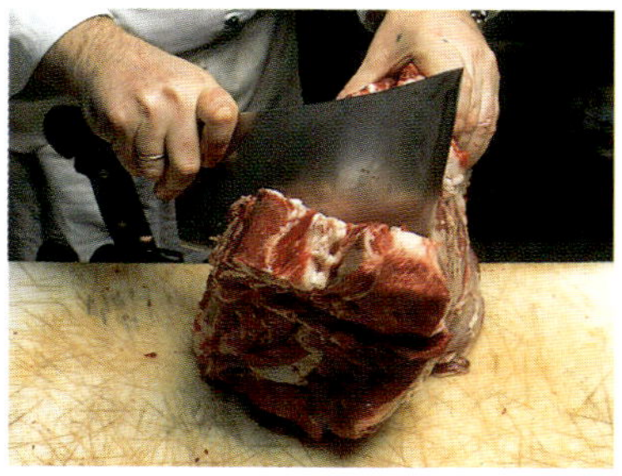

Ein ordentliches *chuletón* vom kastilischen Rind wiegt mindestens 400 Gramm und sollte mehrere Zentimeter dick sein.

Die dicken Rippenstücke werden auf dem Grill, auf der heißen Platte oder auch in der Pfanne ganz scharf angebraten.

Nach ganz kurzer Zeit wendet man das *chuletón*. Es soll außen anbraten, aber im Inneren auf keinen Fall gar werden.

Nun erhitzt man einen flachen Tonteller sehr stark. Darauf wird das Fleisch serviert, so daß es langsam nachgaren kann.

Rind aus Kastilien

»Für den nächsten Tag ist schon die Vesperdose des Hirten bereit, bestehend aus einer großen Ration *cecina* und Schinken«, schrieb Enrique Gil y Carrasco in seinem 1843 veröffentlichten Buch *El Pastor trashumante* (Der Wanderhirte). Schon seit Jahrhunderten wird *cecina*, das tiefrote Dörrfleisch vom Rind, in der Gegend von León hergestellt. Wegen der langen Haltbarkeit war die Cecina früher ein idealer Proviant für die Hirten und reisenden Händler.

Ähnlich wie in anderen Bergregionen Europas salzt und räuchert man rohes Rindfleisch, bevor es mehrere Monate luftgetrocknet wird. Die langen Frostperioden und die kräftigen Winde Nordkastiliens fördern eine homogene Reifung, das Räuchern über Eichenholz gibt einen kräftigen Geschmack. Aus Villarramiel in der Provinz Palencia stammt eine Cecina-Variante aus Pferdefleisch, früher gab es auch Esels-Cecina, und im leonesischen Vegacervera greift man auch auf Ziegenfleisch zurück: *Cecina de chivo* stammt von ausgewachsenen weiblichen Ziegen, *cecina de castrón* von kastrierten Ziegenböcken.

Hauchdünn geschnittene Cecina serviert man mit feinstem kaltgepreßtem Olivenöl beträufelt zu einem kräftigen Bauernbrot. Das feine Dörrfleisch ziert auch jede Aufschnittplatte mit den besten Produkten der kastilischen Schinken- und Wurstmacher. Warm paßt Cecina besonders gut zu Wildgemüse und Pilzen.

Auch frisches Rindfleisch ist in der kastilischen Küche begehrt. In der Region sind einige einheimische Rassen zu finden, die aus der Not der kargen Landschaft eine Tugend machen. Denn gerade die Ernährung auf den mageren Weiden der steinigen Bergtäler und des mediterranen Waldes gibt dem Fleisch einen besonderen Geschmack und eine saftige, feste Struktur.

Das schwarze Ávila-Rind *(Avileña Negra Ibérica)*, das in den Bergen rund um León gezüchtet und auf ausgedehnten Weiden gehalten wird, gehört zu den ältesten Rinderrassen Europas. Die Tiere werden als Kälber, Einjährige oder Jungstiere verkauft. Ihr Fleisch schmeckt fein-dezent und hat eine recht helle Farbe mit deutlicher Maserung (Abbildung Seite 245).

Das graue Morucha-Rind stammt direkt von der iberischen Urrasse *Bos Taurus Ibericus* ab und wird nur in der Provinz Salamanca gehalten. Die Tiere verbringen das ganze Jahr auf der Weide, daher ist ihr Muskelfasergewebe sehr fein und kaum von Fett durchzogen. Das magere Fleisch hat einen kräftigen, sehr würzigen Geschmack (Abbildung Seite 245).

Jeder Gasthof, der in Kastilien etwas auf sich hält, bietet auf seiner Speisekarte inzwischen Rindfleisch erster Qualität an, vorzugsweise vom Holzkohlenfeuer *(a la brasa)* oder von der Grillplatte *(a la plancha)*. In Salamanca, der Heimat des Morucha-Rindes, kommt häufig auch eine kastilische Besonderheit auf den Tisch: Dick geschnittene Rippenstücke *(chuletones)* werden nur ganz kurz angebraten und dann fast roh auf glühend heißen Tontellern serviert, wo sie brutzelnd nachgaren (siehe linke Seite). Wenn man das Fleisch, das 400 Gramm und mehr wiegen kann, als Ganzes mit Knochen präsentiert haben will, sollte man dies explizit sagen. In vielen Restaurants wird das *chuletón* nämlich zur Bequemlichkeit des Gastes in Streifen geschnitten, die dann auf der Tonplatte leicht zu wenden sind.

Kampfstierzucht

In der gesamten mediterranen Welt galt der Stier seit jeher als Totemtier. Man denke nur an die griechische Sagenwelt, deren Minotauros bis heute beeindruckt. Der Stier war Inbegriff für überirdische Kraft und ein Symbol der Männlichkeit – gleichbedeutend mit ungebändigter Potenz und Fruchtbarkeit. Die ersten Exemplare gelangten vermutlich mit den Karthagern auf die Iberische Halbinsel, wo der Stierkampf bis heute als Männlichkeitsritual die Massen begeistert. Gezüchtet werden Kampfstiere *(toros de lidia)* vornehmlich in Zentral- und Südwestspanien; die meisten Züchter gibt es in der Provinz Salamanca im Süden Kastiliens. Eine mittelgroße Kampfstierfarm hat 300 bis 400 Tiere, wobei auf einen Stier rund 50 Kühe kommen. Durch eine strenge Selektion haben die spanischen Kampfstierzüchter im Lauf der Jahrhunderte aus dem Auerochsen fünf Rassen entwickelt, die sich durch ein besonders »tapferes« Verhalten auszeichnen. Heute entstammen fast 95 Prozent aller Kampfstiere der Rasse *Vistahermosa* – eine Uniformität, die viele Stierkampf-Anhänger bedauern.

Um Stiere mit möglichst optimalem Kampfverhalten hervorzubringen, führen die Züchter ein kompliziertes Auswahlverfahren durch, indem sie das Verhalten der Zuchtbullen und -kühe bei der Brandmarkung, auf der Weide und bei einem simulierten Stierkampf beobachten. So soll ermittelt werden, welche Zuchttiere die kampfeslustigsten Nachkommen zeugen können. Die künftigen Stars selbst dürfen vor ihrem Auftritt

Oben: Kampfstiere werden in den weiten Regionen des spanischen Westens und Südwestens gezüchtet.

in der Arena niemals eine bedrohliche Situation erlebt haben, denn die intelligenten Tiere würden sich erinnern und sofort angreifen. Die Züchter müssen also ihre Kampfbullen gut bewachen. Wenn nur einmal eine Gruppe jugendlicher Hitzköpfe im Schutze der Nacht einen improvisierten Kampf organisiert, sind die Stiere für die Arena verdorben.

Erst im vierten Lebensjahr ist ein »tapferer Stier« *(toro bravo)* reif für die Arena, wo er in den meisten Fällen nach dem großen Auftritt sein Leben aushaucht. Bullen von sechs oder sieben Jahren werden nicht für eine klassische *corrida* eingesetzt, da sie in diesem Alter schon zu klug und damit zu gefährlich sind. Ein Kampfbulle im »Rentenalter«, der nie eine Arena von innen gesehen hat, taugt nur noch für Stierrennen, wie sie in vielen Städten stattfinden.

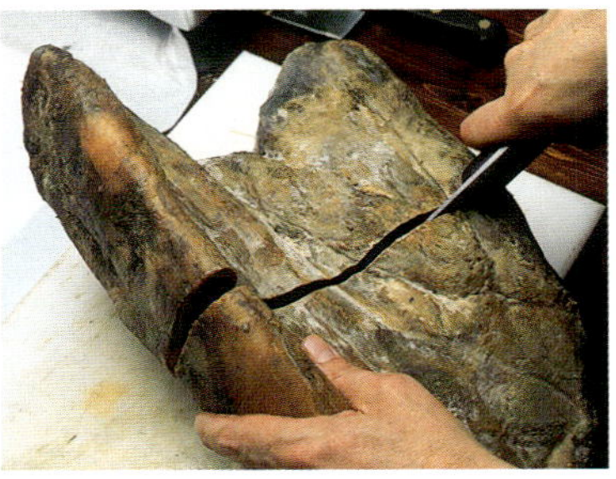

Für echte Cecina wird frisches Rindfleisch geräuchert und luftgetrocknet, bevor man es aufschneiden und dann verzehren kann.

Innen ist die Cecina tiefrot und kaum von Fett durchzogen. Sie hat einen kräftigen Geschmack und ist im Idealfall butterzart.

Cecina de León, das feine Dörrfleisch vom Rind, wird in dünnen Scheiben serviert.

Weinlegende am Duero: Vega Sicilia

»Öde und wüst, nur bewohnt von Bären, Wildschweinen und den verschiedensten anderen Raubtieren«, so bedrohlich soll König Alfons VI. im 11. Jahrhundert die Landschaft vom südlichen Ufer des Duero bis hin zum spanischen Zentralgebirge beschrieben haben. Bis heute hat der Duero, Kastiliens größter Fluß, auf den ersten Blick kaum wirtschaftliche Bedeutung, denn er ist nicht schiffbar. Dennoch spielt er für die Hochebene eine wichtige Rolle: Sein Wasser mildert in der näheren Umgebung das extreme Kontinentalklima mit glühend heißen Sommern und bitterkalten Wintern – eine Tatsache, die vor allem dem Weinbau zugute kommt.

Schon zu Römerzeiten wurde in dieser Gegend Wein gemacht, die Westgoten führten das Erbe fort. Infolge der ständigen militärischen Auseinandersetzungen zwischen Mauren und Christen während der Wiedereroberung Spaniens verkam die Gegend aber zu einem nahezu entvölkerten Niemandsland. Erst mit der Wiederbesiedelung des Gebiets, meist angeführt von Mönchsorden, begann die eigentliche Geschichte der Weine am Duero, die sich bis heute fortschreibt.

Obwohl auch die Weinbaugebiete Rueda und Toro von den Segnungen des Flusses profitieren, versteht man heute unter Dueroweinen hauptsächlich Kreszenzen aus dem Anbaugebiet Ribera del Duero. Im westlichen Teil des Gebiets wird seit einem halben Jahrhundert der spanische Weinmythos schlechthin gekeltert: *Vega Sicilia*. Die Frage, was diesen Wein so außergewöhnlich macht, treibt seit Jahrzehnten die Weinkenner aus der ganzen Welt um. Drei Hauptfaktoren spielen eine wesentliche Rolle: alte, sehr gepflegte Weinberge, eine eigene Kellerphilosophie, die vor allem eine sehr langsame Gärung und Reifung zelebriert, sowie das herausragende Können des Kellermeisters.

So zeichnen sich weder die strenge Auslese beim Lesegut noch die Maischung der Trauben durch technische Extravaganz aus. Erst der Ausbau macht den *Vega Sicilia Unico* (»der Einzige«) zu einem ganz besonderen Tropfen. Dieser Erstwein der Bodega wird nur in den allerbesten Jahren bereitet, denn nur einem Most aus gesunden Trauben mit satter Farbe, mächtiger Tanninstruktur, hochkonzentrierter Frucht und hohen Extraktwerten bekommt der lange Weg durch Holzgebinde von verschiedener Größe und unterschiedlichem Alter, der den Ausbau dieses berühmten Weines auszeichnet und dem sich anschließend ein mindestens ebenso langes Flaschenlager in der Bodega anschließt.

Gleich nach der alkoholischen Gärung steht also die erste wichtige Entscheidung an: Wird in diesem Jahr ein *Unico* gemacht? Und wenn ja: aus welchen der vielen getrennt vergorenen Weinpartien, die aus verschiedenen Weinbergen stammen? Der ausgewählte Wein wird für die zweite Gärung in große 30 000 Liter-Holzfässer gefüllt, wo er mindestens sechs, manchmal aber auch 18 Monate reift. Nach dieser Phase wird der Wein dann in Barriquefässer aus neuem Holz umgefüllt und lagert dort vier bis acht Monate. Das Holz gibt stabilisierende Tannine (Gerbstoffe) und kräftige Toastnoten an den Wein ab. Durch regelmäßiges Umfüllen wird der Wein nun immer klarer, da die Trubstoffe jeweils am Boden des Fasses zurückbleiben. Der Kellermeister verkostet während dieser Phase intensiv, um den richtigen Moment für einen erneuten Wechsel – diesmal in gebrauchte Fässer – abzupassen. Hier setzt und glättet sich der Wein. Anschließend steht dann eine weitere Reifezeit in älterer Eiche an, die keine Holznoten mehr abgibt und nur noch der Reifung des Weins dient.

Oben: Ganz in der Nähe des Duero liegt das Kloster von Valbuena. Es ist zu einer Art Wahrzeichen für Vega Sicilia geworden. Manche Rebstöcke dieser Bodega sind über hundert Jahre alt (Hintergrund).

Diese Kreszenzen von Vega Sicilia haben am Duero Weingeschichte geschrieben: das Flaggschiff *Unico Reserva Especial*, der *Unico 1970*, der *Unico 1985* sowie der *Tinto Valbuena* (von links nach rechts).

Der Río Duero und sein Wasser bringen dem Weingebiet Ribera del Duero Segen. Der Fluß mildert das Klima und sorgt dafür, daß hier große Weine gedeihen können.

Tempranillo-Trauben und die heute meist identische Tinto fino spielen die größte Rolle in der Ribera, auch für die Kreszenzen von Vega Sicilia und Pesquera.

Insgesamt verbringt ein *Unico* mindestens fünf Jahre im Holz. Dann wird er abgefüllt und lagert mindestens weitere fünf Jahre auf der Flasche, bevor er auf den Markt kommt. Jahrgänge wie der 1970er (24 Jahre Weingutlager), der 1974er (18 Jahre Weingutlager) und der 1981er (seit Frühjahr 1998 verfügbar) sind die absoluten Spitzenkreszenzen und machen natürlich einen Teil des Mythos aus.

Bemerkenswert ist, daß ein *Vega Sicilia Unico* nach so viel Holzlagerung nicht von Holzgeschmack dominiert wird. Ganz im Gegenteil: Abgesehen von ihrer fast süßen Frucht, ihrer Kompaktheit und der tiefen, wenig gezehrten Farbe, entwickeln einige *Unicos* äußerst subtile Geschmacksnuancen, die in ihrer Vielschichtigkeit nur langsam zu erschließen sind. Darum verlangt ein *Vega Sicilia* vom Weintrinker immer höchste Konzentration. Unkomplizierter und von etwas gelösterer Struktur ist hingegen der *Vega Sicilia Valbuena*, der Zweitwein des Hauses, der je nach Jahrgang 18 bis 26 Monate in Eiche reift und im fünften Jahr auf den Markt kommt. Gekrönt wird die Produktion durch den *Vega Sicilia Unico Reserva Especial*, den teuersten Wein der Bodega, der nur alle zwei bis vier Jahre aus einer Assemblage von verschiedenen exzellenten Jahrgängen bereitet wird.

Der Herausforderer

Vega Sicilia ist Legende. Ansonsten aber war die Ribera del Duero für Weinkenner lange ein unbeschriebenes Blatt. So wurden die ersten Weine, die Alejandro Fernández aus Pesquera in den 1970er Jahren kelterte, schlichtweg in Sprudelflaschen mit Schnappverschluß abgefüllt – für den Hausgebrauch und für erste Verkostungen. Berühmt wurde Señor Fernández mit seinem 1982er-*Tinto Pesquera*, der damals von einem der Weinpäpste der Welt mit Château Petrus verglichen wurde: Auch der *Tinto Pesquera* machte nun Furore mit enorm satter Frucht und weichen, süßen Tanninen.

In der Folge erbrachte Fernández den Beweis, daß Ribera-Weine auch ohne langen Faßausbau echte Größe besitzen können. Die mittlerweile legendären Pesquera-Weine, die vor Frucht und Kraft wahrhaft strotzen, verbringen nur die vom Kontrollausschuß vorgeschriebene Zeit im kleinen Eichenfaß und sind dennoch komplex wie wenige Weine der Welt. Der *Janus*, die Top-Selektion des Hauses, wird nur in besonderen Jahren gemacht – aus nicht entrappten Trauben.

Neuer Weingott: Alejandro Fernández Pesquera

Spitzenweine vom Duero

Vega Sicilia Unico Gran Reserva 1970: sehr reife Frucht, Rosinen, Gewürznoten, vielschichtig und tief, äußerst lang.

Janus Gran Reserva 1991 (Pesquera): tief, konzentriert, mächtige Struktur, sehr nuancenreich, enormes Potential.

Torremilanos Gran Reserva 1990 (Peñalba López): elegante Frucht, feingliedrig, kräftiges, gut eingebundenes Holz.

Dehesa de los Canónigos Reserva 1994: sehr klare und intensive Frucht, mittlere Struktur, feiner Nachhall.

Alión Reserva 1994: verströmt intensiven Beerenduft, würzig, dicht gewoben, mit süßer Holznote.

Viña Pedrosa Gran Reserva 1992 (Pérez Pascuas): säurebetont mit feiner Frucht und deutlichem Holz.

Valsotillo Gran Reserva 1994 (Ismael Arroyo): ein traditioneller Ribera. Satte Frucht, markantes, süßes Tannin, große Tiefe.

Matarromera Reserva 1994 (Viñedos y Bodegas): intensive Frucht, eingängiger, kompakter Wein, saftig und harmonisch.

Señorío de Nava Reserva 1990: ausgewogen mit angenehmer Frucht und trockenem, aber feinem Holztannin.

Emilio Moro Reserva 1994: Beerenfrucht und elegantes Holz im Bukett, weich auf der Zunge, Eukalyptus im Abgang.

Valduero Reserva 1989: feines Holz, ausdrucksvolle, elegante Frucht, feingewoben, straffe Struktur, Potential.

Viña Sastre Reserva Oscar 1995 (Hermanos Sastre): Fruchtnoten von Beeren, kräftiges Tannin, weich auf der Zunge, voll.

Pago de Carraovejas Reserva 1993: opulente Frucht von schwarzen und roten Beeren, dicht, sehr saftiges Tannin.

Briego Reserva 1992: Frucht und viel Holz in der Nase, im Mund straff, kräftige Säure, viel Tannin am Gaumen.

López Cristóbal Reserva 1995: viel Frucht in der Nase, feste Struktur, weiches Tannin, Eukalyptus im Nachzug.

Teófilo Reyes Reserva 1995: intensive, enorm vielschichtige Frucht, feines Holz, sehr tief und anhaltend.

Arzuaga Navarro Reserva 1994: edle Hölzer, Vanillenoten, strahlende Frucht, saftiges Tannin, gute Länge.

Valtravieso Reserva 1994: sehr ausladendes Fruchtbukett, perfekt eingearbeitete Holznoten, üppig und voluminös.

Weinbaugebiete in Kastilien-León

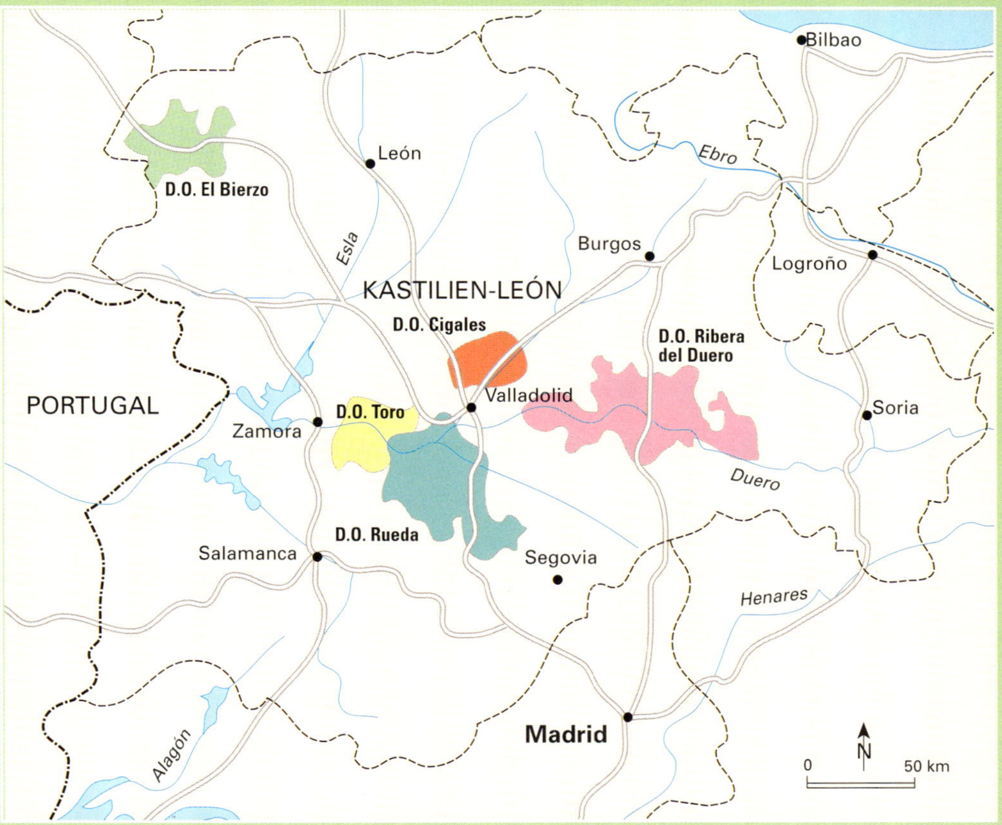

D.O. Ribera del Duero

In der 1982 entstandenen reinen Rotwein-D.O. am Duero stehen auf Kalk-, Lehm- und Schwemmlandböden rund 12 000 Hektar unter Reben. Hauptrebsorte ist Tinto fino (auch Tinta del País), eine lokale Version der spanischen Spitzentraube Tempranillo, die unter den Witterungbedingungen der Hochebene eine ungewöhnlich satte Frucht und sehr ausgeprägtes Tannin entwickelt. Zugelassen sind weiter Cabernet Sauvignon, Merlot, Malbec, Garnacha sowie die weiße Albillo. Sie wird in Einzelfällen den Rotweinen in sehr geringer Menge beigegeben, um die Säurewerte anzuheben. Karge Böden sowie das extreme kontinentale Klima, etwas gemildert durch den Fluß, erbringen sehr gute Traubenqualitäten bei geringer Menge. Die Weine sind sehr fruchtig, tief, von fast schwarzer Farbe und sehr extraktreich. Sie eignen sich hervorragend für den Ausbau im Barrique. Viele Weingüter vermarkten aber auch Jungweine und Semi-Crianzas (ein inoffizieller Ausdruck für Weine, welche die gesetzlich vorgeschriebene Zeit für Holzausbau bei Crianzas unterschreiten), da die opulente Frucht und die süßen Tannine auch bei kurzem Holzausbau sehr gut zur Geltung kommen. Für Crianzas und Reservas sind 12 Monate Holzlager und ein bzw. zwei Jahre Flasche vorgeschrieben. Für Gran Reservas sind insgesamt fünf Jahre Ausbau obligatorisch, zwei davon im Holz.

Längst sind Vega Sicilia und Pesquera nicht mehr die einzigen bemerkenswerten Weine in der Ribera del Duero. Über ein Dutzend Bodegas keltern hochklassige Kresenzen – und jedes Jahr werden es mehr. Natürlich hat jedes Idealbild auch seine Schattenseiten, und die zeigen sich in der Ribera nur allzu oft: Das harte Klima bringt von Zeit zu Zeit Spätfröste und Hagel, die in manchen Jahren erhebliche Teile der Ernte vernichten. So kommt es, daß das Anbaugebiet Ribera del Duero an einem chronischen Weinmangel leidet und daß sich die Preise auf einem empfindlich hohen Niveau halten. Doch der Genießer schweigt – und zahlt.

D.O. Toro

Die kleinste D.O. der Region bringt die wohl gehaltvollsten Rotweine in ganz Spanien hervor. Kein Wunder, denn die Provinz Zamora verbucht oft nur 300 bis 400 Millimeter Niederschlag im Jahr. Im Gegensatz zu den extrem alkoholreichen Weinen der Vergangenheit (um 16 Vol. %) sind die Rotweine aus Toro heute leichter und fruchtiger, weisen aber häufig immer noch 13,5 Vol. % Alkohol auf. Hauptrebsorte ist die heimische Tinta de Toro, eine Verwandte der berühmten Tinta del País (Tempranillo). Als weitere Rebsorten sind die rote Garnacha sowie die weißen Verdejo- und Malvasía-Trauben zugelassen. Den roten Toro-Weinen steht ein Ausbau im Holz hervorragend, so daß sich aus diesem Gebiet am ehesten die schönen, saftigen Crianza- und Reserva-Qualitäten empfehlen. Die wunderbare Frucht der Tinta de Toro hat jedoch einige Winzer mittlerweile auch dazu bewogen, Semi-Crianzas und sogar Primeur-Weine zu keltern.

D.O. Cigales

In unmittelbarer Nachbarschaft zur kastilischen Hauptstadt Valladolid erstreckt sich diese D.O. auf kalkhaltigen, lockeren Böden. Einst einer der berühmtesten Weine Spaniens, kämpft der Cigales-Rosé, der früher aus einem rot-weißen Verschnitt hergestellt (*clarete*, siehe Seite 129) und traditionell in Holz ausgebaut wurde, heute ums Überleben. Eine vielfach überalterte Weinbereitung bringt häufig noch schwere, oxidierte Tropfen hervor. Neuerdings finden sich jedoch einige interessante Rosé- und Rotweine, die vorwiegend aus der Tinta del País gekeltert werden und im Falle der Rosés durch Frucht, gepaart mit einem lebhaften Säurespiel, und bei den Roten durch Struktur und Wärme überzeugen. Zugelassene Sorten sind auch die rote Garnacha sowie die weißen Verdejo, Albillo und Viura, die ihre Eigenschaften bislang nur in die Roé- und Rotwein-Coupagen einbringen.

D.O. Rueda

Dieses Gebiet beschränkt sich ausschließlich auf weiße Sorten, deren unangefochtener Star die Verdejo-Traube ist. Diese hier heimische Sorte bringt schlanke, gut strukturierte Weißweine hervor, deren zurückhaltende Frucht durch feine mineralische Töne und Anflüge von Anis ergänzt wird. Der Wandel der letzten Jahrzehnte von oxidativ ausgebauten Weißweinen hin zu fruchtigen, feinnervigen Tropfen von heute ist geradezu spektakulär. Rueda könnte Spanien in naher Zukunft die ersten schlanken Weißweine mit echtem Alterungspotential bescheren, denn die Möglichkeiten der Startraube Verdejo sind noch lange nicht ausgeschöpft.

Zugelassen sind außerdem die Rebsorten Sauvignon Blanc, Palomino und Viura, Rotweine werden nur in kleinem Umfang angebaut und tragen nicht das Gütesiegel der D.O. Eichenfässer kommen in der D.O. üblicherweise nur bei der Vergärung von reinsortigen Sauvignon Blanc-Weinen zum Einsatz. Ein Schaumwein aus der Region mit Flaschengärung nennt sich *Espumoso Rueda*, und ein Erbe der Vergangenheit sind die aufgespriteten, oxidativ ausgebauten Weintypen *Dorado Rueda* und *Pálido Rueda*.

D.O. El Bierzo

Das westlichste der kastilischen Weinbaugebiete fällt in Klima und Weintyp etwas aus dem Rahmen. Hier herrscht kein rauhes Hochlandwetter, sondern eine klimatische Übergangssituation zwischen dem feuchten Galicien und dem trockenen Kastilien. Inmitten eines weiten Tales entstehen feine, filigrane und fruchtbetonte Weine. Die rote Hauptsorte Mencía, die von der französischen Cabernet Franc abstammt, steht zum Teil in Hanglagen mit kargen schieferhaltigen Böden und bringt ihren Charakter am besten als Jungwein oder als Crianza mit beschränktem Holzausbau (vorgeschrieben sind hier sechs Monate) zur Geltung. Außerdem sind Weißweine aus der edlen Traubensorte Godello und aus Doña Blanca beachtenswert. Noch setzen sich weiße rebsortenreine Weine wenig durch.

Hintergrund: Durch die Weinberge von Vega Sicilia verläuft noch ein altes Aquädukt. Es versorgte früher die Weizen- und Gemüsefelder der Gegend mit Wasser.

Süsse Sünden

Die Hingabe, mit der die Kastilier den Verzehr von zuckersüßen Schleckereien zelebrieren, kommt manchmal einem religiösen Kult gleich. Wie Devotionalien werden Gebäck und allerlei Konfekte in den Konditorien dargeboten – und das in einer Vielfalt, an der die himmlischen Heerscharen ihre wahre Freude hätten. Jedes Dorf, jeder Landstrich und jede Stadt blickt auf eine ganz eigene Tradition in der Süßwarenherstellung zurück. Viele Rezepte sind schon lange in Vergessenheit geraten, einige Spezialitäten gibt es nur zu bestimmten Anlässen.

Vor allem die Ordensschwestern der kastilischen Konvente haben eine beeindruckende Vielfalt an Rezepten bewahrt. Schließlich beeinflussen religiöse Gewohnheiten immer auch die Alltagsbräuche und das süße Leben eines Landes. Gebäck, Kekse und andere Schleckereien sind in allen spanischen Regionen eng mit den Festen der Dorf- oder Stadtpatrone verbunden.

Hauptzutaten für die kastilischen Süßspeisen sind Mandeln, Mehl, Schweineschmalz, Zucker, Eier und Marzipanrohmasse. Eine wichtige Rolle spielt auch die Schokolade. Mandeln bilden die Grundlage für Mandelkekse *(almendrados)*, aber auch kandiert als *almendras garrapiñadas* findet man sie praktisch überall. Eine weit verbreitete Spezialität sind Zuckerbrote *(roscones)*, und kaum eine Festivität kommt ohne diverse Gebäckkringel *(rosquillas)* aus. Es gibt sie mit Anisgeschmack, mit Pinienkernen oder auch gefüllt mit Honig. Die kastilischen Schmalz- und Buttertörtchen *(mantecadas)* gehören zu den besten Spaniens, vor allem wenn sie aus Astorga kommen, das lockere Biskuitgebäck *bollo maimón* ist eine Spezialität aus Salamanca.

Eine zentrale Rolle aber spielen die *yemas*, ein zuckersüßes Eigelbkonfekt – allen voran die berühmten *Yemas de Santa Teresa*, die mit der Heiligen Theresia gar nicht viel zu tun haben. In die Stadt Ávila gelangte das Konfekt wohl im 17. Jahrhundert durch einen Konditor, der zwar in Kastilien geboren war, aber eine Konditorei in Madrid besaß. Später ließ er sich in Ávila nieder, und erst einer seiner Söhne gab dem Konfekt des Hauses den illustren Beinamen – ein wahrer Geniestreich in Sachen Marketing, wenn man bedenkt, daß *Yemas de Santa Teresa* heute als Inbegriff aller spanischen *yemas* gelten.

Mädchen mit feurigem Geist

Man nannte sie »Mädchen mit dem feurigen Geist« – eine geniale Mischung aus mystischer Kraft mit irdischer Logik und Schlagfertigkeit. Die Heilige Theresia von Ávila gehört zu den prägnantesten Figuren der katholischen Kirche. Gemeinsam mit Johannes vom Kreuz brachte sie der Stadt Ávila den Ruf ein, Heimat der Heiligen zu sein. Hier wurde Theresia 1515 geboren, hier wuchs sie auf, und hier wuchs auch der Reformgedanke, der sie berühmt machen sollte: Sie predigte die Rückkehr des klösterlichen Lebens zur apostolischen Einfachheit. So geht auf Theresia von Ávila der berühmte Ausspruch zurück, Gott sei »auch zwischen Suppentöpfen« zu finden. Trotz vehementen Widerstands von Seiten einiger kirchlicher Institutionen setzte Theresia ihre Idee durch und gründete den Orden der Unbeschuhten Karmeliterinnen. Das erste von 18 Klöstern gründete sie in ihrer Geburtsstadt Ávila. Das strenge Konzept ihres Ordens entsprach den Vorstellungen des Herrschers Philipp II., in dem sie einen mächtigen Verbündeten fand. Theresia von Ávila starb 1582 und wurde in Alba de Tormes bei Salamanca begraben – heute ein Wallfahrtsort. Am 15. Oktober 1622 wurde Theresia heiliggesprochen.

Bollo maimón, der Biskuitkringel aus Salamanca, ist oft beschwipst durch einen Schuß Schnaps im Teig.

Yemas de Santa Teresa

Eigelbkonfekt »Heilige Theresia«

200 g Zucker
1 Stange Zimt
Schale von 1 unbehandelten Zitrone, spiralförmig abgeschält
10 Eigelb
Puderzucker zum Wenden
Papierförmchen

Den Zucker mit 6–8 EL Wasser zu einem klaren, dickflüssigen Sirup aufkochen. Vom Herd nehmen, Zimt und Zitronenschale einlegen und den Sirup unter Rühren etwas abkühlen lassen. Dann Zimtstange und Zitronenschale entfernen. Das Eigelb in einer Schüssel schaumig schlagen. Den Sirup langsam unter Rühren zufließen lassen. Die Schüssel ins Wasserbad setzen und so lange schlagen, bis eine dicke Creme entstanden ist. Aus dem Wasserbad nehmen und erkalten lassen. Die Masse zu einem Strang formen, kleine Stücke abschneiden und schnell zu walnußgroßen Kugeln formen. In Puderzucker wenden und in Papierförmchen setzen.

Mit feinem Schmalz- und Buttergebäck kann man Schleckermäulchen in ganz Spanien betören. Eine besonders lange Tradition haben die *mantecadas de Astorga* mit viel feiner Butter und bis zu zehn Eiern auf 300 Gramm Mehl. Sind die zuckersüßen Verführer mit Schweineschmalz gemacht, nennt man sie häufig *mantecados*. Der Volksmund aber nimmt es mit der Unterscheidung zwischen *mantecado* und *mantecada* meist nicht so genau: Hauptsache süß und üppig.

Gebäckkringel *(rosquillas)* bietet Kastilien in vielen Varianten: mit oder ohne Hefe, im Ofen oder in heißem Fett gebacken.

Chochos de Salamanca sind zuckersüße Bonbons. Hier und da bezeichnet man damit auch Mandeln mit Zuckerglasur.

Perrunillas-Kekse enthalten Zimt und Schweineschmalz; man findest sie meist in Südkastilien und in der Extremadura.

Oblaten *(obleas)* aus dem Dorf Cipérez bei Salamanca sind inzwischen in der ganzen Provinz als typisches Souvenir verbreitet.

MADRID

WALTER TAUBER

Madrid

Ein Kaffee und ein Brandy: So kann in der pulsierenden Metropole ein Tag beginnen, und ganz genauso wird er zwanzig Stunden später mit dem Sonnenaufgang enden.

Die Puerta del Sol ist der Mittelpunkt Spaniens. Von diesem Platz im Zentrum der Hauptstadt werden die Kilometersteine an den Nationalstraßen gemessen, von hier aus verbinden alle Radien das Land. Gleichzeitig gerät ein Spaziergang rund um die Puerta del Sol zu einem Streifzug durch die ganze Nation. Denn das Bild Madrids ist geprägt von Zuwanderern, und in den Kneipen und Tavernen der Altstadt bieten Galicier, Basken und Andalusier die typische Kost ihrer Heimatregionen feil.
Madrid war ein Dorf, als König Philipp II. es 1561 zur Hauptstadt erkor. Und lange noch blieb diese Stadt ein Stück Provinz. Denn die Industrialisierung setzte in Spanien spät und an der Peripherie ein: in Katalonien und im Baskenland. Madrid war bis nach dem Bürgerkrieg ein reines Bürokratennest. Erst die rasante Entwicklung der vergangenen 50 Jahre machte es zur Millionenmetropole. Schon früh aber war Madrid, so klein es auch gewesen sein mag, die Hauptstadt eines weltumspannenden Reiches: Sitz des Habsburger Königshauses, das einen Fuß in Österreich hatte, später dann der Bourbonen, einer Dynastie, die französisch dachte – und speiste. Madrid war *corte* und *villa,* Hof und Kleinstadt zugleich.
So war auch die Eßkultur Madrids stets ein Potpourri, war einfach und handfest, aber gleichzeitig auch raffiniert und edel. In den Kochtöpfen der Hauptstadt verschmolz bald die *castizo*-Küche, die Überlieferung des einfachen Volkes, mit der Palast-Küche des Habsburger Hofes und seiner Meisterköche. Das Haus Bourbon hingegen hat geistig und kulinarisch nicht viel beigetragen, das heute noch der Rede wert wäre. Die Weisheit des Volkes aber, deren Wurzeln vor allem in der Mancha fest verankert waren, wuchs durch die mannigfaltigen Einflüsse jener Bürger, die aus dem ganzen Land und aus den Kolonien zureisten. Ob Fisch aus Kantabrien, feine Meeresfrüchte aus Galicien oder Schokolade aus Mexiko – all dies fand bei den Köchen von Madrid begeisterte Abnehmer. Und alles wurde auch bestens angewendet. So entstand alsbald eine Küche, die über das Ursprüngliche hinausgewachsen ist und Weltrang erobert hat. Als die Diktatur Francos zu Ende ging und sich die Stadt in einer wahren kulturellen Renaissance entfesselte, wurde Madrid eine europäische Metropole. Spitzenrestaurants in Hülle und Fülle machen es heute zu einem Pilgerort für Liebhaber guter Küche.

Rechts: Madrid ist immer ein Erlebnis, und die Tempel der Gourmets befinden sich oft in traumhaften Häusern aus der Belle Époque – wie hier an der Gran Vía.

METROPOLIS
Winston

Frühstück

Desayunar heißt »das Fasten unterbrechen«, und so definieren auch Franzosen *(petit déjeuner)* und Engländer *(breakfast)* das Frühstück. In Spanien allerdings geschieht das nur selten in der eigenen Küche. Frühstücken ist ein sozialer Akt, und der kann je nach Ort und sozialer Klasse unterschiedlich ausfallen. Zuerst kommt ganz einfach eine hastig auf dem Weg zur Arbeit geschlürfte Tasse schwarzer oder mit ein wenig Milch gebleichter Kaffee. Wer zum Wachwerden einen echten Schock braucht, kippt sich in der Eckbar ein Glas Anis-Schnaps hinter die Binde. Mit Alkoholismus hat das nicht unbedingt etwas zu tun: Es gibt Menschen mit dieser Gewohnheit, die sonst abstinent sind.

Will man den ersten kleinen Hunger des Tages stillen, geschieht dies meist auf süße Art. In der *cafetería* lockt am Morgen Gebäck aller Art unter der Glasscheibe am Tresen. *Churros* und *porras,* die beim Churro-Bäcker bestellt werden, sind längst nicht mehr die einzigen im Angebot. Auch der *croissant* ist in Spanien heimisch geworden. Sehr beliebt ist auch die *tostada,* eine Scheibe auf der *plancha* (dem Brateisen) geröstetes, weißes Formbrot mit Butter und Marmelade. Schweizer brauchen sich nicht zu fürchten, wenn sie auf der Karte *suizo a la plancha* lesen, denn gemeint ist nur ein andalusisches Brötchen. Die *ensaimadas,* Hefeteigschnecken aus Mallorca, gehören schon im ganzen Land zum Frühstück, und *magdalenas,* kleine, in Papier gebackene Kuchen, sind besonders zum Eintauchen in den Milchkaffee beliebt. Wie diese kommen auch die länglichen *sobaos* (Biskuitkuchen) in Ölpapier aus der Großbäckerei.

Bei den Arbeitern aber, die schon seit Stunden schuften, sieht das Frühstück ganz anders aus: Brötchen *(bocadillos)* sind hier die Norm, belegt mit Tortilla, Schinken oder Käse, und dazu gibt es häufig schon ein Glas Bier oder Wein.

Kaum sind zwei, drei Stunden Arbeit geschafft, treibt es den Madrileño abermals in die Cafeteria. Ab zehn Uhr herrscht hier Gedränge, und lauthals werden Fußballspiel oder Fernsehprogramm vom Vorabend debattiert. Einige mögen noch *chocolate* bestellen, die dickflüssige Trinkschokolade nach alter Tradition. Doch die Mehrheit trinkt jetzt eher Milchkaffee *(café con leche)* aus den typischen großen Tassen. Viele Cafeterias bieten von neun bis elf oder zwölf Uhr preiswerte Frühstückstarife an: einen festen Preis für Milchkaffee, Gebäck und häufig auch frisch gepreßten Orangensaft.

Süßes Gebäck kann in Spanien selbst notorische Langschläfer aus den Betten locken. Es gehört zum Frühstück genauso wie ein starker Kaffee.

Eine Spritztülle dient traditionell dazu, den dickflüssigen *churro*-Teig in die Friteuse zu befördern. In modernen *churrerías* erledigen das Maschinen.

Frisch herausgebackene *churros* werden in Papier gewickelt und »auf die Hand« verkauft. In einer traditonellen *churrería* gibt's dazu heiße Schokolade.

Churros und Schokolade

Fritiertes Spritzgebäck und heiße Schokolade sind in Madrid Frühstücks-Kult. Sie befreien so manchen Nachtschwärmer aus der morgendlichen Krise, in vielen Familien gehören sie zum Sonntags-Ritual. Die beliebten Gebäckstengel *(churros* und die dickere Variante *porras)* werden im Churro-Laden *(churrería)* in speziellen Fritier-Maschinen hergestellt, zuhause geht es aber auch ganz einfach mit der guten, alten Spritztülle. Erfunden wurden die *churros* wohl einzig und allein zum Eintauchen in heiße Schokolade, die heute aus spanischen Frühstückstassen nicht mehr wegzudenken ist.

Das Wort *chocolate* führen Sprachforscher auf die Azteken zurück, es soll aus *pócholt* (Stechpalme) und *cacaúalt* (Kakao) entstanden sein. Die Spanier brachten die Schokolade Mitte des 16. Jahrhunderts von ihrer Kolonie in Mexiko mit. Von Palast zu Palast eroberte das Getränk die Königshäuser und den Adel Europas. In Spanien fand es sogar so viele Anhänger, daß es den Theologen zum Problem wurde: Sie mußten den Papst bitten, das Getränk von der Fastenregelung auszuklammern, denn sonst wäre ganz Madrid der Sünde verfallen. *»Liquidum non rumpit jenjunium«*, lautete das Kirchenlatein der befreienden Bulle: »Flüssigkeit unterbricht nicht die Fast.«

Ihre geliebte dickflüssige Schokolade *(chocolate espeso)* bereiten die Spanier heutzutage mit Milch und speziellen Schokoladeriegeln zu, die man überall im Supermarkt kaufen kann. Nach alter Sitte nimmt man allerdings Wasser unter Hinzugabe von Schokolade und Maisstärke, denn die traditionelle Trinkschokolade muß so dick sein, daß der Holzlöffel darin stehenbleibt.

Beim Frühstück gibt es kaum etwas Sinnlicheres, als frisch gebackene *churros* in dicke, süße Schokolade zu tauchen und zu schwelgen – eine wahre Götterspeise.

Stierkampf

Die *corrida* ist ein Lehrstück, eine intime Tragödie, die von weiblicher Macht, Verführung, Leidenschaft und Tod erzählt. Inszeniert wird diese Geschichte von Mann und Frau, die dazu verurteilt sind, sich nicht zu begegnen – erzählt aus der Perspektive des Mannes, der sein unstillbares Verlangen mit dem Tod bezahlt.
So tiefgründig, ja mythisch, präsentiert sich der Stierkampf für den Anthropologen Lorenz Rollhäuser in seinem Buch *Toros, Toreros.* Die *aficionados* aber, die Liebhaber des Stierkampfs, die in ständig zunehmender Zahl in die Arenen drängen, gehen selten so weit in ihrer Analyse. Schließlich ist der Stierkampf in erster Linie ein Fest, die spanische *Fiesta Nacional* sogar, bei dem es um Kunst und Genuß geht.
Strenge Regeln leiten den Ablauf, wie beim heidnischen Gottesdienst für einen mächtigen Götzen. Wer das Ritual nicht kennt, bemerkt den Wink mit dem Taschentuch meist gar nicht. Nach dem kleinen Zeichen des Vorsitzenden erklingen Trompeten, und zum marschähnlichen *paso doble* stolzieren die Akteure des Dramas einmal um die Arena. Zwei *alguaciles,* Vertreter des Vorsitzenden, eröffnen den Zug, dann folgen drei Stierkämpfer, die jeder zwei Stiere töten werden – falls »Gott Glück schenkt«, wie sie formelhaft grüßen. Nach ihnen kommen neun *banderilleros,* die den Stier mit farbig geschmückten Stacheln reizen werden. Zu Pferd ziehen die *picadores* vorbei, sie müssen den Stier mit ihren Lanzen schwächen und den Zorn der Menge erdulden, wenn sie dabei zu scharf vorgehen. Die Maultiere am Ende schleppen die Kadaver der Bezwungenen hinaus.
Der griechische Historiker Diodoros berichtete schon im 1. Jahrhundert vor Christus, daß Stiere für die Iberer heilig waren. Cäsar kämpfte zu Roß gegen Stiere und führte das Schauspiel in die Arenen Roms ein. Im frühen Mittelalter soll sich der Adel in Kastilien auf ähnliche Art vergnügt haben. Zunächst stand kunstfertiges Reiten der noblen Herren im Vordergrund, und der *matador,* der den Stier zu guter Letzt töten mußte, war nur Nebenfigur. Dies änderte sich im 17. Jahrhundert, und heute ist der Edle zu Pferd nur einer unter anderen. Im Vordergrund steht der *matador* – alleine und zu Fuß.
Bei der 30 Tage dauernden Madrider Feria de San Isidro ist das Publikum besonders streng. Die *aficionados* gehen mit ihrer *peña* hin, der Gruppe von Liebhabern, man zittert, jubelt und schimpft gemeinsam und trifft sich hinterher bei einem Glas Wein, um die Ereignisse des Tages zu diskutieren (siehe Kasten rechte Seite).

Mit äußerst kritischen Blicken verfolgen die *aficionados*, die Anhänger des Stierkampfs, eine *corrida*. Ein Fernglas kann in den oberen Reihen der riesigen Arena ganz hilfreich sein.

In Scharen strömen die Menschen zu jedem Stierkampf, der in Madrids »zweiter Kathedrale« stattfindet. Den Anhängern gilt die Arena Las Ventas als heiliger Ort.

Von März bis Oktober ist Stierkampfzeit, als Höhepunkt aber gilt die Feria de San Isidro vom 15. Mai bis Mitte Juni. In dieser Zeit bleibt kein einziger Platz unbesetzt.

Wie in einem mythischen Tanz begegnen sich in der Arena der Mensch und der *toro bravo*, der mutige Stier. Einziges Requisit des Toreros ist sein Umhang, die *capa*.

Der *banderillero* hat die undankbarste Aufgabe: Er muß den Stier mit seinen dünnen Lanzen schwächen. Ist er zu grausam, quittiert dies die Menge mit Pfiffen.

Das Gläschen danach

Wenn der letzte Stier aus der Arena geschleppt wird, fängt für den *aficionado,* den leidenschaftlichen Anhänger des Stierkampfes, der zweite Teil des großen Tages an. Denn was wäre eine *corrida* wert, wenn man hinterher nicht darüber sprechen könnte? Es geht um die *tertulia,* das Gespräch im Kreis von Kennern. Kneipen und Restaurants mit Tradition, die sich meist in Postern und Fotos von berühmten Matadoren niederschlägt, ziehen die Liebhaber an. In den Hotels, die berühmte Kämpfer beherbergen, finden auch Gesprächsrunden mit Experten statt. Zu den beliebtesten Treffpunkten in Madrid gehören das Gran Hotel Reina Victoria an der Plaza Santa Ana, das Hotel Miguel Angel in der gleichnamigen Straße, das Hotel Wellington in der Calle Velázquez und das Restaurante Los Timbales in der Calle Alcalá, direkt bei der Arena. In der Casa Botín war schon Ernest Hemingway zu Gast, Juan Belmonte verkehrte gern in der Casa Ciriaco, und in die Casa Lucio gehen alle. Ausgesprochen volkstümlich und einmalig gibt sich das Malacatín, voller Torero-Bilder steckt die Casa Paco, und La Hoja empfiehlt sich für all jene, die das Salamanca-Viertel der Altstadt vorziehen.

Kampfstierfleisch in der Küche

Ist der *toro bravo,* der mutige Stier, einmal tot, dann interessiert sich der *aficionado* nur noch für sein Fleisch. *Rabo de toro* (Stierschwanz) gilt als König unter den Stier-Rezepten, und angesichts der großen Nachfrage klagen Spitzenköche schon, daß der Schwanz eines echten Kampfstiers schwer zu bekommen sei.

Im Gegensatz zum Ochsen, der ebenfalls seinen hinteren Fortsatz der Kochkunst spenden muß, hat der Kampfstier aus der Arena einen ausgeprägteren Geschmack. Adrenalin im Blut gibt dem Stierfleisch einen herben Ton, weshalb es meist als *estofado* (geschmort) oder in Eintöpfen gekocht wird, hin und wieder auch mit weißen Bohnen. Der Gelatine-Gehalt erfordert eine langsame, behutsame Zubereitung.

Die einst beliebten Stierhoden *(criadillas de toro)* kommen nur noch selten auf den Tisch. In der Mancha kennt man noch Stierhoden mit Hirn in Rührei *(huevos a la porreta)*, in Andalusien ißt man sie paniert und gebraten.

Stierhoden *(criadillas de toro)* sind nur selten zu finden, sie kommen vor allem in Andalusien auf den Tisch.

Ochsenschwanz (*rabo de toro*, oben) ist im ganzen Land beliebt. Meist serviert man ihn als Schmorgericht (rechts).

Ein Kampfstier wird nach seinem Auftritt in der Arena geschlachtet. Das Fleisch hat einen herben Geschmack und wird meistens geschmort verzehrt.

Innereien

Als Phillip II. das Dorf Madrid 1561 zur Hauptstadt ernannte, entstand eine kreative Spannung zwischen der feinen Palastküche und dem Erfindungsgeist des Volkes. Was heute als Spezialität gerühmt wird, ist oft alte Tradition der *castizos*, der armen Bürger Madrids. Was die Tafel der Edlen verpönte, machte das Volk zum noblen Gericht: Innereien wie Herz und Hirn, Nieren und Leber, Zunge und Bries.

Allen voran rangieren in Madrid die Kutteln oder Kaldaunen, also der in Stücke geschnittene Kuhmagen. Das spanische Wort *callos*, vom lateinischen *callum*, beweist die uralte Herkunft der Speise. Doch die Kunst der Madrileños bestand darin, dieses Gericht auch in der gehobenen Gesellschaft salonfähig zu machen, und schon 1599 findet sich die erste schriftliche Spur. In den unzähligen *mesones*, den Gasthäusern für hergereiste Händler und Einheimische, waren Eintöpfe aus Eingeweiden schon vor Jahrhunderten eine Spezialität. Um 1900 wetteiferten die Tavernen Madrids darum, wer die besten Kutteln mache, und noch immer sind einige Lokale darauf spezialisiert. Dagegen findet man andere traditionelle Gerichte mit Innereien, wie die *gallinejas* aus Hühnerlebern und -mägen oder knusprig gebratene Lamminnereien *(asadura de cordero)*, heute nur noch selten auf spanischen Speisekarten.

Callos a la madrileña

Kutteln Madrider Art

500 g gekochte Kalbskutteln
500 g gekochtes Ochsenmaul
4 EL Olivenöl
1 Zwiebel, fein gehackt
2 Knoblauchzehen, fein gehackt
100 g geräucherter Speck, in Würfel geschnitten
1 Chorizo-Wurst, in Scheiben geschnitten
$^{1}/_{2}$ l Fleischbrühe
$^{1}/_{8}$ l Weißwein
1 Lorbeerblatt
1 TL mildes Paprikapulver
Salz und Pfeffer
1 EL gehackte Petersilie

Die Kutteln und das Ochsenmaul in Streifen schneiden. In einer tiefen Pfanne das Olivenöl erhitzen, Zwiebel, Knoblauch und Speck darin glasig dünsten. Die Wurst, die Kutteln und das Ochsenmaul zugeben. Dann die Fleischbrühe und den Weißwein angießen. Mit Lorbeerblatt, Paprika, Salz und Pfeffer würzen. Bei mittlerer Hitze ca. 30 Minuten köcheln lassen. Vor dem Servieren mit der gehackten Petersilie bestreuen.

Gallinejas

Gebratene Geflügelinnereien

500 g Hühnerleber, -mägen und -herzen
$^{1}/_{4}$ l Olivenöl
4 Knoblauchzehen
Salz

Die Innereien gut waschen, trockentupfen und in ca. 1 cm breite Streifen schneiden. Das Olivenöl in einer tiefen Pfanne erhitzen. Die Knoblauchzehen abziehen und im Olivenöl braun werden lassen. Knoblauchzehen aus dem Öl entfernen und die Innereien im Öl knusprig braun ausbraten. Mit dem Schaumlöffel aus dem Öl heben, kurz auf Küchenpapier abtropfen lassen, salzen und sehr heiß servieren.

Higado encebollado

Leber mit Zwiebeln
(Abbildung oben rechts)

500 g Kalbs- oder Lammleber in Scheiben
1–2 EL Mehl
200 ml Olivenöl
500 g Zwiebeln, in feine Ringe geschnitten
1–2 Knoblauchzehen, fein gehackt
2 EL gehackte Petersilie
$^{1}/_{8}$ l Weißwein
Salz und Pfeffer

Die Leber waschen, trockentupfen und im Mehl wenden. Überschüssiges Mehl abklopfen. In einer tiefen Pfanne 150 ml Olivenöl erhitzen und die Zwiebelringe darin hellgelb andünsten. Dann den Knoblauch und die Petersilie untermischen und den Weißwein angießen. Mit Salz und Pfeffer würzen und etwas köcheln lassen. Inzwischen die Leberscheiben im restlichen Öl braten. Die Leber auf vorgewärmten Tellern anrichten, die Zwiebelsauce darüber geben, sofort servieren.

Lengua de vaca estofada

Geschmorte Kalbszunge

1 Kalbszunge, ca. 1 kg
Salz
2 EL Schweineschmalz
2 Zwiebeln, gehackt
4 Möhren, in dicke Scheiben geschnitten
$^{1}/_{4}$ l Weißwein
1 Lorbeerblatt
einige Stengel Thymian
1 geröstete Scheibe Weißbrot
2 Knoblauchzehen, gehackt
Pfeffer

Leber mit Zwiebeln
(higado encebollado).

Die gewaschene Zunge in leicht gesalzenem Wasser ca. $1^{1}/_{2}$ Stunden kochen. Dann herausheben, abkühlen lassen und enthäuten. Das Schweineschmalz in einer tiefen Pfanne erhitzen und Zwiebeln darin glasig dünsten. Zunge darauf legen, Möhrenscheiben um die Zunge verteilen. Weißwein und $^{1}/_{2}$ l Zungenbrühe angießen, Lorbeerblatt und Thymian zufügen und alles zum Kochen bringen. Im Mörser das geröstete Weißbrot mit Knoblauch und 2 Eßlöffeln Brühe zerstampfen, mit Salz und Pfeffer würzen. Paste auf die Zunge streichen und zugedeckt 1 bis $1^{1}/_{2}$ Stunden köcheln lassen. Zunge aus der Pfanne heben, Sauce pürieren. Zunge in Scheiben schneiden, auf einer vorgewärmten Platte anrichten, mit Sauce begießen und servieren.

Mollejas empanadas

Paniertes Kalbsbries

750 g Kalbsbries
Salz
1 Lorbeerblatt
4 EL Mehl
2 Eier, verquirlt
4 EL Semmelbrösel
Fett zum Fritieren

Kalbsbries 3 bis 4 Stunden in kaltes Wasser legen, dann die äußeren Häutchen und Adern abziehen. Bries in einen Topf mit kaltem Wasser legen, Salz und Lorbeerblatt zufügen und zum Kochen bringen. 5 Minuten köcheln lassen, dann das Bries aus dem Topf heben und mit kaltem Wasser abschrecken. Bries in eine flache Schüssel legen, einen Teller darauf stellen und etwas beschweren, damit das Bries leicht gepreßt wird. Nach 1 Stunde das Bries in dicke Scheiben schneiden. Mehl, Eier und Semmelbrösel in je 1 Suppenteller geben und die Briesscheiben zuerst in Mehl, dann in Ei und zuletzt in den Semmelbröseln wenden. Die panierten Briesscheiben in heißem Fett von beiden Seiten goldbraun ausbacken und mit Tomatensauce servieren.

Zwar ist Weißbrot die Nummer eins in spanischen Bäckereien, doch die Auswahl in den *panaderías* hat zugenommen. Da gibt es Laibe, Stangen und Kringel, Gersten-, Hafer- und Vollkornbrot sowie Brote mit Nüssen oder Rosinen.

Rustikales Landbrot nach Großmutterart hat wieder Konjunktur. Meist werden diese Brotsorten im Holzkohleofen gebacken und schmecken deshalb angenehm rauchig. Sie passen besonders gut zu Wurstwaren oder kräftigem Käse.

Brot

»Lieber Brot mit Liebe als Huhn mit Schmerzen«, lautet ein altes spanisches Sprichwort. Denn Brot ist das wichtigste Grundnahrungsmittel der Spanier. Der Dichter José Martínez Ruiz, genannt Azorín, schwärmte 1937 in seinem Pariser Exil romantisch vom Hunger, den er in den knappen Jahren seiner Jugend gelitten hatte: Ein Brötchen war damals die einzige Nahrung des Tages, rationiert in behutsam abgeschnittenen Scheiben.

Bis vor nicht allzulanger Zeit aß jeder Spanier im Durchschnitt ein Kilogramm Brot pro Tag. Über die kultische Bedeutung, die es in fast allen Zivilisationen seit Urzeiten genoß, hat Brot die Rolle, Geselligkeit zu symbolisieren. Am Tisch zusammensitzen ist fast undenkbar, wenn kein Laib Brot vorliegt, um zu teilen, und mancher Spanier mag lieber ganz auf eine Mahlzeit verzichten, als sie ohne Brot einnehmen zu müssen. Mit Brot den Saft eines Fleischgerichts aufzusaugen, ist keineswegs ungeziemlich an spanischen Tischen – im Gegenteil: Wer darauf verzichtet, verpaßt das Beste vom Gericht. Was viele Nordeuropäer hingegen immer wieder verwundert: In Spanien gibt es zur Suppe kein Brot. Dafür spielt gutes Brot eine wichtige Rolle, um schmackhafte Tapas zu begleiten – und nicht zuletzt als Unterlage für *bocadillos* und *montaditos*, die begehrten belegten Brote (siehe rechte Seite).

Gutes Weißbrot ist bis heute die Regel in Spanien, die Vollkornsorten gewinnen erst in den letzten Jahren, seit dem Beitritt zur Europäischen Union, an Bedeutung. Doch wie das Weißbrot gemacht wird, ist von Ort zu Ort verschieden. Das *pan blanco* (oder *pan candeal)* Kastiliens ist eine große, runde Scheibe aus feinstem Mehl, in das oben mit einer Klinge Muster eingeritzt werden. Es wird relativ schnell hart, kann dann aber in den deftigen Eintöpfen Zentralspaniens wieder wunderbar zur Geltung kommen. In Katalonien und auf den Balearen herrscht die Kugel des *pa de pagès* vor, ein schmackhaftes Bauernbrot mit dicker Rinde, das gut haltbar und zum Einreiben mit Tomate sehr geeignet ist (siehe Seite 16). Die Brötchen heißen in Katalonien *llonguet,* und wer das Glück hat, sie aus dem Holzkohleofen zu bekommen, wird den herzhaften Geschmack nicht so schnell vergessen. Seltsame Spitzen schmücken das andalusische Brot *(piquito),* in Asturien wird ein Mais-Brot gebacken *(borona).* Recht dunkel, aus etwas schwammiger, aber schmackhafter Masse ist das Brot San Sebastians *(sopako),* das für Brotsuppen geeignet ist. Fast jedes Dorf rühmt sich mit seiner eigenen Spezialität, und so kann ein Besuch beim Bäcker immer wieder eine Entdeckung sein.

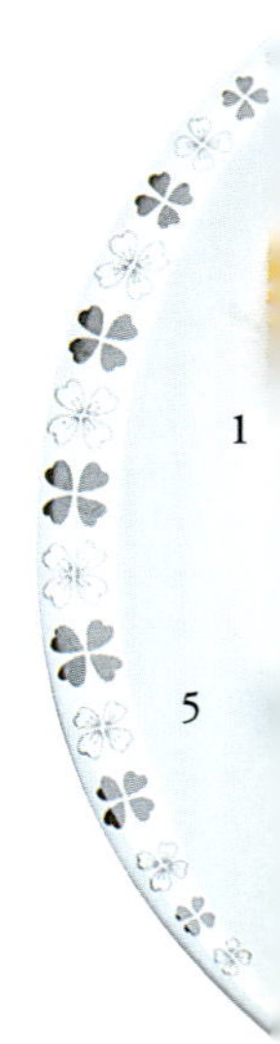

Das *bocadillo* ist Kult. Man kann es zu jeder Tageszeit essen – und natürlich als Unterlage für lange Nächte. Womit man die Brotunterlage belegt, bestimmt allein die Phantasie, und manche Bocadillo-Läden machen daraus eine wahre Kunst. Ein Bocadillo mit Schinken gehört da zu den einfachen, aber klassischen Varianten.

Bocadillo und Montadito

Ein *bocadillo* ist alles und nichts. Auf keinen Fall eine Mahlzeit, höchstens ein Ersatz dafür: ein frisches, weißes Brötchen, das mit allen nur erdenklichen Leckereien belegt werden kann. Historisch könnte es die Weiterführung des Arme-Leute-*almuerzos* sein: Zur Zwischenmahlzeit auf dem Feld gab es Brot mit etwas »Geschmacksverstärker« wie Wurst, Dörrfleisch oder Speck. Aus Zentralspanien stammt das Wort *companaje* (»was das Brot begleitet«) – ein Hinweis auf die früheren Mengenverhältnisse. Heute sind *bocadillos* vor allem in der Großstadt der schnelle Imbiß für zwischendurch. In jeder Kneipe gibt es sie, reich belegt mit rohem oder gekochtem Schinken und mit Käse, oft auch mit *chorizo,* der würzigen Paprikawurst. Doch das ist nur das Grundregister, und eine Taverne, die etwas auf sich hält, schmückt sich mit einer langen, in Kreide geschriebenen Liste.

Bocadillos gibt es warm mit Fleisch oder Fisch, und auch kalt kann alles zum *bocadillo* werden, vom Mayonnaisesalat bis hin zu Thunfisch in Öl mit Tomate. Auch alle möglichen Varianten der Tortilla werden in Brötchen geklemmt. Ganz fein ist edelster Ibérico-Schinken oder *cecina* (Dörrfleisch vom Rind), doch hier stellt sich die Frage, ob nicht eine *ración* der wertvollen Köstlichkeiten den Gaumen eher erfreuen würde: pur auf dem Teller mit Brot als Beigabe. Als Brothäppchen für feinere Anlässe gibt es die Miniausgabe der *bocadillos*, die *montaditos.*

Beliebte Montaditos

1 *salmón* – Lachs
2 *huevas (»caviar«)* – Fischrogen
3 *anchoas ahumadas* – geräucherte Sardellenfilets
4 *rollito de salmón* – Lachsröllchen
5 *anchoas en salazón* – eingelegte Sardellenfilets

6 *queso Brie* – Briekäse
7 *merluza frita* – fritierter Seehecht
8 *chorizo* – Paprikawurst
9 *morcilla* – Blutwurst
10 *solomillo* – Lendchen
11 *tortilla* – Omelett

12 *queso manchego* – Manchegokäse
13 *lomo ibérico* – luftgetrocknete Lende vom Iberischen Schwein
14 *salchichón* – würzige Hartwurst
15 *queso Roquefort* – Roquefortkäse
16 *chorizo ibérico* – Paprikawurst vom Iberischen Schwein
17 *jamón ibérico* – Schinken vom Iberischen Schwein

Frische Fische

Madrid liegt am Meer. Mitten auf der kastilischen Hochebene, Hunderte Kilometer entfernt von den Küsten, gilt die Metropole als größter »Inlandshafen« Europas für Fisch – weit vor Paris und Mailand. Nahezu 80 Prozent des in spanischen Häfen angelandeten Fischs wird im Land selbst verzehrt, und wenn jeder Spanier rund 40 Kilogramm Fisch pro Jahr ißt, dann wird die Statistik ohne Zweifel noch übertroffen von den Bürgern Madrids.
Schon vor Jahrhunderten liebte man hier eine saftige Seebrasse zu Weihnachten. So berichtet Enrique de Aragón 1423 in seiner *Arte Cisoria,* der Bibel der Kochkunst aus dem spanischen Mittelalter. Heute schuftet selbst die Muschelsucherin am galicischen Strand hauptsächlich für Madrid, denn die *navajas* (Schwertmuscheln), die sie mühsam aus dem Sand gräbt, werden über Nacht in die Hauptstadt gefahren. Fisch aus Kantabrien oder Garnelen vom Mittelmeer werden ebenso schnell in den Markthallen der Hauptstadt angeboten wie in den Auktionshallen der Fischer an der Küste. Keine Feier ohne *gambas, centolla* oder *chipirones* (Garnelen, Seespinne oder Kalmar), und bei wichtigen Anlässen dürfen auch teure *percebes* (Entenmuscheln) oder *angulas* (junge Glasaale) nicht fehlen. Und ohne *besugo,* die Seebrasse aus dem Ofen, wäre Weihnachten in der Hauptstadt bis heute undenkbar.

Besugo al horno

Graubarsch aus dem Ofen
(Abbildung rechts)

1 Graubarsch, ca. 1 kg, küchenfertig vorbereitet
Salz und Pfeffer
2 Zitronenscheiben
3 Knoblauchzehen, in dünne Scheiben geschnitten
4 EL Semmelbrösel
2 EL gehackte Petersilie
$^{1}/_{4}$ *l trockener Weißwein*
4 Kartoffeln, in Scheiben geschnitten
100 ml Olivenöl

Den Fisch waschen, trockentupfen, innen und außen mit Salz und Pfeffer einreiben. Fisch in eine feuerfeste Form legen und auf der Oberseite viermal mit dem Messer einschneiden. Die Zitronenscheiben halbieren und in die Einschnitte stecken, den Knoblauch darübergeben. Semmelbrösel und Petersilie mischen und über den Fisch verteilen. Weißwein angießen und Kartoffelscheiben um den Fisch herumlegen. Olivenöl über den Fisch und die Kartoffeln gießen. Im vorgeheizten Backofen bei 180 °C ca. 25 Minuten garen (Garprobe machen).

Die Zarzuela

Hinter den Cortes, dem spanischen Parlament in Madrid, befindet sich das Teatro de la Zarzuela. Zur Aufführung kommt hier traditionell eine Art Singspiel, bei dem sich Dialog, Lied, Musik und Tanz in berauschender Reihenfolge abwechseln. Die Zarzuela geht zurück auf das 16. Jahrhundert, als volkstümliche Theatervorstellungen häufig eine bunte Mischung aus Musik und dramatischen Szenen waren. Die Dichter Lope de Vega und Calderón de la Barca erhoben gut ein Jahrhundert später das farbenprächtige Potpourri zur Kunstform und schrieben die ersten Texte für die Zarzuela, die später von der Oper aus Italien verdrängt wurde. Im 19. Jahrhundert erlebte die Zarzuela eine Renaissance: volksverbunden, satirisch und amüsant. So hat dieses Singspiel bis heute überlebt. Vor allem die humorvollen Einakter finden großen Anklang, und mit ihrem bunten Allerlei hat die Zarzuela wohl auch dem beliebten Fischeintopf Spaniens den Namen gegeben.

Merluza a la madrileña
Gefüllter Seehecht nach Madrider Art

1 Seehecht, ca. 1 kg, küchenfertig vorbereitet
Salz und Pfeffer
Saft von 1 Zitrone

Füllung:
10 geschälte Garnelenschwänze
1 Schalotte, fein gehackt
1 EL gehackte Petersilie

Sauce:
1/8 l Olivenöl
1 Zwiebel, fein gehackt
3 Knoblauchzehen, fein gehackt
250 g Tomaten, enthäutet und in Würfel geschnitten
2 EL gehackte Petersilie
2 EL Semmelbrösel
1/8 l trockener Sherry

Den Fisch waschen, trockentupfen, mit Salz und Pfeffer einreiben und mit Zitronensaft beträufeln. 10 Minuten ziehen lassen. Für die Füllung die Garnelen kleinschneiden und mit der Schalotte und der Petersilie vermischen. Alles in die Bauchhöhle des Fischs geben, Öffnung mit Zahnstocher zustecken.
100 ml Olivenöl erhitzen, die Zwiebel und den Knoblauch darin glasig dünsten. Die Tomatenwürfel dazugeben und einige Minuten mitdünsten. Vom Herd nehmen und die Petersilie untermischen. Die Hälfte der Masse in eine feuerfeste Form füllen, den gefüllten Fisch darauf legen und mit dem restlichen Zwiebelgemüse bedecken. Mit den Semmelbröseln bestreuen, das restliche Olivenöl darüber träufeln und den Sherry angießen. Die Form mit Alufolie abdecken. Im vorgeheizten Backofen bei 225 °C ca. 30 Minuten garen, dabei während der letzten 5 Minuten die Folie entfernen. Sehr heiß in der Form servieren.

Congrio con salsa vinagreta
Meeraal mit Vinaigrette-Sauce

1 kg Meeraal, küchenfertig vorbereitet
Salz
1 Lorbeerblatt
1 Kräutersträußchen (z. B. Thymian, Rosmarin, Petersilie)
3 EL Weinessig
Pfeffer
1/8 l Olivenöl
1 Zwiebel, fein gehackt
1 Essiggurke, fein gehackt
2 harte Eier, fein gehackt
1 EL gehackte Petersilie

Den Aal in Portionsstücke zerteilen, mit Salz einreiben und 10 Minuten ruhen lassen. Dann 1 l Wasser mit dem Lorbeerblatt und dem Kräutersträußchen zum Kochen bringen. Den Aal einlegen und bei kleiner Hitze zugedeckt 20 Minuten ziehen lassen.
Inzwischen aus dem Essig, Salz, Pfeffer und Olivenöl eine Vinaigrette anrühren. Zwiebel, Essiggurke, Eier und Petersilie unterrühren.
Den fertigen Aal aus der Brühe heben, abtropfen lassen und in eine vorgewärmte Schüssel legen. Die Sauce getrennt dazu reichen. Als Beilage gekochte Kartoffeln servieren.

Soldaditos de Pavía
Stockfisch »Soldaten von Pavía«

600 g Stockfisch ohne Haut
1 TL mildes Paprikapulver
Salz und Pfeffer
Saft von 1 Zitrone
2 EL Olivenöl
3 EL Mehl
3 Eier, verquirlt
Öl zum Ausbacken

Den Stockfisch in Stücke schneiden und 24 Stunden wässen, dabei mindestens zweimal das Wasser wechseln. Den Fisch gut abtropfen lassen und in gleich große Streifen schneiden. In einer Schüssel aus Paprika, Salz, Pfeffer, Zitronensaft und Olivenöl eine Marinade anrühren. Die Fischstreifen hineinlegen und 2 Stunden darin ziehen lassen. Die Streifen aus der Marinade heben, trockentupfen und zuerst in Mehl, dann in Ei wenden. In heißem Fett schwimmend goldbraun ausbacken. Die heißen Stockfischstreifen werden mit Paprikastreifen in Bocadillo-Brötchen oder mit einer würzigen Tomatensauce auf Tellern serviert.

Fisch bekommt man auf den Märkten in Madrid fast so frisch wie direkt am Meer. Die Auswahl in der Stadt ist unbeschreiblich, und Fisch wird bestens zubereitet.

1 *Café solo:* Der kleine schwarze Kaffee ist als erstes Frühstück genauso beliebt wie nach einem guten Essen.
2 *Cortado:* Wer den kleinen Schwarzen nicht ganz so herb mag, gibt ein kleines Schlückchen Milch hinzu.
3 *Leche manchada:* Bei der »befleckten Milch« dominiert viel heiße Milch über eine winzige Menge Kaffee.

4 *Café con hielo:* Zum kleinen Kaffee wird ein Glas Eis serviert, in das man dann den gesüßten Kaffee kippt.
5 *Café del tiempo:* Gegen den dicken Kopf am Morgen gibt es zum Kaffee mit Eis noch eine Scheibe Zitrone.
6 *Café canario:* Bei dieser Spezialität der Kanarischen Inseln trinkt man *café solo* mit schwerer Kondensmilch.

Café con leche: Ein kleiner schwarzer Kaffee, vom Kellner am Tisch mit heißer Milch aufgegossen, ist das typische Getränk zum Frühstücksgebäck. Er schmeckt aber auch, wenn man sich am Nachmittag im Kaffeehaus trifft.

Im Kaffeehaus

»Das Kaffeehaus ist der Staatsrat jener Männer, die niemand um Rat fragt«, urteilte ein Chronist der spanischen Hauptstadt. Es gab eine Zeit, in der die Marmortische auf ihren gußeisernen Füßen und die Kellner in schmuddeliger Jacke und schwarzer Fliege Zeugen des Stadtgeschehens waren. Die Männer, die sich in den ersten Jahrzehnten dieses auslaufenden Jahrhunderts im Kaffeehaus trafen, machten Politik, auf die zwar keiner hörte, die aber Spuren im intellektuellen Leben des Landes hinterließ.
Heute dienen die wenigen Relikte jener Kaffeehaus-Epoche bestenfalls noch der Nabelschau mittelmäßiger Schriftsteller aus der Hauptstadt. Und doch haben Lokale wie das *Gijón* oder das *Comercial* etwas Faszinierendes. Da sitzt ein alter Anarchist, ein Überlebender des Bürgerkrieges, erlittene Mühsal und strenge Moral halten den Rücken gerade. Am Nebentisch eine 18jährige Studentin: Das am Bauchnabel geknotete Nylon-Hemd des Vaters gewährt tiefen Einblick, am Hals trägt sie das schwarze Tuch der Anarchie. Der Alte versteht die Welt nicht mehr.
Denn irgendwann kam der Fortschritt. Boutiquen ersetzten viele Lokale, Dekorateure erfanden den glänzenden Neo-Jugendstil, der Schnörkel brachte, die Seele aber vergaß. Dann wieder ein Lichtschimmer: Das *Barbieri* wurde renoviert zu dem, was es vor 50 Jahren gewesen war, mit allen Konsequenzen. Die Leute kamen zum Diskutieren. Die *tertulia,* der Gesprächszirkel im Kaffeehaus, ist wieder da – trotz Konsumgesellschaft und Fernsehen. Mag sein, daß viele Lokale noch dem voyeuristischen Zweck dienen, zu sitzen und schöne Menschen anzuschauen. Doch in einige Winkel Madrids kehrt die Zivilisation wieder ein, die aktive Beteiligung am intellektuellen Leben der Nation.

Kaffee aus den Kolonien

Die Wurzeln des Kaffees liegen begraben in unzähligen Mythen und Legenden. Am wahrscheinlichsten ist die arabische Herkunft des weltweit beliebten Getränks. Die Venezianer brachten den Kaffee im 17. Jahrhundert nach Europa, doch trotz der muselmanischen Tradition Spaniens kam er wohl erst im Gepäck des ersten Bourbonen-Königs Philipp V. (ab 1700), auf die Iberische Halbinsel. Im 18. Jahrhundert jedenfalls breitete sich der würzige Trank im Land aus. So ungewiß die Herkunft des Kaffees ist, so genau beschreiben Historiker seine Weiterreise nach Amerika im 18. Jahrhundert. Zunächst brachten die Franzosen die wertvolle Saat nach Guayana und Martinique, von hier aus gelangte sie nach Brasilien. Auch nach Kolumbien kam die Pflanze auf verschlungenen Pfaden. Die ehemalige Kolonie ist bis heute Hauptlieferant Spaniens.

Der *carajillo* gilt als Bombe unter den spanischen Kaffeespezialitäten. Man verrührt Anisschnaps oder Brandy mit der gewünschten Menge Zucker.

Je nach Tageszeit, Lust und Laune kann man auch einige Kaffeebohnen oder ein Stück unbehandelte Zitronenschale mit ins typische kleine Glas geben.

Erst zum Schluß kommt starker schwarzer Kaffee ins Glas, und diesen Zaubertrunk genehmigen sich manche Menschen sogar schon zum Frühstück.

Hofküche der Habsburger

Kaiser Karl V. (in Spanien Carlos I.) herrschte über ein Reich, in dem die Sonne nie unterging. Seine Schiffe brachten im 16. Jahrhundert Gold und Silber aus Amerika nach Sevilla und machten Spanien zur Großmacht Europas. Auch kulinarische Reichtümer wie Tomate oder Schokolade kamen mit den Eroberern in die Metropole, und auch diese wußten die Habsburger Könige Spaniens zu würdigen. Vom mächtigen Kaiser Karl über den gefürchteten Philipp II. bis zum schwächlichen Karl II., der im 17. Jahrhundert die Habsburger Linie in Spanien beendete, pflegten die *Austrias* in ihren Palästen einen aufwendigen Lebensstil, bei dem Essen und Trinken einen wichtigen Platz einnahmen, so sehr das einfache Volk draußen vor den Palästen auch darben mochte.
Oficio de boca (wörtlich: »Fach des Mundes«) hieß der Stab von Personal, der für das leibliche Wohlergehen des königlichen Hauses zuständig war. Der Hauptkoch *(cocinero mayor)* thronte wie ein Minister über seine Untergebenen, die in mannigfaltigen Fächern spezialisiert waren. So war der *guardamangier* für die Vorräte zuständig, der *comprador* für den Einkauf und der *summellier* für den Wein. Saucen, Desserts, Torten und sogar die Kutteln hatten zu Hofe ihre besonderen Köche, auch das Würzen lag in den Händen eines Fachmanns, und nicht einmal Obst kam ohne die Bewilligung des Spezialisten auf den Tisch.
Die Mahlzeiten waren für König und Hof ein langwieriges Ritual. Nachdem der Priester Tisch und Speisen gesegnet hatte, trugen der *panetier*, der fürs Brot zuständig war, und der *trinchante* (»der die Speisen tranchiert«) die Gerichte auf – zusammen mit einem halben Dutzend weiterer Diener, die sich bemühten, sich nicht gegenseitig auf die Füße zu treten.
Trinken war in jenen opulenten Zeiten ebenso kompliziert wie essen: Der *copero* (von *copa*, »Glas«) stellte den Wein in einem Becher mit Deckel auf. Dann untersuchte der Arzt das Getränk. Erst danach durfte der Mundschenk den Becher näherbringen (unter Begleitung von zwei weiteren Beamten, wohl der größeren Würde wegen) und dem König kniend überreichen. Während der König trank, mußte der *copero* ein Tablett vorhalten, damit kein Tropfen auf die majestätische Kleidung fiele. Zuletzt überreichte er eine Serviette zur Trocknung der edlen Lippen. Dann zog sich der ganze Umzug mit dem Becher wieder zurück. Trotz des mühsamen Rituals genossen die Habsburger das Essen und bemühten sich stets, nur die allerbesten Spitzenköche in Dienst zu nehmen.

Klatschmarkt vor dem Kloster

Obwohl San Felipe el Real ein spirituelles Zentrum war, das für seine ausgezeichneten Predigten bekannt war und die erhabensten Köpfe des Augustinerordens beherbergt hatte, geschah draußen wichtigeres als drinnen. Hier, auf den Treppen von San Felipe, versammelten sich die Menschen. In den vielen Jahren, die er in Madrid verbrachte, konnte man auf den Absätzen nicht selten Góngora begegnen, meist in Begleitung seiner Freunde, der barschen, hervorragenden Poeten des Kultismus...
Aber es waren nicht nur die Poeten, die sich auf den berühmten *mentideros* trafen. Ebenso versammelte sich dort der Pöbel der Stadt, das typische Madrider Gesindel: redegewandte Hidalgos und Hungerleider; düster gekleidete Studenten, süchtig nach der wässerigen Suppe des Klosters; die schillerndsten Blender des Hofes, die berühmtesten oder begehrtesten Schauspieler, Schwindler, die für jedes öffentliche Problem eine Lösung parat hatten; die über dreitausend Bettler der Stadt; neugierige Fremde aller Klassen und Kategorien; Hochstapler und Glücksritter. Eine närrische und demokratische Mischung für jene Zeit, in der es keine Presse gab und deren lebendigste und doppelzüngigste Gazette die *mentideros* darstellten.

(Aus: Nestor Luján, Die sieben Tode des Grafen Villamediana, 1987)

Ein überliefertes Weihnachtsmenu am Hof führt zwölf Vorspeisen, zwölf zweite Gerichte und zwölf Hauptgerichte auf, eine Liste, die noch heute auch dem verwöhntesten Gourmet das Wasser im Munde zusammen laufen läßt: Da gab es natürlich *olla podrida,* den spanischsten aller Eintöpfe, aber auch savoyisches Kalbfleisch in Blätterteig. Zarte Tauben, Truthahn oder Wachteln gehörten zu einem feinen Mahl ebenso wie Schweinefilet, Kalbsleberchen oder Hasenpaté. Tauben wurden gerne in »schwarzer Sauce« mit Schokolade aufgetischt, Kaninchen reizten mit Kapern, das gespickte Zicklein fehlte ebensowenig wie Graubarsch oder Forelle. Bleibt nur anzunehmen, daß nicht jeder Gast sich alle Gänge einverleibte, sondern daß derartige Festmahlzeiten die Vielfalt demonstrierten, aus der jeder großzügig auswählen konnte – wie heute bei modernen Büffets.
Allerdings war solche Fülle bei den Habsburgern keine Ausnahme zur Feier des Weihnachtsfestes. Auch eine simple königliche »Zwischenmahlzeit *(merienda)* brachte dem Monarchen mitunter mehr als 30 Gerichte auf den Tisch, darunter Forellen-Pastetchen, Zunge, feine Wurst und Trockenfleisch, gebackene Tauben und in Teig gerolltes Kalbfleisch nebst Hühnchen und Schweinelende. Unter den süßen Sünden wurde der Kakao aus den Kolonien so beliebt, daß Karl II. als »verzaubert« galt und täglich 20 bis 30 Tassen heißer Schokolade verschlang.

Cocido madrileño

Wenn es dunkel wurde in Madrid, schlich eine in schwarzem Schal vermummte Gestalt aus dem Palast. Sie überquerte rasch die Bailén-Straße und verschwand in den Gassen des *Madrid de los Austrias,* der unter den Habsburger Königen erbauten Altstadt. Jeder wußte, wer diese junge Frau war, und auch 130 Jahre später kennen alle Stammgäste an den Tresen der Madrider Weinschenken ihre Geschichte.

Das Volk nannte die des Palastes überdrüssige Prinzessin damals wie heute liebkosend *chata* (»Stupsnäschen«). Die Infantin Isabel, Schwester von Alfonso XII., ging immer wieder hinaus in die Madrider Nacht, um ihren Heißhunger nach *cocido* und nach Männern aus dem Volk zu stillen. *Cocido madrileño,* der Madrider Eintopf aus *garbanzos* (Kichererbsen), Gemüse und Fleisch ist das Stammgericht der Hauptstadt, ob reichhaltig mit Fleisch, Paprika- und Blutwurst oder genügsam mit ein wenig Speck und Huhn. Grundelement ist in jedem Fall die Kichererbse, die von den Phöniziern aus Zentralasien nach Spanien gebracht wurde. Gegessen wird der *cocido,* wie die meisten spanischen Eintöpfe, in drei Phasen: zuerst die Suppe, dann das Gemüse und zuletzt das Fleisch.

Der *cocido madrileño* wird zwar als typischer Eintopf gekocht, gereicht aber dennoch zur Mahlzeit mit drei Gängen: Als erster Gang wird die Suppe serviert.

Gemüse und Kichererbsen kommen als nächstes auf den Tisch, und dann sollte im Bauch noch Platz sein für den Höhepunkt: jede Menge Wurst und Fleisch.

Wein aus Madrid

Zu einem guten *cocido* gehört ein guter Rotwein. »Fast schwarz muß er sein«, meinen einheimische Experten. Dafür ist der Garnacha-Wein aus Navalcarnero besonders geeignet. Lange wurde der am südlichen Rand der Region angebaute *Vino de Madrid* nur offen gehandelt. Seit einigen Jahren aber bieten die unter der geschützten Herkunftsbezeichnung **D.O. Vinos de Madrid** produzierenden Winzer auch ausgereifte Flaschenweine an.

Das Anbaugebiet teilt sich auf in die Unterzonen Navalcarnero, San Martín de Valdeiglesias und Arganda. Die Böden sind reich an Kalk – daher die weißliche Farbe, die weite Landstriche um die Hauptstadt prägt. Der Kalk gibt den Weinen Struktur, die vor allem bei Tempranillo-Weinen zutage tritt. Sie sind von tiefer Farbe, mit kräftigen Tanninen und saftiger Frucht. In jüngster Zeit wird auch mit Cabernet, Merlot und sogar mit Syrah experimentiert. Diese Traube aus dem französischen Rhônetal ist jedoch noch nicht offiziell zugelassen. Bei den weißen Trauben dominiert die Malvar, eine Traube, die nur in Madrid wächst und einen orginellen Nußcharakter aufweist. Zudem werden weiße Qualitäten aus Albillo und aus der in Zentralspanien allgegenwärtigen Airén-Traube gekeltert – die nahe Mancha läßt grüßen. So ersetzen allmählich die zünftigen Roten von Navalcarnero und die Weißen aus Arganda den in Madrid seit jeher beliebten Wein aus Valdepeñas. Doch auch weit über die eigene Produktion hinaus entwickelt sich Madrid allmählich zum Paradies für Weinliebhaber: Nirgendwo sonst im Lande gibt es so viele Weinläden, und nirgendwo sonst bieten die Restaurants ein so reichhaltiges Angebot an Spitzenweinen aus dem ganzen Land.

Hintergrund: *Cocido madrileño*, der bodenständige Madrider Eintopf, wird traditionell im Tontopf gekocht, heute fürs Auge auch in Einzeltöpfchen.

Bier ist salonfähig geworden, und viele der traditionellen Bierkneipen *(cervecerías)* können auch Menschen erfreuen, die in der spanischen Gastronomie manchmal die Gemütlichkeit vermissen. In einer echten *cervecería* (oben) gibt es natürlich Bier vom Faß (Hintergrund), und die Auswahl an Biersorten nimmt ständig zu.

Bier

Wenn die Sonne hoch steht in Spanien, ersetzt die *caña*, das kleine Zapfbier, immer mehr den *chato*, das Gläschen offenen Rotwein. Spanien ist zwar kein traditionelles Bierland wie Deutschland oder Dänemark, doch die einheimischen Brauereien bieten heute eine Vielfalt an Bieren, die es mit der Konkurrenz aus dem Norden durchaus aufnehmen können.

Allerdings wurde der Gerstensaft nicht in Europa erfunden. Im Orient sollen die Sumerer schon vor 6000 Jahren eine Art Bier gebraut haben. Der altägyptischen Mythologie zufolge lehrte Osiris, Gott der Landwirtschaft, die Menschen die Kunst, aus Gerste Bier zu brauen, das man mit Datteln, Honig oder Zimt würzte. Hopfen wird seit dem 7. Jahrhundert v. Chr. verwendet. Im Jahr 133 v. Chr. erreichten die ersten Amphoren mit Bier die Mittelmeerhäfen der damals Hispania genannten Provinz des römischen Reichs. Zur Zeit des Kaisers Vespasian (1. Jh. n.Chr.) berichteten die Römer auch von einem mit Hefe fermentierten Getränk der Iberer, der Ureinwohner der Iberischen Halbinsel, das sie zu Ehren der Fruchtbarkeitsgöttin Ceres *ceria* nannten. Die Eroberer, die in den nächsten Jahrhunderten über das Land stürmten, bestimmten nun lange das Schicksal des Bieres in Spanien. Die Germanen tranken gerne und viel, doch die Araber, die im Jahr 711 über die Straße von Gibraltar setzten und fast die gesamte Halbinsel eroberten, mißbilligten es, dem Gebot Mohammeds folgend.

Im 16. Jahrhundert gab König Karl I. (Kaiser Karl V. des Heiligen Römischen Reiches) dem Bierbrauen wieder einen Anstoß. Als gebürtiger Flame wollte er nicht auf sein Lieblingsgetränk verzichten. Als der mächtige Herrscher sich gegen Ende seines Lebens ins Kloster von Yuste zurückzog, ließ er dort eine Brauerei errichten. Im gleichen Jahrhundert etablierten sich dank königlicher Konzessionen mehrere Brauer in Madrid und Santander, und ein Jahrhundert später produzierten die Madrider Brauereien schon jährlich 250000 Liter Gerstensaft.

Das Ende des königlichen Monopols im 19. Jahrhundert förderte Produktion und Verbrauch, der bis zum Bürgerkrieg (1936–39) schon rund 83 Millionen Liter pro Jahr erreichte. In den Hungerjahren nach dem Krieg ging der Konsum aber erheblich zurück. Bier war gegenüber dem billigen Wein einfach zu teuer. Erst ab 1970 etablierte sich Spanien als bedeutender Bierproduzent und stellt heute jährlich 2,5 Milliarden Liter her (1997). Im Schnitt trinkt ein Spanier pro Jahr knapp 65 Liter Gerstensaft, beim Durchschnittseuropäer sind es gut 82 Liter, und die Deutschen kippen sich sogar 138 Liter Bier hinter die Binde.

Cervecerías haben in Madrid Tradition. Man findet die typischen Bierkneipen in der Altstadt, wo man vor dem Essen ein frisch gezapftes Bier *(caña)* und Tapas genießt.

Fetthaltige Knabbereien wie Mandeln *(almendras)*, Erdnüsse *(cacahuetes)* und Oliven *(aceitunas)* sorgen dafür, daß das Bier nicht gleich in den Kopf steigt.

Bier ist laut Definition ein alkoholisches Getränk, das durch Hefegärung aus Getreide oder anderen stärkehaltigen Körnerfrüchten gewonnen wird. Meist wird Bier aus Gerste hergestellt und vor dem Kochen mit Hopfen gewürzt. Biere, die mit anderen Getreidesorten hergestellt sind, müssen entsprechend bezeichnet werden als Getreidebier *(cerveza de cereal)*.

Da sich die im Getreide enthaltene Stärke nicht vergären läßt, wird sie durch den Prozeß des Mälzens in Zucker umgewandelt: Man läßt die Gerste ankeimen und röstet sie dann, um die Keimung abzubrechen und Geschmacksstoffe auszubilden. Die so gemälzten und dann geschroteten Körner werden mit Wasser vermischt, mit Hopfen versetzt und eingekocht. Der abgekühlten »Würze« gibt man Hefe bei, die einen Großteil des Zuckers zu Alkohol und Kohlensäure vergärt. Biere, bei denen die Hefe auf der gärenden Würze schwimmt, nennt man obergärig; wirken die Hefen am Boden der Würze, spricht man von untergärigen Bieren.

Untergärige Lager- und Pilsen-Biere bilden den Hauptteil der spanischen Produktion, bekannte europäische Marken werden in Lizenz hergestellt. Inzwischen bezeugen aber auch schwarze Biere, leichte Spezialbiere, alkoholfreie Biere, Weizenbier, Irisches Stout und ein nach dem deutschen Reinheitsgebot gebrautes Pils die Anstrengungen der spanischen Brauereien, einen zunehmend wählerischen Markt zu bedienen.

Tortilla

Die *tortilla de patatas*, das beliebte spanische Kartoffel-Omelett, taucht schon in den Kladden von Francisco Martínez Montiño auf. Dieser war Chefkoch der Habsburger Könige Philipp III. und Philipp IV. sowie Autor eines der wichtigsten Werke spanischer Gastronomie: *Arte de cocina, pastelería, bizcochería y conservería* (Kunst des Kochens, Backens und Konservierens). *Tortilla de cartuja* hieß die Eierspeise zunächst. Sie stammte von Kartäusermönchen und wurde mit Sahne angemacht. Ein anderes Rezept in Montiños Sammlung beschreibt die Zubereitung von *tortillas de agua,* wobei wenige Tropfen Wasser in die Pfanne kommen, nachdem das Öl abgegossen wurde und bevor die Eier eingerührt werden. Dies ist die ureigenste Formel der heute in Spanien als »französisch« bezeichneten Tortilla, einem ganz einfachen Omelett *(tortilla francesa).* Über die Jahrhunderte ist dann das Kartoffelomelett in Spanien so typisch geworden, daß es als *tortilla española* den Rang eines Nationalgerichts eroberte.

Heute dient in Spanien fast alles dazu, eine Tortilla zu machen: Spinat oder Bohnen, Glasaale oder Schinken, Tomaten oder Pilze. Für die *tortilla al modo de Palencia* stapelt man mehrere Tortillas übereinander und übergießt das Ganze mit Tomatensoße. Die dreistöckige *tortilla de tres pisos* wird gern ganz profan mit Mayonnaise verspeist. In Valencia kennt man eine Tortilla mit Reis und Schinken oder auch mit Paella-Resten; typisch für Granada ist die *tortilla del Sacromonte* mit Hirn und Stierhoden. Wer es luxuriös mag, braucht für vier Personen acht Eier und 200 Gramm Kartoffeln, andere nehmen drei Eier auf ein Kilo Kartoffeln. Für die einfachste Madrider Variation brät man die Kartoffeln zusammen mit feingeschnittenen Zwiebeln oder Knoblauchzehen. Diese Tortilla ist so populär, daß sie oft mit dem Ur-Rezept der *tortilla de patatas* (wohlgemerkt ohne Zwiebeln!) verwechselt wird. Bei der *tortilla de escabeche a la madrileña* (mit mariniertem Thunfisch) müssen Kartoffeln und Zwiebeln besonders fein geschnitten werden, und für die *tortilla de esparragos* (mit Spargel) verwendet man in Madrid besonders gern Spargel aus Aranjuez.

Tortilla de patatas

Kartoffelomelett

150 ml Olivenöl
1 kg große Kartoffeln, geschält und in dünne Scheiben geschnitten
2 TL Salz
6 Eier

100 ml Olivenöl in einer schweren Eisenpfanne erhitzen. Die Kartoffelscheiben hineingeben, mit 1 TL Salz würzen und einmal im Öl wenden. Dann die Hitze reduzieren und die Kartoffeln 15–20 Minuten braten, dabei gelegentlich wenden. Überschüssiges Öl abgießen. Die Eier mit 1 TL Salz mit einem Schneebesen schaumig schlagen. Vorsichtig die Kartoffelscheiben unterheben, dann das Ganze etwas ruhen lassen. Das restliche Öl in einer Eisenpfanne erhitzen und die Kartoffel-Eimasse hineingeben. Glattstreichen und bei kleiner Hitze einige Minuten stocken lassen. Mit Hilfe eines Tellers oder Deckels das Kartoffelomelett wenden und auf der anderen Seite ebenfalls bräunen. Warm oder kalt servieren.

1 Zuerst werden die Kartoffeln geschält, in Scheiben geschnitten und in reichlich Olivenöl angebraten.

2 In der Zwischenzeit schlägt man Eier und Salz mit der Gabel oder mit einem Schneebesen schaumig.

3 Man mischt die gebratenen Kartoffeln mit den Eiern und gibt die Masse dann in die heiße Pfanne.

4 Wenn die Tortilla auf einer Seite gar ist, dreht man sie mit einem Teller um und brät die andere Seite.

Beliebte spanische Eierspeisen

Huevos fritos
Spiegeleier, meist mit sehr viel Öl gebraten. Beliebt sind sie *a la cubana* mit Reis und Tomatensauce.

Huevos fritos con migas
Spiegeleier auf gebratenen Brotwürfeln mit Schinken- und/oder Chorizo-Würfeln.

Huevos cocidos a la madrileña
Hartgekochte Eier *(huevos duros),* in Scheiben geschnitten und mit einer Tomaten-Paprikasoße übergossen, begleitet von Rohschinkenwürfeln.

Huevos revueltos (revuelto, revoltillo)
Rührei. Fast ebenso verbreitet und vielseitig wie die Tortilla. Besonders beliebt mit jungem Knoblauch als *revuelto de ajos tiernos* oder auch mit Pilzen *(setas)* oder mit Spagel *(espárragos).*

Matahambre madrileño / manchego
Der »Hungertöter« nach Art von Madrid oder La Mancha ist eine Art Omelett, bei der das Ei mit altem, in Milch eingeweichtem Brot, Knoblauch und Petersilie verquirlt wird.

Duelos y quebrantos
Das klassische Cervantes-Rezept für »Schmerzen und Zerrüttung« sieht Rühreier mit Speck und Lammhirn vor. Heute meist mit Speck und Chorizo.

Huevos mollets
Weichgekochte Eier. Als *huevos mollets a la Alicantina* werden sie angerichtet auf Kartoffelhälften mit Garnelen und Bechamelsauce.

Huevos escalfados
Verlorene Eier (in Essigwasser ohne Schale gegart), gerne serviert in einem *sofrito* aus Tomaten, Paprikaschoten und Olivenöl.

Huevos empanados (huevos rebozados)
Spiegeleier oder gekochte Eier, in einer dicken Bechamelsauce gewendet, paniert und fritiert, häufig mit Tomatensauce.

Huevos al plato al modo de Ávila
Im Ofen gegarte Eier in einem Bett aus gewürzten und gebratenen Tomatenscheiben mit Blutwurst.

Piperrada
Baskisches Rührei mit Tomaten und Paprikaschoten.

Huevos al estilo de Sóller
Spiegeleier mit Sobrasada-Wurst und Gemüsepürree aus Erbsen, Möhren und Lauch (aus Mallorca).

Huevos a la flamenca
Im Ofen gestockte Eier in einem Bett aus Tomaten, roten Paprikaschoten, Erbsen, grünen Bohnen, Spargel, Paprikawurst und Serrano-Schinken.

Huevos rellenos
Gefüllte Eier, etwa mit Thunfisch, Oliven und Mayonnaise, mit Pilzen oder Sardinen.

Tortilla de mariscos: mit Meeresfrüchten wie Muscheln, Garnelen und Tintenfisch.

Tortilla de sardinas: mit Sardinenstücken, die man vorsichtig in die Pfanne drapiert.

Tortilla de hierbas aromáticas: mit feinen Kräutern wie Thymian, Oregano, Estragon.

Tortilla de atún: mit Thunfisch, je nach Verfügbarkeit frisch oder aus der Dose.

Tortilla de hígado de pollo: mit frischer Hühnerleber, in grobe Stücke geschnitten.

Tortilla murciana: mit frischem Gemüse, je nachdem, was der Garten gerade hergibt.

Tortilla de caracoles: mit Schnecken, die vorher gereinigt und gegart werden müssen.

Tortilla de angulas: mit jungen Glasaalen. Eine Edelvariante der einfachen Eierspeise.

Tortilla de espinacas: mit Spinat, der vorher angedünstet wird. Auch Knoblauch paßt gut.

Tortilla de espárragos trigueros: mit grünem Wildspargel, der dezent bitter schmeckt.

Tortilla a la cazadora: die »Jägertortilla« mit gemischten frischen Waldpilzen.

Tortilla catalana: mit würziger Butifarra-Wurst und vorgegarten dicken Bohnen.

Anís

Botaniker bezeichnen mit *Pimpinella anisum* einen bis zu 50 Zentimeter hohen Doldenblütler aus Vorderasien mit weißer Blüte und kleiner, stark aromatischer Frucht. In Spanien gehört der daraus hergestellte Anisbrand *(anís)* zu den Grundsteinen der Trinkkultur. Überall im Land wird dieser Schnaps in meist kleinen Anlagen gebrannt. Die Anis-Destillate von Ojén oder Cazalla in Andalusien sind berühmt, doch allen voran stehen die Varianten aus dem Städtchen Chinchón, nur 42 Kilometer südlich von Madrid. *»Chinchón – anís, plaza y mesón«* (»Chinchón – Anis, Platz und Gasthof«), lautet ein geläufiger Spruch. Denn die Stadt ist ein beliebtes Ziel für Ausflüge aus der Hauptstadt, zu denen der Kauf einer Flasche Anis als Souvenir, die Besichtigung der *Plaza Mayor,* des berühmten Hauptplatzes, sowie ein Essen in einem guten Wirtshaus gehören.

Die alte Kunst des Anis-Brennens geht in Chinchón auf arabische Zeiten zurück. Ein Vertrag von 1777 belegt, daß die Weinbauern der Gegend dem Königshaus in jedem Jahr 100 000 Liter Schnaps lieferten. Die Weinberge der Gegend erlaubten die Herstellung von Alkohol, der dann mit Anis ein zweites Mal destilliert wurde.

Die Kunst, echten Anis anzubauen, ist nicht leicht, denn die Pflanze braucht sorgsame Pflege. Anderswo werden oft Ersatzpflanzen angebaut (in Frankreich Fenchel), doch Chinchón ist stolz darauf, Hüter der echten Tradition zu sein. Noch heute garantiert die Brennerei *Sociedad Alcoholera de Chinchón*, weder Ersatzpflanzen noch Extrakte zu verwenden und nur echten Anis zu *Chinchón* zu brennen.

Trockener Anis hat meist einen Alkoholgehalt zwischen 45 und 50 Grad , wobei die *Alcoholera de Chinchón* auch einen *special dry* von gewaltigen 74 Grad anbietet. Der Süße weist dagegen rund 38 Grad Alkohol auf. Verschiedene Hersteller würzen reinen Anisbrand durch Zugabe von Kräutern aller Art – so entsteht die lokale Vielfalt der Anisschnäpse im Lande.

Die Trinkart ist so mannigfaltig wie das Produkt. Da gibt es Unerschrockene, die den leeren Magen zum Frühstück mit einem Schluck Anis wecken. Auch im *carajillo* (ein Schuß in den schwarzen Kaffee) ist Anis morgens beliebt. Vor allem trockene Varianten sind als Digestif nach einem reichlichen Mahl geeignet, und auch die Liebhaber einer süßen *copa* finden wieder von importierten Obstdestillaten zum einheimischen Anis zurück. Gemischt mit goldenem Brandy wird der transparente Anis zum *sol y sombra* (»Sonne und Schatten«). Immer häufiger wird Anis heute auch mit Eis genossen, das vor allem die süßen Varianten bekömmlicher macht.

Aus Chinchón kommt der bekannteste Anisschnaps des Landes (Hintergrund). Die Plaza des Städtchens (oben) dient traditionell als Bühne für religiöse Theaterstücke.

Chinchón im Goldenen Zeitalter

Der unregelmäßige, leicht geneigte Platz – mit dem Brunnen auf einer Seite und ringsum Holzbalkonen an den meist dreistöckigen Gebäuden – ist einer der schönsten Kastiliens. Zur Fiesta von Chinchón verwandelt sich die *Plaza Mayor* seit 1502 jedes Jahr in eine Stierkampf-Arena. Vor bald 150 Jahren wurde hier auch der Brauch der *Beneficiencia,* des Wohltätigkeits-Stierkampfs, eingeführt, wie er etwa zur Madrider Feria de San Isidro gehört.
Ein ganz anderes Schauspiel boten die schweren Holzwagen der Theatergruppen, die im 16. Jahrhundert zum Fronleichnamsfest auf dem Platz zur Bühne zusammengeschoben wurden. Gespielt wurden *autos sacramentales,* Einakter mit religiösen Inhalten. Ursprünglich simple Inszenierungen des Heiligen Abendmahls, wurden die Aufführungen zunehmend komplexer, aber immer waren sie Allegorien aus dem Alten oder Neuen Testament. Bekannte Schriftsteller wie Lope de Vega oder Tirso de Molina schrieben solche Stücke, doch den Höhepunkt dieser Kunstform schaffte Pedro Calderón de la Barca. Ab 1649 hatte Calderón alleine das Recht, für Madrid *autos sacramentales* zu schreiben, und in einem kurz vor seinem Tod verschickten Brief schreibt er, 70 dieser Werke verfaßt zu haben. Allmählich degenerierten die *autos* aber zu simplen Farcen, und 1765 wurden sie verboten. Die Stadt Chinchón erinnerte sich an die ursprüngliche Tradition, als sie 1963 zu Ostern die Passion wieder inszenierte. Seither kommen die Bewohner der Stadt alljährlich am Ostersamstag auf ihrer Plaza zusammen und spielen religiöses Theater.

Anís de Chinchón

Anís Castellana

Anís Machaquito

Anís Tunel

Die Anispflanze stammt ursprünglich vom östlichen Mittelmeer und kam als Brotgewürz nach Europa.

Anissamen geben den spanischen Anisschnäpsen ihren feinen Geschmack. Als Basis dienen Traubendestillate.

Mojito, das Nationalgetränk Kubas aus Rum, Limetten, Zucker und Minze, hat längst auch die spanischen Bars erobert.

Cubata oder **Cuba libre** mixt man aus Rum und Cola mit etwas Zitrone.

Ginebra tónica oder **Gin tonic** enthält Gin und chininhaltige Limonade.

Caipirinha besteht aus Limetten, Zuckerrohrschnaps und Zucker.

Quemadillo ist ein Grog aus Rum und Wasser, manchmal mit Milch.

Agua de Valencia macht man aus Orangensaft mit Sekt oder auch Likör.

Lumumba ist ein warmer Winterdrink aus Rum und Schokomilch.

Die Castellana

Der Paseo de la Castellana, heute die beliebteste Flaniermeile Madrids (Abbildung rechts), war einst eine *cañada,* ein Schaftreiberpfad. Noch vor 25 Jahren trieben Hirten regelmäßig ihre Herden über Spaniens nobelste Allee, und auch die Calle Alcalá, die quer zur Castellana verläuft, ist legal noch Teil der *Cañada Galiana*. Alfons der Weise führte im Jahre 1273 die *cañadas reales,* die königlichen Hirtenpfade ein, denn Wolle war Grundlage seiner Finanzen. Von den Bergen Asturiens bis nach Valencia und Sevilla zogen sich die Wege für die Herden auf der Suche nach Weiden. Trotz Bauwut gibt es heute noch 100 000 Kilometer *cañadas,* über die etwa 400 000 Schafe wandern (siehe auch Seite 271). Durch Madrid kommen sie allerdings nur noch zum Protest oder zu traditionellen Festen.

Nacht ohne Ende

Madrid führt ein Doppelleben. Tagsüber ist Spaniens Hauptstadt laut und staubig. Doch wenn die Nacht kommt, verschwindet das Erdrückende. Der Rhythmus bleibt zwar hektisch bis tief in die Nacht, die Stimmung aber wird magisch und die Luft rein, wenn der Wind von der Sierra den Dreck des Tages aus Atmosphäre und Köpfen bläst. *Marcha* (Marsch) oder *movida* (Bewegung) heißt das Nachtleben in Madrid. Früher, als die Hauptstadt noch aus der Lethargie der Franco-Diktatur erwachen mußte, war damit ein reges kulturelles Leben gemeint. Heute geht es um Bewegung in reinster Form, denn Stillstand – so scheinen viele zu glauben – ist Tod. Also auf in zum Bersten volle Lokale, denn Spaß ist nur dort zu finden, wo kein Platz mehr ist (warum wären sonst all die anderen da?).

Einen Abend an einem einzigen Kneipentisch zu verbringen, wäre für einen Madrileño schlicht undenkbar. Zum Auftakt nach der Arbeit wartet der *aperitivo* in einer Tapas-Bar – so gegen acht Uhr oder später. Zu essen gibt es erst um zehn Uhr abends, und gleich danach geht der Kampf um die *copa* los, das muntere Sich-treiben-lassen von einem Drink zum nächsten.

Dabei ist die *copa* (wörtlich »Glas«) eigentlich nur dazu da, um sich dran festzuhalten. Es geht darum, zu sehen und sich zu zeigen in stets nach launischer Mode wechselnden Lokalen, im Sommer natürlich auf den *terrazas,* den Freilicht-Gehegen an den Flaniermeilen wie Castellana oder Paseo Pintor Rosales. Noch um drei Uhr morgens schaffen es die Madrileños, ihre Straßen in Staus und Chaos zu stürzen. Nach Mitternacht braucht der Körper Bewegung (sonst schläft er ein). Also nichts wie ab in die Disco, von Salsa oder Samba bis zum härtesten Techno, alles dröhnt zur Auswahl in den verschiedensten heißen Läden. Wer will, kann von Freitagabend bis Montagfrüh durchmachen, und auch tagsüber sind manche Discos offen. Wer es überlebt hat, soll erzählen!

Trinkgewohnheiten

Ob *aperitivo, vino* oder *copa:* Trinken erfolgt in Madrid nach strikten Regeln der Gewohnheit. Sich direkt vom Büro oder von zuhause ins Restaurant zum Essen zu begeben, wäre unkultiviert. Der *aperitivo* kann sich über mehrere Kneipen verlängern. Zu ein paar Tapas paßt ein Bier, ein Sherry oder auch ein Glas Cava, der häufig offen serviert wird. Auch Wein (im kleinen, *chato* genannten Kneipenglas) wird häufig zur Tapa genossen. Im Süden trinkt man zu dieser Gelegenheit Rotwein auch mit Limonade oder Soda und einer Scheibe Zitrone als *tinto verano* (Sommer-Rotwein). Zum Essen dann ist Wein noch immer König, auch wenn die Regeln, die weiß zu Fisch und rot zu Fleisch ordnen, längst nicht mehr strikt eingehalten werden. Im einfachen Restaurant *(tasca)* mit festem Tagesmenü kommt ein einfacher, offener Wein auf den Tisch, der mittags oft mit *gaseosa* (süßer Soda-Limonade) gemischt wird. Diese scheinbar barbarische Gewohnheit wird verständlich durch die Hitze des Sommers und die schweren roten Weine aus dem Priorato oder Aragonien. Der Sommelier eines feinen Madrider Lokals sei aber in Ohnmacht gefallen, als ein Neureicher zum edlen Rioja eine Limonade bestellte, sagt eine Legende. Man muß eben wissen, wo die Grenzen liegen. Daß der Weinkonsum in Spanien wie anderswo ständig sinkt, bedeutet im allgemeinen aber auch hier eine Verlagerung des Marktes von Quantität auf Qualität. Wenn beim zweiten Gang die Flasche Wein zur Neige geht, bestellen die Spanier nicht mehr nach, denn nach dem Essen geht es mit der *copa* weiter. Beim Digestiv gilt erst einmal die einfache Trinkregel: Je reiner, umso feiner. Noch hat sich nichts gefunden, das besser passen würde als goldener Brandy, weißer *orujo* (Tresterschnaps) oder Anis (siehe Seite 306 f).

Nach dem Verlassen des Restaurants geht's am Abend in der nächsten Bar weiter mit einer *copa.* Das Wort bedeutet nur Glas oder Becher, doch gemeint ist meist ein starkes Getränk wie Brandy oder Whisky – entweder pur oder gemixt. Weltweit bekannte Standard-Gemische wie Gin Tonic und Whisky Cola sind auch in Spanien überall zu haben. Gerne frönt man auch exotischen Mixgetränken von Cuba Libre über Caipirinha bis hin zu wilden Mischungen mit Kaffee oder Schokomilch. Die unterste Grenze des Primitiven bildet allerdings der *calimocho,* eine Mischung aus Cola und billigem Rotwein. Immer elegant gibt sich dagegen ein Glas spanischer Sekt (Cava), den man als *Agua de Valencia* auch mit frisch gepreßtem Orangensaft genießen kann.

In der Bar *Museo Chicote* (oben) wurde in der Ära Francos sogar Politik gemacht. Doch die Zeiten haben sich geändert: Wer sich heute für wichtig hält, besucht die Bars an der Castellana (Hintergrund).

Castilla-La Mancha

Walter Tauber

Kastilien-La Mancha

Wie ein Wunder erleben die Bauern der Mancha jedes Jahr die Blütenflut Tausender Krokusse, die in der kargen Landschaft erblühen und den begehrten Safran liefern.

Der Zauber wirkt ganz früh, wenn die Sonne das zarte Grau-grün der Olivenhaine noch kaum erkennen läßt. Oder spät, wenn sie das Gold der Weizenfelder in rotes Feuer verwandelt. Für den Rest der Zeit scheint es tatsächlich fast sinnvoll, in Rüstung gegen Windmühlen Sturm zu reiten. Die Mancha ist ein herbes Land, gewiß, aber das Hochplateau bietet auch sanfte Überraschungen. Der Phantasie freien Lauf zu lassen und leibliches Ungemach zu mißachten, ist die Grundregel nicht nur für tapfere Ritter, sondern für jeden, der das Herz Spaniens betritt. Denn nur eine beschaulich gestimmte Seele ist bereit, die Größe Don Quijotes und seines Landes zu erfassen.

Die von Dürre und brennender Sonne geplagte oder von eisigen Winden gepeinigte Ebene ist umringt von dunklen Höhenzügen, auf denen Steineichen und dürres Gras einer artenreichen Tierwelt Lebensraum bieten. Lange Zeit war diese flache Welt Grenzmark zwischen Christentum und Islam. Hier stürmten die Ordensritter von Calatrava einst wider die Ungläubigen, hier jagten die Berber-Trupps des Kalifen dem Christenkönig seine Schafe ab. Es ist lange her, seitdem Tausende von Schafherden auf endlosen Wanderungen durch die Mancha zogen. Doch noch immer liefert das dünn besiedelte Land, das kaum 20 Menschen pro Quadratkilometer beherbergt, einen ganz hervorragenden Lammbraten. Heute teilen sich die Hirten das Land mit den Bauern. Diese liefern zu Käse und Fleisch ihr blendendes Weißbrot, leichten, betörenden Wein und Gemüse, das im Tongefäß zum duftenden Wunder wird. Eine Fahrt über die sengende Einöde wird oft jäh unterbrochen durch Blicke ins Paradies, etwa wenn sich statt des staubigen Ackers eine Decke aus Safrankrokussen dem Auge darbietet oder wenn sich der rauhe Fels plötzlich öffnet auf ein grünes Tal mit plätscherndem Fluß und springenden Forellen. Genügsam sein heißt schließlich noch lange nicht, in Askese leben zu müssen, und die meist französischen Reisenden, die oft lauthals die angeblich so plumpe Küche Kastiliens verschrieen, wußten die Wunder zu ihren Füßen schlichtweg nicht zu erkennen.

Einfach war es zwar ohne Zweifel, was der Hirte da in seiner Eisenpfanne anrührte: Brot, Öl und Knoblauch, die allerwichtigsten Rohstoffe kastilischer Kost, hatte er immer dabei. Dazu kam täglich, was das Land ihm bot, sei es nun Hase, Rothuhn oder auch einmal ein Wildschwein. Und natürlich seine Phantasie. Denn die alleine bietet den Schlüssel.

Rechts: Wie mythische Wesen aus vergangener Zeit wirken die Windmühlen von Consuegra. Gegen die sagenhaften Riesen hat schon Don Quijote gekämpft.

Clavileño

Safran

Die Griechen der Antike salbten ihre schönen Frauen damit ein, Kaiser Nero ließ die goldenen Fäden auf die Straßen Roms streuen, bevor er in die Stadt ritt. Wohlhabende Römer tranken bei ihren Orgien einen Safransud, um sich unbeschwerter den Künsten der Venus hingeben zu können. Stoffe färbt Safran gelb bis tief gold, er war für die Schleier phönizischer Bräute begehrt, und nach dem Tod des Buddha machten seine Priester das edle Gewürz zum offiziellen Färbemittel ihrer Roben. Safran war schon immer eines der wertvollsten Produkte der Welt, dessen Preis den des Goldes übersteigen konnte.
Crocus sativus nennen Botaniker das Schwertliliengewächs, das den Schatz birgt. Diese Krokusart stammt aus Kleinasien, wo sie schon in der Antike kultiviert wurde. Auf ihrem Sturm nach Westen führten die Araber das Gewürz *az-zafaran* (wörtlich »gelb«) vor mehr als 1000 Jahren nach Spanien ein, und heute wachsen auf der kastilischen Hochebene mehr als 70 Prozent der Weltproduktion.
Das Wunder geschieht alljährlich im Oktober: In der Dunkelheit öffnen sich die Krokusblüten, und die Morgenröte leuchtet auf einen lila Teppich, den *manto.* Dann ist von Toledo bis Albacete alles pure Hektik. Safran *(azafrán)* muß an einem Tag gewonnen werden, sonst verlieren die wertvollen Fäden ihren Geschmack. Die Erntezeit dauert kaum zehn Tage. Mit gekrümmtem Rücken pflücken die Bauern die Blumen zwischen Zeigefinger und Daumen. An langen Tischen trennen die Frauen dann mit blitzschnellen, geübten Bewegungen die rötlichen Narben ab, die zum Schluß auf einem Sieb geröstet werden. Früher geschah das über Holzkohle, heute meist auf Gasbrennern.

Vom Umgang mit den noblen Fäden

Der sanfte Duft der Krokusblüte hat wenig gemeinsam mit dem starken, schwer definierbaren Aroma des Safran, das schon beim Rösten der Narben betören kann. Heute werden vor allem Risotto Milanese in Italien und spanische Paella mit Safran gefärbt. Für Farbe alleine genügen im Grunde die billigeren Ersatzstoffe, doch wer den einmaligen Geschmack sucht, wird nicht auf das teure Original verzichten können. Denn nur da finden sich die Carotinoide und ätherischen Öle, die das geheimnisvolle Aroma erschaffen, bei Überdosierung aber auch bitter werden können. Einmal geröstet, ist Safran lange haltbar. Er sollte trocken und lichtgeschützt aufbewahrt und für bestes Aroma innerhalb von zwei bis drei Jahren verbraucht werden. In der Küche ist Vorsicht geboten im Umgang mit den wertvollen Fäden: Sie entfalten ihren Geschmack nur in warmen Speisen, doch wer sie direkt auf einen heißen, fettigen Stoff gibt, zerstört ihre Wirkung. Die Fasern werden zwischen den Fingern oder im Mörser zerrieben und dann in wenig Wasser eingeweicht. Etwas geschmolzene Butter fixiert das Aroma. Der zerriebene Safran kann auch in Joghurt angerührt und so einer Soße zugegeben werden. Zum Kochen genügen ein Beutel Pulver (0,125 g) oder einige Fäden für vier bis sechs Portionen.

Rund 200 Krokusblüten sind erforderlich, um ein einziges Gramm Safran zu erhalten, und der Ertrag eines Familienbetriebs erreicht im Durchschnitt rund acht kastilische Pfund (je 460 Gramm). Seit jeher dient das »rote Gold der Mancha« den Bauernfamilien als Sparkasse, trocken versorgt zwischen den Laken im Schrank. Früher war Safran ein Zahlungsmittel, und für Tauschhandel sagen die Spanier noch heute »in *especie* (Gewürz) bezahlen«.
Die Geschäftigkeit der Safran-Ernte bringt seit jeher Leben in die schläfrigen, weiß blitzenden Dörfer der Mancha. Bei der Ernte zu helfen, war in früheren Zeiten eine gute Gelegenheit, um bei der geliebten Bauerntochter ins Haus zu kommen, denn bei dem Treiben konnte, wer weiß, unbemerkt ein Kuß gestohlen werden. Schließlich war die Liebe schon im Altertum mit der wertvollen Pflanze verbunden: In einer römischen Fabel verwandelt sich ein Jüngling namens Krokus aus Liebeskummer in eine Blume. Das »Fest der Safran-Rose« *(Fiesta de la Rosa del Azafrán)* ist heute in Consuegra Höhepunkt des Jahres. Am Fuß der weißen, von Don Quijote einst bekämpften Windmühlen, feiern die Bauern am letzten Sonntag im Oktober mit Musik und Tanz, und sie wählen die bezauberndste Schönheit, die zu Ehren der Geliebten Don Quijotes zur *Dulcinea de la Mancha* gekürt wird.

Die mühevolle Arbeit auf dem Krokusfeld (Hintergrund) zahlt sich aus: Safran läßt die Kasse klingeln und gibt dem *tojunto* aus Rind- oder Kaninchenfleisch und Kartoffeln die Würze (oben).

Die frischen Blütennarben des Safrankrokus (unten) sind schnell verderblich. Will man sie als Gewürz verwenden (oben), werden sie vorher über dem Feuer getrocknet.

Crocus sativus wächst selbst auf kargen Böden. Seine Blütennarben, der Safran, sind seit Jahrtausenden als Färbe- und Heilmittel sowie als Gewürz begehrt.

Im Oktober werden die Safrankrokusse geerntet. Die Bauern ziehen in die Felder und pflücken Tausende von Blumen zwischen Daumen und Zeigefinger ab.

Aus jeder einzelnen Blüte ziehen Frauen mit schnellen Bewegungen die rötlichen Narbenfäden. Um ein Gramm Safran zu erhalten, braucht man etwa 200 Krokusblüten.

In einem Sieb werden die frischen Safranfäden geröstet. Darunter brannte in alten Zeiten stets ein Holz- oder Holzkohlefeuer, heute darf es auch Gasflamme sein.

Sanchos Sehnen

Der Statthalter (Don Quijotes Begleiter Sancho Panza – die Hrsg.) wartete mit großer Sehnsucht auf den Anbruch der Nacht und die Stunde des Abendessens; und obschon es ihm vorkam, als stünde die Zeit still und bewegte sich nicht von der Stelle, so kam doch endlich die ersehnte Stunde; er bekam gehacktes Rindfleisch mit Zwiebeln und ein paar gedämpfte Kalbsfüße, die schon etwas bei Jahren waren. Er machte sich über all dieses mit größerem Genusse her, als wenn man ihm Mailänder Haselhühner, römische Fasanen, Kalbfleisch von Sorrent, Rebhühner von Morón oder Gänse von Lavajos vorgesetzt hätte; und während des Essens wandte er sich an den Doktor und sagte zu ihm: »Merkt Euch, Herr Doktor, gebt Euch künftig keine Mühe, mir kostbare Sachen und ausgesuchte Gerichte zum Essen bringen zu lassen, denn damit würdet Ihr meinen Magen aus seinem Geleise bringen, da er an Ziegen- oder Rindfleisch, an Speck und Dörrfleisch, an Rüben und Zwiebeln gewöhnt ist, und vielleicht, wenn man ihm herrschaftliche Gerichte bietet, nimmt er sie mit Widerwillen zu sich, ja zuweilen mit Ekel. Was der Truchseß tun kann, ist, daß er mir öfter eine Olla podrida vorsetzt, wo alles wie Kraut und Rüben untereinander ist, und je ärger das Untereinander, desto besser schmeckt es, und er kann alles, was er will, wenn es nur was zu essen ist, hineintun und daruntermengen, und ich werd es ihm schon einmal danken und vergelten.«

(Aus: Miguel de Cervantes Saavedra, Don Quijote, 2. Teil, 1615)

Windmühlen und Festungen sind die Wahrzeichen der Mancha. Sorgsam gepflegt werden aber nur die Mühlen. Schließlich hat Don Quijote gezeigt, wie man in kargen Landen überlebt, und als letzte Hoffnung kann man immer noch gegen Windmühlen kämpfen.

Don Quijote

Alonso Quijano, ein Mann niederen Adels aus einem kleinen Dorf der Mancha, liest zu viele Geschichten über Ritter. Er bildet sich ein, auch einer von ihnen zu sein, und zieht los auf eine irrsinnige Reise. Der gewaltige Roman *El ingenioso Hidalgo Don Quijote de la Mancha* von Miguel de Cervantes Saavedra (1547–1616) ist eine Satire auf die Ritterepen seiner Zeit. Aber er ist auch eine Geschichte über einen besonders menschlichen Helden, und das monumentale Werk umfaßt viele Aspekte des Lebens jener Epoche: Liebe, Politik und Religion – und auch die Küche seiner Zeit.

Essen, Trinken und leibliches Wohlergehen werden gerade angesichts des Mangels zum wiederkehrenden Thema im *Don Quijote*, um das die Gedanken des Anti-Helden unaufhörlich kreisen. Und nicht umsonst trägt Quijotes rundlicher Kumpan den Namen Sancho Panza: *Panza* heißt auf Spanisch Bauch oder Wanst.

Der *Quijote* präsentiert sich als lebendiges Panorama eines Weltreiches im Niedergang. Cervantes ironisiert darin die Gepflogenheiten des Adels und bricht eine Lanze für das einfache Leben der Hirten und Tagelöhner. So ist der Roman denn auch gespickt mit Volksweisheiten zur Gastronomie: »Der Wein erheitert das Auge, heilt den Zahn und säubert den Darm«, heißt es da zum Beispiel.

Cervantes und seine Helden wissen, wie man gut und richtig kocht: »Den Eintopf, den du nicht gleich essen willst, laß weiterkochen«, lautet ein wichtiger Rat. Schließlich entsteht nur durch Geduld ein gutes Mahl aus Kichererbsen und Fleisch – etwa die *olla podrida* (siehe auch Seite 266). Neben diesem berühmten Eintopf und dem *pisto manchego* aus frischem Gemüse (Seite 319) kennen wir von Don Quijote auch *duelos y quebrantos* (Rührei, zu Zeiten des tapferen Ritters mit Lammhirn, heute mit Schinken und Paprikawurst), *tiznao* (Stockfisch mit Gemüse), *gachas de matanza* (ein Hirtengericht aus Mehl, Wasser und Salz mit den Resten der Schlachtung) sowie die beliebten *migas de pastor* aus altem Brot und Speck (siehe Seite 88 f.).

Angesichts immer wiederkehrender Notlagen wird das täglich Brot für Don Quijote zum wertvollen Gut, zur Quelle leiblichen Wohlbefindens und tiefer philosophischer Erkenntnis: »Brot von gestern, Fleisch von heute und gereifter Wein sichern Gesundheit für das ganze Jahr«, lehrt der kluge Ritter, und weise stellt er fest: »Während ich esse, weiß ich nichts. Wenn ich aber mit dem Essen fertig bin, beginne ich zu erkennen.«

Großes Bild: Das Leben des edlen Ritters aus der Mancha inspirierte den Maler Anton von Werner (1843–1915) zu seinem Gemälde »Don Quijote bei den Ziegenhirten«.

Die Logik der perfekten Form

Die Töpferei war in Spanien schon in der Steinzeit bekannt, und die im 2. Jahrhundert v. Chr. von den Griechen erfundene, mit dem Fuß angetriebene Töpferscheibe gelangte rasch auf die Iberische Halbinsel. Die Entfaltung zur hohen Kunst aber schafften die Araber, und in den Regionen, wo sie am längsten herrschten, in Andalusien, an der Levante und in Toledo, entstanden wahre Meisterwerke spanischer Keramik. In Consuegra gab es vor wenigen Jahrzehnten noch 50 Töpfer. Grundstoff der Töpferkunst sind tonerdehaltige Silikate, bekannt als Lehm. Je nach Verwendung werden diese Lehme gemischt, zum Beispiel mit Quarzsand, um die Formbarkeit zu erhöhen. Die fetten weißen Tone und die rötlichen mageren Varianten werden im Tagebau oder in Stollen gewonnen: Die Schächte in Mota del Cuervo in der Provinz Cuenca sind bis zu 50 Meter tief. Die tiefen Töpfe *olla* und *puchero* sowie die flache *cazuela* sind die traditionellen Formen des spanischen Kochgeschirrs aus Ton, das zumindest innen, oft aber auch beidseitig glasiert wird. Für viele Gerichte der traditionellen Küche sind diese Tontöpfe unverzichtbar. Die Logik der perfekten Form imponiert vor allem bei den Gefäßen für Vorrat und Transport. Amphoren der Antike sind ihre Urahnen, doch waren es die Araber, die den Gebrauch in ihrem spanischen Kalifat verbreiteten. Im *cántaro* bewahrt man das Wasser für den Hausgebrauch auf. Die kleinere, unten flache Variante steht auf dem Tisch, während größere, unten angespitzte Krüge zu dritt oder zu viert in einem speziellen Halter aus Holz, der *cantarera,* die Vorräte speichern. Die *tinaja* dient der Lagerung von Wein oder Olivenöl in großen Mengen. Ein solcher Großkrug ist unten meist spitz, so kann er direkt in der Erde Halt finden, aber auch hier gibt es kleinere, flache Varianten für den Tischgebrauch. Solche Gefäße sind unglasiert, und die kleineren Modelle zuweilen mit feinen Linien oder eingeritzten Mustern geschmückt. Berühmt sind die bis zu fünf Meter hohen *tinajas* von Valdepeñas, die zur Grundausstattung jeder Kellerei gehörten, bevor sie von Eichenfässern und Stahltanks verdrängt wurden. König der Töpferei aber ist der *botijo,* ein am Henkel tragbarer Wasserbehälter mit einer breiten Öffnung zum Einfüllen und einer spitzen zum Trinken. Im Sommer dringt das Wasser langsam durch die Poren der unglasierten Gefäße und verdunstet – so bleibt der Inhalt auch bei starker Sonne kühl. Der *botijo de carretera* (Straßenbotijo) wird an einer Schnur über die Schulter gehängt und zur Feldarbeit mitgenommen. In zahllosen Varianten wurde der *botijo* zum Dekorations- und Sammlerobjekt und wird bis heute in hoher Qualität hergestellt.

Am Anfang jedes Tongefäßes steht ein dicker, ungeformter Batzen Ton.

Mit Hilfe der Töpferscheibe erhält das Werk zuerst seine grobe Form.

Dann formt der Töpfer die Details, sei es für Kasserolle oder Weinkrug.

In der *cacerola* (Kasserolle) mit Deckel läßt sich Gemüse genauso schmoren wie Fleisch.

Vor allem deftige Eintöpfe mit Fleisch kocht man im *puchero.*

Die *cazuela,* das vielseitigste Kochgeschirr, gibt es auch in kleiner Form als *cazuelita.*

Im *cántaro* (Henkelkrug) wird vor allem Wasser aufbewahrt.

Gemüse

Schier unendlicher Reichtum liegt in der von der Sonne versengten Erde der Mancha: In den Töpfen, die handfertige Meister aus ihr formen, schmort farbenprächtiges Gemüse aller Art: Tomate, Knoblauch und Zwiebel natürlich, aber auch Rüben, kräftige Kartoffeln, Zucchini, Auberginen und Paprika. Bis zum Horizont erstrecken sich mancherorts die Kohlfelder, und die Hauptstadt Madrid bezieht Salat, Bohnen und Spinat aus dieser weiten Ebene.
In Almagro, 25 Kilometer südöstlich von Ciudad Real, herrscht die Aubergine. Die heute wegen ihres klassischen Theaterfestivals bekannte Stadt, im 16. Jahrhundert Zentrale der Bankiersfamilie Fugger, produziert jährlich mehr als 5000 Tonnen *Solanum melongena.* So nennen Botaniker eine kleine, ovale Aubergine, die es nur in dieser Gegend gibt. Auf der Ebene, über die einst die Ordensritter von Calatrava wider die Mohren galoppierten, gedeiht die im Gegensatz zur herkömmlichen Aubergine von dichten Blättern verhüllte, grüne Frucht. Sie wird klein gepflückt: kaum sieben Zentimeter lang und nicht mehr als vier Zentimeter dick. Von Juli bis zum ersten Frost Ende November arbeiten die Pflücker in den Feldern, und vier Fabriken verarbeiten in Almagro die Produktion von etwa 100 Bauernfamilien.
Die frischen Auberginen werden innerhalb von 48 Stunden gekocht, dann in Wasser, Essig, Salz, Knoblauch, Kümmel und Pfefferschoten eingelegt. Ein Stück roter Paprika, festgehalten mit einem Fenchel-Stäbchen im Herzen der Frucht, dient als Schmuck. Vor Ort werden die *Berenjenas de Almagro* in der *orza,* einem kleinen Tontopf, angeboten. Dosen, die mit dem feinen Gemüse gefüllt werden, gehen fast alle nach Madrid, wo diese Spezialität sehr beliebt ist. Im Ausland finden Feinschmecker Almagro-Auberginen bisweilen in Spanien-Läden.
Auch eine zweite Stadt in der Mancha lebt vor allem von einem Produkt: Villanueva de la Jara in der Provinz Cuenca produziert fast die Hälfte aller Champignons in Spanien. In riesigen Hallen wachsen im Verlauf eines Jahres insgesamt 30 000 Tonnen heran. Früher dienten natürliche Höhlen im rauhen Fels dieser Zucht, doch heute werden sie nur noch im Sommer als zusätzliche Produktionsstätten eingesetzt. Der frische Champignon aus Villanueva ist fast so delikat wie Fisch. Kühlwagen bringen ihn in alle Regionen des Landes. Ein Teil der Ernte wird zu Konserven verarbeitet, von denen die Hälfte in den Export geht. Rund 1000 Familien leben in Villanueva vom Champignon, und am 8. Mai feiern sie die kleinen Pilze, die ihnen den Wohlstand bringen, mit einem gewaltigen Fest.

Pisto manchego
Gemüseallerlei im Tontopf

100 ml Olivenöl
2 Zwiebeln, gehackt
2 Knoblauchzehen, fein gehackt
4 kleine Zucchini, in Würfel geschnitten
je 1 rote und grüne Paprikaschote, in Würfel geschnitten
2 reife Fleischtomaten, enthäutet und in Würfel geschnitten
Salz und Pfeffer
2 EL gehackte frische Kräuter, z. B. Petersilie

Das Olivenöl in einem Tontopf oder einer tiefen Pfanne erhitzen, Zwiebel und Knoblauch darin glasig dünsten. Das Gemüse zufügen, mit Salz und Pfeffer würzen und bei mittlerer Hitze ca. 15 Minuten schmoren lassen, bis die Garflüssigkeit verdampft ist. Vor dem Servieren mit den frischen Kräutern bestreuen.
Variation: Wer es deftiger mag, kann im Olivenöl zuerst Schinken- oder Speckwürfel anbraten, bevor das Gemüse zugefügt wird.

Berenjenas rellenas
Gefüllte Auberginen

4 kleine Auberginen
350 g Lammhackfleisch
1 Ei
1 Zwiebel, fein gehackt
3 Knoblauchzehen, fein gehackt
1/4 TL Zimt
Salz und Pfeffer
1 EL gehackte Petersilie
1/8 l Olivenöl
125 g geriebener Manchego-Käse

Die Auberginen waschen und der Länge nach halbieren. Mit dem Löffel aushöhlen.
Das Lammhackfleisch mit dem Ei, der Zwiebel, Knoblauch, Zimt, Salz, Pfeffer und Petersilie gut verkneten und die Auberginen damit füllen. Das Olivenöl in einer feuerfesten Form erhitzen und die Auberginen hineinsetzen. Mit dem Käse bestreuen, die Form mit Alufolie abdecken und im vorgeheizten Backofen bei 200 °C ca. 40 Minuten schmoren lassen. 10 Minuten vor Ende der Garzeit die Folie entfernen.

Champiñones al ajillo
Champignons mit Knoblauch

100 ml Olivenöl
6 Knoblauchzehen, in Scheiben geschnitten
500 g Champignons, in dicke Scheiben geschnitten
1 Messerspitze scharfes Paprikapulver
Salz
50 ml Sherry
2 EL gehackte Petersilie

Das Olivenöl in einer tiefen Pfanne nicht zu stark erhitzen. Den Knoblauch darin leicht anbräunen, dann die Champignons zufügen. Unter Rühren schmoren, bis die Garflüssigkeit verdampft ist. Mit Paprikapulver, Salz und Sherry abschmecken und vor dem Servieren mit Petersilie bestreuen.

An langen Holzwannen wird der Knoblauch sortiert. Je nach Qualität kommen die Knollen frisch in den Handel, werden eingelegt oder zu diversen Produkten verarbeitet.

Die schönsten und saftigsten Knollen werden zu Zöpfen geflochten. Was in der Mancha mit viel Mühe entsteht, wird überall als typisches Spanien-Souvenir gehandelt.

Die fertigen Zöpfe werden gewaschen (großes Bild). Dann legt man sie in großen Hallen zum Trocknen aus, bevor sie in die ganze Welt verschifft werden.

Viele Tonnen Knoblauch werden in Las Pedroñeras jedes Jahr verarbeitet. Stolz präsentieren die Mitarbeiter einer Firma die Knollen, die in ihrem Dorf für den Lebensunterhalt und für eine charakteristische Duftwolke sorgen.

Olivenöl aus der Mancha

»Wie der Saft einer frisch gepreßten Frucht auf der Zunge«, so rühmen die Manchegos das Öl, das eine so wichtige Rolle in ihrer Küche spielt. Da mag die Europäische Union noch so sehr murren, es gäbe zu viel Olivenöl – die 66 000 Olivenbauern und 200 modernen Pressen der Region denken gar nicht daran aufzugeben. Reduzieren wollen sie schon, seit 1994 haben sie die Produktion von 65 000 auf rund 20 000 Tonnen Öl gesenkt. Damit liegt La Mancha, Spaniens zweitgrößte Ölregion, weit hinter Andalusien. Doch was die Menge nicht bringt, versuchen die Bauern mit Qualität zu schaffen. Auf fast 300 000 Hektar erwirtschaften sie ein Zehntel der spanischen Ölproduktion, dabei aber 15 Prozent der Qualitätsöle. Jährliche Wettbewerbe um den *Gran Selección*-Preis spornen die lokalen Produzenten an, die es qualitativ schon jetzt mit den Katalanen oder den Mächtigen aus Andalusien aufnehmen können.

Knoblauch aus der Mancha

»Iß weder Knoblauch noch Zwiebel, denn ihr Geruch verrät den Bauern in dir«, mahnte Don Quijote seinen Knappen Sancho Panza. Wie Cervantes haben unzählige spanische wie ausländische Autoren Knoblauch lange als Armenspeise abgetan. König Alfons von Kastilien untersagte im 14. Jahrhundert Rittern, die nach Knoblauch rochen, für einen Monat den Zutritt zu seinem Hof. Um 1920 drückte der Schriftsteller Julio Camba seine Skepsis gegenüber der Gesellschaft in einer Bemerkung über die spanische Küche aus: Sie sei »voller Knoblauch und religiöser Vorurteile«.
Doch die Zeiten, in denen Könige die scharfen Knollen von ihrem Hof verbannten, sind längst vorbei. Knoblauch gehört – zusammen mit Brot und Olivenöl – zum Dreigestirn, das die Grundlage der spanischen Kochkunst bildet. »Es gibt viele Küchen in Spanien«, sagt der kulinarische Altmeister Xavier Domingo, »aber alle haben sie eines gemein: den Knoblauch«.
Der Anbau der einst verachteten Volksspeise ist dem privaten Gemüsegarten längst entwachsen, und in der Mancha ist er heute ein bedeutender Wirtschaftszweig: In einem halben Jahrhundert hat sich die bepflanzte Fläche vervierfacht. Jeder Spanier ißt im Jahr durchschnittlich fast eineinhalb Kilo der von Wissenschaftlern *Allium sativum* genannten Gewürzpflanze.
Spanien produziert jährlich rund 200 000 Tonnen Knoblauch, davon wird ein Fünftel in alle Welt exportiert. Allein 12 000 Tonnen gehen nach Brasilien. Hauptstadt des beliebten *ajo morado,* (lila Knoblauch) ist Las Pedroñeras, ein Ort in der Mancha, wo Ende September der Knoblauch mit einem großen Fest gefeiert wird. Praktisch alle 6500 Einwohner leben direkt oder indirekt vom «weißen Gold« der Bauern. Die Familienbetriebe sind im Durchschnitt rund vier Hektar groß und erbringen je etwa 24 000 Kilo Knoblauch. Hier klagt noch keiner über Landflucht, wie sonst überall in den ländlichen Regionen. Die Jungen wollen bleiben und die Felder ihrer Väter weiter bewirtschaften. Der Erfolg gibt ihnen recht, denn wer kennt nicht die malerischen Zöpfe oder die geflochtenen Kränze aus weißen Knollen, die zu den Souvenirs eines jeden Spanienreisenden gehören? Gewiß bedrohen die niedrigen Preise der Konkurrenz aus China die Vormacht des Mancha-Dorfes. In Las Pedroñeras aber, über das nicht nur zur Zeit der Ernte eine unverkennbare Duftglocke hängt, weiß man sich zu wehren: Die Qualität hilft nach, wo China mit Quantität droht. Kühlhäuser sichern heute das ganze Jahr über einwandfreie Ware, und moderne Industrien entwickeln immer wieder neue Verpackungen und Produkte, etwa mit Kräutern und Gewürzen in Öl eingelegte Knoblauchzehen oder ein ganzes Sortiment an delikaten Saucen und Marinaden.

Sopa de ajos

Knoblauchsuppe

250 g altbackenes Weißbrot
6 EL Olivenöl
6–8 Knoblauchzehen, gehackt
1 TL süßes Paprikapulver
1 TL scharfes Paprikapulver
Salz
1 l Fleischbrühe
4 Eier

Das Weißbrot würfeln. Das Olivenöl in einem Topf erhitzen, die Brotwürfel darin goldbraun anbraten. Den Knoblauch zufügen und etwas Farbe nehmen lassen. Mit Paprikapulver und Salz würzen und die Fleischbrühe angießen. Zugedeckt ca. 15 Minuten köcheln lassen.
Die Suppe auf 4 Tonschalen verteilen. In jede Schale vorsichtig 1 Ei gleiten lassen und im vorgeheizten Backofen bei 200 °C ca. 10 Minuten stocken lassen. Die Suppe sehr heiß servieren.

Mythen, Magie und Medizin

Knoblauch am Kopfende des Bettes vertreibt Vampire, so ist in Roman Polanskis Film »Tanz der Vampire« zu erfahren. Die Mythen unzähliger Völker besagen, daß alle möglichen Spezies böser Geister und Dämonen die penetranten Knollen meiden. Von Galicien bis Indien soll eine Knofel-Zehe in der Tasche oder im Kopftuch noch heute den bösen Blick abwenden. Die Griechen der Antike gaben ihren Frauen Knoblauch zu essen, denn Gestank garantierte Sittsamkeit. Und die Hirten der Karpaten reiben sich heute noch die Hände damit ein, um ihre Schafe vor Unheil zu schützen. Praktischer wird es, wenn die Volksweisheit auch gegen ganz irdische Gefahren die Eigenschaften der weißen Zehen überliefert: Schon Plinius pries den Knoblauch in seiner *Naturkunde* als Mittel gegen Schlangen und Irrsinn an – und das waren nur zwei von 61 Anwendungen. Christliche Pilger auf dem Jakobsweg reinigten Trinkwasser mit Knoblauch, und der spanische Mönch Juan de Pineda schrieb im 16. Jahrhundert, daß die Knolle »den Magen wärmt und erleichtert«. Der französische Biologe Louis Pasteur gab der Weisheit des Volkes 1858 wissenschaftlich Recht, als er die desinfizierenden Qualitäten des Vampir-Verscheuchers lobte: Knoblauch wirkt gegen Viren, denen selbst Antibiotika nichts mehr anhaben können, und längst ist erwiesen, daß regelmäßiger Genuß den Cholesterin-Spiegel senkt und die Gefahr von Herzversagen um 25 Prozent verringert.

Die Jagd ist eine ernste Angelegenheit. Es gibt viel zu tun, und die verschiedenen Posten werden vor dem Zug ins Feld unter den anwesenden Jägern verlost.

Jung und alt ziehen in Spanien mit der Flinte in die Wälder. Schon vor Jahrhunderten brachte die Jagd auf das Rothuhn den Bauern etwas Fleisch in den Topf.

Manch ein Jäger hat das fein gearbeitete Gewehr vom Vater oder Großvater geerbt und hält es in Ehren, um es später an seine eigenen Kinder weiterzugeben.

Hase und Kaninchen werden neben dem Rothuhn am häufigsten geschossen. Das freut jeden Koch, denn sie gehören in viele traditionelle Gerichte.

Jagd in Spanien

Zuweilen scheint es, als sei ganz Spanien ein einziges endloses Jagdrevier. An holprigen Landstraßen oder entlegenen Wegen, an Bäumen und Pfählen: überall die schwarz-weißen Tafeln mit der Aufschrift *coto privado de caza* (Eigenjagdbezirk). Tatsächlich nehmen die markierten Gebiete drei Viertel des Landes ein. Den Jägern scheint das noch nicht genug zu sein, denn jeden Herbst schwärmen sie über 98 Prozent des gesamten spanischen Territoriums aus, es gibt kaum ein Fleckchen, wo sie nicht jagen.

Jagd ist in Spanien Volkssport, vor Stierkampf oder Fußball. Anderthalb Millionen Männer ziehen über Felder und durchs Gebüsch und erlegen alljährlich 70 Millionen Tiere. Das Geschäft rund um die Jagd schafft einen Umsatz von umgerechnet fünf Milliarden Mark, rund 20 000 feste Arbeitsplätze und zwei Millionen Gelegenheitsjobs. Zurecht rühmt sich Spanien, das »Jagdreservat Europas« zu sein. Und in diesem Reservat bilden die *Montes de Toledo*, jener von Steineichen dunkel gefärbte Höhenzug in der Mancha, das Kernstück.

Nun gibt es aber nicht nur eine Art der Jagd in Spanien. Die einen praktizieren das, was der Schriftsteller Xavier Domingo »soziale Jagd« nannte. Die Figur des kleinwüchsigen Diktators Franco vor einem Haufen erlegter Hirsche war lange das Symbol dieser Extravaganz, und heute bezahlen Mitglieder der feinen Gesellschaft bis zu 3000 Mark, um in abgezäunten Arealen einen Hirsch schießen zu dürfen. Auch gezüchtete Rothühner werden ihnen vor die Flinten getrieben.

Diese Jagd hat seit jeher eine internationale Einheitsküche geschaffen. Hirsch oder Wildschwein werden seit dem Mittelalter an den Höfen Europas gleich zubereitet. Da mag sich der französische Meisterkoch Escoffier noch so gefreut haben über die von Napoleons Truppen in der Extremadura eroberten Rezepte *à la mode d'Alcantara* – Wild wird in Deutschland oder Frankreich genauso zubereitet wie in Spanien.

Anders aber die Jagd des Volkes: Landarbeiter, die in den Gütern der Großgrundbesitzer ihr mageres Brot verdienten, fanden im Wildern früher das Zubrot zum Überleben. Auch Hirten und Bauern trugen mit Flinte und Falle und kreativen Ideen maßgeblich zur Küche Spaniens bei. Rothuhn und Wachtel sind die beliebtesten Vögel, aber auch Tauben, Perlhuhn und Fasan. Aus Kaninchen und Hase werden die *gazpachos manchegos* geschaffen (Seite 322 f). Einen einsamen Spitzenplatz aber verdient das Rothuhn, vor allem jenes, das rund um Weinberge lebt und sich gerne von Trauben ernährt. *Perdiz en escabeche* heißt der in Weinessig marinierte Vogel, der als stolzer Beweis für die Kunst des jagenden Volkes gelten kann (Rezept Seite 327).

Ein Wildschwein *(jabalí)* zu schießen ist der Traum vieler Jäger, das Fleisch schmeckt recht herb und muß fachgerecht zubereitet werden.

Dem Hirsch *(ciervo)* stellen die Jäger vor allem wegen der Jagdtrophäe nach. Doch der feine Wildgeschmack kann auch Köche beflügeln.

Das Reh *(corzo)* ist trotz seines zarten Fleisches mit dezentem Wildgeschmack selten in spanischen Küchen zu finden.

Der Iberische Steinbock *(cabra montés)* ist in erster Linie als Jagdtrophäe begehrt, darf aber nur in ausgesuchten Bezirken gejegt werden.

Für Kaninchen *(conejo)* kennt die spanische Küche unzählige Zubereitungsarten, die den äußerst zarten Wildgeschmack unterstützen.

Der Hase *(liebre)* hat, wenn maximal acht bis zehn Monate alt, zartes Fleisch mit einem leichten Wildgeschmack.

Wilderer und die Guardia Civil

Tragisch oder absurd, ernst oder mit einem Augenzwinkern: Geschichten um das Versteckspiel zwischen dem armen Bauern, der mit der Flinte in den Wald des Gutsherren zieht, um seine Familie zu ernähren, und dem grün uniformierten Landpolizisten mit platt gedrücktem Lackhut, der die Rechte dieses Herrn verteidigt, sind Symbole spanischer Geschichte im 20. Jahrhundert. Denn Land gehörte für lange Zeit nur wenigen in Spanien. Ein Eichhörnchen könne vom Baskenland bis nach Cádiz von Baum zu Baum springen, ohne die Güter der Herzöge von Alba zu verlassen, hieß es einst. Allzulange hielten Adel und Kirche allzuviel in ihren Händen, die Explosion des Bürgerkrieges (1936–1939) war die Folge. Noch unter Diktator Franco war die Landpolizei *Guardia Civil* vornehmlich dazu da, die Rechte der Mächtigen zu schützen. Brutal verfolgte sie jene, die es wagten, den Hirschen eines Grafen abzuschießen. Während sich Spanien in den 60er Jahren zunehmend modernen Zeiten zuwandte und Europas Urlauber an seine Küsten lockte, sorgten die Guardias noch immer dafür, daß zumindest in den Dörfern die Feudalzeit weiterlebte.

Rothühner *(perdices)* werden meist mit Hilfe von Lockvögeln gejagt. Diese züchten die Jäger zuhause, bis sie in der Jagdsaison ihren großen Einsatz haben. Ihre Aufgabe ist es, mit ihren Balzrufen andere Rothühner anzulocken.

Diese Wildgerichte sind in allen Regionen Zentralspaniens beliebt: geschmorte Bohnen mit Rothuhn (*judías estofadas con perdiz*, oben), Knoblauchkaninchen (*conejo al ajillo*, links) sowie Hirschbraten (*carne de ciervo asada*, rechts).

Den Jägern in den Topf geschaut

Judías estofadas con perdiz

Geschmorte Bohnen mit Rothuhn
(Abbildung oben, hinten)

250 g weiße Bohnen
4 küchenfertige Rot- oder Rebhühner
Salz und Pfeffer
Mehl zum Wenden
100 ml Olivenöl
1 Zwiebel, gehackt
3 Knoblauchzehen, gehackt
2 Gewürznelken
1 Lorbeerblatt
¼ l Weißwein
Essig zum Abschmecken

Die Bohnen über Nacht in kaltem Wasser einweichen. Am nächsten Tag mit frischem Wasser aufsetzen und 30 Minuten kochen lassen.
Inzwischen die Rebhühner mit Salz und Pfeffer einreiben und in Mehl wenden.
Das Olivenöl in einer Kasserolle erhitzen und die Rebhühner von allen Seiten anbraten. Zwiebel, Knoblauch, Gewürznelken und das Lorbeerblatt zufügen und ebenfalls anrösten. Mit Weißwein ablöschen und die Bohnen samt Kochflüssigkeit zufügen. Das Ganze zugedeckt bei mittlerer Hitze ca. 40 Minuten schmoren lassen. Vor dem Servieren mit Salz, Pfeffer und Essig abschmecken.

Conejo al ajillo

Knoblauchkaninchen
(Abbildung oben, links)

1 Kaninchen, küchenfertig, in kleine Stücke zerlegt
Salz und Pfeffer
¼ l Olivenöl
6 Knoblauchzehen, in dünne Scheiben geschnitten
100 ml Weißwein

Kaninchenteile kräftig mit Salz und Pfeffer einreiben. ⅔ des Olivenöls in einer Pfanne erhitzen und Kaninchenteile portionsweise darin goldbraun braten. Dann in einen Tontopf geben. Knoblauchscheiben im restlichen Olivenöl hell anschwitzen. Knoblauch mit dem Öl über das Kaninchen geben und den Wein angießen. Im vorgeheizten Backofen bei 200 °C ca. 15 Minuten garen. Dazu kann man eine frische selbstgemachte Mayonnaise reichen (Rezept Seite 68).

Carne de ciervo asada

Hirschbraten (Abbildung oben, rechts)

1 kg Hirschblatt, ausgelöst
Salz und Pfeffer
2 EL Schmalz
1 Zwiebel, gespickt mit 2 Gewürznelken und 1 Lorbeerblatt
3 Zweige Thymian
3 Zweige Majoran
1 Msp. gemahlene Muskatnuß
½ l Rotwein
4 cl Brandy

Das Fleisch waschen, trockentupfen und mit Salz und Pfeffer einreiben. In einem Bräter das Schmalz erhitzen und das Fleisch darin von beiden Seiten scharf anbraten. Die Zwiebel sowie die Gewürze zufügen und den Rotwein angießen. Zugedeckt bei mittlerer Hitze ca. 1½ Stunden schmoren lassen.
Dann den Braten aus dem Bräter heben und warm stellen. Den Bratfond durch ein Sieb in einen Topf gießen und etwas einkochen lassen. Mit Brandy, Salz und Pfeffer abschmecken.
Den Braten in gleichmäßige Scheiben schneiden und mit der Sauce servieren.

Espaldilla de gamo rellena

Gefüllter Damhirschrücken

1 Damhirschrücken, vom Metzger in einem Stück ausgelöst
300 g gemischtes Hackfleisch
150 g geräucherter Speck, in kleine Würfel geschnitten
150 g gekochter Schinken, in kleine Würfel geschnitten
1 Ei
2 EL Semmelbrösel
Salz und Pfeffer
1 Msp. gemahlene Muskatnuß
4 Möhren, in Stücke geschnitten
2 große Zwiebeln, gespickt mit 2 Gewürznelken und 1 Lorbeerblatt
1 Kräutersträußchen (z. B. Thymian, Oregano, Petersilie, Rosmarin)
2 Knoblauchzehen
½ l trockener Weißwein

Den ausgelösten Hirschrücken auf ein sauberes Küchentuch ausbreiten.
Für die Füllung das Hackfleisch, Speck- und Schinkenwürfel, Ei und Semmelbrösel vermischen, mit Salz, Pfeffer und Muskatnuß würzen. Auf das Fleisch streichen, mit Hilfe des Küchentuchs zusammenrollen und mit Küchengarn umbinden.
In einem großen Topf ½ l Wasser mit Möhren, Zwiebeln, Kräutersträußchen, Knoblauch, Wein und Salz aufstellen. Den gefüllten Hirschrücken einlegen, zum Kochen bringen und zugedeckt bei kleiner Hitze ca. 2 Stunden köcheln lassen. Nach Ende der Garzeit das Fleisch aus der Brühe heben, die Brühe abseihen und auf ⅓ der Menge einkochen lassen. Das Fleisch in gleichmäßige Scheiben aufschneiden, in eine vorgewärmte Schüssel legen, mit der Brühe begießen und sofort servieren.

Perdiz en escabeche

Mariniertes Rothuhn
(Abbildungen rechts)

4 Rot- oder Rebhühner, küchenfertig
Salz und Pfeffer
1/8 l Olivenöl
1 Zwiebel, fein gehackt
5 Knoblauchzehen, halbiert
2 große Möhren, in dünne Scheiben geschnitten
1/8 l Weißwein
1/8 l Weißweinessig
1/2 TL schwarze Pfefferkörner
2 Lorbeerblätter
2 Gewürznelken
2 Stengel Thymian
2 Stengel Oregano
1 Prise Zucker
1/2 TL scharfes Paprikapulver
Zitronenscheiben und einige Petersilienstengel

Die Rothühner waschen, abtrocknen und innen und außen mit Salz und Pfeffer einreiben. Mit Küchengarn in Form binden.

Die Hälfte des Olivenöls in einer tiefen Pfanne erhitzen und die Rothühner darin von allen Seiten goldbraun anbraten. Dann aus der Pfanne heben und beiseite stellen. Zwiebel, Knoblauch und Möhren im Bratfett anrösten. Mit Wein und Essig ablöschen, die Gewürze zugeben und zugedeckt 10 Minuten kochen lassen. Dann die Rothühner wieder einlegen und zugedeckt bei kleiner Hitze ca. 45 Minuten köcheln lassen. Vom Herd nehmen und die Rothühner im Sud erkalten lassen.

Dann die Rothühner aus dem Sud heben und das Küchengarn entfernen. Die Rothühner in eine Tonkasserolle setzen. Den Sud abseihen und über die Rothühner gießen. Eventuell noch etwas Weißwein zugießen, bis die Rothühner ganz bedeckt sind. Das restliche Öl darauf gießen. Mindestens 1 Tag an einem kühlen Ort ziehen lassen. Vor dem Servieren die Rothühner halbieren, mit etwas Sauce übergießen und mit Zitronenscheiben und Petersilie garnieren.

Variation: Man kann die Rothühner auch im Sud langsam erhitzen und heiß servieren.

Ein volksverbindener Vogel

Das Rothuhn *(perdiz)* wird in Spanien fast wie ein Totemtier verehrt. Im Mittelalter wurde es Königen, Fürsten und kirchlichen Würdenträgern bei ganz besonderen Anlässen vorgesetzt. Maler und Dichter haben sich voll Hingabe diesem Verwandten des Rebhuhns gewidmet, und ein beliebtes Sprichwort zeigt, daß ein Essen mit Rothuhn als Inbegriff der Glückseligkeit gilt: »*Fueron felices y comieron perdices*« – »Sie waren glücklich und verspeisten Rothühner.«

Für *perdiz en escabeche* braucht man Rot- oder Rebhühner und dazu die Zutaten für eine würzige Marinade.

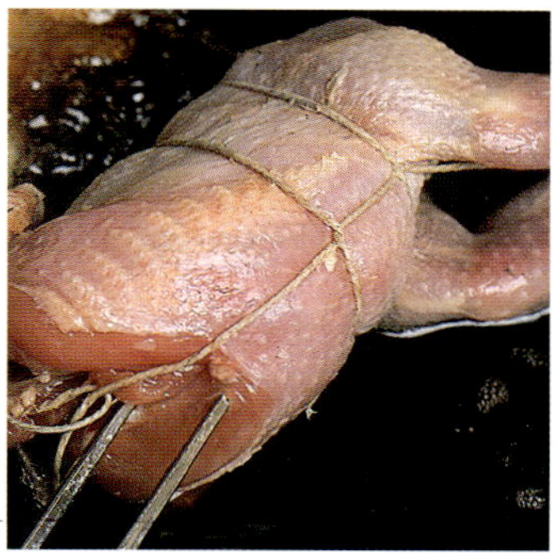

Man bindet das Geflügel mit Garn in Form und brät es in heißem Öl von allen Seiten goldbraun an.

Dann hebt man das Rothuhn aus dem Öl und brät Zwiebeln, Möhren und Knoblauch in der Pfanne an.

Wenn das Gemüse gut angebraten ist, löscht man das Ganze mit Weißwein und einem gutem Weinessig ab.

Nun kommen Lorbeerblätter, Kräuter und andere Gewürze hinzu, dann läßt man den Sud eine Weile köcheln.

Nun legt man die Rothühner ein und kocht sie gar. Im Sud kann man das Geflügel einige Tage aufbewahren.

Wenn die Hirten mit ihren Schafherden übers Land ziehen, muß die Kost einfach sein. Im Beutel tragen die Schäfer nur Knoblauch, Mehl und Öl. Daraus lassen sich mit etwas Wild sättigende Speisen zaubern.

Hirtengerichte

Wenn die Bauersfrau zuhause mit schmorenden Gemüsen und Hülsenfrüchten eine »Küche der Weile« schuf, kann die Tradition der Hirten als »Küche der Eile« gelten. Auf der langen Reise der Schafsherde kommt nur wenig Proviant ins Gepäck. Doch dieses Leben vom Lande heißt nicht, auf leckere Speisen verzichten zu müssen. Die *gazpachos manchegos,* eine Art Wildragout auf Teigunterlage, signalisieren den ersten, entscheidenden Schritt von der minimalen Volksspeise aus Brot, Knoblauch und Olivenöl in Richtung einer raffinierteren Küche.

Den Namen für die *gazpachos* gab das Wort *caspa* aus vorrömischer Zeit: Es heißt Fragment oder Rest, und genau darum geht es bei diesem kunterbunten Eintopf. Streng gesehen ist die bei Don Quijote unter dem Namen *galianos* aufgeführte Speise eine Suppe aus *pan ázimo,* einem dünnen Fladen ungesäuerten Brotes, der auch einfach *torta* genannt wird. Übrigens: Küchenpapst Nestor Luján besteht auf dem Plural, um die *gazpachos manchegos* vom andalusischen *gazpacho* zu unterscheiden.

Gazpachos manchegos sind ein Wintergericht aus den Bergen Albacetes, welche die Grenzen der Mancha zur Levante und zur Extremadura bilden. Fürwahr ein romantischer Schauplatz, wenn die laue Sonne den Nebel über dem von Steineichen übersäten Hang auflöst, und der Hund den erlegten Hasen oder das Rothuhn herbeiträgt. Das wärmende Feuer erhitzt den Boden, während der Hirte auf gegerbtem Schaffell sitzt und aus Weißmehl, Salz und etwas Wasser (aber ohne Hefe!) den Brotfladen vorbereitet. Fünf Hände breit und ein paar Millimeter dick muß er sein – früher hieß es »nicht mehr als eine Münze«. Dann zieht der Hirte die Glut zurück, legt den Fladen auf die heiße Erde und deckt sie mit Glut wieder zu. So war es jedenfalls früher. Wer es eilig hat, kauft sich heute die *torta* im Supermarkt.

Die Grundlage des Ragouts bilden Paprika und Tomaten, Öl und Knoblauch in der *gazpachera,* der flachen Pfanne, die im Gepäck keines Hirten fehlt. Jägerglück bestimmt, was dann noch dazu kommt, ob Hase oder Wachtel, Taube oder einfach Huhn. Einige Rezepte führen auch Pilze. Zum Schluß wird eine *torta* – fein zerstückelt – beigegeben. Ein zweiter Fladen dient als Teller, auf den der *gazpacho* aufgetragen wird, oder als eine Art Besteck, um ihn direkt aus der Pfanne zu löffeln.

Neben den *gazpachos manchegos* und den in ganz Spanien verbreiteten *migas de pastor* aus Brotkrumen und Speck (siehe Seite 88 f) kennt man in der Mancha noch eine ganze Anzahl weiterer sättigender Hirtengerichte, die früher leicht auf dem Feld zuzubereiten waren:

• Morteruelo
Schon in Dokumenten aus dem 11. Jahrhundert wird diese geniale Verbindung von Jagd und Schlachtung erwähnt. Wie der Name schon sagt, werden die Zutaten im Mörser *(mortero)* zerkleinert, und auf der Basis von Schweineleber entsteht mit Hase, Rebhuhn, Schinken und Speck eine Art *paté,* die warm oder kalt gegessen wird.

• Gachas manchegas
Der dicke Brei, den man in anderen ländlichen Regionen Spaniens auf Weizenmehlbasis rührt, besteht in der Mancha traditionell aus Wasser und *harina de almortas,* dem Mehl der Platterbse. Dazu kommen Speck, Schweinsbacke oder anderes Schweinefleisch, eventuell auch Würste sowie Gewürze. Gibt man dann noch passierte Schweineleber hinzu, heißt das Gericht *gachas de matanza.* Für *gachamigas manchegas* benutzt man als Basis Brotstücke, die mit Salz in Wasser gekocht werden.

• Guisado de trigo (guiso de trigo)
Dieser auch in Andalusien und Murcia beliebte Eintopf treibt die Vereinfachung auf die Spitze. Der Name bedeutet schlicht Schmorgericht mit Weizen. Die mit Kichererbsen, Gemüse und Schweinshaxe gekochten ganzen Weizenkörner ersetzen das Brot. Früher fügten die Hirten gern Wildgemüse und Wiesenkräuter zu.

Gazpachos manchegos
Schäfertopf nach Art der Mancha

Für die Fladen:
250 g Mehl
1 Prise Salz
Mehl für die Arbeitsfläche
Fett für das Backblech

Für den Eintopf:
1/2 Kaninchen oder Hase
1 Rebhuhn
Salz und Pfeffer
1/2 l Olivenöl
6 Knoblauchzehen
1 Zwiebel, gehackt
1 grüne Paprikaschote, in Würfel geschnitten
2 Zweige Thymian
1 Lorbeerblatt
2 große, reife Fleischtomaten, enthäutet und in Würfel geschnitten
1 EL süßes Paprikapulver
1 g Safran in Fäden

Das Mehl in eine große Schüssel sieben. Salz und 1/8 l Wasser zufügen und alles zu einem glatten Teig verkneten, eventuell noch etwas Wasser zufügen, damit der Teig elastisch wird. Den Teig in drei Teile teilen, jedes Stück zu einer Kugel formen und auf der bemehlten Arbeitsfläche zu ca. 2 mm dünnen Fladen ausrollen. Die Fladen auf ein gefettetes Backblech setzen und im vorgeheizten Backofen bei 180 °C ca. 25 Minuten backen, dann zum Auskühlen auf ein Kuchengitter legen. Bevor sie hart werden, 2 Fladen in kleine Stücke brechen.
Kaninchen und Rebhuhn waschen, trockentupfen, in Portionsstücke zerteilen und mit Salz und Pfeffer würzen. Das Öl in einer Eisenpfanne oder Tonkasserolle erhitzen und das Fleisch von allen Seiten gut anbraten.
Die Knoblauchzehen abziehen und halbieren. Mit der Zwiebel und dem Paprika zum Fleisch geben, Thymian und Lorbeerblatt zufügen und kurz mitbraten. Die Tomatenwürfel, das Paprikapulver und den Safran untermischen und 5 Minuten mitdünsten. Dann so viel Wasser angießen, daß das Fleisch knapp bedeckt ist. Bei mittlerer Hitze ca. 30 Minuten köcheln lassen. Zum Schluß die zerkleinerten Fladenstücke dazugeben und das Ragout noch weitere 5–10 Minuten kochen lassen, bis die Fladen aufgeweicht sind und der Eintopf schön sämig ist. Den Eintopf vor dem Servieren 10 Minuten stehen lassen. Traditionell wird er auf ganzen Teigfladen angerichtet.

Das Ragout für *gazpachos manchegos* besteht meistens aus Kaninchen und Rebhuhn. Man teilt das Fleisch in kleinere Stücke und brät es in einer Pfanne kräftig an.

Für die richtige Würze der *gazpachos manchegos* sorgen Zwiebel, Knoblauch und ein Lorbeerblatt (oben). Das fertige Ragout wird auf einem Teigfladen serviert (rechts).

Aus der frisch gemolkenen Rohmilch einheimischer Manchego-Schafe stellen die Hirten in der Mancha seit Jahrhunderten würzigen Manchego-Käse her.

Nachdem man die Milch mit Labferment dickgelegt und die Masse zu »Bruch« zerkleinert hat, wird die Molke ausgepreßt – traditionell mit Leinentüchern.

Manchego-Käse

Archäologische Funde wie Schafknochen und Preßformen beweisen, daß es in der Mancha schon in der Eisenzeit Schafzucht und Käse gab. Später priesen Griechen und Römer den würzigen spanischen Schafskäse. Trotzdem war das Milchprodukt lange Zeit nur eine Nebenerscheinung der Schafhaltung. Bedeutend waren die Tiere wegen ihrer Wolle, denn diese war eine wichtige Finanzquelle der Krone. Die Araber hatten bei ihrer Eroberung Spaniens Schafe einer kräftigen, wüstentauglichen Rasse aus Nordafrika mitgebracht. In der herben Landschaft der Mancha, die lange Grenzgebiet zwischen christlichen Königen und dem Kalifat der Muselmanen war, gediehen nun die Herden beider Seiten und vermischten sich.

Käse war zunächst nur Reiseproviant für die Hirten, die auf der Suche nach Weiden oder auf der Flucht vor den Sarazenen immer beweglich sein mußten. Wie das *pan candeal*, das typische Weizenbrot, war Schafskäse schmackhaft und lange haltbar. Erst mit dem Ende der Wanderwirtschaft erhielt der Manchego-Käse auch wirtschaftliche Bedeutung. Moderne Viehzucht ersetzte nach der Auflösung des »Ehrbaren Rates der Züchter« (*Mesta*, siehe Seite 271) im Jahr 1836 die Nomadenwirtschaft. Von da an nahm auch die wirtschaftliche Bedeutung der Milchprodukte schnell zu, unzählige Käsesorten entstanden in vielen kleinen Betrieben.

Küchenpapst Xavier Domingo beweint für unsere Zeit die restriktive Politik der Behörden, die lokale Kleinproduzenten lange mißachteten: 120 spanische Käsesorten seien bedroht durch den ungehemmten Import billiger Massenware. Doch der *Queso Manchego* setzte sich durch, und seit 1984 trägt er das Siegel der geschützten Herkunftsbezeichnung *Denominación de Origen (D.O.)*. Er ist von 13 spanischen Käsesorten mit D.O. weltweit der bekannteste, und der Genuß feiner Manchegos schaffte in Spanien erst eine neue Käsekultur und trainierte die Gaumen, die heute eine große Nachfrage und somit auch das Überleben unzähliger anderer Käsesorten aus Schafs-, Ziegen- oder Kuhmilch fördern.

Basis für einen echten Manchego-Käse ist die reine Milch des Manchego-Schafes, einer robusten Rasse, die auch auf kargen Weiden und bei sehr großer Trockenheit problemlos existieren kann. Eine halbe Million Tiere geben pro Jahr 25 Millionen Liter einer sehr fetten, aromatischen und wenig säurehaltigen Milch, wovon etwa zwei Drittel in die Manchego-Produktion fließen.

Die frische Käsemasse wird in Formen gedrückt, die heutzutage aus Kunststoff sind, und solange gepreßt, bis der Käse die erwünschte Dichte hat.

Nun legt man die fertig geformten Käselaibe für zwei Tage in eine Salzlake, bevor sie abgetrocknet werden und zum Reifen in die Keller kommen.

Die Milch wird erwärmt und mit Labferment zum Gerinnnen gebracht. Früher benütze man hierfür pflanzliches, heute meist tierisches Lab. Nach dem Abtropfen wird die Masse geformt und ausgepreßt, bis die Molke abgelaufen ist. Der entstehende Bruch kommt in zylindrische Formen, wird für 48 Stunden in Salzlake gelegt und reift dann für mindestens 60 Tage bei einer Temperatur zwischen acht und zwölf Grad und einer Luftfeuchtigkeit zwischen 80 und 85 Prozent. Rund 15 Prozent der Manchego-Produktion stammen noch aus handwerklich betriebenen Käsereien. Um das Etikett *artesanal* tragen zu dürfen, darf der Käser nur Rohmilch verwenden. Allerdings wird heute der Großteil der Manchego-Produktion aus pasteurisierter Milch und in modernen Käsereien hergestellt, in denen Stahl und Plastik die alten Gefäße verdrängt haben. Allen Manchegos gemein sind der Marken-Aufdruck einer Blume sowie die fischgrätartig markierten Seiten, ein Muster, das früher das zum Pressen benutzte Espartogras hinterließ und das heute von den Formen nachgeahmt wird.

Ein Manchego-Käse wiegt zwei bis 3,5 Kilo und hat einen Fettgehalt von rund 50 Prozent. Der Manchego hat eine ausgeprägt harte Rinde, die blaßgelb bis grünlich-schwarz sein kann, und wird in drei Reifungsgraden angeboten:

- *Fresco:* So bezeichnet man den ganz jungen Käse, der gleich nach der Mindestreifezeit von 60 Tagen in den Handel kommt. Er ist im Innern von einer hellen Elfenbeinfarbe und noch sehr geschmeidig und weich.
- *Semicurado:* Der mittelreife Käse reift bei handwerklicher Herstellung bis zu sechs Monaten, in industriellen Betrieben zwei bis vier Monate. Er ist schon recht kompakt.
- *Curado:* Der so bezeichnete reife Käse muß mehr als sechs Monate Reifezeit hinter sich haben. Er ist nun ein fester Schnittkäse.

Bei der Dauer der Reifung müssen sich die Käsereien natürlich nur an die untere Grenze halten, und so bieten die Hersteller eine Vielzahl von unterschiedlichen Manchegos an, deren Entdeckung zu einem köstlichen Abenteuer wird. *Añejo* (uralt) heißt ein Käse, der sehr lange gereift ist: sieben, zwölf oder gar 24 Monate.

Der elfenbein-gelbliche Schafskäse schmeckt leicht säuerlich und vollwürzig und je nach Reifedauer mehr oder weniger pikant. Die Spanier essen ihn als Tapa am liebsten pur, denn Manchego verpönt jede Begleitung außer einem körperreichen Rotwein oder einem trockenen Sherry. Zum Dessert allerdings kombiniert man ihn gern auch mit *carne de membrillo* (Quittenmark), Feigen, Trauben oder Äpfeln.

Früher gaben Körbe aus Espartogras dem Manchego das typische Muster, heute geschieht das in Plastikformen.

Ein guter Manchego braucht keinerlei Zutaten. Am besten schmeckt er gereift und pur vom Holzbrett.

Honigsüss

Ginster und Pinien klammern sich an wild zerklüftete Hänge, die Sonne hat das rauhe Gras braun gebrannt. Doch plötzlich öffnet sich ein liebliches Tal mit plätscherndem Bach – starke Gegensätze einer romantischen Landschaft. Bienenzucht ist in der Alcarria, am nördlichen Rand der Mancha gelegen, oft die einzige Möglichkeit produktiver Landnutzung. Aus den Blüten von Rosmarin, Thymian und Lavendel schaffen Hunderte von Bienenvölkern Spaniens berühmtesten Honig: *miel de Alcarria.* Es gibt kaum ein Dorf in dieser Gegend, das nicht seinen besonderen Honig anbietet, kein Reisender kehrt ohne einen Topf nach Hause, und jedes Lokal hat seine Spezialität: Käse mit Honig etwa oder Honig mit Nüssen.

Kein Wunder ist es demnach auch, daß sich in der Mancha feine Süßwaren mit Honig entwickelt haben. Geschichte und Natur präsentieren sich hier als Verbündete, denn es waren die Araber, die ihre Kunst im Umgang mit Honig und Mandeln hinterließen. Auch Marzipan wurde hier früher mit Honig hergestellt (siehe Kasten), ebenso der *alajú* aus Cuenca, eine zwischen zwei Oblaten servierte Art Nougat aus Mandeln, Honig und Feigen.

Dazu gehört ein Gläschen des lokalen Likörs: *Resolí.* Gemacht wird er traditionell von Kneipenwirten und Konditoren, die sich in der Osterzeit wahre Wettstreite in dieser Kunstfertigkeit liefern. Heute fabrizieren aber auch Firmen den Trank aus Kaffee, Brandy oder Anisschnaps, Zimt, karamelisiertem Zucker oder Honig und Essenzen von Orangenschalen.

Torrijas

Arme Ritter

1/4 l lauwarme Milch
100 g Zucker
8 Scheiben altbackenes Weißbrot
3 Eier
1/4 l Öl
1 TL Zimt

Die lauwarme Milch mit der Hälfte des Zuckers verrühren. Die Brotscheiben darin 10 Minuten quellen lassen, dabei einmal wenden. Die Eier verquirlen und Brotscheiben darin wenden. Im heißen Öl portionsweise von beiden Seiten goldbraun ausbraten. Dann herausheben, auf Küchenpapier abtropfen lassen und warm stellen, bis alle Scheiben gebraten sind. Den restlichen Zucker mit dem Zimt vermischen. Vor dem Servieren über die Brotscheiben streuen. Man kann die *torrijas* auch mit Honig reichen.

Marzipan aus Toledo

Toledo, Venedig und der Orient streiten sich, wo das Marzipan erfunden wurde. Die Araber brachten einst eine süße Mischung aus Mandeln und Honig auf die Iberische Halbinsel, die sie *mautha-ban* oder *mahsaban* genannt haben sollen. In Venedig dagegen wird gern behauptet, man habe *marzipane* als »Brot des Heiligen Markus« dem Schutzpatron der Lagunenstadt gewidmet. Und auch Toledo hat dazu seine eigene Geschichte:
Während der Rückeroberungschlacht bei Navas de Tolosa im Jahr 1212 sollen Nonnen aus dem Kloster San Clemente die christlichen Soldaten versorgt haben. Sie zerstampften, so erzählt man, ihre Mandelvorräte im Mörser, um daraus mit Zucker eine Notspeise zu kneten. Diese mit dem Stößel *(maza)* gemachte Art Brot *(pan)* soll den Namen *maza-pan* erhalten haben. Im Mittelalter war die süße Mandelspeise in Zentralspanien jedenfalls schon sehr beliebt, und sogar die Heilkundigen schätzen ihre Wirkungen: Das Marzipan konnte den Geschmack von bitterer Medizin ein wenig erträglicher machen und war außerdem als Stärkungsmittel für Schwache und Kranke beliebt. 1613 legte in Toledo der Zuckerbäcker Gaspar de Atienza fest, wie ein echter Marzipan beschaffen sein sollte: Zu den Zutaten gehörten damals vor allem Mandeln, Zucker und Honig. Bis heute bestehen die edelsten Sorten Toledo-Marzipan nur aus Zucker und Mandeln, billigere Typen dürfen auch Reismehl und Kartoffelstärke enthalten. Wer Marzipan zuhause herstellt, darf natürlich auch etwas Eiweiß beimischen, um die Masse elastischer und besser formbar zu machen.

Toledo

Bizcochos borrachos
Beschwipste Biskuits

Sirup:
125 g Zucker
2 EL Honig
1 Msp. Zimt
abgeriebene Schale von 1 Orange
4 cl Brandy
100 ml Sherry

Biskuit:
100 g Mehl
4 Eier, getrennt
100 g Zucker
Zimt zum Bestreuen

Den Zucker mit dem Honig, dem Zimt und der Orangenschale unter Rühren einmal aufkochen. Vom Herd nehmen, Brandy und Sherry einrühren und abkühlen lassen.
Das Mehl sieben. Eigelb mit dem Zucker im Wasserbad zu einer dickflüssigen Creme aufschlagen. Das Eiweiß sehr steif schlagen und auf die Eicreme setzen. Das Mehl darüber geben und alles mit dem Schneebesen vorsichtig unterheben. Die Masse auf ein mit Backpapier ausgelegtes Backblech streichen und im vorgeheizten Backofen bei 220 °C ca. 10 Minuten goldbraun backen. Den fertigen Biskuit auf ein feuchtes Küchentuch stürzen, das Backpapier abziehen und den Biskuit mit dem Sirup bestreichen. Mit Zimt bestreuen, in ca. 5 cm lange Quadrate schneiden und anrichten.

Alajú gilt als »Königsnachtisch« von Cuenca. Das Dessert besteht aus Mandeln, Feigen und Honig.

Butter- oder Schmalzgebäck wurde vor der Eroberung Amerikas mit Honig gemacht, heute mit Zucker.

Nicanores sind ein feines, zartes Blätterteiggebäck, das meist mit viel Puderzucker bestreut wird.

Feiner Honig aus der Alcarria wird seit Jahrhunderten gerühmt. Doch auch in anderen Regionen fließt süßes Gold in die Honigtöpfe: Orangenblütenhonig kommt aus Valencia, Eukalyptus-, Kastanien- und Heidekrauthonig aus Galicien, Süßholzhonig aus den katalanischen Pyrenäen, Ginster- und Baumheidehonig von Teneriffa.

Mancha-Wein

In den Fragebögen des schwierigsten Weinexamens der Welt taucht regelmäßig folgende Frage auf: »Welche ist die meistangebaute weiße Rebsorte der Welt?« Wer in die illustre Gruppe der *Masters of Wine* aufgenommen werden will, darf hier nicht Chardonnay antworten oder gar Riesling. Die richtige Antwort lautet: Airén.

Diese Traube wird hauptsächlich in der Region La Mancha angebaut. In dieser einst sogar von den Arabern als wüst empfundenen Gegend erstreckt sich mit rund 400 000 Hektar das größte zusammenhängende Weinanbaugebiet der Welt. Das gesetzlich geschützte Herkunftsgebiet **D.O. La Mancha** nimmt fast die Hälfte der gesamten spanischen Rebfläche ein und produziert die Hälfte der spanischen Weine, die allerdings bis vor wenigen Jahren bestenfalls den Ruf ordentlicher Tafelweine genossen.

Um den extremen Temperaturschwankungen auf der kastilischen Hochebene zu begegnen, kauern die knorrigen Pflanzen dicht über dem sandigen, kalkhaltigen Boden. Die Airén-Traube liefert leichte, fruchtige bis trockene Weißweine; die Cencibel, die der berühmten Tempranillo aus der Rioja nahesteht, sowie die Garnacha schaffen außerdem sanfte Rotweine mit großer Kraft. Fast immer strahlt hier die Sonne und sichert den Weinen einen Alkoholgehalt von bis zu 15 Prozent.

Das aber paßt nicht allen: Die Bürokraten der Europäischen Union haben einen Überschuß an Tafelwein geortet und fordern von den Spaniern, Tausende Hektar Reben auszureißen. Neben der sozialen Last für die Bauern wäre das auch eine ökologische Katastrophe, denn es würde den trockenen Boden der Erosion preisgeben.

In Nordeuropa werden jährlich eine halbe Million Tonnen Zucker dem Traubenmost beigemischt, damit überhaupt Wein entsteht. Chaptalisieren heißt dieser Vorgang, der ganz legal ist und von Kritikern als Beweis für die Macht der Zuckerlobby ins Feld geführt wird.

Die Winzer der Mancha aber wollen ganz und gar nicht einsehen, warum der Konsument einen Wein trinken soll, der nur künstlich zur Gärung gebracht werden kann. Bei ihnen schafft das die Sonne ganz alleine. Außerdem bemüht man sich hier schon seit Jahren, den stets weniger gefragten Tafelwein durch sorgfältig ausgebaute und in Eichenfässern gealterte Qualitätswein-Jahrgänge zu ersetzen. Sowohl auf den Weinbergen als auch in den Kellereien wurde in den vergangenen Jahren eifrig modernisiert. Und auch wenn sich die meisten Gourmets des Landes noch an ihre Lieblingskreszenzen aus Rioja, Penedès oder Duero halten – ein Señorío de Guadianeja aus Manzanares kann sich damit durchaus messen.

Der Wein der Mancha hat Geschichte. Er gedeiht im Schatten alter Burgen (oben), und manche Bodega hat noch Keller aus römischer Zeit (großes Bild).

Die Böden der Mancha sind karg. Hier gedeihen vor allem Reben, die extreme Witterung aushalten können. Die häufigste Traubensorte ist die Airén.

Früher kamen aus den Kellereien der Mancha meist preiswerte Tafelweine. Doch mittlerweile bauen viele Kellereien auch faßgereifte Kreszenzen aus.

Der Markgraf aus Toledo

Carlos Falcó, Markgraf von Griñón, ist Kosmopolit. Der in Sevilla geborene Aristokrat baut auf seinem Landgut Valdepusa bei Toledo fast nur französische Reben an. Er experimentierte schon mit Cabernet Sauvignon, als dies in Spanien noch als Ketzerei galt. Immer weiter trieb er seine Versuche, heute gehören seine Marken Marqués de Griñon und Dominio Valdepusa zu den Spitzenweinen Spaniens – auch ohne amtliche Herkunftsbezeichnung. Falcó pflanzt weiter Rebsorten an, deren Potential sich unter den extremen Witterungsbedingungen der Mancha voll entwickeln kann. Eine große Überraschung war sein samtwürziger Rotwein aus der Syrah-Traube, die im Rhônetal beheimatet ist.

Weinbaugebiete in La Mancha

D.O. La Mancha
Schlichter weißer Tafelwein war lange Zeit das Markenzeichen dieses weltweit größten Weinbaugebiets mit Herkunftsbezeichnung. Die weiße Airén und die roten Garnacha und Cencibel sind die wichtigsten Traubensorten. Die Kooperativen haben in jüngster Zeit viel investiert in moderne Anlagen und bringen heute auch feine, gut ausbalancierte junge Rotweine mit kräftigem Aroma auf den Markt. Trotz intensiver Bemühungen wird der Großteil der Produktion noch immer offen verkauft und als preiswerter, angenehmer Tafelwein auch exportiert.

D.O. Valdepeñas
Valdepeñas (Tal der Felsen) steht für die alte Kunst, guten Tafelwein zu produzieren. Doch in der wie eine Enklave in den südlichen Teil des Weingebiets La Mancha eingebetteten D.O. (siehe Karte) schaffen die Kellereien heute auch erstklassige faßgereifte Jahrgänge. Die niedrige Produktivität des trockenen Bodens (22 Hektoliter pro Hektar) und viel Sonne schaffen gute Trauben. Neben den beliebten Weißweinen und der Tradition der komplexen, mit weißen Trauben gemischten Rotweine (die Bezeichnung *clarete* ist nicht mehr erlaubt), schaffen die Kellereien heute auch erstklassige gealterte Jahrgänge. Auch in Valdepeñas wenden sich die Winzer vom offenen Wein ab, um aus Cencibel kräftige, aber samtweiche rote Flaschenweine herzustellen.

D.O. Almansa
An der Grenze zu Valencia gelegen, verwendet diese D.O. vor allem Reben aus der Levante, wie die roten Monastrell und Garnacha und die weiße Merseguera. Trotz der Nähe zum Mittelmeer ist das Klima hier noch kontinental und rauh, und die Höhenlage von rund 700 Metern schafft korrekte, leichte Weine.

D.O. Méntrida
Dies ist eine noch wenig bekannte Weinregion, deren Rotweine durch späte Ernte der Garnacha-Trauben sehr kräftig sind. Besonders der Rosé ist schmackhaft. Seit kurzem machen auch einige Cabernet Sauvignons von weicher, saftiger Art von sich reden.

D.O. Mondéjar
Das jüngste Qualitätsweingebiet der Mancha (seit 1997) liegt östlich von Alcalá de Henares und produziert vor allem dicke und recht rauhe Rotweine aus Cencibel und Cabernet Sauvignon, die von den wenigen Abfüllbetrieben jung vermarktet werden. Außerdem werden hier die weißen Trauben Malvar, Macabeo und Torrontés kultiviert.

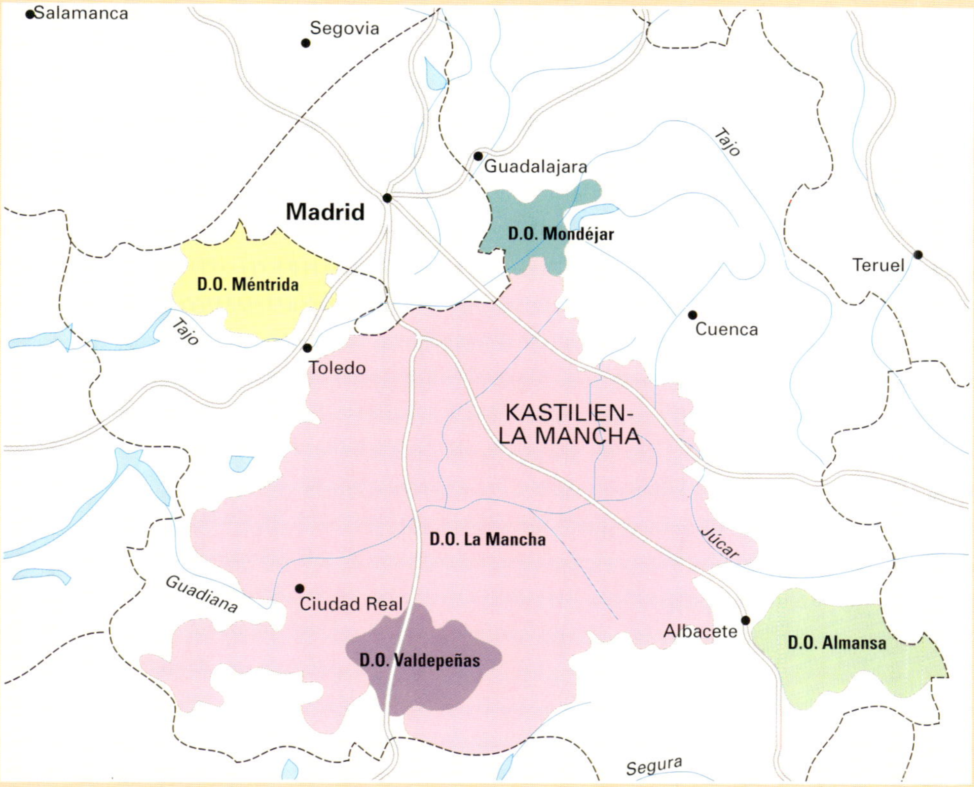

EXTREMADURA
DAVID SCHWARZWÄLDER

Extremadura

- Iberisches Schwein
- Ibérico-Schinken
- Pimentón
- Chorizo & Co.
- Spanische Wurstspezialitäten
- Fastenzeit
- Wildgemüse und Pilze
- Zaubereien aus der Küche
- Fleisch und Wild
- Kork

Mit kleinen roten Paprikaschoten bringen die Bauern aus La Vera Farbe und Würze in den Alltag der sonst so kargen Region – und in die spanischen Kochtöpfe.

Extremadura – extrem hart? Diese Deutung liegt nahe, wenn man im menschenleeren, ausgedörrten Südosten der Extremadura über Land fährt. Doch weit gefehlt! Der Name der Region geht auf *extremo del Duero* zurück: das Niemandsland auf der Südseite des Duero-Flusses. Hier verlief während der Rückeroberung Spaniens die Grenzlinie zwischen Christen und Muslimen, die sich mit dem Rückzug der Mauren immer weiter nach Süden verschob. Als Miteroberer der Neuen Welt bescherten Hernán Cortés, Núñez de Balboa und die Brüder Pizarro ihrer Heimat im 16. Jahrhundert eine Epoche gewaltiger Blüte. Von Lateinamerika brachten die Soldaten nicht nur Gold und Silber mit. Auch Kartoffel, Mais, Tomate und Paprika fanden ihren Weg in die Extremadura und bereicherten so eine Küche, die aus einer Mischung christlicher, jüdischer und maurischer Eßgewohnheiten hervorgegangen war.

Die Landschaft der Extremadura, geprägt von weiten Kork- und Steineichenwäldern, hat sich seit Jahrhunderten kaum verändert. In diesem Gebiet, größer als die Schweiz, leben nur eine Million Menschen. Dennoch aber hält die Region viele Überraschungen bereit – nicht nur an reicher, intakter Natur. Auch kulturell und kulinarisch haben die Städte und Dörfer zwischen Zentralgebirge und Sierra Morena Genießern einiges zu bieten. Die monumentale Palaststadt Cáceres und die Klosterfeste Guadalupe könnten Hauptattraktionen europäischer Kulturlandschaft sein, wären sie nur nicht so weit abgelegen. Nur langsam nähert sich die Extremadura einem Zustand, den man als relativen Wohlstand bezeichnen kann. Sanfter Tourismus und eine immer stärker qualitätsorientierte Landwirtschaft räumen nach und nach mit dem Vorurteil auf, die Region im Westen Spaniens sei das Armenhaus der Nation.

Angesichts dieser Hintergründe wird schnell klar: Hier kann keine verspielte Küche beheimatet sein. Seit Jahrhunderten dominieren das Iberische Schwein sowie Lamm und Ziege die Gastronomie der Extremadura, die historisch als ernst, ja fast schon als asketisch zu bezeichnen ist. Man kann es aber auch positiv sehen: Ähnlich befreiend wie die Landschaft in ihrer endlosen Weite mutet auch die klare Einfachheit der meisten Rezepturen an. Im Mittelpunkt stehen Eintöpfe aus Lammfleisch oder Ziege, Schweinefleisch in vielen Varianten sowie Hirtengerichte auf Basis von Brot und Gemüse. Weniger bekannt ist die Leidenschaft der Extremeños für Forellen und andere Süßwasserfische. Und wenn die Region in ihren gastronomischen Traditionen auch nicht durch Leichtigkeit oder Eleganz besticht, so kann sie doch auf eine abwechslungsreiche, teilweise recht originelle Rezeptauswahl verweisen.

Rechts: Im Frühling, wenn Regen die kargen Weiden zum Erblühen bringt, erscheint das Niemandsland der Extremadura wieder in einem ganz neuen Licht.

Die Früchte von Kork- und Steineichen sind das Hauptnahrungsmittel des Iberischen Schweins.

Die Dehesa

Wie keine andere Landschaft steht die Dehesa für Charakter und Kultur der Extremadura. Die lichten Stein- und Korkeichenwälder, in denen pro Hektar nur etwa 35 Bäume stehen, umfassen einen großen Teil der Provinzen Cáceres und Badajoz sowie einige benachbarte Gebiete in Westandalusien, Südkastilien und La Mancha. Seit vielen Jahrhunderten bildet das Zusammenspiel von Mensch, Tier und Pflanzenwelt in der Dehesa ein perfektes Ökosystem. Hier ist das Iberische Schwein zu Hause, und der mediterrane Wald bietet auch Schutz und Nahrung für viele Zugvögel wie Flamingos, Störche und Adler sowie für 55 weitere vom Aussterben bedrohte Tierarten. Seit der Schinken des Iberischen Schweins zum begehrten Luxusprodukt avanciert ist, lohnt es sich für die Bewohner der Gegend wieder, diese Tiere zu halten, die wiederum zur Erhaltung der Dehesa beitragen. Ibérico-Schweine sind sehr mobil und sorgen für eine gleichmäßige, ökologische Rodung der riesigen Waldflächen. Dabei scharren die Tiere nach Wurzeln, halten so das Gestrüpp nieder und sichern außerdem mit ihrem Dung den Fortbestand der Pflanzen und Bäume. Der Wald seinerseits reguliert durch sein beschränktes Futtermaterial die Anzahl der Weidetiere. Immer energischer treten in jüngster Zeit spanische Naturschutzorganisationen auf den Plan, um diese Form ureigenster spanischer Landschaft vor einer zerstörerischen Intensivwirtschaft zu schützen.

Hintergrund: Das Iberische Schwein lebt bevorzugt in den lichten mediterranen Wäldern der Dehesa.

Schinken, die zu echtem *jamón ibérico* werden sollen, verbringen etwa zwei Wochen unter einer Salzschicht.

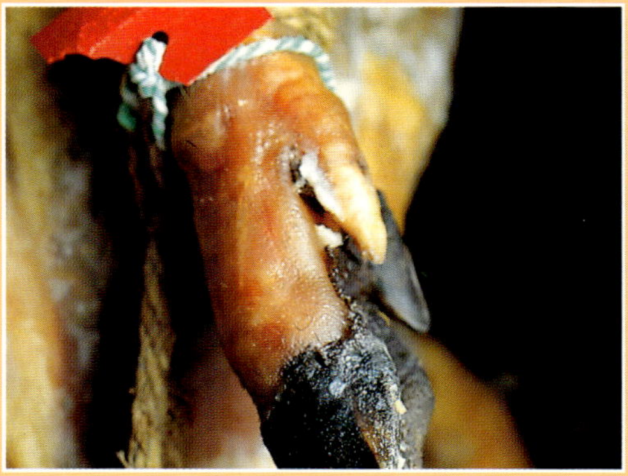

Weil Iberische Schweine meist (nicht immer!) eine schwarze Klaue haben, nennt man den Schinken auch *pata negra*.

Jamón ibérico reift viele Monate in kühlen Kellern und bildet in dieser Zeit seinen würzigen Geschmack aus.

Iberisches Schwein

Es ist genügsam, behäbig und ruhig, und es läßt sich weder durch Trockenheit noch durch extreme Hitze oder rauhe Winter aus der Ruhe bringen. *Cerdo ibérico,* das Iberische Schwein, ist eine halbwilde Rasse, die sich im Laufe von Jahrtausenden bestens an das Klima des spanischen Südens und Südwestens angepaßt hat. Der Schinken dieser Spezies ist Legende, und schon im 16. Jahrhundert gab es in Plasencia jedes Jahr zu San Andrés (30. November) einen Markt, auf dem 40 000 Iberische Schweine die Besitzer wechselten. Schon damals galt die *pata negra,* die schwarze Klaue, als Markenzeichen, und bis heute nennt man den hochwertigen aromatischen Schinken des Iberischen Schweins, den *jamón ibérico,* auch einfach *pata negra.*

Das schwarze Schwein lebt in der *dehesa,* einem lichten Wald aus immergrünen Stein- und Korkeichen, der vorwiegend in der Extremadura, Teilen Westkastiliens und Nordandalusiens vorkommt (siehe Kasten links). Das Tier kann über lange Zeit mit wenig Nahrung auskommen und trotzdem schnell Fettgewebe entwickeln, das durch viel Bewegung auf den weiten Weideflächen bis ins Fleisch vordringt und dort zu einer feinen Marmorierung führt. Das Iberische Schwein ernährt sich von Gräsern, Kräutern und Wurzeln, manchmal auch von Oliven, die dem Fleisch zusätzliche Würze verleihen. Im Sommer, wenn die Dehesa ausdörrt, erhalten die Schweine zusätzlich Getreide. Die Endmast *(montanera)* beginnt im Herbst, wenn die Eicheln *(bellotas),* Hauptnahrungsmittel des Iberischen Schweins, von den Bäumen fallen. Nun entwickelt das Tier einen erstaunlichen Appetit und frißt sich innerhalb weniger Monate 60 bis 80 Kilo an. Die Eicheln verleihen dem Fleisch einen besonders aromatischen Geschmack.

Herstellung des Schinkens

Die Schweine werden im Winter im Alter von 14 bis 18 Monaten und mit einem Maximalgewicht von 180 Kilo geschlachtet. Die Herstellung eines echten *jamón ibérico* erfordert sehr viel Zeit, Geduld und Können. Denn neben der Rasse des Tieres, seiner Ernährung und dem Klima spielt vor allem der Reifeprozeß eine Rolle für die Qualität des *pata negra*-Schinkens. Die wichtigsten Reifezentren für Ibérico-Produkte liegen alle in Westspanien. In der Extremadura haben sich die Dörfer Jerez de los Caballeros, Fregenal de la Sierra, Oliva de la Frontera und Higuera la Real in der Provinz Badajoz einen Namen gemacht, im Süden der kastilischen Provinz Salamanca die Schinkendörfer Guijuelo und Candelario. In Andalusien hat Jabugo in der Sierra de Aracena einen geradezu legendären Ruf für die Qualität seiner Schinken, und etwas weiter östlich in der Provinz Córdoba konzentriert sich eine Anzahl kleiner bis mittlerer Erzeuger auf das Pedroches-Tal. All diese Orte liegen in luftigen Bergregionen und eignen sich deshalb bestens für die Lufttrocknung feiner Schinken.

Nach der Schlachtung löst man die Hinterläufe der Schweine in V-Form aus und läßt sie völlig ausbluten. Danach werden sie gesalzen und verbringen je nach Gewicht und Außentemperatur zehn bis 14 Tage unter einer geschlossenen Salzschicht, wobei sie regelmäßig umgeschichtet werden. Je höher und damit kühler die Region, desto weniger Salz wird benötigt. Anschließend werden die kostbaren Schinken gewaschen und lagern nun vier bis sechs Wochen in kühlen Lagerräumen bei sechs bis acht Grad. Hier trocknet und setzt sich das Fleisch.

Nun erst beginnt der eigentliche Reifeprozeß: Die Schinken werden an Seilen oder Haken in speziellen Trockenhallen *(secaderos)* aufgehängt. Über Klappvorrichtungen läßt sich die Frischluftzufuhr nach Bedarf regeln. Mit steigenden Temperaturen im Frühjahr fängt der Schinken an zu »schwitzen«, verliert rund ein Drittel seines Gewichts und entwickelt langsam seine Aromen. Abgerundet wird die Reifung in kühlen Lagerkellern *(bodegas),* wo die Schinken nochmals bis zu 14 Monate hängen, um den Edelschimmelpilz *Penicillium roquefortis* anzusetzen, der die Aromen des Fleischs noch weiter differenziert.

Qualitätsstufen für Ibérico-Schinken

- **bellota:** Schinken von Schweinen, die zu mindestens 75 Prozent der Ibérico-Rasse entstammen und mindestens 40 Prozent ihres Lebendgewichts freilaufend und nur durch Eicheln und Kräuter aus der Dehesa zugelegt haben.
- **recebo:** Schinken von Iberischen Schweinen, die während der Endmast zusätzlich mit Getreide gefüttert wurden (maximal 30 Prozent).
- **pienso** (auch **cebo** oder **campo**): Schinken von Iberischen Schweinen, die nur mit Getreide gemästet wurden.

Gegen Ende der Reifezeit prüft der *calador* (Tester) die Qualität des Schinkens mit einer Punze *(cala)* aus Horn oder Knochen. Diese sticht er an verschiedenen Stellen in den Schinken ein, entnimmt etwas Fleisch und entscheidet dann aufgrund des Geruchs, ob das Stück die geforderte Güte besitzt. Ein guter Ibérico-Schinken kann 24, in Ausnahmefällen sogar 30 Monate gereift sein, bevor er zum Verzehr bereit ist. Das Gewicht beträgt in der Regel zwischen sechs und acht Kilogramm.

Feine Produkte vom Iberischen Schwein sind auch *chorizo* und *lomo* (siehe Seite 344 f) sowie seltene, aber exzellente Aufschnittspezialitäten, etwa eine Wurst aus Kopffleisch. Inzwischen findet man in gutsortierten Metzgereien auch frische Ibérico-Lende, und das Frischfleisch wird häufig mit beeindruckender Phantasie zubereitet.

Jamón ibérico vom schwarzen Schwein hat eine feine Fettmaserung und winzige weiße Kristall-Einschlüsse. Diese sind auf die Extensivmast mit Eicheln zurückzuführen. Man ißt den edelsten aller Schinken am besten pur als Tapa.

Ibérico-Schinken

Ibérico-Schinken gehört zu den berühmtesten spanischen Delikatessen und ist wegen der langwierigen und kostspieligen Herstellung ebenso rar wie teuer. Er hat tiefrotes Fleisch, entwickelt bei Zimmertemperatur ein intensiv nussiges Aroma und sollte von einer feinen Fettmaserung durchzogen sein. Das Fett muß weich sein und auf Fingerdruck nachgeben. Oft treten im Fleisch eines Schinkens aus Eichelmast auch weiße Pünktchen und Einschlüsse auf. Es handelt sich hier um Kristalle der Aminosäure Tyrosin. Diese ist in keiner Weise schädlich, sie gilt sogar als Garant für echten *bellota*-Schinken.

In Spanien werden Iberische Schinken meist so verkauft, wie sie aus dem Reifekeller kommen, nämlich mit ihrem feinen Edelschimmelbelag, der als besonderes Qualitätsmerkmal gilt. Da der bläulichgelbe bis violette Pilz jedoch nicht von allen Konsumenten akzeptiert wird, sind auch gewaschene Ibérico-Schinken erhältlich.

Die hohe Kunst des Schinken-Schneidens

Das Schneiden von Ibérico-Schinken kommt in Spanien einer Kulthandlung gleich. Es kann vorkommen, daß die Gäste einer Tapas-Bar auf den Chef warten müssen, da dieser sich das Schneiden des kostbaren Stücks vorbehält. In der Extremadura und Kastilien gibt es sogar Wettbewerbe, um die besten Schinkenschneider zu ermitteln.

Einen ganzen Schinken sollte man nach dem Kauf höchstens drei Monate lagern – hängend und kühl, aber niemals im Kühlschrank. Zum Aufschneiden benutzt man eine *jamonera,* ein spezielles Gestell aus Metall oder Holz. Ist der Schinken zum schnellen Verbrauch bestimmt, spannt man ihn nach klassischer Methode mit nach oben gerichtetem Huf in die *jamonera* ein. Will man die Keule nicht gleich aufbrauchen, sollte man sie mit dem Fuß nach unten einspannen und über der schmalsten Seite »öffnen«. Dieser Teil trocknet am ehesten aus und sollte deshalb zuerst verzehrt werden. Zunächst entfernt man mit einem kräftigen Messer die Schwarte und das überflüssige Fett. Auf den Seiten läßt man eine fingerdicke Fettschicht zur Konservierung stehen. Nun schneidet man mit einem langen, schmalen und biegsamen Messer in Faserrichtung hauchdünne Scheiben ab, wobei man der Form des Knochens folgt. Bei frisch geschnittenem Schinken bildet sich ein tauartiger Schweißfilm auf der Oberfläche der Scheiben, der einen Vorgeschmack auf die cremige Konsistenz des Fleischs gibt. Die Anschnittstelle sollte immer durch ein Stück schinkeneigenes Fett abgedeckt werden.

Falls man kleinere Mengen kauft, empfiehlt es sich, sie vom Metzger in sehr dünne Scheiben schneiden zu lassen und in Frischhaltefolie im Kühlschrank aufzubewahren. Etwa eine halbe Stunde vor dem Verzehr entfernt man die Verpackung und läßt den Schinken bei Zimmertemperatur »atmen«, damit er sein Aroma voll entfalten kann. Den edlen Ibérico-Schinken serviert man am besten als Tapa nur mit etwas Weißbrot – und niemals zu kalt.

Ein Ibérico-Schinken gehört zu den edelsten Delikatessen, die Spanien aufzubieten hat.

Um das edle Stück zu schneiden, spannt man den Schinken in eine *jamonera* ein.

Zuerst nimmt man ein kräftiges Messer und entfernt an einer Seite die Schwarte.

Auch überflüssiges Fett wird weggeschnitten, man kann es gut zum Kochen verwenden.

Ibérico-Schinken wird immer in hauchdünne Scheiben geschnitten, denn so kann er sein feines Aroma am allerbesten entwickeln. Dazu reicht man dann nur etwas Brot.

Um den Schinken zu schneiden, benützt man ein Messer mit biegsamer Klinge.

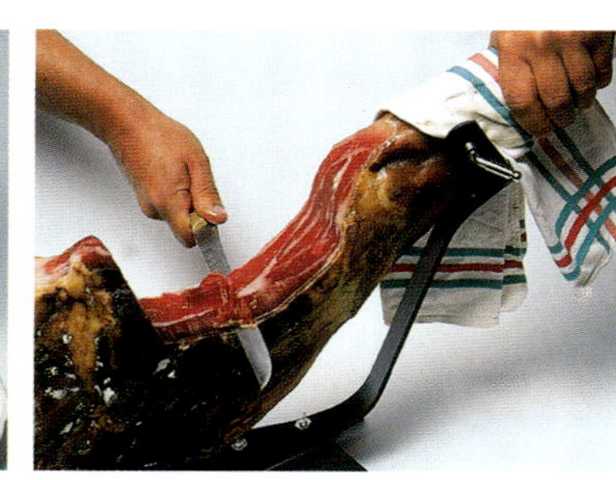

Man beginnt an der schmalsten Seite und schneidet immer parallel zum Knochen.

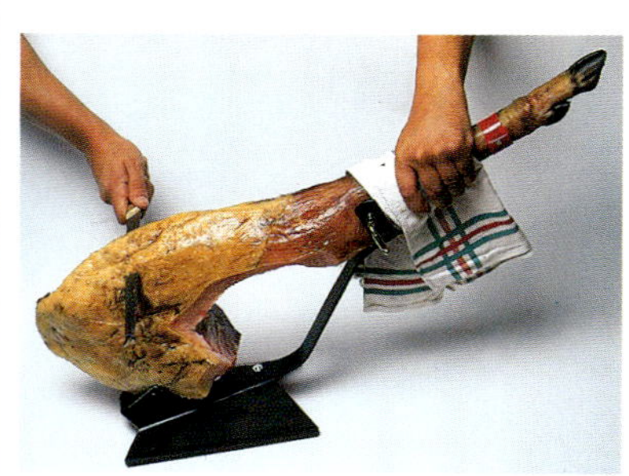

Dann dreht man den Schinken im Gestell um und entfernt wieder zuerst die Schwarte.

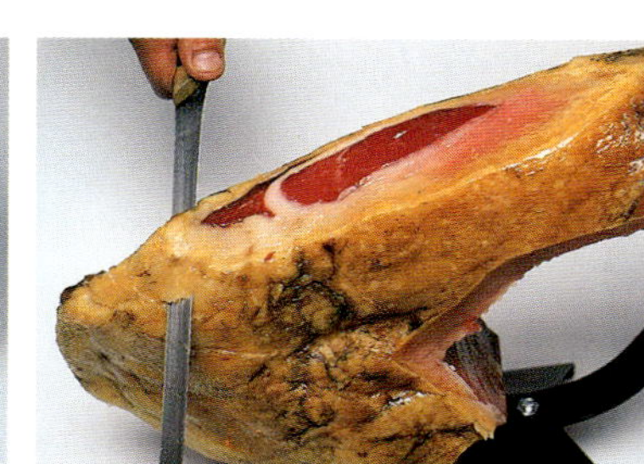

Man schneidet einen Teil des Fetts weg, so daß das Fleisch zum Vorschein kommt.

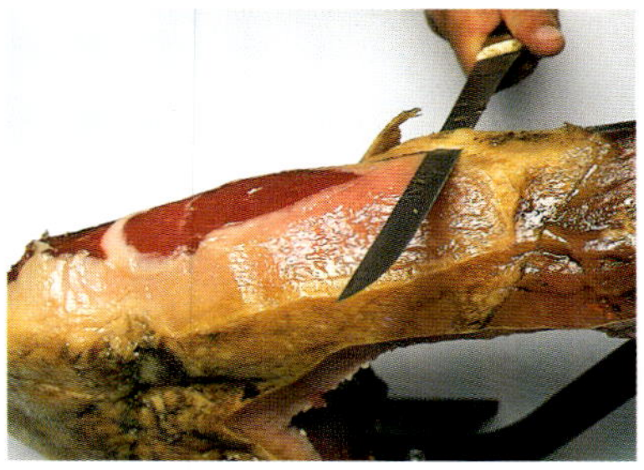
Man schneidet nur so viel Fett weg, daß der Schinken nicht schnell austrocknen kann.

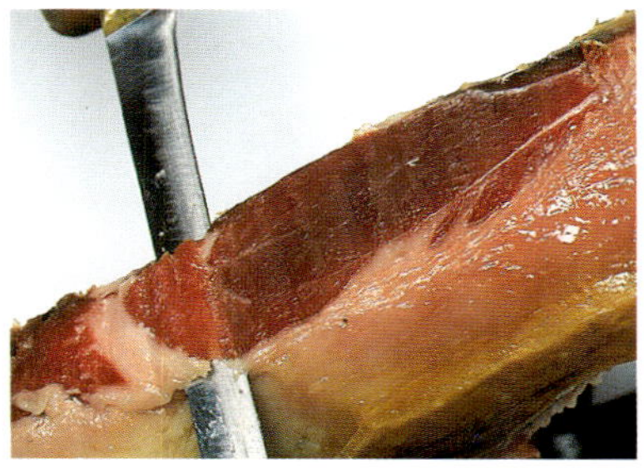
So weit dies möglich ist, schneidet man an der Hüftseite immer große Scheiben ab.

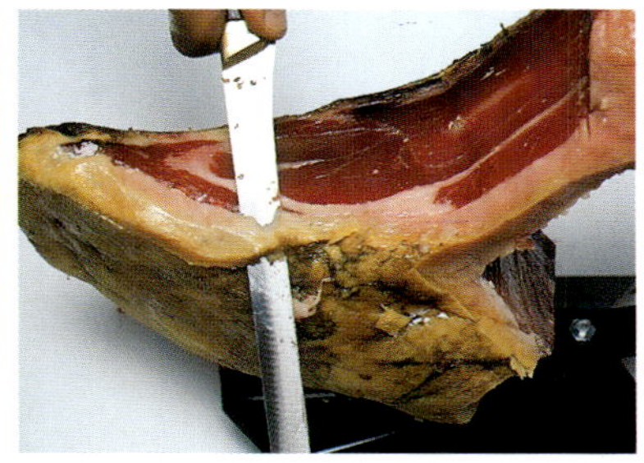
Die Schwarte läßt man an den noch nicht bearbeiteten Seiten möglichst lange stehen.

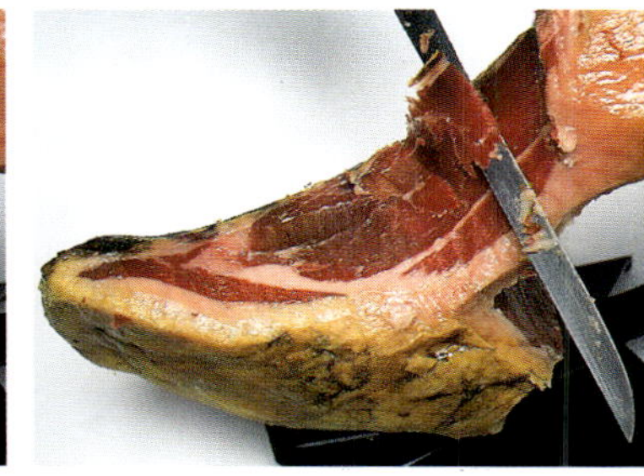
Je näher man dem Knochen kommt, desto genauer muß man parallel dazu schneiden.

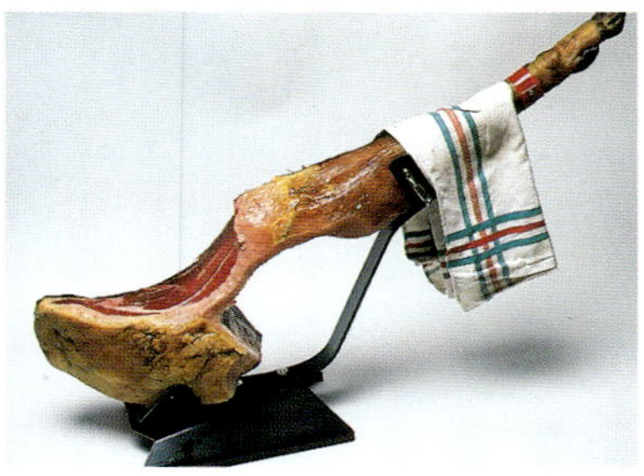
Die schönen großen Schinkenscheiben sind weg, nun beginnt die Kleinarbeit.

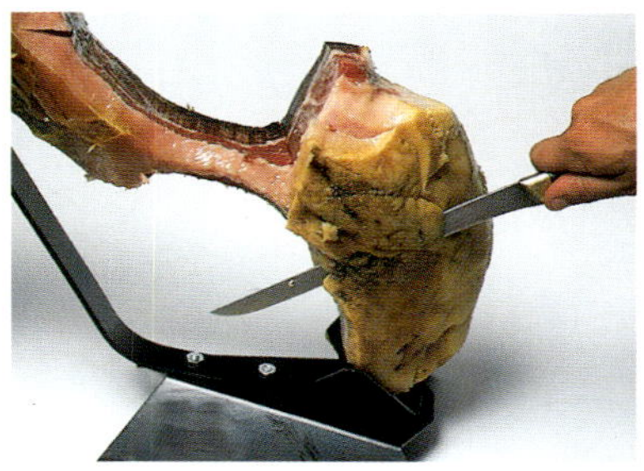
In der Gegend des Hüftspecks sind die Schwarte und das Fett besonders dick.

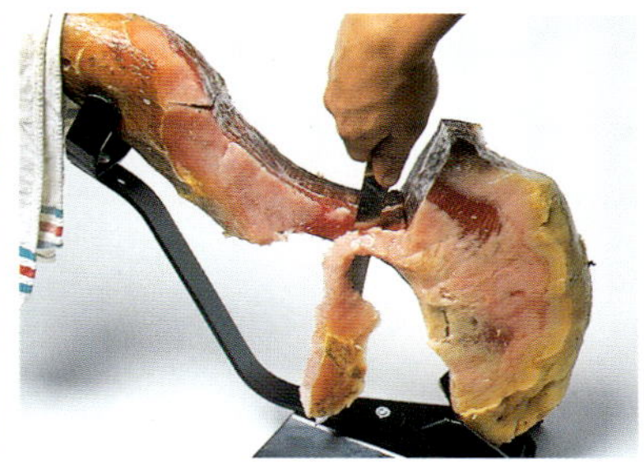
Es erfordert schon einige Kraft, um hier die überflüssigen Stücke zu entfernen.

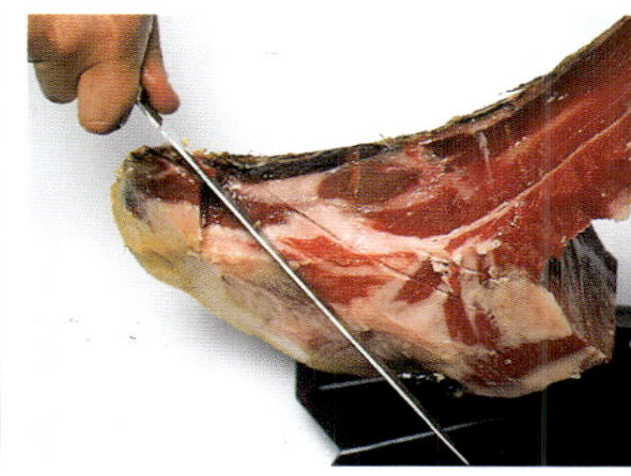
Im Bereich des Gelenks ist das Fleisch im Innern von recht viel Fett durchsetzt.

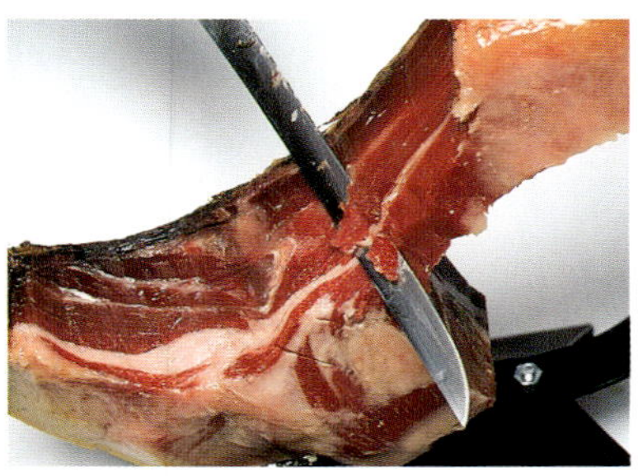
Selbst wenn man parallel zum Knochen schneidet, gibt es hier kleinere Stücke.

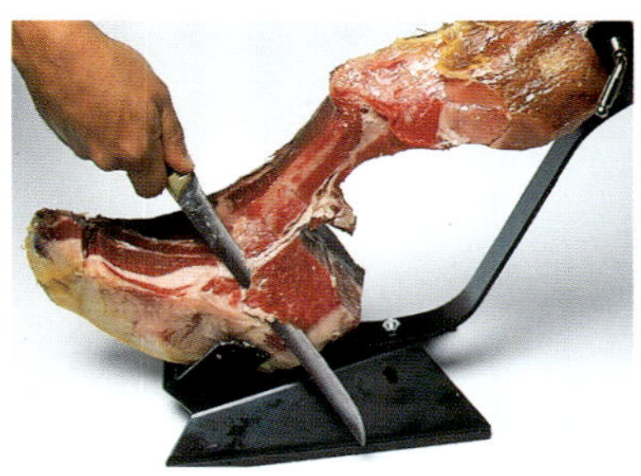
Nun heißt es Vorsicht, damit man mit dem Messer nicht den Knochen trifft.

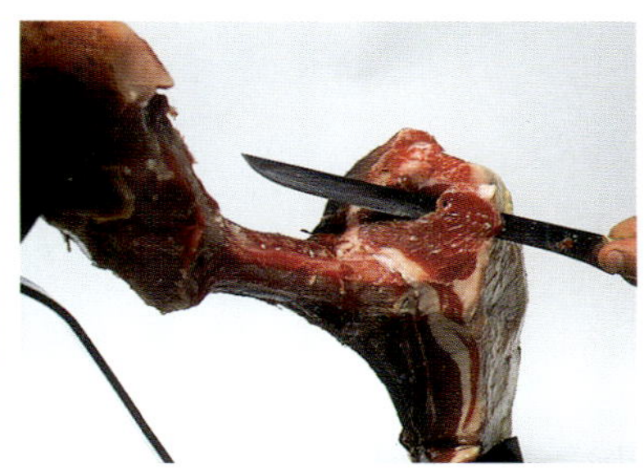
Ganz behutsam entfernt man das Fleisch rund um die Knochen des Hüftgelenks.

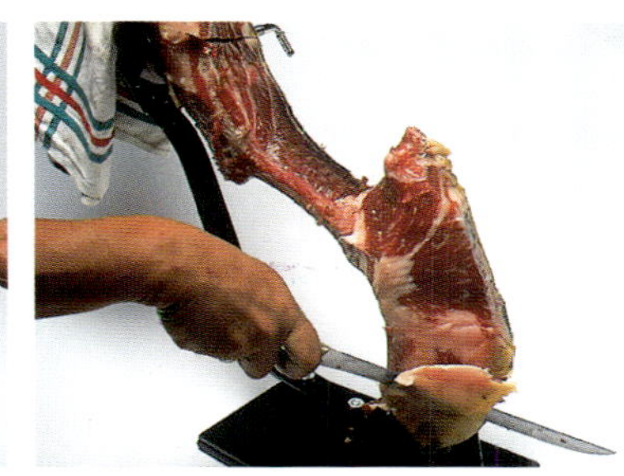
Das Fett bewahrt man für deftige Eintöpfe oder auch zum Anbraten von Fleisch auf.

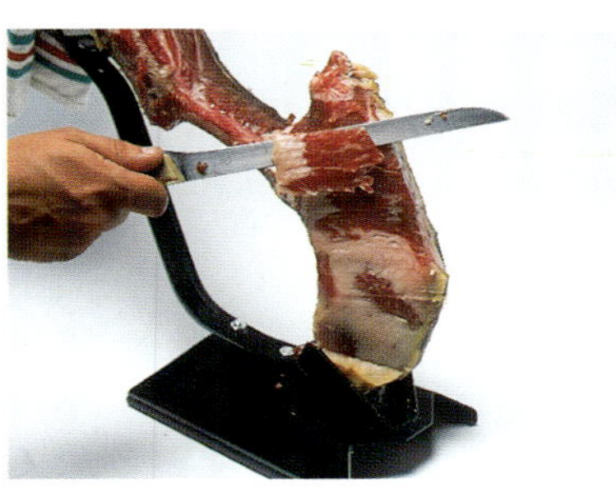
Nun schneidet man noch die Fleischpartien auf, die seitlich des Hüftgelenkes liegen.

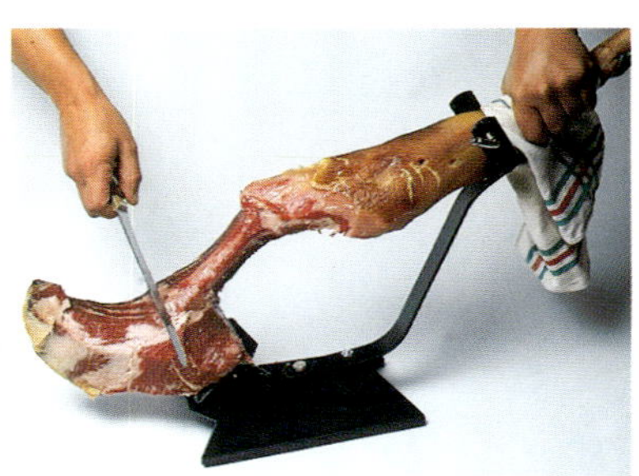
Feinschmecker schätzen auch die kleinen Stücke, denn Fett macht das Fleisch saftig.

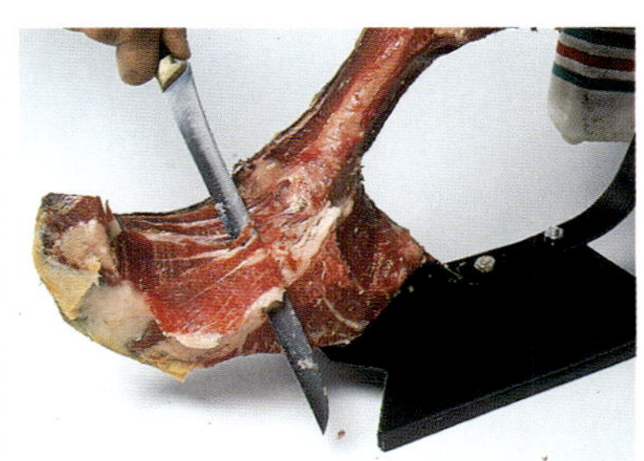
Beim Fleisch in tieferen Schichten zeigt sich genau, ob der Schinken gut durchgereift ist.

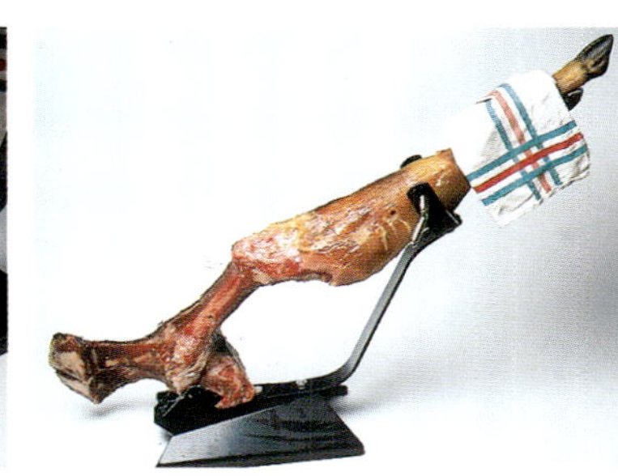
Das Fleisch an der Hüfte ist säuberlich ausgelöst, doch das war noch nicht alles.

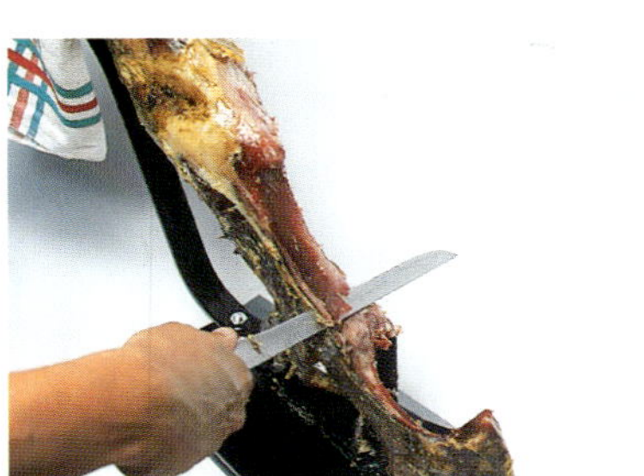
Nun schneidet man das Fleisch entlang des Knochens ab bis hinunter zum Huf.

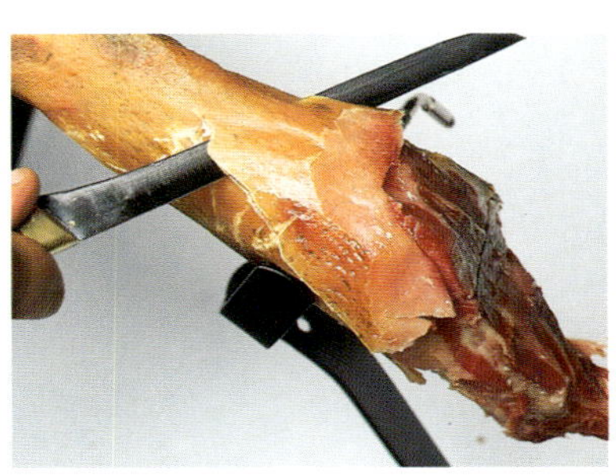
Das wenige Fleisch versteckt sich hier unter einer dicken Schicht von Schwarte und Fett.

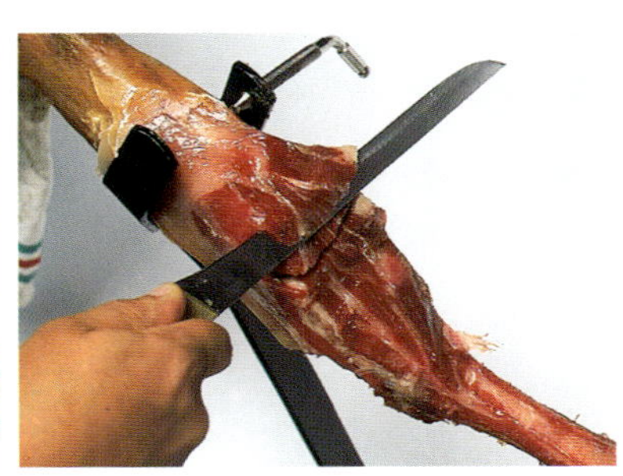
Das Fleisch an diesen dünnen Stellen des Schinkens ist immer bestens durchgereift.

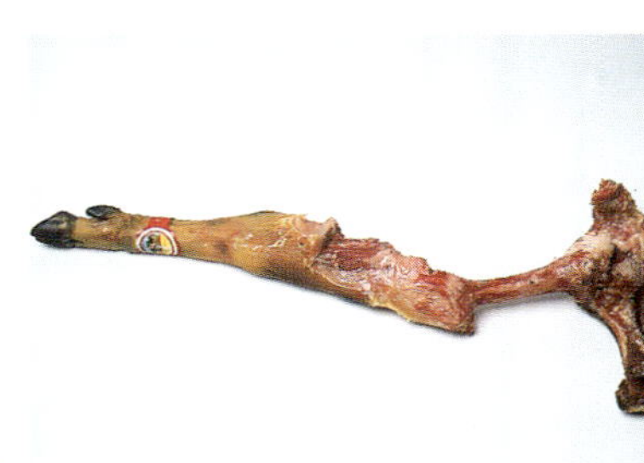
Wenn alles Fleisch entfernt ist, ergibt der Knochen noch eine schmackhafte Brühe.

In La Vera werden verschiedene Paprikasorten für Gewürzpulver kultiviert. Die runden Schoten (rechts) bringen leicht orangefarbenes, süßes Paprikapulver *(pimentón dulce)* hervor, aus den länglichen dunkelroten Schoten (links) erhält man mittelscharfes Pulver *(pimentón agridulce)*. Scharfes Paprikapulver *(pimentón picante)* stammt von verschiedenen länglichen Paprikasorten.

Pimentón

Die Paprikasorten für süßes, mittelscharfes und scharfes Pulver werden in der Mühle schon getrocknet angeliefert.

Nachdem die Stiele und ein Teil der Samenkerne entfernt wurden, werden die Paprikaschoten mechanisch gemahlen.

Nur wenn die Mühle sehr langsam arbeitet, bewahrt das Paprikapulver seine schöne Farbe und Konsistenz.

Paprikapulver aus La Vera wird in Dosen verpackt und in den Sorten süß, mittelscharf und scharf vermarktet.

Wie feurige Vulkane türmen sich Tonnen von Paprikapulver in den Mühlen von La Vera – für die Bauern der Gegend die Arbeit eines ganzen Jahres. Den geschmacklichen Unterschied macht die Rauchtrocknung über Eichenholz.

Die königlichen Zungen zeigten sich überrascht: Christoph Kolumbus brachte von seiner zweiten Amerikareise Paprika nach Spanien mit und stellte sie den Katholischen Königen Fernando und Isabella im Kloster Guadalupe vor. Die beißende Schärfe einiger Schoten verschlug dem noblen Paar fast den Atem. Dies hinderte die Mönche des Klosters aber nicht daran, die neue Frucht an ihre Ordensbrüder weiterzugeben, so daß der Paprika zunächst in der Extremadura und bald im ganzen Land Verbreitung fand.

Erst im 17. Jahrhundert aber trat der *pimentón,* das gemahlene Pulver des kleinen roten Gewürzpaprikas, seinen Triumphzug durch die spanische Küche an. Hundert Jahre später schrieb der Reisende Baron von Bourgoing: »Die Spanier mögen starke Gewürze: Pfeffer, Tomatensauce und scharfes Paprikapulver, das vielen Speisen Farbe und Feuer gibt.« Bis heute bezeichnet man das Paprikagewürz in vielen Sprachen fälschlicherweise als »spanischen Pfeffer«.

Das edelste Paprikapulver Spaniens wird auch heute noch im Norden der Extremadura hergestellt, nicht weit von dem Ort, wo die ersten Pflanzen vor 500 Jahren in den Klostergärten blühten. Heimat des berühmten *pimentón de la Vera* ist die liebliche Landschaft La Vera im Norden der Extremadura, der fruchtbarste Teil Zentralspaniens. Auf den tiefen Schwemmlandböden am Tiétar-Fluß finden die würzigen Schoten ideale Bedingungen mit mildem Klima und genügend Niederschlag. Hier kultivieren die Bauern verschiedene Sorten der Paprikagattung *Capsicum annum* mit unterschiedlicher Schärfe. Diese wird verursacht durch den Stoff Capsaicin, der den edelsüßen Gewürzschoten genauso fehlt wie dem Gemüsepaprika.

Im März säen die Bauern die Paprikasamen, und im September beginnt die Ernte, die sich bis November hinzieht. Ganze Familien ziehen dann ins Feld, bisweilen unterstützt durch Saisonarbeiter, um in mühevoller Handarbeit die kleinen, roten Schoten zu ernten. Hier und da sieht man am Rand der Felder Gebäude mit kleinen Luken: die Trockenhäuser.

Die wahre Kunst beginnt nämlich erst mit der Rauchtrocknung der frischen Paprikaschoten. Um ein Kilo Paprikapulver herzustellen, braucht man fünf Kilo Eichenholz. Anderes Holz darf nicht verwendet werden, um echtem *pimentón de la Vera* seinen typischen Geschmack zu geben.

Die ganzen Paprikaschoten werden auf einem Holzgitter in 2,50 Meter Höhe ausgelegt. Dann zündet man das Feuer an. Einmal täglich muß der Bauer das Rauchhaus *(secadero)* betreten und die 80 Zentimeter dicke Paprikalage von Hand umschichten. Die Trocknungsphase dauert 13 bis 15 Tage, danach gehen die Früchte an eine der kleinen Paprikamühlen der Region. Dort entfernt man die Stiele und einen Teil der Kerne – allerdings nicht alle, denn die Kerne enthalten Fettsäuren, die für die Konsistenz des Pulvers entscheidend sind. Dann mahlen elektrisch angetriebene Steinräder die Früchte. Dies muß sehr langsam geschehen, denn bei aufkommender Reibungshitze würden Aroma und Farbe Schaden nehmen. Auf den Markt kommt *pimentón de la Vera* in den Varianten süß *(dulce),* mittelscharf *(agridulce)* und scharf *(picante).* Er hält sich in der Regel zwei Jahre. Das edle Pulver ist unverzichtbar für viele spanische Wurstwaren wie *chorizo* oder *lomo.*

Während in La Vera die Paprikaschoten rauchgetrocknet werden, legte man sie in der Gegend von Murcia traditionell in die Sonne. Heute aber verfügen dort die modernen Betriebe über Heißluftkammern, und um die Haltbarkeit zu steigern, sterilisieren einige Produzenten das Pulver mit Dampf. Ein Dampflösungsverfahren erlaubt außerdem die Gewinnung des Farbextraktes aus den Schoten. Der harzähnliche Farbstoff wird in der Fleisch- und Pharmaindustrie eingesetzt. Auch auf den Balearen wird Paprikapulver hergestellt. Man benutzt hier andere Sorten, trocknet ebenfalls industriell und vermarktet süßen und scharfen *pimentón.*

Chorizo & Co.

»In allen respektablen Haushalten Spaniens macht man so viele Chorizos wie das Jahr Tage zählt: 365 Stück für den Hausgebrauch und weitere 50 für Tage, an denen Gäste kommen.« Diese Sitte beeindruckte den französischen Schriftststeller Alexandre Dumas, der in den Jahren 1846/47 Spanien bereiste und ganze Litaneien über die spanische Küche schrieb.

Vieles spricht dafür, daß *chorizo*, der Star unter den spanischen Wurstwaren, ursprünglich aus der Extremadura stammt. Nestor Luján, der große Gastronomieliterat, weist auf den 1576 verfaßten Brief eines Geistlichen aus Badajoz hin, der für Wurst das Wort *churico* gebrauchte. Eine andere, weit gewagtere Erklärung ist die mögliche Verwandtschaft zu dem Wort *churre*, was auf kastilisch soviel wie »triefendes Fett« bedeutet und auf die zum Trocknen aufgehängten Würste anspielen könnte. Unbestritten ist jedenfalls, daß der Chorizo, der heute meist eine leuchtend rote Färbung aufweist, bis zur Einfuhr der Paprikaschote durch die spanischen Eroberer ein eher blasser Geselle war.

Heute erzeugen mehr als 1000 kleine und größere Betriebe in ganz Spanien jährlich rund 65 000 Tonnen Chorizo. Es gibt die Nationalwurst in dick und dünn, roh oder geräuchert, als edle Tapa mit viel Magerfleisch oder in der fetten Variante für Eintöpfe und zum Braten. Je nach Chorizo-Typ wird in unterschiedlichem Verhältnis mageres und fettes Schweinefleisch zerkleinert und in einer Gewürzmischung aus Knoblauch, Paprikapulver, Salz und Kräutern ein bis zwei Tage eingelegt – manchmal noch ergänzt durch einen Schuß Weißwein, um die natürliche Fermentierung anzuregen. Dieser Prozeß gibt dem Chorizo seinen typischen, leicht säuerlichen Geschmack. Das obligatorische Paprikapulver verleiht neben Würze auch Farbe und unterstützt durch seine ätherischen Öle die Haltbarkeit. Bei industriell hergestellten Chorizos sind auch begrenzte Mengen chemischer Konservierungsmittel, etwa Nitritsalze, erlaubt. Mit einer Wurstmaschine füllt man das gewürzte Fleisch in Därme, bindet sie ab und hängt die Würste zum Trocknen auf. In den feuchten Nordregionen des Landes werden Chorizos häufig leicht vorgeräuchert.

Unter den Erzeugnissen der *chacinería*, der Schweinemetzgerei, gehört auch *lomo embuchado*, die luftgetrocknete Schweinelende, zu den ganz großen Delikatessen. Hierzu wird das etwa 50 bis 70 Zentimeter lange Lendenstück des Schweins säuberlich ausgelöst, von jeglichem Fett befreit und dann, ebenso wie der Chorizo, in eine feine Gewürzmarinade eingelegt. Die marinierte Lende wird in einen Rinderdarm gefüllt und nur dezent geräuchert oder drei bis vier Monate luftgetrocknet, damit sie ihre zarte Geschmeidigkeit behält. Ein *lomo embuchado* (auch *lomo curado*) kann bis zu anderthalb Kilo wiegen, das Fleisch ist rosa bis hellrot und gilt neben dem Schinken als höchster Ausdruck spanischer Fleischereikunst. Natürlich spielt für die Güte all dieser Spezialitäten die Fleischqualität eine große Rolle. An erster Stelle stehen immer die Produkte vom Iberischen Schwein: *lomo ibérico* und *chorizo ibérico*, die sich durch ihr typisch nussiges Aroma auszeichnen.

Die Extremadura ist bekannt für ihre exzellenten Schinken- und Wurstspezialitäten. Feinschmecker in aller Welt lecken sich die Finger nach Produkten vom Iberischen Schwein – seien es die feinen Schinken, luftgetrocknete Lende oder Chorizo-Wurst. Doch auch die Erzeugnisse von weißen Schweinen sind keinesfalls zu verachten.

Vor allem in feucht-kühlen Gegenden werden Würste nicht nur an der Luft getrocknet, sondern zusätzlich noch geräuchert (oben und großes Bild). So sind feines Aroma und Konservierung garantiert.

Seine leuchtend rote Farbe und den würzigen Geschmack erhält der Chorizo durch scharfes Paprikapulver. In der Extremadura und auf Mallorca schwört man dabei stets auf einheimische Paprikasorten.

Spanische Wurstspezialitäten

Chorizo del Pirineo: geräucherte Hartwurst aus den Pyrenäen.

Chorizo de Teruel: Hartwurst aus Teruel, der Wurst- und Schinkenstadt in Aragonien.

Salchichón del Pirineo: salamiähnliche, scharfe Hartwurst aus den Pyrenäen.

Chorizo de León: kastilische Hartwurst mit viel Knoblauch, kann roh oder gekocht verzehrt werden.

Chorizo de ciervo: pfefferwürzige Hartwurst vom Hirsch aus den Pyrenäen.

Llonganissa de pagès: würzige Bauernwurst aus den katalanischen Bergen. Man ißt sie roh mit Brot.

Longaniza: in ganz Spanien verbreitete Hartwurst, die je nach Region unterschiedlich gewürzt und roh oder gebraten verzehrt wird.

Sobrasada aus Mallorca wird beim Picknick auf dem Lande einfach auf rustikales Bauernbrot geschmiert.

Morcilla de arroz: Blutwurst mit Reis, oft mit Nelken, Zimt, Anis, Nüssen oder Pinienkernen gewürzt.

Frische **morcilla:** Blutwurst für Eintöpfe.

Morcilla asturiana (morciella): Asturische Blutwurst mit Zwiebel und Paprikapulver, über Eichenholz geräuchert. Unverzichtbar beim Bohneneintopf *fabada*.

Chorizo cular: ein besonders dicker und lange gereifter Chorizo aus Navarra. Wird nach alter Tradition beim Fest Sanfermines nach dem Stiertreiben angeschnitten.

Bisbe: katalanische Spezialität aus Leber, Magen und Schwarte vom Schwein, fein gewürzt mit Pfeffer und Muskatnuß und dann in Dickdarm abgefüllt.

Chistorra: Nationalwurst Navarras aus Schweinefleisch, häufig wird auch etwas Rind beigemengt. Wird meist gebraten mit Paprikaschoten serviert.

Butifarra negra: typische Blutwurst Kataloniens aus Blut, Speck und Schwarte vom Schwein, meist mit Pfeffer und Muskat gewürzt. Für Eintöpfe oder roh.

Butifarra blanca: katalanische Nationalwurst mit vielen Varianten. Enthält immer Schweinefleisch, dazu Speck, Schwarte, Innereien und diverse Gewürze.

Cecina: Kastilisches Dörrfleisch vom Rind, Esel oder Pferd. Wird eingesalzen, gewürzt und luftgetrocknet, manchmal auch zusätzlich zart geräuchert.

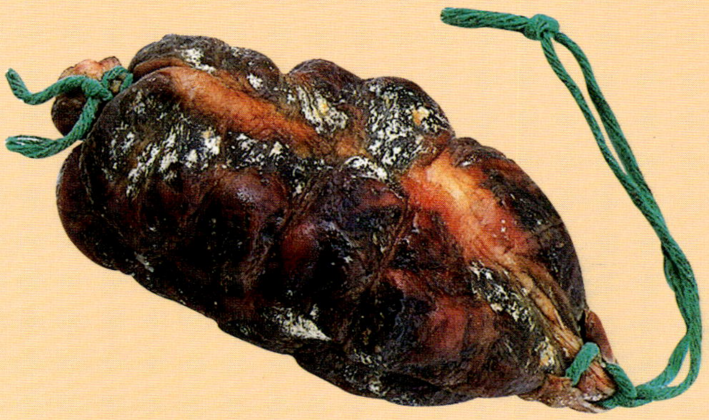

Morcón: Spezialität der Extremadura aus grob zerkleinertem magerem Schweinefleisch, das mit Paprikapulver und Knoblauch mariniert wird.

Sobrasada: Streichwurst aus Mallorca mit Paprikapulver.

Lomo embuchado: marinierte und dann luftgetrocknete Schweinelende, zum Kochen viel zu schade. Man ißt sie meist als Tapa.

Salchichón: im ganzen Land beliebte Hartwurst aus zerkleinertem Schweinefleisch, Pfeffer und, je nach Region, unterschiedlichen Gewürzen.

Wildgemüse und Stockfisch, die typischen Fastenspeisen, trägt diese Fastenfigur *(figura de la cuaresma)* aus Ripoll im Korb. Die sieben Füße stehen für die sieben Wochen der Fastenzeit.

Kochkunst hinter Klostermauern

Zeit und Geld hatten sie genug, und wenn nicht gerade Fastenzeit war, gaben sich die Mönche der Extremadura gern auch leiblichen Genüssen hin. Abgeschiedenheit, Wohlstand und relative Sicherheit trugen dazu bei, daß sich die Gottesdiener mit Hingabe der Kunst des Kochens widmen konnten. Schon im 13. Jahrhundert machte das Kloster San Benito im Dorf Alcántara als Sitz des gleichnamigen Mönchsritterordens von sich reden. Die streitbaren Männer hatten der Krone große Dienste im Kampf gegen die Mauren geleistet und waren mit Ländereien und weitreichenden Privilegien belohnt worden. Hochadel und selbst Könige stiegen auf ihren Reisen in den Klöstern ab, und so festigten die Benediktiner nicht nur ihre Beziehungen zur Führungsschicht des christlichen Spaniens, sondern entwickelten auch am Kochtopf eine Kultur auf allerhöchstem Niveau. Die Rezeptesammlung der Alcántara-Mönche ist Legende und wurde von den Truppen Napoleons nach Frankreich gebracht. Geflügelgerichte nach Alcántara-Art sind noch heute in französischen Kochbüchern zu finden. Nicht weniger berühmt ist das Kloster Guadalupe, Wallfahrtsort für Verehrer der schwarzen Jungfrau, der Schutzheiligen der Extremadura und Nationalheiligen Mexikos. Viele spanische Eroberer, unter ihnen Christoph Kolumbus, pilgerten nach Guadalupe, um der Jungfrau für geglückte Unternehmungen zu danken. Von den illustren Besuchern reich beschenkt, entwickelte sich das Kloster zu einem kulturellen Zentrum ersten Ranges und erhob das Kochen zur Kunst. Die Mönche erfanden unter dem Namen *tortilla cartujana* (Kartäuser-Törtchen) das Omelette, und sie sind die Väter des *consumo* oder *consumado,* einer einfachen und doch schmackhaften Brühe. Angeblich stahlen französische Truppen das Rezept während der napoleonischen Kriege aus dem Kloster. Der französische Küchenpapst Escoffier soll später über die feine Brühe gesagt haben: »Dies war die beste Trophäe, das einzig Vorteilhafte, was Frankreich aus diesem Krieg mitgebracht hat.« Als *consommé* trat das aus der Extremadura stammende Gericht später über Frankreich seinen Siegeszug um die Welt an.

Hintergrund: Hinter den Mauern des Klosters von Guadalupe entstand vor Jahrhunderten die Tortilla.

Fastenzeit

Die Praxis des vorübergehenden Nahrungsentzugs ist in allen großen Religionen bekannt und wurde schon im alten Testament mehrfach erwähnt. Das spanische Wort *cuaresma* für die Fastenzeit geht auf den lateinischen Begriff *quadragesimam diem* (der 40. Tag) zurück und erinnert an die 40 Tage, die Jesus in der Wüste verbrachte, um zu fasten und zu meditieren. Die von der katholischen Kirche etablierte Fastenzeit beginnt in der Nacht zum Aschermittwoch und endet am Ostersonntag.

Vor allem im Mittelalter war die Fastenzeit ein beliebtes Thema für spanische Chronisten und Literaten, da sich die von der Kirche diktierte Enthaltsamkeit für das niedrige Volk oft als bitterböse Ironie darstellte: Immer wiederkehrende Hungersnöte und die chronische Armut breiter Bevölkerungsschichten nahmen dem von oben auferlegten Nahrungsverzicht jeglichen Sinn. Im *Libro del Buen Amor,* dem großen religiösen Werk des Erzpriesters von Hita aus dem 14. Jahrhundert, zeigt der Erzähler beißenden Spott: »Zwei Tage die Woche fastete er, und wenn er nichts zu essen hatte, bewies sich der arme Sünder als Hungerkünstler.« Wer dagegen genug Geld hatte, konnte sich die Fastenzeit mittels einer *Bula de la Santa Cruzada* ein wenig erträglicher gestalten: Die päpstliche Kreuzzugsbulle erlaubte gegen Bezahlung eines Obulus den Genuß von Fleisch an ganz bestimmten Tagen der Fastenzeit.

Insgesamt aber wurden die Fastenregeln der Kirche im katholischen Spanien fast immer befolgt. Zwischen Aschermittwoch und Ostern köchelten in den Kesseln meist wässrige Eintöpfe und Suppen aus Hülsenfrüchten, Getreide und Gemüse. Auch Speisen aus Brot, Milch und Ei waren erlaubt, etwa Tortillas oder Süßspeisen. Da Frischfisch von den Küsten damals noch kaum ins Landesinnere gelangte, aß man auch gesalzenen Süßwasserfisch. Eine Abwechslung stellten zuweilen Schnecken und Froschschenkel dar, die als neutral galten und nicht unter die Fastenbeschränkung fielen.

Als um 1700 der Handel mit Stockfisch *(bacalao)* begann, erhob sich dieser zu einer Art Symbol der Fastenzeit. Der *guiso de Viernes Santo,* ein heute kaum noch bekannter »Karfreitagstopf« bestand aus Stockfisch, Blumenkohl, Artischocken und halben hartgekochten Eiern, die allesamt paniert und fritiert und dann in einer Sauce serviert wurden. Die berühmte *sopa de cuaresma* (Fastensuppe) bereitet man bis heute aus Stockfisch, Spinat und Kichererbsen zu. Und wer das Diktat der Abstinenz besonders ernst nimmt, ernährt sich während der Fastenzeit nur von Wasser und *caldo de vigilia,* einer leichten Brühe aus Fisch und diversen Gewürzen.

Bacalao monacal, der »Stockfisch der Mönche«, ist auch während der Fastenzeit erlaubt, denn die fromme Speise enthält kein Fleisch. Das Mönchsmahl ist so schmackhaft, daß man es gut und gern auch nach Ostern essen kann.

Bacalao monacal

Stockfisch nach Klosterart
(Abbildung oben)

2 feste Stücke Stockfisch à 300 g
500 g Blattspinat
1 kleine Zwiebel, fein gehackt
2 Knoblauchzehen, fein gehackt
1/8 l Olivenöl
Salz und Pfeffer
500 g Kartoffeln, in dünne Scheiben geschnitten
Mehl zum Wenden
1/4 l Brühe
250 g frischer Schafskäse

Stockfisch 24 Stunden wässern, dabei zweimal das Wasser wechseln. Aus dem Wasser heben und gut abtropfen lassen. Blattspinat verlesen und gründlich waschen. Zwiebel und Knoblauch in 1 EL Olivenöl glasig dünsten. Spinat tropfnaß dazu geben und kurz blanchieren. Mit Salz und Pfeffer würzen und vom Herd nehmen. Das restliche Olivenöl in einer tiefen Pfanne erhitzen, Kartoffeln darin anbraten. Kartoffelscheiben aus der Pfanne heben und in eine feuerfeste Form füllen, Spinat darauf geben. Fisch in Mehl wenden und im Bratfett auf beiden Seiten kurz anbraten. Auf den Spinat setzen und die Brühe angießen. Dann den Frischkäse um den Fisch verteilen und alles im vorgeheizten Backofen bei 220 °C ca. 15 Minuten garen.

Caldo de vigilia

Fastensuppe

3 Zwiebeln
3 Knoblauchzehen
2 Bund Suppengrün
1 Lorbeerblatt
3 Gewürznelken
2 Zweige Thymian
7 schwarze Pfefferkörner
Salz
750 g Fischfilet, in mundgerechte Stücke geschnitten
Pfeffer
1–2 EL Essig
2 EL gehackte Petersilie

2 l Wasser mit Zwiebeln, Knoblauch, Suppengrün und allen Gewürzen zum Kochen bringen und ca. 1 Stunde köcheln lassen. Vom Herd nehmen und abkühlen lassen. Dann die Brühe abseihen und wieder zum Kochen bringen. Die Fischstücke einlegen und 10 Minuten in der Brühe ziehen lassen. Mit Salz, Pfeffer und Essig abschmecken und vor dem Servieren mit der gehackten Petersilie bestreuen.

Wildgemüse und Pilze

Der grüne Norden der Extremadura, jenes krasse Gegenstück zu den trockenen, weiten Dehesas und den Steppen des Südens, birgt in seinen Wäldchen und an den Ufern vieler Bäche und Flüsse eine bemerkenswerte Vielfalt an Wildgemüsen und Pilzen. Absoluter Star unter den »Sammlerobjekten« ist der wilde Spargel *(espárrago triguero),* der schon sehr früh im Jahr seinen Kopf aus der Erde steckt. Er gedeiht bevorzugt in Olivenhainen und Buschlandschaften, ist aber auch in der Dehesa im Schutz von Eichen zu finden. Anders als weißer Spargel, der immer von Erde bedeckt sein muß, um sich nicht zu verfärben, läßt man den Wildspargel wachsen, bis sein dünner, mattgrüner Stengel etwa 20 Zentimeter aus der Erde ragt. Erst dann wird er geerntet.

Triguero-Spargel muß nicht geschält werden, man schneidet nur das harte, holzige Ende ab. Gebraten, in Rührei, mit pochierten Eiern oder gekocht im Salat kommt die elegante, leicht bittere Note des wilden Spargels bestens zur Geltung. Echte Liebhaber schwören auch auf kräftig gesalzenen *triguero*-Spargel vom Holzkohlengrill, zur Not auch aus der Pfanne oder von der heißen Platte *(a la plancha).*

Auf unbestellten Feldern oder an Bachufern sind die Golddistel *(cardillo)* und die Karde (*cardo,* siehe auch Seite 110) zu finden. Sie werden in der Regel vorgekocht, um dann kalt im Salat, in Öl gebraten oder mit einer Bechamelsauce auf den Tisch zu kommen. In den Feuchtregionen wächst auch Brunnenkresse *(berro de agua),* die nur eine leichte Vinaigrette benötigt, um als ebenso gesunde wie feine Beilage zu dienen. Besonders erfrischend ist die überlieferte Kombination aus Kresse, Orangenschnitzen und frisch gehacktem Knoblauch.

Mit Pilzen geht die traditionelle Küche der Extremadura eher zurückhaltend um. Dies erstaunt umso mehr, wenn man bedenkt, daß zur römischen Kaiserzeit dieser Teil der Provinz Lusitanien Hauptlieferant für den legendären, von den Herrschern in Rom bevorzugten Speisepilz *Amanita caesarea* (Kaiserling) war. Heute exportiert die Extremadura große Mengen Wildpilze nach Frankreich, ins Baskenland und nach Katalonien. In der heimischen Gastronomie ist außer dem Kaiserling das Erdbrieschen *(criadilla de tierra,* auch *gurumelo)* populär, eine etwas vulgäre Verwandte der Trüffel mit weißem Fleisch. Erdbrieschen haben einen delikaten Geschmack, den man nicht verfälschen sollte. Man bereitet sie deshalb meist in einem leichten Omelett zu. Weiter gehören zu den beliebten Pilzen in Westspanien der Parasol *(parasol),* die Steinpilzarten *boleto negro* und *boleto de pino,* der Edelreizker *(níscalo)* und der Wiesenchampignon *(champiñon de campo).*

Revuelto de espárragos trigueros

Rührei mit Wildspargel

500 g Wildspargel, ersatzweise grüner Spargel
Salz
3 EL Olivenöl
2 Knoblauchzehen, fein gehackt
8 Eier
1 Messerspitze scharfes Paprikapulver

Den Spargel in Salzwasser blanchieren. Dann aus dem Wasser heben, gut abtropfen lassen und in Stücke schneiden.

Das Olivenöl in einer Eisenpfanne erhitzen und den Knoblauch darin glasig dünsten. Den Spargel zugeben und anbraten. Dann die Eier verquirlen, über den Spargel gießen und bei kleiner Hitze unter Rühren stocken lassen. Mit Salz und Paprika würzen und sofort servieren.

Variation: Man kann für dieses Gericht auch eine Kombination aus 250 g Wildspargel und 250 g Waldpilzen verwenden oder auch 200 g Wildspargel mit 150 g Waldpilzen und 150 g gekochten Garnelen kombinieren.

Links: Zarten Wildspargel *(espárrago triguero)* ißt man am besten in einem Omelett oder mit zartem Rührei.

Rechts: Grüner Spargel wird in Spanien zwar auch angebaut, doch es geht nichts über echten Wildspargel mit seinem feinen, leicht bitteren Aroma.

Truchas con criadillas
Forellen mit Erdbrieschen

4 Forellen, küchenfertig
Salz und Pfeffer
Saft von 1 Zitrone
250 g Erdbrieschen, schwarze Trüffeln oder andere Waldpilze
2 EL Olivenöl
1 kleine Zwiebel, fein gehackt
1 Knoblauchzehe, fein gehackt
1 EL gehackte Petersilie
½ TL mildes Paprikapulver
Mehl zum Wenden
3 EL Schmalz
150 ml Weißwein

Die Golddistel *(tagarnina* oder *cardillo)* gehört zu den ganz alten Wildgemüsen, die von manchen Bauern in der Extremadura noch immer gesammelt werden.

Die Forellen waschen, trockentupfen, innen und außen mit Salz und Pfeffer einreiben, mit Zitronensaft beträufeln. Etwas ziehen lassen. Die Pilze putzen und grob hacken. Das Olivenöl erhitzen, Zwiebel und Knoblauch darin glasig dünsten. Dann die Pilze zufügen und so lange schmoren lassen, bis die Garflüssigkeit verdampft ist. Vom Herd nehmen, Petersilie unterrühren und mit Paprikapulver würzen. Die Masse in die Forellen füllen, die Bauchhöhle mit Zahnstochern verschließen. Forellen in Mehl wenden, überschüssiges Mehl abklopfen.
In einer großen Pfanne das Schmalz erhitzen und die Forellen auf jeder Seite ca. 5 Minuten braten. Dann mit dem Weißwein ablöschen und die Forellen in der Sauce noch einige Minuten ziehen lassen. Mit Kartoffeln servieren.

Golddistel und Erdbrieschen (rechts), der typische Pilz der Extremadura, lassen sich als Vorrat gut einlegen.

Zaubereien aus der Küche

Das mußte wahre Liebe sein: Diverse wundersame Kräutlein waren vor Sonnenaufgang zu sammeln, mit Blut und getrockneten Eidechsen zu mischen und durch drei Schamhaare zu verfeinern. Mit derlei Elixieren suchten Mann und Frau im Mittelalter die Gunst des oder der Angebeteten aufs nächtliche Lager zu retten.
Aphrodisiaka, jene Mittel, die erotische Lust und Leidenschaft wecken sollen, verdanken ihren Namen der griechischen Liebesgöttin Aphrodite. Schon immer ließen sich die Menschen einiges einfallen, um Zeugungs- und Empfängniskraft anzuregen, aber auch um das reine Vergnügen an »Brunft und Begierde« zu steigern. Liebestränke und erregende Nahrungsmittel, Parfüms und Räucherwerk, stimulierende Pülverchen und geheimnisvolle Mixturen aus der Konkubinenküche sind bei allen Völkern der Erde bekannt. Die alten Inder und Ägypter nutzten vor allem die Kraft der Düfte, um die Sinne anzuregen. Der persische König Xerxes ließ seine Frauen für ein ganzes Jahr in Gewürzkunde unterrichten, bevor sie sich ihm dann, perfekt parfümiert, zum ersten Mal nähern durften.
Bald fand die Liebe auch den Weg durch den Magen. Jede Kultur kochte ihr eigenes scharfes Süppchen, um die Wonnen der Liebe zu steigern. In Spanien standen seit jeher Meeresfrüchte hoch im Kurs, an erster Stelle die schlüpfrigen Austern mit ihrem hohen Gehalt an Jod, Zink und anderen Mineralien. Doch auch Krake und Fischrogen sollten die Liebenden bei Laune halten.
Auch auf die Wirkung von Artischocken und Spargel schwören Liebeshungrige seit ewigen Zeiten, und die moderne Medizin kann dies sogar erklären: Beide Pflanzen wirken entwässernd und verdauungsanregend und dadurch auf den Beckenbereich entspannend und durchblutungsfördernd. Eine ähnliche Wirkung entfalten Sellerie, Petersilie und Knoblauch. Auch Trüffeln, Morcheln und Steinpilze, außerdem Gewürze wie Pfeffer, Chili, Ingwer und Zimt sowie Kakao sollen ihre Wirkung bei beiden Geschlechtern nicht verfehlen. Liebesexperten des Mittelalters empfahlen besonders Geflügel und Eier in gepfeffertem Rotwein.
Ausgesprochen exotisch muten Rezepturen an, bei denen man pulverisiertes Rhinozeroshorn oder gemahlenen Löwenpenis ins Essen streut. Dagegen erscheint es nur logisch, daß in Spanien, wo der Stierkampf bis heute als Männlichkeitsritual verklärt wird, gebackene Stierhoden *(criadillas de toro)* als Liebesmittel gelten.
Wenn der lechzende Liebhaber das Mittelchen allerdings einmal zu hoch dosiert hat, rettet ein Gläschen mit Gartenraute versetzten Weines. Als ebenso sicheres Anti-Aphrodisiakum ist der Verzehr von frischen Zwiebeln zu werten, ebenso wie Spanferkelsülze mit Mohn, Zitronensaft oder Wacholder, denen man die Kraft nachsagte, »den Körper feucht und kalt zu machen«. Und wer einmal gegen seinen Willen in Wallung versetzt wurde, hilft sich am besten mit einem mittelalterlichen Ritual gegen angezauberte Liebe: Man ziehe neue Schuhe oder Stiefel an, gehe so schnell und so lange darin, bis die Füße ordentlich schwitzen, ziehe dann den rechten Schuh aus, gieße Wein hinein, trinke ihn aus – und alle Erotik ist dahin.

Oben: Die letzte Würze für ein aphrodisisches Mahl gab früher oft ein Mittelchen aus der Kräuterapotheke.

Rechts: Liebe geht durch den Magen, das wußte auch schon Casanova. Er ließ sich gern mit Kakao verführen.

Spanische Fliege

Warum der grün-metallisch glänzende Käfer mit dem lateinischen Namen *Cantharis vesicatoria* ausgerechnet »Spanische Fliege« genannt wird, weiß niemand so genau. Man nimmt an, daß der Begriff auf die legendäre Heißblütigkeit spanischer Latino-Liebhaber zurückgeht. Jedenfalls steht das Pulver der getrockneten Fliege in dem Ruf, die Sinneslust in höchste Höhen zu treiben. Die Spanier nennen das aphrodisische Insekt meist *cantárida* , man kennt aber auch den Begriff *mosca de España.* Spanische Fliege enthält das Gift Cantharidin, und schon im Mittelalter galt das zermahlene Pulver des Käfers in ganz Europa als wirkungsvolle Arznei gegen Rheuma. Sicher ist, daß die Substanz die Durchblutung fördert, und so erlebte das Mittel als angebliches Aphrodisiakum in der ersten Hälfte des 20. Jahrhunderts einen wahren Boom. In den 50er Jahren aber wurde der Verkauf von Spanischer Fliege verboten, denn aufgrund der schwierigen Dosierung war es immer wieder zu Vergiftungen mit schwerwiegenden Folgen gekommen. Schon vier Milligramm Cantharidin gelten für Menschen als tödlich. In minimalen Mengen soll Spanische Fliege aber bis heute in einigen Liebesmittelchen aus dem Erotikshop enthalten sein. Gutgläubig mag man es der Geliebten in die Suppe streuen – die tatsächliche Wirkung jedoch bleibt umstritten.

Paletilla de cabrito al horno

Zickleinkeule aus dem Ofen

1 Zickleinkeule mit Knochen, ca. 1,5 kg
Salz und Pfeffer
1/8 l Olivenöl
7 Knoblauchzehen, grob gehackt
1 Zwiebel, grob gehackt
2 reife Tomaten, enthäutet und in Würfel geschnitten
1 Lorbeerblatt
2 Zweige Thymian
1/4 l Weißwein
4 cl Brandy
1 kg Kartoffeln, geviertelt
2 EL Pinienkerne

Keule waschen, abtrocknen, kräftig mit Salz und Pfeffer einreiben. In einem Bräter Olivenöl erhitzen und Keule rundum scharf anbraten. Aus dem Bräter heben und beiseite stellen. Knoblauch und Zwiebel im Bratfett glasig dünsten, Tomaten zugeben und anschmoren. Lorbeer und Thymian zufügen. Mit Weißwein und Brandy ablöschen, die Keule wieder einlegen. Im vorgeheizten Backofen bei 175 °C ca. 1 1/2 Stunden garen. Nach 30 Minuten Kartoffeln und Pinienkerne zugeben, etwas Wasser angießen. Keule mehrmals übergießen. Fertige Keule mit den Kartoffeln auf einer vorgewärmten Platte anrichten. Den Bratfond durch ein Sieb passieren, mit Salz und Pfeffer abschmecken und getrennt dazu reichen.

Fleisch und Wild

Codornices al modo de Alcántara

Wachteln nach Alcántara-Art
(Abbildung unten)

1 kleine Zwiebel, fein gehackt
1 Knoblauchzehe, fein gehackt
1 EL Olivenöl
200 g Geflügelleber, fein gehackt oder durch den Fleischwolf gedreht
100 g schwarze Trüffeln, geputzt und in Scheiben geschnitten
Salz und Pfeffer
4 Wachteln à 200 g
1 l Portwein
2 EL Schmalz

Die Zwiebel und den Knoblauch im Öl glasig dünsten. Die Leber zugeben und anbraten. Dann die Trüffelscheiben untermischen und anschmoren. Vom Herd nehmen, mit Salz und Pfeffer würzen und abkühlen lassen.
Die Wachteln waschen, abtrocknen und mit Salz und Pfeffer einreiben. Mit der kalten Trüffelfarce füllen und die Öffnung verschließen. Wachteln in eine Porzellanschüssel legen, mit dem Portwein bedecken und 2 Tage im Kühlschrank durchziehen lassen.
Die Wachteln aus dem Portwein heben und abtrocknen. Das Schmalz erhitzen und die Wachteln von allen Seiten goldbraun anbraten. Den Portwein angießen. Bei kleiner Hitze ca. 20 Minuten ziehen lassen, dann Wachteln aus der Sauce heben und warm stellen. Die Sauce einkochen lassen, mit Salz und Pfeffer abschmecken. Die Wachteln halbieren und auf vorgewärmten Tellern mit der Sauce anrichten.
Variation: Das Gericht läßt sich genauso auch mit Rot- oder Rebuhn *(perdiz)* zubereiten.

Caldereta extremeña

Fleischtopf aus der Extremadura
(Abbildung unten rechts)

750 g Zicklein- oder Lammfleisch, in Würfel geschnitten
1/8 l Olivenöl
1 Zwiebel, gehackt
200 g Zicklein- oder Lammleber
2 getrocknete milde rote Paprikaschoten, in Wasser eingeweicht und in Streifen geschnitten
1 getrocknete rote Chilischote, entkernt und gehackt
1/4 l Weißwein
1 Scheibe geröstetes Weißbrot
2 Zweige Thymian
1 Lorbeerblatt
1/2 l Brühe
Salz und Pfeffer
2 Knoblauchzehen
1 TL mildes Paprikapulver
1 EL Essig

Das Fleisch in einem Schmortopf im Olivenöl scharf anbraten. Dann Zwiebel, Leber, Paprika und Chilischote untermengen und alles kurz anschmoren. Mit dem Weißwein ablöschen. Weißbrot, Thymian und Lorbeerblatt einlegen und die Brühe angießen. Mit Salz und Pfeffer würzen und 30 Minuten garen.
Den Knoblauch im Mörser mit dem Paprikapulver und dem Essig zu einer cremigen Paste zerstampfen. Unter den Eintopf rühren und weitere 15 Minuten köcheln lassen. Vor dem Servieren Lorbeerblatt und Thymian entfernen.

Käseland Extremadura

Die große Auswahl an handwerklich hergestellten Käsesorten ist für die karge Landschaft der Extremadura beeindruckend. Hier sind zwei Glanzlicher der spanischen Käsetradition zuhause: der *Queso de la Serena* und die *Torta del Casar*. Beide sind ein Erbe der Wanderhirten. Sie werden nur aus Schafsmilch hergestellt und gehören zu den seltenen Käsesorten, die mit pflanzlichem Lab von der wilden Gemüseartischocke zur Gerinnung gebracht werden.
Queso de la Serena stammt aus dem Südosten der Provinz Badajoz. Er wird aus Milch des Merino-Schafs gewonnen, die durch die kargen Weiden einen hohen Trockenextrakt aufweist. Fünf bis sechs Liter sind nötig, um ein Kilo Käse zu produzieren, der deshalb ganz besonders würzig schmeckt. Wie sich ein Serena-Käse entwickelt, ist nie genau vorherzusehen. Dies hängt von der Milch und von den äußeren Bedingungen ab. Wenn der Käse zu einer echten *torta* reift, ist er sehr cremig. Er läuft beim Aufschneiden aus und hat einen herben, würzigen Duft. Falls er zu Hartkäse tendiert, kann er bis zu einem Jahr reifen. Er schmeckt dann sehr pikant.
Torta del Casar wird aus der Milch des Churra-Schafs gewonnen und ist nach dem Herkunftsort Casar de Cáceres benannt. Auch bei diesem Käse ist die Reifung nicht exakt steuerbar. Das dickflüssige Innere eines Casar-Laibes ist von äußerster Geschmacksintensität, sehr fett und duftiger als bei dem Verwandten aus Badajoz. Um Torta del Casar zu verzehren, schneidet man einen kreisrunden Deckel in die Oberfläche und schöpft den cremigen Inhalt mit einem Löffel aus.

Wachteln nach Art von Alcántara.

Caldereta extremeña, der traditionelle Eintopf mit Ziege oder Lamm.

Kork

Dom Pérignon, französischer Benediktinermönch und Erfinder des Champagnerkorkens, soll die Idee, Flaschen mit Korken zu verschließen, von spanischen Wallfahrern übernommen haben, die ihre Kürbis- oder Lederflaschen mit rohem Kork zustopften. Andere Quellen behaupten, der ehrwürdige Bruder habe einige Zeit in einem Kloster der Extremadura verbracht und dort die Vorzüge der elastischen Rinde entdeckt. Wie dem auch sei: Erst um 1670 hat der Korken zur Flasche gefunden, obwohl schon um 500 v. Chr. Tonamphoren mit diesem Material verschlossen wurden. Heute sind in der Extremadura rund 150 000 Hektar Land mit Korkeichenwäldern bedeckt. Der daraus gewonnene Kork hat Weltruf und gehört zu den wichtigsten Exportartikeln der Region.

Die in der Extremadura heimischen Eichenarten bauen ihre Korkrinde besonders langsam auf und bringen so besonders elastische und dichte Qualitäten hervor. Nahezu 30 Jahre braucht eine Korkeiche, ehe sie für die erste Schälung bereit ist. Danach vergehen zehn bis zwölf Jahre, bis sich die Rinde wieder regeneriert hat. Wenn man nun bedenkt, daß erst die dritte Schälung eine befriedigende Qualität für Flaschenkorken erbringt, wird schnell klar, warum Korken von guter Qualität so wertvoll und teuer sind.

Obwohl Korken heute maschinell hergestellt werden, müssen die Bäume immer noch von Hand geschält werden. Dann lagert man die Rinde ein Jahr lang, bevor sie gewaschen und abgekocht wird. Je nach erwünschter Länge des Korkens werden die Rindenmatten nun in verschiedene Stärken geschnitten. Dann stanzt man die Korken in Stammrichtung aus. Nach einer genauen Qualitätskontrolle werden die Kanten abgerundet und der Korken poliert. Eine schonende Sterilisation beendet den Produktionsvorgang. Im Gegensatz zum einfachen Korken für Weinflaschen besteht der Champagnerkorken in der Regel aus drei Teilen: Zwei flache Scheiben aus normal gestanztem Kork umschließen einen Zylinder aus Korkgranulat und Harz. Die einzelnen Bestandteile werden dann mit Hilfe eines speziellen Leims verschweißt.

Die Qualität eines Korkens hängt in erster Linie von der Beschaffenheit der Rinde ab. Rinde mit sehr feinen Poren liefert besonders kompakte und dichte Korken (oben). Von minderer Qualität sind Korken mit vielen Löchern (links).

Unten: In Platten wird die Rinde von den Korkeichen abgeschält. Dann muß sich der Baum wieder regenerieren.

Die Borke knorriger Korkeichen liefert das Material, aus dem in der Extremadura Korken hergestellt werden.

Nur gut gewachsene Rinde eignet sich für Korken bester Qualität. Die Rinde wird zuerst ein Jahr lang gelagert.

Zunächst wird der Kork gekocht, um die Gerbsäure zu entfernen und den Kork geschmeidig zu machen.

Nun schneidet man die Korkplatten in handliche Stücke, die sich maschinell leichter weiterverarbeiten lassen.

Mit Maschinen werden die Korken nun ausgestanzt. Aus dem Rest macht man Granulat für Preßkorken.

Von Hand sortieren Frauen die Korken nach Qualitäten. Bei manchen Firmen hilft hierbei auch der Computer.

Maschinell wird in jeden einzelnen Korken der Name der Bodega eingebrannt, die den Auftrag gegeben hat.

Kein Gramm des wertvollen Korks wird verschwendet. Auch aus Granulat werden Korken – oder Fußböden.

Wein aus der Extremadura

Im 16. Jahrhundert, zur Zeit Karls V., gehörte die Extremadura zu den wichtigen Weingebieten der Iberischen Halbinsel. Der Kaiser soll hier nicht nur die Askese geschätzt haben: »Zum Leben den Wein von Jarandilla – und zum Sterben das Kloster von Yuste«, lautet ein Ausspruch des Herrschers. Heute aber sind die extremenischen Kreszenzen für die meisten Weinliebhaber ein unbeschriebenes Blatt. Herausragende Anbaugebiete gibt es nicht, dafür eine Handvoll Weingüter, die es verstanden haben, das alte Tafelwein-Image hinter sich zu lassen und Weine modernen Zuschnitts zu produzieren. Die weißen einheimischen Rebsorten Cayetana blanca und Pardina (auch Pardillo) ergeben weiche, von Apfelnoten geprägte Weine mit angenehmer Säure. Außerdem werden die roten Sorten Tempranillo, der französische Cabernet Sauvignon und die im ganzen Land verbreitete Garnacha angebaut.

D.O. Ribera del Guadiana

Die bedeutenden Weinerzeuger der Extremadura haben sich 1997 zum geschützten Herkunftsgebiet D.O. Ribera del Guadiana zusammengeschlossen. Es ist unterteilt in die Subzonen Tierra de Barros, Ribera Alta, Ribera Baja und Matanegra in der Provinz Badajoz sowie Montánchez und Cañamero in der Provinz Cáceres. Von 78 000 Hektar Weinland gehören nur knapp 3500 zur D.O., davon mehr als zwei Drittel zur Subzone Tierra de Barros. Im Herzen dieses Weingebiets erwies sich die Bodega Inviosa als Pionier in Sachen hochwertiger Weine. In der Kellerei verließ man sich seit der Gründung im Jahr 1931 auf die charakteristischen Eigenheiten der tiefen Böden und stellt holzausgebaute Weine her, deren Charakter die typischen erdigen Aromen der Region mit feiner Fruchtfinesse verbindet. In der Kellerei Inviosa wird übrigens auch einer der ganz wenigen Schaumweine außerhalb von Katalonien bereitet, der sich *Cava* nennen darf.
Die modernen Entwicklungen in der Extremadura sollen aber nicht bedeuten, daß die traditionellen Weine uninteressant sind. In allen Teilgebieten der D.O. finden sich Qualitäten, die zwar nach alten Gärverfahren ohne Kühlung hergestellt werden, aber einen typischen lokalen Charakter aufweisen. Die bäuerlich gemachten Faßweine der Region, die man *vinos de pitarra* (»Triefaugen-Weine«) nennt, können, wenn sie jung und nicht zu stark gefiltert sind, einen kräftigen Geschmack nach Fruchtsüße, Harz und Hefe haben und wunderbar zu einem deftigen Essen auf dem Lande passen. Trotzdem sei vor dem Kauf geraten: Immer erst vorprobieren.

Auch auf ausgedörrten Böden gedeihen Trauben, und die Weine der Region werden immer besser.

Valencia
Heike Papenfuss

Valencia

Die Paella, Aushängeschild der valencianischen Küche, gilt vielen als gesamt-spanisches Nationalgericht. Wahre Größe beweisen manche Köche durch Riesen-Paellas.

Die Glocke hat die Stimme des Muezzin um ihren Klang gebracht. Ich beweine deinen Verlust, oh Valencia, Narde und Blüte, Lied und junger Mund«, klagte ein arabischer Dichter nach seiner Vertreibung aus Valencia durch die Christen. Saugt man heute die verschwenderische Sonne, das klare Licht und die milde Luft dieser Gegend in sich auf, so läßt sich diese Sehnsucht nur allzu leicht nachvollziehen.

Die alten Römer nannten den Landstrich entlang der Mittelmeerküste *Valentia* (die Starke) und schenkten Parzellen dieses Landes an verdiente Veteranen. Auch Goten, Araber, Kastilier, Aragoneser und Katalanen trugen im Lauf der Jahrhunderte zur Eigenart der Region bei. Im 8. Jahrhundert übernahmen die Mauren die Herrschaft und leiteten eine Ära ein, deren Einflüsse bis heute zu spüren sind: Aus Nordafrika und dem Nahen Osten brachten sie neue Kulturpflanzen wie Reis, Zuckerrohr, Orangen und Mandeln mit, sie schufen ausgeklügelte Bewässerungssysteme, erbauten großartige Paläste, und ihre Dichter und Gelehrten verliehen der Kultur neue Impulse. Im Jahr 1094 befreite Rodrigo de Vivar, genannt El Cid, für einige Zeit die Maurenfestung Valencia, doch erst 1238 gelang es König Jaime I. von Aragonien, die Stadt endgültig wieder für die Christen zu erobern. Seit dieser Zeit prägt ein starker Dualismus die Region: Die Adeligen, die Jaime ansiedelte, lebten in feudalen Strukturen im gebirgigen Hinterland, die Bürger dagegen als weltoffene Handelsleute im Küstenstreifen. Während man im Hinterland seit Jahrhunderten kastilisches Spanisch *(castellano)* spricht, pflegen die Bewohner der Küste das *valenciano*, das sehr stark dem Katalanischen ähnelt.

Auch die Küche Valencias gibt sich zweigeteilt: In der heißen, fruchtbaren Küstenebene sind die Obst- und Gemüsegärten eine unerschöpfliche Quelle für einfache, leichte Köstlichkeiten. Fleisch spielt hier eine eher untergeordnete Rolle, es dominieren Fisch und Meeresfrüchte, die vor der Küste frisch gefangen und gern unverfälscht serviert werden. Unverzichtbarer Bestandteil der einheimischen Küche ist der Reis, den die Valencianer mit großer Phantasie zubereiten. Kein Gericht hat es zu vergleichbarem Ruhm gebracht wie die Paella, die weit über Spaniens Grenzen hinaus bekannt ist. Im Gegensatz zur Küste ist das gebirgige Hinterland eher karg. Hier kommen häufig Wild und Zicklein in den Topf. Die Küche ist sehr erdverbunden und spart nicht an Kalorien.

Rechts: Valencia lebt von den Schätzen der fruchtbaren Felder und Gärten. Die *barracas*, früher Wohnhäuser der kleinen Bauern, sind zu Wahrzeichen geworden.

Reisanbau

Als der aragonesische König Jaime I. im Jahr 1238 Valencia eroberte, reichten weitläufige Reisfelder bis an die Stadt heran. Um Malaria-Epidemien zu vermeiden, ordnete der König an, den Reisanbau auf das Gebiet der Lagune Albufera zu beschränken. Seither hat sich die Stadt Valencia bis an den Rand des Binnensees ausgedehnt, und riesige Reisfelder reichen wieder fast an die Stadtgrenze heran. Die flache, von Kanälen durchzogene Marschlandschaft ist eines der renommiertesten Reisanbaugebiete in Europa. Und sie gilt als Wiege der Paella.

Die stärkehaltige Süßkornpflanze *Oryza sativa* ist als Kulturpflanze etwa 6000 Jahre alt. Die Mauren brachten das ursprünglich aus Indien und China stammende tropische Rispengras aus Nordafrika auf die Iberische Halbinsel – und mit ihm die notwendige Kunst der Bewässerung. Das spanische Wort *arroz* für Reis geht auf das arabische *al-ruzz* zurück.

Im Lauf der Zeit haben Bauern die Fläche des Süßwassersees immer weiter reduziert, um neue Anbauflächen zu gewinnen. *Tancats* nennen sie die kleinen eingezäunten Areale, die sie dem See abtrotzen, um sie landwirtschaftlich zu nutzen. Da der Reisanbau äußerst arbeitsintensiv ist, aber nicht viel Geld abwirft, betreiben ihn viele Kleinbauern als Nebenerwerb und arbeiten noch zusätzlich in den landwirtschaftlichen Genossenschaften oder in der Industrie.

Nach der Reisaussaat im Frühjahr werden die Felder der Albufera überschwemmt. Bei einer Temperatur von etwa 12 Grad beginnen die Samen zu keimen. Wenn die Pflänzchen etwa 20 Zentimeter hoch sind, werden sie büschelweise ausgerissen und dann einzeln im Abstand von etwa zehn Zentimetern in ein anderes, bereits überschwemmtes Reisfeld gesetzt. Ab September kann man das Wasser ablassen und den Reis ernten. Nach dem Dreschen trocknet man ihn in der Sonne oder in mechanischen Trocknern. Danach werden die Körner enthülst und zwischen Mühlsteinen poliert, was ihnen den weißen Glanz verschafft. Die Reisfelder werden dann im Winter nochmals unter Wasser gesetzt, um sich zu regenerieren. Für die Bewässerung eines Hektars sind pro Jahr 35 000 Kubikmeter Wasser nötig.

In Spanien wird meist japanischer Reis kultiviert, vor allem die Sorten Senia und Bahía. Sie haben ein mittleres Korn, können viel Wasser aufnehmen und eignen sich besonders für Paella und andere Reisgerichte sowie für Süßspeisen. Langkornreis bedeckt in Spanien nur knapp sechs Prozent der Anbaufläche. Er absorbiert weniger Flüssigkeit, hat eine kürzere Garzeit und wird meist als Beilage serviert. Vollkornreis ist in der spanischen Küche selten zu finden.

Auch Alfalfa gedeiht prächtig im Feuchtgebiet der Albufera. Das vitaminreiche Gewächs wird meist als Viehfutter genutzt, in den vergangenen Jahren hat man es aber auch für Salat entdeckt.

Naturpark Albufera

Albuhaira, das kleine Meer, nannten die Mauren die Meeresbucht südlich von Valencia. Hatte sie zur Römerzeit noch die stattliche Größe von 30 000 Hektar, so schrumpfte sie im Laufe der Jahrhunderte durch Verlandung immer mehr – eine Entwicklung, die in den letzten 200 Jahren durch Menschenhand noch beschleunigt wurde. Denn die Bauern begannen, Teile der Lagune abzutrennen und aufzuschütten, um neue Anbauflächen für Reis zu gewinnen. So schrumpfte der See auf ein Zehntel seiner ursprünglichen Fläche. Heute trennt ein etwa 1200 Meter breiter Sandstreifen, die *Dehesa del Saler*, den See vom offenen Meer. 1986 wurden die Albufera und die angrenzende *Dehesa* zum Naturpark erklärt. Er ist ein wichtiger Lebensraum und Brutplatz für zahlreiche Wasservogelarten. Allerdings ist das ökologische Gleichgewicht des sensiblen Gebietes weiterhin durch Abwässer aus den Städten und den Einsatz von Chemie in der Landwirtschaft stark bedroht. Doch die traditionelle Liebe der Valencianos zur Albufera ist nicht zu trüben. Reich geschmückte Boote bevölkern an jedem 4. August den See: Bei der *Fiesta al Cristo de la Salud* bitten die Bewohner des Dorfes El Palmar den Himmel um reichen Fischfang, gute Ernte und beste Gesundheit. Kulinarisch ist die Albufera neben dem Reis vor allem für ihre Aale bekannt. Die hier gefangenen *anguilas* kommen bevorzugt in dem typischen Gericht *all i pebre* auf den Tisch: mit Knoblauch und Paprika geschmort (Rezept Seite 167).

Oben: Die Albufera zählt zu den wertvollsten Feuchtgebieten Spaniens. Dieses sensible Gleichgewicht müssen auch die Bauern achten, die am Rande des Sees ihren Reis aussäen (großes Bild).

Nachdem der frisch geerntete Reis getrocknet wurde, sortiert man Verunreinigungen wie Halme und andere Pflanzenteile aus. Dann kann der Reis geschält werden.

Der enthülste Reis wird zwischen Spezialwalzen poliert. Die Körner werden dabei schneeweiß, verlieren mit Keim und Silberhäutchen aber auch wertvolle Nährstoffe.

Am Ende steht der weiße Reis, der in aller Munde ist. Beliebt sind vor allem Sorten mit mittlerem Korn, die viel Flüssigkeit aufnehmen und sich für Paella eignen.

Von der Form der Formen

Manche nennen sie *paellera,* doch eingefleischte Valencianos widersprechen: Die große, schwarze Pfanne hat dem valencianischen Nationalgericht seinen Namen gegeben – also muß sie schlicht und einfach *paella* heißen. Der Begriff stammt vom lateinischen *patella:* ein flaches Tablett, auf dem man den Göttern Opfergaben darbot. Bereits im 16. Jahrhundert benannte man mit dem kastilischen Wort *paila* ein Gefäß ähnlich der Paella-Pfanne, in Valencia sagte man damals schon *paela.*

Die große Oberfläche dieser Pfanne ist für die Zubereitung der Paella sehr wichtig, denn nur so kann die Flüssigkeit, in der der Reis gegart wird, gut verdampfen, und es gibt viel *socarrat*: jenen Reis, der am Boden und am Rand der Pfanne anhängt und ein wenig braun und knusprig wird.

Beim Kauf einer Paella-Pfanne kann man nicht viel falsch machen. Viele Köche ziehen Eisen dem Edelstahl vor, da es die Hitze besser leitet. Eine Pfanne für vier bis fünf Personen sollte einen Durchmesser von etwa 40 Zentimetern haben, für sechs bis acht Personen 50 Zentimeter. Vor dem ersten Gebrauch muß die Paella mit Wasser und einem Schuß Essig ausgekocht werden, danach läßt man sie trocknen und reibt sie mit Olivenöl ein, was im übrigen nach jeder Benutzung ratsam ist, damit sie nicht rostet.

Paella

Andar de paella, zu deutsch »Paella essen gehen«, ist in Valencia ein soziales Ereignis: Mit der berühmten Reispfanne werden Namenstage und Geburtstage gefeiert, Schutzheilige geehrt und Sonntagsausflüge gekrönt. Auch wenn die Valencianos im März ihr Fest des Feuerzaubers, die *Fallas,* feiern und riesige Pappmachéfiguren auf offener Straße verbrennen, dampft und duftet es die ganze Nacht über aus riesigen schwarzen Pfannen über offenen Feuerstellen.

Das Nationalgericht der Valencianos entstand in den Gärten vor der Stadt, und ursprünglich waren es die Landarbeiter, die sich mittags auf den Feldern ein Feuer machten und in einer flachen Pfanne Reis kochten. Mit dem Reis garten sie Schnecken und Gemüse, an Festtagen kam Kaninchen und später Hühnerfleisch hinzu. Neben dieser traditionellen »Ur-Paella« lieben die Valencianos vor allem *paella marinera* mit Fisch und Meeresfrüchten sowie *paella mixta* mit Fisch, Meeresfrüchten und Fleisch. Es gibt sie aber auch mit Leber, mit Blutwürsten, mit Artischocken und anderen Zutaten.

Das Gelingen einer Paella hängt von vielen Faktoren ab. Idealerweise sollte sie auf Holzfeuer zubereitet werden, das zu Beginn sehr heiß sein muß, während des Garens aber kontinuierlich kleiner wird. Eine entscheidende Rolle spielt auch die richtige Menge Öl, die Paella sollte auf keinen Fall zu fettig sein. Und schließlich zeigt sich ein Profi durch die exakte Dosierung der Wassermenge. Im übrigen sind die Valencianos davon überzeugt, daß Paella nur mit valencianischem Wasser gelingen kann. Es ist also keine Seltenheit, daß sie einheimisches Wasser mitnehmen, wenn sie außerhalb ihrer Landesgrenzen Paella zubereiten wollen. Das fertige Gericht wird mitten auf den Eßtisch gestellt, denn man ißt die Paella traditionell mit einem Holzlöffel direkt aus der Pfanne.

Paella valenciana

8 Portionen
(Abbildungen linke Seite, oben, und rechts)

250 g garrofó *oder getrocknete weiße Bohnen*
500 g tavella *oder andere junge Bohnenkerne*
1 Huhn, ca. 1,3 kg
1 Kaninchen, küchenfertig vorbereitet
Salz und Pfeffer
4 EL Olivenöl
24 Schnecken, gesäubert
1 kg ferraura *oder andere grüne Bohnen*
250 g Tomaten, enthäutet und in Würfel geschnitten
2 Knoblauchzehen, fein gehackt
2 g Safranpulver
750 g Reis

Weiße Bohnen über Nacht einweichen, am nächsten Tag abschütten. Huhn und Kaninchen waschen, trockentupfen und in kleine Stücke schneiden. Mit Salz und Pfeffer würzen.

Olivenöl in einer Paellapfanne erhitzen, Huhn und Kaninchen bei mittlerer Hitze von allen Seiten anbraten, dann Schnecken zugeben und kurz mitbraten. Das Fleisch und die Schnecken aus der Pfanne heben und beiseite stellen.

Grüne Bohnen, Tomaten und Knoblauch ins Öl geben und anbraten. Die weißen Bohnen zugeben, 2 1/2 l Wasser angießen. 10 Minuten köcheln lassen. Dann den Safran und den Reis zufügen und gut vermengen. 10 Minuten bei großer Hitze kochen, dann Fleisch und Schnecken zufügen und weitere 10 Minuten bei kleiner Hitze garen, bis das Wasser verdampft ist. Noch einige Minuten weitergaren, damit sich die Kruste *(socarrat)* bildet.

Paella marinera

Paella mit Fisch und Meeresfrüchten
(Abbildung linke Seite, unten)

200 ml Olivenöl
4 Riesengarnelen
4 Kaisergranate
250 g kleine Tintenfische oder Tintenfischringe
2 Tomaten, gehäutet und in Würfel geschnitten
400 g Reis
1 l Fischsud
Salz
1 g Safranpulver
1/4 l Brühe
250 g gekochte Miesmuscheln

Öl in einer Paellapfanne erhitzen. Garnelen und Kaisergranate darin braten, herausheben und beiseite stellen. Tintenfisch im Öl anbraten und Tomaten untermischen. Reis zufügen, Fischsud angießen und salzen. Safranpulver mit der Brühe verrühren und hinzufügen. 10 Minuten bei großer Hitze kochen, dann weitere 10 Minuten bei kleiner Hitze garen. Muscheln, Kaisergranate und Garnelen zugeben und im Reis wieder erhitzen. Vor dem Servieren kurz ruhen lassen.

Paella de verduras

Gemüse-Paella

200 ml Olivenöl
4 Knoblauchzehen, feingehackt
1 große Aubergine, in große Würfel geschnitten
je 1 große rote und grüne Paprikaschote, in Würfel geschnitten
je 250g grüne und weiße Bohnen
250 g Mangold, grob geschnitten
4 Artischockenherzen
2 Tomaten, gehäutet und in Würfel geschnitten
400 g Reis
Salz
1 Msp. scharfes Paprikapulver
einige Safranfäden

Olivenöl erhitzen und Knoblauch darin andünsten. Gemüse zufügen und kurz anbraten. 1 l Wasser angießen und den Reis unterrühren. Mit Salz, Paprika und Safran würzen. 10 Minuten bei großer Hitze kochen, dann 10 Minuten bei kleiner Hitze garen lassen, eventuell etwas Wasser nachgießen. Vor dem Servieren kurz ruhen lassen.

1 Für *paella valenciana* braucht man Kaninchen und Huhn, verschiedene Bohnen, Tomaten, Schnecken und Reis.
2 Zuerst wird das Fleisch in der Paellapfanne im Öl angebraten, dann kommen die gesäuberten Schnecken hinzu.
3 Man hebt Fleisch und Schnecken aus der Pfanne und brät dann grüne Bohnen, Tomaten und Knoblauch an.

4 Nachdem man auch die weißen Bohnen zugefügt hat, wird mit Wasser aufgegossen. Dann kommt der Reis hinzu.
5 Safran verleiht die gelbe Farbe und ein feines Aroma. Man gibt je nach Wunsch einige Fäden in die Reispfanne.
6 Kurz vor dem Ende der Garzeit legt man Fleisch und Schnecken wieder in die Paella ein, um sie darin zu erwärmen.

Reis für jeden Tag

Arròs a banda

Reis mit Fisch

2 kg gemischte Fische, z.B. Rotbarben, Seeteufel oder Rochen, küchenfertig vorbereitet
Salz und Pfeffer
Saft von 1 Zitrone
1 Zwiebel, gespickt mit 1 Lorbeerblatt und 2 Gewürznelken
3 EL Olivenöl
2 Knoblauchzehen, gehackt
400 g Rundkornreis
1/2 Tütchen Safran
1/2 TL mildes Paprikapulver

Die Fische waschen, trockentupfen und in nicht zu kleine Stücke zerteilen, mit Salz und Pfeffer einreiben und mit Zitronensaft beträufeln. 10 Minuten ziehen lassen.
Inzwischen in einem Topf 1 l Wasser mit der gespickten Zwiebel zum Kochen bringen. Die Fische einlegen, die Hitze reduzieren und die Fische 15–20 Minuten garziehen lassen. Dann aus der Brühe heben und warm stellen.
In einer tiefen Pfanne das Olivenöl erhitzen, Knoblauch und Reis darin anbraten. Fischbrühe angießen, mit Safran, Paprika, Salz und Pfeffer würzen und ca. 20 Minuten dünsten, bis der Reis alle Flüssigkeit aufgenommen hat. Traditionell serviert man zuerst den Reis, danach den Fisch mit *alioli* (Rezept Seite 17).

Arroz negro

Schwarzer Reis
(Abbildung unten)

1 kg kleine frische Tintenfische
Salz
1/8 l Olivenöl
1 große rote Paprikaschote, in Streifen geschnitten
1 Knoblauchzehe, gehackt
2 reife Tomaten, enthäutet und in Würfel geschnitten
Saft von 1 Zitrone
2 EL gehackte Petersilie
400 g Rundkornreis
1/8 l Weißwein
Pfeffer

Die Tintenbeutel vorsichtig aus den Tintenfischen entfernen und beiseite stellen. Die Tintenfische säubern (Anleitung auf Seite 375) und in Salzwasser 10 Minuten kochen.
2 EL Öl in einer Pfanne erhitzen, die Paprika darin anbraten. Paprika mit Öl, Knoblauch, Tomaten, Zitrone und Petersilie im Mixer zerkleinern. Das restliche Öl in einer Pfanne erhitzen, die Paste einrühren und den Reis untermischen. 3/4 l Wasser angießen und alles zum Kochen bringen.
Inzwischen die Tintenbeutel entleeren, die Tinte mit dem Weißwein mischen und durch ein Sieb zum Reis gießen. Dann die Tintenfische untermischen. Mit Salz und Pfeffer würzen und 15–20 Minuten gar dünsten. Dazu reicht man *alioli* (Rezept Seite 17).

Arroz con costra

Unten: arroz negro

Arròs amb fesols i naps

Arroz con costra

Reis mit Kruste (Abbildung)

100 g Kichererbsen
2 Knoblauchzehen, gehackt
1 kleine Zwiebel, fein gehackt
1 Lorbeerblatt
1 Hähnchen, in 8 Portionsteile zerlegt
150 g valencianische Blutwurst
3 EL Olivenöl
100 g geräucherte Schinkenwürfel
400 g Reis
Salz und Pfeffer
1/2 TL mildes Paprikapulver
1/2 Tütchen Safranpulver
2 Eier
2 EL Semmelbrösel

Kichererbsen über Nacht einweichen. Am nächsten Tag mit Knoblauch, Zwiebel und Lorbeerblatt in 1 1/2 l Wasser zum Kochen bringen. Hähnchenteile und Blutwurst zufügen, langsam weich kochen. Hähnchenteile und Blutwurst herausheben, Lorbeerblatt entfernen. Die Kichererbsen abschütten, dabei Brühe auffangen. Olivenöl in einem Tontopf erhitzen, Schinken und Reis darin glasig dünsten. 1 l Brühe angießen, mit Salz, Pfeffer, Paprika und Safran würzen. 10 Minuten kochen. Blutwurst in Scheiben schneiden. Wurstscheiben und Hähnchenstücke unter den Reis mischen und alles noch 5 Minuten köcheln lassen. Eier verquirlen und über den Reis gießen. Mit Semmelbröseln bestreuen und im vorgeheizten Backofen bei 225 °C goldbraun überbacken.

Arròs amb fesols i naps

Reis mit weißen Bohnen und Steckrüben (Abbildung)

200 g getrocknete weiße Bohnen
2 Zwiebeln, grob gehackt
1 Schweinefuß
250 g Kalbfleisch
200 g geräucherter Speck am Stück
Salz
2 schwarze valencianische Blutwürste (negrets)
2 weiße valencianische Blutwürste (blanquets)
4 kleine Steckrüben, geschält und in Würfel geschnitten
250 g Rundkornreis
1/2 Tütchen Safran
Pfeffer

Die Bohnen über Nacht in kaltem Wasser einweichen. Am nächsten Tag die Bohnen mit den Zwiebeln, dem Schweinefuß, Kalbfleisch und Speck in 1 1/2 l Salzwasser zum Kochen bringen und 1/2 Stunde köcheln lassen. Dann die Blutwürste und die Steckrüben zufügen und noch 1/2 Stunde garen. Den Schweinefuß, das Kalbfleisch, den Speck und die Blutwürste aus der Brühe heben. Schweinefleisch vom Knochen lösen. Alles warm stellen.
Den Reis in die Brühe geben, mit Safran, Salz und Pfeffer würzen und ca. 15 Minuten dünsten. Inzwischen Fleisch, Speck und Blutwürste kleinschneiden. Kurz vor Ende der Garzeit unter den Reis mischen.

Fideuà

Es muß nicht immer Reis sein, was in Valencias Paellapfannen köchelt. Die Fideuà ist eine Art Paella mit Nudeln, und natürlich sinnieren die kochwütigen Valencianos auch hierbei, wie das Gericht wohl entstanden ist. In der Hafengegend von Gandía erzählt man gerne, Fischer aus dem Dorf hätten die Idee geboren, als sie an Bord ihres Kutters keinen Reis für die Fischbrühe fanden, mit der sie sich nach dem Fang stärken wollten. Nur Nudeln gab es in der Kombüse. Im Hinterland heißt es dagegen, hungrige Ausflügler hätten sich mit Nudeln beholfen, weil sie den Reis für eine ordentliche Paella zuhause vergessen hatten. Fest steht jedenfalls, daß die Zubereitung, ähnlich wie bei der Paella, einer gewissen Kunstfertigkeit bedarf. Auch hier muß das Verhältnis der Zutaten stimmen und das Feuer richtig dosiert werden. Mittlerweile gibt es sogar einen *Concurso de la Fideuà*, der alljährlich in Gandía stattfindet. An diesem Wettbewerb nehmen inzwischen auch ausländische Köche teil – und sie können den Valencianos durchaus das Wasser reichen.

Fideuà

Valencianische Nudel-Paella

1 kg Fischabschnitte
1 Zwiebel, gespickt mit 1 Lorbeerblatt und 1 Gewürznelke
Salz
5 schwarze Pfefferkörner
4 EL Olivenöl
2 Zwiebeln, gehackt
2 Knoblauchzehen, gehackt
1 reife Tomate, enthäutet und in Würfel geschnitten
400 Seeteufelfilet
1 TL mildes Paprikapulver
1 EL gehackte Petersilie
400 g fideos *(kurze Nudeln)*
Salz und Pfeffer
4 Kaisergranate
8 Garnelen

Aus den Fischabschnitten, 1 1/2 l Wasser, der gespickten Zwiebel, Salz und den Pfefferkörnern einen kräftigen Fischsud kochen. In einer Paellapfanne 2 EL Öl erhitzen, Zwiebel und Knoblauch darin glasig dünsten. Nun die Tomaten zugeben und 800 ml Fischsud angießen. Einmal aufkochen lassen, dann den Fisch einlegen, mit Paprika und Petersilie würzen. Nudeln untermischen, mit Salz und Pfeffer abschmecken. So lange köcheln lassen, bis die Brühe fast verdampft ist.
In der Zwischenzeit im restlichen Öl Kaisergranate und Garnelen braten. Auf die Nudeln verteilen und im vorgeheizten Backofen bei 175 °C noch 5 Minuten garen.

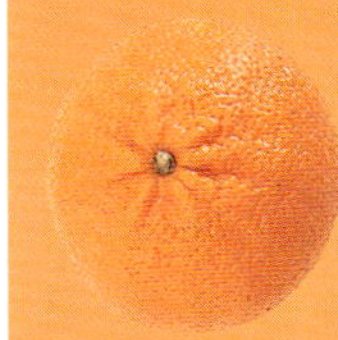

Clementine *(clementina)*: kernlose Frucht mit dunklem, süßlichem Fleisch.

Grapefruit *(toronja)*: kleiner als Pampelmuse und leicht bitter.

Pampelmuse *(pomelo)*: die größte Zitrusfrucht, in Gelb und auch in Rosa.

Limequat: Kreuzung aus Limette und Kumquat, enthält sehr viel Saft.

Limette *(lima)*: liefert eine dezent-saure Note, vor allem für Cocktails.

Orange *(naranja)*: wichtigste Zitrusfrucht mit süßen und auch bitteren Unterarten.

Kumquat: leicht bittere Zwergorange mit einer dünnen, eßbaren Schale.

Zitrone *(limón)*: saure Frucht mit einem hohen Gehalt an Vitamin C.

Zitrusfrüchte

Die Förderbänder stehen nicht still. In endlosen Schleifen ziehen sie sich durch riesige Hallen und transportieren Orangen, Satsumas und Clementinen. Es ist November. Hochsaison für Zitrusfrüchte. Jeden Tag liefern die Bauern frisch geerntete Ware in die Verladestationen der valencianischen Genossenschaften. Hier werden die Früchte gewaschen und, nach Sorten und Größen getrennt, in Beutel und Steigen verpackt. Draußen warten schon die Lastwagen, um die Früchte in verschiedene europäische Länder zu bringen. Darüberhinaus exportieren viele Erzeuger in die USA und nach Kanada.
Der Überlieferung nach sollen die ersten Orangen mit den Karawanen Alexanders des Großen (356–323 v. Chr.) in den östlichen Mittelmeerraum gekommen sein. Die Araber kultivierten die Bitterorange als Zierpflanze, und mit der Ausdehnung des Islams kam sie auch nach Spanien, wo sie unter dem Namen Sevilla-Orange berühmt wurde.
Die neuere Geschichte der Orange in Europa begann Ende des 18. Jahrhunderts, als ein katholischer Geistlicher in Carcagente nahe Valencia die ersten kommerziell nutzbaren Orangengärten anlegte. Die Ergebnisse waren so ermutigend, daß in rascher Folge weitere Anpflanzungen entstanden. In wenigen Jahren wurden 3000 Hektar brachliegendes Ödland bewässert und mit Orangenbäumen bepflanzt. Anfang des 19. Jahrhunderts hatte sich die Fläche bereits verzehnfacht. Heute ziehen sich Zitrusplantagen an der Mittelmeerküste entlang von Katalonien bis nach Andalusien. Hauptanbaugebiete sind die Regionen Valencia und Murcia. Durch die große Sortenvielfalt kann durchgehend von Oktober bis Juli geerntet werden. Im ganzen Land wurden in der Saison 1996/1997 mehr als zwei Millionen Tonnen Orangen geerntet. Spanien kultiviert weltweit die größte Anzahl unterschiedlicher Sorten, die sich in Reifezeit, Haltbarkeit, Farbe, Saftgehalt sowie Aroma und Geschmack unterscheiden.
Am bekanntesten sind die verschiedenen Navel-Orangen (Navel, Navelina, Newhall und Navel-Late). Sie verdanken ihren Namen dem außen sichtbaren »Nabel«, der an der Stelle der einstigen Blüte sitzt. Außer Orangen kultiviert man in Valencia verschiedene Sorten von Satsumas, Clementinen und Mandarinen. Letztere sind wegen ihrer vielen Kerne fast vom Markt verschwunden, besser verkaufen sich die kernlosen Satsumas mit ihrer abgeflachten Form sowie die leuchtend orangefarbigen, säuerlichen Clementinen. Weiter wachsen hier Zitronen, Limonen sowie die modischen Limequats und Kumquats.

1 Zitrusplantagen ziehen sich durch die Region Valencia so weit das Auge reicht. Die raffinierte Bewässerungstechnik mit Kanälen *(acequias)* kam mit den Arabern ins Land.
2 Außer Orangen kultivieren die Obstbauern Valencias auch viele andere Zitrusfrüchte, darunter veschiedene Sorten der flachen Mandarinen, Clementinen und Satsumas.
3 Die Zitrusfrüchte werden von Hand geerntet. Um die Arbeit zu erleichern, hat man in den vergangenen Jahrzehnten in erster Linie niedrig wachsende Bäume gezüchtet.
4 In Plastikkörben transportieren die Erntehelfer die Früche zu den Lastwagen – schwere Arbeit, denn nur an manchen Stellen können die Laster bis zum Ernteplatz fahren.

5 Aus den Körben werden die empfindlichen Früchte in stapelbare Kisten verladen, damit sie nicht beschädigt werden. Ein Transportfahrzeug kann mehrere Tonnen fassen.
6 Die Kisten werden sorgfältig auf den Laster gestapelt und befestigt. Dann geht es auf schnellstem Weg zur Verpackungsstation, denn der Markt fordert erntefrische Ware.
7 Während in den Orangengärten häufig Männer und Frauen gemeinsam arbeiten, ist das Sortieren und Verpacken der Früchte in den Fabriken meist reine Frauensache.
8 In Kisten verpackt gehen die frischen Zitrusfrüchte sofort zu den Kunden. Die meisten sitzen in Europa, doch manche Erzeuger Valencias liefern auch bis nach Übersee.

Mystisches um die Orange

Wenn im Frühling die Orangengärten in Blüte stehen, erfüllt ein betörender Duft die Gegend, und so verwundert es nicht, daß der Küstenabschnitt südlich von Valencia den Namen *Costa del Azahar* trägt: »Küste der Orangenblüte«. Es soll Matrosen geben, die den Duft der heimatlichen Orangen bis zehn Seemeilen vor Valencia riechen können. Schon der römische Gelehrte Plinius rühmte in seiner *Naturgeschichte* die Heilkraft der Orangen. Einer alten chinesischen Überlieferung zufolge bringen die immergrünen Bäume ihrem Besitzer Glück. Auch für die Mauren spielte der Baum mit seiner duftenden Blüte eine wichtige Rolle. Er war eine der drei wesentlichen Komponenten bei der Gestaltung von Gärten – neben bunten Mosaiken und plätschernden Zierbrunnen.
Die Blüte der Orange aber diente zur damaligen Zeit nicht allein zur Dekoration. Man verwendete sie auch bei religiösen Zeremonien und für die Zubereitung von Speisen. So rühmten Juden und Araber die heilende und belebende Wirkung von Honig aus der Orangenblüte. Ein durch Fermentierung aus den Blüten gewonnener Saft diente als Parfüm und Heilmittel. In der Aromatherapie, dem Heilen mit Düften, hat man in den vergangenen Jahren die harmonisierende und stark anregende Wirkung der Orangenblüte wiederentdeckt.

Hintergrund: Die in alten Zeiten als Glücksbringer und Heilmittel verehrte Orange ist heute Valencias Exportschlager. Sie versüßt das Leben in aller Welt.

Kochen mit Zitrusfrüchten

Pechuga de pollo a la naranja
Hähnchenbrüstchen mit Orangen
(großes Bild, links)

4 Hühnerbrustfilets ohne Haut und Knochen
Salz und Pfeffer
4 EL Olivenöl
2 Möhren, in kleine Würfel geschnitten
1 Zwiebel, gehackt
1 TL Zucker
Saft von 3 Orangen
Saft von 1 Limette
1/8 l Weißwein
Orangenscheiben zum Garnieren

Die Hühnerbrustfilets salzen und pfeffern. Das Olivenöl in einer tiefen Pfanne erhitzen und die Hühnerbrüste von beiden Seiten goldbraun anbraten, dann herausheben und warm stellen. Möhren und Zwiebeln sehr klein schneiden und im Bratfond anbraten. Mit Orangen- und Limettensaft ablöschen und den Weißwein angießen. Die Sauce etwas einkochen lassen. Mit dem Mixstab pürieren, dann salzen und pfeffern. Die Hühnerbrüste in die Sauce legen und zugedeckt bei mittlerer Hitze 10 Minuten ziehen lassen. Mit Orangenscheiben anrichten.

Saftige Orangen schmecken nicht nur als frische Früchte, sie eignen sich auch vorzüglich für Fisch- und Fleischgerichte sowie für Süßspeisen.

Rape al limón
Seeteufelmedaillons in Zitronensauce
(großes Bild, unten rechts)

1 Knoblauchzehe
abgeriebene Schale von 1/2 Zitrone
Saft von 1 Zitrone
Salz und frisch gemahlener Pfeffer
1/4 l trockener Weißwein
4 Seeteufelmedaillons à 150 g
2 EL Olivenöl
2 EL Kapern
Zitronenscheiben zum Garnieren

Knoblauch abziehen und in einem Mörser mit Zitronenschale, Zitronensaft, Salz und Pfeffer zerdrücken. Paste mit dem Weißwein verrühren. Fischmedaillons in einer Pfanne im Olivenöl bei mittlerer Hitze auf beiden Seiten goldbraun anbraten. Weinsauce darüber gießen und bei kleiner Hitze etwas einkochen lassen, zum Schluß Kapern in der Sauce erwärmen. Auf einer vorgewärmten Platte mit Zitronenscheiben anrichten.

Ensalada de naranjas
Orangensalat
(großes Bild, oben rechts)

2 große Orangen
100 g schwarze Oliven
Saft von 1 rosa Grapefruit
Saft von 1 Orange
4 EL kaltgepreßtes, fruchtiges Olivenöl
(zum Beispiel von der Sorte Picual*)*
Minzeblättchen zum Garnieren

Die Orangen sorgfältig schälen, die weiße Haut vollständig entfernen. Die Orangen in dünne Scheiben schneiden und in einer Schale oder auf Desserttellern auslegen. Die Oliven darüber verteilen. Den Orangen- und Grapefruitsaft vermischen und über die Orangen gießen. Etwas ziehen lassen. Vor dem Servieren Olivenöl darüberträufeln, mit Minzeblättchen garnieren.

Verdünnte Orangensaftgetränke aus der Flasche kommen in Valencia selten auf den Tisch. Hier gibt es Orangensaft *(zumo de naranja)* fast immer frisch, gepreßt von raffinierten Maschinen: Die halbierten Orangen kommen samt Schale in einen Korb, auf Knopfdruck wird dann eine Orange nach der anderen eingezogen und ausgepreßt. Meist wird der frische, vitaminreiche Saft mit einem Tütchen Zucker serviert, denn die Spanier mögen's nun einmal süß.

Getränke mit Zitrusfrüchten

Die Valencianos trinken Orangensaft meist frisch gepreßt und pur. Doch in langen Nächten steigt man gern auch auf Cocktails um. Viele Drinks werden mit Orange, Zitrone oder Limette gemixt:

Agua de Valencia
Je 1 cl Wodka, Rum und Cointreau mit 10 cl Orangensaft; manchmal auch einfach Cava (Sekt) mit Orangensaft

Caipirinha
5 cl Cachaça (oder weißer Rum), 1 zerdrückte Limette, brauner Rohrzucker

Planter's Punch
4 cl brauner Rum, 2 cl Zitronensaft, je 5 cl Orangen- und Ananassaft, 1 cl Grenadine, dazu ein Spritzer Angostura Bitter

Campari Orange
4 cl Campari, 15 cl Orangensaft

Screwdriver
4 cl Wodka, 15 cl Orangensaft

Tequila Sunrise
4 cl Tequila, 15 cl Orangensaft, ein Schuß Grenadine

Gin Fizz
4 cl Gin, 2 cl Zitronensaft, 1 cl Zuckersirup, 5 cl Soda

Whisky sour
4 cl Whisky, 2 cl Zitronensaft, 1 cl Zuckersirup

Pato a la naranja
Ente mit Orangensauce

1 Ente, ca. 2 kg
Salz und Pfeffer
3 EL Olivenöl
1/4 l frisch gepreßter Orangensaft
1/8 l Weißwein
1 TL Honig
4 cl Brandy
Orangenscheiben zum Garnieren

Die Ente waschen, trocknen und mit Salz und Pfeffer einreiben. Brust und Keulen mehrmals anstechen. Auf den Rost der Saftpfanne legen und im vorgeheizten Backofen bei 200 °C ca. 1 Stunde braten. Nach der Hälfte der Garzeit die Ente umdrehen und alle 10 Minuten mit Olivenöl bestreichen. Fertig gebratene Ente aus dem Ofen nehmen und auf einer Servierplatte warmstellen. Den Bratfond durch ein Sieb passieren, gut entfetten und mit Orangensaft und Weißwein aufkochen. Den Honig und den Brandy einrühren und die Sauce einkochen lassen. Mit Salz und Pfeffer abschmecken. Die Ente mit der Sauce übergießen, mit Orangenscheiben garnieren und sofort servieren.

Flan de naranja
Orangen-Karamelpudding

300 g Zucker
4 Eier
2 Eigelb
abgeriebene Schale von 1 Orange
600 ml frisch gepreßter Orangensaft

Aus der Hälfte des Zuckers und 1/8 l Wasser einen goldbraunen Karamel kochen. 4 Portionsförmchen mit dem Karamel ausgießen, dabei die Förmchen schwenken, so daß auch der Rand mit Karamel ausgekleidet ist.
Die Eier, das Eigelb und die Orangenschale mit dem restlichen Zucker verrühren, dabei nicht schaumig schlagen. Nun den Orangensaft zum Kochen bringen, dann wieder etwas abkühlen lassen und unter die Eicreme rühren. Diese Masse durch ein Haarsieb gießen und in die Förmchen verteilen. Im vorgeheizten Backofen im Wasserbad bei 150 °C ca. 50 Minuten backen. Abkühlen lassen und über Nacht im Kühlschrank aufbewahren.
Vor dem Servieren jedes Förmchen kurz in heißes Wasser tauchen und den Flan auf einen Dessertteller stürzen.

Eiskalte Freuden

Fruchteis in der Fruchtschale ist eine besondere Spezialität in Alicante. Das frische Stück Obst wird dafür zunächst ausgehöhlt und dann das mit dem Fruchtfleisch vermischte Eis in die Schalen gegeben. Neben Zitrusfrüchten eignen sich auch Apfel, Melone, Ananas und Mango. Die handwerklichen Eismacher in Alicante benutzen für die Herstellung in der Regel ausschließlich natürliche Grundprodukte. Sie verwenden weder Stabilisatoren noch Farbstoffe, und das einzige Konservierungsmittel für ihr Eis ist die Kälte

Leche merengada

1 l Milch
1 Stange Zimt
250 g Zucker
abgeriebene Schale von 1 Zitrone
3 Eiweiß
2 EL Puderzucker
1 TL Zimt

Die Milch mit der Zimtstange und dem Zucker zum Kochen bringen. Vom Herd nehmen und auskühlen lassen. Die Zimtstange entfernen und die Zitronenschale einrühren. In eine Schüssel umfüllen und im Tiefkühlschrank anfrieren lassen. Das Eiweiß mit dem Puderzucker sehr steif schlagen. Unter die angefrorene Milch heben und mindestens 2 Stunden im Tiefkühlschrank einfrieren. Vor dem Servieren Zimt darüber streuen.

Orangensorbet

1/2 l frisch gepreßter Orangensaft
150 g Zucker
4 cl Orangenlikör
2 Eiweiß

Den Orangensaft mit dem Zucker und dem Orangenlikör gut verrühren. In eine Schüssel umfüllen und im Tiefkühlschrank anfrieren lassen. Das Eiweiß halbsteif schlagen und vorsichtig unter den angefrorenen Orangensaft rühren. Im Tiefkühlfach mindestens 2 Stunden gefrieren lassen. Während dieser Zeit ab und zu mit dem Schneebesen durchrühren.

Orangeneis

250 g Zucker
100 ml Orangensaft (Blutorangen)
300 ml flüssige Sahne
Saft einer halben Zitrone

Den Zucker mit 1/4 l Wasser zu einem klaren Sirup aufkochen, dann vom Herd nehmen. Den Orangensaft hinzufügen, mit der Sahne und dem Zitronensaft mischen und das Ganze einfrieren. Zum Servieren in die halbierten, ausgehöhlten Orangenschalen füllen.

Die Huerta, die fruchtbare Gartenlandschaft Valencias, ist für ihre außergewöhnlich guten Artischocken bekannt. Das leicht bittere Gemüse wird gern gedünstet und als Tapa serviert.

Wassergericht in Valencia

Wer mogelt, dem wird das Wasser abgegraben. So wollen es ungeschriebene Gesetze der Huerta, der Gartenlandschaft um Valencia: Seit über 1000 Jahren tagt in Valencia das Wassergericht, das bei Streitigkeiten um die Wasserrechte in der Gartenlandschaft schlichten soll. Eingerichtet wurde es vom Kalifen von Córdoba um das Jahr 960. Durch die Jahrhunderte bis heute haben alle spanischen Staatsoberhäupter die Privilegien dieses Gerichts geschützt und bestätigt. *El tribunal de las aguas* setzt sich aus acht Männern zusammen, die jeweils einen der Hauptkanäle repräsentieren, welche die Huerta mit Wasser versorgen. Noch heute tagen die Richter jeden Donnerstag um 12 Uhr unter freiem Himmel auf dem Platz vor der Kathedrale. Ihr Schiedsspruch ist unumstößlich, wenngleich ihm keine schriftlichen Gesetze zugrunde liegen. Auch die Urteilsverkündung ist nur mündlich, die Bestrafung fällt meist milde aus. Wenn einem Nachbarn allerdings wirtschaftlicher Schaden zugefügt wurde, muß dieser nicht nur symbolisch wiedergutgemacht werden.

Hintergrund: Seit 650 Jahren verkaufen die Bauern die Früchte ihrer Arbeit auf der *Tira de Contar*. Der Bauernmarkt ist heute Teil der Großmarkthalle.

Bauernmarkt

»Die Gärten erwachten langsam, und immer lauter wurde ihr Gähnen. In den Häusern der Bauern krähte der Hahn. Die Wege bevölkerten sich mit kleinen schwarzen Punkten, wie Ameisen, die in Richtung Stadt marschierten. Vor den Häusern begrüßten sich diejenigen, die in die Stadt gingen, und die anderen, die blieben, um auf den Feldern zu arbeiten.«

Der valencianische Schriftsteller Vicente Blasco Ibáñez beschrieb in seinen Romanen, wie hier in *La Barraca* von 1898, immer wieder den Alltag der Bauern in der *huerta,* dem üppigen Gemüse- und Obstgarten vor den Toren Valencias. Blasco Ibáñez erzählt von der Mühsal der Arbeit, von deren Lohn die großen Familien oft nur ärmlich leben konnten, und beschreibt, wie die Bauern in den frühen Morgenstunden aufbrechen, um ihre Ernte auf den Märkten der Stadt feilzubieten. Danach ging es wieder zurück auf die Felder.

Seither sind gut hundert Jahre vergangen. Die Arbeitsbedingungen und Vertriebswege haben sich drastisch verändert, doch Bauernmärkte gibt es in Valencia noch immer. Der Markt mit der längsten Tradition ist die *Tira de contar*, die schon vor 650 Jahren in Dokumenten erwähnt wurde. Der Name geht auf die Gewohnheit der Landwirte zurück, ihre Stände in einer Reihe *(tira)* aufzustellen. Hier verkauften sie ihr Obst und Gemüse pro Stück und nicht nach Gewicht, sie mußten die Ware also einzeln abzählen *(contar).* Noch heute kommen jeden Tag rund 300 Bauern aus der Huerta zur *Tira de contar,* die heute auf dem Gelände des Großmarktes Mercavalencia untergebracht ist.

Die Huerta von Valencia gehört zu den bedeutendsten Gartenlandschaften Spaniens mit einer unglaublichen Vielfalt an Obst und Gemüse (siehe auch Seite 392). Hier gedeihen Bohnen, Artischocken, Paprika, Tomaten, Kartoffeln, Auberginen, Mangold, Möhren, Zwiebeln, Kohl und Zitrusfrüchte. Typisch sind die drei Bohnensorten, die auch in eine echte *paella valenciana* gehören: die weiße *garrofó,* die breite, grüne *ferraura* und die *tavella,* von der man die jungen Kerne benützt.

Das qualitativ hochwertige Gemüse ist Grundlage vieler valencianischer Eintöpfe: In einen *hervido valenciano* gehören Kartoffeln, Zwiebeln und grüne Bohnen, die gegart, gesalzen und mit etwas Öl und Essig übergossen werden. Die *olleta* oder *olla churra,* ein typisches Gericht aus dem Landesinneren Valencias, besteht aus weißen Bohnen, Kichererbsen, Kürbis, Rüben und Mangoldstielen sowie Reis mit Schweinefleisch und Würsten. *Borra* ist ein Fisch-Eintopf mit Gemüse und Kartoffeln, dem man zuletzt Eier und Öl hinzufügt.

Auch in friedlichen Zeiten sucht manch ein Mann nach Gelegenheiten, um sich auszutoben. Jedes Jahr reisen Tausende von »Kämpfern« und Schaulustigen nach Buñol, um sich mit Wonne vollreife Tomaten um die Ohren zu hauen. Glücklicherweise ist dieser Krieg harmlos, bei der *Tomatina* bleibt kein Hemd und kein Auge trocken.

Krieg der Tomaten

Buñol am letzten Mittwoch im August. Wer an diesem Vormittag einen Spaziergang durch das meist verschlafene Städtchen machen möchte, sollte sich in acht nehmen. Die Stimmung ist gespannt. Wahre Menschenmassen drängen in die Stadtmitte, die meisten in Turnschuhen, alten Hosen und T-Shirts. Besonders kampfeslustige Gesellen haben sich sogar mit Helmen und riesigen Brillen gewappnet. Die *Tomatina* steht bevor, die legendäre Tomatenschlacht von Buñol. Lastwagen karren aus allen Richtungen Paradiesäpfel heran – knallrot und überreif.

Um Punkt 11 Uhr dann der Startschuß: Wer beim Spektakel aktiv mitmachen will, bewaffnet sich mit Tomaten. Die Schlacht beginnt. Ein junger Mann zerquetscht begeistert drei saftige Früchte auf dem Kopf seines Nachbarn, ein anderer rutscht auf der glitschigen Straße aus und suhlt sich voll Wonne in einem Strom aus Tomatensaft. Wer lieber Zaungast bleiben will, sollte Abstand nehmen, um den matschigen Geschossen zu entgehen, und selbst in der letzten Reihe platschen noch süßrote Tropfen vom Himmel. Nach einer guten Stunde ist alles vorbei. Nun heißt es Aufräumen: Die Straßen werden geputzt, Häuserfassaden abgeschrubbt – und im nächsten Jahr geht alles von vorne los.

Als Geburtsstunde der Tomatenschlacht schreibt man das Jahr 1945: Beim Fest zu Ehren des Schutzpatrons San Luis Bertrán kam es während der Prozession zu einem Gerangel vor einem Gemüseladen. Einige Bürger der Stadt waren unzufrieden, denn sie hatten beim Umzug die traditionellen Pappmachéfiguren durchs Dorf tragen wollen und waren abgewiesen worden. Die Situation eskalierte, als aufgebrachte Menschen zu Tomaten griffen und sie als Geschosse verwendeten. Ein Polizist beendete kurzerhand die Tomatenschlacht, indem er die Beteiligten ins Gefängnis brachte, aus dem sie aber bald wieder frei kamen.

Im Jahr darauf brachten einige Gäste zur Prozession gleich vorsorglich Tomaten mit. Das süßlich-rote Spektakel wiederholte sich. Von nun an machten jedes Jahr neue Anekdoten um die *Tomatina,* wie man die Schlacht mittlerweile nannte, die Runde. Die Verantwortlichen der Stadt duldeten das neue Fest, doch 1957 wurde es vorübergehend verboten. Der Protest der Fans war jedoch so groß, daß die legendäre Tomatenschlacht 1959 offiziell genehmigt wurde. Seither zieht sie jedes Jahr Tausende von Gästen aus aller Welt an. Die »Waffen« müssen allerdings aus anderen Gegenden Spaniens importiert werden. In Buñol wachsen nämlich keine Tomaten.

Tintenfisch

Warum die Wissenschaftler den *calamar* »gemein« schimpfen, ist unerklärlich, denn *Loligo vulgaris* (Gemeiner Kalmar oder Tintenfisch) ist der kulinarische König der Kopffüßler. Wie delikat er wirklich ist, wußte man in Europa lange Zeit nur an den Küsten des Mittelmeers, obwohl er in allen Gewässern von Norwegen bis zu den Kanarischen Inseln vorkommt. Er wird normalerweise 30 bis 50 Zentimeter lang, hat einen länglichen Körper mit zwei seitlichen Flossen, acht Arme und zwei lange Fühler. Gefangen wird der Tintenfisch mit der Reuse.
Die kleinste Variante wird in Spanien mit dem baskischen Namen *txipirón* serviert, sehr häufig *en su tinta* (in der eigenen Tinte). Am bekanntesten sind die panierten und gebratenen Ringe *calamares a la romana,* die unter diesem Namen in Rom keiner kennt (obwohl *calamaretti fritti* auch dort beliebt sind). In Spanien gibt es sie fast in jeder Bar als Tapa. Meistens waren die *calamares* dann tiefgefroren und sind vorgefertigt mit einer dicken Schicht Paniermehl. Das muß aber nicht immer schlecht sein, trotz eines Hangs zum herben Fast-Food-Geschmack.
Mit seiner taschenartigen Form eignet sich der *calamar* besonders gut zum Füllen: Spanier aus Nord und Süd stecken gern die zerkleinerten Fangarme, gemischt mit luftgetrocknetem Schinken, hinein. Griechen und Türken bevorzugen Reis. In Menorca wird die Füllung mit Milch zubereitet, während in Tossa an der Costa Brava ein Apfel benutzt wird. Weit verbreitet ist im Nordosten eine Füllung mit Fleisch.

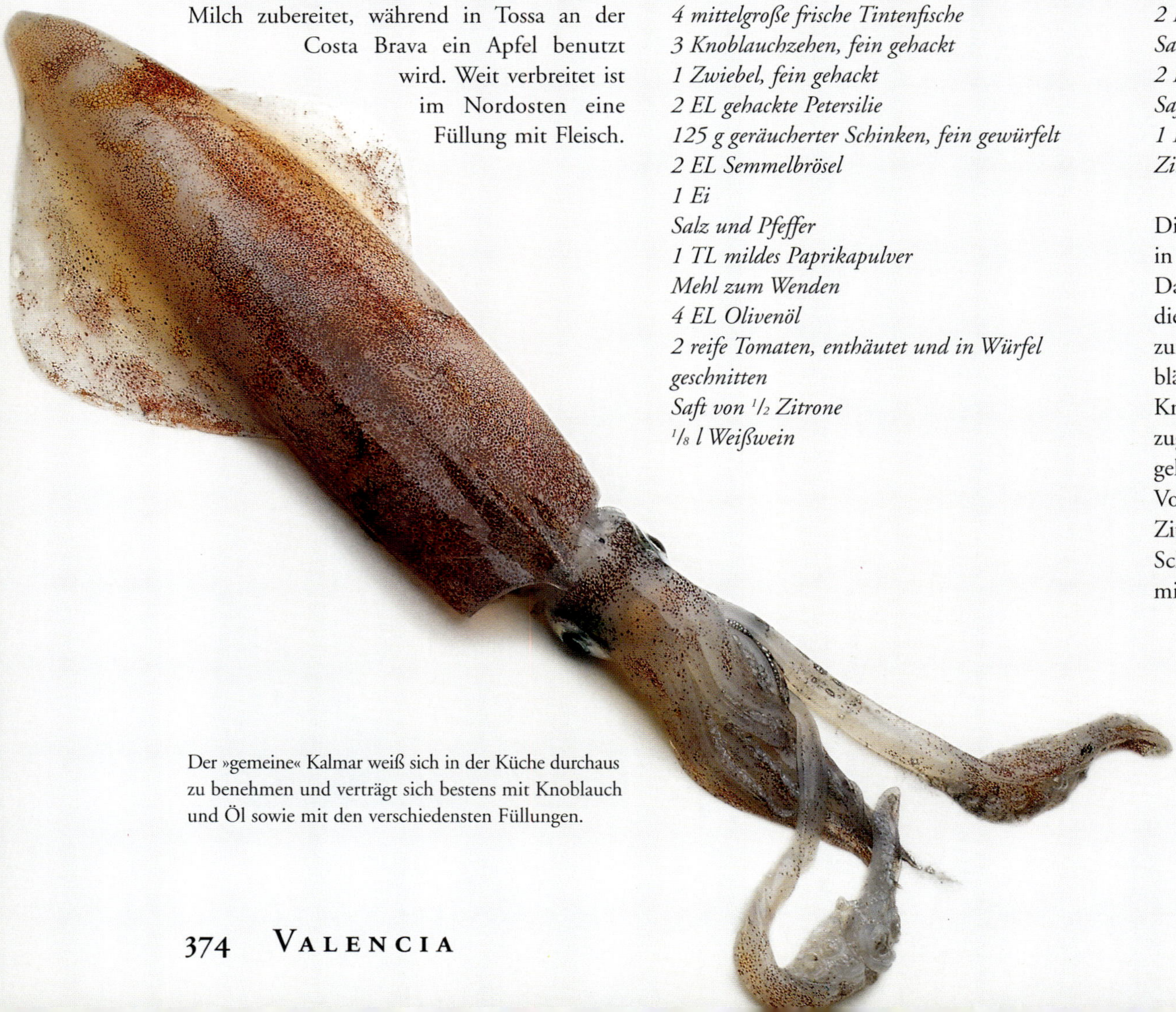

Der »gemeine« Kalmar weiß sich in der Küche durchaus zu benehmen und verträgt sich bestens mit Knoblauch und Öl sowie mit den verschiedensten Füllungen.

A la plancha

Fisch und Meeresfrüchte von der heißen Platte, so natürlich wie möglich: Vor allem an der Levante, aber auch in anderen Landesteilen Spaniens, genießt man die Köstlichkeiten aus dem Meer gerne *a la plancha.* Auf der heißen Eisenplatte kann man alles zubereiten, ob Fisch, Fleisch oder Gemüse, auf der *plancha* wird Brot geröstet und werden Spiegeleier gebraten. Man benötigt dafür nur wenig Öl, und die Produkte behalten ihren eigenen, unverfälschten Geschmack. Auch die Nährstoffe bleiben weitgehend erhalten. Besonders die feinen Garnelen von der valencianischen Küste, allen voran die berühmten *langostinos* aus Vinaròs und die hervorragenden *gambas* aus Denia, genießt man am besten ohne jegliche Verfälschung – einfach *a la plancha.*

Calamares rellenos

Gefüllte Tintenfische
(Abbildung rechte Seite, oben)

4 mittelgroße frische Tintenfische
3 Knoblauchzehen, fein gehackt
1 Zwiebel, fein gehackt
2 EL gehackte Petersilie
125 g geräucherter Schinken, fein gewürfelt
2 EL Semmelbrösel
1 Ei
Salz und Pfeffer
1 TL mildes Paprikapulver
Mehl zum Wenden
4 EL Olivenöl
2 reife Tomaten, enthäutet und in Würfel geschnitten
Saft von 1/2 Zitrone
1/8 l Weißwein

Die Tintenfische säubern, die Fangarme kleinschneiden. Fangarme mit 2 Knoblauchzehen, der Häfte der Zwiebel und der Petersilie, dem Schinken, den Semmelbröseln und dem Ei vermengen. Die Masse mit Salz, Pfeffer und etwas Paprikapulver würzen und in die Tintenfischkörper füllen. Dann die Öffnungen mit Zahnstochern verschließen. Die gefüllten Tintenfische in Mehl wenden.
Das Olivenöl in einer tiefen Pfanne erhitzen und die Tintenfische von allen Seiten darin anbraten. Aus der Pfanne heben, restlichen Knoblauch und Zwiebel im Öl glasig dünsten. Tomatenwürfel und die restliche Petersilie unterrühren und mit Paprikapulver und Zitronensaft abschmecken. Die Tintenfische wieder einlegen, den Wein angießen und zum Kochen bringen. Zugedeckt bei kleiner Hitze ca. 1 Stunde köcheln lassen. Vor dem Servieren mit Salz und Pfeffer nachwürzen.
Variation: Tintenfische kann man auch mit Hackfleisch, Seeteufel, Meeresfrüchten oder mit Schinken und Pilzen füllen.

Sepia con cebolla

Tintenfisch mit Zwiebeln
(Abbildung rechte Seite, unten)

500 g mittelgroße Tintenfische, küchenfertig vorbereitet
200 ml Olivenöl
750 g Zwiebeln, in dünne Scheiben geschnitten
2 Lorbeerblätter, zerrieben
Salz und Pfeffer
2 Knoblauchzehen, fein gehackt
Saft von 1/2 Zitrone
1 EL gehackte Petersilie
Zitronenecken zum Garnieren

Die Tintenfische waschen, trockentupfen und in mundgerechte Stücke schneiden.
Das Olivenöl in einem Tontopf erhitzen und die Tintenfische darin andünsten. Zwiebeln zufügen und kurz anschmoren. Mit Lorbeerblättern, Salz und Pfeffer würzen, dann den Knoblauch untermischen. Bei kleiner Hitze zugedeckt gut 1 Stunde langsam garen, dabei gelegentlich umrühren.
Vor dem Servieren mit Salz, Pfeffer und Zitronensaft abschmecken. In eine vorgewärmte Schüssel umfüllen, mit Petersilie bestreuen und mit Zitronenstücken garnieren.

Große Tintenfische eignen sich gut zum Füllen. Als *calamares rellenos* kommen sie häufig mit einer herzhaften Schinkenfüllung auf den Tisch. Es darf aber auch mal ausgefallener sein mit Hackfleisch oder Meeresfrüchten.

Tintenfisch mit Zwiebeln *(sepia con cebolla)* gibt es in veschiedenen Varianten: mal ganz schlicht nur mit Olivenöl, Knoblauch und Petersilie, mal etwas rassiger mit Tomaten und einer Prise süßem oder scharfem Paprikapulver.

Calamares in der Küche

Zuerst wäscht man die Tintenfische und zieht ihnen von unten zum Kopf hin die Haut ab.

Nun faßt man Körper und Fangarme mit den Händen und zieht sie vorsichtig auseinander.

Indem man vorsichtig zieht, kann man Kopf und Eingeweide aus dem Körperbeutel lösen.

Dabei muß man sehr behutsam vorgehen, um den Tintenbeutel nicht zu beschädigen.

Dann trennt man mit einem scharfen Messer den Kopf von den Fangarmen (Tentakeln) ab.

Den silbergrauen Tintenbeutel aufbewahren. Man braucht ihn bei manchen Gerichten für die Sauce.

Zum Schluß zieht man den Schulp (den transparenten Rückenpanzer) aus dem Körper heraus.

Will man den Tintenfisch in Ringen zubereiten, so schneidet man zuletzt die verwertbaren Teile klein.

Calamares a la romana

Tintenfische im Teig

4 mittelgroße frische Tintenfische, küchenfertig
4 Knoblauchzehen, fein gehackt
Salz
4 EL Mehl
3 Eier, verquirlt
Öl zum Fritieren
Zitronenscheiben zum Garnieren

Die Körperbeutel der Tintenfische in ca. 1 cm dicke Ringe schneiden. Mit Knoblauch und Salz vermengen und 1 Stunde ziehen lassen. Tintenfischringe in Mehl, dann in Ei wenden und in heißem Öl portionsweise fritieren. Abtropfen lassen, sofort mit Zitronenscheiben servieren.

Fische in der spanischen Küche

Der Zackenbarsch *(mero)* hat festes, schmackhaftes Fleisch, das sich gut zum Grillen, zum Braten im Ofen sowie für Eintöpfe und Reisgerichte eignet.

Die Muräne *(morena)* mit ihrem schlangenförmigen Körper kann bis zu zwei Meter lang werden und hat kompaktes, recht fettes Fleisch mit gutem Geschmack.

Die *sama* ist eine kleine Zahnbrasse und gilt als der typische Speisefisch der Kanarischen Inseln. Sie hat feines Fleisch, und man ißt sie bevorzugt gegrillt.

Der Kabeljau *(bacalao)* wurde jahrhundertelang fast nur zu gesalzenem Trockenfisch verarbeitet. In jüngster Zeit kommt auch immer mehr frischer Kabeljau in den Topf.

Die Sardelle *(boquerón)* ist in ganz Spanien für Tapas beliebt. Man ißt Sardellen gesalzen und in Öl eingelegt *(anchoas)* oder in einer Essigmarinade *(en vinagre)*.

Die Sardine *(sardina)* kommt an allen spanischen Küsten vor. Sie wird häufig gegrillt oder im Ofen gegart und gilt als einer der Renner in der Konservenindustrie.

Der Schwertfisch *(pez espada)* kommt im Mittelmeer und im Atlantik vor. Sein Fleisch ähnelt dem des Thunfischs und kann besonders gut in Form von Steaks gebraten werden.

Der Hundshai *(cazón)* ist ein kleiner, ungefährlicher Haifisch, der vor allem in Andalusien geschätzt wird. Dort ißt man ihn gern in Safran- oder Tomatensauce.

Der Seeteufel *(rape)* ist in den letzten Jahren in Mode gekommen. Für sein weißes, äußerst delikates Fleisch hat jede Region unzählige eigene Zubereitungsarten.

Der Glattbutt *(rapante)* kommt sowohl im Mittelmeer als auch im Atlantik vor. Er ist mit dem Steinbutt eng verwandt, ebenso gut, aber sehr viel billiger zu haben.

Der rote *alfonsiño* ist im Meer und im Kochtopf eine Spezialität der Kanarischen Inseln. Er hat recht festes, weißes Fleisch und wird meist gebraten verzehrt.

Der Gefleckte Lippfisch *(maragota)* ist selten auf dem Markt zu finden. Er ernährt sich von Krebsen und Weichtieren, was sein Fleisch sehr aromatisch macht.

Der Franzosendorsch *(faneca)* ist in Spanien nur selten auf Speisekarten zu finden. Er kommt in Atlantik und Mittelmeer vor und hat einen sehr feinen Geschmack.

Die Seezunge *(lenguado)* mit ihrem zarten, delikaten Fleisch wird meist einfach gebraten, um den Geschmack nicht zu verfälschen. Gut passen dazu auch Weinsaucen.

Der Seekuckuck *(rubio, perlón)* gehört zur Knurrhahn-Familie. Er ist sehr schmackhaft und eignet sich gut für Eintöpfe. Wegen des großen Kopfes bleibt viel Abfall.

Die Bastardmakrele *(jurel oder chicharro)* hat recht fettes Fleisch und wird meist zu Konserven verarbeitet. Man findet sie auch mariniert *(en escabeche)* oder vom Grill.

Die Goldbrasse *(dorada)* mit dem Goldstreifen zwischen den Augen hat weißes, sehr schmackhaftes Fleisch und wird häufig in der Salzkruste oder im Ofen gebacken.

Der Flügelbutt *(gallo)* ist ein Plattfisch, der häufig als Seezunge verkauft wird. Er hat feines Fleisch und wird am besten ohne viele Zutaten gebraten.

Der Wolfsbarsch *(lubina)* hat mageres, weißes, festes und sehr wohlschmeckendes Fleisch, das in jeder Region anders zubereitet wird – häufig im Ofen.

Der Gelbstriemen *(boga)* gehört zu Brassenfamilie, lebt hauptsächlich im Atlantik und hat viele Gräten. Man bereitet ihn gern auf dem Grill oder in Eintöpfen zu.

Der Hornhecht *(aguja)* ist vor allem in der Biskaya zu finden. Sein festes, feines Fleisch eignet sich gut zum Schmoren.

Die Meeräsche *(mújol, lisa)* hat wohlschmeckendes, weißes Fleisch. In Murcia ist der gesalzene und getrocknete Rogen eine Delikatesse.

Die Rotbarbe *(salmonete)* kommt in verschiedenen Unterarten vor allem im Mittelmeer vor. Das feine Fleisch verträgt sich besonders gut mit Gemüse.

Der Rochen *(raya)* ist ein Knorpelfisch. Delikat sind das muskulöse Fleisch der »Flügel«, die in Wirklichkeit vergrößerte Brustflossen sind, sowie auch die Leber.

Mandeln

Im Januar blühen die Mandelbäume in der Sierra Espadán nördlich von Valencia, die Berge leuchten ganz in Weiß und Rosa. Ein ähnliches Bild bieten in dieser Jahreszeit viele Gegenden entlang der spanischen Mittelmeerküste, denn von Tarragona über Valencia bis nach Málaga wächst der größte Teil der spanischen Mandeln *(almendras)*. Weitere Anbaugebiete liegen im andalusischen Hinterland bei Granada und Almería sowie auf den Balearen. Durchschnittlich 30 000 Tonnen Mandeln erntet Spanien Jahr für Jahr. Ein großer Teil davon wird exportiert.

Der Mandelbaum ist eine robuste, langlebige Pflanze, die jedes Jahr blüht. Der römische Agronom Columela sagte, alles, was dieser Baum brauche, sei harte und trockene Erde. Auf solchen Böden werden die Mandeln auch in Valencia angebaut und im August und September geerntet.

Anders als Orangen, die regelmäßig bewässert werden müssen, ist der Mandelbaum genügsam. Seinen Bedarf an Feuchtigkeit holt er sich über Wurzeln, die tief in die Erde reichen.

Einen Mandelbaum zieht man am besten aus der Bittermandel. Junge Bäume haben einen glatten hellbraunen Stamm, der mit den Jahren dann immer dunkler und runzliger wird. Um neue Sorten zu entwickeln und gute Qualitäten zu erzielen, werden die Mandelbäume in der Regel veredelt. Als Unterlage dienen hierzu meistens Wildformen der Mandel, manchmal aber auch Pfirsich- oder Aprikosenbäume.

Wenn die Frucht reif ist, platzt ihre äußere, fein behaarte Fruchtschicht auf und der Mandelkern kommt zum Vorschein. Bevor die Früchte fallen, breiten die Bauern unter den Bäumen großflächige Tücher aus, um das Aufsammeln zu erleichtern. Nach der Ernte werden die Mandelkerne aus der Schale gebrochen, was früher in sehr mühevoller Handarbeit geschah. Heute benützt man hierzu spezielle Maschinen.

1 Ein Schleier in Weiß und Rosé überzieht zur Zeit der Mandelblüte die Küstenregionen am Mittelmeer.
2 Wenn die Mandeln reif sind, platzt die äußere Fruchtschicht auf und die Kerne kommen zum Vorschein.
3 Mit riesigen Tüchern, die unter den Mandelbäumen aufgespannt sind, werden die Früchte eingesammelt.

4 In großen Körben werden die Mandeln gesammelt. Natürlich verirren sich darin auch Stiele und Blätter.
5 Laub und Äste müssen nun von den wertvollen Mandeln getrennt werden. Das erledigt heute eine Maschine.
6 Übrig bleiben dann nur noch Mandeln, die aber nach wie vor ihre Fruchtschicht tragen. Auch die muß weg.

7 Maschinell werden die Mandeln nach Größen sortiert, dann werden die Kerne aus der Fruchtschale gebrochen.
8 Ein Teil der Mandeln geht gleich ungeschält in den Handel, der Rest wird heutzutage vollautomatisch geschält.
9 Damit nur beste Ware verpackt wird, werden die geschälten Mandeln zum Schluß nochmals von Hand sortiert.

Oben: Mandeln der Sorten *Marcona* (oben) und *Largueta*, jeweils mit Fruchtschicht, als Mandelkern sowie geschält. Hintergrund: Bei der Ernte fangen Tücher die Mandeln auf.

Oben: Mit Stangen werden die letzten Mandeln von den Bäumen geholt. Kein Stück soll verlorengehen.

Es gibt in Spanien unzählige Mandelsorten mit so wohlklingenden Namen wie *Larguetas, Marconas* (siehe Bild) sowie *Planetas* und *Valencias*. Manche sind spanische Sorten, die im ganzen Land wachsen, wie die längliche *Largueta* oder die herzförmige *Planeta*. Andere Sorten sind nur von regionaler Bedeutung.

Während die Mandel heute meist als Appetitanreger oder Nascherei auf den Tisch kommt, war sie für die ländliche Bevölkerung lange Zeit eine wichtige Proteinquelle. Die moderne Ernährungswissenschaft bescheinigt ihr einen hohen Nährwert: Die Mandel besteht zu 54 Prozent aus Fett, beinhaltet Eisen, Kalzium, Phosphor und Vitamin B. In zwei Mandeln steckt so viel Linolsäure wie in 1,25 Litern Milch. Diese mehrfach ungesättigte Fettsäure kommt vor allem dem Herz-Kreislauf-System zugute.

Man ißt Mandeln geröstet, gesalzen oder auch mit einer Zuckerschicht überzogen. Weiter werden sie traditionell für die Herstellung von Turrón (siehe Seite 382 f), Marzipan und Gebäck verwendet. Daneben können Fischgerichte und Saucen damit verfeinert werden. Süßes Mandelöl kommt in der Kosmetikindustrie zum Einsatz, wo es für die Herstellung von Seifen und Parfüms verwendet wird. Die Früchte des Bittermandelbaumes sind pur nicht zu genießen, denn sie enthalten das Glykosid Amygdalin, von dem sich bei der Verdauung die giftige Blausäure abspaltet. Bittermandelöl wird jedoch in der Kosmetik- und Heilmittelindustrie sowie in winzigen Mengen zum Backen verwendet.

Für weichen *turrón (turrón blando)* wird die Masse des *turrón duro* weiterverarbeitet: Zuerst wird sie zwischen Walzen zermahlen, so daß eine homogene Paste entsteht.

Dann wird die Paste nochmals erhitzt und langsam zu einer glatten Masse gerührt. Das Mandelöl bindet die Masse, es kann auch noch Eiweiß zugefügt werden.

Nachdem man die Masse in viereckigen Metallbehältern auskühlen ließ, wird der *turrón blando* maschinell in Portionsstücke geschnitten und anschließend verpackt.

Die reisenden Turrón-Händler

Reisende Händler haben den *turrón* in Spanien bekannt gemacht. Sie müssen erfolgreich gewesen sein, denn im 16. Jahrhundert durften diese frühen Handelsreisenden in Madrid *turrón,* der nicht in der Stadt hergestellt worden war, nur auf der Plaza Mayor in speziellen Läden verkaufen. Ertappte man die fliegenden Händler beim Verkauf außerhalb der festgelegten Bereiche, wurde ihre Ware beschlagnahmt und an karitative Institutionen verteilt. Noch Ende des 19. Jahrhunderts war der Beruf des reisenden *turrón*-Händlers sehr verbreitet. Auswanderer aus Ostspanien ließen sich in Nordafrika nieder und verkauften in Algier, Rabat oder Fez ihre Ware. Andere etablierten sich in den Kolonien. Sie reisten nach Havanna, Montevideo, Buenos Aires und Kalifornien und gründeten dort Firmen, die zum Teil heute noch bestehen.

Natürlich ranken sich um die fliegenden *turrón*-Händler jede Menge abenteuerliche Geschichten. Eine Anekdote erzählt von einem Mann aus Jijona, der es sich im 19. Jahrhundert in den Kopf gesetzt hatte, sein kostbares Süßzeug auch im Vatikan zu verkaufen. In Rom aber stieß er auf die hungrigen Truppen Garibaldis und sah sich gezwungen, seine Ware zu Schleuderpreisen an die Soldaten abzutreten. Einen anderen Händler verschlug es angeblich von Spanien nach Marokko, wo er außer feinem *turrón* auch seine Ehefrau verkauft haben soll.

Turrón

In Katalonien erzählt man sich gern, ein Konditormeister namens Pablo Turrons habe Anfang des 18. Jahrhunderts, zur Zeit des Spanischen Erbfolgekrieges, in Barcelona den Mandelnougat *(turrón)* erfunden – als Überlebensration der belagerten Stadt, hergestellt aus den einzig verfügbaren Nahrungsmitteln Mandeln und Honig. Wahrscheinlicher ist aber, daß die süße Schleckerei von den arabischen Eroberern nach Spanien gebracht wurde. Denn in Jijona bei Alicante stellten Araber und Juden die Süßigkeit schon lange vor der Zeit Pablo Turrons unter dem Namen *halvo* her. Eine ähnliche Süßigkeit, das Halva, findet man noch heute in der Türkei und im nahen Osten.
In Valencia wurde der *turrón* schon früh als Delikatesse gehandelt. So bewirteten die Ratsherren von Alicante im 16. Jahrhundert hohen Besuch gerne mit *turrón* und Feigenbrot *(pan de higos)*. Dabei müssen sie so großzügig gewesen sein, daß 1595 König Philipp II. die Stadtoberen in einem Brief zur Mäßigung bei der Darbietung der köstlichen Gaben ermahnte.

Obwohl *turrón* heute in ganz Spanien bekannt ist und vor allem zur Weihnachtszeit überall mit Wonne verspeist wird, gilt nach wie vor der valencianische Ort Jijona als Zentrum der *turrón*-Produktion. Durch die Jahrhunderte hat sich der handwerkliche Herstellungsprozeß erhalten, über den ein *turronero* mit kritischem Auge wacht. Mandeln und Honig sind immer noch die Grundbestandteile eines echten *turrón*, und dazu zählen für Puristen nur zwei Sorten:
• weicher Jijona-Turrón *(turrón blando)* und
• harter Alicante-Turrón *(turrón duro)*.
Für die Herstellung von hartem *turrón* werden zunächst die Mandeln geröstet und zerkleinert. Dann mischt man sie mit Honig und köchelt das Ganze bei gleichbleibender Hitze, wobei ständig mit großen Holzlöffeln umgerührt wird. Zum Schluß fügt man etwas Eiweiß als Bindemittel zu, dann wird die Masse abgekühlt, in Stücke geschnitten und meist maschinell verpackt. Um weichen Jijona-*turrón* zu erhalten, werden die abgekühlten Turrón-Blöcke mit dem abgesonderten Mandelöl zu einer zähen Paste zermahlen, abermals erhitzt, stundenlang zu einer weichen, einheitlichen Masse geschlagen und zum Schluß auch mit Eiweiß gebunden.

Viele Hersteller berufen sich auf alte Traditionen und zeigen dies auf der Packung.

Neben den Klassikern, die nur aus Mandeln, Honig und Eiweiß bestehen, sind heute auch allerlei moderne *turrón*-Varianten auf dem Markt. Die Auswahl der Zutaten reicht von Eigelb und Zucker über Haselnüsse, Pinienkerne, Kokosflocken und kandierte Früchte bis hin zu heller und dunkler Schokolade. Vielfach zählt man auch *guirlache*, eine Art Mandelbrot aus karamelisiertem Zucker und ungerösteten Mandeln, zum *turrón* (Abbildung Seite 100) .

1 Für echten *turrón* aus Jijona werden die geschälten Mandeln zuerst in einer großen Trommel geröstet. Danach zerkleinert man sie und vermischt das Ganze mit Honig.
2 Bei gleichbleibender Hitze wird die *turrón*-Masse gekocht. Dabei rührt der *turronero* ständig mit großen Holzlöffeln um. Als Bindemittel kommt noch Eiweiß hinzu.
3 Die harte Variante *(turrón duro)* ist nun schon fast fertig. Wenn die Masse erkaltet ist, stechen die Arbeiterinnen von Hand Portionsmengen von der klebrigen Masse ab.
4 Die *turrón*-Masse wird mit Oblaten belegt und anschließend verpackt. Man kann die süße Schleckerei in *turronerías* kaufen (unten), es gibt sie aber auch in Supermärkten.

Horchata, die häufig stark gesüßte Erdmandelmilch, wird in Alboraya und anderen valencianischen Orten in speziellen *horchaterías* angeboten. Es gibt *horchata* in flüssiger Form (vorne), aber auch mit zerstoßenem Eis vermischt als *granizado* (hinten). Obwohl das feine Getränk aus frischen Erdmandeln (*chufas*, Bild Mitte) alleine schon recht sättigend ist, serviert man es gern mit Gebäck wie *fartons*, Hefestangen mit Sirup (links), oder auch mit allerlei feinen Blätterteigstückchen.

Die Erdmandel *(chufa)* gedeiht gut auf den sandigen Böden um Valencia. Die jungen Setzlinge werden im Frühjahr gepflanzt.

Erdmandeln sind Knollen, die unter der Erde wachsen. Bevor man sie erntet, wird das Kraut abgebrannt oder auch abgemäht.

Die Arbeit ist leichter geworden: Statt mit bloßen Händen werden die *chufas* heute mit Erntemaschinen aus der Erde geholt.

Unter den frisch geernteten Erdmandeln befinden sich meist noch Verunreinigungen. Diese müssen natürlich aussortiert werden.

Möchte man Erdmandelmilch *(horchata)* herstellen, werden die *chufas* zuerst einmal mit reichlich Wasser gründlich gewaschen.

Dann werden die *chufas* fein gemahlen und kommen direkt in eine Rührmaschine, wo sie mit frischem Wasser vermischt werden.

Nun gibt man Zucker und Zitronensaft bei, dann wird die Erdmandelmasse in der Maschine gründlich durchgerührt.

Zum Schluß wird das Ganze gefiltert, und fertig ist die *horchata*. Man kann sie nun sofort trinken oder in Flaschen abfüllen.

Erdmandeln

Die Erdmandel *(chufa)* ist eine uralte Knolle. Sie wurde schon in den Urnen 6000 Jahre alter ägyptischer Wüstengräber als Grabbeigabe gefunden. Später hat man sie offensichtlich auch als Totenspeise in Sarkophage gelegt. Obwohl sie seit langer Zeit bekannt ist, war die Erdmandel als Nahrungsmittel immer nur von regionaler Bedeutung. In Spanien werden *chufas* vor allem in der Gegend von Alboraya, wenige Kilometer von Valencia entfernt, angebaut. Der Ort gilt deshalb auch als Geburtsort der *horchata,* der Erdmandelmilch.
Die Erdmandel (lat. *Cyperus esculentus*) ist die braune, stärke-, öl- und zuckerreiche Knolle des Erdmandelgrases. Biologisch ist sie gar keine Mandel, aber ihr Geschmack erinnert stark an Mandeln oder Haselnüsse. Man pflanzt die *chufas* im April oder Mai auf vorwiegend sandigen Böden und kann in den Monaten Oktober bis Dezember ernten. Da die Frucht unter der Erde heranreift, werden zur Erntezeit zuerst die grünen Pflanzenteile, die über der Erde wachsen, abgemäht. Danach mußte man früher die Knollen mühsam per Hand aus der Erde ausgegraben, heutzutage erledigen Maschinen diese Arbeit.
Chufas sind ein äußerst schmackhaftes und gesundes Nahrungsmittel. Sie enthalten einen hohen Anteil an ungesättigten Fettsäuren, vor allem Linolsäure, außerdem Biotin (Vitamin H), das Haut und Haare stärkt, sowie Rutin (Vitamin P), das die Blutgefäße schützt. Weiter haben Erdmandeln mehr als 25 Prozent Fett, etwa 30 Prozent Stärke, gut sieben Prozent Eiweiß und viele Mineralstoffe (Kalzium, Magnesium, Kalium und Natrium). Erdmandeln werden als ein gesundes, ballaststoffreiches Vollwertprodukt eingestuft und gelten als Nervennahrung und Energiespender. Sie können als Flocken auch roh gegessen werden, etwa in Müsli, zu Joghurt, Quark oder Rohkost. In medizinischen Experimenten wurde der Erdmandel eine gute Wirkung bei der Heilung bestimmter Darmerkrankungen bescheinigt.
Zur Herstellung der beliebten Erdmandelmilch *horchata* werden die *chufas* nach der Ernte getrocknet, sortiert, gründlich gereinigt und dann zermahlen. Dieser Masse gibt man Wasser, Zucker und etwas Zitronensaft bei. Danach wird das Ganze filtriert. Eine echte *horchata* sollte immer frisch zubereitet werden. Sie kann flüssig getrunken werden oder auch als *granizado,* also gemischt mit zerstoßenem Eis. Das Getränk läßt sich gekühlt oder über einen längeren Zeitraum auch tiefgefroren aufbewahren. *Horchata* gibt es heutzutage auch fertig in Flaschen zu kaufen, wobei sie in diesem Fall meist mit Milch gestreckt wird.

Früchte aus Valencia

Trauben aus der Tüte
Der Bürgermeister des Ortes Novelda im sonnigen Vinalopó-Tal hatte 1919 eine zündende Idee: Im Kampf gegen die »Traubenpest«, bei der eine Motte die Frucht vernichtet, stülpte er Papiertüten über seine Trauben, um sie vor dem gefürchteten Schädling zu schützen. Das System funktionierte, und bis heute hat sich die außergewöhnliche Anbaumethode kaum verändert: Etwa 20 Tage nach der Blüte, wenn die heranwachsenden Trauben gerade einmal die Größe eines Pfefferkorns haben, werden mangelhafte Rispen von der Rebe entfernt. Die guten Rispen dagegen werden mit weißem Spezialpapier in Form einer nach unten offenen Tüte umhüllt. Auf diese Weise schützt man die Früchte vor unerwünschten äußeren Einflüssen wie Feuchtigkeit, Pilzkrankheiten und Insekten. Darüberhinaus entsteht im Inneren der Tüte ein spezielles Mikroklima, in dem die Trauben langsam und gleichmäßig reifen und bis zur Ernte einen optimalen Geschmack erreichen. Je nach Sorte und Lage können die Trauben von August bis in den Dezember hinein geerntet werden.

In der Region Valencia wachsen nicht nur Reben für Wein, sondern auch feine Speisetrauben. Die besten kommen aus Novelda im Vinalopó-Tal.

Die Trauben aus Novelda wachsen in speziellen Papiertüten, in denen ein günstiges Mikroklima herrscht und die auch vor Schädlingen schützen.

Datteln aus Elche
Ursprünglich waren es die Karthager, die rund um Elche Datteln anpflanzten. Später kultivierten die Araber die Haine weiter. So soll es im Palmenhain von Elche im 13. Jahrhundert nahezu eine Million Palmen gegeben haben. Heute sind es schätzungsweise noch mehrere Hunderttausend. Damit ist Elche die einzige Stadt Europas, in der dieser Baum in großen Beständen überlebt hat. Die hier gehegten Dattelpalmen sind teilweise bis zu 200 Jahre alt und erreichen Höhen zwischen 30 und 40 Metern. In Elche werden jährlich rund 2000 Tonnen Datteln *(dátiles)* geerntet. Sie kommen frisch, getrocknet oder sogar als feiner Dattellikör auf den Markt.

Der größte Palmenhain Europas steht in Elche in der Nähe von Alicante. In den Kronen der Palmen hängen in dichten Büscheln die Früchte: Datteln.

Datteln werden als ganze Büschel geerntet. Sie enthalten viel Zucker, Eisen, Kalzium und Vitamine der B-Gruppe und gelten als verdauungsfördernd.

Mispeln
Die »Frucht der Liebe« nennen viele Kulturen die Mispel und betrachten sie als Aphrodisiakum. Seit mehr als 1000 Jahren wird der Mispelbaum in Japan und China als Zierpflanze kultiviert. Über Mauritius gelangte er vor 200 Jahren nach Spanien, wo er sich an der ganzen Levante und im Südosten des Landes ausbreitete. Die empfindlichen Früchtchen wachsen heute vor allem in Callosa d'En Sarrià in einem windgeschützten Tal in der Nähe von Alicante. Sie werden zwischen Ende März und Ende Mai von Hand gepflückt. Mispeln besitzen ein gelblich-orangefarbenes Fruchtfleisch, sind saftig und haben einen ausgeprägten süßherben Geschmack. Obwohl die Frucht eine feine Haut hat, muß sie vor dem Verzehr immer geschält werden. Man ißt sie entweder als Frischobst, im Müsli, zu Desserts oder als exotische Beigabe zu Ente oder Hühnerfleisch. Mispeln gelten als gesundheitsfördernd und sehr bekömmlich. Sie schlagen pro 100 Gramm nur mit 44 Kalorien zu Buche, enthalten dafür aber reichlich Kalzium und Phosphor sowie die Vitamine A und C.

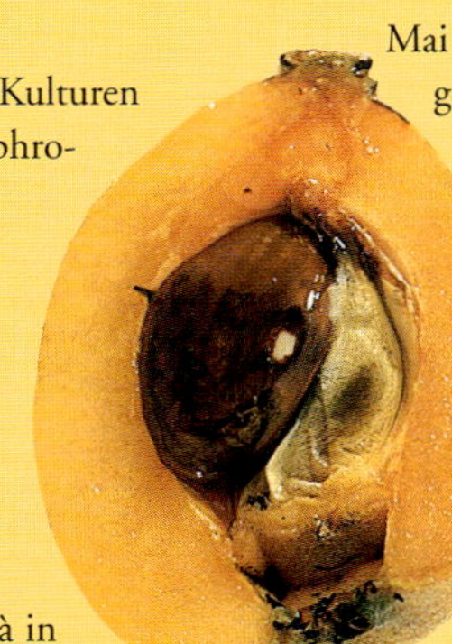

Weinbaugebiete in Valencia

D.O. Utiel-Requena
Fast 40 000 Hektar Land stehen in den Bergen rund um die Kleinstädte Utiel und Requena unter Reben. Die Hauptrebsorte, die rote Bobal, hat einen soliden Ruf als Rosé-Traube und durchaus auch das Potential zu guten Rotweinen (siehe rechte Seite). Es gibt jedoch auch interessante Rotweine aus Tempranillo-Garnacha- oder Cabernet Sauvignon-Coupagen, die sehr preisgünstig sind. Einige Bodegas erproben auch Cabernet Franc und Graciano. Die wichtigste weiße Sorte in diesem Gebiet ist die Macabeo, gefolgt von Merseguera. Allerdings spielen Weißweine in der D.O. Utiel-Requena eine untergeordnete Rolle. Einige Dörfer in diesem Anbaugebiet dürfen ihre Rotweine offiziell unter der D.O. Valencia vermarkten, da diese kaum über Rotweine verfügt.

D.O. Valencia
In diesem Gebiet mit 16 000 Hektar Weinland und 16 zugelassenen Rebsorten herrscht die weiße Traube Merseguera vor, die sehr leichte und angenehm frische Weißweine hervorbringt. In der Nase oftmals limonig und etwas grasig, weisen sie im Mund angenehme Apfel- und Mandelnoten auf. Aus dem Dreieck Turís, Cheste und Godelleta, dem Herz des Teilgebietes Moscatel de Valencia, stammen die klassischen Moscatel-Weine, die im Mund den saftigen Eindruck von purer, süßer Frucht hinterlassen. Je weiter man sich in Richtung Inland bewegt, desto häufiger findet man Süßweine mit Rosinen-Noten und einer angenehme Säure.

D.O. Alicante
Die Moscatel-Weine aus Alicante sind ähnlich strukturiert wie in der D.O. Valencia, wobei hier noch mehr Honignoten zum Tragen kommen. Es gibt inzwischen auch schon Erzeuger, die natürliche Süßweine produzieren, denen kein Weinalkohol beigesetzt wird. Der Wein der D.O. Alicante wächst teilweise bis ans Mittelmeer heran und reicht bis ins angrenzende Hochland. Auf rund 14 600 Hektar werden etwa zu gleichen Teilen Rot- und Weißweine produziert, die sich durch aromatische Vielfalt auszeichnen. Die weißen Sorten sind Merseguera, Moscatel, Romano, Macabeo, Planta Fina und Airén, an roten Trauben werden Monastrell, Garnacha, Merlot, Tintorera und Tempranillo angebaut. Neuerdings pflanzen die Winzer auch noch Chardonnay, Riesling, Cabernet Sauvignon und Pinot Noir. Einige Bodegas bringen inzwischen lange, tiefe Rotweine von großer Komplexität auf den Markt, die vorwiegend aus Tempranillo und französischen Sorten gekeltert werden. Die einheimische Monastrell-Traube bringt zwar wunderbar frische Rotweine hervor, im Faßausbau verlieren die Weine aber schnell ihre Farbe und oxidieren.

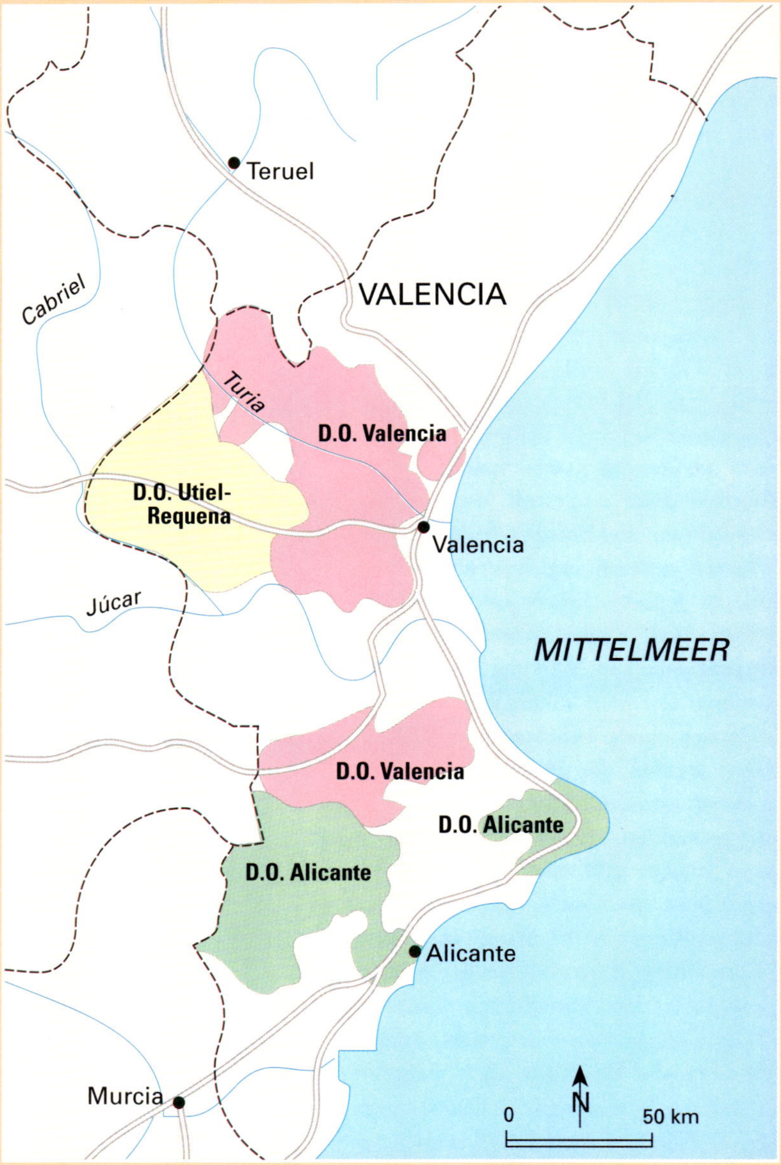

Wein aus Utiel-Requena

Seit zwei Jahrtausenden wird in Valencia Wein kultiviert. Der Ruf als Weinregion war in den vergangenen Jahrzehnten allerdings nicht der allerbeste. So kamen auch aus dem Anbaugebiet um die Städte Utiel und Requena lange Zeit vor allem rote Faßweine. Die enorme Rebfläche von fast 40 000 Hektar, die angeblich so minderwertige Massenware hervorbrachte, bereitete den Brüsseler Bürokraten vor dem EU-Beitritt Spaniens enormes Kopfzerbrechen. Dabei wurde der gute Roséwein aus dieser Region meist einfach vergessen.

90 Prozent der Rebfläche von Utiel-Requena nimmt die rote Bobal ein, eine widerstandsfähige, harte Traube, die sich den klimatischen Gegebenheiten des Gebiets hervorragend anpaßt. Denn die Weinberge auf braunen, kalkhaltigen Böden im gebirgigen Hinterland Valencias liegen im Durchschnitt 750 Meter hoch. Die Sommer sind extrem heiß und die Winter oft sehr kalt. Aus Angst vor frühen Frösten ließ man bis vor kurzem die Bobal-Trauben meist nicht lange genug am Stock ausreifen, um daraus gute, im Faß ausgebaute Rotweine zu bereiten. So kelterte man in Utiel-Requena über Jahrzehnte hinweg vor allem Roséweine und dicke, fast schwarze *doble pasta*-Weine, die man in erster Linie zum Verschnitt benutzt.

Ein *doble pasta* ist sozusagen ein Abfallprodukt der Rosé-Herstellung: Da aus der Bobal-Traube große Mengen frischer Roséweine gewonnen werden, indem man nach einer kurzen Maischezeit die Trauben nur leicht preßt, bleiben große Mengen Maische übrig, die noch viel Most enthalten. Diese Maische wird in Gärtanks einer ungepreßten Rotweinmaische zugegeben. Das Ergebnis sind Rotweine, die aus einer doppelten Menge an rotem Beerenfleisch und Haut, der sogenannten *pasta,* vergoren werden. Man kann sich also vorstellen, welch intensive Farbe die *doble pasta*-Weine haben und welch ein Glück dieser Wein für unzählige rote Tafelweine darstellt, von denen sich viele ohne die Zugabe von *vinos de doble pasta* eher als farblose Weinchen präsentieren würden.

1987 wurde dem Anbaugebiet die geschützte Herkunftsbezeichnung **D.O. Utiel-Requena** zuerkannt, und das Ansehen der Weine begann sich zu verbessern. Immer mehr Winzer der Gegend besinnen sich heute auf die charakteristischen Eigenschaften ihres Weins und bieten ihn als Flaschenwein an. Die beherrschende Traubensorte ist nach wie vor die Bobal, aus der Rotweine, vor allem aber frische und fruchtige Rosés gekeltert werden, die am besten jung getrunken werden und heute zu den besten Roséweinen in ganz Spanien zählen.

Wenn es auch noch keine Bobal-Rotweine gibt, die erfolgreich im Faß ausgebaut wurden, so hat die Forschungsstation der D.O. hier doch schon beeindruckende Ergebnisse vorzuweisen. Und wenn die Winzer erst einmal die Möglichkeiten der Bobal-Traube voll auszuschöpfen beginnen, werden den Weinliebhabern wohl noch einige Überraschungen ins Haus stehen.

Links: In den Weinbergen von Utiel-Requena werden traditionell vor allem Bobal-Trauben angebaut. Man keltert daraus Rotweine und frische, fruchtige Rosés.

Zuckersüsse Tröpfchen

Aus den valencianischen Weingebieten kommen auch vorzügliche Likör- und Dessertweine. Zur Herstellung der Likörweine werden in der Regel Trauben der Sorten Garnacha, Malvasía, Pedro Ximénez oder Moscatel verwendet. Man stellt zunächst einen Grundwein her, dem man dann Weinalkohol und Süßmost oder Mistela-Süßwein zusetzt. Die Likörweine lagern in der Regel zwei Jahre im Holzfaß, ehe sie auf den Markt kommen. In dieser Zeit bildet sich der charakteristische Geschmack nach Rosinen und Honig aus.

Unter den Dessertweinen Valencias ist der Fondillón berühmt, der schon vor hundert Jahren auf den herrschaftlichen Tafeln der Welt seinen Platz hatte und nur in Alicante hergestellt wird. Der Fondillón ist ein spätgelesener Wein aus der roten Monastrell-Traube mit sehr hohem Zuckergehalt und 16 bis 18 Grad Alkohol. Er reift acht Jahre im Eichenfaß. Während des Reifeprozesses durchlaufen die jüngeren Weine nach dem *Solera*-System mehrere Faßreihen und werden dabei sukzessive mit älteren Weinen gemischt.

Die Moscatel Romano-Traube ist die Basis für den gleichnamigen Moscatel-Wein, einen üppigen, süßen Dessertwein. Mistelas sind Süßweine, die aus filtriertem Süßmost hergestellt werden, dem Weinalkohol zugesetzt wird, so daß die Mistelas einen Alkoholgehalt von rund 15° erreichen.

Murcia

Harald Irnberger

Murcia

Murcia, das Land an der Levanteküste, ist von der Sonne begünstigt. Das ganze Jahr über ernten die Bauern hier frisches Gemüse für ganz Europa.

Dank ihres milden Klimas und der stets ruhigen Küstengewässer zählt die Region Murcia zu den ältesten Siedlungsräumen Europas. Archäologische Funde und griechische Reiseberichte zeugen von vier iberischen Stämmen, die diese Region besiedelten. Später gründeten Griechen und Phönizier Handelsniederlassungen an der Küste und im Landesinneren. Sie exportierten Naturalien wie das reichlich sprießende Espartogras sowie Silber aus murcianischen Minen. Die karthagische Gründung Cartagena war schon zur Zeit der punischen Kriege, also vor Beginn der christlichen Zeitrechnung, der meistfrequentierte Hafen an den Gestaden des Mittelmeers. Unter römischer Herrschaft entwickelten sich dann Fischerei, Jagd und Landwirtschaft zu den tragenden Säulen der murcianischen Wirtschaft. Schon damals profitierten die Köche von der geographischen und klimatischen Dreiteilung der Region: Die Gewässer der Costa Cálida, der »warmen Küste«, lieferten reichlich Material für die beliebte Gewürzsauce Garum, die ins ganze römische Reich exportiert wurde. In den fruchtbaren Auen des Río Segura wurden Oliven- und Feigenhaine angelegt, im trockenen, bergigen Hinterland zog man die schweren Weine, die schon damals in großem Stil exportiert wurden.

Mitte des achten Jahrhunderts n. Chr. eroberten die Araber die Region und verhalfen ihr zu einem beachtlichen kulturellen und ökonomischen Aufschwung. Mit ihnen gelangten auch viele orientalische Lebensmittel und raffinierte Küchentechnik in den Mittelmeerraum. Vor allem aber verwandelte die zum Teil noch bis heute intakte Bewässerungstechnik die heiße und trockene Gegend in das, was sie bis auf den heutigen Tag geblieben ist: eine blühende Gartenlandschaft.

Die Bevölkerungsexplosion am Anfang des 20. Jahrhunderts führte, wie in so vielen Regionen Europas, auch in Murcia zu einer Massenflucht der besitzlosen Landarbeiter in die Städte. Im Bürgerkrieg der 30er Jahre ging der Versuch einer Landreform mit der spanischen Republik unter. Was blieb – arme Bauern und ein hartes Leben – findet seinen Ausdruck nicht zuletzt in den kulinarischen Traditionen: Hier dominiert eine mediterrane Armeleuteküche aus exzellenten und vielfältigen Rohstoffen. Sie nutzt die Produkte des intensiven Gartenbaus im Landesinneren genauso wie Fisch und Meeresfrüchte aus Mittelmeer und Mar Menor sowie Wild und Wein aus dem Hinterland der Provinz. Die von den Arabern importierten Früchte und Kulturtechniken sind in der regionalen Küche aufgegangen wie die Nachkommen der einstigen Eroberer in der murcianischen Bevölkerung.

Rechts: Das Mar Menor bedeutet Leben. Schon lange leben die Murcianos von den Schätzen dieser Lagune, die Fisch in den Magen und Sonne in die Seele bringt.

Spaniens Gemüsegarten

Ihren Gemüsegarten, die *huerta,* verdanken die Murcianer den Arabern. Allerdings belegen Werkzeugfunde, daß Menschen schon in der Jungsteinzeit die idealen Bedingungen am Río Segura zu nutzen suchten: Wasser in Reichweite, fruchtbarer Boden und ein heißes Klima. Der Fluß bedeutete für die Anrainer stets Segen und Fluch zugleich. War er einerseits Garant für das Überleben, kosteten auf der anderen Seite immer wiederkehrende Überschwemmungen viele Menschenleben, vernichteten Ernten und Behausungen, mitunter ganze Städte.

Die Römer sicherten durch Bewässerungsanlagen ihre Ländereien, auf denen sie Feigen, Oliven und Getreide zogen. Vom 8. Jahrhundert an kamen die Araber ins Land. Sie perfektionierten die Bewässerungssysteme mittels Gräben und Schöpfrädern, leiteten das Wasser auch auf höhergelegene Trockenäcker um und führten bis dahin unbekannte Obst- und Gemüsesorten ein: Zitrusfrüchte, Mandeln, Auberginen und Reis.

Nach der Vertreibung der Mauren wurden die Plantagen zu Parzellen zerstückelt und an nordspanische Einwanderer vergeben. Mit der Zeit verwandelten sich die großen Anpflanzungen in einen bunten Flickenteppich von Obst- und Gemüsegärtchen. Diese *minifundios,* Grundstücke bis zu einem Hektar Größe, bestehen bis heute an den Ufern der Flüsse Segura und Guadalentín, und nach wie vor lebt man in der Huerta das ganze Jahr hindurch von Obst. Kirschen, Aprikosen, Pflaumen, Pfirsiche, Feigen, Granatäpfel, Quitten, Birnen, Äpfel und Mandeln versorgen die Huerta-Bewohner von April bis November, Orangen gibt es zwischen Dezember und März. Die *huertanos* ziehen Gemüse und Hülsenfrüchte und stellen ihre eigenen Gemüsekonserven her.

Wie in den benachbarten Anbaugebieten von Valencia gehen heute aber nahezu 80 Prozent der Agrarproduktion nach Mitteleuropa. Durch neue Technologien wurde die bewässerte Ackerfläche in den vergangenen 30 Jahren verdoppelt. Die Bauern können ihr Land das ganze Jahr über bestellen und bis zu viermal jährlich ernten. Feste Fruchtfolgen sind dabei relativ selten, der Obst- und Gemüseanbau orientiert sich an den Erfordernissen des Marktes.

Seit Gründung der ersten Konservenfabrik am Río Segura im Jahr 1886 hat dieser Industriezweig einen enormen Aufschwung erfahren. Rund 75 Unternehmen widmen sich derzeit rund um Murcia dem Konservieren von Gemüse, Obst und Zitrusfrüchten. Die von der Agrarindustrie neu geschaffenen Vertriebskanäle sichern auch kleinen Familienbetrieben weit über dem spanischen Landesdurchschnitt liegende Erträge.

Das ganze Jahr über können die Bauern in der *Huerta de Murcia* frisches Gemüse ernten. Bohnen gehören zu den Spitzenreitern – auch auf regionalen Speisekarten.

In mühsamer Handarbeit pflücken Feldarbeiter die grünen Bohnen. Eine Kopfbedeckung schützt vor der sengenden Sonne – ob Strohhut oder Baseballmütze.

Die Moderne macht auch vor Murcia nicht halt: Zwar dominiert hier der Freilandanbau, doch hier und da machen sich auch schon große Gewächshäuser breit.

Der Bauer pflanzt, was der Bürger will: Die Produkte aus Murcia gehen nach ganz Europa, und da Brokkoli sehr gefragt ist, findet man ihn auf den Feldern.

Kapern

Schon seit langer Zeit verwendet man die Kaper im Mittelmeerraum gegen Skorbut und Rheuma sowie als entwässerndes Heilmittel. Die Römer nutzten sie auch als Gewürz und Aphrodisiakum. Die Kaper ist die kleine, herzförmige Blütenknospe eines wunderschönen Strauches namens *Capparis spinosa.* Dieser wächst in den heißen Mittelmeerländern wild in Felsspalten und Mauerritzen. In der Region Murcia werden zwischen Ende Mai und Anfang Oktober sowohl die Knospen als auch die Stengel und schließlich die Früchte des Kapernstrauchs geerntet.

Die rosafarbenen und weißen Blüten haben nur ein äußerst kurzes Leben: Sie öffnen sich frühmorgens und sind am Mittag bereits abgestorben. In dieser Knospenzeit müssen sie in Handarbeit geerntet werden. Noch am selben Tag legt man sie in Salzlake ein, wo sie für zwei Monate verbleiben. Der charakteristische säuerliche Geschmack aber entwickelt sich erst, wenn die Kapern danach zusätzlich in Weinessig gelegt werden. Auf den Markt kommen die feinen Knospen nach Größen sortiert – entweder eingelegt in Gläsern und Flaschen oder trocken, gesalzen und lose.

Wie bei allen eingelegten Gemüsen sind auch bei den Kapern *(alcaparras)* die kleinsten Exemplare die aromatischsten und damit die teuersten. Spitzenqualität sind die *nonpareilles,* die nicht größer als 0,7 Zentimeter sein dürfen. Auf dem entgegengesetzten Ende der Qualitätsskala findet sich der *alcaparrón,* die spanische Riesenkaper, die aber nicht die Knospe, sondern die Frucht des Kapernstrauches ist. *Alcaparrones* werden ebenfalls eingelegt, sind aber bei weitem gröber und weniger schmackhaft. In Murcia werden Kapern meist nicht als Gewürz in Speisen verwendet, sondern als pikantes Gegengewicht dazu gegessen. So steht auf dem Tisch stets ein Schälchen mit sauren Gurken, eingelegten Paprikaschoten und Kapern.

So schielt man mittlerweile von den Anbaugebieten Valencias mit den endlosen Monokulturen neidisch nach Murcia herüber. Die überwiegende Produktion von Zitrusfrüchten in weiten Teilen der Nachbarregion hat zu Überproduktion und Preisverfall geführt. Daher plant man in der valencianischen Huerta, wieder zu diversifizieren, Pflaumen, Aprikosen und Kirschen anzubauen, Schnittblumen und Zierpflanzen zu ziehen oder gar zum althergebrachten Anbau von Gemüse zurückzukehren. Es lockt das bewährte Beispiel der *Huerta de Murcia:* Modernisierung, ohne die traditionelle Vielfalt aufzugeben.

Die Araber brachten raffinierte Bewässerungstechniken nach Murcia, wie dieses Wasserrad bei Lorquí zeigt. Außerdem führten sie viele neue Gemüsesorten ein. Dazu gehörte auch die Artischocke (Hintergrund).

Viele Bewässerungskanäle *(acequias)* in Südspanien stammen noch aus der Zeit der Araber. Sie sind aber nicht nur Sehenswürdigkeit, sondern versorgen bis heute die Felder mit dem wertvollen Naß.

Gemüseküche

Olla gitana
Zigeuner-Gemüsetopf
(Abbildung rechts)

150 g Kichererbsen
150 g getrocknete weiße Bohnen
Salz
250 g grüne Bohnen, geputzt
250 g Kürbisfleisch, in Würfel geschnitten
2 Möhren, in Scheiben geschnitten
2 Kochbirnen, geschält und in Stücke geschnitten
2 mittelgroße Kartoffeln, in Würfel geschnitten
1 Zwiebel, fein gehackt
100 ml Olivenöl
2 reife Tomaten, enthäutet und in Würfel geschnitten
1 Knoblauchzehe, gehackt
1 TL mildes Paprikapulver
einige Safranfäden
Pfeffer
1 Handvoll Minzeblätter (hierbabuena), *in feine Streifen geschnitten*

Die Kichererbsen und die weißen Bohnen über Nacht einweichen. Am nächsten Tag in frischem Wasser mit etwas Salz aufsetzen, zum Kochen bringen und ca. 30 Minuten köcheln lassen. Die grünen Bohnen, das Kürbisfleisch, die Möhren, Kochbirnen und Kartoffeln untermischen und weitere 15 Minuten garen.
Inzwischen die Zwiebel im Olivenöl glasig dünsten. Die Tomaten zufügen und mitschmoren. Knoblauch mit Paprikapulver, Safran und etwas Salz im Mörser zerstoßen. In die Tomatensauce rühren und alles 10 Minuten bei kleiner Hitze kochen lassen.
Dann die Sauce zum Eintopf geben, weitere 5 Minuten köcheln lassen, mit Salz und Pfeffer abschmecken. Vor dem Servieren mit den Minzeblättchen bestreuen.

Zarangollo murciano
Murcianisches Zucchinigemüse

2 große Gemüsezwiebeln, gehackt
2 Knoblauchzehen, fein gehackt
1/8 l Olivenöl
1 kg Zucchini, in kleine Stücke geschnitten
Salz und Pfeffer
1 TL Oregano

Die Zwiebeln und den Knoblauch im Olivenöl glasig dünsten. Zucchini zugeben und zugedeckt bei kleiner Hitze 15 Minuten dünsten. Mit Salz, Pfeffer und Oregano würzen und noch 5 Minuten garen, bis die Zucchini weich sind.

Reis von Calasparra

Rund um Calasparra, im Überschwemmungsgebiet des Río Segura, wird der einzige Reis Spaniens mit der geschützten Herkunftsbezeichnung *Denominación de Origen (D.O.)* angebaut. Er verdankt seinen Ruf den besonderen ökologischen Bedingungen, unter denen er heranwächst, sowie einem ganz speziellen Anbausystem. Die absolute Trinkwasserqualität und die Kühle des Flußwassers auf einer Höhe von 450 Metern zögern die Reifung des Korns hinaus, was der Reisqualität zugute kommt. Außerdem ist man darauf bedacht, durch Fruchtwechsel den Mineralreichtum des Bodens zu erhalten. In einem zweijährigen Zyklus folgen von Mai bis Oktober Reis, von November bis Juni Weizen, von Juli bis April Hülsenfrüchte. Das nach der Ernte untergepflügte Kraut der Hülsenfrüchte dient dem nun nachfolgenden Reis als natürlicher Dünger. Angebaut werden in Calasparra die Reissorten *Balilla x Sollana* und *Bomba*. Das Korn der Sorte *Bomba* benötigt wegen seiner natürlichen Trockenheit größere Mengen Wasser und eine längere Kochzeit als anderer Reis. Während des Kochens geht er bis zum dreifachen seines ursprünglichen Volumens auf. Die lockere Konsistenz bei zugleich festem Korn bleibt noch lange Zeit nach dem Kochen erhalten. Die Sorte *Balilla x Sollana* entfaltet ähnliche Qualitäten und ist im Unterschied zum geschälten, weißen *Bomba* auch als Vollkornreis *(arroz integral)* sowie als Bio-Vollkornreis *(integral de cultivo ecológico)* erhältlich. Letzterer wird ohne chemischen Dünger, Herbizide, Pestizide und Insektizide angebaut und ohne Chemie verarbeitet. Die Reisproduzenten von Calasparra haben lange um das Prädikat *Denominación de Origen* für ihre geringe Produktion (2500 Tonnen pro Jahr) gekämpft, da große Verbände wie die Reisproduzenten von Valencia oder im Ebrodelta ihr Prestige dadurch bedroht sahen. 1986 endlich wurde das Prädikat verliehen, das dem Konsumenten Herkunft und Qualität des Produktes garantiert. Die Aufsichtsbehörde *Consejo Regulador* gibt an die Produzenten innerhalb der D.O. numerierte Etiketten aus und unterwirft sowohl die Pflanzungen als auch die Verarbeitung des Reises einer rigiden Kontrolle.

Arroz con verdura de la huerta

Reis mit Gartengemüse

3 Knoblauchzehen, fein gehackt
4 EL Olivenöl
1 reife Fleischtomate, enthäutet und in Würfel geschnitten
200 g grüne Bohnen, geputzt
250 g dicke Bohnen, enthülst
1/2 Blumenkohl, in Röschen zerteilt
1 grüne Paprikaschote, entkernt und in Würfel geschnitten
2 junge Artischocken, geputzt und geviertelt
200 g Calasparra-Reis, ersatzweise Mittelkornreis
1 getrocknete rote Paprikaschote
Salz und Pfeffer
1 Handvoll junge Knoblauchstengel, ersatzweise Frühlingszwiebeln, kleingeschnitten

In einer Paella-Pfanne den Knoblauch im Olivenöl etwas Farbe nehmen lassen. Das Gemüse hineingeben und unter Rühren anbraten. Den Reis untermischen, kurz mitbraten, dann 1/2 l kochendes Wasser zugießen.
Die Paprikaschote im Mörser zermahlen und unter den Gemüsereis rühren. Mit Salz und Pfeffer würzen und 20 Minuten kochen lassen. 5 Minuten vor Ende der Garzeit noch die Knoblauchstengel untermischen.

Pimientos rellenos

Gefüllte Paprikaschoten

1 Zwiebel, gehackt
2 Knoblauchzehen, fein gehackt
100 ml Olivenöl
400 g Lammhackfleisch
Salz und Pfeffer
1 TL mildes Paprikapulver
1/2 TL Zimt
1 Ei
4 EL gekochter Reis
4 große grüne Paprikaschoten
2 EL Semmelbrösel

Die Zwiebel und den Knoblauch in 2 EL Olivenöl glasig dünsten. Das Lammhackfleisch zufügen und so lange braten, bis es bröselig ist. Mit Salz, Pfeffer, Paprikapulver und Zimt würzen. Vom Herd nehmen und etwas auskühlen lassen. Die Hackfleischmasse mit dem Ei und dem Reis vermengen.
Die Paprikaschoten waschen, Stiel und Kerngehäuse herausschneiden. Hackfleischteig in die Paprikaschoten füllen. Eine feuerfeste Form mit dem restlichen Olivenöl ausgießen, Paprikaschoten hineinsetzen und mit den Semmelbröseln bestreuen. Im vorgeheizten Backofen bei 220 °C ca. 30 Minuten garen.

Salzillo – Meister der »pasos«

Die Salzillo-Prozession ist der wichtigste Umzug in der murcianischen Karwoche. Der Zug beginnt am Karfreitag um sieben Uhr morgens, wenn der »Kuß«, der erste Sonnenstrahl, auf die Standarte der Bruderschaft oder ins Gesicht der *Dolorosa,* der Schmerzensreichen, fällt. Dann schwanken ganze Bühnenszenen *(pasos)* durch die Straßen der Stadt.

Am beliebtesten ist die Darstellung des letzten Abendmahls mit echten Lebensmitteln auf feiner Tischwäsche. Francisco Salzillo Alcaraz, Sohn eines neapolitanischen Bildhauers und einer spanischen Mutter, kam 1707 in Murcia zur Welt. In der Jugend ergriff er den Beruf seines Vaters, spezialisierte sich aber zunehmend auf Holz. Schon als Zwanzigjähriger mußte er seine große Familie durch Auftragsarbeiten ernähren. Als er schließlich 1783 berühmt und geehrt starb, hinterließ Salzillo fast 1800 lebensgroße Skulpturen, die zum Teil im Salzillo-Museum in der Iglesia de Jesús der Stadt Murcia zu besichtigen sind, wo auch seine berühmte Krippe steht. Außerdem gibt es in der Provinz kaum eine Kirche, die nicht mindestens eine Muttergottes oder einen Apostel aus seiner Werkstatt besitzt. Salzillos Figuren verfügen über ein hohes Maß an Aussagekraft und verraten viel über die gesellschaftlichen Zustände im Murcia des 18. Jahrhunderts. Heilige, Sünder, Landsknechte, Hirten, Bauern und Priester sind in krassem Realismus mit buntbemalten Gesichtern sowie sorgfältig bekleidet dargestellt.

Semana Santa

Im Gegensatz zur mitteleuropäischen Karwoche mit ihren strengen Einkehr- und Fastengeboten ist die spanische *Semana Santa* ein religiöses Volksfest. Die heidnischen Vorläufer, die das Wiedererwachen der Natur nach dem Winter zelebrieren, vermischen sich mit der christlichen Auferstehungslegende zu einem malerischen Spektakel. Dieses wird mit eindrücklich zur Schau gestellter Frömmigkeit inszeniert – wobei man häufig auf priesterlichen Beistand verzichtet. Die Semana Santa mit ihren großen Büßerzügen beginnt am Palmsonntag und mündet am Ostersonntag in ein wahres Freudenfest. Dabei hat jede Region ihre eigenen Bräuche.
Die barockste Semana Santa des Landes feiert man ohne Zweifel in Murcia. Nach Klagegesängen im Morgengrauen prägen Tuniken und spitze Büßerhüte in allen Farben das Straßenbild. Deren Träger formieren sich zu endlosen Prozessionen mit Trommlertrupps, Kruzifixen, riesigen, auf Karren befestigten Nebelhörnern und vor allem den *pasos*: lebensgroßen, geschnitzten Heiligenfiguren, die auf den Schultern der Gläubigen durch die Straßen getragen werden. Viele Bruderschaften

Die Prozessionen der Karwoche bewegen sich zwischen religiöser Mystik und karnevaleskem Treiben, sei es nun mit Büßertrupps (links) oder berittenem Volk (unten).

Viele Büßerzüge der *Semana Santa* beginnen ganz früh morgens. Es ist noch dunkel, wenn die vermummten Gestalten losziehen – eine eindrucksvolle Atmosphäre.

defilieren in alten Gärtnerkostümen unter den Kutten, lassen Spitzenbordüren an den fein gearbeiteten langen Unterhosen hervorblitzen und zeigen die traditionellen Strohschuhe.
Entlang der Prozessionsrouten bieten reisende Süßwarenhändler mit ihren Karren ein beachtliches Sortiment an bunten Zuckerstangen, glasierten Äpfeln, gebrannten Mandeln, Zuckerwatte und dergleichen feil. Doch sie sind eher geduldetes kommerzielles Beiwerk, das sich nach und nach ins Brauchtum eingeschlichen hat. Traditionell wird hier nämlich nicht verkauft, sondern verschenkt – gemäß dem alten Reim: »Wer in der Karwoche keine Süßigkeiten verteilt, dem wird Gott nicht vergeben und der kann auch nicht ins Himmelreich kommen.« So verschenken die Mitglieder der Bruderschaften während der Prozessionen aus ihren *barrigas,* den dicken »Bäuchen« aus zusammengeschnürten Säcken, jede Menge Bonbons, Kekse, harte Eier und Osterküchlein an die am Straßenrand stehenden Zuschauer.
Nach dem Festzug ist es Tradition, in geselliger Runde mit Verwandten und Freunden das eben betrachtete Spektakel zu besprechen und sich als Lohn für die dabei erbrachte Leistung körperlich zu laben. Folglich gibt es überall im Land typische Semana Santa-Speisen. In Murcia gehören dazu der Gemüseeintopf *menestra murciana* und Stockfischklöße *(albóndigas de bacalao),* zwei Gerichte, die sich problemlos vorkochen oder schnell zubereiten lassen. Denn während der Karwoche wollen alle auf der Straße sein und das Geschehen verfolgen. Da ist es wahrlich niemandem zuzumuten, zu Hause am Herd zu stehen und zu kochen.
Auch in anderen Regionen kommen in der *Semana Santa* vor allem Stockfischgerichte auf den Tisch, doch auch Gemüse wie gebratene oder gefüllte Paprikaschoten sowie Salate und Eiergerichte gehören zur typischen Kost der Karwoche. Vor allem aber sind die Süßspeisen geeignet, die Feiernden wahrhaft zu verzücken. Wenn das nicht der Himmel auf Erden ist...

Warum der Fisch im Mar Menor anders ist

Das Mar Menor ist eine Lagune bei Murcia, die durch einen 20 Kilometer langen Sandstreifen vom Mittelmeer abgetrennt ist. Die Fische und vor allem die Riesengarnelen aus dem Mar Menor verfügen über deutlich zarteres Fleisch und über einen ausgeprägteren Geschmack nach Meer als jene aus der offenen See. Verantwortlich hierfür sind das stets warme Klima, die Stille und die geringe Tiefe des Gewässers (im Durchschnitt vier bis fünf Meter), dazu der mit vier Prozent deutlich höhere Salz- und Jodgehalt der Lagune (Mittelmeer: ein bis zwei Prozent) sowie die dadurch zustande gekommene Flora und Fauna des Meeresgrundes. All dies bewirkt, daß nur recht wenige Arten im Mar Menor vorkommen – diese aber mit unvergleichlichem Aroma: die berühmten Garnelen *(langostinos del Mar Menor)* sowie Goldbrasse *(dorada),* Wolfsbarsch *(llobarro* oder *lubina),* Marmorbrasse *(mabre* oder *herrera)* und die inzwischen fast ausgestorbene Meeräsche *(mújol).* Durch den Fang mit der *paranza* (siehe Reportage rechts) bleiben die Fische im Netz weitgehend lebendig. Dies sorgt für absolute Frische und unterstützt noch die erstklassige Qualität.

Wahre Juwelen holen die Fischer aus dem Mar Menor. Besonders begehrt sind feinste Garnelen (oberes Bild) und die Meeräsche (unteres Bild).

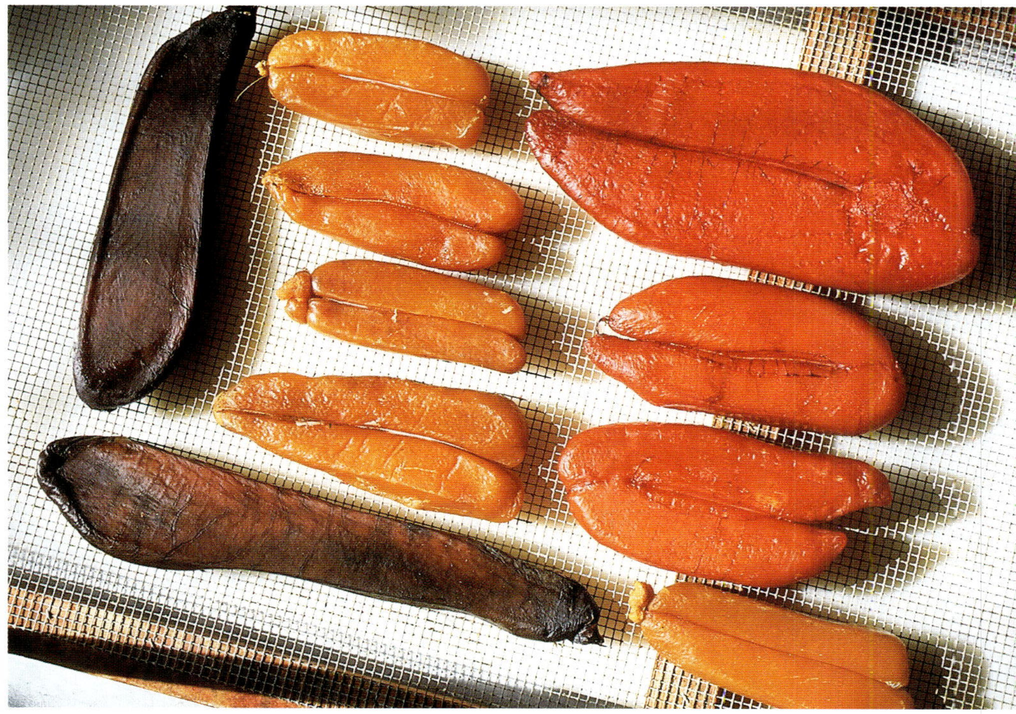

Glanzlichter aus dem Mar Menor: Feinschmecker zahlen ein Vermögen für gepökeltes Thunfischfilet (*mojama*) sowie für den gesalzenen und getrockneten Rogen (*hueva*) von Meeräsche und Leng (von links nach rechts).

Gold aus dem Binnenmeer

In den Feinkostläden von Murcia und Cartagena wird ein orangefarbenes kulinarisches Juwel wie Gold gehandelt: *hueva de mújol,* der Rogen der Meeräsche. Bis zu 200 Mark pro Kilo gehen für diese Köstlichkeit über den Ladentisch. *Hueva de mújol* gilt als Spezialität des Mar Menor. Einige Eingeweihte behaupten allerdings, als Folge der großen Nachfrage und des astronomischen Preises seien in der Lagune bei Murcia kaum noch Meeräschen zu finden – und ginge einem Fischer dennoch einmal eine ins Netz, so komme sie erst gar nicht auf den Markt, sondern lande gleich in privaten Kochtöpfen. Heute erhält man deshalb häufig Fischrogen von den Kanarischen Inseln, der allerdings am Mar Menor verarbeitet wurde. Schließlich versteht man sich hier am besten auf die rechte Behandlung dieser Kostbarkeit: Man entfernt ganz vorsichtig den Rogen aus dem Fischbauch, legt ihn etwa vier Stunden lang in Salzlake und dann für ein paar Tage zum Trocknen an die Luft. Das Resultat ist äußerlich unscheinbar: ein etwa zwei Finger breiter, gelatinöser Barren. Dieser wird in Stückchen geschnitten und mit gerösteten Mandeln als Appetithappen serviert. So entfaltet *hueva de mújol* auf dem Gaumen die ganze Essenz des Meeres.

Fischer auf dem Mar Menor

Ursprünglich wollte Paco an diesem grauen Dezembermorgen gar nicht aufs Mar Menor hinausfahren. »Zu kalt«, krächzt der Fischer und spült seinen Kaffee mit einem Brandy hinunter. Und das bei zehn Grad plus? Ich staune. Außerdem sei die Saison längst zu Ende, erklärt Paco. Ja, im Oktober, November, da könne man schon an die 200 Kilo Fisch pro Netz heraufholen. Aber jetzt...

Schließlich willigt Paco doch ein, sein Boot zu zeigen. Ein Boot mit Motor – um keine falschen Vorstellungen aufkommen zu lassen. Es dümpelt friedlich im Fischerhafen von Lo Pagán, einem der Dörfchen an der Küste der Lagune, die völlig vom wilden Bauboom geschluckt worden sind. Behende springt Paco an Bord und lädt mich ein, es ihm gleichzutun. Er wolle nach der *paranza* sehen. Paco sagt, er fische seit jeher nur mit der *paranza.* Sein Sohn Manolo hingegen arbeitete mit *tres malles.* Weshalb bestimmte Restaurants der Gegend ihren Fisch nur bei ihm, Paco, persönlich kauften.

»Paranza? Tres malles?« frage ich. »Du wirst schon sehen«, grummelt Paco. Er reißt am Startseil seines Außenborders, und wir tuckern hinaus ins Grau, wo Wasser, Luft und Land eins zu werden scheinen. Nach wenigen Minuten schweigt der Motor. *»La paranza!«* verkündet Paco. Ich sehe nur ein paar gemächlich sich auf der Wasseroberfläche wiegende Korken. »Pack an, wir holen die *bolsa* herauf!« Er drückt mir ein Seil in die Hand, und wir beide ziehen, bis wir die *bolsa,* ein sackförmiges Netz, an Bord gehievt haben. Jede Menge silbriger Fische – Sardinen, Goldbrassen – und dazwischen die berühmten *langostinos* des Mar Menor zucken und zappeln im Netz. Doch Paco ist enttäuscht: »Höchstens fünfzig Kilo. Darum wollte ich ja erst morgen hinausfahren.«

Während wir die glitschigen, lebendigen Fische aus dem Netz befreien, erklärt Paco mir das Wesen der *paranza:* Während im Mittelmeer die Boote die Netze hinter sich herziehen, werden diese im Mar Menor fest installiert. In der *paranza,* einer Art riesiger Fischreuse, bleibt der Fisch lebendig, bis man das Netz heraufholt. *Tres malles* hingegen sind drei dicht nebeneinander gespannte Netze, die dem dagegen anschwimmenden Fisch das Genick brechen. *Tres malles* enthalten also immer toten Fisch, im Geschmack Fisch zweiter Kategorie. Erstklassiger Fisch aus dem Mar Menor, so Paco, entstamme immer den *paranzas.*

Paco wirft das Netz zurück in die Lagune und hat es plötzlich sehr eilig. Er wolle die magere Ausbeute noch lebendig auf den Fischmarkt bringen, sagt er. »Früher, als man unter Segel gefahren ist, war immer noch Zeit für ein Frühstück. Da sind wir mit der Morgenbrise gemächlich an den nächsten Strand gefahren, haben aus alten Netzen und Abfall ein Feuer gemacht und in aller Ruhe Sardinen darüber gebraten. Dazu ein bißchen Brot und Knoblauch und ein Schluck Wein zum Wärmen. Mehr hat der Mensch nicht gebraucht ... früher.«

Die Goldbrasse *(dorada)* verdankt ihren Namen dem goldenen Streifen zwischen den Augen. Sehr delikat schmeckt sie in der Salzkruste gegart (Hintergrund).

Feines mit Fisch

Dorada a la sal

Goldbrasse im Salzmantel

1 Goldbrasse, 1–1,2 kg, küchenfertig
Pfeffer
Saft von 1/2 Zitrone
1/2 Bund Petersilie
einige Stengel Thymian oder Rosmarin
2 kg grobes Meersalz
Öl für die Form

Den Fisch waschen, trockentupfen, mit Pfeffer würzen und Zitronensaft in die Bauchhöhle träufeln. Kräuter in den Fisch legen. 1/3 des Meersalzes in eine feuerfeste, gefettete Form geben. Fisch darauflegen und mit dem restlichen Salz bedecken, das Salz glattstreichen. Im vorgeheizten Backofen bei 200 °C ca. 30 Minuten backen. Die Salzkruste vorsichtig aufklopfen, Salzstücke entfernen. Die Haut auf der Fischoberseite abziehen und das Fischfilet von den Gräten lösen. Die Hauptgräte entfernen und das restliche Fleisch aus der Haut lösen. Mit Alioli servieren.

Salz von der Levanteküste

»Es Torrevieja un espejo, donde Cuba se mira«, lautet ein Vers aus einem alten Volkslied: »Torrevieja ist ein Spiegel, in dem Kuba sich betrachtet.« Was für das Städtchen in Valencia galt, traf vor gut hundert Jahren für viele Orte an der Levanteküste zu: Durch ihre Salinen mit den spiegelglatten Wasserflächen gelangten sie zu Reichtum und Berühmtheit.
Das Band der Salinen zieht sich entlang der Mittelmeerküste vom Süden Kataloniens über Valencia und Murcia bis zum Cabo de Gata in Andalusien. In der Region Murcia produzieren die Salinen von San Pedro del Pinatar am Mar Menor (Bild links) bis heute jedes Jahr 75 000 Tonnen Meersalz.
Ein Großteil der Ausbeute geht als feuchtes Salz in den Handel. Hierzu wird das Salz nach der Ernte lediglich gewaschen und gereinigt. In der Küche benutzt man grobes Salz (*sal gorda*, unteres Bild) zur Herstellung von *salazones*, also für gepökelte Fleisch- und Fischprodukte. Garnelen werden mit grobem Meersalz auf der heißen Platte gebraten, und viele Gerichte wie Oktopus *(pulpo)* oder gebratene grüne Paprikaschoten aus Galicien (*pimientos de Padrón*) werden vor dem Verzehr mit Meersalz bestreut. Und natürlich braucht man *sal gorda* zum Backen von Fisch in der Salzkruste (großes Bild).

Garum – das Maggi der Römer

In der murcianischen Küstenregion befand sich vor rund 2000 Jahren ein wichtiges römisches Produktionszentrum für eingesalzene Makrelen sowie für Garum. Für diese delikate Würzsauce wurden frische Makrelen, Sardinen oder Sardellen eingesalzen und zur Fermentierung wochenlang in die pralle Sonne gestellt. Manche Rezepte empfahlen auch die Verwendung von Fischinnereien. War die Masse durchgegoren, dann ließ man die Flüssigkeit ablaufen und erhielt so eine salzige, ölige Würzsauce mit Fischaroma, vergleichbar mit den noch heute üblichen Fischsaucen aus Asien. Man benutzte sie zur Garnierung oder zum Verfeinern der verschiedensten Speisen. Feinschmecker im gesamten römischen Reich leckten sich die Finger nach dieser Köstlichkeit und zahlten für Garum aus Murcia horrende Preise. Antike Kalkbecken bei La Unión belegen, daß hier große Mengen lagerten, bevor sie abgefüllt und nach Rom verschifft wurden. Auf dem Meeresgrund vor der Küste fand man sogar noch versiegelte Amphoren, die fossile Reste von Garum enthielten. Auch der Name *Escombreras* für ein Inselchen vor Cartagena deutet auf die gewaltige Menge dort gefischter Makrelen *(escombros)* hin.

Caldero murciano

Fischtopf aus Murcia

1 kg Fischabschnitte
1/8 l Olivenöl
Salz
5 schwarze Pfefferkörner
1 Lorbeerblatt
1 Bund Suppengrün
690 g Fischfilet, z. B. Drachenkopf, Rotbarbe, Meeräsche, Goldbrasse, in Stücke geschnitten
2 scharfe getrocknete Paprikaschoten
4 Knoblauchzehen, gehackt
500 g Tomaten, enthäutet und in Würfel geschnitten
250 g Rundkornreis

Die Fischabschnitte in der Hälfte des Olivenöls anbraten. 1 1/2 l Wasser angießen, mit Salz, Pfefferkörnern und Lorbeerblatt würzen, das Suppengrün einlegen. 30 Minuten kochen lassen, dann die Brühe abseihen und beiseite stellen.
Restliches Olivenöl erhitzen, die Fischstücke darin anbraten. Paprikaschoten im Mörser mit Knoblauch und etwas Salz zerstampfen und kurz mitbraten. Mit der Brühe aufgießen, dann die Tomaten untermischen. Bei kleiner Hitze zugedeckt in ca. 10 Minuten gar ziehen lassen. Den Fisch aus dem Sud heben und warm stellen. Den Sud durch ein Sieb passieren, wieder in den Topf geben und den Reis zufügen. In 20 Minuten gar kochen, eventuell noch etwas Wasser zufügen. Als ersten Gang den Reis, dann den Fisch mit Alioli (Seite 17) servieren.

Die Fische für den *caldero* werden vom Kopf bis zu den Gräten ausgenutzt: Zuerst kocht man aus den Fischabfällen eine Brühe.

In der Zwischenzeit brät man die guten Stücke der Fische in Olivenöl von allen Seiten an. Dann kommen Gewürze hinzu.

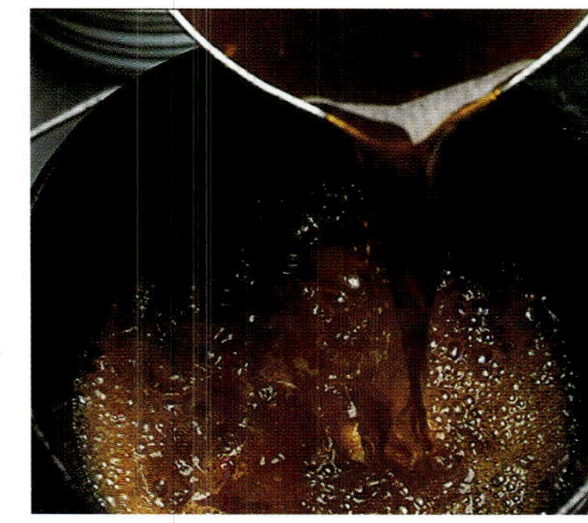

Nachdem Paprika und Knoblauch kurz mitgebraten wurden, gießt man das Ganze mit der Fischbrühe auf.

Nun fügt man die vorher enthäuteten und gewürfelten Tomaten bei und läßt den Fisch in der sachte siedenden Brühe garziehen.

Dann hebt man die Fischstücke mit einem Schaumlöffel vorsichtig aus der Brühe und stellt sie warm. Die Brühe wird abgeseiht.

Im würzigen Fischsud wird ganz zum Schluß der Reis gegart. Am besten eignet sich Rundkornreis.

Aus dem Fisch-Reis-Eintopf werden zwei Gänge eines üppigen Mahls: Beim *caldero murciano* kommt zuerst der Reis auf den Tisch, der die Aromen der verschiedenen Fische aufgesogen hat. Allerdings sollte man sich hier noch ein wenig zurückhalten. Nach dem Reis folgt nämlich der Fisch, den man mit einem frisch bereiteten Alioli serviert.

Gift-grüne Tomaten?

Allen Vorurteilen zum Trotz: Wer glaubt, mit einem Salat von grünen Tomaten unliebsame Zeitgenossen loszuwerden, irrt gewaltig. Grüne Tomaten sind nicht giftig und zumindest nicht weniger bekömmlich als anderes unreifes Obst oder Gemüse. Jedoch empfiehlt es sich, wie auch bei der reifen roten Tomate, vor dem Verzehr den weißen Strunk, an dem ehemals die Blüte saß, zu entfernen, da es sich bei der Tomate um ein Nachschattengewächs handelt. Pflanzen dieser Gattung enthalten in Früchten, Sprossen und Blättern das Gift Solanin, das zu Magen- und Darmbeschwerden führen kann.
Ohne Strunk lassen sich grüne Tomaten zu einer delikaten Konfitüre verarbeiten. Eine pikante Köstlichkeit sind auch grüne süßsaure Essigtomaten: Grüne Tomaten werden mehrmals angestochen und in sachte kochendes Salzwasser gelegt, bis die Schale platzt, dann vorsichtig herausgefischt, abgetropft und in ein großes Glas geschichtet. Nun übergießt man sie mit Weinessigwasser im Verhältnis 1:1. Am nächsten Tag das Essigwasser abgießen und darin Zucker (1 Kilo auf 1 Liter) klarkochen und würzen. In dem Sud läßt man die Tomaten zehn Minuten ziehen, bevor sie, mit Sud bedeckt, wieder ins Glas kommen.

Hintergrund: Sonnengereifte Tomaten sind ein praller und süßer Genuß. Kein Wunder, daß sie in manchen Sprachen »Paradiesäpfel« heißen.

Tomaten

Irritiert berichtete Ende des 19. Jahrhunderts der Autor des Wiener Appetitlexikons: »In Spanien verspeist man die Tomate sogar roh, indem man sie in horizontaler Richtung in der Mitte zerschneidet und dann beide Hälften mit Salz bestreut.« Dem Verfasser kam dieser Brauch reichlich exotisch vor, war man damals doch der Meinung, Tomaten müßten mindestens drei Stunden lang gekocht werden, ehe man sie verspeisen konnte. Als Nachtschattengewächs standen die roten Früchte in dem Ruf, giftig zu sein.

Die Tomate (lat. *Lycopersicon esculentum*) gelangte Anfang des 16. Jahrhunderts aus Peru und Mexiko nach Europa und fand lange Zeit ausschließlich als Zierpflanze Beachtung. Die Italiener beschrieben die neue Frucht aus Übersee erstmals 1544 überschwenglich als »Goldapfel« *(pombo d'oro)*, denn die damals geläufigen Früchte waren gelb – und klein wie Kirschtomaten. Als »Liebesapfel« oder »Paradiesapfel« schrieb man der Tomate wegen ihrer leuchtend roten Farbe ganz besondere Kräfte zu. In Anlehnung daran heißt sie noch heute in Österreich Paradeiser. Die Spanier aber übernahmen den aztekischen Namen *tomatl.*

Als Nahrungsmittel fand die Tomate erst im 20. Jahrhundert größere Verbreitung. Da sie viel Sonne bei gut durchfeuchteten Böden liebt, ist Spanien mit rund 2,5 Millionen Tonnen pro Jahr heute ein bevorzugtes Anbaugebiet sowohl für Buschtomaten, die in Meeresnähe einen leicht salzigen Geschmack annehmen, als auch für die milderen Stabtomaten. Erstere eignen sich vor allem für Saucen, Mark, Püree und Saft, die leicht mehlige Fleischtomate wird für Salate verwendet. Besonders vielseitig ist die kugelige Tomate, deren harmonisches, mildes Aroma sich sowohl für Salat als auch für Gemüse und, aufgrund ihrer tiefroten Farbe, zur Garnitur eignet. Die saftige, süß-säuerliche Pflaumen- oder Eiertomate empfiehlt sich für Gemüse und Suppen, die süße kleine Kirsch- oder Zuckertomate zur Dekoration.

Im August, dem Tomatenmonat, kochen die Frauen auf dem Land immer noch Berge von Tomaten zum *sofrito* ein. Diese Mischung aus gedünsteten Tomaten, Zwiebeln und Knoblauch wird in große Gläser abgefüllt und dient als Basis für zahllose Saucen, Reis- und Eintopfgerichte. In Katalonien kommt die Herstellung von Tomatenbrot *(pa amb tomàquet)* einem patriotischen Ritual gleich, und vom andalusischen *gazpacho,* einer kalten Gemüsesuppe, gibt es so viele Rezepte wie Köche. Wichtig sind in jedem Fall viele reife Tomaten, die dem »andalusischen Blut« sowohl Farbe als auch Aroma verleihen sollen. Vollreife Tomaten lassen sich leicht enthäuten, die anderen müssen vorher blanchiert werden. Dann werden sie entkernt, das Fruchtfleisch wird für Salat in Würfel geschnitten oder zur Zubereitung einer Sauce leicht zerdrückt. Die entfernte Haut und die Kerne eignen sich gut zum Klären einer Brühe, denn sie binden Fett und Schaum.

Gut ausgereifte Tomaten verfügen über ein intensives Aroma und einen hohen Nährwert. Neben reichlich Vitamin C steckt in ihnen viel Beta-Carotin, eine Vorstufe für Vitamin A. Der menschliche Körper kann es aber nur in Verbindung mit Fett nutzen, deshalb sollte man jedem Tomatengericht etwas Öl zufügen.

Ajotomate

Murcianischer Tomatensalat

1 große reife Fleischtomate, enthäutet und in Stücke geschnitten
4 Knoblauchzehen, gehackt
2 EL Weinessig
Salz und Pfeffer
1 Prise Kreuzkümmel
1 Prise Paprikapulver
4 EL Olivenöl
500 g feste Tomaten

Die Fleischtomatenstücke im Mörser mit den Knoblauchzehen zerstampfen. Weinessig, Salz, Pfeffer, Kreuzkümmel, Paprikapulver und Olivenöl unterziehen.

Die Tomaten waschen, trocknen, halbieren und in Stücke schneiden. In eine Salatschüssel geben und mit dem Tomatendressing begießen. Gut mischen, mit Salz abschmecken und servieren.

Salate

Die Natürlichkeit der spanischen Küche zeigt sich deutlich bei den Genüssen, die ganz frisch vom Garten auf den Tisch kommen: als Salate. Die milden Temperaturen und die vielen Sonnenstunden des Südens begünstigen die frühe Reifung und die ausgezeichnete Qualität von Kopfsalaten, Tomaten, Paprika, Gurken und anderen frischen Vitaminspendern. Für den regionalen Markt werden sie vollreif geerntet und entfalten so ihr einzigartiges Aroma.

Der älteste bekannte Salat der Mittelmeerregion ist wohl der *ajotomate* (Rezept Seite 403), in Spanien kennt man seit Jahrhunderten *La busca* (»die Suche«). Dieser Salat besteht aus Wildkräutern und Gemüsen (zum Beispiel Wildspargel, Distelgewächse, Fenchel und Löwenzahn), die gesammelt, kleingeschnitten und gekocht werden und dann mit Öl, Salz und Zitrone angemacht auf den Tisch kommen.

Bestes Beispiel für moderne Salate ist die beliebte *ensalada mixta* mit frisch geerntetem Kopfsalat, großen Stücken sonnengereifter Tomaten, scharfen, saftigen Zwiebelringen und eingestreuten Oliven. Rote und grüne Paprikaschoten hingegen kommen als »gebratener Salat« *(ensalada asada)* auf den Tisch: Möglichst auf einem Holzfeuer mit Rosmarin und Thymian gebraten, müssen sie mindestens eine Stunde lang in einer Schüssel schwitzen. Der duftende Saft, den sie dabei absondern, dient später als Basis für die Marinade, die mit Öl, Essig, Salz und Knoblauch ergänzt wird.

Allein an grünen Salatsorten *(lechugas)* produziert Spanien heute auf 37 000 Hektar nahezu eine Million Tonnen pro Jahr, den größten Teil in Murcia. Immer neue Sorten werden entwickelt, die Technik für Anbau, Ernte und Transport ständig perfektioniert. Römischer Salat *(lechuga romana* oder *larga)* sowie Herz- oder Kopfsalate *(lechugas acogolladas)* sind am häufigsten. Mit der Auswahl wuchs auch die Experimentierfreude der Köche, die frischen Blattsalat heute gern mit Fisch oder Fleisch kombinieren. So entstanden Kreationen mit Stockfisch, Rothuhn oder Pastete, gern auch noch verfeinert mit frischen Früchten wie Orangen oder Trauben.

Salate spielen in Spanien keine Nebenrolle, sondern kommen als eigener Gang, im Sommer mitunter auch als Hauptgericht, auf den Tisch. Angemacht werden sie meist nur mit kaltgepreßtem Olivenöl, etwas Zitronensaft oder Essig sowie einer Prise Salz. Ein spanisches Sprichwort besagt, es brauche genau vier Personen, um einen guten Salat anzumachen: Ein Verschwender gibt das Öl hinzu, ein Geizkragen den Essig, ein Weiser muß das Salz streuen und ein Verrückter das Ganze mischen.

Ensalada catalana: noch nicht ganz reife Tomaten, gebratene Paprikastreifen und Artischockenherzen mit Butifarra-Wurst, Sardellen und hartgekochten Eiern.

Ensalada asada: gebratene Paprikaschoten, Tomaten, Auberginen und Zwiebeln, mariniert im eigenen Saft mit Olivenöl, Knoblauch und Essig oder Zitrone.

Ensalada de habas tiernas, tomates y sardinas: junge Bohnenkerne, Tomatenstücke, Frühlingszwiebeln und eingesalzene Sardinen, mit Zitrone angemacht.

Ensalada de mar: »Meersalat« aus Muscheln, Garnelen, Tintenfisch, Champignons und Kapern, mariniert mit Zitronensaft und feinstem Olivenöl.

Salpicón de patatas: gekochte Kartoffeln, dazu reife Tomaten, eingelegte Essiggürkchen und hartgekochte Eier in einer Marinade aus Essig, Öl und Salz.

Ensalada de apio y naranjas: Staudensellerie, reife Orangen und Tomaten in Stücken, angemacht mit Olivenöl, Rotweinessig, Salz und Zucker.

Endibias con Cabrales: Chicorée mit einer Creme aus Cabrales, dem würzigen Blauschimmelkäse aus Asturien, und Sahne, Zitronensaft, Salz und Pfeffer.

Ensalada murciana: erfrischender Sommergenuß aus reifen Tomaten, gebratenen Paprikastreifen, Zwiebeln und Kapern, gekrönt mit eingelegtem Thunfisch.

Ensalada del mar y de la huerta: »Salat aus Meer und Garten« mit Stockfisch, Tomaten, gebratenen roten Paprikaschoten, Kapern, Zwiebeln und Knoblauch.

Remojón de bacalao: Frische Orangenscheiben mit gegrilltem und eingeweichtem Stockfisch, Zwiebeln, Oliven, mariniert mit Olivenöl und Sherryessig.

Ensalada mixta: gemischter Salat aus römischem Salat, Tomaten, Zwiebeln und Oliven.

Maulbeeren und die Angst vorm Donner

Wenn ein Gewitter aufzieht und Donner grollt, droht den Seidenraupen in der Huerta von Murcia ein unrühmliches Ende. Einem alten Aberglauben zufolge sind sie nämlich ungemein empfindsame Wesen, die keinen Lärm ertragen. Gemeinsam mit dem Maulbeerbaum kam die Seidenraupe im 9. Jahrhundert durch die Araber ins Land. Die Seidenproduktion sorgte alsbald für bescheidenen Wohlstand, und die Murcianer behandelten ihre Raupen äußerst pfleglich. Um die Tiere vor Lärm und Erschütterung zu schützen, wurden sie mit ihren Maulbeerrahmen stets im obersten Stockwerk der Häuser einquartiert. Gegen schädlichen Gewitterdonner erfand man die Jota, einen Bauerntanz, zu dem aus Leibeskräften gesungen wird, um das himmlische Grollen zu übertönen. Der durch die Produktion von Naturseide begründete relative Wohlstand fand ein jähes Ende, als im Zuge der Erbfolgekriege zu Beginn des 18. Jahrhunderts Bischof Luis de Belluga die von den Mauren angelegten Staudämme sprengen und das Land fluten ließ, um so den Feind aufzuhalten. Dies bedeutete auch das Ende zahlreicher Raupenkulturen. In kleinerem Stil aber nutzte man weiter alle Möglichkeiten des Maulbeerbaums und der Seidenraupe: Man verkochte die schwarzen Früchte zu einem schmackhaften Mus und legte die Raupenlarven in Weinessig ein. Vorher wurden ihnen noch die Därme entfernt, die sich ausgezeichnet zum Verhähen von Wunden eignen. Heute verzehrt man Maulbeeren meist nur noch als frisches Obst. Die vollfruchtigen *moras* sehen nicht nur so aus wie Brombeeren, sie schmecken auch ähnlich. Sie eignen sich als Belag für Obstkuchen und Kleingebäck, zur Herstellung von Marmeladen, Gelees, Säften und Likören sowie für Pudding und Eis.

Feigen

Die Feige war schon immer ein umstrittenes Gewächs. Für die Christen hieß sie explizit Christenfeige, während die stachelige Frucht des Opuntien-Kaktus Mohrenfeige genannt wurde. Die Araber sahen es ähnlich – nur anders herum. In Zusammenhang mit Sünde bringt man Baum und Frucht seit biblischen Zeiten. Schließlich hatten sich schon Adam und Eva beschämt mit Feigenblättern bedeckt, und Judas erhängte sich sogar an einem Baum dieser Art. Die Äste greifen aus wie unzählige Arme, und die Frucht *(higo)* steht im spanischen Volksmund für das weibliche Geschlechtsteil – wohl deshalb, weil nur der weibliche Baum Früchte tragen kann. Ziegen werden unruhig im Schatten einer *higuera,* das weiß jeder Bauer, und auch Insekten werden liebestoll vom berauschenden Aroma der saftigen Früchte.

Der Feigenbaum (lat. *Ficus carica*) gehört zur Familie der Maulbeergewächse. Er stammt ursprünglich aus dem südwestlichen Asien und kam mit den Römern auf die Iberische Halbinsel. Heute ist er im gesamten Mittelmeerraum verbreitet. Da der Feigenbaum auf Chemikalien sehr empfindlich reagiert, wird er meist naturnah angebaut. Bei der Verarbeitung allerdings wird häufig stark geschwefelt.

In den Handel kommen Feigen als frische Früchte oder getrocknet als *higos pasos.* Diese überziehen die Spanier gern mit Schokolade oder bereiten daraus das beliebte Feigenbrot *(pan de higos).* Die Früchte enthalten reichlich Mineralstoffe, vor allem Kalium, Kalzium und Phosphor. Außerdem regen Feigen mit ihren vielen kleinen Kernen die Verdauung an.

Pan de higos

Feigenbrot

1 kg getrocknete Feigen, gehackt
250 g gehackte Haselnüsse
250 g gehackte Mandeln
1 TL Zimt
2 EL Zucker
1 TL geriebene Orangenschale
50 g Blockschokolade
2–4 cl Anisschnaps
2 EL geröstete Sesamsamen (nach Wunsch)
40 geschälte, blanchierte Mandelkerne

Die gehackten Feigen mit den Haselnüssen, den Mandeln, Zimt, Zucker und Orangenschale gut vermengen. Die Schokolade im Wasserbad schmelzen, etwas abkühlen lassen und unter die Feigenmasse kneten. So viel Anisschnaps zugeben, daß eine leicht feuchte, aber dennoch feste Masse entsteht. Den Teig in 10 Stücke teilen und jedes Stück zu einer ca. 5 cm dicken Rolle formen. Nach Geschmack in den gerösteten Sesamsamen rollen und mit jeweils 4 Mandeln verzieren. Bis zum Verzehr kühl aufbewahren.

Feigen sind vielseitig: Man ißt sie frisch oder getrocknet, sie passen gut zu Mandeln.

Deftiges zum Wein

Zahlreiche Völker haben durch die Jahrtausende das kulturelle und kulinarische Lebens Murcias mitgeprägt. So verwundert es nicht, daß eine Art Fleischkuchen bereits um 4000 v. Chr. auf babylonischen Schrifttafeln auftaucht und ganz ähnlich später in Murcia wiederzufinden ist. Der würzige *pastel de carne* gilt heute als murcianische Nationalspeise. Eine originelle Variaton ist der *pastel cierva,* eine süßsalzige Pastete mit Hühnerfleisch und Zucker. Beide Fleischkuchen passen gut zu den kräftigen Weinen der Region.

Pastel de carne
Fleischkuchen

1 Paket Tiefkühlblätterteig, 300 g
2 EL Öl
200 g Kalbshackfleisch
2 Lammhirne, ersatzweise 1 Kalbshirn, in kleine Stücke geschnitten
50 g Chorizo-Wurst, in kleine Würfel geschnitten
150 g Kalbsbratenreste, in kleine Stücke geschnitten
2 hart gekochte Eier, gehackt
2 Eier
Salz und Pfeffer
Mehl für die Arbeitsfläche
Eigelb zum Bestreichen

Den Blätterteig nach Packungsanleitung auftauen lassen.
Das Öl erhitzen und das Hackfleisch darin braten, bis es krümelig ist. Das Hirn untermischen und kurz mitbraten. Vom Herd nehmen und etwas auskühlen lassen. Dann in eine Schüssel umfüllen, Wurst, Bratenstücke, gehackte und rohe Eier untermengen, mit Salz und Pfeffer abschmecken. Den Blätterteig auf einer bemehlten Arbeitsfläche ausrollen. Eine Springform mit kaltem Wasser ausspülen und mit der Hälfte des Blätterteigs auslegen, Teig an den Rändern hochziehen. Die Fleischmasse einfüllen und glattstreichen. Aus dem restlichen Blätterteig Streifen schneiden, die an einer Längsseite mit den Fingern gedehnt werden. Die Blätterteigstreifen von der Mitte aus so auf dem Teig auslegen, daß eine Rosenblütenform entsteht. Mit Eigelb bestreichen und im vorgeheizten Backofen bei 175 °C ca. 30 Minuten backen.

Aus den trocken-heißen Anbaugebieten von Murcia (im Hintergrund die Burg von Jumilla) kamen bis vor kurzem Weine mit bis zu 16 Prozent Alkohol.

Im fast wüstenhaften Hinterland Murcias bauten schon die Steinzeitmenschen Trauben an. Sehr gut gedeiht hier die widerstandsfähige Sorte Monastrell.

Monastrell-Wein

Wenn noch vor wenigen Jahren zur Zeit der Weinlese nachts die Lastwagen von Jumilla, Yecla und Bullas in Richtung Norden losdonnerten, wußten die Eingeweihten Bescheid: Den Weinen der Nachbarregion La Mancha sollte mit Hilfe des murcianischen Monastrell-Mostes zu mehr Körper, Farbe und Alkoholgehalt verholfen werden.

Zahlreiche archäologische Funde deuten darauf hin, daß in der Gegend von Murcia bereits in der Jungsteinzeit Wein angebaut und gekeltert wurde. Man pflanzte vor allem die anspruchslose und widerstandsfähige Monastrell-Rebe. Wein aus dieser Traube verträgt das Lagern in Holzfässern nicht. Er ist ein leicht süßlicher Tischwein, der am besten jung getrunken oder zum Verschnitt verwendet wird. So konnte man bis vor wenigen Jahren die Murcia-Weine generell als robuste, körperreiche Rote von hohem Alkoholgehalt (bis zu 16 Prozent) charakterisieren – Weine, denen durch ihre natürliche Fermentierung bei hohen Temperaturen die fruchtige Note und allgemein Aroma fehlten.

In den vergangenen Jahren wurden jedoch große Anstrengungen unternommen, die Murcia-Weine auf dem europäischen Markt zu plazieren und sie dem dort herrschenden Geschmack anzupassen. Durch neue Technologien ist es in Jumilla und Yecla gelungen, der Allround-Rebe Monastrell einen immer noch körperreichen, aber nun fruchtigen, frischen, aromatischen Wein von großem Bouquet zu entlocken. Neuerdings werden auch Rosé- und Weißweine erzeugt, die aber nur rund acht Prozent der Produktion ausmachen.

Die **D.O. Jumilla** mit rund 42 000 Hektar Rebfläche beschränkt sich nicht auf die Region Murcia, sondern umfaßt auch sechs Gemeinden im Südosten der Provinz Albacete (Kastilien-La Mancha). Die reinsortigen Monastrell-Weine sind kirschfarben mit ziegelroten Reflexen. Sie überraschen heute durch angenehme Frucht und Fülle sowie durch eine gewisse Seidigkeit. Die für Monastrell so typischen Rosinenaromen lassen zudem ein Potential für die Herstellung von Süßweinen erkennen, das aber bislang kaum genutzt wird. Die Garnacha-Traube verleiht den Jumilla-Weinen Trockenheit und violette Töne. Durch den Verschnitt mit Cabernet Sauvignon und Tempranillo haben die Monastrell-Kreszenzen deutlich an Haltbarkeit gewonnen. Die letzten Jahre haben deshalb den Weinfreunden die erste Generation von anspruchsvollen, faßausgebauten Weinen aus Jumilla beschert.

Erst spät haben die murcianischen Kellermeister das Potential ihrer Weine entdeckt und bringen nun auch faßausgebaute Rotweine auf den Markt.. Zu den Vorreitern gehört die Bodega San Isidro im Gebiet Jumilla.

Auch in der **D.O. Yecla** werden neben den Hauptsorten Monastrell und Garnacha kleine Mengen Cabernet Sauvignon angepflanzt. Als erster Erzeuger im Gebiet stellt Bodegas Castaño edle Weine her: Neben den festen, holzausgebauten Weinen ist das Gut auch für seine frischen Roten bekannt, die durch Kohlensäuremaischung (siehe Seite 177) gewonnen werden. Die gebietstypischen weißen Trauben Merseguera und Verdil spielen bei den Qualitätsweinen eine untergeordnete Rolle.

Weine aus der **D.O. Bullas**, dem größten Anbaugebiet in der Region, bestehen zu 96 Prozent aus Monastrell-Trauben. Die Roséweine sind fruchtig und leicht säuerlich, die rubinfarbenen Roten samtig und aromatisch.

Insgesamt haben sich die murcianischen Winzer in den vergangenen Jahren erstaunlich schnell und gut an den europäischen Markt und den vorherrschenden Modegeschmack angepaßt. Allerdings ging dies auf Kosten des spezifischen Charakters der Weine der Region.

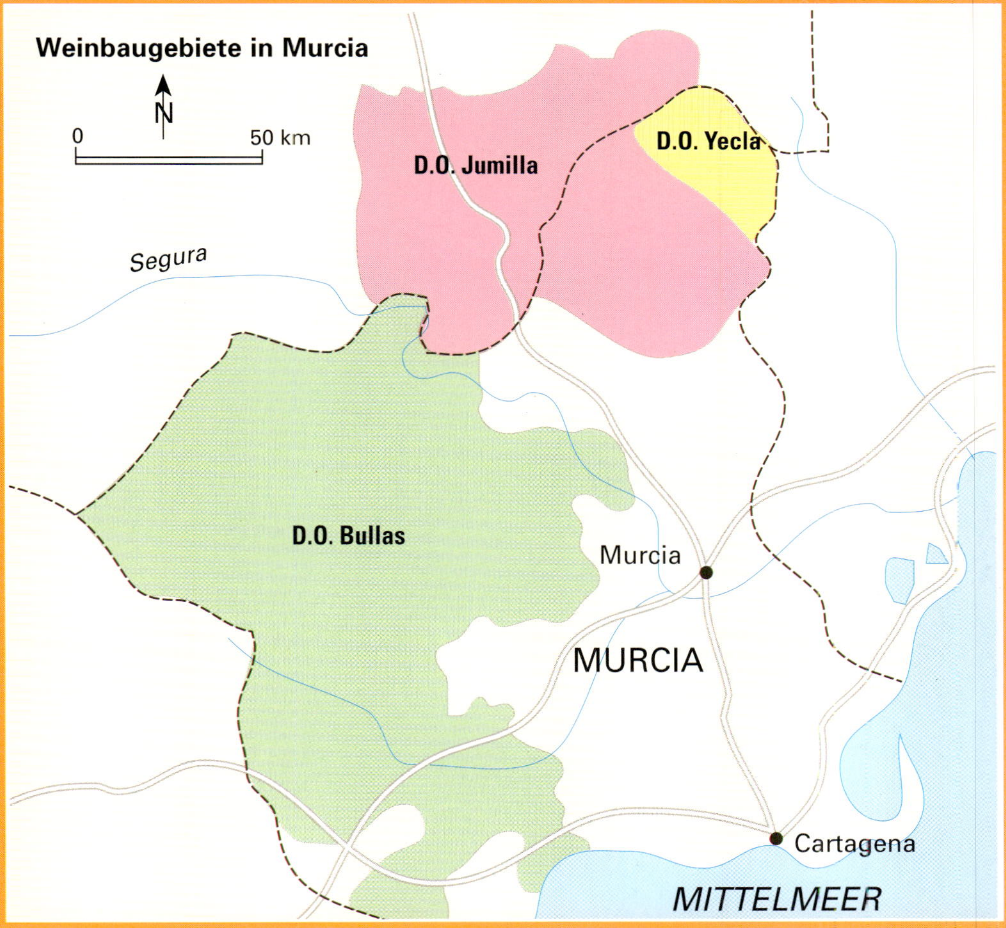

ANDALUCÍA

HARALD KLÖCKER

Andalusien

Zwischen Ritual und Kunst: Mit der silbernen *venencia* schenkt der Kellermeister einer andalusischen Bodega feinen Sherry in eines der typischen hohen Gläser.

Es gibt keine Landschaft, die man andalusisch nennen könnte, stattdessen eine Vielfalt von Sinnesreizen, die sich ohne Unterbrechung und ohne Monotonie in alle vier Himmelsrichtungen ausbreitet und dabei alle möglichen Arten von Landschaften und alle Formen der Transparenz eines Lichts umfaßt, das nur in einem Punkt überall gleich ist: in seiner Intensität.«
Wie den Schriftsteller Antonio Muñoz Molina hat Andalusien, dieser Inbegriff von Süden, Licht, Wärme und Leidenschaft, zu allen Zeiten die Poeten, Schöngeister und Lebenskünstler der Welt zu Höhenflügen angeregt.
Andalusien ist ein wahrer Ausbund an wechselnden Landschaften und Klimazonen: Pinien-, Kork- und Steineichenwälder wechseln sich ab mit staubtrockenen Steppen und Sanddünen, dann wieder ragt Gebirge auf wie die Sierra de Grazalema im Hinterland der Provinz Cádiz, wo jährlich mehr Niederschlag fällt als in jeder anderen Gegend Spaniens. Gerade diese extreme Verschiedenartigkeit der Landschaften, die unterschiedlichen Einflüsse von atlantischem, mediterranem und kontinentalem Klima machen den Charme dieser Region aus. Im Hinterland der touristischen Ballungsgebiete und jenseits der großen Städte Sevilla, Granada, Córdoba und Jaén ist Andalusien geprägt durch riesige landwirtschaftlich genutzte Flächen und weiträumige Naturgebiete, fast 20 Prozent des ganzen Territoriums stehen unter Naturschutz.
Die 800 Jahre währende Epoche maurischer und arabischer Herrschaft hat das Erscheinungsbild Andalusiens stärker geprägt als das jeder anderen spanischen Region. Die Hochkultur der Araber zeigt sich in der Baukunst ebenso wie in der Bewässerungstechnik, im Kunsthandwerk, in der Musik und in der Kochkunst. Von den Arabern stammen Rezepturen, die kreativ Fleisch oder Fisch mit Früchten und Kräutern kombinieren, weiter verstanden sich die Köche aus dem Morgenland auf das Arrangieren phantasievoller Süßspeisen. Sie brachten Feigen, Granatäpfel, Zitrusfrüchte und Melonen mit, und noch heute gedeihen diese sonnenhungrigen Früchte an der andalusischen Mittelmeerküste und im Tal des Guadalquivir, wo auch Erdbeeren, Kaktusfeigen, Pfirsiche, Kirschen und Quitten wachsen.
Die Küche Andalusiens prahlt nicht mit Raffinesse, sie lebt vom soliden Grundgeschmack ihrer Produkte – und hier hat sie dank der unterschiedlichen Landschafts- und Klimazonen jede Menge zu bieten: Fisch und Meeresfrüchte, exquisite Schinken- und Wurstprodukte, Fleisch und Gemüse sowie Oliven in allen möglichen Variationen. Viele dieser feinen Ingredienzen entfalten ihren kulinarischen Charme vor allem in Form von Tapas, jenen unwiderstehlichen kleinen Leckereien, die in Andalusien ihre Heimat haben. Und dazu paßt immer ein Gläschen Sherry, der in aller Welt berühmte Wein aus dem Sonnenland des spanischen Südens.

Rechts: Die Alhambra, einst Palast islamischer Herrscher in Granada, fasziniert bis heute als architektonisches Juwel. Der Löwenhof zierte die Privatgemächer des Sultans.

Olivenkultur

Schon zur Römerzeit exportierte Andalusien Olivenöl in andere Länder am Mittelmeer, und der Beweis liegt in Rom begraben: Wie der Archäologe Heinrich Dressel 1872 herausfand, besteht der fast 50 Meter hohe Monte Testaccio am Ufer des Tiber aus den Resten alter Amphoren. In diesen soll einst Olivenöl aus der römischen Provinz Baetica, dem heutigen Andalusien, in die Hauptstadt des Reichs transportiert worden sein. 40 Millionen Tongefäße lagern angeblich auf dem »Schuttberg«, penibel beschriftet nach Erzeuger, Produktionsjahr und Qualität des darin aufbewahren Olivenöls.

Vermutlich gelangte der Ölbaum vor mehr als 3000 Jahren aus Kleinasien in den Mittelmeerraum, wo er zunächst in Griechenland und auf Kreta zu der heute bekannten Sorte *Olea europaea* herangezüchtet wurde. Die Römer kultivierten den Ölbaum in ihren Provinzen, so auch in Andalusien, und nutzen Olivenöl als wichtiges Handelsgut. Unter islamischer Herrschaft gedieh der Olivenanbau auf der Iberischen Halbinsel weiter und entwickelte sich zu einem tragenden Zweig der Landwirtschaft.

Heute ist Spanien der größte europäische Produzent für Olivenöl. Rund 215 Millionen Olivenbäume wachsen auf einer Fläche von zwei Millionen Hektar Land. Davon liegen mehr als 60 Prozent in Andalusien, vor allem in den Provinzen Jaén und Córdoba. Bis zum Horizont erstrecken sich hier die Plantagen – meist Monokulturen mit jahrzehntealten Bäumen, aber auch viele Neuanpflanzungen, gefördert mit Subventionen der Europäischen Union. Die wichtigste Olivensorte für Öl ist in Jaén die Picual. Sie nimmt mehr als 90 Prozent der Anbaufläche ein. In Córdoba werden auch Picuda und Hojiblanca angebaut.

Maßgeblich für die Herstellung von bestem kaltgepreßtem Olivenöl sind vor allem drei Faktoren: die Pflege des Baumes rund ums Jahr, eine sachgerechte Ernte und eine möglichst schonende Verarbeitung der Oliven zu Öl. Beim traditionellen Anbau stehen auf einem Hektar nur rund 80 Bäume, so daß jeder genügend Feuchtigkeit und Bodennährstoffe erhält. Falls gedüngt wird, benützt man Pferdemist, man bewässert sparsam, und geerntet wird ohne maschinelle Hilfe. Die traditionelle Erntetechnik, bei der die Männer mit langen Stöcken in die Olivenzweige schlagen, nennt sich *vareo*. Dabei fallen die reifen Früchte in unter den Bäumen ausgebreitete Netze. Für ganz edle Öle werden die Oliven einzeln mit der Hand geerntet.

Erzeuger, die Anbau, Ernte und Herstellung des Öls traditionell betreiben, unterstellen sich zunehmend den Normen des Andalusischen Komitees für Ökologische Landwirtschaft. Ihre Produkte gehen als Bio-Olivenöle in den Handel und tragen das Gütesiegel der Organisation. Spanische Umweltschützer kämpfen für Subventionen aus Brüssel und plädieren dafür, nicht mehr eine ständig steigende Anzahl von Olivenbäumen, sondern eine ökologische Landwirtschaft und die damit verbundenen Arbeitsplätze zu fördern.

Dennoch hat in den letzten Jahrzehnten die moderne Anbaumethode, die höhere Erträge bei weitaus weniger Arbeitseinsatz sichert, stark zugenommen. Hierbei werden die Bäume in geringerem Abstand gepflanzt und so beschnitten, daß sie nicht zu stark in die Höhe, sondern mehr in die Breite wachsen und leicht mit Maschinen abgeerntet werden können. Diese Plantagen brauchen mehr Wasser und sind anfälliger für Insektenplagen. Um die Pflanzen dennoch zur Hochleistung anzuregen, wird mit chemischem Dünger nachgeholfen.

Wenn zwischen November und Februar die Oliven reif sind, strömen Hunderte von Erntehelfern in die Haine, um die Früchte vom Baum zu holen. Für bestes Öl eignen sich nur Oliven, die unbeschädigt und vollkommen ausgereift sind. Aufgeplatzte, unreife oder bereits oxidierte Oliven verringern durch ihre Bitterstoffe die Fruchtigkeit des Öls. Die Oliven sollten deshalb innerhalb von 72 Stunden nach der Ernte verarbeitet werden. In traditionellen Betrieben werden sie samt Kern mit Hilfe von Granitwalzen zu einer Paste zermahlen, viele Firmen verwenden heute aber auch moderne Maschinen.

Das hochwertigste Olivenöl ist *flor de aceite* (»Blume des Öls«). Um diesen edlen Saft zu gewinnen, wird die Olivenpaste weder zentrifugiert noch gepreßt. Man fängt lediglich das Öl auf, das beim Mahlen von selbst aus der Olivenpaste herausläuft. Aromasubstanzen, Vitamine und ungesättigte Fettsäuren bleiben bei dieser Gewinnung in höchstem Maße erhalten, allerdings ist die Ausbeute sehr gering.

Will man normales kaltgepreßtes Öl herstellen, wird die gemahlene Olivenpaste zwischen kreisrunden Matten – früher aus Espartogras, heute meist aus Plastik – hydraulisch gepreßt. Hochmoderne Betriebe verwenden auch elektrische Zentrifugen, was die Qualität des Öls nicht beeinträchtigt. Wichtig ist in jedem Fall, den feinen Saft möglichst sanft und ohne Einwirkung von Hitze zu gewinnen. Hohe Temperaturen oder Lösungsmittel, wie man sie bei der Herstellung von raffinierten Ölen verwendet, vermindern Duft, Geschmack und Nährstoffgehalt des Olivenöls.

Im Anschluß an die Pressung werden manche Öle filtriert, dadurch erscheinen sie heller und transparenter. Immer mehr Firmen belassen ihre Öle aber auch naturtrüb. Maschinell füllt man zuletzt das frische Olivenöl in Flaschen und bringt es möglichst schnell auf den Markt.

Olivenbäume sind genügsam, fast anspruchslos. Ein poetischer Geist sagte sogar, die Andalusier hätten diese Eigenschaft von den uralten Bäumen übernommen.

Obwohl die Erde in den andalusischen Provinzen Jaén und Córdoba oft monatelang keinen Tropfen Regen bekommt, trägt der Olivenbaum hier saftige Früchte.

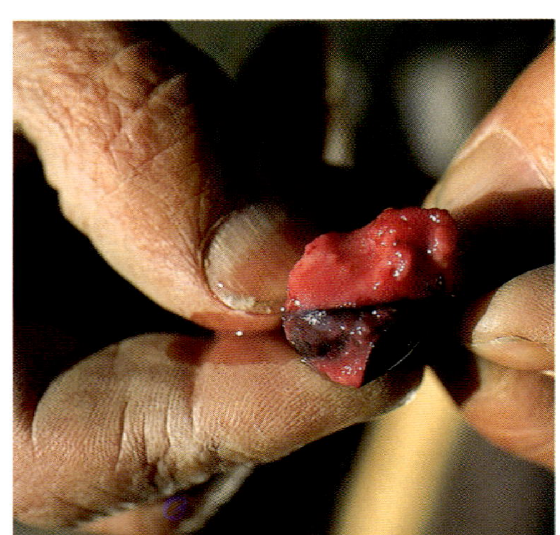

Bei frischen und intakten Oliven hat das Fruchtfleisch eine klare und kräftige Farbe (oben). Die Ölmühle des Familienbetriebs Núñez de Prado in der Ortschaft Baena dreht sich in historischen Gebäuden (unten).

Traditionell werden die Oliven mit Stöcken aus dem Baum geschlagen (großes Bild). Für ganz edle Öle (kleines Bild) wird sogar von Hand gepflückt.

Die frisch geernteten Oliven werden zwischen zentnerschweren Granitwalzen zu einer bräunlichen Paste zermahlen.

Die Paste kommt nun in eine Zentrifuge. Durch sehr schnelle Umdrehungen der Trommel wird das Öl herausgeschleudert.

Das leichte Olivenöl kann am Rand der Zentrifuge ablaufen, der Oliventrester bleibt im Innern der Trommel zurück.

Bevor es abgefüllt wird, lagert das frische Öl für kurze Zeit in Sammelbecken oder in großen Behältern aus Ton oder Stein.

Olivenöl-Qualitäten

Der Säuregrad eines Olivenöls nennt den Anteil an Ölsäure, einer einfach ungesättigten Fettsäure. Diese entsteht durch Oxidation, wenn die Oliven vom Baum fallen und am Boden zerplatzen oder durch zu lange Lagerung der Früchte vor dem Pressen. Je niedriger der Anteil an Fettsäure ist, desto feiner und fruchtiger schmeckt das Öl. Man unterscheidet offiziell drei Qualitäten:
Aceite de Oliva Virgen Extra (Natives Olivenöl Extra): die höchste Qualitätsstufe für spanisches Olivenöl. Diese Qualität ist garantiert kaltgepreßt und darf einen Säuregrad von 1,0 (1 g Fettsäure pro 100 g Öl) nicht überschreiten.
Aceite de Oliva Virgen: ebenfalls stets kaltgepreßtes Öl. Der Säuregrad darf maximal 2,0 betragen.
Aceite de Oliva: raffiniertes Olivenöl oder eine Mischung aus raffiniertem und kaltgepreßtem Öl. Dieses Öl ist vergleichsweise billig, aber auch in Aroma und Nährstoffgehalt weniger wertvoll als kaltgepreßte Öle. Zum Fritieren gut geeignet.

Vom Umgang mit Olivenöl

Olivenöl ist für alles gut: Mit dem feinen Saft werden Frühstückseier gebraten, man beträufelt getoastetes Brot damit, benutzt es zum Kochen und Fritieren, für Marinaden, Saucen und Salate. In gutem Olivenöl lassen sich Gemüse, Würste, Fisch oder Käse nicht nur konservieren, sie verstärken dadurch auch ihr natürliches Aroma.

Je nach Anwendung sollte man das richtige Öl auswählen: Einige Öle sind betont fruchtig und süß, andere derb und rustikal. Manche verfügen über ein zartbitteres Mandel- oder Nußaroma, wieder andere duften nuanciert nach Bananen, Zitronen oder Feigen. Frühreif geerntete Oliven erbringen in der Regel ein süßeres, fruchtigeres und helleres Öl als spät geerntete Früchte. Unfiltrierte Öle, meist trüber und in der Farbe grünlicher, schmecken in der Regel intensiver als die filtrierten. Beim Kauf gibt der Säuregrad einen ersten Aufschluß über Qualität und Geschmack eines Olivenöls (siehe Kasten links), letztlich entscheiden sollte aber immer die Duft- und Geschmacksprobe.

Die gesundheitlichen Vorzüge von kaltgepreßtem Olivenöl im Vergleich zu tierischem Fett sind unbestritten. Die reichlich enthaltenen einfach ungesättigten Fettsäuren unterstützen den Stoffwechsel und können hohen Cholesterinwerten und somit vielen Herz- und Kreislauferkrankungen vorbeugen. Die Pflanzenfarbstoffe und Phenole schützen außerdem Herz und Gefäße. Vitamin E gilt als äußerst wirksames Antioxidans und stärkt das Immunsystem. Zudem ist Olivenöl leicht verdaulich und fördert die Heilung von Magengeschwüren und Verdauungsproblemen.

Äußerlich eingerieben, schafft gutes Olivenöl Linderung bei Bronchitis, stärkt die Abwehrkräfte der Haut, verleiht ihr Spannkraft und Frische. Haarpackungen mit Olivenöl und Zitrone vitalisieren die Kopfhaut und kräftigen das Haar. Auch wer sich um das Wohlbefinden seiner Pflanzen sorgt, kann getrost zu Olivenöl greifen: Ein paar Tropfen auf dem Blatt zerrieben machen Blattläusen den Garaus.

Olivenöl sollte möglichst im ersten Jahr nach der Herstellung aufgebraucht werden, denn mit der Zeit verliert es an Geschmack und Nährstoffen. Man sollte es stets kühl und dunkel lagern, am besten in Behältnissen aus dunklem Glas oder Steingut, denn Sonnenlicht und Hitze reduzieren die Haltbarkeit und zerstören die Nährstoffe des Öls.

Links: Unfiltriertes kaltgepreßtes Olivenöl ist wie Balsam von den Göttern: Es wertet fast jede Speise auf, ist sehr gesund und macht sogar Haut und Haare schöner.

Spanische Olivensorten für Öl

Picual liefert ein betont fruchtiges Öl, das in Duft und Geschmack an Trockenfeigen und Pfirsich erinnert und sich besonders für die Verfeinerung von Früchten und Süßspeisen eignet. Es paßt gut zu dünn geschnittenen Orangenscheiben mit etwas Thymianhonig und Zimt. Picual-Öl wird häufig mit Picuda oder Hojiblanca verschnitten.

Hojiblanca ergibt ein elegantes Öl mit süßen und bitteren Nuancen, dessen pikante Note schnell weicht und ein Aroma von Kräutern und Blüten hinterläßt. Es paßt gut zu allen fritierten Speisen, zu Schmorgerichten sowie als Zutat zu *gazpacho* und Marinaden für Fisch oder Fleisch.

Verdial kommt meist aus kleinen Kooperativen in der Gegend von Vélez-Málaga und ergibt grüngoldene, sehr milde und fruchtige Öle mit einem leichten Mandelaroma. Sie eignen sich gut für *gazpachos,* Marinaden und sanft gedämpfte Speisen.

Arbequina ergibt ein blaßgelbes bis grünliches Öl mit einer leicht bitteren Note, einer typischen Geruchsnuance nach reifen Artischocken sowie einer duftigen Frische. Es paßt gut zu marinierten Gerichten und Blattsalaten, Öl von reiferen Früchten ist ideal für *alioli* und Mayonnaise.

Empeltre liefert ein meist blaßgelb bis altgolden leuchtendes Öl mit fruchtigem, manchmal leicht süßlichem Mandelaroma und leichten Bitteraromen. Es eignet sich gut für Salatsaucen, Marinaden und Mayonnaisen. Einige Tropfen auf Schafskäse verleihen diesem eine ganz besondere Note.

Cornicabra erbringt ein goldfarbenes Öl mit grünlichen Reflexen, das samtig, süßlich und leicht bitter schmeckt. Es gibt Gemüsegerichten eine herzhafte Note und eignet sich auch sehr gut für Mayonnaisen und Wildgerichte.

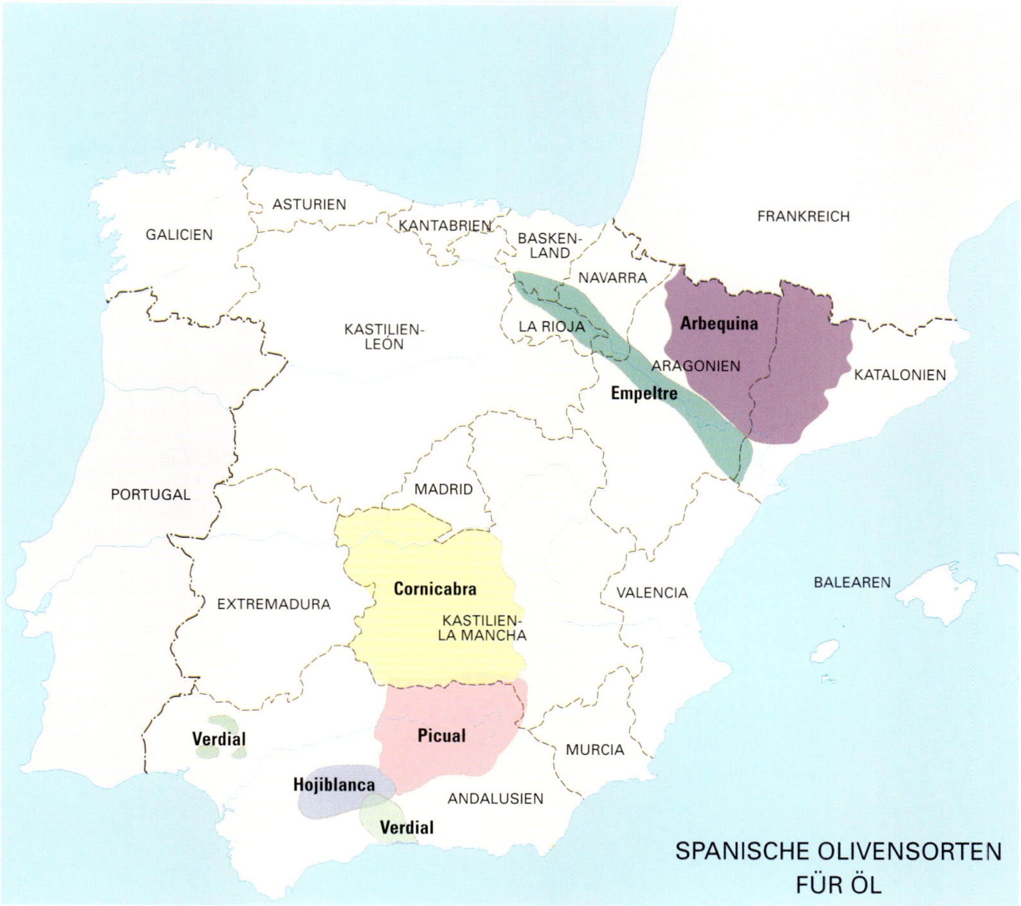

Die Sorte macht's: Wie beim Wein bestimmt die Auswahl der Früchte den Geschmack des Öls.

Vorratshaltung

Die Aufgabe, Lebensmittel haltbar zu machen, stellt sich, seit die ersten Menschen seßhaft wurden. Durch Ackerbau und Viehzucht hatte man nach der Ernte oder Schlachtung auf einen Schlag weitaus größere Mengen an Nahrungsmitteln zur Verfügung als unmittelbar verzehrt werden konnten. Außerdem empfahl sich die Vorratshaltung für magere Zeiten.

Eine der ältesten, sicher durch Zufall entdeckten Konservierungstechniken ist das **Trocknen.** Das Prinzip ist denkbar einfach: Durch Wärmezufuhr und Wasserentzug wird Schimmelpilzen und Fäulnisbakterien die Lebensgrundlage entzogen. In heißen, trockenen Gegenden geschieht dies ganz einfach, indem man das jeweilige Lebensmittel der Sonne aussetzt, etwa bei den kleinen roten Paprikaschoten, die getrocknet und dann gemahlen als Gewürz verwendet werden. Auch Rosinen und Trockenfeigen entstehen durch dieses einfache Verfahren. Mittlerweile gibt es auch technische Anlagen, in denen Lebensmittel schonend getrocknet werden.

Beim *bacalao,* dem geliebten Stockfisch der Spanier, verbindet man das Trocknen mit dem **Einsalzen** oder **Pökeln.** Durch Salz, das schon immer einfach aus dem Meer zu gewinnen war, können neben diversen Fischarten auch Fleisch und Gemüse haltbar gemacht werden.

Milchsäuregärung ist eine weitere traditionelle Art, Gemüse haltbar zu machen. Die natürlichen, im Gemüse enthaltenen Milchsäurebakterien wandeln Kohlenhydrate, vor allem Fruchtzucker, in Milchsäure um. Diese verhindert, häufig verstärkt durch die Zugabe von Kochsalz, das Wachstum der Lebensmittelverderber.

Schon die alten Ägypter, Assyrer und Babylonier kannten die Technik des **Einlegens in Essig.** Sie hatten erkannt, daß sich alkoholische Getränke mit der Zeit in Essig verwandeln und bereiteten damit saure Speisen zu. Außerdem benutzten sie Essig zum Haltbarmachen von Fleisch und Gemüse. Die Mauren brachten diese Technik nach Spanien, wo man sie auch für Fisch übernahm, etwa für die beliebten Anchovis in Essig *(boquerones en vinagre).* Beim **Einlegen in Alkohol** macht man sich die keimtötende Wirkung besonders von Spirituosen zu Nutze.

Schon vor Jahrtausenden entdeckten die Bewohner der Mittelmeerländer auch das **Einlegen in Öl.** Gemüse, Fisch, Wurst und Käse können auf diese Weise lange gelagert werden und intensivieren noch ihren Geschmack, etwa bei Ziegenkäse in Olivenöl.

Beim **Räuchern** werden Fisch oder Fleisch durch Rauch haltbar gemacht. Dazu verschwelt man Holz in Form von Spänen, Mehl und kleinen Zweigen. Der entstehende Rauch wirkt keimtötend und austrocknend, wobei man durch die Verwendung bestimmter Hölzer, Kräuter und Gewürze den Geschmack und Geruch des Produkts beeinflussen kann.

Relativ jung ist die Technik des **Einmachens,** des Haltbarmachens von Fleisch, Gemüse und Obst durch Einkochen mit oder ohne Zucker (Hitzesterilisierung). Auch durch **Tiefgefrieren** erreicht man, daß die Aktivität von Lebensmittelschädlingen gestoppt wird. Gemüse sollte vor dem Einfrieren kurz blanchiert werden.

Obst, Gemüse, Tomatenpüree – in einer gut gefüllten Speisekammer dürfen selbstgemachte Konserven mit den Schätzen von Feld und Garten nicht fehlen.

Aceitunas machacadas
Eingelegte Oliven

1 kg frische grüne Oliven
50 g Natron
6 Knoblauchzehen, in dünne Scheiben geschnitten
2 EL getrockneter Oregano
einige Zweige Thymian
1 Lorbeerblatt
einige Zweige Fenchelkraut
1 Messerspitze Kreuzkümmel
3 frische rote Chilischoten, entkernt und in Ringe geschnitten
75 g Salz
$^1/_8$ l Weinessig

Die Oliven gründlich waschen. Mit einem Holzhammer oder Stein jede Olive aufschlagen, dabei den Kern nicht beschädigen. Die aufgebrochenen Oliven in ein Porzellan- oder Glasgefäß legen. Fruchtwasser abschütten. Das Natron in 3 l Wasser auflösen und die Oliven darin 1 Tag ziehen lassen. Danach abschütten und die Oliven weitere 2–3 Tage wässern, dabei das Wasser alle 12 Stunden wechseln.
Die Oliven abschütten und abtropfen lassen. Die Hälfte des Knoblauchs im Mörser mit den Kräutern zerstampfen. In einem Porzellan- oder Glasgefäß schichtweise Oliven, Kräuterpaste, Knoblauchscheiben und Chilischoten einlegen. Das Salz im Essig und $^3/_4$ l Wasser auflösen und die Lake über die Oliven gießen. Oliven mit einem Teller beschweren, damit alle Früchte von der Lake bedeckt sind. An einem kühlen Ort aufbewahren und mindestens 1 Woche ziehen lassen.
Variation: Schwarze Oliven müssen nicht in Natronlauge gelegt werden. Man entzieht ihnen die Bitterstoffe, indem man sie 3 Tage in Salzwasser legt, das man alle 12 Stunden wechselt.

Zuerst werden die Oliven einzeln mit einem Hammer aufgeschlagen, damit die Aromen der Marinade bis ins Innere vordringen können.

Frische Oliven enthalten ungenießbare Bitterstoffe. Deshalb werden die Früchte vor dem Einlegen einige Zeit in Natronlauge gelegt.

Sobald man die Lauge abgeschüttet hat, kommen die Oliven noch für ein paar Tage in kühles, frisches Wasser.

Das Wasser sollte immer wieder gewechselt werden, um auch wirklich einen Großteil der unangenehmen Bitterstoffe auszuspülen.

Knoblauch darf in keiner Olivenmarinade fehlen. Die Zehen werden gut im Mörser zerstampft, dann erst folgen die Gewürze.

Thymian, Oregano, Fenchel und Kreuzkümmel verleihen Aroma, Chilischoten die nötige Schärfe.

Rechts: Immer wieder sieht man Frauen, die im Freien auf dem Boden oder an Tischen sitzen und Oliven aufklopfen. Daraus wird eine feine Delikatesse (unten).

Feria in Sevilla

Sevilla im April. Zwei Wochen nach Ostern, wenn der betörende Duft der Orangenblüten wie ein zarter Schleier über der Stadt liegt, wird eine Woche lang rund um die Uhr gefeiert. Mit der gleichen Inbrunst, mit der die Sevillanos während der Osterwoche *(Semana Santa)* bereut und gebüßt haben, geben sie sich bei ihrer *Feria* nun ausgelassener Lebensfreude hin.

Dicht an dicht drängen sich auf dem riesigen Festgelände im südlichen Stadtviertel Los Remedios Hunderte von farbigen Buden *(casetas)*. In dicken Trauben schieben sich die Festbesucher durch die Gassen, Musik dröhnt, auf den Bühnen wird getanzt. Frauen in farbenprächtigen, großgepunkteten Flamencokleidern, der einstigen Zigeunertracht, wiegen und drehen sich im Takt der Rhythmen. Die Absätze ihrer Schuhe hämmern auf den Holzboden, flinke Hände entlocken den hölzernen Kastagnetten mitreißende Rhythmen. Hin und wieder sprengen Pferde mit festlich gekleideten Reitern durch die Menge, wirbeln Sand und Sägespäne auf. Frenetisches Klatschen, Jubel.

Die Tradition der Feria geht auf das Jahr 1847 zurück und war ehemals ein Getreide- und Viehmarkt mit Landwirtschaftsausstellung. Dieser entwickelte sich im Laufe der Zeit zum Frühlingsfest und ist heute eine Mischung aus Kirmes, Tanzfest und Vergnügungsschau – ein wildes Spektakel für die Sinne.

Die Feria macht die Nacht zum Tage, bietet Sensationen rund um die Uhr: Stierkampf und Sevillanas-Tänze, Präsentationen mit Pferden und Kaleschen, festlich gekleidete Menschen in typisch sevillanischen Trachten. Alle sozialen Schichten, vom Handwerker bis zur Prominenz aus Politik, Wirtschaft, Kirche und Kultur, kommen, um zu sehen und gesehen zu werden. Allerdings bleiben die einzelnen Gruppen in ihren Zelten häufig unter sich. Die meisten Buden sind von Familienclans, Sportclubs oder Parteien angemietet, Eintritt in »seine« *caseta* erhält nur, wer eine Einladung hat.

Draußen in den Gassen mischt sich der Geruch der Pferde mit den vielfältigen Aromen aus Hunderten von Buden: gebratenes Fleisch und Sardinen vom Rost, Gemüse und Kräuter, Süßigkeiten und duftender Sherry. An den Theken werden kleine fritierte Fische gereicht, dazu mit Mandeln gefüllte Gordales-Oliven, Fleischbällchen in roter Paprikatunke, gegrillte, mit grobem Meersalz bestreute Garnelen. Die Auswahl an feinen Tapas ist unerschöpflich, und dazu trinkt man am liebsten viel, viel Wein. Rot- und Weißwein sind hier und da zu haben, die Andalusier schätzen aber vor allem trockenen Sherry: Von den Varianten Fino und Manzanilla fließen bei jeder Feria mehrere hunderttausend Liter durch die Kehlen (siehe Seite 438 ff).

Die Zigeuner, im spanischen Alltag oft immer noch Außenseiter, stehen auf der Feria mit ihren bunten Reiterspektakeln für Tausende im Mittelpunkt.

Flamenco ist pures Gefühl: Immer geht er an die Grenzen, drückt Liebe und Leidenschaft genauso temperamentvoll aus wie Eifersucht und Haß.

Getanzte Glut

»Der spanische Tanz erlaubt der schönen Menschengestalt, sich in natürlichen Bewegungen zu zeigen, die Kastagnetten erzählen vom Pulsschlag des Blutes, der sich zur Leidenschaft steigern kann, jedoch niemals den Bereich des Schönen verläßt...« Diese begeisterte Definition des Flamenco gab der dänische Schriftsteller Hans Christian Andersen in seinem 1866 erschienenen Buch *In Spanien*.

Wiege der berühmten Tanzform ist Andalusien, genauer: die glutheißen Gefilde zwischen Cádiz und Sevilla, wo die Sonne oft erbarmungslos vom Himmel brennt, wo Melancholie und Lebenslust zu einem tiefen Lebensgefühl verschmelzen.

Schon römische Geschichtsschreiber berichteten von einer berühmten Tänzerin aus Cádiz, die nach Rom geladen wurde, um ihre Kunst zu präsentieren – den ersten Vorläufer des Flamenco. Als später die Araber nach Spanien kamen, nahmen sie die andalusische Volksmusik auf, vermengten sie mit der ihren und pflegten sie weiter – daher die starken Anklänge arabischer Melodik in der Flamenco-Musik. Nach der Vertreibung der Mauren mischten sich jene, die bleiben wollten, mit den Zigeunern, die halbwegs akzeptiert waren. Man traf sich heimlich, um zu feiern und zu musizieren. Gemeinsam kultivierten Araber und Zigeuner die Gesänge und Tänze Andalusiens, und so entstand der Flamenco als eine geniale Synthese verschiedener Folkloren, als Ausdrucksform der vom Schicksal Benachteiligten, der Menschen am Rande der Gesellschaft.

Erst seit dem 18. Jahrhundert, als Karl III. den Zigeunern mehr Freiheiten zubilligte, wurde der Flamenco auch bei Wallfahrten und Jahrmärkten getanzt. Mit den Jahren entwickelten sich die verschiedenen Ausprägungen des Tanzes zu einer regelrechten Kunstform, und inzwischen haben Bulerías, Soleares, Fandangos und Seguidillas die Bühnen der Welt erobert. Begleitet werden die Sänger bis heute nur von Gitarren und Gesang sowie vom Rhythmus klatschender Hände und trommelnder Füße. Die Texte erzählen fast immer von Schmerz, Eifersucht und Liebesleid.

Die mittlerweile in vielen europäischen Tanzsälen beliebten Sevillanas gehören übrigens nicht zum echten Flamenco. Sie sind ganz einfach Volkstänze, die bis heute bei keiner andalusischen Fiesta fehlen dürfen – und die jeder leicht erlernen kann.

Flamenco ist eine sehr anspruchsvolle Kunst, Sevillanas kann dagegen jeder tanzen. Der beliebte Volkstanz wird auf der Feria überall zelebriert, in Zelten und im Freien.

Fiesta macht durstig. Der andalusische Reiter läßt seinen Wein direkt aus dem *porrón* in die Kehle fließen. Dann wird das Trinkgefäß gleich zum nächsten weitergereicht.

Der Hunger kommt in Etappen – und da sind Tapas genau die richtige Kost. Oliven, Garnelen und viele andere Leckereien gibt es bei der Feria an jeder Ecke.

Gazpacho & Co.

»Del gazpacho no hay empacho«, besagt ein Sprichwort: »Vom Gazpacho bekommt man keinen verdorbenen Magen.« Die kalte Gemüsesuppe *gazpacho andaluz* hat die Welt erobert als herzhafte, bekömmliche Zwischenmahlzeit und erfrischender Genuß für heiße Sommertage.

Schon in vorrömischer Zeit labten sich die Hirten mit der Urvariante des Gazpachos aus altem Brot, Knoblauch, Essig, Öl und Wasser. Später fügten die Bauern Gemüse bei und stärkten sich damit auf dem Feld, denn Gazpacho sättigt, löscht den Durst und führt dem Körper in der sengenden Hitze Salz und Vitamine zu. Der Begriff *gazpacho* stammt vom lateinischen *caspa* für »Rest« oder »Kleinigkeit«. Man bezeichnet so auch die *gazpachos manchegos* aus der Mancha, die aber nicht aus kaltem Gemüse, sondern aus kleingeschnittenem Wildfleisch bestehen und warm gegessen werden (siehe Seite 322).

Basis eines klassischen *gazpacho andaluz* ist nach wie vor die uralte Mischung aus Brot, Knoblauch, Salz, Essig und Öl, wobei letztere von allerbester Qualität sein sollten, denn – so sagt der Volksmund – »mit schlechtem Essig und noch schlechterem Öl kann man keinen guten Gazpacho machen«. Hinzu kommen zerkleinerte Tomaten, Paprikaschoten und Gurken. Früher pürierte man das Ganze mühevoll im Mörser, heutzutage ist die Benutzung des elektrischen Mixers keine Schande mehr.

Als Begleitung zum Gazpacho, der gut gekühlt auf den Tisch kommt, reicht man in separaten Schälchen *tropezones,* kleine Würfel von geröstetem Brot, Tomate, Gurke, Paprika, Zwiebel oder hartgekochtem Ei, die jeder nach Geschmack in seinen Suppenteller gibt.

Eine Variante des Gazpacho ist der *salmorejo cordobés,* der statt gemischtem Gemüse nur Tomaten enthält und gern mit Schinken, Thunfisch oder Eiern angereichert wird. Aus Málaga stammt der *ajo blanco* (wörtlich »weißer Knoblauch«), eine kalte Suppe aus Knoblauch, möglichst zarten jungen Mandeln, Weißbrot, Essig und Öl. In seiner Heimat serviert man den *ajo blanco* mit Moscatel-Trauben, Rosinen oder Apfelstücken. Warm gegessen wird dagegen *ajo colorado* (»roter Knoblauch«), eine Art Püree aus Kartoffeln, Tomaten, Paprikaschoten, Zwiebeln, Olivenöl, Knoblauch und Salz. Traditionalisten reichen dazu nach altem Brauch in Öl ausgebackene Maisküchlein.

Die Kalorienbasis für einen *gazpacho andaluz* liefert Weißbrot. Es wird mit den Händen grob zerkleinert.

Dann übergießt man das Brot mit etwas Wasser und läßt es durchziehen, während man die anderen Zutaten vorbereitet.

Die Tomaten werden zuerst enthäutet, dann entkernt. Auch die Gurke wird geschält, dann schneidet man alles in grobe Stücke.

Kein Gazpacho ohne reichlich Knoblauch: Die Zehen werden geschält und grob zerkleinert.

Moderne Technik macht die Zubereitung zum Kinderspiel: Man gibt einfach alle kleingeschnittenen Gemüse in den Mixer.

Auch grüner Paprika darf in einem echten Gazpacho nicht fehlen. Man entfernt die Kerne und schneidet die Schoten in Stücke.

Gazpacho andaluz

2–3 Scheiben Weißbrot
500 g reife Tomaten, enthäutet, entkernt und in Stücke geschnitten
1 Salatgurke, geschält, entkernt und in Stücke geschnitten
1 grüne Paprikaschote, entkernt und in Stücke geschnitten
3–4 Knoblauchzehen
$^1/_8$ l Olivenöl
Salz
2–3 EL Wein- oder Sherryessig

Zum Garnieren:
Weißbrotwürfel
kleine Tomatenwürfel
kleingehackte Paprikaschoten
gehackte Zwiebeln
Schinkenwürfel
klein gehackte harte Eier

Links: Den letzten Schliff beim *gazpacho andaluz* gibt gutes Olivenöl. Das Ganze wird im Mixer püriert. Oben: *Ajo blanco* wird gern mit weißen Trauben serviert.

Das Weißbrot grob zerkleinern, mit Wasser beträufeln und mindestens 30 Minuten durchziehen lassen. Tomaten, Gurke, Paprikaschote und Knoblauch in einen Mixer geben, dann das Brot und zuletzt das Öl zufügen und das Ganze pürieren. So viel Wasser zugeben, bis die Suppe die gewünschte Konsistenz erreicht hat. Dann Suppe eventuell durch ein Haarsieb streichen, mit Salz und Essig abschmecken. Den Gazpacho mindestens 1 Stunde im Kühlschrank ziehen lassen, sehr kalt servieren. Dazu reicht man je nach Wunsch in getrennten Schälchen Weißbrotwürfel, Paprikaschotenstückchen, gehackte Zwiebeln, Schinkenwürfel oder gehackte harte Eier, die jeder selbst unter die Suppe mischt.

Ajo blanco

Kalte Knoblauch-Mandelsuppe

2 Scheiben geröstetes spanisches Weißbrot
150 g geschälte Mandeln
3 geschälte Knoblauchzehen
$^1/_2$–1 TL Salz
8 EL Olivenöl
2–3 EL Sherryessig
250 g weiße, kernlose Trauben

Das Weißbrot einige Minuten in etwas Wasser einweichen. Die Mandeln mit dem Knoblauch, etwas Salz und dem abgetropften Brot im Mixer pürieren. Nach und nach das Öl und zuletzt den Essig zugießen. Je nach gewünschter Konsistenz noch etwas Wasser beifügen. Die Suppe mit Salz und Essig abschmecken und durch ein Haarsieb passieren. In Suppenteller füllen und mit den Trauben garnieren.

Der Granatapfel

»Wenn ihr den Granatapfel eßt, dann eßt ihn mit dem Fruchtfleisch, denn dieses gerbt den Magen, und ein jegliches Körnchen, welches sich im Magen eines Menschen befindet, erleuchtet sein Herz und bringt den einflüsternden Teufel für vierzig Tage zum Schweigen.« Solch hehre Worte fand zu Beginn des 7. Jahrhunderts Abdullah Ibn Abbas, ein Vetter des Propheten Mohammed, für die Wirkungen des Granatapfels, von dem es hieß, daß er immer durch einen Tropfen vom Wasser des Paradieses befruchtet werde.
Vermutlich brachten die Karthager den aus Asien stammenden Granatapfelstrauch vor 3000 Jahren auf die Iberische Halbinsel. Juden und Araber bauten ihn in Andalusien an und nannten sogar eine ganze Stadt nach der Frucht: *Gharnata*. Daraus wurde später Granada, und der Granatapfel ist bis heute Symbol der Stadt.
Sowohl Juden als auch Muslime betrachteten den leuchtend roten Granatapfel als Symbol der Fruchtbarkeit und der Erneuerung. Die Araber benutzten ihn für die Herstellung von Getränken und zur Aromatisierung von Fleischgerichten. Den Blüten des Strauches schrieb man eine heilende Wirkung bei Zahnfleischbluten zu. Die von einer harten Schale umschlossenen Früchte tauchte man früher in heißen Teer und hängte sie an einer Schnur auf. So blieb das Innere lange frisch und saftig.

Hintergrund: Die ganze Harmonie der maurischen Architektur zeigt sich in der Moschee von Córdoba.

Das kulinarische Erbe der Araber

Mit der Eroberung weiter Teile Spaniens durch die Araber im 8. Jahrhundert hielt erstmals der Luxus Einzug in das bis dahin recht spartanische Leben der bodenständigen Bevölkerung von al-Andalus, wie die Araber das eroberte Gebiet nannten. Sie führten öffentliche Bäder ein, kleideten sich in kostbare Stoffe und dufteten nach ätherischen Ölen. Sie prägten die architektonischen Bauformen, brachten ihre Kenntnisse der Medizin, der Waffentechnik, der Leder-, Keramik- und Seidenherstellung mit. Ihre Küche diente nicht nur dazu, den Hunger zu stillen, sondern auch die Geschmacksnerven zu kitzeln, was besonders bei ihren raffinierten Süßspeisen zum Ausdruck kam.
In der Landwirtschaft führten die Araber sehr weit entwickelte Bewässerungstechniken und Düngemethoden ein. Auch kultivierten sie Nutzpflanzen, die bis dahin auf der Iberischen Halbinsel unbekannt gewesen waren. Über die Perser, die schon mit Indien und China Handel trieben, kamen sie an Reis, Zuckerrohr und Auberginen aus Indien. Aus Ägypten brachten sie Honigmelonen, aus Afrika Wassermelonen sowie Feigen aus Konstantinopel. Sie verbreiteten die vorderasiatischen Zitrusfrüchte, Pfirsiche und Aprikosen, Johannisbrot und Quitten, Mandeln und Pistazien bis an die Küste des Atlantiks. Später kamen Datteln aus dem Irak und Kaffee aus dem Yemen hinzu. Der Transport über weite Strecken verlangte neue Techniken der Haltbarmachung wie das Trocknen von Früchten und das Einlegen in Honig.
Auch Kräuter und Gewürze spielten in der Küche von al-Andalus eine herausragende Rolle. Besonders beliebt waren Basilikum, Kreuzkümmel, Koriander, Safran, Anis, Minze, Ingwer und Jasmin sowie Mandeln, Pistazien, Pinienkerne, Sesam, Tamarinde und Zimt.
Zahlreiche Worte in der spanischen Sprache erinnern bis heute daran, daß die Kultivierung vieler Lebensmittel auf der Iberischen Halbinsel durch die Araber eingeführt oder perfektioniert wurde. Dazu zählen vornehmlich jene Worte, die mit dem arabischen Artikel *al-* oder *a-* beginnen wie *alcachofa* (Artischocke), *albaricoque* (Aprikose), *almendra* (Mandel), *azafrán* (Safran), *azúcar* (Zucker), *arroz* (Reis) oder *aceite* (Öl). Auch Begriffe wie *naranja* (Orange), *berenjena* (Aubergine) und *zanahoria* (Möhre) gehen auf arabische Wurzeln zurück.
Als Eiweißquelle bevorzugten die Araber Hammel- und Lammfleisch sowie Fisch, und sie brachten auch die passenden Methoden der Zubereitung mit. Dabei ließen sie sich von persischen Köchen sowie ägyptischen und turkistanischen Gebräuchen inspirieren. Sie kombinierten Fleisch- und Fischgerichte mit Früchten, Gewürzen und Kräutern und erfanden Speisen wie Thunfisch mit Sauerkirschen, Stockfisch mit Orangen, Hammelfleisch mit Aprikosen oder Lammfleisch mit Minz- oder Kreuzkümmelsauce. Die Araber führten den in Spanien heute noch beliebten Reispudding mit Honig ein, außerdem stammen von ihnen auch unzählige Arten von Mandelgebäck und anderen Plätzchen, die Quittenmarmelade sowie mit Nüssen und Mandeln gefüllte Datteln.
Wenn auch viele kulturelle Errungenschaften aus jener Zeit im Zuge der christlichen Rückeroberung Spaniens wieder in Vergessenheit gerieten – die Kunst der Süßspeisen ist geblieben. Katholische Nonnen in vielen Klöstern pflegen diese Tradition bis auf den heutigen Tag (mehr hierzu auf Seite 446).

Einen Großteil ihres Reichtums verdankt die spanische Küche den Arabern. Sie brachten Reis und Mandeln, Gemüse und Früchte sowie viele Kräuter und Gewürze.

Thunfisch

Thunfisch von der andalusischen Atlantikküste war schon in phönizischer, römischer und arabischer Zeit eine begehrte Beute und ein sehr einträgliches Geschäft. Zu Zeiten der Araber meldeten Männer von Wachtürmen *(atalayas)* die Ankunft großer Thunfischschwärme, um die Fischer zu informieren, in welche Richtung sie die Netze auslegen sollten. Die Schiffe fuhren auf die Schwärme zu, stellten sich ihnen entgegen und bildeten mit Netzen eine *almadraba,* eine Thunfischfalle. Die Tiere verfingen sich in den Maschen und wurden mit Stangen erlegt. An Land zerteilte man die Fische, salzte sie ein und beförderte sie in Holzfässern zu den Märkten.
Heute operiert die spanische Fischereiflotte in der ganzen Welt. Thunfisch, der in Andalusien verarbeitet wird, stammt häufig aus fernen Meeren. Die Spanier schätzen am meisten den Weißen Thunfisch (lat. *Thunnus alalunga*). Man nennt ihn *atún blanco* oder auch *bonito del norte.* Er wird im Sommer vor den Küsten des Kantabrischen Meeres gefischt und kann mehr als zehn Kilo wiegen. Sein helles Fleisch ist fast weiß, saftig, fest und sehr aromatisch. Als Delikatesse gilt vor allem das filetierte Bauchfleisch (*ventrecha,* im Baskenland *mendreska*).
Der Helle Thunfisch (lat. *Thunnus albacares*), in Spanien *atún claro* oder *rabil* genannt, wird meist

Atún (oben) und *bonito*: Die beiden Thunfischarten liefern Fleisch von sehr unterschiedlicher Qualität.

in den tropischen Meeren, vielfach vor Ecuador, gefangen. Er ist deutlich größer und schwerer als der Weiße Thunfisch. Sein Fleisch ist meist mehr oder weniger rosa gefärbt und nicht ganz so aromatisch, fest und saftig wie das des Weißen Thunfischs.
Der Rote Thunfisch (lat. *Thunnus thynnus*) wird in Spanien einfach nur *atún* genannt. Er kommt vor allem im Pazifik und in anderen tropischen Ozeanen vor und kann bis zu 20 Kilo wiegen. Das rötlich gefärbte Fleisch ist recht fett und weniger muskulös als bei anderen Thunfischarten. In Aroma, Zartheit und Saftigkeit erreicht es bei weitem nicht das Niveau des Weißen oder des Hellen Thunfischs. Meist wird das Fleisch des Roten Thunfischs zu Mojama verarbeitet oder in Stücken als Konservenware angeboten.

Seit Jahrhunderten ist die Fischerei eine wichtige Einnahmequelle für die Andalusier in den Küstengebieten.

Thunfische für *mojama* stammen teils aus andalusischen Gewässern, teils kommen sie auch als Importware aus anderen Meeren.

Nachdem die frischen Thunfische säuberlich zerlegt und filetiert sind, werden sie zunächst kräftig mit grobem Meersalz eingerieben.

Vor dem Trocknen werden die Fischfilets gewässert. Dabei wird überschüssiges Salz herausgelöst.

Durch den Prozeß des Trocknens schrumpfen die Thunfischfilets und entwickeln die für *mojama* typische, intensiv braunrote Farbe.

Zuletzt wird die *mojama* nochmals gründlich gesäubert und dann verpackt. Ein Großteil kommt in Folie eingeschweißt in den Handel.

Mojama

An den Küsten Südwestspaniens ist es heiß, außerdem windig und trocken. Für die Fischer hat dies zwei Konsequenzen: Frischer Fisch kann schnell verderben, er trocknet aber auch leicht in der Sonne. Was also liegt näher, als Fisch aus Mittelmeer und Atlantik mit Meersalz zu versehen und in die Sonne zu hängen? Schon die Araber konservierten auf diese Weise frischen Thunfisch und nannten das Ergebnis *musama.* Heute heißt die Spezialität *mojama* und wird vor allem an den andalusischen Küsten um Huelva, Cádiz und Almería sowie in Murcia und Valencia hergestellt.
»Prinzipiell läßt sich die *mojama* aus jeder Thunfischart herstellen«, erklärt Carmelo Díaz Vázquez aus Isla Cristina. »Auch der kleinere *bonito* ist geeignet und sogar die Makrele. Aber die besten und größten Filets für diesen Zweck hat der Rote Thunfisch. Außerdem muß man für *mojama* natürlich das richtige Klima haben, damit die Filets gut durchtrocknen.« Die Bedingungen an der Atlantikküste von Huelva sind also ideal, denn hier weht fast das ganze Jahr über ein ordentlicher Wind.
Mit einem großen, scharfen Messer zerteilt der Fachmann den frischen Thunfisch. Schnell sind die ersten Exemplare säuberlich zerlegt und die hellroten Filetstücke herausgelöst. Dann wäscht Carmelo sie mit Wasser ab, salzt sie ein und läßt sie einige Tage im Salz reifen. Danach werden die Filets gründlich abgewaschen, bevor man sie zum Trocknen aufhängt. »Und wenn sie dann im kühlen Wind hängen und langsam trocknen«, erklärt der *mojama*-Mann, dann schrumpfen sie und dunkeln nach, bis sie rötlich braun, von fester Konsistenz und vollkommen durchgetrocknet sind.«
Zum Imbiß hat Carmelo schon einige Scheiben *mojama* vorbereitet – so dünn geschnitten, daß man fast hindurchsehen kann. Anschließend hat er die Scheiben für eine Stunde in Olivenöl eingelegt, damit sie noch saftiger werden. Auf dem Herd röstet der Gastgeber nun ein paar kleingehackte Mandeln und serviert schließlich auf einem großen Teller die eingelegten *mojama*-Scheiben mit den gerösteten Mandeln. Dazu kredenzt man einen leichten, fruchtigen Weißwein aus dem Condado de Huelva.
In Alicante oder Murcia wird *mojama* gern in Stückchen geschnitten und in den Salat gestreut – für Kenner gerade noch akzeptabel angesichts des sanften Geschmacks nach Meer, der nicht viel Beiwerk verträgt. Dagegen gelten Kombinationen mit Mayonnaise oder Knoblauchsauce (*aioli*) bei Eingeweihten als Sakrileg. Etwas feines, kaltgepreßtes Olivenöl aber ist erlaubt, es macht den edlen Salzfisch noch gefälliger.

Das Fleisch des Roten Thunfischs eignet sich am besten für die Herstellung von *mojama.*

Die gepökelten und in Trockenspeichern (großes Bild) luftgetrockneten Filetstücke vom Thunfisch sind eine erlesene Delikatesse. Sie werden in ganz dünne Scheiben geschnitten und meistens pur gegessen (oben).

Aus andalusischen Meeren

Für viel Fett und eine dicke Panade sind sie viel zu schade: *langostinos de Sanlúcar* und *gambas de Garrucha* gehören zu den Perlen aus andalusischen Meeren. Für die Riesengarnelen aus Sanlúcar de Barrameda an der Atlantikküste und die kleinen, weißen Garnelen aus der Gegend von Garrucha in der Mittelmeerprovinz Almería müssen Genießer tief in die Tasche greifen. Ein Kilo der aromatischen Meeresfrüchte kostet über 100 Mark. Sie sind so zart und fein, daß sie nur vorsichtig im Dampf gegart oder auf der heißen Metallplatte *(a la plancha)* zubereitet werden sollten, um das Aroma nicht zu verfälschen. Ansonsten aber lieben die Andalusier ihre *fritos:* Fisch und Meeresfrüchte aus der Friteuse – als Tapa oder als Hauptgericht. Zum Fritieren eignen sich Sardinen und Sardellen, Stücke vom Hai- oder Thunfisch, Garnelen oder Krebsfleisch. Besonders beliebt sind ganz kleine fritierte Fische *(pescaítos),* vor allem Sardellen *(boquerones fritos),* sowie winzige fritierte Tintenfische *(puntillitas* oder *chopitos).*

Zu den Stars unter den andalusischen Meeresfrüchten gehören Riesengarnelen aus Sanlúcar de Barrameda (oben). Fisch wird gern fritiert gereicht (großes Bild).

Je nach Geschmack kann man die Fische vor dem Fritieren in einer Mischung aus Weizenmehl, Eigelb, geschlagenem Eiweiß und Salz wenden. Soll der Teig besonders locker werden, fügt man noch etwas Milch und Hefe hinzu. Ganz kleine Fische erhalten einen besonders würzigen Geschmack, wenn man sie vor der Zubereitung mit einem Schuß Bier beträufelt.

Vom Meer auf den Tisch

Bonito con aceitunas y alcaparras
Weißer Thunfisch mit Oliven und Kapern

4 Scheiben frischer weißer Thunfisch à 200 g
1/8 l Weißwein
2 EL Sherryessig
2 Knoblauchzehen, fein gehackt
1 Lorbeerblatt
2 Zweige Thymian
6 schwarze Pfefferkörner
Salz
100 ml Olivenöl
1 große Zwiebel, in feine Ringe geschnitten
200 g Oliven ohne Stein, gehackt
1 EL Kapern
Pfeffer
Öl für die Form

Den Thunfisch waschen und abtrocknen. Aus Weißwein, Essig, Knoblauch, Lorbeerblatt, Thymian, Pfeffer und wenig Salz eine Marinade anrühren. Den Fisch in eine Schüssel legen, die Marinade darüber gießen und den Fisch 1–2 Stunden darin ziehen lassen.
Thunfisch aus der Marinade heben und gut abtropfen lassen. Marinade aufheben, Lorbeerblatt und Thymianzweige entfernen. Das Olivenöl erhitzen, die Zwiebelringe darin glasig dünsten (nicht bräunen). Die Marinade und 1/8 l Wasser angießen, Oliven und Kapern zufügen. Etwas einkochen lassen, mit Salz und Pfeffer abschmecken. Die Thunfischscheiben in eine eingeölte feuerfeste Form setzen und die Sauce darüber verteilen. Im vorgeheizten Backofen bei 200 °C ca. 20 Minuten garen. In der Form auftragen.

Urta a la roteña
Zahnbrasse nach Art von Rota

4 Zahnbrassenfilets à 200 g, ersatzweise Goldbrassenfilets
Salz und Pfeffer
Mehl zum Wenden
5 EL Olivenöl
1 Zwiebel, fein gehackt
3 Knoblauchzehen, fein gehackt
2 kleine grüne Paprikaschoten, entkernt und in Stücke geschnitten
3 reife Tomaten, enthäutet und in Würfel geschnitten
1 Lorbeerblatt
2 Zweige Thymian
Salz und Pfeffer
1 Msp. Zimt
1/4 l Weißwein

Die Fischfilets waschen, trockentupfen, salzen und pfeffern. In Mehl wenden, überschüssiges Mehl abklopfen. Das Olivenöl erhitzen und den Fisch darin von beiden Seiten kurz anbraten. Aus der Pfanne heben und nebeneinander in eine feuerfeste Form setzen. Im Bratfett Zwiebel und Knoblauch glasig dünsten, Paprika zufügen und kurz mitbraten. Die Tomaten untermischen, mit Lorbeerblatt, Thymian, Salz, Pfeffer und Zimt würzen. Den Weißwein angießen und die Sauce 10–15 Minuten einkochen lassen. Dann Lorbeerblatt und Thymianzweige entfernen und die Sauce über den Fisch verteilen. Im vorgeheizten Backofen bei 175 °C ca. 15 Minuten garen. In der Form servieren.
Variation: Man kann die Fischfilets auch auf gebratene Kartoffelscheiben setzen, mit der Sauce übergießen und fertig garen.

Cazuela de fideos a la malagueña
Nudel-Eintopf mit Muscheln aus Málaga

1/8 l Olivenöl
2 Zwiebeln, fein gehackt
4 Knoblauchzehen, fein gehackt
2 große grüne Paprikaschoten, entkernt und in Streifen geschnitten
2 Kartoffeln, in kleine Stücke geschnitten
3 reife Tomaten, enthäutet und in Würfel geschnitten
Salz und Pfeffer
einige Safranfäden
100 g gemahlene Mandeln
1/4 l Weißwein
1 kg Venusmuscheln, gesäubert
100 g spanische fideos *(Nudeln), ersatzweise dickere Suppennudeln*

Das Öl in einer tiefen Pfanne erhitzen, Zwiebeln und Knoblauch darin glasig dünsten. Paprika und Kartoffeln zugeben und einige Zeit mitschmoren. Die Tomaten untermischen, mit Salz und Pfeffer würzen und das Gemüse 10 Minuten köcheln lassen.
In einem Mörser den Safran mit den Mandeln und etwas Weißwein zerstampfen. Die Paste mit dem restlichen Weißwein unter das Gemüse rühren. Die Muscheln und die Nudeln hineingeben und 1/4 l Wasser angießen. Bei kleiner Hitze ca. 15 Minuten köcheln lassen, eventuell etwas Wasser nachgießen. Vor dem Servieren mit Salz und Pfeffer abschmecken.

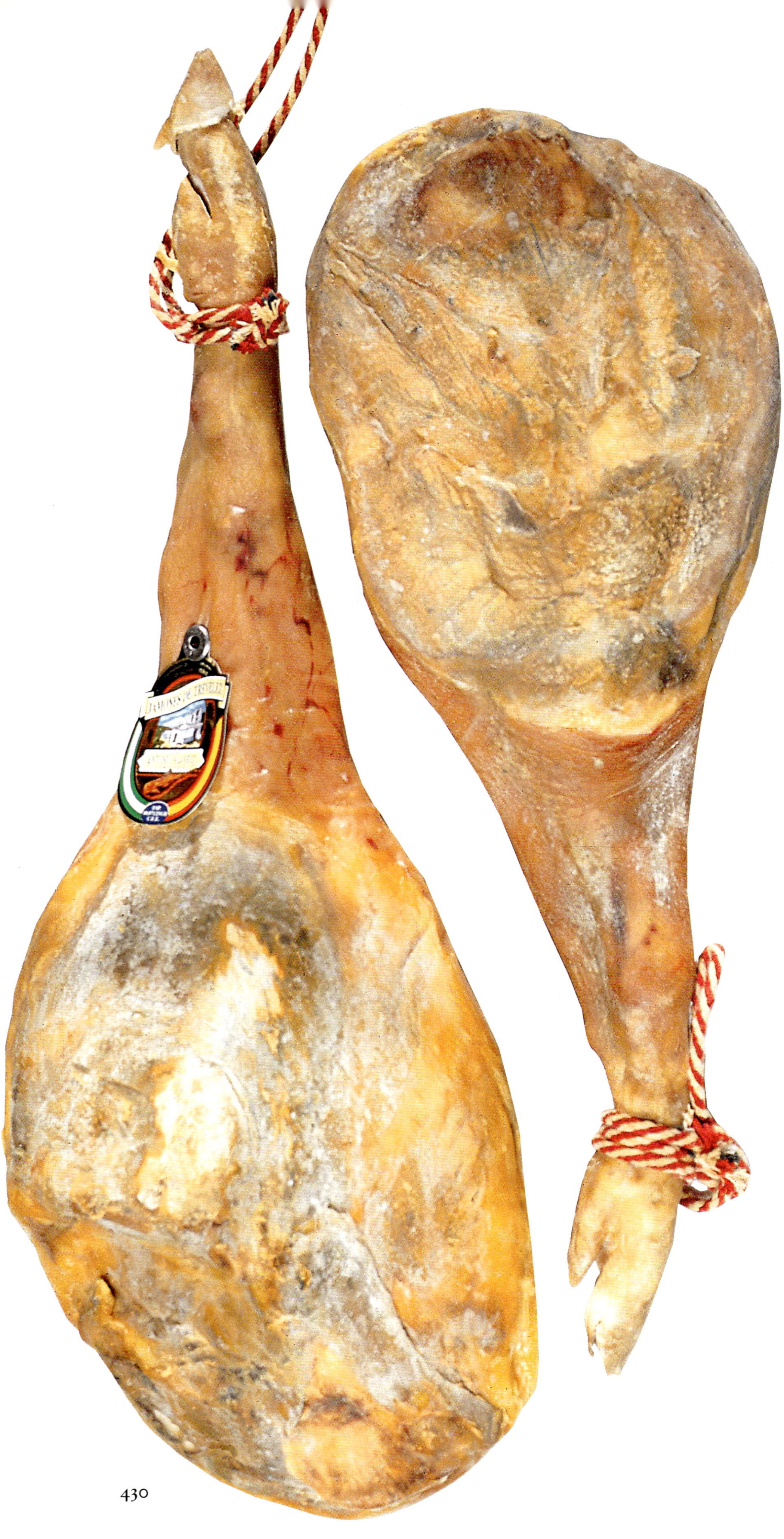

Deftiges mit Bergschinken

Habas con jamón
Dicke junge Bohnen mit Schinken

200 g Serrano-Schinken, in Würfel geschnitten
3 EL Olivenöl
1 Zwiebel, fein gehackt
2 Knoblauchzehen, fein gehackt
750 g dicke Bohnen, enthülst
Salz und Pfeffer
1 EL gehackte Minze oder Petersilie

Den Schinken im Olivenöl anbraten, aus der Pfanne heben und beiseite stellen. Die Zwiebel und den Knoblauch im Bratfett glasig dünsten. Dann die Bohnen zugeben, etwas Wasser angießen und die Bohnen bei mittlerer Hitze ca. 30 Minuten garen. Kurz vor Ende der Garzeit den Schinken untermischen und in den Bohnen wieder erhitzen. Mit Salz und Pfeffer abschmecken. Vor dem Servieren mit gehackter Minze oder Petersilie bestreuen.

Truchas rellenas de jamón
Forellen mit Schinken

4 Forellen, küchenfertig
Salz und Pfeffer
1 EL Mandeln, grob gehackt
1 EL grüne Oliven ohne Stein, grob gehackt
1 Schalotte, fein gehackt
1 EL gehackte Petersilie
4 dünne Scheiben Serrano-Schinken, ersatzweise anderer luftgetrockneter Schinken
2 EL Olivenöl

Die Forellen waschen und abtrocknen. Innen und außen mit Salz und Pfeffer einreiben. Mandeln, Oliven, Schalotte und Petersilie vermengen. Auf jede Scheibe Schinken jeweils ein Viertel der Mandel-Oliven-Mischung geben, den Schinken zusammenrollen und in die Bauchhöhle der Forellen geben. Öffnung mit Zahnstochern verschließen. 4 Bögen Alufolie mit Olivenöl bestreichen. Auf jeden Bogen eine gefüllte Forelle legen und die Folie über dem Fisch zusammenklappen. An den Nähten gut festdrücken. Die Forellen in der Folie auf dem heißen Grillrost von beiden Seite je 10 Minuten grillen. Vor dem Servieren die Folie öffnen und Fisch in der Folie anrichten.

Links: Vom weißen Schwein gibt es luftgetrocknete Hinterschinken (*jamón*, links) und Vorderschinken (*paleta*). Sie unterscheiden sich in Größe und Geschmack.

Croquetas de jamón serrano
Kroketten mit Serrano-Schinken

250 g Serrano-Schinken
3 Eier
2 EL Butter
3 EL Mehl
3/8 l Milch
Salz und Pfeffer
1 Msp. gemahlene Muskatnuß
Mehl zum Wenden
100 g Semmelbrösel
Fett zum Fritieren

Schinken in sehr feine Streifen schneiden, mit 1 Ei sowie 1 Eigelb vermischen. Butter in einer Kasserolle zerlassen, das Mehl einrühren und hellgelb anschwitzen. Unter Rühren die Milch angießen, einmal aufkochen und bei kleiner Hitze unter Rühren 10 Minuten ausquellen lassen, bis eine dicke Bechamelsauce entsteht. Vom Herd nehmen, den Schinken unterziehen, mit Salz, Pfeffer und Muskatnuß würzen.
Das restliche Ei mit dem Eiweiß verquirlen. Mit einem nassen Eßlöffel Stücke aus der Masse abstechen und zu Kroketten formen. Zuerst in Mehl, dann im Ei und abschließend in den Semmelbröseln wenden und portionsweise im Fett fritieren. Kurz auf Küchenpapier abtropfen lassen und sehr heiß servieren.

Jamón serrano aus Trevélez

Luftgetrockneter Schinken von weißen Schweinen wird in mehreren andalusischen Gebirgsregionen hergestellt. Den besten Ruf hat Serrano-Schinken (Bergschinken, von *sierra*, Gebirge) aus Trevélez. Das Dorf liegt am Südhang der Sierra Nevada rund 1700 Meter über dem Meer und ist damit die höchstgelegene Ortschaft Spaniens. Fast das ganze Jahr hindurch wehen hier trockene, kühle Winde, die Luft ist überdurchschnittlich klar und sauber. Unter diesen Bedingungen reifen in den Trockenspeichern *(secaderos)* des Ortes alljährlich Abertausende von Hinter- und Vorderschinken *a la ventilación de la nieve*, mit »Schneebelüftung«, wie der andalusische Dichter Pedro de Alarcón es treffend beschrieb. Endprodukt der Prozedur ist der hocharomatische *Jamón de Trevélez*.
Wie jeder *jamón serrano* stammt dieser Schinken stets von weißen Schweinen, die in Intensivmast aufgezogen wurden. Nach der Schlachtung werden die Hinterschinken mit grobem Meersalz eingesalzen und schließlich mindestens zwölf Monate lang luftgetrocknet. In manchen Fällen reifen die edlen Stücke 20, in Extremfällen sogar 32 Monate. Vorderschinken vom Schwein, die auf die gleiche Art gereift sind, nennt man *paleta curada* oder *paletilla curada*. Sie sind etwas kleiner als die Hinterschinken (siehe Foto linke Seite).
Serrano-Schinken vom weißen Schwein ähneln in der Form einer Gitarre, sie sind breit und rundlich. Dagegen werden die Schinken des schwarzen Iberischen Schweins in V-Form ausgelöst. Sie haben etwa die Form einer Violine, sind schmaler und länglicher (siehe auch Seite 338 ff).
Insgesamt gibt es in Spanien rund 1700 Erzeuger für Serrano-Schinken. 18 der bedeutendsten haben sich im Jahr 1990 zum Verband *Consorcio del Jamón Serrano Español* zusammengeschlossen. Die von ihnen hergestellten Produkte müssen gehobenen Qualitätsstandards entsprechen, sind mit einem »S« für *Serrano* gekennzeichnet, wiegen mindestens 6,5 Kilo und müssen mindestens neun Monate lang an der Luft getrocknet sein. Außer Trevélez sind auch Teruel in Aragonien sowie die Provinzen Girona (Katalonien) und Soria (Kastilien-León) für ihren guten Serrano-Schinken bekannt.

Das Klima andalusischer Bergregionen, wo bis weit ins Frühjahr hinein Schnee liegt, bietet ideale Bedingungen für die Herstellung von luftgetrocknetem Schinken.

Für echten *jamón serrano* benützt man Schinken von weißen Schweinen aus Intensivmast. Zuerst werden die Schinken mit grobem Meersalz kräftig eingesalzen.

Nachdem das Salz abgewaschen wurde, hängt man die Schinken in speziellen Trockenspeichern auf. Hier reifen sie unter Zufuhr von frischer Bergluft.

Serrano-Schinken wird mindestens zwölf Monate lang luftgetrocknet. Dann entnimmt der Hersteller mit der Punze etwas Fleisch, um die Qualität zu überprüfen.

Wo die Punze eingestochen wurde, entstehen kleine Löcher. Diese werden mit Schweinefett aufgefüllt, damit das feine Fleisch im Inneren nicht austrocknet.

Luftgetrockneten *jamón serrano* schneidet man mit einem schmalen Messer in dünne Scheiben und serviert ihn als Tapa. Er macht sich aber auch im Kochtopf gut.

Fleisch-Variationen

Cordero a la moruna

Lamm nach Art der Mauren
(Abbildung rechts)

1 kg Lammschulter oder -keule
Salz und Pfeffer
1/2 TL Zimt
1/2 TL gemahlener Kreuzkümmel
100 ml Olivenöl
2 große Zwiebeln, gehackt
2 Knoblauchzehen, gehackt
1/2 l Brühe
1 EL Sultaninen, in 2 EL Sherry eingeweicht
1 EL Mandeln, grob gehackt

Die Lammschulter waschen und trockentupfen. Kräftig mit Salz, Pfeffer, Zimt und Kreuzkümmel einreiben. Das Olivenöl in einem Schmortopf erhitzen, Zwiebeln und Knoblauch darin glasig dünsten. Das Fleisch einlegen und von allen Seiten gut anbraten. Dann die Brühe angießen und so viel Wasser zufügen, daß das Fleisch knapp bedeckt ist. Bei mittlerer Hitze ca. 1 Stunde zugedeckt schmoren lassen, eventuell noch etwas Wasser nachgießen. Kurz vor Ende der Garzeit die Sultaninen und die Mandeln zugeben, mit Salz und Pfeffer abschmecken.

Pinchos morunos

Maurische Spießchen

600 g Schweine- oder Lammfilet
100 ml Olivenöl
50 ml trockener Sherry
1 TL mildes Paprikapulver
1/2 TL scharfes Paprikapulver
1/2 TL gemahlener Kreuzkümmel
Salz und Pfeffer

Das Filet in 2–3 cm große Würfel schneiden. Aus Olivenöl, Sherry und den Gewürzen eine Marinade anrühren und die Fleischwürfel mindestens 2 Stunden darin ziehen lassen.
Dann die Fleischwürfel aus der Marinade heben, auf 4 Schaschlikspieße stecken und bei mittlerer Hitze ca. 10 Minuten auf dem Rost grillen, dabei mehrmals wenden.

Pato a la jerezana

Ente nach Art von Jerez

1 Ente, ca. 2 kg, küchenfertig
Salz und Pfeffer
4 EL Olivenöl
150 g durchwachsener Speck, in Streifen geschnitten
2 Zwiebeln, gehackt
2 Knoblauchzehen, gehackt
2 Möhren, in Scheiben geschnitten
2 reife Tomaten, enthäutet und in Würfel geschnitten
200 g grüne Oliven ohne Stein
1/4 l Brühe
1 Kräutersträußchen (Petersilie, Thymian, Oregano, Lorbeerblatt)
2 Gewürznelken
1/8 l Sherry

Die Ente waschen, trockentupfen und in Portionsstücke zerteilen. Kräftig mit Salz und Pfeffer einreiben. Olivenöl in einem Schmortopf erhitzen und die Entenstücke darin von allen Seiten goldbraun anbraten. Die Stücke herausheben und beiseite stellen.
Im Bratfett den Speck, die Zwiebeln und den Knoblauch glasig dünsten. Die Möhren zugeben und kurz mitbraten. Tomaten und Oliven untermischen, Brühe angießen, Kräutersträußchen und Gewürznelken zufügen. Zum Kochen bringen und die Entenstücke wieder einlegen. Zugedeckt ca. 45 Minuten schmoren lassen. 5 Minuten vor Ende der Garzeit den Sherry einrühren und die Sauce mit Salz und Pfeffer abschmecken.

Rabo de toro con ciruelas pasas

Stierschwanz mit Backpflaumen

200 g getrocknete Backpflaumen ohne Stein
1 kg Stierschwanz, ersatzweise Ochsenschwanz, in Stücke geschnitten
1 Zwiebel, gespickt mit 1 Lorbeerblatt und 2 Gewürznelken
Salz und Pfeffer
Mehl zum Wenden
1/8 l Olivenöl
125 g durchwachsener Speck, in Würfel geschnitten
2 Zwiebeln, gehackt
3 Knoblauchzehen, gehackt
2 Möhren, in Scheiben geschnitten
je 1 Stengel Thymian, Oregano und Petersilie
1 Msp. Zimt
1 Msp. gemahlene Muskatnuß
1/4 l Weißwein
50 g Pinienkerne

Die Backpflaumen über Nacht in Wasser einweichen. Den Stierschwanz waschen. In einem Topf mit kaltem Wasser, der gespickten Zwiebel und 1 TL Salz aufsetzen, zum Kochen bringen. Ca. 1 Stunde kochen lassen, während dieser Zeit mehrmals abschäumen. Dann abschütten und gut abtropfen lassen. Die Stücke trockentupfen, mit Salz und Pfeffer würzen und in Mehl wenden.
Olivenöl in einem Schmortopf erhitzen und das Fleisch darin scharf anbraten. Aus dem Topf heben und beiseite stellen. Im Bratfett den Speck, die Zwiebeln, den Knoblauch und die Möhren anbraten. Kräuter, Zimt und Muskat zugeben und mit dem Wein ablöschen. So viel Wasser angießen, daß alle Zutaten knapp bedeckt sind. Bei mittlerer Hitze ca. 1 Stunde köcheln lassen. Kurz vor Ende der Garzeit die abgetropften Backpflaumen und die Pinienkerne untermischen und mit Salz und Pfeffer abschmecken.

Perdices rellenas a la andaluza
Gefüllte Rebhühner auf andalusische Art

4 Rebhühner mit Innereien
100 g Serrano-Schinken, in dünne Streifen geschnitten
100 g durchwachsener Speck, in kleine Würfel geschnitten
4 eingelegte Sardellenfilets, fein gehackt
2 Scheiben Weißbrot, in kleine Würfel geschnitten
2 EL gehackte Petersilie
Salz und Pfeffer
3 reife Tomaten, enthäutet und in Würfel geschnitten
2 Möhren, in dünne Scheiben geschnitten
1 grüne Paprikaschote, entkernt und in Stücke geschnitten
1/4 l Brühe
1/8 l trockener Sherry

Die Rebhühner ausnehmen, waschen und gut abtrocknen. Die Innereien fein hacken. Mit Schinken, Speck, Sardellenfilets, Weißbrot und Petersilie vermengen, mit Salz und Pfeffer würzen. Die Masse in die Rebhühner füllen, die Öffnung mit Zahnstochern verschließen.
Tomaten, Möhren und Paprika in eine feuerfeste Form geben, die gefüllten Rebhühner darauf setzen. Die Brühe und den Sherry angießen. Im vorgeheizten Backofen bei 200 °C ca. 1 Stunde garen. Während dieser Zeit die Rebhühner mehrmals mit Brühe begießen. In der Form auftragen. Dazu passen gebratene Kartoffeln.

Fruchtparadies Andalusien

Der Name weckt exotische Gefühle: *Costa Tropical* nennen die Andalusier den Landstrich rings um die Mittelmeerorte Motril, Almuñécar und Salobreña in der Provinz Granada. Massive Gebirgszüge schützen diese Küstenebene vor den kalten Winden aus dem Norden, und die Sonne verwöhnt die Region bis in den Winter hinein, so daß hier tatsächlich tropische Früchte gedeihen. Neben Zuckerrohr, das für eine lokale Rumproduktion genutzt wird, wachsen hier Mangos und Maracujas, Papayas und Paraguayas, Mispeln und Limetten, Kakis und Avocados. Sogar mit Litschis experimentieren die Züchter an der Costa Tropical.

Chirimoya

In dieser Gegend gedeiht auch die Chirimoya, eine tropische Frucht, die sich in europäischen Obstkörben noch nicht fest etabliert hat. Auch Versuche, den Geschmack der Frucht zu beschreiben, erweisen sich als durchaus exotisch: Sie reichen von einer »Mischung aus Ananas, Erdbeeren und Banane« bis zur »zarten Versuchung von Himbeeren mit Sahne«. Die Chirimoya (lat. *Annona cherimolia*) stammt ursprünglich aus den lateinamerikanischen Anden, ist aber schon seit langem an der stets frostfreien Costa Tropical sowie auf den Kanarischen Inseln heimisch. Die grünliche, geschuppte Baumfrucht gehört zur Gruppe der tropischen Rahmapfelgewächse und wird auch Jamaika-Apfel genannt. Unter der empfindlichen Haut verbergen sich, in süßes Fruchtfleisch eingebettet, zahlreiche große schwarze Kerne. Fast die gesamte Produktionsmenge, die derzeit in Andalusien auf rund 3350 Hektar kultiviert und im Oktober geerntet wird, bleibt im Inland. In der Gegend von Motril wird auch ein fruchtiger Chirimoya-Likör hergestellt.

Kaki

In den Wintermonaten leuchten in Andalusien bis in Höhenlagen von 1000 Metern Kakis (auch Kakipflaumen) an kahlen Zweigen. Die leuchtend orangefarbenen Früchte des Kakibaums sehen aus wie große, etwas hell geratene Tomaten, sind botanisch mit dem Nachtschattengewächs aus Amerika aber nicht verwandt. Der Kakibaum ist ein Ebenholzgewächs, das ursprünglich aus China stammt. In Spanien wurde es zunächst als Zierpflanze in Parks und Gärten kultiviert. Erst vor rund 50 Jahren entdeckte man auch die kulinarischen Qualitäten der Früchte. Heute werden Kakis vor allem in den Küstenbereichen der Provinz Granada und in Valencia angebaut. Der Geschmack erinnert an Aprikose, Pfirsich und Birne. Mit einer einzigen Kaki kann man den halben Tagesbedarf an Vitamin A decken.

Rosinen aus Málaga

Rosinen aus dem gebirgigen Hinterland der Provinz Málaga wurden in ganz Europa schon im 18. Jahrhundert als erlesene Köstlichkeit gehandelt. Heute stellen mehr als 2400 Kleinbauern in rund 35 Dörfern jedes Jahr rund 1,7 Millionen Kilogramm der als *pasas de Málaga* mit einem offiziellen Gütesiegel (D.O.) geschützten Rosinen her.
Meist benützt man hierzu Trauben der Rebsorte Moscatel de Alejandría. Nach der Lese im August und September breitet man sie auf speziellen Trockenflächen *(paseros)* aus, die an Südhängen liegen. Die reiferen Trauben plaziert man am Rand, denn sie trocknen schneller zu Rosinen und können so leichter eingesammelt werden. Immer wieder müssen die trocknenden Trauben von Hand gewendet werden. Kündigen sich Regen oder Nebel an, werden sie mit Planen abgedeckt. Bis Dezember oder Januar dauert es, ehe die Trauben gleichmäßig durchgetrocknet und hinreichend gedunkelt sind.
Als Spitzenqualität gelten die besonders großen und gleichmäßig ausgereiften Rosinen, die als ganze Traube *(racimo)* in den Handel gelangen. Zweite Qualität sind die einzelnen Rosinen. Sie werden nicht von den Stielen abgepflückt, sondern mit einer Spezialschere vorsichtig abgeschnitten, damit die Früchte unbeschädigt bleiben. Die besten, handverlesenen Rosinenqualitäten werden Stück für Stück in Kisten aus Pappelholz gelegt und mit Papier abgedeckt. So gelangt die kostbare Ware in den Handel.

Links: Wassermelonen gedeihen in Andalusien genauso gut wie viele andere Früchte, die den Markt bereichern (oben).

FRÜCHTE AUS SPANIEN

Durch die vielfältigen Klimazonen von den Pyrenäen bis zu den Kanarischen Inseln können die Spanier das ganze Jahr über Obst aus dem eigenen Land genießen.

Die Aprikose *(albaricoque)*, ein Erbe der Araber, wird gern für feine Marmeladen verwendet.

Die Sternfrucht *(carambola)* wächst vor allem auf den Kanarischen Inseln. Sie ist eine Zierde für jedes Dessert.

Mit saftigen Kirschen *(cerezas)* hat sich vor allem das Valle de Jerte in der Extremadura einen Namen gemacht.

Himbeeren *(frambuesas)* stammen immer häufiger aus Kulturen.

Die Chirimoya ist ursprünglich in den Anden zu Hause. Man genießt sie frisch oder als süßen Likör.

Erdbeeren *(fresas)* reifen in Spanien sehr früh und gehen aus Andalusien und anderen Regionen nach ganz Europa.

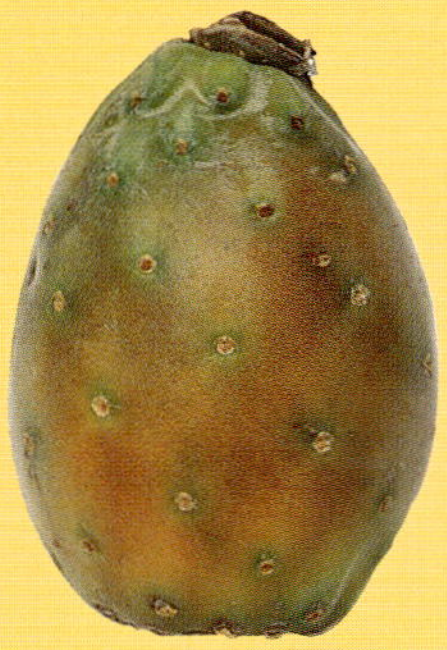

Die Kaktusfeige *(higo chumbo)* ist die Frucht vom aus Lateinamerika stammenden Opuntienkaktus.

Die Kakipflaume *(kaki)* ist reich an den Vitaminen A und C sowie an Calcium.

Kiwis *(kiwis)* stammen ursprünglich aus Neuseeland. Sie enthalten viel Vitamin C.

Der Pfirsich *(melocotón)* kam einst aus China und enthält sehr viel Carotin.

Die wichtigsten Melonenarten sind *sandía* (Wassermelone, Bild) und *melón* (Honigmelone).

Die Papaya *(papaya)* ist besonders reich an verdauungsfördernden Enzymen (Papain).

Birnen *(peras)* sind vor allem in Nordspanien beliebt und werden dort gern auch mit Fleisch kombiniert.

Die Mandarine *(mandarina)* kam im 19. Jahrhundert direkt aus China nach Spanien. Sie wird vor allem am Mittelmeer angebaut. Auf dem Markt setzen sich immer mehr die neuen kernlosen Züchtungen durch.

Pflaumen *(ciruelas)* gibt es in vielen Farben und Sorten. Die meisten enthalten viel Carotin.

Feigen *(higos)* gibt es vor allem am Mittelmeer.

Die Limette *(lima)* ist leicht bitter und eignet sich gut für Cocktails.

Die Zitrone *(limón)* wird gern in der Küche benützt, vor allem für Salate und Fischmarinaden.

Die Guave *(guayaba)* gehört zu den Exoten, die viel Phosphor und auch Calcium enthalten.

Der Granatapfel *(granada)* kam mit den Arabern ins Land. Im Innern hat er sehr schmackhafte knallrote Kerne.

Die Orange *(naranja)* ist ein Exportschlager vor allem der Levante-Regionen im Süden.

Nektarinen *(nectarinas)* gehen in riesigen Mengen auf den mitteleuropäischen Markt.

Die Mispel *(níspero)* gilt als sehr magenschonende und verdauungsfördernde Frucht.

Quitten *(membrillos)* werden meist zu Quittenbrot *(carne de membrillo)* verarbeitet.

Die Mango *(mango)* gilt als Tropenfrucht schlechthin und ist ausgesprochen aromatisch.

Äpfel *(manzanas)* werden vor allem in Katalonien und Asturien in vielen Sorten angebaut.

Hinter der unscheinbaren Schale der Passionsfrucht *(maracuyá)* verbirgt sich äußerst schmackhaftes Fruchtfleisch.

Die schmackhafte Pampelmuse *(pomelo)* eignet sich besonders gut für Säfte.

Die Ananas *(piña)* hat, wenn reif geerntet, ein unübertrefflich süßes Aroma und ist reich an Vitamin C.

Sherry wird aus der Palomino-Traube gemacht. Trotz geringer Niederschläge wächst diese Sorte auf den Kalkböden rund um Jerez de la Frontera besonders gut.

In manchen Fässern bildet sich an der Oberfläche des Weins eine Hefepilzschicht *(flor)*. Die Weine mit dem schönsten Flor werden zu Fino-Sherry ausgebaut.

Wenn der Sherry verkostet werden soll, entnimmt der Kellermeister mit seiner *venencia*, einem schmalen Silberbecher an einer Rute, eine Probe aus dem Faß.

Sherry

»Hätt' ich der Söhne tausend, als höchstes menschliches Gesetz ermahnt' ich sie, wässrigem Getränke abzuschwören und sich am Sherrywein zu laben«, schwärmt der Ritter Falstaff in Shakespeares Drama *Heinrich IV.* Schon seit 3000 Jahren wird in Westandalusien Wein angebaut, doch der Sherry war wohl erst eine Entdeckung des 13. oder 14. Jahrhunderts. In dieser Zeit entdeckten andalusische Seefahrer auf ihren Reisen, daß sich Wein durch die Zugabe von Weingeist für lange Zeit konservieren läßt. So entstand die Urform des Sherrys.

1587 überfiel Sir Francis Drake Cádiz und soll dabei gleich 2900 Fässer Sherry mitgenommen haben, die im Hafen lagerten und eigentlich für die spanische Armada bestimmt waren. Von da an verschifften britische Seeleute regelmäßig Sherry aus Jerez de la Frontera in ihre Heimat und machten ihn dort populär. Das von den Arabern stammende Wort Xeris – sprich *scherisch* – für die Stadt Jerez konnten die Engländer nicht aussprechen: Sie sagten einfach *Sherry.*

Diesen Namen darf heute nur Wein tragen, der aus dem »Goldenen Dreieck« der Städte Jerez de la Frontera, Sanlúcar de Barrameda und El Puerto de Santa María in der Provinz Cádiz stammt. Die Trauben wachsen auf weißen, kreidereichen Böden *(albarizas),* die jeden Tropfen Wasser dieser regenarmen Gegend speichern können. Auf rund 94 Prozent der Fläche wird die typische Sherry-Rebsorte Palomino Fino angebaut, hinzu kommen Pedro Ximénez und Moscatel, die zur Süßung der Weine dienen.

Zur Herstellung von Sherry wird zunächst Palomino-Most zu einem trockenen Weißwein vergoren. Diesen verstärkt man mit Weingeist auf 15 bis 16 Prozent und gibt ihn in Eichenfässer, die nur zu gut zwei Dritteln gefüllt werden. So kann die feuchte und sauerstoffreiche Atlantikluft optimal eindringen. In der feuchtkühlen Atmosphäre der Bodegas verbringt der Wein sein erstes Jahr. Grob geflochtene Matten aus Espartogras verhüllen die Fenster, lassen nur spärliche Lichtstrahlen und die feuchten Winde vom Atlantik herein. Schon nach wenigen Wochen entwickelt sich unter diesen speziellen Bedingungen auf dem Jungwein eine weiße Hefepilzschicht, der sogenannte *flor* (»Blume«). Nach sechs bis zehn Monaten prüft der Kellermeister bei einer ersten Verkostung die Entwicklung des Weins. Mit seiner *venencia,* einem schmalen, silbernen Becher an einer Rute, entnimmt er jedem Faß ein wenig Wein und prüft Farbe, Klarheit, Geruch und Geschmack. Vor allem die Beschaffenheit der watteweißen Schicht bestimmt, für welche Karriere sich die Weine eignen. Das Ergebnis notiert der Kellermeister mit Kreidestrichen auf dem Faß.

Weine mit besonders schönem Flor werden zum *Fino*. Die Hefepilzschicht entwickelt sich weiter und schützt den Wein vor Oxidation. Außerdem gibt sie diesem Sherrytyp seine typische Würze und die leicht bittere Mandelnuance.

Weine ohne Flor werden zum *Oloroso* ausgebaut. Man verstärkt den Alkoholgehalt durch nochmalige Zugabe von Weingeist auf 18 bis 20 Grad. So sterben alle Hefen ab, der Wein reift in Verbindung mit Luftsauerstoff und nimmt mit zunehmendem Alter eine dunkle Färbung an, wird aromatischer und körperreicher.

Ein *Amontillado* entsteht aus einem reifenden Fino, dessen Hefeflor nach einiger Zeit abstirbt. Dann reift der Wein unter Lufteinfluß weiter. Um süße Sherrys zu erhalten, gibt man einem Oloroso oder Amontillado Süßweine aus der Pedro Ximénez- oder Moscatel-Traube zu.

Typisch für alle traditionellen Sherrys ist ihre jahrelange Reifung nach dem *solera*-Verfahren. Das Solera-System besteht aus mindestens drei übereinandergestapelten Faßreihen, wobei die Fässer mit den ältesten Weinen, die *soleras* (von *suelo,* Fußboden), unten liegen. Dieser Solera

entnimmt der Kellermeister in regelmäßigen Abständen eine bestimmte Menge Wein. Diese wird durch die gleiche Menge aus der nächsthöheren *criadera*-Lage ersetzt, die wieder durch Wein aus der nächsten Reihe aufgefüllt wird. So werden alle Reihen sukzessive umgefüllt, bis man die oberste Lage mit jungem Wein aufgegossen hat. Mit den Jahren wandert der Sherry aus der oberen Faßreihe bis in die unterste Lage. Dabei reift der Wein, indem die jüngeren Qualitäten Zug um Zug mit den älteren »vermählt« werden. Die Mindestreifezeit für Sherry beträgt drei Jahre, wird aber von den meisten Bodegas deutlich überschritten. Bei ganz edlen, alten Sherrys ist auf dem Etikett der Jahrgang des Ursprungsweins notiert. Man kann also durchaus einmal einen gealterten Sherry vorgesetzt bekommen, dessen Solera schon Mitte des 19. Jahrhunderts angelegt wurde. Einige Tropfen des edlen Stoffes können somit 150 Jahre gereift sein.

Rechts: Sherry braucht zum Reifen im Faß ein feuchtes Klima. Die Böden der Bodegas sind deshalb mit Sand bestreut und werden mit Wasser immer feucht gehalten.

Die Herstellung von Sherry ist ein kreativer Prozeß. Immer wieder wird das Ergebnis geprüft, und das Handwerkszeug erinnert an Künstlerutensilien.

Sherry-Typen

Fino
Der leichte, hellgoldene, trockene Sherry hat ein herbes Aroma, das durch die Bildung des Hefeflors auf der Oberfläche des Faßweins geprägt wird. Typisch sind leichte Mandelnuancen. Der Alkoholgehalt liegt zwischen 15,5 und 17 Grad. Der Fino gilt als klassischer Aperitifwein und wird in jüngster Zeit auch als leichte Variante mit einem Alkoholgehalt um 15 Grad angeboten. In Andalusien trinkt man Fino auch zum Essen.

Manzanilla
Dieser leichte, helle, sehr trockene Fino darf nur aus Sanlúcar de Barrameda stammen. Durch das besondere Mikroklima direkt am Atlantik »blüht« die Hefeschicht, die den Wein vor Oxidation schützt und ihm ein besonders würziges Aroma verleiht, das ganze Jahr über (in Jerez de la Frontera dagegen nur im Frühling und Herbst). Dies gibt dem Manzanilla seine typische herb-trockene und würzige Art und den leichten Geschmack nach Salz und den Aromen des Meeres.

Amontillado
Läßt man einen Fino lange genug in der Solera reifen, stirbt die Florhefe ab. Der Wein oxidiert, wird dunkler und aromatischer. Amontillado hat einen Alkoholgehalt von 16 bis 18 Grad und kann trocken oder halbtrocken sein. Typisch ist sein kräftig nußartiges Bukett mit einem milden und trockenen Bittergeschmack.

Oloroso
Dies ist ein durch die Einwirkung von Luftsauerstoff ohne Hefeflor oxidierter Sherry mit dunkler Farbe, Körperreichtum, meist kräftigen, üppigen Nußaromen und häufig leichter Restsüße. Er kann trocken oder halbtrocken sein und erreicht einen Alkoholgehalt von 18 bis 20 Grad.

Pale Cream: Darunter versteht man einen Fino aus Palomino-Trauben, der durch Traubenmostkonzentrat ergänzt wird. Dieses verleiht ihm seine typische Süße.

Cream
Dieser Sherrytyp entsteht, wenn man einem Oloroso Süßwein aus Pedro Ximénez-Trauben zusetzt. Er ist dunkel und aromatisch süß mit leuchtender Mahagonifarbe.

Palo Cortado
Dieser nur in geringen Mengen hergestellte Sherry liegt zwischen Amontillado und Oloroso. Er altert ohne Flor, ist von dunkler Farbe und hat einen Alkoholgehalt zwischen 18 und 20 Grad.

Pedro Ximénez: Dieser samtige Süßwein aus der Pedro Ximénez-Traube hat einen Alkoholgehalt von rund 17 Grad und eine dunkle Mahagonifarbe. Es überwiegen die Rosinen-Aromen.

Rechts: Die verschiedenen Sherry-Typen zeichnen sich durch ganz unterschiedliche Farbnuancen aus.

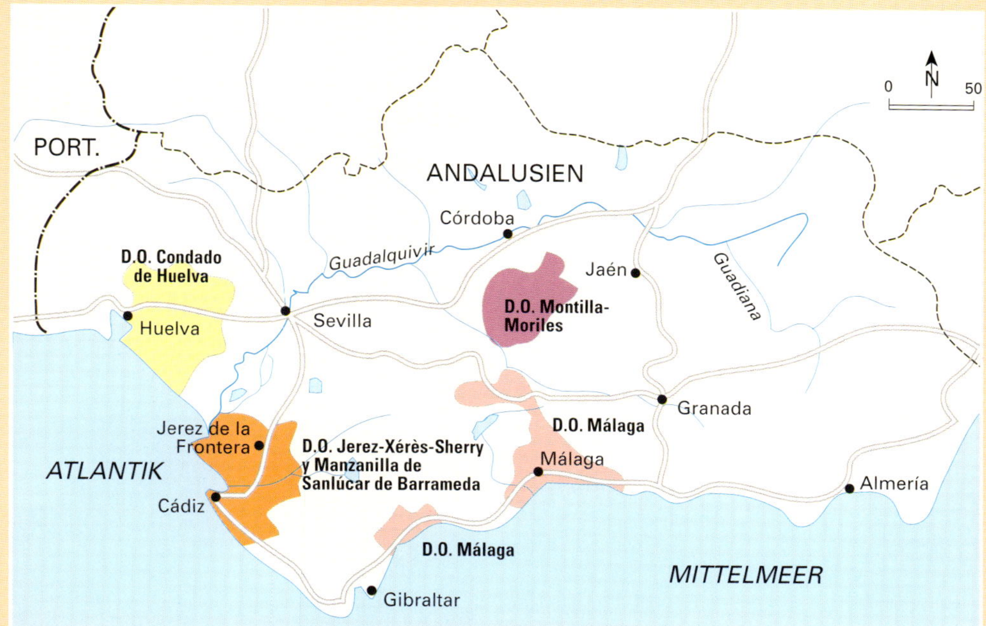

Weinbaugebiete in Andalusien

D.O. Jerez-Xérès-Sherry y Manzanilla de Sanlúcar de Barrameda

Das Gebiet umfaßt etwas mehr als 10 000 Hektar im Dreieck Jerez de la Frontera, Sanlúcar de Barrameda und El Puerto de Santa María. Hauptrebsorte ist die Palomino fino, dazu kommen Pedro Ximénez und Moscatel. Hauptsächlich wird hier Sherry-Wein nach dem Solera-Verfahren hergestellt. In jüngster Zeit experimentieren einige Bodegas auch mit Jahrgangs-Sherrys sowie mit ungespriteten, leichten und gefälligen Tafelweißweinen aus der Palomino-Traube.

D.O. Málaga

Wahrscheinlich wurde im Gebiet um Málaga schon um 600 v. Chr. Wein angebaut. Eindeutig belegt ist der Anbau in der römischen Periode und auch später während der maurischen Herrschaft. *Xarab almalaqui* (Málaga-Sirup) nannten die Araber den süßen Wein. In Europa wurde er seit dem frühen 13. Jahrhundert als begehrte Spezialität gehandelt, und schon Ende des 15. Jahrhunderts gründeten die örtlichen Winzer eine eigene Bruderschaft, um das exquisite Produkt vor minderwertigen Fälschungen zu schützen. Ende des 18. Jahrhunderts war der Málaga-Wein in Europa und Übersee bekannter als der aus Jerez. Am russischen Zarenhof trank man ihn ebenso wie in den vermögenden Kreisen Südamerikas. Durch die Mehltau- und Reblausplage Ende des 19. Jahrhunderts und durch die Wirren des Spanischen Bürgerkriegs (1936–1939) ging die Produktion stark zurück. Als in der Folgezeit süße Weine immer mehr aus der Mode kamen, verlor der Málaga-Wein weiter an Marktanteilen. Inzwischen aber nimmt die Nachfrage nach diesem mehr oder weniger süßen, stets gehaltvollen Dessertwein wieder zu. Die offiziell registrierte Rebfläche umfaßt derzeit rund 900 Hektar vom gebirgigen Hinterland bis hinunter an die Küste Málagas.

Die beherrschende Rebsorte ist die Pedro Ximénez, es gibt aber auch Málaga-Weine aus Moscatel oder einem Verschnitt der beiden Sorten. Der Most wird meistens von den kleinen Winzern im Bereich ihrer Weinberge vergoren. Dann bringt man den Jungwein in die größeren Ausbaukellereien, wo er mit Weingeist oder eingedicktem Most *(arrope)* versetzt wird. Schließlich erfolgt die Faßreifung, die sich wie beim Sherry nach dem Solera-Verfahren vollzieht. Hier gewinnt der Málaga-Wein deutlich an Farbe, Aroma, Tiefe und Charakter. Klassischer Málaga-Wein reift mindestens zwei Jahre lang in Holzfässern und zeigt am Ende Nuancen von Karamel, Kaffee, Rosinen, Kakao, Nüssen und Gewürzen. Die süßeste Variante wird als *lágrima* (Träne) bezeichnet. Sie zeigt eine dunkle Bernsteinfarbe und hinterläßt einen langen aromatischen Abgang. Neben dem klassischen Málaga-Typ gibt es heute aber auch relativ trockene Varianten, die eine besonders lange Faßreife durchmachen und im Geschmack einem Oloroso-Sherry ähneln. Málaga-Wein schmeckt am besten zu Früchten, Desserts oder kräftigem Schimmelkäse. Gelegentlich wird er auch zur Aromatisierung von Saucen verwendet.

D.O. Montilla-Moriles

Im Süden der Provinz Córdoba liegt dieses Gebiet mit rund 11 000 Hektar Rebfläche. Dominierende Rebsorte ist die Pedro Ximénez, die der Hitze der Region besser gewachsen ist als die Sherry-Traube Palomino. Hergestellt werden nach dem Solera-Verfahren Aperitifweine mit einem Alkoholgehalt zwischen 15 und 18 Grad. Am berühmtesten sind die jungen, herzhaften Finos aus Montilla-Moriles, die einem Sherry-Fino in nichts nachstehen. Zu einem geringeren Teil werden auch Amontillados, Olorosos und Palo Cortados hergestellt. Auch die gehaltvollen, süßen Dessertweine aus der Region können auf eine große Anzahl von Liebhabern zählen.

D.O. Condado de Huelva

Das in der Provinz Huelva am Atlantik liegende Gebiet umfaßt nur 7500 Hektar Rebfläche in einer Lage zwischen 50 und 200 Metern über dem Meer. Beherrschende Rebsorte ist hier die weiße Zalema, weiter werden Palomino, Moscatel und Listán angebaut. Neben den klassischen gespriteten Aperitif- und Dessertweinen haben in letzter Zeit vor allem die leichten, frischen, meist aus der Zalema-Rebe gekelterten Weißweine von sich reden gemacht.

Kochen mit Sherry

Riñones al Jerez
Nieren in Sherry

2 Kalbsnieren à 300 g
Salz
3 EL Olivenöl
1 Zwiebel, fein gehackt
2 Knoblauchzehen, fein gehackt
1/8 l trockener Sherry
1/4 l Brühe
Pfeffer
2 EL gehackte Petersilie

Die Kalbsnieren der Länge nach durchschneiden, gut säubern und waschen. In leicht gesalzenem Wasser 1–2 Stunden ziehen lassen. Dann gut abtrocknen und in dünne Scheiben schneiden. Das Olivenöl erhitzen, Zwiebel und Knoblauch darin glasig dünsten. Die Nieren zufügen und kurz anbraten. Mit dem Sherry ablöschen, die Brühe angießen. Zugedeckt bei kleiner Hitze 5 Minuten köcheln lassen. Die Sauce mit Salz und Pfeffer abschmecken. Vor dem Servieren mit der gehackten Petersilie bestreuen.

Almejas al Jerez
Muscheln in Sherry

1 kg Venusmuscheln
2 EL Olivenöl
2 Knoblauchzehen, fein gehackt
1/4 l trockener Sherry
2 EL gehackte Petersilie
Salz und Pfeffer

Die Muscheln gründlich waschen, alle geöffneten Muscheln aussortieren und wegwerfen.
Das Olivenöl in einem Topf erhitzen und den Knoblauch darin hellgelb anschwitzen. Mit dem Sherry ablöschen und die Petersilie zufügen, leicht mit Salz und Pfeffer würzen. Die Muscheln in den Topf geben und zugedeckt ca. 4 Minuten dünsten, dabei den geschlossenen Topf mehrmals rütteln. Alle Muscheln, die sich nicht geöffnet haben, entfernen. Die offenen Muscheln heiß oder kalt im Sud servieren.

Wenn Zwiebel und Knoblauch glasig gedünstet sind, gibt man die in Scheiben geschnittenen Nieren mit in die Pfanne und brät sie kurz an.

Dann löscht man das Ganze mit trockenem Sherry ab (rechts) und läßt es einige Minuten köcheln. Zum Schluß kommt gehackte Petersilie hinzu (oben).

Sherry-Essig

Jeder macht Essig aus dem, was er zur Hand hat. Kein Wunder also, daß die Deutschen Kartoffeln nehmen, die Engländer Malz und die Japaner Reis. Spanien mit einer Million Hektar Weinland dagegen stellt mehr Weinessig her als jedes andere Volk der Welt. »Je besser der Wein, umso besser der Essig«, lautet die alte Grundregel, die jeder Hersteller kennt. Welcher Ausgangsstoff sollte für guten Essig also besser geeignet sein als Sherry? Sherry-Essig wird aus erstklassigem Sherry-Wein gemacht. Bei einer zweiten Gärung wandeln Essigsäurebakterien (lat. *Mycoderma aceti*) den Wein in Essig um. Dieser reift nach dem Solera-Verfahren (vgl. Seite 438 f)in Eichenfässern, in denen zuvor Sherry gelagert wurde. Dabei werden Essige verschiedener Jahrgänge sukzessive gemischt. Die allerbesten Sorten reifen 30, 50 oder gar 100 Jahre in Eiche und nehmen dadurch ein tiefgründiges Aroma und eine angenehm weiche Note an. Außerdem wird der Essig mit längerer Faßreife immer dunkler. Die Farbe reicht von hellem Karamel bis zu einem tiefen Purpurrot. Nach dem festgelegten traditionellen Verfahren hergestellter Sherry-Essig verfügt über die geschützte Herkunftsbezeichnung D.O. *(Denominación de Origen)*.
Außerdem findet man in Spanien heute eine bunte Vielfalt an aromatischen Wein-Essigen, die mit Rosmarin, Estragon oder Knoblauch versetzt sind. Auch Himbeeressig ist beliebt, und in jüngster Zeit können sich Feinschmecker auch an einem aromatischen Spitzenessig mit Safran erfreuen.

Señor Lustau
Solera Gran Reserva
von Emilio Lustau

Cardenal Mendoza
Solera Gran Reserva
von Sánchez Romate

Carlos I
Solera Gran Reserva
von Pedro Domeq

X.O. Wisdom
Solera Gran Reserva
von Wisdom & Warter

Fernando de Castilla
Solera Gran Reserva von
Rey Fernando de Castilla

Gran Capitán
Solera Gran Reserva
von Bobadilla

Conde de Osborne
Solera Gran Reserva
von Osborne

Lepanto
Solera Gran Reserva
von González Byass

Gran Duque de Alba
Solera Gran Reserva von
Williams & Humbert

Sein Aroma und Farben von hellem Gold bis hin zu tiefen Mahagonitönen erhält *Brandy de Jerez* durch die Reifung in gebrauchten Sherryfässern.

Brandy de Jerez

Bereits im 8. Jahrhundert brachten die Araber Destillierkolben *(alquitaras)* nach Andalusien, um Wein aus der Gegend von Jerez in hochprozentigen Alkohol zu verwandeln. Sie nutzten ihn vornehmlich für Parfüms und medizinische Zwecke. Jahrhunderte später, nachdem die Mauren längst aus Spanien vertrieben worden waren, benötigte man den Alkohol für die Sherry-Herstellung. Außerdem begannen die ersten Kellereien aus Jerez, große Mengen Weingeist nach Holland zu verschiffen, wo er als Rohstoff für Liköre und Schnäpse verwendet wurde. Bald schon nannte man die Weindestillate aus Andalusien nach den niederländischen Hauptkunden *holandas.*

Bei der Geburt des spanischen Brandys aber war der Zufall behilflich: Eines schönen Tages soll ein holländischer Abnehmer, der Weinalkohol aus Jerez geordert hatte, seinen Auftrag storniert haben. Wohin also mit dem kostbaren Stoff? Aus purer Verlegenheit füllte man ihn in Fässer, in denen vorher Sherry gelagert worden war. Jahre vergingen, fast war der Restposten vergessen – bis man ihn eines Tages probierte und feststellte, daß die Reifung im Sherry-Faß den Alkohol richtig aromatisch, weich und samtig gemacht hatte. Der Brandy war erfunden.

Was einst als Zufallsprodukt in den Kellern des »Goldenen Dreiecks« entstand, wird heute, zu hoher geschmacklicher Potenz gereift, als geschütztes Markenprodukt in alle Welt exportiert: *Brandy de Jerez.* Das klassische Herstellungsverfahren hat sich dabei kaum verändert. Zunächst werden aus weißen Trauben leichte Weine mit einem Alkoholgehalt von 10,5 bis 13 Grad gekeltert. Früher verwendete man meist Palomino, die einheimische Sherry-Traube, heute darf der Wein auch aus anderen spanischen Qualitätsweingebieten stammen. Der Großteil kommt aus La Mancha, wo er – häufig noch in kupfernen Brennapparaten – zu einem hellen, transparenten Alkohol destilliert wird, den man bis heute *holanda* nennt.

Um Farbe, Bukett und Geschmack zu entwickeln und den Namen *Brandy de Jerez* führen zu dürfen, muß das Weindestillat anschließend in den Bodegas des Sherry-Gebiets in alten Sherry-Fässern reifen. Besonders Oloroso-Fässer geben dem Brandy ein unverwechselbares Aroma. Wie der Sherry altert auch *Brandy de Jerez* nach dem Solera-Verfahren (vgl. Seite 438 f). Er hat am Ende einen Alkoholgehalt von 36 bis 45 Grad und kommt in drei Reifestufen auf den Markt – abhängig von der Dauer der Faßreife:

Links: Der berühmte Osborne-Stier ist Markenzeichen für ganz Spanien. Er wurde als Kunstwerk anerkannt und darf deshalb in werbefreier Natur stehenbleiben.

In dieser alten Destille enstanden einst edle Brandys. Heute wird meist in modernen Anlagen destilliert, doch die Brandys reifen noch immer in den Bodegas.

Nur in ganz kleinen Familienbetrieben wird noch in alten Destillen gebrannt. Meistens dienen diese historischen Anlagen nur noch als Museumsstücke.

Besonders edle Brandys vom Typ *Solera Gran Reserva*, die häufig weit über zehn Jahre im Faß reifen, werden auch in wertvolle Flaschen abgefüllt, wie dieser Lepanto.

- **Solera:** mindestens sechs Monate im Faß gereifter Brandy, noch relativ hell, weinig und leicht.
- **Solera Reserva:** Destillat mit einer Faßreife von mindestens 12 Monaten, dunkler, harmonischer und von mehr aromatische Tiefe.
- **Solera Gran Reserva:** höchste Güteklasse, mindestens 36 Monate faßgereift.

Die gesetzlichen Mindestreifezeiten werden häufig überschritten. Vielfach reift ein Brandy der Qualitätsstufe *Solera Gran Reserva* zehn bis 15 Jahre oder länger. So entsteht ein Produkt mit enormer Aromakonzentration, Weichheit und geschmacklicher Komplexität mit Nuancen von Mahagoniholz, Kaffee oder Schokolade.

Cortadillos de cidra: Zitronatküchlein.

Torta de hoja: ein Blätterteiggebäck.

Tocino de cielo: eine Art Pudding aus Eigelb und sehr viel Zucker.

Pastas de chocolate: Schokoladeplätzchen.

Pastas de almendra: Mandelplätzchen.

Canapés de almendra: knusprige Mandelkekse.

Canastillas: »Körbchen« mit Gelee und Mandeln.

Clarisas: Gebäckkringel aus dem Kloster Santa Clara.

Mantecados und **polvorones:** feines Schmalz- und Staubgebäck.

Yemas de almendra: Eigelbmandelkonfekt.

Himmlische Verführung

Ihr süßes Leben verdanken einige christliche Ordensklöster ausgerechnet den muslimischen Mauren. Die nämlich brachten die Kunst der Süßwarenherstellung nach Spanien. Auch der sündige Wein spielte in der Geschichte der klösterlichen Schleckereien eine Rolle. Zum Klären von Sherry und Rotwein wurde nämlich früher geschlagenes Eiweiß verwendet. Das anfallende Eigelb gaben die Kellereien traditionell als Almosen an die Klöster, und die Nonnen machten daraus Süßigkeiten für den Verkauf oder als Dankeschön für großzügige Spender. Als solche Stifter und ihre Zuwendungen immer seltener wurden, stellten sich die Klöster um und begannen mit dem Direktverkauf, um ihren Lebensunterhalt zu verdienen.
Zwölf Augustinerinnen leben noch im Kloster San Leandro in Sevilla. Sie produzieren die berühmten *yemas,* ein köstliches Eigelbkonfekt, dessen Rezeptur bis ins 15. Jahrhundert zurückgeht, und das heute im Prinzip noch genauso hergestellt wird wie im Mittelalter. Einzige Neuerung in der Klosterkonditorei sind eine Mixmaschine und ein Spezialgerät, das automatisch das Eiweiß vom Eigelb trennt.
Die Nonnen von Santa Inés dagegen haben sich auf Gebäck spezialisiert: locker gebackene Teigbällchen aus Mehl, Zucker und Sesampulver *(bollitos de Santa Inés),* feine Fladen mit Zucker, Anis und einem Hauch Olivenöl, *(tortas de aceite),* gefüllte Küchlein *(cortadillos)* mit Zitronat und Kürbis- oder Apfelkonfitüre sowie zartes Staub- und Schmalzgebäck mit Schokolade oder Mandeln *(polvorones* und *mantecados).*
Im Kloster Santa Paula verkaufen die Nonnen in einem Laden im Innenhof außer einem mit Kürbismus *(cabello de ángel)* gefüllten Gebäck köstliche Fruchtmarmeladen aus Pfirsichen, Quitten oder Orangen sowie ihren Verkaufsschlager: eine einzigartige Tomatenmarmelade.
Auch in der umliegenden Provinz, etwa im Kloster Santa Clara in Alcalá de Guadaira sowie in Bormujos, Lebrija, Marchena und Morón de la Frontera, verkaufen Klöster selbsterzeugte Süßwaren. Bei manchen Orden dürfen sich die Klosterfrauen bis heute ihren Besuchern nicht zeigen. Hier öffnet ein Klingelzeichen den Weg zum süßen Paradies. Man betätigt eine Glocke, worauf hinter einer hölzernen Drehtür, dem traditionellen *torno,* eine Frauenstimme erklingt und den Kunden nach seinen Wünschen fragt. Nun nennt man seine Bestellung und legt das möglichst abgezählte Geld auf die Holzplatte der Drehvorrichtung. Daraufhin dreht die Unsichtbare von innen den *torno* herum. Der Kunde entnimmt die erwünschten Produkte, und auf der anderen Seite nimmt die Nonne das Geld. Einheimische grüßt die Ordensfrau hinter dem Drehverschlag manchmal mit einem sanften *»Deo gratias«* (»Danke Gott«). Der Besucher antwortet dann: *»Ave María purísima«.*

Polvorones

Zimtplätzchen

500 g Mehl
200 g Schweineschmalz
200 g Puderzucker
1 EL Zimt
Saft und abgeriebene Schale von
1 unbehandelten Zitrone
Mehl für die Arbeitsfläche
Puderzucker zum Bestreuen

Das Mehl auf ein Backblech sieben und im Backofen bei mittlerer Hitze leicht anbräunen. Dabei das Mehl mehrmals wenden, damit es gleichmäßig bräunt, dann aus dem Ofen nehmen und auskühlen lassen.
Das Mehl auf die Arbeitsfläche häufen, in die Mitte eine Kuhle machen. Das Schmalz, den Puderzucker, Zimt, Zitronensaft und -schale in die Kuhle geben und alles schnell zu einem glatten Teig verkneten. Diesen zu einer Kugel formen, in Folie wickeln und im Kühlschrank 1 Stunde ruhen lassen.
Den Teig auf der bemehlten Arbeitsfläche fingerdick ausrollen. Mit Backförmchen oder einem Glas Kreise von 4–5 cm Durchmesser ausstechen. Ein Backblech mit Backpapier auslegen und die Plätzchen darauf setzen. Im vorgeheizten Backofen bei 175 °C ca. 25 Minuten goldbraun backen. Die fertigen Plätzchen auf dem Blech erkalten lassen und vor dem Servieren mit Puderzucker bestäuben.

Damit man die frommen Frauen nicht sehen kann, verkaufen die Nonnen vieler Klöster ihre süßen Schleckereien durch eine Drehtür (*torno*, großes Bild). In Sevilla gibt es an der Plaza del Cabildo aber auch einen speziellen Klosterladen (oben).

Islas Canarias

Wulf Zitzelsberger

Kanarische Inseln

Auf den kanarischen Inseln ist Selbstversorgung noch immer Trumpf: Viele Familien halten sich ein, zwei Ziegen für Milch, Käse und Fleisch.

Inseln umgeben Geheimnisse. Einst am Rande der bekannten Welt gelegen, dort, wo die Sonne im Meer versinkt, wo die Hesperiden, die Töchter des Atlas, ihre goldenen Äpfel vor diebischem Zugriff versteckten, liegen die sieben Inseln des Kanarischen Archipels. Seit jeher beflügelten sie die Phantasie der Menschen: Platon sah in ihnen Bruchstücke des sagenumwobenen, untergegangenen Kontinents Atlantis. Homer ließ dort seinen Helden Odysseus die Elysischen Gefilde besingen, und der griechische Philosoph Plutarch siedelte auf den Inseln die Wohnung der Seligen an, wo der fruchtbare Boden »ein müßiges Volk ohne Arbeit und Mühe ernährt«. Die Faszination der Kanarischen Inseln ist geblieben – auch wenn die Werbetexte der Reisekataloge die Schönheit der Landschaft in weit weniger poetischen Worten preisen als die alten Griechen.

Nur wenige Flugstunden vom europäischen Kontinent entfernt herrscht dank Kanarenstrom und Passatwind subtropisches Klima. Die östlichen Inseln Lanzarote und Fuerteventura mit ihren endlosen Sandstränden sind trocken und karg. Gran Canaria und die westlich gelegenen Inseln Teneriffa, La Palma, Gomera und El Hierro erfreuen sich dank anderer geographischer Verhältnisse häufigerer Niederschläge, die besonders auf Teneriffa und La Palma eine üppige Vegetation hervorgebracht haben. Äußerst wechselvoll gibt sich die Vergangenheit des Archipels, der vor Ankunft der Spanier Heimat altkanarischer Stämme war. Gefeiert als Tor zur neuen Welt, Wegweiser für Kolumbus und die Konquistadoren, kamen die Inseln später zu Reichtum durch Zucker und Wein, waren Spielball der Weltmächte England und Spanien, mußten zeitenweise Armut und Auswanderung durchmachen.

Heute gelten die Kanaren den einen als Symbol des Massentourismus und der Betonwüsten, andere lieben die Inseln wegen ihrer unvergleichlichen Natur und der gelassenen Atmosphäre. Dabei schließen sich Tourismus und ländliches Leben nicht aus. Noch gibt es Bauern, Fischer und Ziegenhirten, die ihrer Arbeit nachgehen wie Generationen vor ihnen. So wird schnell klar, daß kulinarische Extravaganzen hier keinen Platz haben. Ehrlich und handfest präsentiert sich die Küche der Kanaren mit ihren deftigen Suppen, opulenten Eintöpfen, gebratenem Fleisch mit scharfer Sauce, gesottenem und gegrilltem Fisch, zuckersüßen Nachtischen und kräftigen Weinen. Und wenn die Insulaner auf den Kanaren feiern, etwa beim farbenfrohen Karneval von Teneriffa, dann tritt eine Wesensart zutage, die ihre Landsleute aus der neuen Welt mitbrachten: karibisches Feuer.

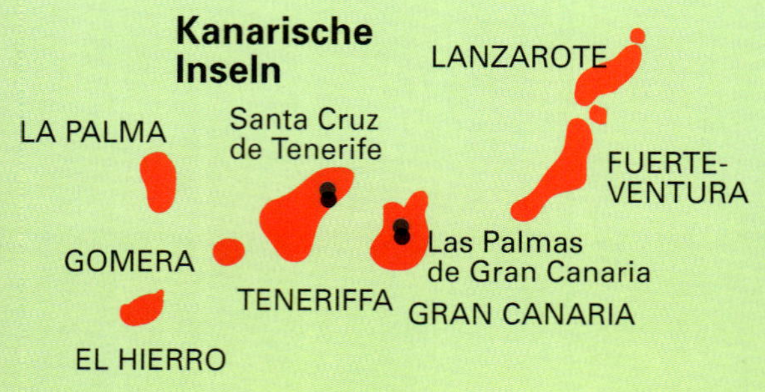

Rechts: Die Kanareninseln sind aus dem Meer geboren, als Feuerberge aus dem Atlantik gespuckt. Auch wo er karg wirkt, ist der vulkanische Boden äußerst fruchtbar.

Bananen

Die Kontraste könnten nicht größer sein: Nur wenige Kilometer im Hinterland eines Walls aus Stränden und Hotelanlagen ziehen sich durch die Landschaft der westlichen Kanareninseln schier endlose, dschungelgrüne Felder: Bananenplantagen soweit das Auge reicht. Portugiesische Seeleute brachten die Banane, wie sie in Westafrika genannt wurde, von Guinea mit. Sie wurde zuerst als exotischer Zierstrauch angepflanzt und gelangte von den Kanaren Anfang des 16. Jahrhunderts mit den Eroberern in die Karibik und nach Mexiko.
Die wirtschaftliche Nutzung begann aber erst in der zweiten Hälfte des 19. Jahrhunderts, als clevere englische Geschäftsleute in Gran Canaria und Teneriffa die aus Indochina eingeführte Zwergbanane *(Musa cavendishii)* anbauen ließen – mit so viel Erfolg, daß 1878 die ersten Frachtschiffe ihre delikate Ware in England anlanden konnten. Schnell entwickelte sich der Export zu einem blühenden Geschäft, und seit über hundert Jahren ist die Banane, die die Spanier konsequent *plátano* nennen (eine Verballhornung des lateinischen Namens *Platanus orientalis*), wichtigste Kulturpflanze und erstes Handelsprodukt des Archipels.
Zu den bekanntesten Sorten zählen heute die Zwergbanane *(Ladyfinger)*, die sich durch ihre dünne Schale und besondere Süße auszeichnet, außerdem *Williams, Johnson* und *Gruesa Palmera* sowie eine Anzahl namenloser Kreuzungen, die besonders robust und schnellwüchsig sind. Markenprofile der unterschiedlichen Sorten gibt es auf den Kanaren nicht. Auf den Kartons steht neben dem Firmenlogo des Produzenten oder der Verpackungsstation lediglich die Bezeichnung *Plátanos de Canarias.*
Bis ein Kilo Früchte herangereift ist, braucht eine Bananenpflanze 400 Liter Wasser, die sie auf den Kanaren nur durch künstliche Bewässerung erhalten kann. Die hohen Kosten für Wasser, Düngemittel und Insektizide sowie die drängende internationale Konkurrenz (siehe Kasten) lassen den Anbau immer unrentabler werden. Die junge Generation zieht es in den Tourismus mit besseren Einkommensmöglichkeiten. Wer seine Felder dennoch weiter bewirtschaften will, versucht, von der Monokultur wegzukommen, und pflanzt Avocados, Mangos, Papayas und Blumen an. Gleichwohl wird die kanarische Banane nicht völlig verschwinden. Sie hat auch weiterhin eine Chance, allerdings mit stark reduzierten Anbauflächen, in Lagen mit ausreichender Wasserversorgung und vor allem mit neuen robusten und wohlschmeckenden Züchtungen, wie etwa *Gran Enano* (Großer Zwerg) – quasi als Nischenproduktion für zahlungswillige Feinschmecker.

Bananen und die Politik

Die Deutschen hatten Glück: Ihr Kanzler Konrad Adenauer bescherte ihnen im Jahr 1957 die Banane als zollfreie Exotenfrucht. Innerhalb kürzester Zeit eroberten preiswerte süd- und mittelamerikanische Früchte aus den Plantagen der großen Multis die Supermärkte. Deutschland verzeichnete bald den höchsten Pro-Kopf-Verbrauch an Bananen in ganz Europa, die Wiedervereinigung trieb nach 1989 den Konsum noch einmal in die Höhe.
Die kanarische Banane aber konnte von diesem Boom nicht profitieren – dazu war sie viel zu teuer. Erst als die Europäische Union 1992 auf Druck der Mitglieder Spanien, Frankreich, Portugal und Griechenland Einfuhrquoten und Mindestzölle für die »Dollarbananen« festlegte, sah man auch auf den Kanaren Licht am Horizont: Endlich sollte die hochpreisige kanarische Banane gegen die nun künstlich verteuerte »Chiquita« eine Chance haben. Doch die multinationalen Konzerne betrachteten die europäischen Einfuhrbeschränkungen als Provokation und Diskriminierungsakt. So handelten sich die Produzenten der »Eurobanane« vor der Welthandelsorganisation (WTO) eine Klage der Staaten USA, Ecuador, Guatemala, Mexiko und Honduras wegen Verstoßes gegen internationale Handelsrechte ein. Der Klage wurde im Herbst 1997 stattgegeben. Brüssel stand nun vor dem Dilemma, die Interessen der europäischen Bananenproduzenten mit den Gesetzen des freien Welthandels in Einklang zu bringen. Was dies bedeuten kann, mögen sich die kanarischen Pflanzer nicht ausmalen. Sie wissen, daß sie an ihrem Image arbeiten müssen, und hoffen weiterhin auf Unterstützung aus Brüssel. Dort hat man in der Zwischenzeit immerhin schon die Größe der »Eurobanane« festgelegt: Sie muß mindestens 14 Zentimeter lang sein – und 27 Millimeter dick.

Hintergrund: Bis hinunter ans Meer ziehen sich die Bananenplantagen auf La Palma. Der fruchtbare Boden auf der vulkanischen Insel macht's möglich.

1 Bananen sind Staudenpflanzen, die nur ein einziges Mal Früchte tragen. Dafür wachsen sie ausgesprochen schnell.
2 Schon zehn Monate nachdem die Pflanze gesetzt wurde, kann man ernten. Dies ist bis heute schwere Handarbeit.

3 Ein Fruchtstand wiegt normalerweise 30 bis 40 Kilogramm. Ein Gigant kann aber auch bis zu 80 Kilo wiegen.
4 Die empfindlichen Früchte werden provisorisch verpackt, damit sie beim Transport keine Macken bekommen.

5 In der Verpackungsfabrik werden die Bananen abgeladen und vom Fachmann auf ihre Qualität hin überprüft.
6 Nun wird der Fruchtstand *(piña)* in einzelne Büschel *(manos)* zerlegt, da sich die Früchte so besser verpacken lassen.

7 Bevor die Bananen verpackt werden und in den Export gehen, werden sie gründlich gewaschen und desinfiziert.
8 Als *plátanos de Canarias* werden die kanarischen Bananen exportiert. Sie kämpfen noch immer um Marktanteile.

Exotische Früchte

Die Exoten, die sich heute in spanischen Obstkörben tummeln, sind ursprünglich meist in Südamerika, Afrika oder Asien zuhause. Wegen des subtropischen Klimas fühlen sich diese Früchte jedoch auch auf den Kanarischen Inseln und in Andalusien so wohl, daß sie bestens gedeihen und mittlerweile fast als einheimische Produkte angesehen werden. Neben Avocado, Mango und Papaya werden auch Kiwis, Kaktusfeigen, Ananas, Passionsfrüchte (Maracujas), Chirimoyas, Kapstachelbeeren (Physalis) und Guaven angebaut (Abbildungen Seite 435 ff). Ein großer Teil davon geht als Exportware in andere europäische Länder.

Avocado
Im 15. Jahrhundert brachten die Eroberer Fruchtkerne dieser Pflanze *(aguacate)* aus Mexiko nach Spanien, wo sie zuerst die Gärten zierte. Der kommerzielle Anbau begann aber erst nach 1960. Inzwischen schätzt man auch in Mitteleuropa den hohen Nährwert der Frucht mit ihren mehrfach ungesättigten Fettsäuren, Proteinen, Vitaminen und Mineralien wie Calcium, Kalium und Eisen.

Mango
Von weitem könnte man den Mangobaum für einen vom Sturm zerzausten und zu Boden gedrückten Avocadobaum halten. Bei näherem Betrachten jedoch bemerkt man den Unterschied: Die Früchte des Mangobaums hängen in Dolden gebündelt, durch ihr Gewicht tief nach unten gezogen, an fast blätterlosen dünnen Ästchen. Sie sind von unterschiedlicher Größe, ihre Haut ist leicht ledrig und schimmert grünlich oder rötlich-gelb. Der immergrüne Baum, der aus Indien stammt, wird in allen tropischen und subtropischen Ländern kultiviert, auf den Kanaren ist er seit langem beheimatet. Nach einer Wachstumsphase von einigen Jahren reifen aus einer Unzahl von Blütenansätzen die ersten Früchte mit einem faserigen abgeflachten Kern und ihrem unvergleichlichen, exotischen Aroma.

Kaktusfeige
Als Zierpflanze brachten die spanischen Eroberer auch den Feigenkaktus (Opuntie) aus der Neuen Welt mit. Seine schmackhaften Früchte *(higos chumbos* oder *tunas)* sind frisch oder getrocknet auf jedem kanarischen Markt zu bekommen. Die viel rentablere Nutzung der Pflanze als Wirtsträger der Cochenille-Laus, des Lieferanten des begehrten karminroten Farbstoffes, überließ man früher Mexiko, das viele Tonnen nach Europa exportierte. Um 1830 begann man auf den Kanaren mit der Anlage ausgedehnter Opuntienfelder, und schnell wurde die Cochenille-Zucht zur Haupteinnahmequelle der Inseln, bestand doch in der Textilindustrie ein großer Bedarf an dem Farbstoff. Doch mit Entwicklung der künstlichen Anilinfarben um 1880 brach der Markt zusammen. Heute verwendet man den natürlichen Karminfarbstoff nur noch zur Herstellung von Bio-Lippenstiften sowie zum Färben von Limonaden, Aperitifs, Bonbons und Seide.

Papaya
Der halbholzige Papayabaum (Hintergrund) wird häufig zusammen mit Bananen angepflanzt, weil er wie diese reiche Böden und sonnige Lagen liebt. Die Papaya stammt ursprünglich aus Südamerika, wächst schnell und wird drei bis sechs Meter hoch. Die runden bis länglichen Früchte wachsen knapp unterhalb der Blattkrone und können mehrere Kilo wiegen. Das Fruchtfleisch ist gelb oder auch rötlich-orange. Vorgekühlt und mit ein paar Tropfen Zitronen- oder Orangensaft beträufelt ist Papaya ein erfrischender Muntermacher zum Frühstück – und sehr bekömmlich obendrein, denn die Frucht enthält das verdauungsfördernde Enzym Papain. Geeignet ist die Papaya auch für Marmeladen und Bowlen, und ist das Fleisch etwas fester, kann man es in Würfel schneiden und unter Salate mischen.

Physalis

Dieses Wunderwerk der Natur, das aussieht wie ein Lampion, heißt auch Kapstachelbeere und ist ein Nachtschattengewächs. Ihre Heimat ist Südamerika, sie wird heute aber außer auf den Kanarischen Inseln vor allem in Afrika, Asien und Australien angebaut. Die leuchtend gelbe bis orangefarbene, schmackhafte Frucht verbirgt sich in einer bastfarbenen Hülle, dem vergrößerten Blütenkelch. Man sollte die Beeren immer bis zum Verzehr in dieser Hülle belassen, da sie darin bestens geschützt sind. Das Fruchtfleisch schmeckt leicht säuerlich und hat kleine, weiche Kernchen, die man mitessen kann. Kapstachelbeeren sind reich an den Vitaminen A, B_{12} und C sowie an Kalzium und Eisen.

Seide aus La Palma

Nicht nur seiner köstlichen Früchte wegen brachten spanische Siedler den Maulbeerbaum im 16. Jahrhundert nach La Palma mit. Er diente vor allem als Wirtsbaum für die Seidenraupe. Karl V. stellte 1538 in einem kaiserlichen Edikt die palmerische Seidenherstellung unter den Schutz der Krone und befreite sie von Abgaben an die Kirche. Schnell entwickelte sich die Seidenproduktion zu einem blühenden Wirtschaftszweig. Palmerische Seide galt als besonders fein und wurde in viele europäische Städte exportiert. Adel und reiche Händler ließen sich daraus edle Gewänder nähen – häufig gefärbt mit dem roten Farbstoff der Cochenille-Laus (vgl. Kaktusfeige, linke Seite). Die Seidenherstellung hielt sich bis zum ausgehenden 19. Jahrhundert, als noch etwa 3000 Webstühle in Betrieb waren. Danach verringerte sich die Zahl durch den Einsatz von Maschinen drastisch. Bis heute aber beherrschen einige Familien auf La Palma das alte Handwerk.

Naturseide wird durch Seidenraupen produziert, die auf den Zweigen von Maulbeerbäumen leben.

Cochenille-Läuse produzieren einen roten Farbstoff, der sich zum Färben von gesponnener Seide eignet.

Die Seidenfäden werden am Handwebstuhl weiter verarbeitet. Die Frauen weben daraus feinstes Tuch.

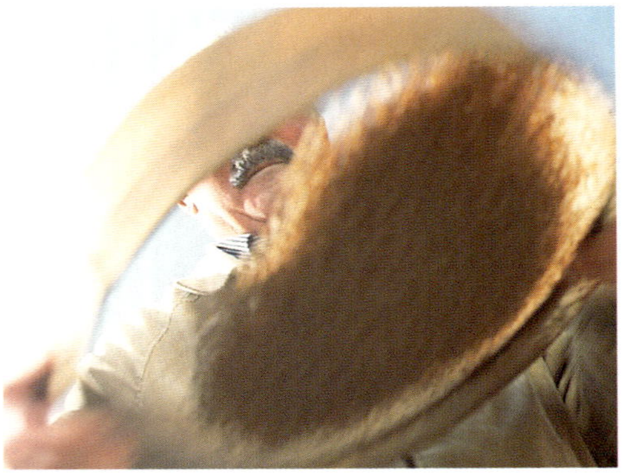

Gofio läßt sich aus Mais, Gerste und anderem Getreide herstellen. Verunreinigungen werden herausgesiebt.

Dann werden die Körner trocken geröstet. Dies geschah früher auf dem Feld über offenem Feuer (großes Bild).

Damit die Getreidekörner gleichmäßig anrösten, sollte man sie ständig in der Pfanne drehen und wenden.

Gofio

Die spanischen Eroberer auf den Kanaren betrachteten die sandfarbene, rohe Masse mit Verwunderung, wenn nicht mit Abscheu: *gofio,* eine Art Getreideschrot – unter Zugabe von etwas Flüssigkeit mit den Händen zu Kugeln geknetet. Den kanarischen Ureinwohnern war die Kunst des Brotbackens unbekannt, gab es doch weder Hefe noch gemauerte Öfen. Um in kargen Zeiten überleben zu können, benutzten sie ein einfaches Verfahren, mit dem sie das geerntete Getreide verarbeiteten: Die gereinigten Körner wurden in einer Tonschale über dem offenen Feuer geröstet und dann in der Steinmühle von Hand gemahlen. Danach wurde das schrotähnliche Produkt mit etwas Flüssigkeit zu einer breiigen Masse verrührt und gegessen.

Die Tradition der Gofiozubereitung reicht weit zurück und beruht auf historischen Verbindungen der kanarischen Ureinwohner zu den Bewohnern des Atlasgebirges und der nördlichen Sahara. Überliefert sind Erkundungsfahrten mauretanischer Seefahrer in kanarische Gewässer vor der Zeitenwende, und wahrscheinlich fanden mit dem Tauschhandel auch Fertigkeiten und Gebräuche ihren Weg auf die Inseln.

Lange Haltbarkeit und die Möglichkeit, auch Getreide minderer Qualität durch Rösten genießbar zu machen, waren Vorzüge, welche die steinzeitlichen Jäger und Sammler zu schätzen wußten. Der Gofio blieb als kalorien- und ballaststoffreiches Gericht über Jahrhunderte hinweg die Ernährungsgrundlage der Ureinwohner und später auch der spanischen Landarbeiter. Normalerweise vermischte man den Getreideschrot mit Wasser, Schweinefett, Molke oder Wein, in der »Luxusversion« auch mit gehackten Mandeln und Ziegenmilch.

Heute findet der Gofio am ehesten noch in ländlichen Haushalten Verwendung. Wurde jedoch früher vorwiegend Gerste verwendet, verarbeiten die Mühlen heute auch Mischungen aus Mais, Weizen, Roggen, Hafer und sogar Reis. Auf Speisekarten sucht man Gofio aber meist vergeblich – sei es, weil sich der Wirt geniert, dem Fremden das altmodische Nahrungsmittel anzubieten, sei es, daß man dem Gast eine kulinarische Enttäuschung ersparen will. Jedenfalls bedarf es einer ausdrücklichen Nachfrage, um als Vorspeise *gofio con chicharones* (Gofio mit Schweinegrieben), als Beilage zu Suppe oder Eintopf *escaldón* (mit etwas Brühe vermischter Gofio) oder als Nachtisch Gofio mit Milch und Honig serviert zu bekommen. Unter kanarischen Traditionalisten erfreut sich Gofio großer Beliebtheit, allerdings raten die Ärzte zu Mäßigung: Der hohe Anteil an Kohlenhydraten und die schwere Verdaulichkeit entsprechen nicht den Normen zeitgemäßer, leichter Kost.

Das Brot der armen Leute

Bis vor nicht allzu langer Zeit bestand die Stärkung der kanarischen Bauern und Feldarbeiter in erster Linie aus geknetetem Gofio mit etwas Flüssigkeit. In Notzeiten allerdings – und die gab es auf den Inseln oft genug – mußte der zähe Teig gestreckt werden. Konnte man auf geröstete und gemahlene Kichererbsen zurückgreifen, die dem Gofio beigemischt wurden, fühlten sich die Menschen noch gut versorgt. Schlimmer waren die Zeiten, wenn die Frauen Farnwurzeln ausgraben oder Lupinensamen sammeln mußten, um die Ernährung ihrer Familien sicherzustellen. Die Farnwurzeln wurden geröstet, gemahlen und zu Fladen verbacken. Phantasiereich erhielt das Armutsessen den Namen *pan de helecho:* Farnbrot. Um die Samenbohnen der wildwachsenden Lupine, eines Hülsenfruchtgewächses, genießbar zu machen, mußten diese, in Säcke abgefüllt, vier bis fünf Tage in fließendem Wasser oder im Meer eingeweicht werden, damit die Bitterstoffe verschwanden. Heute ißt man die Samen von speziell gezüchteten süßen Lupinen als Knabberzeug *(chochos)* zum Wein oder Bier. Hierzu werden die Samen vier bis fünf Tage gewässert, dann weichgekocht und in Wasser aufbewahrt. Zum Verzehr bestreut man die *chochos* mit Salz, auf dem Land werden sie bis heute gern auf Wein- oder Yamswurzelblättern angerichtet.

Nachdem die gerösteten Getreidekörner gemahlen waren, schütteten die Bauern früher auf dem Feld den frischen Schrot in einen Beutel aus Ziegenleder.

Normalerweise kam etwas Wasser hinzu, an besonderen Tagen oder bei wohlhabenden Bauern konnte es auch einmal Molke oder gar ein Schluck Weißwein sein.

Es braucht kräftige Hände, um den Lederbeutel mit dem Gofio durchzuwalken. Der Getreideschrot und die Flüssigkeit verbinden sich zu einer homogenen Masse.

Nun ist der Gofio zum Verzehr bereit. Man ißt ihn kalt aus dem Beutel oder rührt ihn mit etwas Brühe an und gibt ihn dann in die Suppe oder den Eintopf.

Gemahlener Gofio ist im Naturkosthandel auch abgepackt erhältlich.

Conquista culinaria

Als portugiesische, genuesische und spanische Seefahrer im 13. und 14. Jahrhundert auf der Suche nach Land und Sklaven in kanarischen Gewässern aufkreuzten, war es mit dem friedlichen Leben der Ureinwohner vorbei. Die Eroberung des Archipels begann 1402 mit der Landung des normannischen Adligen Jean de Béthencourt auf Lanzarote. Fast einhundert Jahre leistete die kanarische Urbevölkerung Widerstand, bis die Inseln 1496 nach der Unterwerfung Teneriffas endgültig der spanischen Krone unterstellt wurden.

Schon im Jahr 1492 hatte Christoph Kolumbus Amerika entdeckt, und bald wurden die kanarischen Häfen wichtigster Ausgangspunkt für die Westindienfahrt der königlichen Flotte. Der Amerikahandel konzentrierte sich auf Santa Cruz de La Palma, das binnen weniger Jahre zum drittgrößten Hafen Spaniens aufstieg. Auf dem Weg über den Atlantik machten die Schiffe auf den Kanaren Halt, um Sklaven, Waren, Wasser und Proviant aufzunehmen, auf der Rückreise transportierten sie Gold, Silber, Gewürze und Rohstoffe. Kaufleute, aber auch Schmuggler und Glücksritter aus ganz Europa beteiligten sich am legalen und illegalen Handel, sie bewegten für damalige Verhältnisse enorme Warenströme. In Schwung gehalten wurde das Geschäft durch den ständigen Zufluß von Silber und Gold, welche die spanischen *conquistadores* auf ihren Beutezügen in Südamerika zusammenrafften und nach Spanien schickten.

Freilich blieb es nicht bei diesen Reichtümern allein. Ohne die Konquistadoren sähe die alte Welt heute weniger bunt aus – bis hinein in die Kochtöpfe. Denn die spanischen Eroberer brachten aus Mittel- und Südamerika nicht nur Gold und Silber mit, sondern auch viele kulinarische Schätze, die aus dem europäischen Alltag nicht mehr wegzudenken sind: Kartoffeln und Bohnen, Tomaten und Avocados, Papayas und Maracujas, Mais, Kakao und Tabak.

Nicht immer allerdings waren die Kanarischen Inseln mit Überfluß gesegnet. Dürrezeiten und Hungersnöte zwangen die Bewohner immer wieder, ihr Glück im Ausland zu suchen, so daß es in den vergangenen Jahrhunderten wiederholt zu Auswanderungswellen nach Südamerika kam, vorwiegend nach Venezuela und Kuba. Hatte es ein Canario nach Jahren harter Arbeit zu Geld gebracht, zog es ihn oft auf seine Heimatinsel zurück. Mit ihm wanderte ein Stück lateinamerikanischer Kultur ein: Musik und Tanz, Essen und Getränke. So dauerte der kulinarische Austausch mit Lateinamerika bis ins 20. Jahrhundert hinein.

Die beliebtesten Saucen und Tunken sind roter und grüner *mojo* sowie die weiße Käsecreme *almogrote*.

Kartoffeln

Die geographischen und klimatischen Verhältnisse der Kanarischen Inseln erlauben es den Landwirten, die zum Teil ausschließlich Kartoffeln anbauen, drei Ernten pro Jahr einzufahren. Die vorwiegend kleinbäuerlichen Betriebe bauen Sorten an, die den sehr unterschiedlichen lokalen Bodengegebenheiten angepaßt sind. Die bekanntesten sind *Bonita, Jaerla, Margara, Ortodate, Cara* und *Negra (Chiquita Arrugada).* Wenn am Ende des Winters in Mitteleuropa noch die letztjährigen Knollen gegessen werden, liefern die Kanaren die ersten Frühkartoffeln an die Großmärkte. In den vergangenen Jahren ist der Exportanteil allerdings gesunken. Gegen landwirtschaftliche Großbetriebe, die in anderen EU-Ländern mit ausreichender Wasserversorgung und weitflächigen Feldern leichter produzieren, haben die Kanaren einen schweren Stand.

Die Kartoffel ist ein Erbe der Inkas. Um 1550 brachten die Eroberer sie aus den Anden nach Europa mit, wo sie als Kuriosität in botanischen Gärten gezüchtet wurde. Erst später erkannte man ihren Wert als Nahrungsmittel. Auf den Kanaren begann der Anbau im 17. Jahrhundert. Nach lateinamerikanischer Tradition heißen die Knollen hier *papas,* im Unterschied zu Festlandspanien, wo sie *patatas* genannt werden.

Eine Spezialität der insularen Küche sind *papas arrugadas:* runzlige, salzverkrustete Kartoffeln, die als Beilage zu Fleisch- und Fischgerichten serviert werden. Am besten eignen sich sehr kleine Sorten wie die *papa negra* aus Teneriffa, die *bonita* aus Gran Canaria oder die *ojitos* genannten rosa gefärbten, gleichmäßig kleinen Kartoffeln. Das Rezept für die verschrumpelten Erdäpfel soll aus der Not geboren sein, da die Canarios früher aus Mangel an Süßwasser ihre Kartoffeln in Meerwasser kochten. Mit den Fingern aufgebrochen und samt Pelle in scharfe Sauce *(mojo)* getunkt, schmecken sie am besten.

Papas arrugadas
Runzelkartoffeln

1 kg kleine, festkochende Kartoffeln
1–2 EL grobes Meersalz

Kartoffeln gut waschen und mit der Schale in einen Topf geben. Soviel Wasser angießen, daß die Kartoffeln knapp bedeckt sind. Salz zufügen und die Kartoffeln in ca. 20 Minuten gar kochen. Das Wasser abschütten. Die Kartoffeln im Topf noch einmal auf den Herd stellen und ausdampfen lassen, bis sich auf der trockenen Schale eine Salzschicht gebildet hat, dabei mehrmals den Topf rütteln. Sofort servieren.

Saucen und Tunken

Mojos sind kalte Saucen auf der Basis von Essig und Öl. Rote und grüne *mojos* kennt man auf allen Inseln, eine Tunke mit Käse stammt aus La Gomera. Die Saucen werden zu Kartoffeln, Fisch und Fleisch separat gereicht. *Mojo colorado* auf Basis milder kanarischer Paprikaschoten wird durch kleine scharfe Pfefferschoten zu pikantem *mojo picón.* Auch grüne *mojos* gibt es in zwei Varianten: als *mojo verde* mit Petersilie und als *mojo de cilantro* mit frischem Korianderkraut. *Salsa almogrote* mit gereiftem Ziegenkäse, manchmal auch als *mojo de queso* bezeichnet, paßt gut zu *papas arrugadas* oder aufs Brot.

Mojo picón
Scharfe rote Paprikasauce

4 getrocknete, kanarische rote Paprikaschoten
1/4 TL Kreuzkümmel
2–4 Knoblauchzehen, halbiert
1–2 getrocknete rote Chilischoten
1/2 TL Meersalz
1/4 l Olivenöl
etwas altes Weißbrot
Essig zum Abschmecken

Die Paprikaschoten in warmem Wasser 15 Minuten einweichen. Das Wasser abschütten und die Paprikaschoten gut abtropfen lassen. Im Mixer Paprikaschoten mit Kreuzkümmel, Knoblauch, Chilischoten und Meersalz zu einer feinen Paste zermahlen. Olivenöl nach und nach zugeben. Je nach gewünschter Konsistenz etwas Wasser oder entrindetes Weißbrot untermischen. Mit Essig abschmecken. Zum Aufbewahren in Gläser abfüllen, mit etwas Olivenöl abdecken und luftdicht verschließen.

Mojo de cilantro
Grüne Sauce mit Koriander

1/4 TL Kreuzkümmel
3–4 Knoblauchzehen, gehackt
1/2–1 TL Meersalz
1 Bund frischer Koriander
200 ml Olivenöl
frisch gemahlener Pfeffer
Essig zum Abschmecken

Kreuzkümmel im Mörser oder im Mixer mit dem Knoblauch und dem Meersalz zermahlen. Den Koriander waschen, trockenschütteln und die Blättchen von den Stengeln zupfen. Blätter in den Mörser geben und das Olivenöl langsam zugießen. Alles gut zu einer dicklichen Paste verarbeiten, eventuell noch etwas Wasser zufügen. Mit Pfeffer und Essig abschmecken.

Fisch aus dem Kanarenstrom

Ohne den Kanarenstrom und die Passatwinde wäre der Archipel der Kanaren ein Stück Nordafrika: wüstenhaft trocken, unwirtlich, abweisend. Lanzarote und Fuerteventura, knapp jenseits von Afrika, vermitteln davon schon einen Eindruck. Doch auf den meisten Inseln sorgt der relativ kühle Kanarenstrom, ein Ausläufer des Golfstroms, für ein angenehmes, nicht zu heißes Klima im Sommer und Winter.

Die Sonneneinstrahlung, die Wassertemperatur, die Strömung und der Auftrieb von nitrat- und phosphathaltigem Wasser aus größeren Tiefen an die Oberfläche fördern das Wachstum von Plankton, das wiederum Voraussetzung für die Nahrungskette der Fische ist. Die Gewässer um die Kanaren bieten deshalb beste Bedingungen für eine ungewöhnliche Artenvielfalt: Wrackbarsch, Riesenzackenbarsch und Blauer Merlin sind hier ebenso zu Hause wie Papageifisch, Alfonsino, Goldmakrele, Meeraal und Muräne. Allerdings wurden die einst reichen Fanggründe durch Überfischung immer ärmer. Spanische, portugiesische und marokkanische Fischereiflotten sorgten mit ständig perfektioniertem Gerät dafür, daß die Fangmengen stiegen, ohne jedoch den Beständen die nötige Regenerationszeit einzuräumen. Die in Brüssel ausgetragenen Auseinandersetzungen um Fangquoten belegen, wie hart die Konkurrenz vor allem zwischen spanischen und marokkanischen Fischern um die kanarischen Fanggründe geworden ist.

Die Fischauswahl auf kanarischen Speisekarten ist deshalb in den letzten Jahren sehr zurückgegangen. Häufig findet man Thunfisch, Makrelen und Sardinen, seltener verirrt sich ein Papageifisch unter die *pescados del día* (Fische des Tages). Die Canarios bereiten Fisch am liebsten in saftigen Eintöpfen zu oder einfach *a la plancha:* mit Öl sowie etwas Knoblauch und Petersile auf der heißen Platte gebraten. Dazu gibt es fast immer scharfe grüne Sauce *(mojo verde)* und Runzelkartoffeln *(papas arrugadas).* Ein traditionelles Gericht für den 11. November, den Martinstag, ist knusprig gebratener Stockfisch mit gekochten Eßkastanien oder Kochbananen. Dazu genießt man gerne neuen Wein.

Die Muräne *(morena)* mag furchterregend aussehen – auf den Kanaren kommt sie häufig auf den Teller.

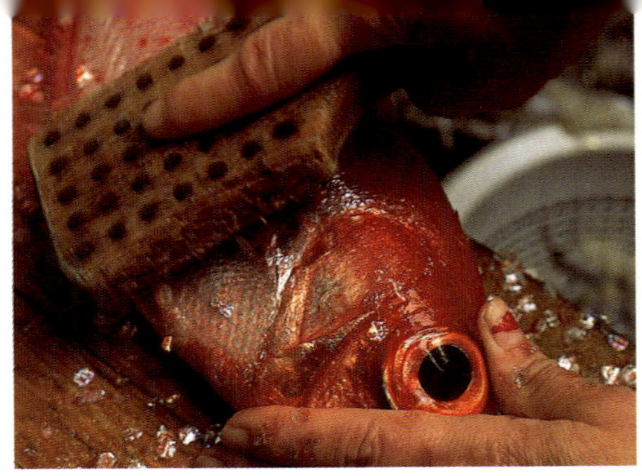

Der fangfrische Fisch muß zuerst mit einer Drahtbürste entschuppt werden. Man bürstet dabei vom Schwanzende zum Kopf hin, am besten unter fließendem Wasser.

Nun halbiert man den Fisch entlang der Mittelgräte. Man kann ihn ganz durchschneiden oder aber nur die Brustgräten durchtrennen und den Fisch aufklappen.

Auf den Kanaren wird der Fisch häufig mitsamt dem Kopf zubereitet. Beim Durchschneiden wird also auch der Kopf mit einem scharfen Messer durchgeschnitten.

Der Fisch wird zuerst mit der inneren Seite nach unten gebraten. Dann wendet man ihn (oben) und brät die Außenseite, bis der Fisch schön knusprig ist (unten).

Napfschnecken

Sobald sich der Atlantik bei Ebbe um ein paar Meter zurückgezogen hat und die feuchten Klippen freiliegen, klettern ganze Familien zwischen den glitschigen Felsen herum, um mit scharfen Messern die schmackhaften *lapas* vom Untergrund zu lösen. Die Napfschnecken haben sich, dicht mit grünen Algen bewachsen, ihrer Umgebung so gut angepaßt, daß sie nur mit geübtem Blick erspäht werden können. Von der runden bis ovalen, schartigen Kalkschale geschützt, kleben sie fest auf den Steinen. Es gehört schon einiges Geschick dazu, sich barfuß zwischen Tang und glasharten Gesteinsbrocken zu bewegen, ohne dabei auszugleiten und die schon gesammelten Meeresfrüchte zu verlieren. Für die Küstenbewohner ist die Schneckensuche am Wasser ein beliebtes Hobby, das an guten Tagen durch den Verkauf der Ausbeute an nahegelegene Restaurants ein paar Peseten in die Tasche bringt. Die Zubereitung der Schnecken, die gern als Tapas gegessen werden, ist einfach, man ißt sie gern mit pikanter Sauce:

Lapas con mojo

Napfschnecken in pikanter Sauce

7 Knoblauchzehen, gehackt
1 EL gehackte Petersilie
1/2 TL Meersalz
1/2 TL Kreuzkümmel
1/8 l Weißwein
1/8 l Olivenöl
1–2 EL Semmelbrösel
1 kg Napfschnecken im Gehäuse, küchenfertig

Den Knoblauch mit Petersilie, Salz und Kreuzkümmel im Mörser zerstampfen. Nach und nach den Weißwein und das Olivenöl einrühren. Soviele Semmelbrösel zufügen, daß eine dickflüssige Paste entsteht.

Die Schnecken auf einem Grillrost oder einer Platte über die heiße Glut legen. Auf jede Schnecke einen Klacks der Paste geben. Die Schnecken sind fertig, wenn sie sich aus dem Gehäuse zu lösen beginnen. Sofort servieren.

Alfonsiño frito
Gebratener Alfonsino-Fisch

4 Alfonsino-Fische à 350 g, ersatzweise rote Meerbarben oder Papageifisch, küchenfertig
Salz und Pfeffer
Saft von 1 Zitrone
200 ml Olivenöl
4 Knoblauchzehen, in dünne Scheiben geschnitten
2 EL Petersilienblättchen
Saft von 1 Zitrone

Die Fische waschen, trockentupfen, nach Wunsch die Köpfe wegschneiden. Fische entlang der Mittelgräte durchtrennen. Mit Salz und Pfeffer einreiben, mit Zitronensaft beträufeln und 10 Minuten ziehen lassen. In einer großen Eisenpfanne das Öl erhitzen. Die Fische mit der Innenseite in das Öl legen und goldbraun braten. Vorsichtig wenden, Knoblauch und Petersilie dazugeben. Braten, bis auch die zweite Seite knusprig ist. Fische auf vorgewärmten Tellern anrichten, Petersilie, Knoblauch und etwas Öl sowie Zitronensaft darüber verteilen und sofort servieren.

Hintergrund: Der Alfonsino ist ein Fisch, der nach dem Fang zunehmend seine rote Farbe entwickelt. Auf den Kanaren wird er meist gebraten serviert.

Gemüse

»Irgend etwas, das schmeckt, ist immer reif«, lautet eine beliebte Redensart der Canarios. Kaum ist ein Feld abgeerntet, werden bereits neue Pflanzen gesät oder gesteckt. Jahreszeitlich bedingte Wachstumspausen gibt es hier kaum, nur die Bewässerung bestimmt den Rhythmus von Blühen und Reifen. Als Schutz vor zu intensiver Sonneneinstrahlung und Austrocknung sind ganze Landstriche mit Plastiknetzen und -planen überzogen, unter denen Salat, Gurken, Tomaten, Bohnen, Erbsen, häufig aber auch Bananen wachsen. Viele Kleinbauern produzieren vor allem zur Selbstversorgung und zum Verkauf in örtlichen Märkten und Läden. In bunter Vielfalt wachsen kiloschwere grüne und gelbe Kürbisse *(bubangos)*, sattgrüner Mangold, Lauch, Kohl und Fenchel, roter und grüner Paprika, Pfefferschoten, weiße, rote, grüne und schwarze Bohnen, Erbsen, Mais, Zwiebeln, Knoblauch und Spinat, Rettiche, Kichererbsen und Linsen.
Eine kanarische Kuriosität ist die in Lateinamerika beheimatete Kürbisart *chayote*. Die großblättrige Pflanze windet sich an Bäumen hoch, ihre birnenförmigen, stacheligen Früchte schmecken, wenn sie gekocht sind, ähnlich wie Zucchini. Mit Hackfleisch und Kräutern gefüllt sind sie eine echte Köstlichkeit. Rein vegetarisch oder auch kombiniert mit verschiedenen Fleischsorten, vor allem vom Schwein und Zicklein, verbinden sich all diese Gemüsesorten zu schmackhaften kanarischen Eintöpfen.

Chayote-Kürbis

Es gibt kaum eine Gemüsesorte, die auf den Inseln nicht wächst. Entsprechend bunt sind kanarische Eintöpfe.

In kanarischen Gemüsegärten sind verschiedene Kürbisgewächse zu finden (oben). In einen deftigen *puchero canario* gehören außerdem Kichererbsen, Süßkartoffeln, Mais, Kohl und Lauch (großes Bild) sowie zwei Fleischsorten, Speck und Würste.

Gemüse und Fleisch

Puchero canario
Kanarischer Eintopf

200 g Kichererbsen
2 gepökelte Schweinerippchen
500 g Rindfleisch (Wadschenkel)
100 g geräucherter Speck
Salz
¼ TL schwarze Pfefferkörner
1 Zwiebel, gespickt mit 2 Gewürznelken und
1 Lorbeerblatt
2 Knoblauchzehen
250 g grüne Bohnen
250 g grüner Kürbis (Fruchtfleisch)
250 g gelber Kürbis (Fruchtfleisch)
250 g Weißkohl
2 große Süßkartoffeln
2 frische Maiskolben
1 Tomate
1 Kräutersträußchen (Petersilie, Koriander und Oregano)
2 Chorizo-Würste

Die Kicherbsen über Nacht in reichlich Wasser einweichen. Am nächsten Tag die Kichererbsen abschütten und in ein Netz oder Mullsäckchen füllen. In einem großen Topf die Schweinerippchen, das Rindfleisch und den Speck mit 2 l Wasser zum Kochen bringen. Mehrmals abschäumen, dann die Kichererbsen zufügen, mit wenig Salz, Pfefferkörnern, der gespickten Zwiebel und dem Knoblauch würzen. Das Ganze ca. 1½ Stunden zugedeckt bei mittlerer Hitze kochen lassen, eventuell noch etwas Wasser nachgießen. Dann das Fleisch und die Kichererbsen aus der Brühe heben, die Brühe in einen zweiten Topf abseihen.
Das Gemüse putzen und kleinschneiden. Mit dem Kräutersträußchen und den Kichererbsen kochen lassen, bis das Gemüse weich ist. 10 Minuten vor Ende der Kochzeit die Rippchen, das Fleisch und die Würste einlegen und in der Suppe erwärmen.
Traditionell wird zuerst die Brühe mit etwas Gofio serviert, dann folgen in einem zweiten Gang Gemüse, Fleisch und Würste.

Potaje de berros
Brunnenkressesuppe

200 g getrocknete weiße Bohnen
200 g geräucherter Speck, gewürfelt
1 Zwiebel, fein gehackt
2 Knoblauchzehen, fein gehackt
2 reife Tomaten, enthäutet und in Würfel geschnitten
500 g Kartoffeln, in Würfel geschnitten
Salz und Pfeffer
1 Messerspitze gemahlener Kreuzkümmel
2 Bund Brunnenkresse
einige Safranfäden

Die Bohnen über Nacht einweichen. In einem großen Topf den Speck auslassen. Zwiebel und Knoblauch zufügen und glasig dünsten. Dann die Bohnen mit dem Einweichwasser dazugeben und 1 Stunde köcheln lassen. Tomaten und Kartoffeln untermischen, mit Salz, Pfeffer und Kreuzkümmel würzen. Das Ganze noch ca. 25 Minuten garen, bis die Zutaten weich sind. Die Brunnenkresse waschen und verlesen, grobe Stengel entfernen. Brunnenkresse hacken und mit dem Safran unter die Suppe mischen. Einige Minuten köcheln, abschmecken und mit grünem *mojo* oder Gofio servieren.

Carajacas
Marinierte Leber

6 Knoblauchzehen, gehackt
1 EL gehackte Petersilie
1 TL Meersalz
⅛ l Olivenöl
⅛ l Weinessig
1 TL scharfes Paprikapulver
½ TL Oregano
½ TL Thymian
4 Scheiben Rinderleber à 200 g
Öl zum Braten
1 Messerspitze Kreuzkümmel
frisch gemahlener Pfeffer

Für die Beize den Knoblauch im Mixer mit Petersilie und Salz zermahlen. Nach und nach Olivenöl, Essig, Paprikapulver, Oregano und Thymian untermischen. Die Leber waschen, trockentupfen und in eine Porzellan- oder Glasschüssel legen. Mit der Beize übergießen und mehrmals darin wenden. Über Nacht zugedeckt im Kühlschrank marinieren. Etwas Olivenöl in einer Pfanne erhitzen und die Leber darin von beiden Seiten braten. Fertige Leber aus der Pfanne heben und warmstellen. Die Beize in den Bratfond einrühren, etwas einkochen lassen. Mit Salz, Pfeffer und Kreuzkümmel abschmecken. Leber mit der Sauce anrichten. Dazu gekochte Kartoffeln reichen.

Karneval auf Teneriffa

Die zarte Schönheit kann die Last kaum tragen: Tausende von Glasperlen und Pailletten schmücken das Pfauenkostüm der *Reina,* der Karnevalskönigin. Geschickt gestützt von versteckten Fiberglasstäben schlägt der Pfau auf ihrem Rücken ein meterhohes Rad aus schillernden Federn – ein Zeichen von Macht und Würde. Die Königin wurde gewählt, nun kann der Karneval von Teneriffa beginnen.

Zwei Wochen dauert das offizielle Programm mit bombastischen Umzügen, Straßenfesten, Musik und Tanz. Da wird an nichts gespart, Orchester aus Kuba und Venezuela spielen heiße lateinamerikanische Rhythmen, begleitet von dunkelhäutigen Tänzerinnen, die sich auf prächtig ausgestatteten Bühnen präsentieren. Pomp und Kulissen, farbenfrohe Kostüme und originelle Maskierungen zeugen von Phantasie ohne Grenzen. Mit seinem närrischen Treiben, der Anarchie und Ekstase bis zur Erschöpfung braucht der Karneval von Teneriffa den Vergleich mit Rio de Janeiro nicht zu scheuen. Am Aschermittwoch ist jedoch nicht alles vorbei. Hier geht das närrische Treiben noch eine Woche weiter, und quasi als Vorbereitung für den kleinen Nachkarneval *(carnaval chico)* tragen die Feiernden am Aschermittwoch bei der »Beerdigung der Sardine« *(entierro de la sardina)* einen überlebensgroßen Fisch zu Grabe.

Natürlich wird auf den sinnen- und genußfreudigen Inseln während der Karnevalssaison erst recht geschlemmt. Salsa, Merengue und Cumbia kosten Energie, da muß man sich stärken, um die Nächte durchtanzen zu können! Und was wäre – gerade an den wilden Tagen – das Leben ohne süße Sachen? Die Canarios lieben sie ohne Wenn und Aber, gegen jede Diätvorschrift und wider den Rat des Hausarztes. Zucker, Honig, Sirup aus Zuckerrohr *(miel de caña)* und Palmen *(miel de palma,* siehe Seite 473), Mandeln, Rosinen, Zimt und Anis gehören ebenso dazu wie Schweineschmalz, Öl und Butter, um Kringel, Kekse und Teigtaschen goldgelb und knusprig zu backen.

Truchas de Navidad

Teigtaschen mit Süßkartoffeln

Teig:
500 g Mehl
125 g Schmalz
1 Eigelb
1 TL Zucker
1 Prise Salz
¼ l Weißwein

Der Karneval Teneriffas gilt neben dem Venedigs als buntester und wildester auf europäischem Boden. Wochenlang wird die Nacht zum Tage, viele vergleichen das Spektakel sogar mit Rio.

Auf Teneriffa dauert der Karneval eine Woche länger als anderswo. Wenn die Sardine naht, naht auch das Ende.

Mit einem feurigen Spektakel feiert man in Santa Cruz *el entierro de la sardina*: das Begräbnis der Sardine.

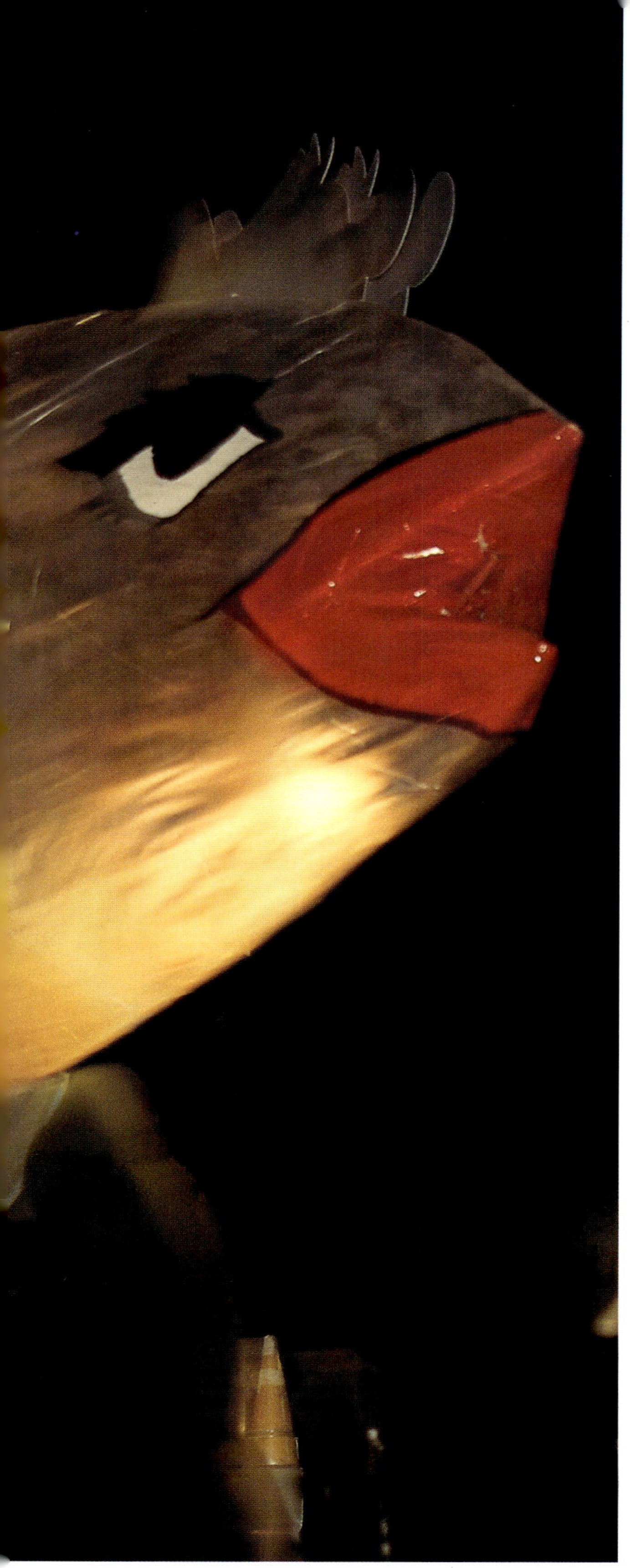

1 Für *truchas de navidad* (wörtlich »Weihnachtsforellen«) braucht man Mandeln. Sie werden geschält und gemahlen.
2 Aus Mandeln und Süßkartoffeln bereitet man mit Gewürzen eine Paste, mit der man dann den Teig füllen kann.
3 Nachdem man etwas Füllung auf das Teigstück gesetzt hat, klappt man den Teig zu einem Halbkreis zusammen.

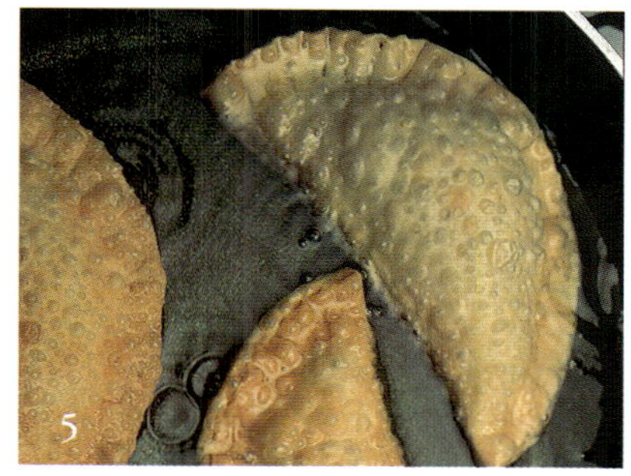

4 Mit einer Gabel werden die Ränder der Halbkreise fest angedrückt. Das sieht schön aus und hält die Füllung.
5 Im heißen Öl werden die *truchas* fritiert. Sie sollen eine schöne goldbraune Farbe haben und knusprig sein.
6 Mit Puderzucker bestreut schmecken die *truchas* noch besser – und das nicht nur an Karneval oder Weihnachten.

Füllung:
500 g gelbe Süßkartoffeln
75 g gemahlene Mandeln
1 Msp. Zimt
2 EL Zucker
abgeriebene Schale von 1/2 Zitrone
1 Msp. Anispulver

Mehl für die Arbeitsfläche
Ei zum Bestreichen
Öl zum Fritieren
Puderzucker zum Bestreuen

Aus Mehl, Schmalz, Eigelb, Zucker, Salz und Wein einen Teig kneten. Dabei soviel Wasser zugeben, daß der Teig geschmeidig wird. Teig zu einer Kugel formen und zugedeckt im Kühlschrank 1 Stunde ruhen lassen.
Für die Füllung die Süßkartoffeln schälen und kochen, anschließend abgießen und etwas auskühlen lassen. Dann durch die Kartoffelpresse drücken. Die Masse mit den restlichen Zutaten gut vermischen.
Den Teig auf einer bemehlten Arbeitsfläche dünn ausrollen, mit einem Glas Kreise ausstechen. In die Mitte jeweils 1 TL der Füllung setzen und Teigkreise über der Füllung einmal zusammenklappen. Ränder mit Ei bestreichen und mit einer Gabel fest zusammendrücken.
Das Öl in Pfanne oder Friteuse (175 °C) erhitzen und die *truchas* portionsweise goldbraun fritieren. Mit dem Schaumlöffel herausheben, auf Küchenpapier etwas abtropfen lassen. Vor dem Servieren mit Puderzucker bestreuen.

Bienmesabe
Mandelcreme »Schmeckt mir gut«

200 g gemahlene Mandeln
175 g Zucker
abgeriebene Schale von 1 Zitrone
1 Messerspitze Zimt
3–4 Eigelb (je nach Größe), verquirlt

Die gemahlenen Mandeln in einer trockenen Pfanne goldbraun (nicht zu dunkel) anrösten. Vom Herd nehmen. Den Zucker mit ca. 400 ml Wasser langsam zu einem klaren, dickflüssigen Sirup aufkochen. Unter Rühren Zitronenschale, Zimt und geröstete Mandeln untermischen, eventuell noch etwas Wasser angießen. Vom Herd nehmen, etwas auskühlen lassen und das Eigelb unterziehen. Die Masse noch einmal zum Kochen bringen. In eine Glasschüssel umfüllen und erkalten lassen. Bis zum Servieren im Kühlschrank aufbewahren.

Wenn die Sardine stirbt, ist der Karneval auf Teneriffa vorbei – und am Ende bleibt auch hier nur Asche.

Eine Ziege im Haus liefert täglich frische Milch, die für Menschen bekömmlicher ist als Kuhmilch. Aus einem Großteil machen die Bauern der Kanarischen Inseln Käse.

Um die frische Milch dickzulegen, benutzt man Lab *(cuajo)*. Dieses Enzym gewann man früher aus dem Magen neugeborener Tiere, heute wird auch künstliches Lab verwendet.

Die frische Milch wird auf etwa 40 Grad erwärmt. Dann gibt man unter Rühren das Lab hinzu und läßt die Masse ruhen, bis die Gallerte vollständig eingedickt ist.

Durch die Labgerinnung setzt sich die Molke von der Käsemasse ab. Um den Frischkäse zu gewinnen, drückt man die Gallerte vorsichtig mit den Händen aus.

Viele Ziegenkäsesorten auf den Kanarischen Inseln werden geräuchert. Dabei schwört jeder Bauer auf sein eigenes Rezept bei der Mischung der Hölzer. Der eine benützt zur Befeuerung die Zweige ganz bestimmter Bäume, der andere Heidekraut oder Rebholz. Außerdem kann man den Käse vor dem Räuchern leicht salzen, mit Kräutern würzen oder mit Paprikapulver einreiben, was der Rinde eine rötliche Färbung verleiht. So entstehen aus einem ähnlichen Ausgangsprodukt viele unterschiedliche Käsevariationen.

Nun wird der »Bruch« in Formen gefüllt und dabei weiter vorsichtig ausgepreßt, damit die Molke ganz ablaufen kann. Man kann hierzu auch Gazetücher benützen.

Indem die restliche Molke aus den Formen tröpfelt, setzt sich der Käse und wird mit der Zeit immer fester. Meist verzehrt man ihn auf den Kanaren schon als Frischkäse.

Nun drückt der Bauer dem Frischkäse noch seinen Stempel auf. Dies hebt das Image und ist außerdem Vorschrift, wenn das fertige Produkt im Laden verkauft werden soll.

Nun kann man den Frischkäse aus der Form nehmen. Er ist jetzt zum Verzehr bereit, wird aber bei vielen Herstellern noch gewürzt oder auch geräuchert.

Ziegenkäse

Ein kanarischer Ziegenkäse braucht eigentlich keine weitere Zugabe. Er schmeckt am besten pur, höchstens mit ein wenig Bauernbrot und ein paar Oliven. Gerne macht man daraus aber auch die beliebte Käsetunke *almogrote*.

Die Landflucht ist auf den Kanaren noch nicht gestoppt. Die Jungen und Unzufriedenen sind aus den Dörfern weggezogen, zurückgeblieben sind die älteren Menschen. Zwar muß heute niemand mehr schlimme Not erleiden wie zu Zeiten der Emigration nach Südamerika. Doch ohne den Garten hinter dem Haus kämen in vielen Familien weder Kartoffeln oder Gemüse noch Obst und Kräuter auf den Tisch. Man hält sich ein paar Ziegen, auch wenn es für die Alten, vor allem im Sommer, immer mühseliger wird, Futter für die nimmersatten Tiere herbeizuschaffen. Die Ziege im Stall bedeutet ein Stück wirtschaftliche Unabhängigkeit: Milch und Fleisch für den Eigenbedarf und Bargeld vom Erlös des verkauften Käses.

Kanarischer Käse stammt vorwiegend aus bäuerlicher Produktion. Verwendet wird meist rohe Ziegenmilch, auf manchen Inseln mischt man sie auch mit Schafs- und Kuhmilch. Nur knapp ein Fünftel der jährlich auf den Kanaren produzierten 8000 Tonnen Käse wird in Molkereibetrieben hergestellt – ein Ärgernis für Bürokraten und Reinlichkeitsfanatiker. Es hat daher in den vergangenen Jahren nicht an Versuchen gefehlt, die private Rohmilchkäserei einzuschränken, die Bauern und Ziegenhirten zu verpflichten, die Ziegenmilch in zentralen Molkereien abzuliefern, um sie dort unter hygienisch einwandfreien Bedingungen verarbeiten zu lassen. Aber was wäre das für ein Verlust! Jeder Bauer hat sein eigenes Rezept, und auf dem nächsten Hof können die Gaumenfreuden schon wieder ganz andere sein.

Der *Queso majorero* aus Fuerteventura verdankt seinen Namen der Tatsache, daß die Ziegen sich auf den Weiden hauptsächlich von Majoran ernähren und der Milch damit ein herausragendes Aroma mitgeben. Es gibt ihn in verschiedenen Reifestufen, häufig reift er auch mit Öl und Paprika oder sogar mit Gofio. Majorero-Käse hat die amtliche Herkunftsbezeichnung *Denominación de origen (D.O.)*.

Der bernsteinfarbene, würzige *Queso herreño* aus El Hierro wird mit Paprikapulver eingerieben und leicht geräuchert. Er erfreut sich wegen seines delikaten Geschmacks auch auf den anderen Inseln besonderer Wertschätzung.

Auch auf La Gomera machen die Bauern einen besonders kräftigen, pikanten Käse, der mit Heidekraut, Weinreben oder *tabaiba dulce*, einem ungiftigen Wolfsmilchgewächs, geräuchert wird. Er eignet sich besonders gut zur Herstellung der typischen Käsepaste *almogrote*, die man aufs Brot oder zu *papas arrugadas* ißt.

Ziegenkäse aus La Palma *(queso palmero)*, den man oft mit Mandelholz, Piniennadeln oder getrockneten Opuntienblättern räuchert, wird vor der Reifung leicht gesalzen. Seine Farbe ist außen leicht bräunlich, innen weiß bis hellgelb. Er hat ein mildes Aroma und schmeckt am besten, wenn er frisch und noch weich ist.

Kanarisches Picknick

Es muß nicht immer Sandstrand sein. Findige Individualtouristen entdeckten in den vergangenen Jahren eine neue, reizvolle Seite des kanarischen Archipels: Inselwandern im Atlantik. Die Vielfalt der Landschaft mit schwarzen Lavawüsten, kühlen Tälern und immergrünen Lorbeerwäldern stellt eine faszinierende Herausforderung für Naturfreunde dar – von Otto Normalwanderer bis zum ehrgeizigen Bergsteiger. Auch Inselhüpfen ist möglich, schließlich gibt es auf den Kanaren vier Nationalparks: auf Lanzarote den Nationalpark mit den Feuerbergen von Timanfaya, auf Teneriffa den Vulkan Teide und Las Cañadas, auf Gomera die Zedernwälder von Garajonay und auf La Palma den uralten Krater Caldera de Taburiente.

Vielfach verdingen sich die Landwirte der Inseln nebenbei als Wanderführer und decken den Picknicktisch mit Leckereien aus eigener Produktion. Die umsichtige Verwaltung der Nationalparks hat an ausgesuchten Stellen Rastplätze eingerichtet, wo ohne Gefahr auch gebrutzelt werden darf. Zu Fleisch und deftigen Paprikawürsten gibt es *mojo*, zu Salami und Schinken passen saftige Melonen und zum würzigen Ziegenkäse Mandeln, getrocknete Feigen und Landwein.

Rechts: Zu Ziegenkäse, frischen Feigen und selbstgebackenem Bauernbrot fehlt nur noch ein kräftiger Landwein – und das Inselidyll ist perfekt.

Wein vom Vulkan

Geschmack unterliegt dem Wandel der Zeiten, das ist bei Weinen nicht anders. War der schwere, alkoholreiche *Malvasía* oder Malvasier von den Kanarischen Inseln über Jahrhunderte hinweg für den europäischen Adel und vermögende Bürger das Luxusgetränk schlechthin, bevorzugten Feinschmecker und Weinfreunde im 18. Jahrhundert Kreszenzen aus Frankreich und Portugal. Der Weinexport von den Kanaren nach Europa kam fast zum Erliegen. Binnen weniger Jahrzehnte verkam eine große Weinkultur, die Anbauflächen schrumpften drastisch, und auf dem verbliebenen Rebland wurde nun minderwertige Ware produziert.

Auf Lanzarote jedoch hat die Tradition des Malvasiers überlebt. In der Gegend von Yaiza und San Bartolomé mit dem Weinort La Geria produzieren die Bodegas El Grifo und Mozaga charaktervolle *Malvasías*. Diese zeichnen sich vor allem durch ein muskatiges, aprikosenartiges Bukett aus. Als süße und halbsüße (Dessert-)Weine sind sie fruchtig und weich, nach kurzer Ausbauzeit im Holzfaß werden sie bernsteinfarben. Die strohfarbenen *secos*, die trockene Variante, haben eine feine Blume und sollten möglichst jung getrunken werden.

Der Schlüssel zu den guten Weinen Lanzarotes ist der *modo lanzaroteño,* ein spezielles Trockenfeldbau-Verfahren, das in dieser Form nur hier existiert. Obwohl es auf der wüstenhaften Insel kaum regnet, wachsen Weinstöcke und Obstbäume. Das Geheimnis sind die sogenannten Lapilli, dunkle Bimssteinchen, die durch Vulkanausbrüche als Schlacke auf den Ackerboden niederfielen und ihn unter sich begruben. Die Lapilli bestehen aus porösem Material, kühlen nachts schnell ab und verstärken damit die Kondensation der bodennahen Luftschichten. Die Folge: viel nächtlicher Tau. Begierig saugen die Steinchen die Feuchtigkeit auf und geben sie an die Pflanzen weiter. Am Tag dagegen schützen sie den Untergrund vor den sengenden Sonnenstrahlen und verhindern, daß der heiße Wind die Feuchtigkeit gleich wieder wegsaugt. Um den unter der Lapillischicht liegenden Mutterboden freizulegen, den die Pflanzen mit ihren Wurzeln erreichen müssen, werden etwa einen Meter tiefe Trichter ausgehoben, auf deren Grund man die Weinstöcke setzt. Als Schutz gegen den beständig aus Nordost wehenden Passatwind umgibt man die Trichter schließlich mit halbkreisförmigen Wällen aus Lavabrocken. So wächst unter schwierigsten klimatischen Bedingungen ein edler Wein heran.

Gut geschützt in kleinen Kratern wachsen auf Lanzarote die Reben für Wein. Die Erdtrichter werden aus dem typischen Lapilligestein der Insel künstlich aufgeschüttet.

Weinanbaugebiete der Kanaren

Teneriffa
1992 erhielt Teneriffa als erste Kanareninsel eine geschützte Herkunftsbezeichnung für Wein, die **D.O. Tacoronte-Acentejo.** Auf den größtenteils im Nordosten der Insel gelegenen Rebflächen kultiviert man vorwiegend die Sorten Listán Negro und Negramoll. Produziert werden frische, fruchtige Rotweine, daneben aber auch einige Rosés sowie Weißweine aus den Sorten Listán Blanco, Gual, Malvasía, Moscatel, Verdello und Vijariego.
Für seine guten Weißweine ist das Anbaugebiet der **D.O. Ycoden-Daute-Isora** bekannt, das seinen Namen dem Städtchen Icod de los Vinos verdankt. Hier wachsen bevorzugt die Sorten Malvasía und Listán Blanco, sie werden zu elf- bis 13prozentigen, aromatischen Weißweinen gekeltert. Zugelassen sind in dieser D.O. außerdem noch zehn weitere weiße sowie sieben rote Traubensorten.
Die **D.O. Abona** kann auf die höchstgelegenen Rebberge in ganz Europa stolz sein: Auf der Südseite Teneriffas wachsen auf einer Höhe von 200 bis zu 1600 Metern vorwiegend frische Weißweine und saftige, konsistente Rotweine.
Die **D.O. Valle de Güímar** befindet sich auf der Südostseite der Insel. Auch hier klettern die alten Rebgärten bis auf eine Höhe von 1500 Metern. Die Weißweine aus Listán blanco, die aus den höheren Lagen stammen und korrekt gekeltert und ausgebaut sind, weisen eine wunderbare Frucht, verbunden mit einer eleganten Weichheit, auf. In geringerem Maße findet man in dieser D.O. auch Rotweine.
An der Nordküste von Teneriffa wachsen in der **D.O. Valle de la Orotava** auf gut 400 Hektar Rebfläche runde, weiche Weißweine sowie fruchtige, sehr ansprechende Rotweine. Zu den zehn offiziell zugelassenen Hauptrebsorten gehören Pedro Ximénez, Malvasía, Moscatel, Listán Negro und Negramoll.

Lanzarote
Hauptsächlich Weißweine produziert das Gebiet **D.O. Lanzarote.** Es dominiert die Malvasía-Traube, daneben wachsen vor allem Listán Blanco, Diego und auch die rote Sorte Listán Negro.

La Palma
Das Hauptweinbaugebiet der **D.O. La Palma** liegt in Fuencaliente an der Südspitze der Insel. In modernen Anlagen werden leichte, trockene Tischweine meist aus den Reben Listán Blanco und Bujariego, ein Roter aus Negramoll und Listán Negro und als Reverenz vor einer großen Tradition *Malvasías* in trockener und süßer Variante abgefüllt. In Mazo, auf der Ostseite von La Palma, wird aus der Negramoll-Traube ein kräftiger Roter erzeugt.

El Hierro
Die **D.O. El Hierro** auf der kleinsten und trockensten Kanareninsel bietet auf weniger als 500 Hektar stolze zwölf Rebsorten. Die traditionellen Weine werden aus Mischsatz gekeltert, die modernen reinsortig hergestellt, wobei nur weiße Trauben wie Pedro Ximénez, Verdello oder Malvasía benutzt werden. La Gomera und Gran Canaria keltern Weine meist für den Eigenbedarf, nur wenig wird abgefüllt.

Vino de tea

Nur wenig hat sich seit Jahrhunderten in den Weinkellern im Norden La Palmas verändert. Noch immer werden die Trauben in großen Bottichen mit nackten Füßen ausgetreten, bevor man in Holzpressen den verbleibenden Saft ausquetscht. Vergoren wird der Most in 400-Liter-Holzfässern, den *pipas.* Besonders schonend gehen die Bauern mit dem heranreifenden Wein nicht um, sie geben auch schon mal Rosen- und Pfirsichblätter oder einen guten Schuß Tresterbranntwein in das Faß, damit der Tropfen nicht umkippt. Dies gilt hier als läßliche Sünde, ist der Wein doch nur für den Familienkonsum, für Freunde und Bekannte bestimmt und wird nicht abgefüllt. Selten verirrt sich so ein Fäßchen Landwein in ein Restaurant. Dem fremden Gast gewährt man ein Glas von diesem Rebensaft nur zögernd, denn der rauhe, hellrote Geselle hat eine Eigenart, die nicht jedem zusagt: Er schmeckt intensiv nach Harz. *Vino de tea* oder *Resina* (sein Geschmack erinnert an griechischen Retsina) verdankt sein Aroma der Lagerung in Fässern aus dem duftenden Kernholz *(tea)* der kanarischen Kiefer.

Bis zum 16. Jahrhundert galt Zuckerrohr für die kanarischen Inseln als süßes Kapital. Heute wird *caña de azúcar* nur noch in kleinen Mengen angebaut. Die Kinder lutschen Zuckerrohrstücke gern als süße Schleckerei, die Großen dagegen destillieren den Saft des Süßgrasgewächses zu hochprozentigem Rum.

Schnaps und Liköre

Ein echter Canario schwört auf das Familienrezept seines selbstgemachten Kräuterschnapses, der als Allheilmittel gegen allerlei Gebrechen verwendet wird und natürlich nach keinem üppigen Essen als *digestivo* fehlen darf. *Licores caseros,* hausgemachte Schnäpse, haben auf den Inseln eine lange Tradition. Denn wo Wein und Zuckerrohr wachsen, gibt es auch in ausreichender Menge einfachen Branntwein. Mit Rosmarin, Minze, Wermut, Kresse, Anis, Zimt, Zitronengras und Nelken angesetzt, verwandelt sich der Tresterschnaps *(orujo oder aguardiente)* zu einem aromatischen, bekömmlichen Getränk. Namen und Rezepte der Liköre und Schnäpse variieren von Insel zu Insel, so wie die Zutaten von den lokalen Gegebenheiten abhängen.
Auf Gran Canaria und La Palma, wo bis heute Zuckerrohr wächst, gibt es ordentlichen Rum. Die Einheimischen trinken ihn gern als *ron con miel:* Rum mit Honig, Zucker und Zitronensaft, auch *mejunje* genannt in Anlehnung an das arabische Wort *mechun* für »das Gemischte«. Auf Teneriffa bevorzugt man *yerbilla:* Rum mit Honig, angereichert mit Kräutern, Gewürzen und Kaffeebohnen. Rezept und Bezeichnung brachten kanarische Wiederheimkehrer einst aus Kuba mit. Und süße Seelen aus Lanzarote beenden einen geselligen Abend gern mit einem *malvasía fin de fiesta* aus trockenem Malvasier, Zucker, Eiern und Tee.

Zucker und Rum

Die Machete schwingen, mit einem Schlag die meterhohe Pflanze kappen – knapp über dem Erdboden nahe der Wurzel, damit kein Stück von dem süßen, saftigen Mark verlorengeht. Dann beim Aufrichten die Stengel beiseitelegen und wieder ausholen...
Der Rhythmus der Zuckerrohrernte klingt auf den Kanarischen Inseln weiter wie ein uraltes Ritual. Er ist stets der gleiche geblieben, keine Maschine nimmt dem Bauern die Arbeit ab. Auf Gran Canaria und im fruchtbaren, wasserreichen Nordosten von La Palma wächst *caña* noch wie zu Zeiten der Conquista, versteckt als kleine Inseln im grünen Meer der Bananenstauden. Doch nur noch wenige Pflanzer bestellen ihre Felder mit dem süßen Rohr, denn die Arbeit ist mühselig und der Gewinn angesichts der niedrigen Preise gering.
Vor 500 Jahren, als Zucker noch das schnelle Geschäft versprach, schufteten afrikanische Sklaven für die Plantagenbesitzer, die als Abenteurer und Glücksritter auf die Inseln gekommen waren. Sie hatten sich Land und Wasserrechte gesichert und mit dem lukrativen Zuckergeschäft ein Vermögen gemacht. Sogar das Augsburger Handelshaus der Welser besaß auf La Palma eigene Felder. Zucker galt damals noch als wertvolles Heil- und Stärkungsmittel, als Medizin gegen vielerlei Gebrechen. Nur Wohlhabende konnten es sich leisten, ihn zum Süßen ihrer Speisen zu verwenden, denn die Ware mußte für teures Geld von den Kanaren per Schiff nach Europa transportiert werden. Das Geschäft mit dem edlen Stoff lohnte sich für Anbauer, Händler und Reeder.
Doch schon im 16. Jahrhundert war der Boom zu Ende. Hohe Produktionskosten durch künstliche Bewässerung und Brennstoffknappheit sowie die preisgünstige Konkurrenz aus den mittelamerikanischen Kolonien machten den Anbau auf den kanarischen Inseln unrentabel. Für eine lokale Rumproduktion aber nutzen die Canarios das noch verbleibende Zuckerrohr bis heute. So brennen einige Destillen in San Andrés y Sauces auf La Palma und im Norden Gran Canarias einen ordentlichen Rum, den es als einfache weiße Spirituose gibt, aber auch in goldbraunen, faßgereiften Varianten mit ausgesprochen feinen Aromen (Abbildung unten).
Unverzichtbar ist der Saft des Zuckerrohrs auch für die Herstellung von *miel de caña,* dem Sirup, der in der kanarischen Küche gern für Backwaren und Süßspeisen verwendet wird.

Süsses vom Kletteraffen

Bis in die Kronen kanarischer Palmen müssen die Männer klettern, die den Grundstoff für Palmsirup *(miel de palma)* ernten. Mit einem Beil schlagen sie die oberen Palmwedel heraus, so daß die Pflanze an dieser Stelle Flüssigkeit zieht. Der Pflanzensaft *(guarapo)* wird mit einem Stück Schilfrohr in Eimer geleitet, die der *guarapero* vorher mit Seilen in der Baumkrone befestigt hat. Aus diesem Saft wird später durch Einkochen der beliebte Palmsirup. Man macht daraus vor allem Süßspeisen oder träufelt ihn einfach über Gebäck und Desserts. Auch mit Käse oder Gofio verträgt er sich gut. Außerdem soll Palmsirup eine desinfizierende Wirkung bei Halsschmerzen und anderen Entzündungen im Mund- und Rachenraum haben.

Unten: Rum von den Kanarischen Inseln hat es nicht gerade leicht, sich gegen die berühmten Konkurrenten aus der Karibik durchzusetzen. Doch der Kanarentrunk ist durchaus eine Verkostung wert. Die Produzenten auf Gran Canaria und auf La Palma bringen erstaunliche Qualitäten auf den Markt, auch faßgereifte Varianten.

Die Einlage einer Zigarre wird je nach Geschmack aus verschiedenen Tabakqualitäten komponiert.

Mit der *chaveta*, dem breiten Tabakmesser, werden die Einlageblätter zerkleinert, dann aufs Umblatt gelegt.

Der *tabacalero* umwickelt die Einlage mit dem Umblatt, das ebenfalls nach gewünschtem Aroma ausgewählt wird.

Nun werden die Zigarrenrohlinge gepreßt. Dazu steckt man sie in Holzkästen, diese in mechanische Pressen.

Handgerollte *puros* sind der Stolz der Tabakdreher von La Palma – und für viele das schönste Hobby.

Wie die Zigarre nach Spanien kam

Viele Eroberer reklamierten die Entdeckung des Tabaks für sich. Christoph Kolumbus jedoch war sicherlich der erste Europäer, der auf den von ihm entdeckten Inseln Indianer antraf, »die mit einer kleinen glimmenden Stange aus Kraut umhergingen, dessen Rauch sie einatmeten«, wie er verwundert in seinem Bordbuch festhielt. Er erwähnte auch, daß die Einheimischen die Umhüllung der Stengel *tabagos* und das darin enthaltene Kraut *cohiba* nannten. Die Mayas in Mittelamerika nannten die Tabakröllchen *jiq* oder *ciq*, was sich zu einem *Ciq-Sigan* entwickelte, aus dem sich schließlich das spanische *cigarro* ableitete.

Die Eroberer brachten die Tabakpflanze Anfang des 16. Jahrhunderts nach Spanien mit, von wo aus sie sich auf der ganzen Welt verbreitete. Zunächst als botanische Kuriosität betrachtet, galt der Tabak lange als Heilkraut, das geschnupft wurde. Es dauerte einige Zeit, bis sich die Gewohnheit durchsetzte, Tabak in Pfeifen zu rauchen. Erst mit der in Spanien entwickelten Methode, Tabak so zu trocknen und zu fermentieren, daß geschmeidige Deckblätter entstehen, welche die Einlage (den inneren Tabak der Zigarre) fest umhüllen, entwickelte sich eine neue Kultur des Tabakrauchens.

Die ersten spanischen Zigarren wurden 1676 in Sevilla produziert. Eine entscheidende Rolle bei ihrer Verbreitung spielten dann die Königlichen Manufakturen in der andalusischen Stadt, die im Jahr 1731 gegründet wurden. In ihrer größten Blütezeit um 1800 beschäftigten die Betriebe Tausende von Arbeitern, die täglich große Mengen von *puros* (»die Reinen«), wie man die Zigarren dort nannte, herstellten. So wurde Spanien zum Land der Zigarre. Heute importiert Spanien etwa 40 Millionen Stück jährlich, der Handel mit lateinamerikanischen Zigarren ist ein wichtiger Handelsfaktor geworden.

Viel Handwerkszeug braucht der *tabacalero* nicht: Am wichtigsten ist die *chaveta*, das Tabakmesser.

Zum Schluß wird noch das Deckblatt gewickelt. Hierfür nimmt man vom Tabak nur die makellosen Blätter.

Besonders für die Enden des edlen Glimmstengels braucht man echtes Finger- und Zigarrenspitzengefühl.

Die Enden des Deckblatts werden nun mit einem speziellen, aus pflanzlichen Stoffen hergestellten Leim verklebt.

Rauchzeichen aus La Palma

»Wenn ich mir eine echte *puro* anzünde, wird die Erinnerung wach an die alten Zeiten in Kuba: mein Großvater mit der Zigarre zwischen den Zähnen, der feine Duft – *hombre,* das war was!« Prüfend rollt der achtzigjährige Fernando Fernández seine Zigarre zwischen den Fingern. Er kennt sich aus, hat er doch sein ganzes Leben als *tabacalero* gearbeitet.

Nach der Castro-Revolution in Kuba war er nach La Palma zurückgekehrt, mit wenig Geld hat er wieder angefangen, *puros* (»die Reinen«) herzustellen. Der Einmannbetrieb hat die Familie gerade so ernährt. Inzwischen aber sind auf La Palma, der einzigen Insel des kanarischen Archipels, die Tabak anbaut und verarbeitet, die Zeiten schlecht geworden: Staatliche Stellen fördern Antiraucherkampagnen, die jüngere Generation greift lieber zur Zigarette, der Markt wird enger für gute Ware. Noch findet man aber auf La Palma einige klassische Familienbetriebe, in denen die Kunst des Zigarrendrehens von der älteren an die jüngere Generation weitergegeben wird.

Palmerische Zigarren gibt es seit etwa 100 Jahren. Als Spanien damals seine südamerikanischen Kolonien aufgeben mußte, kamen viele ehemalige Emigranten wieder auf ihre Inseln zurück, ausgestattet mit dem Know-how der Tabak- und Zigarrenproduktion. Auf La Palma wurde intensiv Tabak kultiviert und in kleinen Werkstätten, vorwiegend Familienbetrieben, zu Zigarren verarbeitet. Diese waren von so ausgezeichneter Qualität, daß sie sich mit einer Havanna messen konnten. Der Export nach Europa, vor allem nach England, Holland und Skandinavien, brachte einigen Wohlstand in die Dörfer, von dem heute noch verwitterte Villen im spanischen Kolonialstil zeugen.

Die edelste *puro,* die La Palma einst zu bieten hatte, entstand so: Die Einlage kam aus Breña Alta, von der Ostseite der Insel, das Umblatt aus El Paso im Westen und das Deckblatt aus Pflanzungen im Tal der Caldera de Taburiente. Aber auch die heutige Produktion muß sich nicht verstecken, sie ist von hervorragender Qualität. Die handgedrehte Corona vom Typ Havanna besteht aus einer palmerischen Tabakfüllung, umwickelt freilich von feinsten Blättern aus Brasilien oder Sumatra.

Und es gibt neue Hoffnung für Liebhaber der palmerischen Zigarre: Die Europäische Union plant die Förderung des Tabakanbaus, um dem traditionsreichen Wirtschaftszweig mit seinen Arbeitsplätzen und dem Markenzeichen *Puros hechos a mano en Canarias* (von Hand gefertigte kanarische Zigarren) die Zukunft zu sichern.

Kubanische Zigarren

Aus Kuba kommen die berühmtesten Zigarren der Welt. Havannas zu rauchen ist eine Weltanschauung, die nicht mehr nur ältere Männer in ihren Zirkeln pflegen. Auch junge Herren sprechen den duftenden Stengeln zu – und immer häufiger zünden sich auch Frauen genußvoll eine Havanna an. Und sie wissen warum.
Die außergewöhnliche Komplexität kubanischer Zigarren beruht vor allem auf dem guten Boden und den idealen Wachstumsbedingungen der Tabakpflanzen in der Provinz Pinar del Río westlich von Havanna. Sie allein machen den Unterschied, und deshalb findet man auch nirgends Zigarren, die geschmacklich mit einer echten Havanna vergleichbar wären.
Im Westen Kubas bauten schon die Ureinwohner Tabak an. 1541 eröffnete ein Spanier die erste Zigarrenfabrik der Insel, doch die meisten großen Marken entstanden in der ersten Hälfte des 19. Jahrhunderts: Partagás, H. Upmann, La Corona, Por Larrañaga, Punch, Bolívar, Romeo y Julieta und Hoyo de Monterrey.
Mehr noch als beim Wein ist die Herstellung von Premiumzigarren eine Kunst, in welche Maschinen nicht eindringen konnten. Von der sorgfältigen Auswahl der Sämlinge über das Pikieren, die Selektion der Blätter, das Trocknen, Fermentieren, Sortieren und Mischen bis zum Rollen und Verpacken der Zigarre bleibt alles *hecho a mano:* von Menschenhand gefertigt.
Die Cohiba ist die teuerste aller Havanna-Zigarren. Fidel Castro persönlich gab 1967 den Auftrag, die beste Tabakmischung und die attraktivsten Formate zu kreieren. Über Jahre hinweg blieb die Cohiba Diplomaten und hohen Staatsgästen vorbehalten. Da die besten Tabakblätter Kubas für diese edle Ware reserviert wurden, zog sich im Jahr 1990 der weltberühmte Genfer Zigarren-Papst Zino Davidoff unter Protest aus Kuba zurück, die Firma läßt seither in der Dominikanischen Republik und auch in Honduras produzieren.
Seit 1982 werden die begehrten Cohibas auch exportiert, zunächst in den Formaten Lanceros, Coronas Especiales und Panetelas. Die Formate Espléndidos, Robustos und Exquisitos vervollständigten 1989 die »Línea Clásica«, und erst 1992 – also 500 Jahre nach der Entdeckung Kubas durch Kolumbus – kamen unter der neuen Cohiba-Serie »La Línea 1492« die Formate Siglo I, II, III, IV und V dazu (*siglo* bedeutet Jahrhundert). Nach wie vor gelangt nur allerbester Tabak in diese Spitzenzigarren, und nur die besten Zigarrenmacher Kubas haben die Ehre, Cohibas mit ihren Händen rollen zu dürfen. In umfangreichen Qualitätstests wird ein Fünftel der Tagesproduktion von professionellen Testern *(catadores)* geprüft. Inzwischen kommen jedes Jahr knapp 3,5 Millionen Cohibas auf den Markt – das entspricht etwa einem Prozent aller in Kuba gerollten Zigarren.

Vom Umgang mit der Zigarre

Beim Zigarrenkauf ist es keine Schande, die Kiste zu öffnen und die feinen Stücke zu befühlen. Das Deckblatt sollte weder zu stark gerippt noch zu blaß oder fleckig sein. Um festzustellen, ob eine Zigarre richtig gelagert wurde, genügt es, sie am Brandende vorsichtig etwas zusammenzudrücken. Gibt sie elastisch nach und kehrt schnell wieder in ihre runde Form zurück, so hat sie die richtige Feuchtigkeit. Bleibt sie hingegen platt, dann fährt der Händler seinen Klimaraum zu feucht. Zeigt sich die Zigarre unelastisch und gibt wenig nach, so ist sie zu trocken. Ein zarter weißer bis grünlicher Staub auf der Oberfläche ist dagegen kein schlechtes Zeichen (und kein Schimmel!). Im Gegenteil: Der Belag zeigt, daß die Zigarre »lebt«, denn pünktlich zur natürlichen Blütezeit des Tabaks tritt aus den Blättern etwas Eiweiß aus. Man kann es einfach abwischen.
Zu Hause lagert man Zigarren am besten im Humidor, einem stets feucht gehaltenen Klimakasten aus Edelholz oder hochwertigem Acryl. Die Temperatur sollte 18 bis 20 Grad betragen, die Luftfeuchtigkeit zwischen 65 und 75 Prozent liegen.
Zum genußvollen Rauchen einer Zigarre braucht man Zeit und Geduld. Zuerst kappt man das runde Ende der Zigarre mit einem Zigarrenabschneider. Nun zündet man das edle Stück mit einem Gasfeuerzeug, Zedernholzspan oder einem langen Streichholz an. Die Zigarre sollte nicht die Flamme berühren, sondern langsam über dem Feuer gedreht werden, bis sie gleichmäßig brennt. Erst dann nimmt man den ersten Zug. Man raucht so langsam, daß das Deckblatt nicht heiß wird. Ein Kenner inhaliert übrigens niemals, um das feine Aroma nicht zu verlieren.
Die beim Verbrennen des Tabaks enstehende Asche kühlt und schützt die Glut und sollte deshalb nicht zu schnell entfernt werden. Alle vier bis fünf Minuten reicht bei einer hochwertigen Zigarre aus. Dabei sollte man die Asche nicht abklopfen, sondern am Rand des Aschenbechers abstreifen. Ungleichmäßiger Brand läßt auf eine zu lockere Wicklung schließen. Sollte die Zigarre einmal ausgehen, kann man sie wieder anzünden, wenn sie noch nicht über die Hälfte geraucht ist.

Oben: **Zigarren-Standardformate für Havannas**

1	Demi-Tasse	4"/102 mm	30
2	Panetela	4 1/2"/114 mm	26
3	Robusto	5"/127 mm	50
4	Pyramide/Torpedo	6 1/8"/156 mm	52
5	Kleine Corona	5"/127 mm	42
6	Corona	5 1/2"/140 mm	42
7	Große Corona	6"/152 mm	42
8	Churchill	7"/178 mm	47
9	Especial	71/2"/191 mm	38
10	Doppel-Corona	7 7/8"/200 mm	49

Links: **Cohiba-Formate**

1	Espléndido	7"/178 mm	47
2	Lancero	7 1/2"/191 mm	38
3	Corona Especial	6"/152 mm	38
4	Exquisito	5"/127 mm	36
5	Panetela	4 1/2"/114 mm	26
6	Robusto	5"/127 mm	50
7	Siglo V	6 3/4"/171 mm	43
8	Siglo IV	5 5/8"/142 mm	46
9	Siglo III	6"/152 mm	42
10	Siglo II	5"/127 mm	42
11	Siglo I	4"/102 mm	40

Länge und Dicke einer Zigarre gibt man in Zoll an (1" = ca. 25,4 mm). Den Durchmesser bezeichnet ein Ringmaß (rechte Spalte), bei dem man von der Maßeinheit $^{1}/_{64}$ Zoll ausgeht. Eine Zigarre mit dem Ringmaß 50 hat demnach den Durchmesser von $^{50}/_{64}$ Zoll.

Marken und Farben

Cohiba
Diese Zigarre ist der Inbegriff einer Havanna schlechthin. Sie ist im Aroma mittelkräftig bis kräftig.

Partagás
Da streiten sich die Kenner: Wer nicht auf Cohiba schwört, hält häufig diese Marke für die beste. Das ist natürlich Geschmacksache. Die aus der Gründerzeit der kubanischen Zigarrenindustrie stammende Firma produziert über 30 verschiedene Formate. Besonders kräftig sind der Figurado *Presidente,* und der Robusto *Serie D No. 4.* Als Vorzeigestück der Marke gilt die Doppel-Corona *Lusitania.*

Hoyo de Monterrey
In der Rangfolge der kubanischen Spitzenzigarren steht der Robusto *Epicure No. 2* dieser traditionsreichen Produzenten denen von Pártagas in nichts nach. Weitere Empfehlung: die sehr milde *Doble Corona.*

Montecristo
Das Format *»A«* dieser vermutlich bekanntesten Havanna-Marke ist das Flaggschiff der kubanischen Zigarrenindustrie schlechthin, und mit über 80 Mark Ladenpreis für eine einzelne Zigarre markiert diese über 23 Zentimeter lange Especial auch die absolute Preis-Spitze. Auch empfehlenswert: der Torpedo *No. 2.*

H. Upmann
H. Upmann war ein deutscher Bankier, der im 19. Jahrhundert nach Kuba auswanderte und zuerst nur für Geschäftsfreunde produzierte, bis er sich entschloß, ganz in Zigarren zu machen. Die bekannteste ist das schwergewichtige Churchill-Format *Sir Winston.*

Romeo y Julieta
Eine der ältesten und renommiertesten Marken in der Welt der Zigarren. Kenner loben sie wegen ihres delikaten Aromas. Für erfahrene Raucher empfiehlt sich die *Cazadores* als Probiertip. Aber Vorsicht: Diese Gran Corona sollte im Freien geraucht werden – so heftig und geruchsintensiv ist die Rauchentwicklung.

Saint Luis Rey
Nur die besten Tabake werden verarbeitet für diese Zigarre aus dem legendären Anbaugebiet Vuelta Abajo. Die meisten Formate sind bestens ausbalanciert zwischen Milde und Kraft. Vor allem die Doppel-Corona *Prominente* ist einen Versuch wert und kommt nahezu an den Pártagas-Star *Lusitania* heran.

Vegas Robainas
Dies ist die jüngste aller Havannas mit fünf Formaten, unter anderen Robusto und Torpedo. Wie sie sich entwickeln wird, wissen auch Fachleute noch nicht zu sagen. Schließlich benötigen Zigarren – wie auch guter Wein – eine großzügige Lagerzeit, um ihren subtilen Charakter zu entwickeln.

Weitere wichtige Marken sind **Punch** mit der erdigen und kräftigen *Punch Punch* sowie **Bolívar** mit dem Lonsdale-Format *Inmensas.* Relativ leicht und deshalb für Einsteiger gut geeignet sind Zigarren von **El Rey del Mundo.** Ebenfalls zu den leichten, eher süßlichen Vertretern gehören die eleganten Zigarren von **Sancho Panza,** etwa der erstaunlich milde *Torpedo Belicoso.*

Übrigens: Die Farbe einer Zigarre sagt nicht alles über ihren Geschmack und ihre Stärke aus. Diese werden hauptsächlich von der Qualität der Einlage und des Umblattes bestimmt. Das Deckblatt gibt ihr

dann noch feine Nuancen. Eine äußerlich schwarze Zigarre muß also nicht schwerer sein als eine mit blondem Deckblatt. Es gibt Havannas in folgenden Farben:
- *clarísimo* (grün)
- *claro* (alle hellen, goldbraunen Töne)
- *colorado* (rotraun)
- *maduro* (alle Brauntöne)
- *negro* oder *oscuro* (schwarzbraun)

Diese Hauptkategorien lassen sich nochmals in Zwischenabstufungen einteilen.

Glossar

a la brasa: vom Holzkohlengrill
a la marinera: nach Seemannsart (mit Weißwein, Zwiebeln und Tomaten gegart)
a la parrilla: vom Grill
a la plancha: auf der heißen Metallplatte gebraten (meist Fisch, Meeresfrüchte, Fleisch)
aderezar/aliñar: würzen, anmachen (Salat)
adobo: s. escabeche
ahumado: geräuchert
al ajillo: mit Knoblauch gebraten
al horno: im Ofen gebraten/gebacken
almuerzo: Vesper, herzhaftes zweites Frühstück
al pil-pil: unter ständigem Rütteln langsam in Öl mit Knoblauch gegart (Fisch), so daß sich die Gelatine des Fischs mit dem Öl zu einer gallertartigen Sauce verbindet
al vapor: im Dampf gegart
alimento(s): Nahrung, Lebensmittel
aliño: Dressing, Würze
arroz/arroces: Reis/Reisgerichte
asado: Braten, gebraten
aves: Geflügel
bien hecho: gut durchgebraten (Fleisch)
blanquear: blanchieren, kurz in kochendem Wasser vorgaren (Gemüse)
caldereta/caldeirada: Eintopfgericht, je nach Region mit Fisch und/oder Meeresfrüchten oder mit Fleisch (meist Lamm oder Ziege)
caldo: klare Brühe
caña: kleines Bier vom Faß
carne/carnes: Fleisch(gerichte)
caza: Jagd, Wildgerichte
cena: (meist größeres) Abendessen
cocido: dicker Eintopf, meist auf der Basis von Hülsenfrüchten und Fleisch
cocina casera: gutbürgerliche Küche, Hausmannskost
comida: Essen, Mahlzeit, Mittagessen
crustáceos: Krustentiere
degustación: Eß- oder Trinkprobe
desalar: entsalzen eines mit Salz konservierten Lebensmittels durch Einlegen in Wasser (z.B. bei Stockfisch oder Salzfleisch)
desayuno: Frühstück
descamar: entschuppen (Fisch)
desgrasar: entfetten (meist bei Suppen oder Saucen: erkaltetes Fett von der Oberfläche abschöpfen)
despepitar: entkernen von Früchten oder Gemüse
dorado: gebräunt, goldgelb angebraten
dulce: Süßspeise
engrasar: einfetten mit Butter, Öl oder Schmalz, z.B. von Backform oder Blech
ensalada: Salat
entradas/entremeses: Vorspeisen
escabeche/adobo: Beize, Marinade auf der Basis von Essig, Öl und Gewürzen
escalfar/pochar: pochieren, behutsam in nicht kochender Flüssigkeit garen (z.B. Eier)
estofado: geschmort, auch Schmorbraten
fondo: Fond, Saft, der nach dem Garen von Fleisch oder Fisch zurückbleibt, meist als Basis für Saucen
frito: in Öl fritiert; Fisch und Meeresfrüchte werden oft vorher in Mehl und Ei gewendet
frutas: Früchte, Obst
glasear: glasieren, mit Zucker oder Marmelade überziehen
gratinado: gratiniert, überbacken, durch starke Oberhitze überkrustet (auch mit Käse oder Semmelbröseln)
guarnición: Beilage
guisado: geschmort, angebraten und dann mit etwas Flüssigkeit gegart
huevos: Eier
ingredientes: Zutaten
en su jugo: im eigenen Saft
ligado: legiert, mit Sahne, Eigelb oder Butter gebunden
mariscos: Meeresfrüchte
merienda: Vesper, Imbiß am Nachmittag
mortero: Mörser, meist zum Zerkleinern von Gewürzen, Knoblauch oder Kräutern
olla, puchero: Eintopf (auch Kochtopf)
pan: Brot
en papillote: in der Folie gegart
pastelería: Backwerk
pescado: Fisch
plato: Teller, Gericht, Gang
postre: Nachtisch, Dessert
potaje: (meist dicke) Suppe
pote: Eintopf
queso: Käse
quitar las espinas: entgräten (Fisch)
rebozar: panieren, Zutaten (z.B. Fleisch, Fisch, Gemüse, Eier) vor dem Braten oder Fritieren in Mehl, Ei und Semmelbröseln wenden
rehogar: dünsten
relleno: gefüllt
salmorejo: Beize aus Öl, Essig, Salz und Pfeffer
salpimentar: mit Salz und Pfeffer würzen
salteado: gebraten
segundo (plato): zweiter Gang, Hauptgericht
solomillo: Filet, Lendenstück
sopa: Suppe
suprema: grätenfreies Stück Fisch oder knochenfreies Stück Fleisch
tapas: Appetithappen, kleine pikante Vorspeisen (kalt oder warm)
tostado: getoastet, geröstet (meist Brot)
verduras/hortalizas: Gemüse
vino tinto/blanco: Rot-/Weißwein

Text- und Rechtenachweis

Balearen
S. 59: »El Chiringuito – die Bude am Strand«, aus Ana María Matute: Die Rettung, in Strosetzki, Christoph: Spanien erzählt (Hg.), Übersetzer: Leopold Davi, Fischer TB, Frankfurt/M. 1991
S. 73: »Johannisbrot – die verkannte Frucht«, Marion Trutter, München

Aragonien:
S. 82: »Tapas-Kultur«, Harald Klöcker, Köln
S. 96/97: »Der Fisch der armen Leute« und »Schnecken«, David Schwarzwälder, Salamanca

Navarra:
S. 109: »Anglerglück«, aus Ernest Hemingway: Fiesta. Rowohlt TB, Hamburg 1977
S. 111: »Spargel – das Königsgemüse«, Marion Trutter
S. 127: »Andere Zeiten, andere Sitten«, aus Klaus Herbers (Hg.): Der Jakobsweg. Gunter Narr Verlag, Tübingen 1991

Baskenland:
S. 170: »Baskisch geht durch den Magen«, Marion Trutter

Asturien:
S. 207: »Blutwurst«, David Schwarzwälder, Salamanca
S. 215: »Was ist Lab?«, Marion Trutter

Galicien:
S. 227: »Treffpunkt Küche«, aus Emilia Pardo Bazán: Das Gut von Ulloa. Drei Eulen Verlag, Düsseldorf 1946

Kastilien-León:
S. 265: »Kluge Knöllchen«, Marion Trutter
S. 273 »Krebsfang am Sankt-Vitus-Tag«, aus Miguel Delibes: Vier alte Geschichten aus Altkastilien, in: Spanische Reise (Hg. Ignacio Echeverría, Claudio López de Lamadrid, Heinrich von Berenberg), Wagenbach Verlag Berlin 1987, span. Originalausgabe: Ediciones Destino

Madrid:
S. 299: »Klatschmarkt vor dem Kloster«, aus Nestor Luján: Die sieben Tode des Grafen Villamediana, Goldmann TB, München 1989

Kastilien-La Mancha:
S. 316: »Sanchos Sehnen«, aus Miguel de Cervantes Saavedra: Don Quijote, 2. Teil, Winkler Verlag, München 1973

Extremadura:
S. 352/253: »Zaubereien aus der Küche« und »Spanische Fliege«, Marion Trutter

Valencia:
S. 374: »Tintenfisch«, Walter Tauber, Gaüses/Girona

Murcia:
S. 407: »Feigen«, Walter Tauber, Gaüses/Girona

Andalusien:
S. 418: »Vorratshaltung«, Harald Irnberger, Conil
S. 421: »Getanzte Glut«, Marion Trutter, München
S. 425: »Das kulinarische Erbe der Mauren«, Harald Klöcker und Harald Irnberger, Conil

Kanarische Inseln:
S. 473: »Süßes vom Kletteraffen«, Marion Trutter
S. 476: »Vom Umgang mit der Zigarre«, Marion Trutter

Bibliographie

Academia Española de Gastronomía: El café en la cocina moderna. Barcelona 1996
Alegría, Francisco Abad / Ruiz Ruiz, María Rosario: Nuestras verduras. Pamplona 1990
Amate, Pablo: Embutidos. Madrid 1992
de Amezúa, Clara María G. / Arenillas, Ángeles / Capel, José Carlos: From Spain with Olive Oil. Madrid 1988
Amigos da cociña galega (Hg.): Amigos de la cocina gallega. Santiago de Compostela o.J.
Andrews, Colman: Cocina Catalana. Barcelona 1989
Apicius, Caius: Frutas. Madrid 1992
Aris, Pepita: Die ländliche Küche Spaniens. Augsburg 1996
Azpiazu, Iñigo: La Cocina Española. Barcelona 1991
Bach, Sibylle: Spanische Hausmannskost. München 1984
Baur, Eva Gesine / Seifert, Anuschka: Der Reichtum der einfachen Küche - Spanien. München 1997
Beltrán Martínez, Antonio / Porquet Gombau, José Manuel: Gastronomía Aragonesa. Zaragoza 1994
Berasategui, Joaquín: Cocina vasca. Oiartzun 1994
Bettónica, Luis: Cocina regional española. Barcelona 1981
de Bobadilla, Vicente Fernández: Brandy de Jerez. Madrid 1994
Caballero Bonald, Manuel: Brevario del vino. Madrid 1988
Cabo, Roberto: Reiseführer Natur - Spanien. München 1995
Canut, Eric / Navarro, Francesc: Catálogo de Quesos de España, Ministerio de Agricultura y Pesca. Madrid 1990
Capel, José Carlos: Aceite de Oliva. Madrid 1992
Capel, José Carlos: El pan. Barcelona 1991
Capel, José Carlos: Manual del pescado. O.O. 1995
de Cervantes Saavedra, Miguel: Don Quijote von der Mancha, 2. Teil. München 1973
Ciurana i Galceran, Jaume: Els Vins de Catalunya. Generalitat de Catalunya, Departament d'Agricultura, Ramaderia i Pesca. Barcelona 1979
Club G (Grupo Gourmets, Hg.): Weinführer '97. Madrid 1997
Confederación Empresarios de Hostelería y Turismo de Aragón: Guía Gastronómica de Aragón. Huesca 1989
Costa Clavel, Xavier: Ganz Santiago. Barcelona 1989
Davidson, Alan / Knox, Charlotte: Fische & Meeresfrüchte. München 1991
Delgado, Carlos: El libro del vino. Madrid 1985
Delgado, Carlos: Diccionario de gastronomía. Madrid 1996
Departament de Comerç, Consum i Turisme / Institut Català de la Vinya i el Vi (Hg.): The Wine and Cava Route in Catalonia. Barcelona 1995
Díaz, Lorenzo: La cocina del Quijote. Madrid 1997
Domingo, Xavier: El Sabor de España. Barcelona 1992
Domínguez Barberá, Martí: Els nostres menjars. Paterna 1979
Dumas, Alejandro: Cocina española (Hg. Juderías, Alfredo). Madrid 1982
Echeverría, Ignacio / López de Lamadrid, Claudio / von Berenberg, Heinrich (Hg.): Spanische Reise. Berlin 1987
Equipo de expertos Cocinova (Hg.): Cómo cocinar los caracoles. Barcelona 1992
Equipo de expertos Cocinova (Hg.): Pescados y mariscos. Barcelona 1991
Fàbrega, Jaume: El llibre del peix. Barcelona 1996
Fernández de Alperi, Sofía: Cocina y gastonomía de Castilla y León. Madrid 1995
Galiana, Ismael: Los 50 mejores recetas de la cocina de Murcia. Murcia 1995
García, María Luisa: El arte de cocinar, Bd. 1 und 2. Madrid 1987
García, María Luisa: Platos típicos de Asturias. Gijón 1993
García del Cerro, Carlos / Arroyo González, Manuel: La cocina del queso español. Madrid 1990
Garnweidner, Edmund: GU Naturführer Pilze. München 1987
Garrido, Carlos: Mallorca Mágica, Palma de Mallorca, 1988
Gómez González, Eduardo: Cocina riojana. O.O. 1995
Gómez Roth, Adelaido: Gastronomía Regional Murciana. Murcia o.J.
González del Peral, Antonio: De caza y de cocina. Madrid 1996
González Sevilla, Emilia: El fogón del pobre. Barcelona 1996
Grewe, Rudolf (Hg.), Llibre de Sent Soví (Receptari de Cuina). Barcelona 1979
Haberkamp de Antón, Gisela: Eßdolmetscher Spanien. München 1991
Hausch, Bruno / Hudgins, Sharon / Messer, Christine: Spanien - Küche, Land und Menschen. Weil der Stadt 1991
Hemingway, Ernest: Fiesta. Hamburg 1977
Herbers, Klaus (Hg.): Der Jakobsweg. Tübingen 1991
Herce Garraleta, Francisco Javier / Ramírez Martínez José Manuel: La Gastronomía en La Rioja. Logroño 1981
Hilgard, Peter: Der maurische Traum. Kassel 1997
Iglesias, Pilar: El libro del tomate. Madrid 1990
Jover, Lluïsa: Cuina Llaminera. Barcelona 1996
Junta de Castilla y León (Hg.): Gastronomía de Castilla y León. Valladolid, o.J.
Laux, Hans E.: Setas. Barcelona 1993
López Fernández, José: La naranja. Composición y cualidades. Valencia 1985
López Palazon, José: El almendro y su cultivo. Madrid 1972
Luard, Elisabeth: The La Ina Book of Tapas. Cambridge 1989
Luján, Néstor: Como Piñones Mondados. Barcelona 1994
Luján, Néstor: Diccionari Luján de Gastronomia Catalana. Barcelona, 1990
Luján, Néstor: Pequeña historia de los canelones, in: 100 Recetas de Canelones. Rubí 1990
Luján, Néstor: Die sieben Tode des Grafen Villamediana, München 1989
Luján, Néstor y Tin: La cuina moderna a Catalunya. Madrid 1991
Luján, Néstor und Tin: Spanien - Eine kulinarische Reise durch die Regionen. München 1991
Luján, Nestor / Perucho, Juan: El libro de la cocina española. Barcelona 1970
Lladonosa i Giró, Josep: El gran llibre de la cuina catalana. Barcelona 1991
Mapelli López, Enrique: Varia noticia del buen comer andaluz. Málaga, o.J.
March, Lourdes: La cocina mediterranea. Madrid 1988
March, Lourdes: El libro de la paella y los arroces. Madrid 1985
March, Lourdes / Ríos, Alicia: El libro del aceite y la aceituna. Madrid 1989
Martín Iniesta, Fernando: Antología de la gastronomía madrileña. O.O. 1994
Martínez Llopis, Manuel: La cocina de las aves de caza. Madrid 1996
Martínez Llopis, Manuel / Irizar, Luis: Las cocinas de España. Madrid 1994
Martínez Llopis, Manuel: Historia de la gastronomia española. Madrid 1989
Marvin, Garry: Bullfight. Oxford 1988
Mendel, Janet: Cooking in Spain. Málaga 1992
Méndez Riestra, Eduardo: Cocinar en Asturias. Gijón 1994
Méndez Riestra, Eduardo: Guía Gastronómica de Asturias. Oviedo 1987
Méndez Riestra, Eduardo: La Hora de Comer. Oviedo 1995
Mestayer de Echagüe, María: La cocina completa. Madrid 1994
Mestayer de Echagüe, María: Confitería y repostería. Madrid 1993
Michael, Edmund / Henning, Bruno / Kreisel, Hanns: Handbuch für Pilzfreunde. Jena 1978
Millo, Lorenzo: Cocina Valenciana. León 1995
Ministerio de Agricultura y Pesca: Catálogo de Embutidos y Jamones Curados de España. Madrid 1983
Navarro Garrido, Andrés: Quesos Artesanos de Asturias. Gijón 1994
Nogués de Lecuona, Rosario: España plato a plato. Madrid 1991
Nola, Rupert de: Libre del coch. Hg. Veronika Leimgruber. Barcelona 1982
Nonell, Carmen: Cerámica y alfarería populares de España. León o.J.
Ohne Autor: Guía Gastronómica del País Vasco. San Sebastían 1995
Ohne Autor: Murcia. Calidad en su mesa. Murcia 1992
Ortega, Inés: El libro de las carnes. Madrid 1994
Ortega, Inés: El libro de los pollos, las gallinas, el pato y la perdiz. Madrid 1987
Ortega, Inés: El libro de las verduras y las ensaladas. Madrid 1990
Ortega, Simone: Quesos españoles. Madrid 1987
Ortega, Simone: Tabla de quesos españoles. Madrid 1983
Paczensky, von, Gert / Dünnebier, Anne: Leere Töpfe, volle Töpfe. Die Kulturgeschichte des Essens und Trinkens. München 1994
Palacios Sánchez, Juan Manuel: Historia del vino de Rioja. O.O. 1991
Paradores de Turismo de España (Hg.): Cocina tradicional en Paradores - Aragón y La Rioja. Madrid 1996
Pardo Bazán, Emilia: Das Gut von Ulloa, Düsseldorf 1946
Parra, Andreu: Todo sobre el Cava. Madrid 1994
Peñín, José: Los mejores vinos y destilados. Madrid 1995
Pérez, Dionisio: La Cocina Clásica Española. Huesca 1994
Els Professionals, Federació Catalana de Gremis de Pastisseria: Pastisseria. Barcelona 1993
Read, Jan: Sherry and the Sherry Bodegas. London 1988
Read, Jan: Spaniens Weine 1997/98. Bern 1997
Riera, Ignasi: Diccionario de cocina. Barcelona 1993
Rigau, Alejo: El cultivo del almendro. Barcelona 1975
Rodríguez Pérez, Juan Alberto: Flora exótica en las Islas Canarias. León 1987
Rollhäuser, Lorenz: Toros, Toreros. Reinbek 1990
Rosales de Molino, Cornelia: Spanien (Reihe »Küchen der Welt«). München 1993
Salcedo Hierro, Miguel: La Cocina Andaluza. Sevilla 1995
Sánchez Araña, Vicente: Cocina canaria. León 1993
San Valentín, Luis: La cocina castellano-leonesa. Madrid 1995
Sarobe Pueyo, Víctor Manuel: La cocina popular navarra. Pamplona 1995
Sauleda, Jorge: The Wines of Navarra. Pamplona 1989
Sauleda Parés, Jorge: Pacharán navarro. Pamplona 1994
Schauhoff, Frank / Oliver, Tonina: Zu Gast auf Mallorca. Köln 1993
Strosetzki, Christoph (Hg.): Spanien erzählt. Frankfurt 1991
Sueiro, Jorge-Víctor: El libro del marisco. Madrid 1990
Teubner, Christian (Hg.): Das große Buch des Meeresfrüchte. München 1996
Teubner, Christian (Hg.): Das große Buch vom Fisch. München 1995
Toharia, Manuel: El libro de las setas. Madrid 1991
Torrado, Llorenç: Els embutits a Catalunya. Barcelona 1985
Torres Rojas, María Angustias: Las fiestas en la cocina. Madrid 1991
Vázquez Montalbán, Manuel: L'Art del Menjar a Catalunya. Barcelona 1988
Vázquez Montalbán, Manuel: Contra los Gourmets. Barcelona 1990
Vázquez Montalbán, Manuel: Las recetas de Carvalho. Barcelona 1990
Vega, Luis Antonio de: Viaje por las cocinas de España. Madrid 1969
Vélez, Carmen: El libro de los pescados. Madrid 1987
Vives Molins, Josep: El Llibre de les Neules i dels Torrons. Barcelona 1991
Vossen, Rüdiger: Töpferei in Spanien. Hamb. Museum für Völkerkunde und Vorgeschichte. Hamburg, 1972
Xunta de Galicia (Hg.): Guía para a indentificación dos mariscos en Galicia. Santiago de Compostela 1995
Zapata, Antonio: Vivir para comer en Almería. Almería 1993
Zarzalejos Nieto, María del Carmen: La Cocina del Camino de Santiago. Madrid 1993

Danksagung

Der Verlag dankt für die freundliche Unterstützung und Mithilfe – auch all jenen Personen und Institutionen, die bei der Realisierung des Projekts mithalfen, ohne dem Verlag namentlich bekannt zu sein.

Ein besonderer Dank geht an Rafael Martinez, der uns für die spanische Küche begeisterte und ohne den das Buch so nicht entstanden wäre.

Juan Carlos Sanz und allen anderen Mitarbeitern des Spanischen Generalkonsulats, Düsseldorf, Handelsabteilung, für die unermüdliche Unterstützung bei der Recherche
Dr. Isabel Sánchez Gil, Spanisches Fremdenverkehrsamt, Düsseldorf, und dem Spanischen Fremdenverkehrsamt, München, für Recherche, Logistik, Reisen
David Schwarzwälder, Salamanca, für Beratung »Weine«
Ruth Eberhard Correia, Lissabon, für Bildbeschaffung
Claudia Bettray für Unterstützung bei der Koordination
Karin Hertzer und Annette Rehrl, beide München, für Unterstützung des Lektorats
Gloria Pérez, München, für Mitarbeit bei den Rezepten
Birgit Beyer, Köln, für Mitarbeit beim Layout
Regine Ermert, Köln, für Mitarbeit beim Layout
Familie Trutter, die der Herausgeberin stets den Rücken stärkte

Katalonien
Montse Alsina, Barcelona
Distribucions Avinova, Sr. Capdevilla, Barcelona
Susana Barquin, Institut Català de la Vinya i el Vino, Barcelona
Teia Casacuberta, Barcelona
José Casellas Sala, Berga
Cafetería El Cisne, Platja d'Oro
Departament d'Agricultura, Ramaderia i Pesca, Generalitat de Catalunya, Barcelona
Fleca Balmes, Eduard Crespo, Barcelona
Juan-Carlos Galdámez, Barcelona
Gertraud Gromes-Schmid und Dr. Johannes Schmid, Esplugues
Xarcutería Martí, Vic
Cristina Martínez Sánchez, Barcelona
Restaurant Mas dels Arcs, Antoni Izquierdo, Palamos
Restaurant Nymphenburger Hof, München
Pep Palau, Restaurant La Rectoría D'Oris, Oris
Jordi Parramón, Vic
Mantequerías Puig S.L., Barcelona
Ines Roca, Barcelona
Jaume Roig Sabaté, Restaurant Pitarra, Barcelona
Restaurant Sala, Miquel Marquez Moya, Berga
Anuschka Seifert-Gabel, Barcelona
Josep Solá, Barcelona
Hotel Balneario Vichy Catalán

Balearen
Pedro Barbadillo, Palma de Mallorca
Can Matarino, Sóller
Gabriela Cifuentes, ICEX, Palma de Mallorca
Restaurante Es Cranc, Sr. José Garriga, Fornells/Menorca
Bartomeu Deyà, Foment de Turisme, Palma de Mallorca
Caty Juan de Corral, Palma de Mallorca
José Antonio Olives Orfil, Mahón
Pedro Quetglás, Conselleria de Agricultura, Palma de Mallorca
Consejo Regulador de la Sobrassada de Mallorca, Antonia Torres Oliver, Palma de Mallorca
Xoriguer, Mahón

Aragonien
Adico S.L., José Miguel Martínez, Zaragoza
Pastelería Ascaso, Zaragoza
Bodega-Licorería Barbacil, Sr. Juan Barbacil, Zaragoza
Bodegas Bordeje, Sr. Fernando Bordeje, Ainzón
Horno Artesano, Fraga
Miguel Lorente, Zaragoza
Julian Montal, Restaurante Montal, Zaragoza
Bodega Pirineos S.A., Barbastro
Victor Prats, Bar Prats, Campo
Eberio Rubio, Campo
La Tabla Nueva, Luis Ferer, Huesca
Restaurante Venta del Sotón, Marcelo Pesajovich, Esquedras
Bodega del Vero, Barbastro

Navarra
Cámara de Comercio, Conchi Biurrún und Virginia, Pamplona
Colmado Chirinta, Pamplona
Bodegas Guelbenzu, Ricardo Guelbenzu, Cascante
Bodegas Irache, Ayegui
Larra, Burgui
Bodegas Magaña, Barillas
Martiko, Luis Aoiz, Pamplona
Monasterio de Leyre, Padre Germán Santa María, Yesa
El Navarrico, José Pedro Safedo, San Adrián
Consejo Regulador de Pacharán, María Eugenia López, Pamplona

La Rioja
Bodegas Bretón, Rodolfo Labastida, Logroño
Pablo Calvo, ICEX Handelsabteilung, Düsseldorf
Cosecheros Alaveses, Juan Carlos de Lacalle, Laguardia
Grupo de Criadores y Exportadores de Vinos de Rioja, Tom Perry, Logroño
Felix Losada, Dr. Muth PR, Hamburg
Bodegas de la Marquesa, Juan Pablo de Simón, Villanueva del Ebro
Obrador de Pastelería, Manolo Iturbe, Logroño
Bodegas Paternina, Haro
Bodegas La Rioja Alta, Javier Amescua und Marta Enciso, Haro
Quesos San Román, San Román
Tonelería Mecánica Riojana, Francisco Vázquez, Logroño

Baskenland
Bodegas Amestoy, José Antonio Amestoy, Getaria
Bretxa 2000, Luis Enrique Hernández, San Sebastián
Casa del Bacalao, Bilbao
Restaurante Ganbarra, Donostia-San Sebastián
Confituras Goya, Sr. Ramón, Vitoria-Gasteiz
Santuario de Arantzazu, Nicolas Segurola, Oñate
Merca Bilbao, Basauri
Pasteleria Otaegui, Maria Otaegui, San Sebastián
Consejo Regulador de Txacolí, Ruth Mozo, Getaria
Restaurante Urola, San Sebastián

Kantabrien
José Castañeda Venero, Valdaliga
La Gancuenca, Teresa Martín Real, Roiz-Valdaliga
Hotel del Oso, Salud Briz, Cosgaya
Restaurante El Pescador, San Vicente de la Barquera
Joaquín Samperio Sañudo, Casón de la Marquesa, Las Fraguas
Viaval Conservas, Lamadrid

Asturien
Agromar, Armando Barrio Acebal, Gijón
Leticia Blanco, Gijón
Consejo Regulador D.O. Cabrales, Carreña de Cabrales
Carniceria Diaz, Arriondas
Joaquín Crespe Solares und Alicia Peón Solares, Villaviciosa
Sidra Fontcueva, Luis Fontcueva Vega, Sariego
Javier Artime Gonzales, Gijón
Pasteleria Niza, Oviedo

Galicien
Restaurante Alvariñas, Jaime Alvariñas Vicente, Combarro
Amegrove, O Grove
Restaurante Bitadorna, Chus Castro, A Guarda
Fernando Blas, Hotel-Restaurante Pousada O'Almacén, Cervo
La Casa de los Quesos, Carmen Blanco Campos, Santiago de Compostela
Restaurante El Castillo, M. Gomez Carpintero, Vigo
Emilia Castro Roboredo, Ordenes
Charol, Casa de la Queimada, Vigo
Cooperativa Arzuana, E. Monte Vaziño, Arzúa
Restaurante El Coral, A Coruña
Cruceros Rías Bajas, José Manuel Alvares Domínguez, O Grove
Cuevas y Cia S.A., Manuel de las Cuevas Fraga, Ourense
Restaurante Paco Feixó, Paco Feixó, Praia de Compostela
Angulas del Miño, Benítez Fernández S.L., Goian, Tui
Consejo Regulador de Orujo, Ourense
Francisco Esteban Palomo, Santiago de Compostela
Manuel J. Pol Cruces, Santiago de Compostela
Confitería Vilas, Carlos Vilas Vidal, Noia
Restaurante Vilas, Santiago de Campostela

Kastilien-León
Bodegas Antaño, Rueda
Asador Mauro, Peñafiel
Restaurante El Bodegón, Salamanca
Restaurante El Candil, Salamanca
Colmado Delabuelo, Astorga
Mariano García, Valladolid
Sonia Ortega und Bettina Krücken, ICEX Madrid
Jamones Joselito, Guijuelo
Confitería Pablo Rodríguez, Salamanca
Hnos. Rodríguez Bellido, Pozaldez
Victor und Margarita Salvador, Restaurante Chez Victor, Salamanca
Salchicherías Sandoval, Santiago García Rivero, Salamanca
Restaurante Valencia, José Luis Valencia, Salamanca
María Villalba, Salamanca
Bodegas Vinos de León, Armunia
Barbara Wehowsky, ICEX Handelsabteilung, Düsseldorf

Madrid
La Boutique del Pan, Clara Orio
Restaurante La Bola, Agustín Verdasco del Hoyo
José Carlos Capel
Cervecería Alemana
Librería Clarín, María Carmen
Bar El Chicote
Cafe Gijón, Manuel Mesa Viso
Restaurante La Hoja, Paco Rodríguez Fuertes
Bettina Krücken, ICEX
Cafetería José Luis
Cervecería Naturbier
Restaurante El Olivo, Jean Pierre Vandelle
Stop Madrid
Tahona San Onofre, Daniel Guerrero López

Kastilien-La Mancha
Bodegas Miguel Calatayud, Valdepeñas
Ayuntamiento de Consuegra, Ramón Fernández, Consuegra
Ferajos Capital, Carlos Iran Fernández, Las Pedroñeras
Apoloño García Moreno, Consuegra
José Luis González, Consejería de Agricultura y Medio Ambiente, Junta de Castilla-La Mancha, Toledo
Gonzalfar, Ramón Gonzáles Nieto, Castellar de Santiago
Cristina Martínez und Francisco Menéndez, Depto. de prensa, ICEX, Madrid
S.A.T. La Plata, Andrés de la Plata, Villanova de Bogas
Gregorio Muñoz Martínez, Puertollano
Dionisos de Nova, Valdepeñas
Restaurante El Pincelín, Pedro Blanco Ruano, Almansa
Bodegas Felix Solis, Toas Pérez Clemente, Valdepeñas
Restaurante La Venta del Quijote, Puerto Lápice

Extremadura
Restaurante Atrio, Toño Pérez und José Polo, Cáceres
Restaurante El Convento, José Picado Carillo, Valencia de Alcántara

Corchos y Tapones Geval, Matías Berzas Rodríguez, Valencia de Alcántara
Bodegas Inviosa, Piedad Fernández Paredes, Almendralejo
Charcutería Maria Isabel, Valencia de Alcántara
Juan Romero, Depto. de Comercialización de Productos Agrarios, Badajoz
Carnicería, Juan Fransisco Paniagua Sánchez, Valencia de Alcántara
Unión de Productores de Pimentón, Jesus María Fernández Manzano, Jaraiz de la Vera
Julio Yuste, Cofradía Gastronómica de Extremadura, Badajoz

Valencia
José Fco. Arcis Martínez, Coop. Hortifruticola, Benifayó
Bodega Redonda, Utiel
Cohoca, Benifayó
Arroz DACSA, Paco Martí, Almassera
Restaurante L'Estimat, Baltasar Gil, Playa de las Arenas
Restaurante Galbis, Juan Carlos Galbis, L'Alcudia
Bernd Knöller, Restaurante Ángel Azul, Valencia
Turrones El Lobo, Jijona
Frutos Secos Mañan, Antonio Sánchez, Pinosa
Merca Valencia, Gregorio López Moraleda, Valencia
Ayuntamiento de Murrla, Juan Giner Mulet, Murrla
Gerhardt Papenfuss, Wolfratshausen
Riera Orxater, Alboraya

Murcia
Luis Aronis, Konservenfabrik Hero, Alcantarillo
Salazones Garre, Felipe Garre Martínez, San Pedrò del Pinatar
Ramón Gómez Martínez, Lo Pagán-Pinatar
Adelaido Gómez Roth, Murcia
Museo del Vino, Juan Carcelen, Jumilla
María Roth Hummer, Murcia
Salinera Española, S.A., San Pedro del Pinatar
Bodegas San Isidro, Jumilla
Churrería Sota, Jumilla
Restaurante Venezuela, Anastasio Giménez Delgado und José Antonio Giménez Hernández, Lo Pagan-Pinatar

Andalusien
Antonia Alivares, Vélez-Blanco
Antonio Alvarez, Sergio Alvarez Peres, Trevélez
Martín Dorado, Miguel Martín Dorado, Isla Cristina
González Byass, Jerez de la Frontera
Horno de San Buenaventura, Sevilla
Julia López de Sagredo, Almería
Núñez de Prado, Paco Iván Núñez de Prado, Baena
La Orza, Encurtidos vegetales del Guadajoz, Baena
Frutería Peñasco, José Herrera Sánchez, Sevilla
Antonio Pérez Moreno, Sevilla
Ginés Rodríguez Campos, Vélez-Blanco
José Luis Roiz Rangel, Sevilla
El Torno, Sebastiana Alvarez Martín, Sevilla
Bartolomé Vergara, Fedejerez, Jerez de la Frontera
Antonio Zapata, Almería

Kanarische Inseln
Matilde Arroyo, Los Llanos de Aridane
Cejas, Lorenzo Fernandes, San Andrés y Sauces
Pedro Gómez Pede, El Paso
Hanspeter Heckel, München, Beratung »Zigarren«
Bodegas Llanovid, Fuencaliente
Juan Gilberto Martín Bentangu, El Paso
María Isabel Méndez Pino, El Paso
R. Enrique Naumann, El Paso
Antonio Orribo Alonso, Santa Cruz de la Palma
Bertila Pérez González, El Paso
Restaurante Playamont, Tazacorte
Azariel Rodríguez García, El Paso
Carmen Rosa Rodríguez Rodríguez, Los Llanos de Aridane
Supermercado San Martín, Antonio Miguel Martín Martín, El Paso
Compañía Transmediterránea, Antonio Sosa Rodríguez, Santa Cruz de la Palma

Fotonachweis

Alle Aufnahmen:
Günter Beer, Barcelona

Mit Ausnahme von:

AKG Archiv für Kunst und Geschichte, Berlin:
S. 100 o; S. 126; S. 298/299; S. 316/317 (Hintergrund); S. 352/353 (Hintergrund); S. 458/459 (Holzschnitt);

Bagyi, Franz, Weil der Stadt:
S. 323 (Wildschwein);

Botanik Bildarchiv Laux, Biberach an der Riß: S. 168 o;

© Herrera, Mariano, Barcelona:
S. 373 o und u;

© ICEX, Madrid: S. 137 (alle Trauben); Foto: Antonio De Bevuto: S. 37 m; S. 99; Foto: Felix Lorrio: S. 98 li; S. 170; S. 244 (Rubia Gallega); S. 245 (Retinta, Moruña de Salamanca, Avilena Negra);

© Kern, Thorsten, Köln:
S. 377 (Papageifisch);

© Könemann Verlagsgesellschaft mbH, Köln:
Foto: Foodfoto S. 400 o (Hintergrund);
Foto: Fuis & Büschel GbR/Büschel S. 204 re u (inset); S. 240 (inset, re); S. 241 (Karpfen, Schleie, Hecht);
Foto: Ruprecht Stempell S. 36; S. 70 (Fenchel); S. 71 u; S. 110; S. 116 (Zwiebel, Spinat); S. 121 (Huhn, Gänse); S. 146 (Weinprobe); S. 157 o; S. 241 (Forelle); S. 368 (Hintergrund und inset); S. 369 o (alle Freisteller); S. 385 (Mispel); S. 404 (Lollo rosso, Lollo biondo, Batavia, Eichblattsalat); S. 435 (Chirimoya, Kaki, Rosinen); S. 436 (Sternfrucht, Aprikose, Pfirsich); S. 437 (Pflaume, Maracuja, Limette, Nektarine); S. 455 (Physalis);

Marek, Erich, VS Schwenningen: S. 323 (Hirsch, Reh);

Museu Etnogràfic de Ripoll: Foto: Miquel Parés S. 348 (inset);

© OKAPIA, Frankfurt a.M.:
Foto: Roland Birke S. 115 o; Foto: Michel Brosselin S. 121 (Taube); Foto: Manfred Danegger S. 121 (Fasan);
Foto: Eric Kamp/Phototake S. 121 (Truthahn);
Foto: Robert Maier S. 121 (Wachtel);
Foto: G. Synatzschke S. 121 (Schnepfe);
Foto: Andreas Hartl S. 213 (Lachs);
Foto: G. Büttner/Naturbild S. 307 (Anispflanze); Foto: Manfred Danegger S. 323 (Hase);
Foto: Cyril Ruoso/BIOS S. 323 (Kaninchen); Foto: Winfried Wisniewski S. 323 (Iberischer Steinbock);
Foto: Emu, S. 400 (Maulbeeren)

Oroñoz, Madrid: S. 124 li (inset); S. 190 (Hintergrund);

Otto, Christoph, Berlin: S. 232 o li, u li und re, S. 232/233 (Hintergrund);

Soltmann, Luis J., Lanzarote: S. 462 u li (Napfschnecken);

Spanisches Fremdenverkehrsamt, München: Foto: González Grande S. 28 u, re; Foto: Foat S. 171 o; Foto: F. Ontañón S. 228 (inset); S. 268; S. 269; Foto: Massats S. 275 (inset); Foto: De la Puente S. 280 (Heilige Theresia); Foto: Ramon G. Lopez Alonso S. 330 (inset); Foto: Kramer S. 396 (Hintergrund); S. 397 o und u; Foto: Pepe Parras S. 420 (inset); Foto: A. Garrido S. 470/471;

Vedella dels Pirineus Catalans, Berga: S. 245 (inset li);

© White Star, Hamburg: Foto: G. P. Reichelt S. 121 (Ente); Foto: Jörg Steinert S. 309 (Bar Bolero); Foto: Monica Gumm S. 396 (inset);

Wildlife, Hamburg: Foto: D. Harms S. 265; Foto: D. Usher S. 353 (inset);

Deutsch

Rezeptverzeichnis

Abgebildete Gerichte mit fetten Seitenzahlen

T

U

V

W

Y

Z